Andrei Oișteanu
Rauschgift in der rumänischen Kultur: Geschichte, Religion und Literatur

Thede Kahl / Larisa Schippel (Hg.)
Forum: Rumänien, Band 18

Andrei Oișteanu

Rauschgift in der rumänischen Kultur: Geschichte, Religion und Literatur

Aus dem Rumänischen übersetzt von Julia Richter

Verlag für wissenschaftliche Literatur

Umschlagabbildung: Rumänische Bojaren, Aquarelle, deutsche Schule um 1800. Collage: Florin Pădurean

Diese Publikation wurde ermöglicht durch die großzügige Unterstützung des Rumänischen Kulturinstituts, Bukarest (Institutul Cultural Român, București).

Die Herausgabe der Reihe „Forum: Rumänien" wird durch die Österreichisch-Rumänische Gesellschaft gefördert.

ÖSTERREICHISCH-RUMÄNISCHE GESELLSCHAFT
www.austrom.eu   Societatea Austro-Română

Originalausgabe: Andrei Oișteanu: Narcotice în cultura română, Polirom Publishing House, Iași, 2. überarb., erweit. und illustr. Auflage 2011

ISBN 978-3-7329-0029-9
ISSN 1869-0394

© Frank & Timme GmbH Verlag für wissenschaftliche Literatur
Berlin 2013. Alle Rechte vorbehalten.

Das Werk einschließlich aller Teile ist urheberrechtlich geschützt. Jede Verwertung außerhalb der engen Grenzen des Urheberrechtsgesetzes ist ohne Zustimmung des Verlags unzulässig und strafbar. Das gilt insbesondere für Vervielfältigungen, Übersetzungen, Mikroverfilmungen und die Einspeicherung und Verarbeitung in elektronischen Systemen.

Herstellung durch das atelier eilenberger, Taucha bei Leipzig.
Printed in Germany.
Gedruckt auf säurefreiem, alterungsbeständigem Papier.

www.frank-timme.de

Inhaltsverzeichnis

Vorwort 9

TEIL I

Narkotika und Halluzinogene im Donau-Karpaten-Raum. Religiöse und magisch-rituelle Verwendung psychotroper Pflanzen 19

Tollkirsche, Alraune, Bilsenkraut und Fliegenpilz 19
Unabsichtliche Einnahme von Rauschmitteln 32
Räucherungen mit Cannabis und anderen halluzinogenen Pflanzen –
von Herodot bis Strabon 38
Wein und Efeu – Zalmoxis *vs* Dionysos 53
Zauberpflanzen und Halluzinogene 62
Totenessen – Narkotika für das Jenseits 73
  Ein antikes Opferritual 75
Opium, Theriak, Haschisch & Tabak 79
Ciubuc, Wasserpfeife, Tabakdose & Tabakbeutel 106

TEIL II

Drogen und Halluzinogene in der modernen rumänischen Kultur 117

Reisende im Orient 117
  Nicolae Milescu Spătarul: „Kraut, das Kummer vertreibt" 117
  Dimitrie Cantemir: „Mohnsaft und andere Betäubungsmittel" 121
  Johann Martin Honigberger: Opiumtherapie und Homöotherapie 129
Die Romantiker – von Scavinski bis Eminescu 132
  „Daniil der traurige und kleine". Selbstmord mit Opium 132
  Narkophilie im 19. Jahrhundert in Europa 136

Anästhesie und Heilmittel: Carol Davila, Titu Maiorescu,
  Carmen Sylva 138
Alexandru Odobescu: Überdosis Morphium 142
Eminescu und die schwarze Sonne der Melancholie 146

Die Symbolisten – von Macedonski bis Minulescu 154
  Alexandru Macedonski: „Vis de opium" (Opiumtraum) 154
  Tabak – „ein poetisches Rauschmittel" 159
  Olfaktorischer Rausch oder „weiße Narkose" 170
  Mircea Demetriade: „Haschisch, schlimmes Gift, aber vielen lieb." 177
  Ion Pillat: Opium im „Garten zwischen Mauern" 178
  Ion Minulescu: „Weder Opium noch Pfeifentabak" 181

Mateiu Caragiale 182
  Opium, Cannabis und Haschisch am Fürstenhof Curtea Veche 182
  Caragiale, Vater und Sohn: „Alkohol- und Tabakmissbrauch" 192
  Der Tee bei den Rumänen 194
  Liebeskrankheit und Heilmittel 200

Prosaschriftsteller der Zwischenkriegszeit 216
  Rauschmittel im Leben der Figuren 216
  Camil Petrescu: Morphium ohne Morphiumsüchtige 222
  Max Blecher: „Als hätte ich Opium genommen" 225
  Sorana Gurian: „Narkose" 227
  Ioana Postelnicu: Betäubung mit Äther 229
  Henriette Yvonne Stahl: „Drogen führen zu einer vollkommenen
    Zerstörung des Wesens" 231
  Cezar Petrescu: „Stunde einer trügerischen Einbildung" 237
  Hortensia Papadat-Bengescu: „Havanna mit Opium" 239

Von Ion Barbu zu Emil Botta 240
  Ion Barbu: „Der tägliche Äther und das wöchentliche Kokain" 240
  „Ein zweites, reineres Spiel": Poesie zwischen Mathematik
    und Narkose 246
  „Aufputschmittel Kaffee" im Kommunismus 248
  Der König halluzinogener Pilze und die Schamanin Enigel 250

- Tudor Vianu & Ion Barbu 259
- Ion Vinea & Ion Barbu 262
- Emil Botta und „die Opiumlektion" 263

Avantgardisten und Modernisten 271

- Tristan Tzara: „Das Wasser des Teufels regnet auf meinen Verstand" 271
- Futuristen und Surrealisten über Rauschgifte 278
- Von Saşa Pană zu Gherasim Luca: „Leser, befreie dein Gehirn von Parasiten!" 283
- Victor Brauner: „Tollkirsche, Ruf der Wälder, Freude der Nacht" 288
- Benjamin Fondane: „Der Ciubuc, in dem ich Baudelaires Haschisch rauchte" 291
- Geo Bogza: „Der Körper durchlöchert von Injektionen" 292
- Gellu Naum: „Ich kontrolliere meine psychedelischen Zustände selbst" 294
- Paul Celan: „Mohn und Gedächtnis" 300

Gelehrte. Narkotisch-psychiatrische Experimente 306

- Psychiatrische Neugier und Sprachprobleme 306
- Sauerstoffrausch 311
- Mescalinrausch und „Traum von Bilsenkraut" 319
- Buntes Hören 326
- Der Neurologe Gheorghe Marinescu 331
- Der Maler Corneliu Michăilescu 333
- Der Kritiker Petru Comarnescu 337
- Toxikomanie und Sozialmedizin 339

Cioran & Ionesco. „Selbstvergessen" 341

- Emil Cioran: „Beruhigungsmittel, um meine Empörung zu zügeln" 341
- Eugène Ionesco: „Spritzen, um der Angst ein Ende zu setzen" 348
- „Verwüstung durch Alkohol" 357

Religionshistoriker. Von Eliade zu Culianu 361

- Eliade in Rumänien: „Künstler und Haschisch" 361
- Eliade in Indien: Opium und Cannabis 363

Eliade im Rumänien der dreißiger Jahre: „Hast Du kein Opium zur Hand?".. 371
Eliade in Portugal: Methamphetamine... 377
Eliade in den USA: Die psychedelische Epoche.. 390
Culianu: „Schamanismus über den Schamanismus hinaus"................. 400
Culianu: Manipulation durch Rauschgift... 406

Zeitgenössische Schriftsteller. Von Cărtărescu zu Codrescu...................... 411
Cărtărescu im Zeichen des Rauschgiftes... 411
LSD und „Luft mit Diamanten".. 418
Kaffee für den Geist, das Herz und die Literatur..................................... 421
Rauschgiftimmunität & Rauschgiftskeptizismus..................................... 427
Bucurenci, Vakulovski & Co.: „narkotischer Existenzialismus"............ 431
Rumänen in Amerika: Schamanen und „psychedelische Pädagogen"... 445
„Die Tore der Wahrnehmung".. 456

Literaturverzeichnis... 458

Pressestimmen.. 493

Vorwort

Bücher über Rauschgifterfahrungen beginnen meist defensiv, mit einer Art Entschuldigung oder einer gewissen Distanzierung der Verleger oder Autoren, die sich manchmal hinter Pseudonymen verstecken.

1821 beginnt beispielsweise Thomas De Quincey seine *Bekenntnisse eines Opiumessers*, indem er sich beim geneigten Leser rechtfertigt und entschuldigt, „daß ich jene zarte und redliche Zurückhaltung verletze, die uns meist abhält, die eigenen Verirrungen und Laster öffentlich zu zeigen …" (DE QUINCEY 2009: 9). Es folgen Seiten voller Entschuldigungen: „Doch meine Selbstanklage erhebt sich nicht zum Schuldbekenntnis. Aber auch wenn sie es täte, würde vielleicht der Nutzen, den andre aus meiner so teuer bezahlten Erfahrung ziehen, jeden Verstoß gegen dieses Zartgefühl bei weitem wettmachen und die Übertretung der allgemeinen Regel entschuldigen. Schwäche und Not bedeuten nicht immer auch Schuld …" (DE QUINCEY 2009: 10). De Quincey hatte Sorge, seine Bekenntnisse könnten sein englisches Publikum empören. Denn seine Bekenntnisse verletzen „jene zarte und redliche Zurückhaltung, die uns meist abhält, die eigenen Verirrungen und Laster öffentlich zu zeigen …" (DE QUINCEY 2009: 9). Der romantische Dichter verwendete all diese Rechtfertigungen und Erklärungen, obwohl er den Text 1821 zunächst anonym im *London Magazine* veröffentlichte. Erst 1822 erschien eine Ausgabe, in der der Name des Autors genannt wird.

Das Problem war nicht so sehr das englische, sondern das bürgerliche Publikum im Allgemeinen. Ein paar Jahrzehnte später schrieb Baudelaire über seine Erfahrungen mit Opium und zitierte sogar ein paar der Entschuldigungen De Quinceys. Opiumsucht ist kein Verbrechen (erklärt Baudelaire dem bürgerlichen Publikum), sondern eine Schwäche: „et encore faiblesse si facile à excuser! […] ensuite le bénéfice résultant pour autrui des notes d'une expérience achetée à un prix si lourd peut compenser largement la violence faite à la pudeur morale et créer une exception légitime" (BAUDELAIRE 1869: 229). Baudelaire übersetzte De Quinceys Bekenntnisse ins Französische, aber das Werk war bereits 1828 von einem französischen Schriftsteller übersetzt worden, der sich hinter den Initialen A.D.M. versteckte. Später stellte man fest, dass es sich um den jungen Alfred de Musset handelt.

Jean Cocteaus *Journal d'une desintoxication*, in dem er die Qualen seines Entzugs öffentlich machte, beginnt ebenfalls wie ein Angeklagter vorm Inquisitionsgericht: „Ici le ministère public se lève. Mais je ne témoigne pas. Je ne plaide pas. Je ne juge pas. Je verse des pièces à charge et à décharge au dossier du procès de l'opium" (COCTEAU 1999: 11). Cocteau entschärft das Urteil: Opium zu rauchen sei nicht unbedingt ein Verbrechen: „Le seul crime est d'être superficiel", zitierte Cocteau einen anderen opiumsüchtigen Dichter: Oscar Wilde (*De profundis*, 1897) (COCTEAU 1999: 11).

Manchmal spielt aber nicht nur der Autor, sondern auch der Verleger den Blitzableiter. Der Beatnik William S. Burroughs schützte sich mit dem Pseudonym William Lee, unter dem er den Roman seines Lebens als Morphiumsüchtiger *Confessions of an Unredeemed Drug Addict* (1953) . Sein Verleger glaubte sich schützen zu müssen und distanzierte sich in einem Vorwort: „For the protection of the reader, we have inserted parenthetical notes to indicate where the author clearly departs from accepted medical fact or makes other unsubstantiated statements in an effort to justify his actions" (BOON 2002: 1). In den Folgeausgaben des Buches, das in der Zwischenzeit zur Referenz geworden war, verzichtete der Verlag auf Vorwarnung und Fußnoten. Und der Autor verzichtete auf das Pseudonym.

Auch ein französischer Verlag begann eine literarisch-künstlerische Anthologie über das Rauchen 1997 mit einer Warnung: „La présente anthologie ne constitue ni une apologie du tabac ni une incitation à son usage. Dans la réalité, la tabagie nuit à la santé des fumeurs et à leur entourage etc." (THÉRY 1997: 2). Heutzutage fühlen sich Verleger gezwungen, in Büchern mit liberalerer Haltung zur „Kultur der Rauschgifte" im Vorwort Hinweise zur Rauschmittelgesetzgebung abzudrucken. Hier zum Beispiel der Hinweis eines Verlegers in einem Buch über Haschisch, das 2003 in den USA veröffentlicht wurde: „It is criminal offense in the United States of America and subject to imprisonment to cultivate, possess, or supply cannabis. The publisher makes no representations and does not intend to suggest the cultivation, possession or use of cannabis. This publication is printed solely for information purposes" (JONES 2003: 4).

Und schließlich noch ein Beispiel aus der zeitgenössischen rumänischen Literatur. Radu Paraschivescu stellte seinem Roman *Balul fantomelor* [Ball der Phantome] ironisch einen holprigen Text aus dem Strafgesetzbuch als *Motto* voran: „Die Produktion, der Besitz oder jede Handlung, die mit der Zirkulation berauschender oder giftiger Substanzen oder Produkte im Zusammenhang steht, der Anbau oder die Verarbeitung von Pflanzen, die solche Substanzen enthalten oder das Experimentieren mit giftigen Substanzen oder Produkten, werden, falls unrechtmäßig, mit Freiheitsstrafen von drei bis fünf Jahren bestraft" (*Cod Penal* [Strafgesetzbuch], Art. 312, 8).

Vielleicht würde es sich gehören, auch dieses Buch mit einem Vorbehalt zu beginnen. Oder zumindest mit ein paar Erklärungen. Vor über zwanzig Jahren, 1988, veröffentlichte ich in der *Revista de istorie și teorie literară* [Zeitschrift für Literaturgeschichte und -theorie] eine Studie über die Verwendung berauschender und halluzinogener Pflanzen im Donau-Karpaten-Raum (OIȘTEANU 1988).[1] Ich erforschte historische, ethnologische und religionshistorische Zeugnisse und versuchte, das Phänomen von der Antike bis zum Mittelalter zu verfolgen. Ich interessierte mich für die Verwendung psychotroper Pflanzen auf rumänischem Gebiet vor allem zu religiösen und magischrituellen Zwecken.

In den achtziger Jahren, bis zum Ende des Kommunismus, war dieses Thema natürlich verboten. Sowohl Religion, „das Opium fürs Volk", als auch das Opium selbst standen auf dem Index. Und es war verboten, über etwas Verbotenes zu schreiben. Um nicht die Aufmerksamkeit der rigorosen, pflichtbewussten, aber oft auch dümmlichen kommunistischen Zensurorgane zu erwecken, wählte ich einen möglichst neutralen Titel. Ein Titel, aus dem nicht hervorging, dass es sich um Drogenkonsum der rumänischen Vorfahren handelte, und schon gar nicht im Rahmen magisch-religiöser Rituale. Aus diesem Grund verwendete ich im Titel nicht die Bezeichnung „berauschende und halluzinogene Pflanzen", sondern eine, die im Grunde das Gleiche bedeutet, aber weniger üblich ist: „psychotrope Pflanzen".

Rumänische Ethnologen umgingen in der Regel das Thema der Verwendung von Rauschgift in archaischen und traditionellen Gesellschaften. In der national-kommunistischen Propaganda (und teilweise auch in der prä- und postkommunistischen) waren die Geto-Daker rechtschaffene, mutige, fleißige und moralisch unverdächtige Menschen. Man hatte Herodots Aussage („Die Geten sind die tapfersten und gerechtesten der Thraker.") aus dem Kontext

---

1 Zu Beginn der 1990er Jahre veröffentlichte ich zwei Arbeiten zum Thema auf Französisch: «L'utilisation des plantes narcotiques et hallucinogènes par les Géto-Daces et les Roumains». In: *Études et Documents Balkaniques et Méditerranéens*, vol. 15, Paris, 1990, 104–112, und «Plantes narcotiques et hallucinogènes dans la société traditionelle roumaine». In: *Asclepios. Acta Medica Empirica*, nr. 4, Bruxelles, 1993, 53–58.

gerissen und zum nationalen Slogan gemacht. Dokumente über Beräucherungen mit narkotischen Pflanzen, Menschenopfer, heidnischer Aberglaube und andere Sitten und Bräuche, die man eigenartig fand, mussten verschleiert oder verdrängt werden.

Das Thema wurde nicht nur aus Gründen der national-kommunistischen Ideologie tabuisiert, sondern auch, weil Wissenschaftler sich dem Phänomen unangemessen näherten. Viele rumänische (aber auch ausländische) Forscher taten sich schwer, von den modernen ethischen Vorstellungen abzusehen, die Sucht als Krankheit betrachten. Anthropologische Studien sollten aber die Analyse archaischer Mentalitäten nicht aus ethischer Perspektive angehen und vor allem nicht aktuelle moralische Wertvorstellungen als Maßstab nehmen statt der zu erforschenden Mentalitäten. Vereinfacht gesagt wäre das so, als ob ein Religionshistoriker Menschenopfer in der Antike untersuchte und die Unmoral anprangerte, unschuldige Menschen zu töten. Dennoch lasse ich in der vorliegenden Studie die ethische Perspektive nicht völlig außer Acht. Sie hat ihre Bedeutung in einer Untersuchung über Ideen- und Mentalitätsgeschichte. Aber die moralische Perspektive beherrscht nicht das Buch.

Der erste Teil des Buches sollte vorurteilsfrei betrachtet werden, nicht nur zum besseren Verständnis der rumänischen Volksbotanik und -medizin, sondern auch, um ein paar neue Aspekte der Magie, der Volksmythologie und Religionsgeschichte im rumänischen Raum zu aufzudecken.

In den letzten Jahren weitete ich meine Forschungen zur Verwendung von Rauschgift auf Intellektuelle, Schriftsteller und Künstler in Moderne und Zeitgeschichte aus. Es gibt viele und verschiedenartige Fälle. Von Gelehrten, die die Verwendung narkotischer Heilmittel im Orient erforschten (Nicolae Spătarul, Dimitrie Cantemir, J.M. Honigberger, Mircea Eliade), hin zu Schriftstellern, die sich mit Opiaten das Leben nahmen (Daniil Scavinschi, Alexandru Odobescu); von Schriftstellern, die berauschende Substanzen aus medizinischen Gründen verwendeten (wie wahrscheinlich Eminescu), bis zu denen, die sie verwendeten auf der Suche nach den „paradis artificiels" (Alexandru Macedonski), von Schriftstellern, die Rauschgift nahmen, um ihre Vorstellungskraft und Kreativität zu beflügeln (Tristan Tzara, Ion Barbu u.a.) bis zu denen, die die Symbolik der Drogennamen verwendeten, um ihre Poesie aussagekräftiger zu machen (Geo Bogza, Saşa Pană, Victor Brauner); von Wissenschaftlern, die die Wirkung psychedelischer Substanzen an sich selbst oder Anderen erprobten, um das Wissen über neuropsychiatrische Vorgänge zu verbessern (Nicolae Leon, Eduard Pamfil, Gh. Marinescu), hin zu jenen, die die Verwendung psychotroper Pflanzen im Rahmen religiöser und magisch-ritueller Praktiken (Mircea Eliade, I.P. Culianu) untersuchten; von Schriftstellern, deren Romanfiguren Rauschmittel nehmen (Mateiu Caragiale, Henriette Yvonne Stahl, Mircea Cărtărescu, Alexandru Vakulovski u.a.) bis zu Schriftstellern, die ihre eigenen Rauschgifterfahrungen erzählen und analysieren (Andrei Codrescu, Alin Fumurescu, Dragoş Bucurenci). Sicher gibt es Intellektuelle, die nicht nur in eine, sondern in zwei oder drei dieser Kategorien passen.

In diesem Buch war ich großzügiger, was die Anzahl und die Länge der Zitate angeht; aus der Überlegung heraus, die Bibliographie zu rumänischen Werken über Rauschgifte zu vervollständigen, aber auch, um die Vielfalt der Wörter und Metaphern aufzuzeigen, die diejenigen verwendeten, die aus verschiedenen Gründen über psychotrope Pflanzen und Substanzen schrieben. Bei der Beschreibung der Wirkung von Rauschgiften ist die Sprache ein grundlegender Faktor.

Im Titel und im Buch verwendete ich den Begriff Rauschgift in einem erweiterten Sinn. Mit Rauschgift meine ich jede Pflanze oder Substanz, die den psycho-mentalen Zustand verändert (*Altered State of Mind* oder *Altered State of Consciousness*), von den „unschuldigen" anregenden Pflanzen (Tabak, Kaffee, Tee etc.) hin zu starken halluzinogenen und psychedelischen Substanzen (Opium, Mescalin, LSD etc.). Der deutsche Pharmakologe Louis Lewin schaffte in seinem zum Klassiker gewordenen Buch *Phantastica. Die betäubenden und erregenden Genussmittel. Für Ärzte und Nichtärzte* (1924) eine Typologie psychotroper Pflanzen und Substanzen in Abhängigkeit von ihrer Wirkung. Lewin schlug fünf Kategorien vor: *Euphorica* (Opium und seine Derivate: Morphium, Heroin; Kokain etc.), *Phantastica* (Peyotl – Mescalin, Cannabis indica etc.), *Inebriantia* (Alkohol, Ether, Chloroform etc.), *Hypnotica* (Veronal, Chloral, Bromide etc.) und *Exitantia* (Tabak, Kaffee, Tee, Campher, Betel) (LEWIN 1924: 10). Diese Klassifizierung blieb *mutatis mutandis* in weiten Teilen so bestehen. In jedem Fall beschreiben alle ernsthaften Arbeiten über Rauschgiftsucht und Enzyklopädien über psychoaktive Pflanzen und Substanzen auch die erfreulichen und unerfreulichen Wirkungen von Alkohol, Tabak, Kaffee und Tee. Die Tatsache, dass diese Rauschmittel heute legal sind, ändert nichts an der Tatsache, dass es sich um Rauschmittel handelt.

In einem Text von 2003 mit dem Titel *Brauchen wir noch Biographien?* schrieb Mircea Cărtărescu mit Blick auf die „schablonenhaften, verfälschten Biographien" der rumänischen Schriftsteller: „Autorenbiographien der klassischen Literaturgeschichte waren langweilig und schwer erträglich, nicht nur wegen der trockenen Ansammlung von Daten, sondern auch, weil man das Gefühl hatte, es wird einem eine Pappmascheewelt verkauft. Dieses Gefühl hatte ich häufig, wenn ich Vorlesungen über Odobescus Größe und Bedeutung hörte (ohne, dass ein Wort über seinen Selbstmord aus Liebe oder über seine Morphiumsucht gefallen wäre)" (CĂRTĂRESCU 2003: 95–99).

Ich hatte nicht vor, „Biographismus" zu betreiben. Es geht nicht darum herauszufinden, inwiefern sich jedes biographische Detail des Schriftstellers in seinem Werk niederschlug und es beeinflusste. Der Konsum psychotroper Substanzen ist aber nicht nur ein einfaches „biographisches Detail". In der Regel verändert Rauschgift den neuro-psychischen Zustand eines Schriftstellers und prägt häufig grundlegend sein Leben und sein Werk.

Die Schwierigkeit der Recherche ist in erster Linie dadurch zu erklären, dass die Verwendung von Rauschgift stark tabuisiert war und dadurch in der rumänischen Kultur wenige Arbeiten zum Thema existierten. In zweiter Linie galten die Rauschgifterfahrungen rumänischer Schriftsteller und Künstler als geheim oder waren zumindest mit Diskretion zu behandeln. Unter diesen Umständen lassen sich sehr wenige Zeugnisse finden: in einzelnen Briefen, Tagebuchaufzeichnungen, in einem versteckten Vers, in verschiedenen literarischen Figuren der Autoren etc.

Im zweiten Teil des Buches verfolge ich das Phänomen aus literatur-, kultur- und mentalitätsgeschichtlicher Perspektive; nicht aus moralischer Perspektive. Auch die juristische Perspektive des Phänomens steht nicht im Zentrum meines Interesses. Der moralische Aspekt interessierte mich insofern, als sich die ethische Perspektive der Schriftsteller, über die ich schreibe, verändert hat. Aber ich wollte weder verurteilen noch freisprechen. Es ist ein kulturhistorisches Buch, nicht eines, das in Gymnasien verteilt werden soll, um vor der Gefahr der Drogensucht zu warnen. Ich sage nicht, dass solche Bücher nicht notwendig wären. Das sind sie. Ich sage nur, dass mein Buch das Thema nicht aus dieser Perspektive betrachtet.

Ich möchte mich hier zu Beginn des Buches bei den Menschen und Institutionen bedanken, die mich auf unterschiedliche Weise bei meinen Forschungen unterstützt haben:

Ich bedanke mich besonders beim *Institutul de Istorie a Religiilor* [Institut für Religionsgeschichte] der Rumänischen Akademie, das von Andrei Pleșu gegründet wurde, bei der *Biblioteca Academiei Române* [Bibliothek der Rumänischen Akademie] und dem Abteilungschef Măriuca Stanciu, beim *Muzeul Național de Artă al României* [Nationalmuseum für Rumänische Kunst] und seiner Direktorin Roxana Theodorescu und dem *Muzeul Național al Literaturii Române* [Nationalmuseum für Rumänische Literatur]. Ich bedanke mich bei Privatsammlern, Museen, Archiven und denjenigen, die die Rechte inne hatten für die Abbildungen in diesem Buch.

Ich danke auch meinen Kollegen und Freunden die mich in meinen Recherchen und beim Erstellen dieses Buches unterstützt haben: Sorin Alexandrescu, Octavian Buda (Lehrstuhlinhaber für Geschichte der Medizin an der Universität für Medizin und Farmazie „Carol Davila" Bukarest), Bianca Burța-Cernat, Mircea Cărtărescu, Paul Cernat, Marius Chivu, Eugen Ciurtin, Simona Cioculescu, Andrei Cornea (für die Übersetzung von Texten aus dem Altgriechischen), Tereza Culianu-Petrescu, Ioana Diaconescu, Amana Ferro, Șerban Foarță, Ruxandra Garofeanu, Dadi Iancu (für die Genehmigung zur Publikation einiger Zeichnungen von Marcel Iancu), Mac Linscott Ricketts, Rodica Palade (für die Publikation einiger Fragmente aus diesem Buch in der Zeitschrift 22), Florin Pădurean (für die Unterstützung bei der Illustrierung des Buches), Dan Petrescu, Carmen Popescu, Mihaela Timuș, Ion Vianu, Ioana Vlasiu.

Mein Dank richtet sich auch an Karin Timme, die Verlegerin, und Julia Richter, die Übersetzerin, die die deutsche Ausgabe des Buches ermöglichten. Es handelt sich um die Übersetzung des Buches *Narcotice în cultura română. Istorie, religie și literatură* in der zweiten, überarbeiteten, erweiterten und illustrierten Auflage aus dem Rumänischen, die 2011 beim Verlag Polirom in Iași erschien (Verleger: Silviu Lupescu, Redakteurin: Tereza Culianu-Petrescu).

Nicht zuletzt bedanke ich mich bei meiner Frau, Angela Oișteanu, die mir bei der Erarbeitung dieses Buches eine große Hilfe war.

Bukarest, den 18. September 2013

TEIL I

Narkotika und Halluzinogene im Donau-Karpaten-Raum. Religiöse und magisch-rituelle Verwendung psychotroper Pflanzen

Tollkirsche, Alraune, Bilsenkraut und Fliegenpilz

Die *Revista de istorie și teorie literară* [RITL; Zeitschrift für Literaturgeschichte und -theorie; Nr. 3–4, 1988] veröffentlichte 1988 unter der Rubrik *Mythos & Logos*, die ich in den achtziger Jahren betreute, zwei bis dato unveröffentlichte Arbeiten von Simeon Florea Marian über die Tollkirsche und von Mircea Eliade über die Alraune. Die beiden Arbeiten zu Ethnobotanik und Pflanzenheilkunde erschienen in der *RITL* zusammen mit meinem Beitrag „Mătrăguna și alte plante psihotrope" [Tollkirsche und andere psychotrope Pflanzen] (OIȘTEANU 1988). Ich nutzte diese Gelegenheit, um etwas zu thematisieren, das zu jener Zeit tabu war: die jahrhundertelange Verwendung von Rauschgiften und Halluzinogenen im rumänischem Raum. Ich verwendete historische und volkskundliche Belege und verfolgte das Phänomen von der Antike bis in die Moderne. Dabei beschäftigte ich mich vor allem mit der Verwendung von Drogen zu magisch-rituellen und religiösen Zwecken. Das folgende Kapitel „Tollkirsche, Alraune, Bilsenkraut und Fliegenpilz" ist eine überarbeitete und erweiterte Variante meines Artikels von 1988.

Mircea Eliades Interesse für die Alraune und die Volksmedizin zeigte sich bereits vor seiner Reise in den Orient. Er schnitt sich den Artikel von A. Candrea über die Tollkirsche in Europa, der 1923 in *Adevărul literar și artistic* [Literarische und künstlerische Wahrheit] erschienen war (CANDREA 2001: 31–37), sorgfältig aus. Das Thema beschäftigte ihn auch in Indien. „Ich arbeite wie verrückt in der *Imperial Library*", schrieb er 1930 in Kalkutta, „die Alraune in der asiatischen Botanik und Fantastik, ein Thema, das sehr aufschlussreich sein wird. […] Jetzt habe ich ein ganzes Arzneibuch im Kopf und wahnsinnige Lust, die Alraune zu enträtseln" (ELIADE 1935b: 231–233). In seinem Artikel über den „Kult der Alraune in Rumänien" (ELIADE 1982) verwendete Eliade u.a. Darstellungen über das Sammeln von Tollkirschen aus dem 1874 erschienenen Werk von Simeon Mangiuca (MANGIUCA 1874: 511ff.). Eliade hielt es für eines der ältesten Werke zur rumänischen Ethnobotanik (ELIADE 1982). Heute weiß man, wie verdienstvoll Mangiucas Werk war, aber auch, welche Lücken es aufweist. Ein grundlegendes Problem ist die willkürliche und konfuse Kategorisierung der Pflanzen in „Heilmittel", „Mythologisches", „Poetisches", „Beschwörungs- und Zaubermittel". In der letzten Kategorie findet sich auch die Tollkirsche. Hasdeu beklagt diese Ungenauigkeit und schreibt: „Mangiucas Arbeit wäre inhaltlich viel methodischer, wenn auch äußerlich nicht so systematisch, wenn er sich damit begnügt hätte, alle Pflanzen alphabetisch anzuordnen und bei jeder hinzuzufügen, was er im rumänischen Volksglauben und in Bräuchen zur jeweiligen Pflanze finden konnte" (HASDEU 1876: 353–361).

Ohne es zu wissen, ahnte Hasdeu bereits, dass ein anderer Simeon der rumänischen Volkskunde – Simeon Marian – seine monumentale *Botanica poporană română* [Rumänische Volksbotanik] auf diese Weise aufzubauen begonnen hatte. Die Arbeit mehrerer Jahrzehnte (1870–1907) ergab dreizehn Bände: zwölf Textbände und ein Herbarium mit sechstausend Blättern und ethnobotanischen Beschreibungen von 520 Pflanzen.

Um seine Monographie so umfassend wie nur möglich zu gestalten, bot Simeon Fl. Marian Artur Gorovei einen Tausch an. In einem Brief vom 1./13. Mai 1897 bot er Gorovei seine gesamte Sammlung rumänischer Redewendungen zum Tausch mit den Notizen zur Volksbotanik an, die Gorovei in Zusammenarbeit mit Mihai Lupescu zusammengestellt hatte. „Ich glaube", beendet Simeon Fl. Marian seinen Brief, „dass sowohl Ihr Werk zu den Redewendungen als auch meines über die Botanik somit komplett werden" (TOROUȚIU 1932: 216). Dieser – jedenfalls in dieser Größe nie dagewesene Tauschhandel – fand statt, allerdings ohne das Wissen und die Zusage Mihai Lupescus, der Marian später aufforderte, die Materialien zurückzugeben. Artur Gorovei veröffentlichte am Ende auch sein Korpus an Redewendungen (GOROVEI 1898), während die *Rumänische Volksbotanik* Simeon Fl. Marians aus unerklärlichen Gründen unveröffentlicht blieb.[2] Erst 2008 erschien der erste von drei geplanten Bänden (A–F) (MARIAN 2008).

---

2   Marians Arbeit blieb über ein Jahrhundert unveröffentlicht. Lediglich 54 Kapitel (von 520) wurden zwischen 1878 und 1907 in verschiedenen Zeitschriften veröffentlicht.

Es gibt bis heute keine weitere so umfassende und wertvolle rumänische Volksbotanik wie die des Ethnographen aus der Bukowina – und es wird wahrscheinlich auch keine mehr geben. Als Simeon Florea Marian 1907 starb, schrieb Nicolae Iorga etwas, das auch nach einem Jahrhundert nichts an Aktualität verloren hat:

Es ist heute unmöglich, wissenschaftlich die Seele des rumänischen Volkes zu ergründen, ohne die nützlichen Bücher zu verwenden, die der fleißige und bescheidene Geistliche, vielleicht ohne sich ihrer ganzen Bedeutung bewusst zu sein, geschrieben hat (IORGA 1907: 40–51).

Dankenswerter Weise druckte die *RITL* 1988 ein unveröffentlichtes Kapitel (zur Tollkirsche). Dadurch wurde aber die Lücke nicht gefüllt, sondern umso sichtbarer. Eine Lücke, die sich immer wieder zeigt. Viele rumänische Forscher, die sich mit Ethnobotanik beschäftigten, konnten Simeon Fl. Marians Manuskript nicht verwenden. Der Ethnograph Valer Butură zum Beispiel schreibt seine *Enzyklopädie der rumänischen Ethnobotanik*, ohne die von Marian gesammelten Informationen zu verwenden. Nicht einmal Mircea Eliade wusste von der Existenz dieses Manuskripts und konnte so die unzähligen ethnographischen, ethnobotanischen und volksmedizinischen Informationen aus allen Regionen Rumäniens zur Tollkirsche nicht verwenden. Es ist unerklärlich, wieso der Religionshistoriker in all seinen Untersuchungen, die sich mit Alraune und Tollkirsche beschäftigen, nicht wenigstens Marians Artikel von 1880 „Mătrăguna și dragostea la români" [Die Tollkirsche und die Liebe bei den Rumänen] (MARIAN 1880) verwendete. Eliade ist bekannt für die Akribie, mit der er Bibliographien zu den von ihm behandelten Themen erstellte. Wenn er diesen Artikel über die Tollkirsche zur Hand gehabt hätte, dann hätte Eliade vielleicht auch sein Buch *La Mandragore et l'Arbre Cosmique* vollenden können, das er 1940 als „in Vorbereitung" (ELIADE 1940–1942: 3) und 1943 als „fast fertiggestellt" (ELIADE 2006a: 205) ankündigt. In jedem Fall wären Eliades Arbeiten zum Kult der Alraune (Tollkirsche) in Rumänien, die er 1933 in *Cuvântul* (Das Wort), 1938 in der Zeitschrift *Zalmoxis* und 1970 im Band *De Zalmoxis à Gengis Khan* ausführlicher und vollständiger gewesen und hätten möglicherweise zu anderen theoretischen Schlussfolgerungen geführt.

Die Veröffentlichungen der Arbeiten von Simeon Fl. Marian über die Tollkirsche und von Mircea Eliade über die Alraune sind nicht nur deshalb wichtig, weil sie längst überfällig waren. Die Gegenüberstellung dieser beiden Texte und damit der beiden Autoren ist auch deshalb bedeutsam, um eine Kontinuität aufzuzeigen. Wie Simeon Fl. Marian war auch Eliade, obwohl er andere Instrumente und Methoden verwendete, sein ganzes Leben lang mit der rumänischen Volkskultur beschäftigt – mit den mythischen und religiösen Aspekten, die so lebendig sind im Donau-Karpaten-Raum. Wie Simeon Fl. Marian interessierte sich der Religionshistoriker für rumänische Ethnobotanik, Pflanzenmythologie und Pflanzenheilkunde und insbesondere für die Alraune. Die beiden waren einen Monat lang Zeitgenossen. Kurz bevor Simeon Marian am 11. April 1907 starb, wurde Mircea Eliade am 9. März 1907 geboren. Es ist, als hätte der eine den anderen abgelöst. Sie teilten die gleiche Leidenschaft, den gleichen Enzyklopädismus, die gleiche Fähigkeit, große Projekte umzusetzen, und sie versuchten, exhaustive, vollkommene, definitive Werke zu schaffen.

Es sollen hier nicht die Unterschiede in der Herangehensweise der beiden untersucht werden. Nicht nur die Methoden unterschieden sich, sondern auch die gesteckten Ziele. Die Unterschiede sind für jeden, der die Werke der beiden kennt, offensichtlich – und im Kleinen für jeden, der die beiden Artikel zu Tollkirsche und Alraune gelesen hat.

Marians Text ist eine klassische Untersuchung der Ethnobotanik und Heilkunde im rumänischen Raum. Für Mircea Eliade sind solche Studien Ausgangsmaterial. Seine Artikel zur Alraune (und zur Volksmedizin im Allgemeinen) sind Forschungen zur vergleichenden Mythologie und zur mythologisch-religiösen Mentalitätsgeschichte. Die Heilkunde beschäftigt sich „mit Glauben und Aberglauben, die seit tausenden von Jahren auf dem Gebiet Rumäniens existierten", schrieb Eliade 1943. „Indem wir sie kennen und entziffern, nehmen wir Kontakt auf zum Inneren unserer Vorfahren und vielleicht können wir spirituelle Werte erkennen hinter den Zaubereien und Quacksalbereien. Volksmedizin ist Teil eines Ganzen, einer in sich stimmigen Sichtweise" (ELIADE 1943: 168).

Im Oktober 1928, direkt vor seiner Reise nach Indien, würdigte Eliade in *Cuvântul* [Das Wort] die Arbeit des Instituts für Medizin- und Pharmaziegeschichte, das Valeriu Bologa in Cluj gegründet hatte, sowie dessen Forschung zur Volksmedizin, eben weil sie unter dem Aspekt der Religionsgeschichte erarbeitet war (ELIADE 2008: 285–289). Zehn Jahre später entschied sich Eliade, eine Zeitschrift für religiöse Studien herauszubringen, um die Forschung zu Volkskunde und Ethnologie in Rumänien zu entstauben: es entstand die Zeitschrift *Zalmoxis*. „Ich hatte [mit der Herausgabe dieser Zeitschrift] vor, die rumänischen Volkskundler zu zwingen, den religionsgeschichtlichen Wert des Materials, das sie zusammentrugen, ernst zu nehmen. Sie sollten aus der philologischen Phase in die Hermeneutik übergehen" (ELIADE 1991e: 15–16). Eliade veröffentlichte die beiden wichtigen Arbeiten zur Alraune nicht zufällig in *Zalmoxis*.

Abb. 1: Anthropomorphe Darstellung der Alraune: männliche und weibliche Alraune. Aus: *Hortus Sanitatis*, Mainz, ca. 1491.

In seinen Arbeiten zur Alraune beschreibt Eliade das Motiv der Pflanze in Zeit und Raum, typologisiert den Glauben und die Legenden und beschreibt das Ritual des Sammelns, Transportierens, Verarbeitens und der Verwendung der Pflanze. All diese charakteristischen Einzelheiten des Szenarios findet man auch in der ethnobotanischen Untersuchung von Marian: Das rituelle Umkreisen, die Nacktheit, die Nachahmung des sexuellen Aktes, das Darbieten spezieller Opfergaben (Mehl, Honig, alkoholische Getränke), Rezitieren von Beschwörungs- und Zauberformeln, verschiedene Voraussetzungen für den Zauber: Ort, Zeit, Kleidung, Verhalten, Gestik usw., die Tatsache, dass man die Pflanzen als „heilig" betrachtete (man legt sie zu Ikonen, unter die Schwelle der Kirche u.a.), die Verwendung als Aphrodisiakum, als Medikament (sogar als Wundermittel), als Rauschmittel, Glücksbringer etc.

Mircea Eliade spricht über den antiken und mittelalterlichen Glauben zum Anthropomorphismus der Alraunenwurzel (auch *Anthropomorphon* genannt) und darüber, dass die Pflanze (die daher auch *Cynospastos* genannt wurde) von einem Hund entwurzelt werden musste. In seiner Arbeit zum Kult der Alraune in Rumänien schreibt Eliade, dass die Rumänen „den Sammelritus mit Hilfe eines schwarzen Hundes nicht kennen" (ELIADE 1982: 233), der in anderen Teilen Europas bekannt ist. Es gibt in Rumänien auch nicht den Glauben oder die Legende des Antropomorphismus der Pflanze, würde ich hinzufügen. Aber es gibt ein paar vage Informationen, die als Zeichen für das Überleben dieses verschwundenen oder stark veränderten Aberglaubens angesehen werden können. In den Apuseni-Bergen zum Beispiel verwendete man für die Ernte der Tollkirsche die Milch einer Hündin (PAVELESCU 1945: 56). Auf der anderen Seite gibt es eine psychotrope Pflanze in der Volksheilkunde, die *Gischtrübe* (*Bryonia alba*), die in der betäubenden Wirkung der Tollkirsche ähnelt, und diese erntete man mit Hilfe eines Hundes. „Es ist ein Kraut von denen, die Macht über die Wesen haben" und die *Kaiserin* genannt wird, wie auch die Tollkirsche. Eine Pflanze, „die Krankheiten des Nervensystems heilt, [...] die von den *Iele*[3] und den Heiligen und all den anderen Kräften des Teufels geschickt werden", schrieb George Coşbuc (COŞBUC 1986). In Transsilvanien band die Sammlerin, die das übliche Ritual bei der Ernte einer Pflanze mit magischen Kräften (Brot und Salz auf die Wurzel legen, „neun Verbeugungen" usw.) beendet hatte, einen Hund an die Gischtrübe und sagte: „Lass einen Hund dich bewachen. Du, Hund, wisse, dass ich dir den Strauch gebe". Sonst „floh" die Pflanze, se „muta" [zog um] – daher auch ihr volkstümlicher Name. Später veränderte sich der Ritus, und an die Pflanze wurde mit einem Faden ein „Hundeknochen oder wenn möglich der Kopf eines toten Hundes gebunden". Es ist „ein heidnischer Volksglaube", beendet Coşbuc einen Artikel von 1908 (COŞBUC 1986).

---

3 Weibliche Figuren der rumänischen Mythologie, denen große Verführungskünste nachgesagt werden.

Abb. 2: Antropomorphe Darstellung einer Alraune, die von einem Hund entwurzelt wurde. Zeichnung nach *Pseudo-Apuleius De herbarum virtutes*, 4. Jahrhundert.

In manchen Gebieten Rumäniens glaubte man, dass nur der Teil der Alraunenwurzel, der der Hand eines Menschen glich, eine magisch-therapeutische Wirkung auf neuropsychische Störungen habe. Die Pflanze wurde personifiziert („Doamnă bună" [Gute Mutter], „Împărăteasă" [Kaiserin]), und in Bessarabien glaubte man, die Wurzel habe die Form des Teufelsgesichts (ȘTEFĂNUCĂ 1937: 210–211).

In der gleichen Studie übertreibt Mirca Eliade meines Erachtens, wenn er schreibt: „Im Übrigen wurden dem Ritual der Alraune zahlreiche Elemente entnommen, um sie auf das Sammeln anderer Zauberpflanzen oder Heilkräuter zu übertragen" (ELIADE: 1982: 206). Ich glaube, die Rolle der Alraune ist in diesem Fall überbewertet. In der archaischen und traditionellen Mentalität enthält die Ernte von Pflanzen mit magischen Kräften nur ein paar spezifische Elemente (je nach Pflanze, zu welchem Zweck sie geerntet wird und natürlich abhängig vom Gebiet, der Epoche etc.), aber das rituelle Szenario ist im Grunde dasselbe.

In einer wichtigen Studie, *Herbarius. Recherches sur le cérémonial usité chez les anciens pour la cueillette des simples et des plantes magiques*, brachte Armand Delatte überzeugende Argumente in dieser Richtung und zeichnete die Eigenschaften dieses Rituals nach, so wie es seit langer Zeit in allen Gebieten Eurasiens bekannt war (DELATTE 1938). Es handelt sich im Grunde um mehrere magische und rituelle Handlungen, kathartischer und apotropäischer Natur, die zum einen den Menschen vor dem unmittelbaren Kontakt mit der Pflanze schützen sollten und zum anderen die magischen Kräfte der Pflanze vor dem Kontakt mit dem Menschen. Es gibt Handlungen, die dazu dienen, die Kräfte der Pflanzen zu schützen und andere, sie zu verstärken. Die Ähnlichkeit der Alraunen-Ernte mit der anderer magischer Heilpflanzen ist nicht durch (auch nur teilweise) Übernahme zu erklären, sondern damit, dass sie alle einem komplexen, gemeinsamen Zeremoniell angehören. Dass dieses im Fall der Alraune am vollständigsten und beeindruckendsten überlebt hat, mit all seinen „dramatischen" Aspekten, ist nur ein Symptom des Prestiges, der Ausnahmestellung, der sich diese Pflanze in der Pflanzenmythologie der rumänischen Volksmedizin erfreut.

In „La mandragore et les mythes de la ‚naissance miraculeuse'" (ELIADE 1940–1942) und auch in „La Mandragore et l'Arbre cosmique" (ELIADE 1980) verwendet Eliade eine gänzlich andere Herangehensweise als Simeon Fl. Marian. Dies betrifft nicht unbedingt die Menge an erbrachter Forschungsleistung, die zeitliche (von der Antike bis in die Moderne) oder räumliche Spanne (von Westeuropa bis Ostasien), sondern vielmehr die Art und Weise des Herangehens. Eliade beschäftigt sich nicht mit der Alraune an sich, sondern mit der Art und Weise, wie sie sich von einem botanischen zu einem mythischen Begriff wandelte, und mit den Gründen für diese Wandlung, deren Tragweite und Auswirkungen. Er beschreibt, wie sich der Schwerpunkt in der Rezeption dieses Motivs verändert. Die Beschreibung der Pflanze und ihrer pharmazeutischen Bedeutung tritt im Mittelalter in den Hintergrund und macht den magischen, mythischen, sakralen Kräften Platz, die bereits in der Antike erwähnt werden, aber in der mittelalterlichen Mythologie aufgenommen, erweitert und zugespitzt sind. Mircea Eliade beschäftigt sich mit der rätselhaften Genese der Alraune, ihrem Anthropomorphismus, ihrer Androgynie, ihren aphrodisierenden und fruchtbar machenden Kräften. Er zeigt den Mechanismus des religiösen Prozesses auf, in dessen Verlauf ein metaphysisches und göttliches Symbol entsteht: Die Alraune wird eine „Pflanze des Lebens und des Todes", eine „heilige Pflanze", eine „Pflanzengöttin".

Ein wichtiger Aspekt bei Mircea Eliade besteht in der Beobachtung, in welchem Maße die therapeutischen und psychotropen Eigenschaften der Alraune für ihren Status als Prototyp der Wunderpflanze mit unzähligen magisch-mythischen Aspekten ausschlaggebend waren. Aber die Frage kann auch andersherum gestellt werden: In welchem Maße führte das magisch-mythische Prestige, das die Pflanze gewann, dazu, dass ihre therapeutischen Fähigkeiten überbewertet wurden? Tatsache ist, dass alle Teile der Pflanze, aber vor allem die Wurzel, die Blätter und die Früchte reich an Alkaloiden sind (Atropin, Belladonnin, Hyoscyamnin, Scopolamin etc.), die eine besonders hohe psychotrope Wirkung haben: Sie verzögern parasympathische Reaktionen, regen das zentrale Nervensystem an und erhöhen den Herzschlag.

Ein Nebeneffekt des Atropin ist die *Mydriasis* (Weitstellung der Pupille) – ein Effekt, der auch heute noch in der Augenheilkunde verwendet wird. Im Altertum verwendeten Frauen den Saft der Tollkirsche, um eine Weitung der Pupille zu erreichen und dadurch schöner zu sein. Die Anwendung der Tollkirsche war wahrscheinlich große Mode, denn er gab der Pflanze ihren Namen: *Belladonna*. Psychotrope Kräfte der Tollkirsche waren bereits in der Antike bekannt (vgl. Dioscurides und Plinius der Ältere). Vermischt mit Opium und Bilsenkrautsaft wurde der Saft der Tollkirsche von der Antike bis ins Mittelalter als Anästhetikum bei chirurgischen Eingriffen verwendet (TATON 1970: 414, 648).

Aber man verwendete die Tollkirsche nicht nur als Schmerzmittel, sondern auch als Aphrodisiakum.

Alraune, gute Mutter,
verheirate mich in diesem Monat,
ich nehme Euch nicht, um jemanden verrückt zu machen,
ich nehme Euch, um jemanden verliebt zu machen   (ELIADE 1982: 221).

Und als Mittel gegen Schlaflosigkeit. Im 12. Jahrhundert empfiehlt beispielsweise Hildegard von Bingen (*Physica* 1, 56) Alraunen gegen Melancholie (ELIADE 1986: 228).

Bei Simeon Fl. Marian finden sich diese Anwendungen in der rumänischen Volksmedizin. Bezeichnend ist die Verwendung der Pflanze als Mittel gegen neuropsychische Leiden, die im Volksmund „bântuială" [Verdruss], „amețeală" [Schwindel], „lipitură" [Kleben (depressive Störung)], „sperietură" [Schrecken], „îndrăcitură" [Vom Teufel besessen sein, Wut] etc. genannt werden. Im 19. Jahrhundert gab man beispielsweise im Gebiet um Bârlad den „vom Teufel Besessenen" (geistig Gestörten) ein Getränk aus Wein und Tollkirsche. Für die gleiche Krankheit verwendete man auch andere Pflanzen: Raute, Gnadenkraut, Günsel, Baldrian etc.

Natürlich heilte die Tollkirsche keine psychischen Leiden, sondern löste sie aus oder veränderte sie. Sie führte auch zu „Wahnsinn" (Delirium) oder gar zum Tod: Tee aus Tollkirschen, so Marian, „tötet oder heilt" den Kranken, der vor der Verabreichung des Gebräus angebunden werden muss, denn „er wird wahnsinnig". Die Tollkirsche ist eine Pflanze, die zum Delirium führen kann. Die Beschreibung des Zustandes nach der Einnahme machte Marian Probleme: „zeitweiser Wahnsinn", „Gesundheitsstörung ähnlich dem Wahnsinn" usw. Die Tollkirsche, schreibt Marian 1880, „hat exzellente therapeutische und aphrodisierende Eigenschaften, so dass es schlecht ist, dass dieses Medikament die Menschen, die es verwenden, verrückt macht" (MARIAN 2000: 81).

Ungefähr zweitausend Jahre zuvor sprach sich Ovid, ein Spezialist in der „Liebeskunst", dagegen aus, den Mädchen Aphrodisiaka zu geben, die wahrscheinlich auch auf der Basis von Tollkirsche oder Alraune (oder Stechapfel) hergestellt wurden. „Blasser Liebestrank, den Mädchen gegeben, auch nützt nicht; Ja er schadet dem Geist, steigert die Liebe zur Wuth." (*Ars amandi* II) (OVID 1861).[4]

Außer der Tollkirsche und der Alraune sind in der rumänischen Volksmedizin verschiedene andere Pflanzen mit giftigen und psychotropen Substanzen bekannt: Gemeiner Stechapfel (*Datura stramonium*), Baldrian (*Valeriana officinalis*), Mohn (*Papaver somniferum*), Krainer Tollkraut (*Scopolia carniolica*), Eisenhut (*Aconitum tauricum*), Gottes Gnadenkraut (*Gratiola officinalis*), Kornrade (*Claviceps purpurea*), Bilsenkraut (*Hyoscyamus niger*), Echtes Herzgespann (*Leonurus cardiaca*), Weiße Zaunrübe (*Bryonia alba*), Wasserschierling (*Cicuta virosa*) u.a. Über die letzten vier wissen wir aus den Werken des Dioscurides (*De materia medica*) und von Pseudo-Apuleius (*De medicaminibus herbarum*), dass sie von den Dakern verwendet wurden.

Das Schwarze Bilsenkraut ist eine halluzinogene Pflanze, die ebenfalls aus der Familie der Nachtschattengewächse stammt, wie die Tollkirsche und die Alraune. Da sie das gleiche Alkaloid enthält und als starkes Schlaf- und Schmerzmittel verwendet wird (es wurde der Rauch der Samen eingeatmet, die man auf glühende Kohlen warf), wurde sie in der rumänischen Volksmedizin häufig mit der Tollkirsche verwechselt. Hier ein paar Rezepte „gegen

---

[4] http://gutenberg.spiegel.de/buch/4724/8 (Zugriff 22. Oktober 2013, 15:50).

Zahnschmerzen" vom Anfang des 19. Jahrhunderts, die im Archiv des moldauischen Volkskundlers Artur Gorovei gefunden wurden. „Über den schmerzenden Zahn gibt man einen Tropfen Bilsenkrautöl" oder „In ein Gefäß mit glühenden Kohlen streut man ein Dram Bilsenkrautsamen und darüber stülpt man eine Schüssel, die das Gefäß abdeckt, damit der Dampf nicht heraus kann. Wenn das Bilsenkraut verglüht ist, nimmt man die Schüssel weg, gießt heißes Wasser darauf und der Kranke atmet mit offenem Mund den Dampf ein, wobei er den Kopf mit einem großen Tuch bis zum Boden bedeckt, damit der Dampf nicht verfliegt, sondern direkt in den Mund geht, wonach der Schmerz nachlassen wird" (SZÉKELY 2006: 235).

Die Daker kannten und verwendeten diese Pflanze und nannten sie *dielleina* (vgl. Dioscurides) oder *dielina* (Pseudo-Apuleius). Dioscurides zum Beispiel ist der Meinung, dass diese Pflanze Wahnsinn und tiefen Schlaf auslöst und schwer zu verwenden ist (CRISAN 2007: 175). Plinius der Ältere beschreibt drei Arten des Schwarzen Bilsenkrauts. Alle drei würden Wahnsinn auslösen und Schwindel (*Naturalis Historia* XXV, 35–37). Die delirogene Wirkung wird bereits mit dem Namen suggeriert. Plinius schrieb, dass die Römer das Schwarze Bilsenkraut *altercum* oder *alterculum* nannten (wahrscheinlich „das Streit hervorruft"), und Dioscurides behauptet, der volkstümliche Name sei *insana* [Demenz, Verrücktheit]. Noch heute wird die Pflanze von den rumänischen Bauern *nebunariță* [Verrücktheit] genannt und von den Ungarn *bolondító* [die dich verrückt macht]. So wird in Transsilvanien auch der Stechapfel genannt: *bolundoriță*, *bolânzeală* oder *turbare* [Tollwut] (MARIAN 2000: 65; IONIȚĂ 1985: 164–165).

Die rumänischen Bauern und Stadtbewohner verwendeten die Tollkirsche nicht nur als Getränk (als Tollkirschentee bei Marian), sondern auch als „Lösung" (Mazeration) in Wein oder Rachiu.[5] Auf diese Weise verarbeitete man auch Opium (daher auch der Ausdruck „Afion trinken") und andere psychotrope Pflanzen. In der Mitte des 19. Jahrhunderts zum Beispiel beschrieb Alecsandri Wirtsleute in der Moldau, die „Rachiu mit Stechapfel" ausschenkten (ALECSANDRI 1977). Mihai Eminescu schrieb 1881 darüber, dass auf den Dörfern Rachiu mit Engelwurz verkauft wurde (EMINESCU 1881). Beide bezogen sich auf jüdische Wirtsleute und trugen damit deutlich zur Verbreitung der Legende bei, nach der Juden Getränke vergiftet hätten. Eine antisemitische

---
5   Aus Früchten oder Getreide gebrannter hochprozentiger Alkohol.

Figur in einem Roman Umberto Ecos behauptet, jüdische Wirtsleute hätten in der zweiten Hälfte des 19. Jahrhunderts in die alkoholischen Getränke, die sie verkauften, Opium und Cantharidin gemischt: „„Der Alkohol', sagte jemand, ‚ist bei den Juden und bei den Freimaurern verbreitet, die ihr traditionelles Gift, das Aqua Tofana, perfektioniert haben. Heute produzieren die einen Giftstoff, der aussieht wie Wasser, aber Opium und Cantharidin enthält. Er erzeugt Apathie und Schwachsinn und führt schließlich zum Tod. Er wird in die alkoholischen Getränke getan und fördert den Suizid" (ECO 2013: 406). Ich habe bereits an anderer Stelle den Mechanismus dieser Legende beschrieben, in *Konstruktionen des Judenbildes* unter dem Unterkapitel „Die Legende von den vergifteten Getränken" (OIȘTEANU 2010: 247ff.).

Es scheint, dass manche Schankwirte (unabhängig von ihrer Religion oder Herkunft) tatsächlich heimlich psychotrope Pflanzen in alkoholische Getränke mischten, um sie „stärker" zu machen. Die Wirte in den Apuseni-Bergen, berichtet Gh. Pavelescu, „legten in das Weinfass ein Stück Tollkirsche [...], denn dann bleibt derjenige, der den Wein trinkt, solange im Wirtshaus, bis das Geld alle ist". Um die Tollkirsche zu finden und nach dem bekannten Ritual zu ernten, wurden zwei Zauberinnen bezahlt, „die wissen, wie man sie erntet". Die Hexen führten dann verschiedene Zaubereien durch, um Kunden in die betreffende Schänke zu locken. Wahrscheinlich kamen die Leute nicht, weil die Tollkirsche „unter das Weinfass" gelegt wurde (als Zauber), sondern weil auch ein „Stück in das Getränk" gelegt und damit die Kundschaft abhängig gemacht wurde von den psychotropen Substanzen, die die Pflanze enthält. „Man sagt auch von manchen Wirten, dass die Leute zu ihnen gehen, weil sie Tollkirsche bekommen" (PAVELESCU 1945: 55).

G.I. Ionescu Marian behauptet, dass Hexen im Königreich (bedrohliche und giftige) Stechapfelsamen in Wein und Rachiu gaben, und „so werden sie vielen den Kopf verdreht haben, auf dass sie alles nach deren Willen tun" (MARIAN 2000: 66). Simeon Mangiuca berichtet 1874 etwas ganz ähnliches von „Rumäninnen im Banat" (MANGIUCA 1874: 511). Ernst Jünger sprach auch von einem Brauch der alten Germanen, verschiedene psychotrope Zutaten in Bier zu mischen, der bis in die Moderne erhalten blieb: „Besonders genannt wird das auch zu den Hexensalben verwandte Bilsenkraut" (JÜNGER 2008: 166). Diese Praxis ist für die Antike dokumentiert. Im 1. Jahrhundert v. Chr. schrieb der römische Autor Sextus Iulius Frontinus in *Stratagemata* über die Verwendung von Wein, der mit Alraune vermischt ist, einer Pflanze, die einschläfernd bis giftig sei (RUDGLEY 2008: 202). Plutarch glaubte, dass Wein, der von einem Weinberg stammt, auf dem Alraunen wachsen, stärker und einschläfernder sei als üblicher Wein.

Mit *mătrăgună* (Alraune oder Tollkirsche) waren manchmal auch andere Pflanzen gemeint: Schwarzes Bilsenkraut, Stechapfel, Krainer Tollkraut. Mircea Eliade unterstreicht, dass es ein ähnliches Phänomen außerhalb Rumäniens gegeben hat: „Übrigens vergessen wir nur nicht, daß in Rumänien derselbe Name Pflanzen gegeben wird, die ganz verschiedenen Arten angehören" (ELIADE 1982: 229, Fußnote 32). Es muss sich dabei um ein ziemlich häufiges sprachliches Phänomen handeln. Die alte iranische Bezeichnung für Hanf, *bangha* – die Pflanze, die verwendet wurde, um im alten Iran ekstatische Trancezustände zu erlangen – wurde bei vielen Völkern in Zentralasien zum allgemeinen Namen verschiedener betäubender Pflanzen, die von den Schamanen verwendet wurden (beispielsweise für Fliegenpilz *Amanita muscaria*), oder aber man verwendete *bangha* synonym für *Narkose* (ELIADE 1974: 399–401). In *Tausend und eine Nacht* bedeutet *bangh* (oder *banj, bandj*) Haschisch aus Cannabis.

Die volkstümliche rumänische Bezeichnung des halluzinogenen Fliegenpilzes, *Amanita muscaria* (der typische Pilz in Kinderbüchern; rote Kappe, weiße Punkte), ist „burete-pestriț" [scheckiger Pilz], „pălăria-șarpelui" [Schlangenhut], „pălăria-dracului" [Teufelshut] oder, am häufigsten, „muscariță" [kleine Fliege]. In Europa wurde sein Gift vor allem als Insektizid verwendet. Gekocht in Milch ist der Pilz ein sehr effizientes Gift gegen Fliegen. So erklären sich die Bezeichnungen in vielen Sprachen Europas: Lat. *Amanita muscaria*, Fr. *l'amanite tue-mouches*, Engl. *fly agaric*, Dt. *Fliegenpilz*, Rus. *muhomor*, Rum. *muscariță* etc. Mitte des 13. Jahrhunderts nannte der Dominikaner Albertus Magnus ihn „tuber muscarum" oder „fungus muscarius" (*De vegetabilibus*, ca. 1250). In kleinen Dosen hat *Amanita muscaria* eine hohe psychotrope Wirkung. Die rumänische Redewendung „doar n-am mâncat bureți" [ich habe doch keine Pilze gegessen] im Sinne von „ich bin doch nicht verrückt", bezog sich auf den (un)freiwilligen Konsum von Fliegenpilzen. In hohen Mengen ist der Pilz tödlich. Agrippina vergiftete wahrscheinlich den Kaiser Tiberius Claudius, ihren Mann, mit Fliegenpilzen, um ihrem Sohn, Nero, zum Thron zu verhelfen. Plinius der Ältere identifiziert den Pilz falsch und wundert sich, wie diese kulinarische Delikatesse den Kaiser vergiften konnte. Aus der Beschreibung Plinius' geht allerdings klar hervor, dass es sich um den Fliegenpilz handelt. „Die giftigen Arten erkennt man leicht an der blaßrothen Farbe […]

und haben oben auf ihrer Haut weisse, tropfenähnliche Tupfen" (PLINIUS 2007b: 99; *Naturalis Historia* XXII, 46).

Die halluzinogene und psychotrope Wirkung dieses Pilzes war nicht nur in Indien und dem Iran bekannt (wahrscheinlich unter dem Namen *soma* oder *haoma*), sondern auch in Nord- und Zentralasien (bei den Schamanen), aber auch in Europa (bei Hexen und Zauberern). Spezialisten sind sich einig, dass der Fliegenpilz als sehr starke Droge von Männerbünden verwendet wurde, um *furor heroicus* und *appetitus mortis* auszulösen; Zustände, die wir bei den klassischen Autoren finden, die die Kriegsbräuche der indo-europäischen Völker, einschließlich die der Skythen, Iraner, Geto-Daker und Germanen, beschreiben (ELIADE 1982: 25; CULIANU 1996; ODOBESCU 1908; DEONNA 1965; RUSSO 1908; MARTINETZ & LOHS 1987: 70–71; FERRAN 1969: 212–213).

Unabsichtliche Einnahme von Rauschmitteln

In der Antike soll es im Gebiet am Schwarzen Meer gemeinschaftlichen, unabsichtlichen Rauschmittelkonsum gegeben haben. Im ersten Jahrhundert berichtet zum Beispiel Plinius der Ältere, dass in der Schwarzmeerregion Bienen Nektar aus der Rhododendronblüte sammelten, die in den Wäldern üppig wuchs, sodass der Honig, den sie produzierten, voller psychotroper Substanzen war. Der Verzehr dieses Honigs führte zu kollektiven Wahnvorstellungen und sogar zum Tod. Der angereicherte Honig wurde *maenomenon* genannt, nach der „Raserei", die er verursachte (gr. μαίνομαι für „verrückt werden"): „Bei den Sannern, deren Gebiet ebenfalls im Pontus liegt, kommt eine andere Art Honig vor, welcher Raserei bewirkt und deshalb der rasende genannt wird. […] Jenes Volk bringt den Römern das Wachs als Tribut, den Honig aber verkauft es nicht, weil er giftig ist" (PLINIUS 2007b: 63; *Naturalis Historia* XXI, 45). Das Motiv dieses mit Giftstoffen angereicherten Honigs wurde ein literarischer Topos bei Iamblichos. In seinem Roman *Babyloniaka* essen zwei Verliebte, die sich in einer Höhle verstecken, von dem Honig der wilden Bienen. Die beiden bekommen einen Starrkrampf, der den Eindruck erweckt, sie seien tot, weil der Honig von Blüten stammt, auf denen sich Schlangengift befand (CULIANU 2006: 116–117).

Über unabsichtliche Vergiftungen mit wildem Honig bei südamerikanischen Stämmen schrieb auch LÉVI-STRAUSS (1966). Der französische Anthropologe unterschied die Arten von „Rauschgifthonig" nach der psychotropen

Wirkung der Blüten, von denen sich die Bienen ernährten: „berauschend", „deprimierend", „aphrodisierend", „aufheiternd" etc. (LÉVI-STRAUSS 1966: 55–59).

Unbeabsichtigte Vergiftungserscheinungen verursachte in Europa der parasitär lebende *Mutterkornpilz* (Claviceps purpurea). Es handelt sich um einen psychotropen Pilz, der auf Roggenähren und anderen Süßgräsern wächst und parasitiert. Auf der Ähre entwickelt sich ein dunkelrotes Sklerotium – das *Claviceps purpurea*. In der Volksmedizin wurde der Mutterkornpilz auf Grund seiner Inhaltsstoffe als blut- und schmerzstillendes Mittel verwendet. Der Pilz enthält Alkaloide (Ergotin, Ergotamin usw.) und Lysergsäure.

Der schweizer Chemiker Albert Hofmann synthetisierte 1943 aus *Claviceps purpurea* eine extrem starke psychedelische und halluzinogene Droge: LSD-25 (*Lysergsäurediethylamid*). Eigentlich wurde dieser psychotrope Pilz aber in der Regel unabsichtlich konsumiert. Die Bauern aßen, ohne die Folgen zu kennen, Brot, das aus mit Mehlkornpilz befallenem Getreide gemacht worden war. Manche Ethnologen glaubten, die Chorea-minor-Epidemien im 18. Jahrhundert in den Niederlanden und anderen Teilen Europas (Polen und Spanien zum Beispiel) ließen sich mit dem Verzehr mehlkornpilzverseuchten Brots erklären. „Seit ein paar Jahren kommt Mehlkornpilz-befallenes Getreide nicht mehr auf den Markt, sondern nur noch in die Hände der Forscher: *Junkies* kauften en gros befallenes Getreide" (CULIANU 2006: 332–333). Aus der unbeabsichtigten Vergiftung wurde eine beabsichtigte ...

Langanhaltende Vergiftung mit Alkaloiden aus dem Mehlkornpilz führte dazu, dass ganze Gemeinschaften in Zentraleuropa erkrankten. Die Krankheit wurde im 15.–18. Jahrhundert belegt und nannte sich *Ergotismus, Kriebelkrankheit* oder *Antoniusfeuer* (oder *ignis sacer*). Schutzheiliger der Kranken wurde der Heilige Antonius (MARTINETZ & LOHS 1987: 72–73).

Der Konsum von Mutterkorn führte höchstwahrscheinlich auch zu erotischen Massenphänomenen (*furor eroticus*), denn der Pilz besitzt auch eine aphrodisierende Wirkung. Denis de Rougemont war der Auffassung, dass „le philtre, le vin herbé" (ROUGEMONT 1939: 15) (im Original, auf Provenzalisch: „li lovendrincs, li vin herbez") aus dem mittelalterlichen keltischen Gedicht *Tristan und Isolde* wegen seiner aphrodisierenden Wirkung wahrscheinlich aus Kornrade war (ROUGEMONT 1939: 118).

Man kann annehmen, dass diese gemeinschaftlichen Vergiftungsphänomene auch auf dem Gebiet Rumäniens vorkamen, da man auf dem Land zum

Brotbacken hauptsächlich Roggen verwendete, Weizen eher selten. Weizen verwendete man beim rituellen Backen, an Feiertagen – für Coliva[6], Colaci[7], Pasca[8], Prescura[9], Cozonac[10], Mucenici[11] etc. Mihai Lupescu, der sich mit der ländlichen rumänischen Küche beschäftigte, schrieb, dass besonders Pita und Brot aus Roggenmehl gebacken wurden (LUPESCU 2000: 57). In einer der von Elena Niculiță-Voronca gesammelten Erzählungen wird Roggen gelobt, weil „er größer ist [als Weizen], höher wächst und alle Menschen sich von ihm ernähren" (NICULIȚĂ-VORONCA 1903: 179). Sogar noch in den dreißiger Jahren belehrt der Arzt Vasile Voiculescu in einem Akt der „Aufklärung der ländlichen Bevölkerung" die Bauern, darauf zu achten, keinen befallenen Roggen zu essen: „Roggenmehl, das zu viel gemahlenes Mutterkorn [Claviceps purpurea] enthält, ist giftig und führt zu einer schweren Krankheit [Ergotismus]". Voiculescu gibt aber auch zu, dass Mutterkorn nicht nur Gift, sondern auch Heilmittel sein kann, das allerdings mit großer Sorgsamkeit verwendet werden muss: „Dieses Heilmittel sollte nur vom Arzt, der Hebamme oder einem Sanitäter verordnet werden" (VOICULESCU 1935: 78).

Auf dem Gebiet Rumäniens konnte es auch zu Massenvergiftungen mit Mutterkorn durch den Konsum von Roggenschnaps (*Secărică* – Diminutiv von *secară* – Roggen) kommen, wenn der Roggen vom Mutterkornpilz befallen war. Auch für die Herstellung von Schnaps (*Rachiu*) wurde Roggen bevorzugt, vor allem bis zum Frieden von Adrianopol (1829), da das Osmanische Reich bis dahin das Monopol über die Weizenernte in den Rumänischen Fürstentümern innehatte (OIȘTEANU 2004).

Manche Autoren berichten davon, dass halluzinogene Getränke aus befallenem Roggen in prähistorischer Zeit absichtlich produziert und für Fruchtbarkeitsrituale verwendet wurden. Es gibt noch weitere Formen unabsichtlicher, gemeinschaftlicher Einnahme von Rauschmitteln. Man könnte auf die Vergiftung mit halluzinogenen Pilzen, die aus Versehen gegessen wurden, eingehen. Aber hierbei handelt es sich um Ausnahmen – in der Regel kannten sich Bau-

---

6   Ein Gericht aus gekochtem Weizen, das orthodoxe und katholische Gläubige zu Ostern bereiten.
7   Hefezopf, der zu Weihnachten gegessen wird.
8   Osterkuchen.
9   Rundes oder kreuzförmiges Brot, das Teil der othodoxen Liturgie ist.
10 Hefekuchen, der zu Weihnachten und zu Ostern gebacken wird.
11 Hefegebäck, rund oder in Form einer Acht, das für die vierzig Märtyrer von Sebaste steht (wird am 9. März gefeiert).

ern mit essbaren Pilzen aus – und betroffen ist immer nur eine kleine Anzahl von Personen, meist die Mitglieder einer Familie. Interessanter sind Vergiftungen durch Brot aus Weizenmehl, das mit Kornrade vermischt war (FERRAN 1969; LAUGIER 1925; BUTURĂ 1979: 167). Das Problem war weit verbreitet, vor allem im Altertum, als es noch keine mechanischen und chemischen Mittel der Unkrautvernichtung gab. „Möge das schlechte Gras auf dem Feld vergehen!"[12] ist ein Topos aus der Mitte des 19. Jahrhunderts, aber auch einer aus der Landwirtschaft. Vasile Alecsandri wusste, wie Kornrade sich auf das Nervensystem auswirkt. Der Text seines Gedichtes geht weiter: „Möge die Feindschaft im Land vergehen!" An die Stelle von Feindschaft tritt Harmonie.

Im Evangelium, im Gleichnis vom Unkraut auf dem Acker, ist das Unkraut die Pflanze des Teufels: „Der Feind, der sie sät, ist der Teufel" (MATTHÄUS 13, 39).[13]

Der Parasit muss herausgerissen und zerstört werden: „Lasset beides miteinander wachsen bis zur Ernte; und um der Ernte Zeit will ich zu den Schnittern sagen: Sammelt zuvor das Unkraut und bindet es in Bündlein, daß man es verbrenne; aber den Weizen sammelt mir in meine Scheuer" (MATTHÄUS 13, 30). Brot, das mit Kornrade vermischt ist (oder Süßgräsern), ist nicht nur bitter, sondern hat auch eine berauschende Wirkung, die zu Schwindel und anderen Störungen führen kann. Der volkstümliche Name der Pflanze im Französischen ist *ivraie* (von *ivresse*) und im Italienischen *capogirlo* [Schwindel]. Kornrade ist eine giftige und berauschende Pflanze, die sich nicht einmal zur Fütterung eignet. Sie muss verbrannt werden, wie schon im Evangelium geschrieben.

Auf dem Gebiet Rumäniens wird sie mit Aufruhr und Streit in Verbindung gebracht: „In die Wiege hast Du mir Kornrade gelegt,/auf dass ich niemals Ruhe haben werde", heißt es in einem siebenbürgischen Volkslied. Die Redewendung „a semăna neghină" [Kornrade (bzw. Unkraut) säen] bedeutet Unheil stiften. Die griechische Bezeichnung der Pflanze *zizania* hat in die rumänische Sprache als *zâzanie* (oder sogar *zizanie*) Einzug gehalten mit der Bedeutung „Streit, Unstimmigkeit". Der lateinische Name des Schwarzen Bilsen-

---

12 = Beginn der zweiten Strophe der stark vom nationalen Ideal geprägten *Hora Unirii* (Tanz der Einheit), einem Gedicht von Vasile ALECSANDRI, das 1856 das erste Mal veröffentlicht und zum Symbol der „Vereinigung" der Fürstentümer Moldau und Walachei unter Alexandru Ioan Cuza wurde.

13 Interessant ist, dass Luther mit Unkraut übersetzte, während in der sogenannten Bukarester Bibel explizit von „neghină" [Kornrade] die Rede ist [Anm. JR].

krauts (*altercum*) – ähnelt semantisch dem griechisch-rumänischen Namen der Kornrade (*zâzanie*). Beide Pflanzen verursachen bei übermäßigem Verzehr Streit, Unstimmigkeit und Zwietracht.

In einigen Dokumenten aus der ersten Hälfte des 19. Jahrhunderts wird das Vermischen von Weizen und Roggen oder Kornrade für das Brotbacken ausdrücklich verboten. Die orthodoxe Diözese in Vârşeţ (im Südbanat) zum Beispiel forderte die Bevölkerung 1831 nach einer großen Choleraepidemie durch ein Rundschreiben dazu auf, kein „schlechtgebackenes Brot" zu essen, „das aus rohem Getreide, vermischt mit Roggen und Kornrade gemacht ist" (LEU 1993: 21).

Nicht nur der unabsichtliche Verzehr von Kornrade und Schwarzem Bilsenkraut verursacht Streit und Unruhe in der Gemeinschaft, sondern auch der Verzehr der Alraune. 1973 schrieb Jaroslav Pelikan dem Religionshistoriker Mircea Eliade in einem Brief, dass in der slowakischen Umgangssprache das Wort *mandragora* nun „nervöse oder unruhige Person" bedeute. Er gab als Beispiel einen Satz aus einem Werk des slowakischen Schriftstellers Janko Kráľ aus der Mitte des 19. Jahrhunderts an, in dem es heißt: „*Palko Budinsky, mandragore smelá*" („Palko Budinsky, ein nervöser und draufgängerischer Mann").[14] Und auch die Bauern in Transsilvanien glauben: „wenn man die Alraune unter die Menschen wirft, dann streiten sie sich" (FOCHI 1976: 202). Oder Hexen glauben, wie Simeon Florea Marian schreibt, dass verzauberte Tollkirschenblätter „Zwietracht und Hass bringen zwischen zwei Menschen, die sich lieben" (OIŞTEANU 2011: 510).

Im Gedicht *Buruiana asta* [Dieses Gras] aus dem Band *Una sută una poeme* [Einhundert eins Gedichte] schreibt Tudor Arghezi über „den Tollkirschenstrauch", der sich „heimlich" in den Weizenacker „einschleicht". Und im Alten Testament wachsen „die Früchte der Alraune (*dudaim*)", die aphrodisierende Wirkung haben (von Jakob und Lea getestet), im Roggenfeld: „Ruben ging aus zur Zeit der Weizenernte und fand Liebesäpfel auf dem Felde und brachte sie heim zu seiner Mutter Lea" (*Genesis* 30, 14–16). In Arghezis Gedicht hat die Tollkirsche die gleiche Rolle wie die Kornrade im Gleichnis des Säemanns (MATTHÄUS 12, 39) – obwohl er gute Saat gesät hat, erntet er Weizen mit Kornrade.

---

14 „Scrisori inedite. Tucci, Queneau şi Pelikan către Mircea Eliade" (Unveröffentlichte Briefe. Tucci, Queneau und Pelikan an Mircea Eliade), herausgegeben von Mircea HANDOCA, *România literară*, Nr. 31, 2006.

Der heimliche Tollkirschenstrauch
Wächst gemeinsam mit dem Weizen.
Er hat sich eingeschlichen
Beim Umgraben, beim Säen.
Und hat so viele Wurzeln geschlagen,
Dass Ackerreich voll davon ist,
Wo der Nährboden das beste Wachstum verspricht
Dort wächst er am höchsten (ARGHEZI 2004: 270, m.Ü.).

Über unbeabsichtigte Rauschzustände durch Hanf bei französischen und russischen Bauern berichtet auch Charles Baudelaire in *Les Paradis artificiels* (1860):

La tête du moissonneur est pleine de tourbillons, d'autres fois elle est chargée de rêverie. Les membres s'affaiblissent et refusent le service. Nous avons entendu parler de crises somnambuliques assez fréquentes chez les paysans russes, dont la cause, dit-on, doit être attribuée à l'usage de l'huile de chènevis dans la préparation des aliments (BAUDELAIRE 2000: 102).

Auch auf rumänischem Gebiet war es verboten, neben oder in einem Hanfacker zu schlafen, der gerade gemäht worden war.
Baudelaire berichtet auch über den Rausch von Tieren, die Hanfsamen gefressen hatten:

Qui ne connaît les extravagances des poules qui ont mangé des graines de chènevis, et l'enthousiasme fougueux des chevaux, que les paysans, dans les noces et les fêtes patronales, préparent à une course au clocher par une ration de chènevis quelquefois arrosée de vin? (BAUDELAIRE 2000: 102).

Auch andernorts gab es berauschende Wirkungen auf Tiere. In einem Text, der 1666 in der britischen Zeitschrift *Philosophical Transactions* erschien, heißt es:

Die Türken nahmen nicht nur selbst Opium, um stark zu sein und mutig, sondern gaben es zum gleichen Zweck auch ihren Pferden, Kamelen und Dromedaren, wenn die Tiere ihnen auf der Reise müde oder geschwächt erschienen (LUCA 2004: 145).

Interessant ist, dass man Ende des 18. Jahrhunderts in Indien dem Pferd eines Boten Opium gab, wenn es ohne Pause hundert Meilen laufen musste. Auch der Reiter nahm Opium, aber eine geringere Dosis, versichert uns der englische Arzt Erasmus Darwin (Charles Darwins Großvater) 1789 in *Loves of the Plants* (BOON 2005: 23).

Zur gleichen Zeit gab man im rumänischen Raum einem Pferd, das von einer Schlange gebissen worden war, Theriak, ein starkes Opiat. „Schneide eine Scheibe Brot ab, schmiere sie mit Theriak ein, gib sie dem Pferd zu fressen und reibe die Wunde damit ein" (Mss. BAR Nr. 842, 1819).

Rumänische Bauern verwendeten auch verschiedene Drogen beim Jagen und Fischen. Zum Beispiel wurden Pflanzen mit berauschender Wirkung in das Wasser der Flüsse gegeben. Die benebelten Fische konnten dann mit der Hand oder einem Netz eingefangen werden. Das sind archaische Fischtechniken, die nur in manchen Gebieten überlebt haben. Wir finden sie beispielsweise bei bestimmten Indianerstämmen in Südamerika. Dort wird eine Pflanze namens *timbo* verwendet: „Im Xingu-Gebiet hat man mir beigebracht, wie man es verwendet. Mit diesem einen Betäubungsmittel kann ich umgehen, die Indios des Amazonas- und Orinoco-Beckens kennen aber noch viele andere" (POPESCU 1992: 223).

Räucherungen mit Cannabis und anderen halluzinogenen Pflanzen – von Herodot bis Strabon

Die älteste Erzählung darüber, wie eine psychotrope Pflanze von den Thrakern verwendet wurde, verdanken wir dem römischen Geographen Pomponius Mela (1. Jahrhundert). Er beschrieb, die Praktiken der Thraker bei großen Festen: „Sobald aber beim Mahl über das Feuer, um das sie lagern, bestimmte Samenkörner gestreut werden, ergreift sie aus dem Rauch eine dem Rausch ähnliche Fröhlichkeit" (MELA 1994: 97).

Zwei Jahrhunderte später berichtet Solinus, ebenfalls römischer Geograph, fast genau diesen thrakischen Brauch: „Beim Essen setzen sich die Männer um die Feuerstelle, werfen Samen der Gräser, die sie haben, in das Feuer und nachdem der Rauch seine Wirkung getan hat, sind ihre Sinne betäubt und sie empfinden eine Fröhlichkeit, die der Trunkenheit ähnelt" (*Collectanea rerum memorabilium* 10, 5). Die Thraker veranstalten solche Räucherungen bei Feiern (bei Solinus handelte es sich um eine Hochzeit) als Alternative zum Rausch des Weintrinkens.

So offensichtliche Ähnlichkeiten in den beiden Texten, auch in anderen Passagen über die Bräuche der Thraker, machen mich glauben, dass die beiden Autoren, entweder dieselbe, unbekannt gebliebene, Quelle aus vorchristlicher Zeit verwendeten, oder aber Solinus die Informationen von Mela übernahm. Eines jedenfalls ist sicher: beide berichten von den Thrakern, und Pomponius Mela nennt in einem vorherigen Paragraph explizit die Geten.

Nicht so sicher dagegen ist der Name der Pflanze, deren Samen verwendet wurden. Die meisten Autoren sind sich sicher, dass es sich um Cannabis handelt, und manche haben *Cannabis indica* identifiziert, deren Blätter und Samen reich an *Cannabinol* sind und eine euphorisierende und anregende Wirkung haben. Aber diese Art des Cannabis wächst normalerweise nicht in Europa, sondern im Iran oder in Zentralasien. Im Gebiet zwischen Karpaten und Donau wurde seit jeher eine wesentlich weniger berauschende Pflanze angebaut: *Cannabis sativa*, aus dem man Stoff herstellte. „Die Thraker machen aus Hanf Kleidung", schrieb Herodot in seinen Historien (IV, 74). Es könnte also sein, dass es in den Erzählungen von Pomponius Mela und Solinus um eine andere Pflanze geht, zum Beispiel um Schwarzes Bilsenkraut.

Andere Ethnobotaniker sind der Auffassung, dass es sich bei *Cannabis indica* und *Cannabis sativa* um die gleiche Pflanze handele, die je nach ihren klimatischen Bedingungen entweder mehr psychotrope Substanzen oder mehr Fasern produziert. Arion Roşu war sogar der Meinung, dass eine unterschiedliche botanische Einordnung der Cannabispflanze nicht zu begründen sei. „Der scheinbare Unterschied resultiert vielmehr aus der Biologie und der Charakteristik dieser Pflanze. Sie produziert Fasern oder Harz – je nachdem, ob das Klima gemäßigt, tropisch oder subtropisch ist" (HONIGBERGER 2004: 342, 283).

Der siebenbürgische Apotheker Honigberger, der in Indien lebte, in Lahore (heute Pakistan), vertrat in der ersten Hälfte des 19. Jahrhunderts eine ähnliche Meinung (HONIGBERGER 2004: 102, 244). Zur gleichen Zeit sagte Baudelaire, die zwei Pflanzensorten – „europäischer Hanf" („französischer" – sagte Baudelaire) und „indischer Hanf" – seien aus der gleichen Familie, aber verschieden. Auch „französischer Hanf" berausche den Mäher und beschere ihm ungewollte Träumereien, aber er eigne sich nicht dafür, als Haschisch verarbeitet zu werden, auch nicht nach vielen Versuchen, schrieb Baudelaire mit unverblümtem Verdruss: „Cependant le chanvre francais est impropre à se transformer en hachisch, ou du moins, d'après les expériences répétées, impropre à donner une drogue égale en puissance au hachisch" (BAUDELAIRE 2000: 102).

Im Grunde hatte der Streit in Europa in der Mitte des 18. Jahrhunderts begonnen. Der Schwede Carolus Linnaeus hatte in seinem Werk *Species plantarum* (1753) dem Hanf nur eine Bezeichnung gegeben: *Cannabis sativa*. Der Streit brach sofort aus. Der französische Naturwissenschaftler Jean-Baptiste de Lamarck war der Auffassung, dass eine Unterscheidung zu machen sei zwischen *Cannabis sativa* (der in Europa wächst und hoch und faserig ist) und *Cannabis indica* (der in Asien wächst, niedrig ist und psychotrop). Später wurde auch eine Bezeichnung für wild wachsenden Hanf vorgeschlagen: *Cannabis ruderalis*. „This dispute remains unsettled", fasst Marcus Boon zusammen (BOON 2005: 168).

Wenn wir aber dennoch davon ausgehen, dass die Thraker Hanf für ihre Räucherungen verwendeten, gibt es folgende Möglichkeiten:

- entweder sie verwendeten Samen von Zuchthanf (*Cannabis sativa*);
- oder Samen einer Sorte des wilden Hanfs;[15] „Er wächst wild, wird aber auch gesät" (HERODOT, *Istorii* IV, 74) und „Der Hanf wuchs anfangs nur in Wäldern, seine Blätter sind dunkler und rauher" (PLINIUS 2007b: 47; *Naturalis Historia* XX, 259);
- oder aber die Thraker hatten es geschafft, *Cannabis indica* einzugewöhnen. „Viele Pflanzen kamen von Indien nach Persien und von dort […] nach Europa", schrieb Mircea Eliade 1931 in Kalkutta. Im 10. Jahrhundert berichtet der persische Arzt Abu Mansur, wie *Cannabis indica* (*bhang*) auf diesem Weg von Indien in den Iran kam (ELIADE 1931: 223);
- oder sie besorgten sich die Samen dieser Hanfsorte bei anderen Völkern aus dem Osten (wahrscheinlich den Skythen).

Der Brauch der Skythen am Nister und Dnepr, Hanfräucherungen zu veranstalten, ähnelt in weiten Teilen dem Brauch der Thraker. Herodot berichtet,

---

15 In der rumänischen Volksmedizin werden neben *cânepă sălbatică* [wilder Hanf] auch die Bezeichnungen *cânipă sălbatică* und *cânepioară* (*Eupatorium cannabinum*) verwendet (BRĂTESCU 1985: 76). 1790 bemerkte Baron Pierce Balthazar von Campenhausen, dass in Bessarabien „wilder Hanf weite Teile des Landes bedeckt" (HONIGBERGER 2004: 341).

dass die Skythen den Brauch in einem eigens dafür gebauten Zelt im Rahmen eines Reinigungsrituals bei Begräbnissen durchführten:

Die Samenkörner dieses Hanfes nehmen die Skythen, kriechen damit unter die Filzdecken und legen sie auf jene glühenden Steine. Diese fangen an zu rauchen und erzeugen einen so starken Dampf, daß wohl kein griechisches Schwitzbad dieses Dampfbad übertrifft. Die Skythen freuen sich über das Schwitzbad und heulen vor Lust. Das sind ihre Bäder. Im Wasser baden sie überhaupt nicht (HERODOT, Historien IV, 73–75).

Es handelt sich um das älteste Dokument, in dem von der rituellen Verwendung von Rauschgiften auf dem Gebiet des heutigen Rumänien die Rede ist. Herodots Angaben werden durch archäologische Entdeckungen gestützt. In einem skythischen Grab, einem *Kurgan*, entdeckte man folgende Objekte: Einen Lederbeutel mit Fell, in dem sich Cannabis befand, große Bronzevasen mit Steinen und das Gerüst eines Zelts für die Räucherungen (ASCHERSON 2007: 79). Ohne Herodots Text wäre es schwer gewesen, den Sinn dieser Grabbeigaben zu verstehen.

Für „cânepă" [Hanf] verwendet Herodot den griechischen Begriff „kannabis". Ernst Jünger schlug eine interessante Etymologie vor: „Der Name der Pflanze ‚Cannabis' hat Ursprünge und Verwandtschaften in sehr alten Sprachen wie der assyrischen; ‚Konabos' war ein griechisches Wort für Lärm. Es deutet auf die teils heiteren, teils aggressiv-erregten Ausbrüche hin, in denen sich der Hanfrausch zu äußern pflegt" (JÜNGER 2008: 274). Sophokles, ein Zeitgenosse Herodots, assoziiert *kannabis* mit dem thrakischen Musiker Thamyris (aus der gleichnamigen Tragödie), den die Musen erblinden ließen, weil er damit geprahlt hatte, er könne besser singen als sie (DANA 2008: 70).

Für Herodot ist dieser Brauch der Skythen ungewöhnlich und unbekannt. Natürlich interpretiert der griechische Historiker dieses Ritual als Reinigungsritual. Felicia Vanț schreibt über diese Passage: „Herodot verwechselt zwei Dinge: Dampfbäder zur Reinigung zum einen und Räucherungen mit Hanfsamen am Ende eines Begräbnisses zum anderen, bei dem die Skythen „Schreie" ausstießen (wahrscheinlich eine Art Klagelieder), im Glauben, durch diese die Seele des Toten vertreiben zu können" (VANȚ-ȘTEF 1961: 519).

Schon 1873 interpretierte der Historiker Alexandru Odobescu Herodots Text ganz ähnlich: „Der hellenische Schriftsteller verwechselte zwei verschiedene Sitten der Skythen: Nämlich einerseits die Dampfbäder, die noch heute bei den Russen üblich sind, bei denen sie Dampf erzeugten, indem sie Wasser auf im Feuer erhitzte Steine gossen, und auf der anderen Seite das Verbrennen der Früchte [Samen] einer Pflanze, die [...] sie ins Feuer warfen, um sich mit deren Rauch zu berauschen [...]. Bei dieser Pflanze handelte es sich um Hanf, *kannabis*, der in Skythien sowohl wild wuchs als auch angebaut wurde".[16]

Vasile Pârvan geht davon aus, dass die Skythen, auf die sich Herodot bezieht, eigentlich „Geto-Skythen" gewesen seien. Tatsächlich lebten in dem Gebiet zwischen den Flüssen Tyras (Dnister), Borysthenes (Dnepr) und Istru (Donau) Skythen und Geten, letztere nannten sich *tyregeți* (*tyregetae*) (STRABON, *Geografia* VII, 3, 17). Es geht also um Geten in der Nähe des Flusses Tyras/Dnister, wie auch Cantemir schrieb. Pârvan behauptet, ohne Argumente heranzuziehen: „Die rituellen Hanfräucherungen wurden von den Helenen falsch verstanden." – und bezieht sich auf Herodot. Es handele sich, so Pârvan, um medizinische Handlungen und nicht um „eine besondere Berauschung an Stelle des Alkoholgenusses" (PÂRVAN 1982: 89). Aus der Perspektive des Historikers Pârvan entspricht die Behauptung, die „Geto-Skythen" hätten sich mit Hanf berauscht (und sei es auch mit rituellem Hintergrund), einer Beschmutzung der idealisierten Geschichte der Geten.

Am Rande sei bemerkt, dass die geto-skythischen Stämme in dieser Gegend („an den Ufern des Flusses Borsythenes") sich nicht nur mit dem Rauch von Pflanzen, sondern auch mit bewusstseinserweiternden Getränken berauschten. Plinius der Ältere sprach im ersten Jahrhundert von verschiedenen „magischen Kräutern" und „Wunderpflanzen", die die Weisen verwendeten. Plinius lernte sie über Pythagoras und Demokrit kennen, „die auf den Wegen der persischen Zauberer wandelten". Ein Trank aus diesen Pflanzen löst „schreckliche und bedrohliche Halluzinationen", „Delirium und wundersame Visonen" und „wahrsagerische Fähigkeiten" aus.

Eine dieser Pflanzen, die von den Forschern als Cannabis identifiziert wurde (MCKENNA 1992: 156), soll im Norden Persiens wachsen, aber auch im Osten des europäischen Kontinents, und zwar „an den Ufern des Flusses Borsythenes". Es ist genau die gleiche Ortsbeschreibung wie die der „Geto-Skythen", die, laut Herodot, Reinigungsriten bei Begräbnissen mit Räucherungen mit Cannabis durchführten. Laut Plinius handelt es sich um eine Pflanze,

---

16 BOLLIAC, Cesar: „Archeologia. Usul fumatului din timpii prehistorici", *Trompeta Carpaților*, Nr. 1045, 4./16. Februar 1873. Die polemische Antwort von ODOBESCU, Alexandru: „Fumuri archeologice scornite de un om care nu fumează", *Columna lui Traian*, Nr. 4, 15. Februar 1873, 49–51. Und die Antwort von BOLLIAC, Cesar: „Archeologia", *Trompeta Carpaților*, 11./23.März 1873, 1–2.

die Lachen auslöst und *Gelotophyllis* genannt wird: „Die Gelotophyllis in Bactrien und am Borysthenes soll, mit Myrrhe und Wein genommen, bewirken, dass man allerlei Gestalten sehe und nicht eher zu lachen aufhöre, bis man Palmwein mit Pinienkernen, Pfeffer und Honig getrunken habe" (PLINIUS 2007b: 169; *Naturalis Historia* XXIV; 164).

Kommen wir zurück zu Herodot und den Räucherungen mit psychotropen Pflanzen. Er berichtet von einer anderen Art der Räucherung bei den Massageten (ein Volk aus dem Gebiet zwischen Kaspischem Meer und Aralsee):

Es sollen sich noch andere Bäume bei ihnen finden, die Früchte besonderer Art tragen; wenn die Massageten in Gruppen zusammenkommen, zünden sie ein Feuer an, setzen sich im Kreis herum und werfen die Früchte ins Feuer. Von dem Geruch der hineingeworfenen verbrannten Frucht werden sie trunken wie wir Griechen von Wein. Je mehr Früchte sie hineinwerfen, umso trunkener werden sie, bis sie zum Tanzen aufstehen und zu singen beginnen. Solches erzählt man sich von der Lebensweise dieser Leute" (HERODOT 2004: 74; *Historien* I, 202).

Diesmal spricht Herodot nicht von einem magisch-rituellen Kontext, was nicht heißt, dass es ihn nicht gegeben hat.

Ähnliche Praktiken erscheinen zwei Jahrtausende lang bei den Nachfahren der Massageten, den Osseten im Nordkaukasus, die bis heute die einzige (indoeuropäische) Sprache sprechen, die von denen, die die pontischen Skythen sprachen, überlebt hat. Es ist ein kulturell isoliertes Gebiet, ohne größere Einflüsse von außen. Das Überleben der Sprache stützt die These vom Überleben der Rituale. Zu Beginn des 19. Jahrhunderts beschrieb der Orientalist Julius Klaproth folgendes Ritual der Osseten: Sie setzen sich in einer Höhle um ein Feuer, wo sie Ziegen opfern und essen. Dann werfen sie Zweige eines Buschs, eines Rhododendrons, *Rhododendron caucasicum* ins Feuer. Die Osseten berauschen sich mit dem Rauch und fallen dann in einen tiefen Schlaf: „Die Träume, die sie dann haben, werden als Vorhersagen angesehen" (GINZBURG 2005: 178). Hier ist der rituelle Kontext ganz offensichtlich (die Höhle, die Opferung von Tieren, rituelles Essen, Betäubung, *Incubatio*, Weissagung im Traum usw.).

Am Ende des 19. Jahrhunderts war Erwin Rohde der Meinung, dass die Pflanze, deren betäubenden Rauch die Traker, Skythen und Massageten einatmeten, *Cannabis indica* war, aus der man Haschisch gewinnt (ROHDE 1991:

II, 17–18). Mircea Eliade war, wie Ioan Coman, Ioan Petru Culianu, Cicerone Poghirc, Zoe Petre u.a., der Meinung, dass der Name der thrakischen Priester Kapnobatai „der durch den Rauch geht" bedeute. Für den Priester Ioan Coman jedoch war der „giftige Geruch der auf glühenden Ziegeln verbrannten Hanfsamen eine Naivität Herodots und hat keinerlei Verbindung mit *Kapnobatai*" (COMAN 1939: 106). Mircea Eliade versteht unter dem Begriff eine „Ekstase, die durch Hanfrauch ausgelöst wird. Etwas, das Skythen und Thraker kannten". „In diesem Fall waren die Kapnobataii Tänzer und Hexer (Schamanen) bei den Mösiern und Geten, die Hanfrauch verwendeten, um extatische Trancezustände zu erreichen" (DELATTE 1938: 57; ELIADE 1974: 390).

Ioan Petru Culianu und Cicerone Poghirc waren auch der Meinung, dass *Kapnobatai* übersetzt werden sollte mit „die durch den Rauch gehen". Sie brachten außerdem ein paar neue Aspekte hinzu: „Das Epitheton Kapnobatai kann sich auf eine Praxis beziehen, die Pomponius Mela erwähnt, wenn er sagt, dass manche Thraker nicht Wein als Rauschmittel verwendeten, sondern den Rauch von Feuer, in das sie Samen warfen, deren Aroma Euphorie auslöste. Im *Lexikon* des Hesychios von Alexandria steht unter dem Wort *kannabis* (Hanf), dass die Samen des Hanfs verbrannt wurden, so dass durchaus Cannabis sativa als die betäubende Pflanze erkannt werden kann, die Pomponius [Mela] erwähnt" (PETRE 2004: 228–230).

Zoe Petre ging vorsichtig an die Frage heran und meinte, dass *Kapnobatai* „eine Anspielung auf Räucherungen mit ekstatischer Wirkung sein könnte. [...] eine Verbindung zwischen dem Syntagma *die durch den Rauch* gehen, wie sie bei Poseidonios vorkommt und der Betäubung durch den Rauch aromatischer Pflanzen, von denen Mela und Solinus sprechen, scheint logisch, bleibt aber eine Vermutung" (PETRE 2004: 228–230).

Ein Schüler der Historikerin Zoe Petre, Dan Dana, wies Eliades, Culianus und meine Argumente ab, dass skythische und trakische Priester Räucherungen mit betäubenden Pflanzen durchführten, um Ekstase zu erreichen. Er geht davon aus, dass die Räucherungen (nicht unbedingt mit *kannabis*) von ihnen als „einfache Reinigungsrituale durchgeführt wurden und es nicht ihr Ziel war, Ekstase, Trance oder überwältigende Erfahrungen zu verursachen". Seine Schlussfolgerungen sind allerdings konfus: „Der Akzent, den Culianu bei Rauschmitteln setzt, ist beeinflusst von der aktuellen westeuropäischen Beliebtheit dieser Substanzen (die allerdings für andere Zwecke verwendet werden). Wie Burkert bemerkt wurde die Rolle der Drogen in religiösen Kontexten offensichtlich erst in jüngster Zeit erforscht, denn sie werden niemals glauben, dass es Wunder ohne Drogen gegeben habe" (DANA 2008: 70, 374).

Dan Dama ist der Auffassung, meine Interpretationen, die Räucherungen mit *Cannabis* seien von den Geto-Dakern zu rituellen Zwecken verwendet worden und Deceneu habe sie eingesetzt, um den rituellen, dyonisischen Besäufnissen ein Ende zu setzen, schwankten zwischen „streitbar" und „äußerst unwahrscheinlich". Und dies, weil ich „stark von Eliade beeinflusst sei" (DANA 2008: 70, 77). Obwohl ich, laut Dana, einer der „offensten und westlichsten rumänischen Intellektuellen" sei, hätte ich – wie meine Kollegen – „Schwierigkeiten, die politische Vergangenheit Eliades zu verstehen, zu ertragen und zu erklären sowie größte Probleme, seinen Mythos anzutasten".[17] „Und schlimmer noch, selbst wenn [diese Intellektuellen] beginnen zu akzeptieren, dass Eliade sich für die Eisernen Garde eingesetzt hat, sind sie nicht bereit, einen Einfluss auf sein ‚wissenschaftliches Werk' zu akzeptieren, das für sie unantastbar bleibt" (DANA 2008: 376). Es handle sich um „elitäre" Gelehrte im Umkreis der *Revista 22*, die zum „intellektuellen Establishment" gehörten und eine „trunkene Bewunderung" für Eliade hegten. All das klingt sehr nach Gedanken und Äußerungen der *Grupul pentru dialog social* [Gruppe für Sozialen Dialog].

Ich habe meine Meinung über das Leben und Werk Mircea Eliades schon mehr als einmal geäußert und auch meine Meinung darüber, wie und ob seine politischen Entgleisungen in den dreißiger Jahren Einfluss auf seine Theorien als Religionstheoretiker hatten (OIȘTEANU 2007). Leider politisiert Dan Dana Probleme, bei denen es einzig und allein um Ethnobotanik, Riten, Heilungskünste und mythisch-religiöse Phänomene geht.

Über diese Art der Ideologisierung schrieb Mitte der dreißiger Jahre Eliades Freund Mihail Sebastian:[18]

---

17 Mircea Eliade unterstützte 1937 aktiv die antisemitische und faschistische Eiserne Garde im Wahlkampf und war von 1940–1945 Propagandabeauftragter an ausländischen Botschaften für die pro-faschistische Bukarester Regierung. Einblicke in das intellektuelle Milieu Bukarests, in dem Eliade und sein Doktorvater Nae Ionescu Hauptakteure dessen sind, was Ionesco später als „Rhinocerisation" beschreiben wird – nämlich die Ausbreitung des Antisemitismus und der dumpfe Opportunismus der (intellektuellen) Gesellschaft –, bietet Mihail Sebastians Tagebuch: SEBASTIAN, Mihail (2004): *Voller Entsetzen, aber nicht verzweifelt. Tagebücher 1935–1940*. Übers. von Edward KANTERIAN, Roland ERB, Larisa SCHIPPEL. – Berlin: Claassen (Anm. JR).

18 Zur Freundschaft mit Eliade, der ihm aus Angst, der Kontakt mit einem Juden könnte ihm schaden oder vielleicht eben nur, weil er Jude war, aus dem Weg ging, schrieb Sebastian: „Eine

Verfolgen sie nur die Verheerungen, die heute die Wörter „rechts" oder „links" anrichten. Der Sinn dieser Wörter hat sich krankhaft ausgedehnt – von der Politik in die Kultur, in die Kunst und in die Literatur. [...] Ich sehe den Tag voraus, an dem es eine faschistische und eine radikale Botanik, eine reaktionäre und eine progressistische Chemie, eine liberale und eine konservative Algebra geben wird. Es wird beschlossen werden, dass bestimmte Pflanzen bürgerlich und andere marxistisch sind. [...] Die Menschheit geht mit großen Schritten auf ein Polizeiverständnis der Welt zu. Mit jedem Tag verarmt die Komplexität, schwinden Mysterien, vereinfacht sich die Existenz und alles, was jahrhundertelang die Herzen und Köpfe der Menschen bewegt hat, hängt erniedrigt zwischen den Zähnen dieser Zange mit aufgerissenem Maul: Rechts-links.[19]

Cesar Bolliac vertrat 1873 die Meinung, dass die Daker Rauch „von Mohn und vor allem Hanf „einatmeten" oder „von einem anderen betäubenden Strauch", und zwar nicht nur, indem man die Pflanzen ins Feuer oder auf glühende Steine warf, sondern man rauchte sie auch in langen Pfeifen aus schwarzem Ton mit „einer dünnen Röhre". Diese Objekte fand er bei einer Ausgrabung in Muntenien, in den Kreisen Romanați, Ialomița und Dolj. Deshalb schloss Bolliac, dass *Kapnobatai*, als Bezeichnung für die thrakischen Priester nicht mit „die im Rauch umhergehen" sondern, „die [Pfeife] rauchend umhergehen" übersetzt werden müssten.

Mehr noch, Bolliac war der Meinung, dass die „dakischen Pfeifen" auf dem rumänischen Gebiet überlebt hätten, denn sie ähnelten sehr stark den Pfeifen, die die Rumänen noch im 19. Jahrhundert verwendeten: „sie gleichen den sogenannten rumänischen Pfeifen".

Alexandru Odobescu widerspricht in einem Pamphlet den Schlussfolgerungen Bolliacs. Die Skythen, Thraker und andere inhalierten tatsächlich den Rauch betäubender Pflanzen, schreibt Odobescu, aber sie verwendeten keine Pfeifen. Er war der Meinung, Cesar Bolliac habe Halluzinationen, ließe sich treiben in „Vorstellungswelten" berauscht vom „archäologischen Rauch aus

---

Anstellung zu verlieren – beim *Cuvântul*; einen Menschen, dem gegenüber ich mich verpflichtet fühlte – Nae Ionescu; eine Reihe von Freunden – Ghiță Racoveanu, Haig, Marietta, Lily, Nina und schließlich den ersten und letzten Freund, Mircea, – alles, absolut alles zu verlieren, das kann mit 30 Jahren kein Desaster sein, sondern eine Erfahrung, die reif macht" (SEBASTIAN 2005: 198) (Anm. JR).

19 Mihail SEBASTIAN: „Despre o anumită mentalitate huliganică", *Rampa*, 27. März 1935; s. SEBASTIAN (2002): 621–622.

prähistorischen Pfeifen". Odobescu räumte ein, dass Archäologen in Westeuropa (der Schweiz, Deutschland, Frankreich und Großbritannien) tatsächlich antike Pfeifen aus Ton, Eisen oder Bronze gefunden haben, aber dass solche Objekte bei Völkern im Rest des Kontinents weder archäologisch noch dokumentarisch nachgewiesen werden konnten.[20]

Es könnte sein, dass sich Odobescu getäuscht hat. Neben den „prähistorischen Pfeifen aus schwarzem Ton" von Bolliac gibt es auch ein paar dokumentarische Nachweise. Plinius der Ältere beschrieb beispielsweise die Verwendung einer Art Pfeife, bei der das dünne Röhrchen aus Schilf war [lat. *Arundô*]: „Anhaltenden Husten soll man dadurch vertreiben; dass man die ganze Pflanze trocknet, anzündet, den dadurch entstehenden Rauch vermittelst eines Rohres einzieht und hinunterschluckt; aber bei jedem Zuge müsse man einen Schluck Rosinenwein nehmen" (PLINIUS 2007b: 212; *Naturalis Historia* XXVI, 16).

„Wir müssen davon ausgehen, dass alle Völker Skythiens Räucherungen verschiedener Art und aus verschiedenen Gründen vorgenommen haben: die einen, um nach dem Essen fröhlich zu sein, zu singen und zu tanzen; andere, um ihre Gesundheit zu fördern. Für ersteres rauchten sie Hanf, für das Zweite Oregano und für letzteres berauschten sie sich mit Gladiolenrauch. [...] Nirgends ist die Rede von Pfeifen" (ODOBESCU 1955: 111), schrieb Odobescu, denn die Pflanzen wurden direkt ins Feuer oder auf glühende Steine geworfen. Das letzte Argument ist, dass auf der Traianssäule keine Daker zu sehen sind, die Pfeife rauchen: „Traian hätte nicht so viel Kraft gebraucht, um die Daker zu bezwingen, wenn er auf ein Volk getroffen wäre, dass sich am Kopf kratzt mit der Lulapfeife im Mund, oder das mit Leidenschaft an der Wasserpfeife zieht" (ODOBESCU 1955: 115).

Ohne seinen Namen zu nennen, macht er sich auch in seiner *Istoria archeologiei* [Geschichte der Archäologie], die er 1877 veröffentlichte, über Bolliacs Theorie zu den „dakischen Lulapfeifen" lustig: „Wenn deutsche Archäologen vor zweihundert Jahren dachten, dass antike Tonvasen von allein im Boden wachsen, warum sollten wir uns dann um die Wasserpfeifen der Daker sorgen, die heute bei uns aus der Erde kommen? Die Deutschen stehen heute an der Spitze der Archäologie. Wir sollten uns aber bemühen, meine Herren, nicht

---

20 BOLLIAC, Cesar: „Archeologia. Usul fumatului din timpii prehistorici", *Trompeta Carpaților*, Nr. 1045, 4./16. Februar 1873. Die polemische Antwort von: ODOBESCU, Alexandru: „Fumuri archeologice scornite de un om care nu fumează", *Columna lui Traian*, Nr. 4, 15. Februar 1873, 49–51. Und die Antwort von BOLLIAC, Cesar: „Archeologia", *Trompeta Carpaților*, 11./23.März 1873, 1–2.

auch zweihundert Jahre zu brauchen, um so absurde und burleske Irrtümer auszuräumen" (ODOBESCU 1961: 159).

Alexandru Odobescu war nicht vom Neid über berufliche Erkenntnisse getrieben. Er versuchte den Enthusiasmus der Laien zu dämpfen und Dilettanten aus der Archäologie zu verdrängen – einer Wissenschaftsdisziplin, die sich in Rumänien seit dem 19. Jahrhundert *in statu nascendi* befand. Odobescu wollte auch den Anspruch Bolliacs als professionellen Archäologen dämpfen, der sich mit dem Amt des Präsidenten des *Comitetul arheologic* schmückte. Über die archäologische Rubrik in Bolliacs Zeitschrift *Trompeta Carpaților* [Die Trompete der Karpaten] schreibt Odobescu, er habe eine „meisterhafte aber leichtfertige Feder" und „die starke Vorstellungskraft eines Dichters und Journalisten", die er aber „nicht immer zügeln kann" (ODOBESCU 1908: 115).

I.H. Crișan lieferte interessante Argumente zur Tatsache, dass asketische Priester der Geten und Mösier, Kapnobatai, „Anhänger der Lehre des Zalmoxis waren" (HORAȚIU 1986: 389). Wenn dies der Wahrheit entspricht, kann man sich die Frage stellen, ob die Räucherungen mit Hanf (oder anderen betäubenden Pflanzen) ein Mittel waren, um Ekstase im Rahmen eines Kultes, der von Zalmoxis eingeführt worden war, auszulösen.

Das wären neue Erkenntnisse zu den Räucherungen. Pomponius Mela, Solinus und, wie wir sehen werden, Pseudo-Plutarch schreiben über Festessen bei den Thrakern, an denen ausschließlich Männer teilnahmen (Solinus ist kategorisch, was das betrifft) und bei denen Räucherungen mit betäubenden Samen stattfanden. Aber die zitierten antiken Autoren gehen fälschlich davon aus, dass dieser Brauch eine „dem Rausch ähnliche Fröhlichkeit" auslösen soll. Natürlich war diese Praxis der Thraker (wie auch ähnliche der Skythen, Iraner, Schamanen usw.) nicht dafür gedacht, Euphorie, Ekstase, Trance oder einen bestimmten *furor religiosus* (ELIADE 1974: 394–402) auszulösen.

Wahrscheinlich beschreiben die antiken Autoren rituelle Mahlfeiern, an denen nur (bestimmte) Männer teilnehmen durften. Und Herodot erzählt in einer sehr bekannten Passage (PLINIUS *Historien* IV) über rituelle Mahle, an denen nur Männer teilnahmen und die in einem Andreon („Männertempel") stattfanden, der nur zu diesem Zweck erbaut wurde. Im Rahmen dieser Rituale führte Zalmoxis seine Neubekehrten (die ausgesucht waren unter den „Spitzen" der Gemeinschaft) in die Lehre ein, deren Hauptcharakteristik und Praxis in der Unsterblichkeit und Unsterblichmachung der Seele lag. Platon, Herodots Zeitgenosse, schrieb, dass die „Mediziner Zalmoxis' [...] das Handwerk beherrschen, Dich unsterblich zu machen", weil ihre Behandlungen und Beschwörungen „vor allem die Seele" heilten und nur mittels der Seele den Körper (SEVASTOS 1990: 80). Unter den „Behandlungen des Zalmoxis", die Platon aufzählt, erwähnt Vasile Pârvan „Räucherungen mit Hanfsamen" (PÂRVAN 1982: 89).

Constantin Daniel eröffnete das Kapitel des Freiheitsentzugs in Höhlen oder unterirdischen Räumen, dem sich die geto-dakischen *homines religiosi* unterzogen, neu (DANIEL 1984: 6–7). Als Psychiater versuchte er, bestimmte Aspekte der geto-dakischen Religionslehre mit Halluzinationszuständen (visuellen, auditiven und taktilen) zu erklären, die sich bei den Priestern und Neubekehrten nach langem Sinnesentzug (sensorischer Deprivation) in der Dunkelheit und Ruhe der Kavernen und Höhlen, in denen sie sich selbst isolierten, zeigten. Daniel beschrieb, dass sensorische Deprivation halluzinogene und entheogene Effekte hervorruft.

Andererseits stellte er fest, dass solche Halluzinationen denen, die durch Betäubung mit Pflanzenextrakten entstehen, sehr ähnlich sind. An anderer Stelle, wo es auch um sensorische Deprivation ging, räumt der Autor ein, dass es möglich sei, dass die geto-dakischen Priester Räucherungen mit *Cannabis indica* vornahmen (DANIEL 1980: 226).

Ein von den Forschern wenig beachteter antiker Text, in dem von ähnlichen Praktiken wie den bereits beschriebenen die Rede ist, ist im *De fluviorum et montium nominibus* (circa im 2. Jahrhundert) enthalten, das Plutarch zugeschrieben wird. Die Passage, die mich interessiert, betrifft die Thraker südlich der Donau, sehr wahrscheinlich die Odrysen, die in der Nähe der Mariza lebten. *Odrysium pariter Getico foedavimus Hebrum//sanguine ...* [Ich habe den odrysischen Hebrus (Mariza) mit getischem Blut befleckt] steht bei Claudius Claudianus (*Panegyricus de Tertio Consulatu Honorii Augusti* 147–148).[21] Pseudo-Plutarch berichtet folgendes: „Neben dem Fluss [Hebrus], über den ich sprach, wächst eine Pflanze, die dem Oregano ähnelt, dessen Spitzen die Thraker schneiden und – nachdem sie sich gesättigt haben mit den Speisen, die sie aus den Körnern machen – werfen sie sie ins Feuer und atmen den so entstandenen Rauch, berauchen sich und fallen dann in einen tiefen Schlaf" (*De fluviorum et montium nominibus* III, 3).

In dieser Passage finden sich grundlegende Elemente der Texte von Pomponius Mela und Solinus wieder: Bei einem Festmahl inhalieren die Thraker

---

21 *Fontes Historiae Dacoromanae* 1970: 169.

den Rauch einer psychotropen Pflanze, der eine Art „Rausch" auslöst. Es stellt sich aufs Neue die Frage, um welche Pflanze es sich handelt.

Es könnte eine Art Oregano (*Origanum vulgare*) sein, der ein flüchtiges Öl enthält, das reich an Thymol und Carvacrol ist und sedierend und antispastisch auf das zentrale Nervensystem wirkt (wie auch Atropin, Papaverin usw.). Es ist eine Pflanze, die in der rumänischen Volksmedizin häufig Anwendung findet, auch als Analgetikum und Sedativum (BUTURĂ 1979: 220). Aber im Grunde könnte auch eine andere psychotrope Pflanze gemeint sein, auch Hanf, deren Blüten sehr viel reicher sind an Alkaloiden als die Samen.

Geben wir schließlich, am Ende des Kapitels über das Inhalieren des Rauchs psychotroper und medizinischer Pflanzen bei antiken Völkern aus dem Osten des Kontinents, Plinius dem Älteren des Wort. Der römische Naturforscher schrieb: „…er erzählt als ein merkwürdiges Faktum, die Barbaren zögen mit dem Munde den Rauch des Krautes ein, um die Milz zu vertreiben und gingen keinen Tag eher aus, als bis sie diesen Rauch eingenommen hätten, denn dieses mache sie munterer und kräftiger (PLINIUS 2007b: 71; *Naturalis Historia* XXI, 69).

Im Mittelalter führten europäische Ärzte die *Cannabis-Therapie* ein. Mitte des 18. Jahrhunderts zum Beispiel empfahl ein Gelehrter von der Größe eines Villard de Honnecourt eine Infusion aus Weißwein, Blättern wilden Hanfs, Hanfsamen und anderen kleingehackten Pflanzen als Balsam, der jede Wunde heilen kann (GIMPEL 1983: 127).

Mitte des 16. Jahrhunderts bestellte Alexandru Lăpușneanu häufig in der „Apotheke" der siebenbürgischen Stadt Bistrița verschiedene therapeutische Substanzen, darunter auch *Cannabis* (IZSÁK 1979: 133). Das Wort *Apotheke*, das aus dem Deutschen kommt und in Siebenbürgen gebräuchlich war, muss im Rumänischen, vor allem in der Moldau und in Muntenien, häufig erklärt werden. Dimitrie Cantemir übersetzte beispielsweise das Wort „apotecar" [Apotheker] (umgangssprachlich „poticar" oder „poticăraș" mit „derjenige, der Kräuter als Medikamente verkauft" (*Istoria ieroglifică* [Hieroglyphische Geschichte] 1703–1705: 72). Vasile Pârvan schrieb 1926, dass „Räucherungen mit Hanfsamen", wie sie bei den Skythen und Thrakern attestiert wurden, eine „bis heute gängige Praxis unserer Bauern" sei (PÂRVAN 1982: 89). Cesar Bolliac schrieb 1873 ebenfalls über die Daker, die angeblich Hanf aus Tonpfeifen rauchten (was er als archäologische Entdeckung präsentierte), dass „bis heute die Bewohner Dakiens verschiedene narkotisierende Pflanzen rauchen" (BOLLIAC 1973).

Leider haben weder Cesar Bolliac noch Vasile Pârvan Beispiele geliefert, aber ihre Aussagen sind korrekt. In Oltenien, der Moldau aber auch in anderen Gebieten des Landes wurden Hanfsamen fast auf die gleiche Art und Weise verwendet wie zweitausend Jahre später. „Du beräucherst Dich damit, wenn dir die Ohren wehtun", schrieb Simeon Fl. Marian am Ende des 19. Jahrhunderts (MARIAN 2008: 417). Gegen verschiedene Schmerzen (Kopf, Zahn, Ohren usw.) legte man in einen „neuen Topf" brennende Kohle, auf die man Hanfsamen warf (*Cannabis sativa*), dessen Rauch inhalierte der Kranke mit einem Handtuch über dem Kopf (BOT 2008: 60–62). Ebenso ging man bei Zahnschmerzen in der Moldau im 19. Jahrhundert vor – mit Schwarzem Bilsenkraut (*Hyoscyamus niger*) (SZÉKELY 2006 & MARIAN 1885: 211). Und in einer anderen Formulierung: „Mit Schwarzem Bilsenkraut beräuchert man sich bei Zahnschmerzen" (HASDEU 1972: 337).

In rumänischen Dörfern beräucherte man sich bei Pestepidemien mit getrocknetem Stechapfel (*Datura stramonium*) oder mit seinem Samen – daher auch der rumänische Name der Pflanze im Volksmund.[22] In einem Manuskript von 1788 wird die Beräucherung mit „Sommerhanf" empfohlen bei depressiven Verstimmungen und Herzdrücken (Mss. BAR nr. 3750, 1788). Im selben Manuskript wird zur Behandlung von Husten das Inhalieren von Rauch eines psychotropen Pilzes empfohlen: „Bei Husten soll man den Rauch von „burete de cruce" („Kreuzpilzen") einatmen, mit abgedecktem Kopf" (HASDEU 1972: 337).

„Will man Krankheiten vertreiben", schreibt Simeon Fl. Marian, „dann beräuchere man das Haus mit *Erdrauch*, und sie werden verschwinden" (MARIAN 2008: 677). Es handelt sich um eine Pflanze aus der Familie der *Papaveraceae* (Mohngewächse) und wird im Rumänischen *fumăriță* [Räucherchen] genannt. Manche dieser Pflanzen fand man beim Apotheker oder beim Krämer – Berufe, die in der Moldau vor allem von Juden ausgeübt wurden. Eine Figur bei Ion Creangă, Jupân Strul aus Târgul-Neamțului, Krämer, verkaufte in seinem Krämerladen außer „Schminke" und „Salben" (aus Medizinkräutern), auch „Rauch und andere Gifte" (*Moș Nichifor Cotcariul* (Herr Nichifor der Scharlatan), 1877).

---

22 Die rumänische Bezeichnung für Stechapfel ist „ciumăfaie" und „ciumă" ist das rumänische Wort für Pest (Anm. JR).

Vasile Voiculescu schrieb in seinem Handbuch zur Volksmedizin *Toate leacurile la îndemână* [Alle Mittel bei der Hand] 1935 unter „Rauch" folgendes: „Es wird Rauch gemacht mit getrockneten Tollkirschenblättern und Stechapfel, kleingehackt und mit Salpeter gemischt. Dieser Rauch hilft bei Asthma (Ersticken) mit erstickendem Husten. Das Pulver wird auf einen Teller gehäuft und angebrannt. Das Pulver brennt und darüber steht der Kranke mit offenem Mund und atmet den Rauch ein. Mit Rauch vom Schwarzen Bilsenkraut werden die beräuchert, die Zahnschmerzen haben" (VOICULESCU 1935: 99).

Im Apuseni-Gebirge und dem Gebiet Muscel gab man bei Geburtsschmerzen Tee aus Hanfsamen (RĂDULESCU-CODIN & MIHLACHE 1999: 72), und in Oltenien heilte man mit Hanftee „verwirrte Träume" (LAUGIER 1925: 81). Die Rutenen in der Bukowina und die Bulgaren in der Dobrogea badeten in Hanfblüten (*Cannabis sativa*) gegen Anämie, Konvulsionen und Muskelatrophie (LEON 1903: 29). Die Rumänen in der Bukowina trockneten Sommerhanf und kochten ihn „mit Honig in starkem Schnaps als Medikament gegen Leistenbruch" (MARIAN 2008: 418). Dr. Dem. E. Paulian nennt Hanf aus dem Handbuch der Volksmedizin als Pflanze, die „weitläufige Verwendung findet bei nervösen Störungen" (PAULIAN 1940: 42–43).

Artur Gorovei nennt in seiner Untersuchung *Descântecele românilor* (Zauberformeln der Rumänen) aus dem Jahr 1931 unter dem Kapitel „Wie bespricht man?" unter anderem „Samen des Hanfs" und „Hanf" (GOROVEI 1985: 82). Der Ethnologe Nicolae Bot, der Glauben und mit Hanf verbundene magische Praktiken untersuchte, glaubt, dass sie auf Grund der narkotischen und heilenden Kräfte entstanden sind. „Seine heilende oder schmerzlindernde Wirkung führte, wie in anderen Fällen dazu, dass um die Pflanze herum eine Aura der Religiosität aufgebaut und aufrecht erhalten wurde, die dafür sorgte, dass der Glaube und die Praktiken, die mit ihm in Verbindung standen, aufblühten" (BOT 2008: 62).

Zum Schluss etwas Persönliches. Ende der sechziger Jahre saß ich mit ein paar Schäfern in einer Sennhütte im Apuseni-Gebirge am Feuer. Von Zeit zu Zeit warf einer eine Handvoll getrockneten Hanf ins Feuer, der ein paar Minuten lang einen starken Geruch erzeugte. Als ich ihn fragte, was er da tat, antwortete er ausweichend, wie es Bauern zumeist tun, wenn ein „Herr aus der Stadt" indiskrete Fragen stellt: „Na ... das ist so ein Brauch bei uns. Ich würze mir die Luft".[23]

---

23 Ich verwendete diesen alten Volksbrauch in einem Roman: „[Der Mönch] warf eine Handvoll

Wein und Efeu – Zalmoxis *vs* Dionysos

Ich füge hier ein paar Seiten zur Verwendung von Wein ein, da auch er eine psychotrope Substanz auf Pflanzenbasis ist – ein Getränk, das eine wesentliche Rolle spielte bei der Entwicklung ritueller und religiöser Praktiken. Außerdem wurden mit Hilfe von Wein und anderen alkoholischen Getränken (Rachiu) auch noch andere im engeren Sinn narkotisierende und halluzinogene Substanzen hergestellt.

Genau wie Tabak ist auch Wein im rumänischen Volksmythos ein „Kraut des Teufels". Und die Legenden zu den Ursprüngen dieser beiden Pflanzen ähneln sich sehr. Tabak wie auch Wein sind gewachsen aus einem Pups, den der Teufel in einer Grube gelassen hat, die dann mit Erde abgedeckt wurde. Andere ätiologische Legenden sehen im Wein ein göttlich-teuflisches Gemeinschaftsprodukt. Als Gott den Wein schuf, war er gut, süß und ohne Alkohol (rum: „must" für neuen Wein, Federweißer, Sturm), aber dann hat der Teufel seinen Schwanz hinein gehalten, „und seitdem werden die Menschen betrunken".[24] Eine typisch bogomilische Lösung der Situation. Es müssen also die manichäistischen Ursprünge dieser Legende in der rumänischen Volkskunde gesucht werden. Der Wein war, laut den Manichäisten, das Gift des Fürsten der Finsternis, notierte Emil Cioran in seinem Tagebuch (CIORAN 1997).

Nach der hebräischen Literatur zur Bibelexegese (*Midrash Tanhuma* 58) entstand der Wein in einer Zusammenarbeit zwischen Noah und dem Teufel. Nach der Sintflut pflanzt Noah Wein (*Genesis* 9, 20). Es ist die erste Pflanze, die in der neuen Welt nach der Sintflut wächst. Aber der Teufel gießt Lamm-, Löwen-, Affen- und Schweineblut an die Wurzel des Weins, sodass der Wein dazu verurteilt war, den Betrunkenen in diese vier Tiere zu verwandeln: der Reihe nach, je nachdem, wie viel er getrunken hatte. Moses Gaster verfolgte die Geschichte dieses Motivs der *Condemnatio Uvae* von der hebräischen Literatur bis zur *Gesta Romanorum* und von der byzantinischen Literatur bis zur Volksliteratur auf dem Balkan (GIRARD 1972). Aus letzterer hat es Anton Pann entnommen und verwendete es in seiner *Povestea vorbii* [Geschichte des Worts]: „Der arme Wein ist zu sehr verflucht/Und über ihn ist alles Schlechte

---

getrockneten Hanf ins Feuer, mit dem er die Luft würzte" (OIȘTEANU, Andrei (2005): *Cutia cu bătrâni* [Kiste mit Alten]. – Bukarest: Cartea Românească).

24 Siehe: MUȘLEA & BÂRLEA 1970: 542; HASDEU 1984, Bd. 2: 18, *Legendele populare românești* 1981: 374; PAMFILE 1913: 152–155; CULIANU 1995: (265.

gerufen" (PANN 1982: 94–95). Das Motiv kam lange Zeit vor, zum Beispiel beim symbolistischen Dichter Mircea Demetriade in seinem Singspiel *Renegatul* [Der Renegat] (1893): „Aber ich sehe den ausgebreiteten Tisch, den Wein, der dich betäubt,/Und jederzeit in ein Schwein verwandelt, die Trunkenheit ist verflucht" (DEMETRIADE 1893: 7).

Die mythologische Verbindung zwischen Trunkenheit und dem Teufel ist also dauerhaft. Dionysos und die Dämonen in seinem Gefolge (Satyr, Silenos, Faunus, Priapos usw.) waren im kollektiven Imaginären Europas die Prototypen des Teufels (halb Mensch – halb Bock, pervers, lüstern …). Eigenartigerweise kommt das christliche Bild des Teufels nicht aus der judaischen sondern aus der griechischen Mythologie. Es war also klar, dass der Teufel als Erbe sowohl den Weinstock als auch das berauschende Getränk des Dionysos übernommen hat.

Einige dionysische Zeremonien haben sich auf dem Gebiet des Balkans lange Zeit gehalten. Das belegen juristische Texte der phanariotischen Herrscher Mihai Racoviță (1765) und Grigore III. Ghica (1766) aus der zweiten Hälfte des 18. Jahrhunderts. So war die *Brumaria* verboten – ein Fest zu Ehren Dionysos', der auch *brumu* oder *Bromios* [der Lärmer] genannt wurde. Diese Feste – erklärt das Gesetz aus dem 18. Jahrhundert – wurden von Heiden begangen, damit sie ein gutes Jahr haben, also mit dem gleichen Ziel, mit dem es auch heute gefeiert wird. Im Herbst bat man die Menschen ausdrücklich, nicht zu jauchzen: „Auch keine Jauchzer soll er machen, wenn der Wein in Fässer gefüllt wird", denn „es ist dieser Freudenschrei, den die Heiden ausstießen, wenn sie den Wein in Krüge gossen, was ebenfalls verboten ist" (VULCĂNESCU 1970: 275–280).

Im Unterschied zum Anbau und Genuss von Tabak, die erst seit dem Ende des 16. Jahrhunderts auf dem Balkan attestiert sind, wird der Anbau und Konsum von Wein im Raum zwischen Karpaten, Donau und Schwarzem Meer durch archäologische Funde (Rebmesser, Amphoren) und antike Erzählungen belegt.

Claudius Aelianus zum Beispiel schrieb: „Was sodann die Thracier betrifft, so sind diese schon längst als große Trinker berüchtigt und überall bekannt" (AELIANUS 1990; *Varia historia* III, 15). Die Griechen verwendeten die Redewendung „trinken wie ein Thraker". Pomponius Mela schrieb, dass die Thraker die Reifung der Weintrauben künstlich beschleunigten, durch „Aufschütten von Laubwerk" (MELA 1994: 95). Als Augenzeuge notiert Ovid, dass die Geten den Wein gefrieren ließen, wahrscheinlich für einen höheren Alkoholgehalt. Auf jedem Fall werden die Methoden, die Mela und Ovid beschreiben, bis heute von den rumänischen Bauern angewandt.

Platon berichtet seinerseits, „die Skythen und Thraker dagegen, bei denen Männer und Weiber bei jeder Gelegenheit ungemischten Wein trinken und sich die Kleider mit demselben begießen, glauben, damit einen schönen und beseligenden Brauch in Übung gebracht zu haben" (PLATON *Gesetze* I, 637 E, Übers. von Franz SUSEMIHL). Das klingt nach dionysischen Gelagen. Erstens unterstreicht Platon bewusst, dass an diesen (wahrscheinlich rituellen) Trinkgelagen auch Frauen teilnahmen, die sonst keinen Wein trinken durften (Plutarch, *Quaestiones romanae* 6), was er nicht getan hätte, wenn dies übliche Praxis gewesen wäre.

Zweitens war ungemischter Wein (ohne Wasser) ein typisch dionysisches Getränk: „In der ersten Zeit, nachdem der Wein erfunden war, hatte man noch nicht gelernt, ihn mit Wasser zu mischen und trank ihn lauter", schrieb Diodor, da „Wein, lauter getrunken, einen Zustand des Wahnsinns hervorbringt" (DIODOR 1831: 364). „Auch vertreibt ein Trunk kalten Wassers sofort den Rausch", ist bei Plinius zu lesen (PLINIUS 2007b: 120; *Naturalis Historia* XXIII, 23). Herodot schreibt, dass auch die Skythen Wein ohne Wasser tranken: „Dabei habe Kleomenes, so erzählt man, allzu viel mit den Skythen, die deswegen nach Sparta kamen, verkehrt und sich dabei das Trinken ungemischten Weines, mehr als gut war, von ihnen angewöhnt. Die Spartiaten glauben, das habe ihn zum Wahnsinn gebracht. Seit dieser Zeit sagen sie, wenn sie den Wein einmal kräftiger trinken wollen: „Reich ihn auf skythische Art!" (HERODOT 2004: 414; *Historien* VI, 84).

Aber die wichtigste Information zur Weinrebe und dem Wein bei den Geto-Dakern ist die Prohibition, die Deceneu zur Zeit der Herrschaft Burebistas (82–44 v.Chr.) einführte. Strabon vergleicht Deceneu mit Orpheus und dem pythagorischen Zalmoxis und erzählt: „Von jener Folgsamkeit der Geten diene zum Beweise, dass sie sich bereden ließen, den Weinstock auszurotten, und ohne Wein zu leben" (STRABON 1831: 535). Dieses Ereignis scheint in manchen Legenden fortzuleben, in denen ein Herrscher beschließt, „dass Not und Elend nur dadurch ausgemerzt werden können, dass man den Weinstock entfernt, der Wein liefert, der den Kopf verdreht" (BUTURĂ 1979: 250).

So wichtig und bedeutsam Deceneus Tat war, so inadäquat und wenig wurde sie kommentiert und erklärt. Vasile Pârvan war so damit beschäftigt, zu zeigen, wie edel und gerecht das geto-dakische Volk war und welch hohe moralische Ansprüche es hatte und dass er einen so orgiastischen Brauch wie den dionysischen nicht annehmen konnte, dass er diese wichtige Tat des Priesters ganz klein werden ließ. „Die Weinanbaugebiete, die Deceneus aufgab, werden nicht so groß und die Rebsorten keine besonderen gewesen sein" (PÂRVAN 1982: 85).

1985 dachte der Ethnograph Gheorghe Iordache, die Entscheidung sei eine Entscheidung der Staatsräson (IORDACHE 1985: 245) gewesen, und Ion Horațiu Crișan war 1986 der Meinung, sie sei nicht von Deceneu, sondern von Burebista gefällt worden, „um gesündere Sitten in seinem Volk einzuführen".

Der ansonsten achtbare Autor I.H. Crișan scheint dem Ceaușescu-Kult und der hölzernen Sprache der achtziger Jahre zu erliegen: „Eine solche Maßnahme schreibt sich ein in die Sachlichkeit und Maßhaftigkeit, die der große König bevorzugte" (CRIȘAN 1986: 140).

Die unangebrachteste Erklärung stammt meines Erachtens vom christlich-orthodoxen Priester und Theologen Ioan Coman. Die Überraschung ist umso größer, da sein Artikel Anfang der vierziger Jahre in einer bedeutenden Zeitschrift erschienen ist: *Zalmoxis,* eine Zeitschrift für religiöse Studien, die von Mircea Eliade herausgegeben wurde. Die wichtigsten Wörter sind „Mäßigung", „spirituelle Askese" und sogar „Primat der Seele". Unter der Devise *mens sana in corpore sano* riss der zalmoxische Priester Deceneu (mit Unterstützung des christlich-orthodoxen Coman) die Weinstöcke heraus, um den Alkoholismus und die sexuelle Unmoral unter dem braven Volk der Geto-Daker auszumerzen. „Der Alkoholismus", so Coman, „war eine der größten Plagen, die an den Kräften des getischen Volks nagte. [...] Die Heilung von diesem Laster ist einer der größten Siege, die der menschlichen Seele zuteilwurden. [...] Dort, wo der große Priester [Deceneu] gegen den Alkoholismus kämpfen musste, traf er fataler Weise auf die andere Schwäche, die fast organisch mit dem Alkoholismus verbunden ist: Sexuelle Zügellosigkeit" (*Zalmoxis* 2000: 450). Eine anti-dekadente Erklärung wie sie typisch war für diese Zeit.

Bleiben wir aber realistisch. Für die geto-dakische Gesellschaft und Mentalität im ersten Jahrhundert v. Chr. ist es unwahrscheinlich, dass die drastischen Maßnahmen soziale oder moralische Gründe hatten. Die Motivation Deceneus – ein großer Priester und Kultreformator – wird eher am Kult und der Religion ausgerichtet gewesen sein. Er versuchte wahrscheinlich, das Ausmaß der rituellen Trinkgelage einzudämmen, die *enthousiasmos* (éntheos, wörtlich „der von Gott Erfüllte") Ekstase und *furor religiosus* auslösten. Der Patron dieser göttlichen Zustände und des religiösen Deliriums soll der thrakische Gott Dionysos gewesen sein. Sein orgiastischer Kult war zu jener Zeit auf dem

Gebiet äußerst beliebt, da es sich um einen „demokratischen" Kult handelte, der sowohl Frauen als auch Männern, sowohl der Aristokratie als auch den Plebejern offen stand, im Gegensatz zum zalmoxischen Kult Deceneus.

Der Zalmoxiskult war eine orphisch-pythagoreische Religion, asketisch, androkratisch und elitär, die sich an die „Männer der Spitze des Landes" richtete (HERODOT 2004: 290; *Historien* IV, 95), und sie wurde eher von der Aristokratie und der Priesterkaste angewandt. Die religiöse Reform, die Deceneu einführte, scheint genauso zu sein: „Er wählte nämlich damals aus ihnen die vornehmsten und klügsten Männer aus, die er in der Theologie unterrichtete und dazu brachte, bestimmte Götter und Heiligtümer zu verehren, Priester einweihte, indem er ihnen den Namen Pilleaten [FN: wörtlich: Filzkappenträger] gab" (JORDANES 2012: 72).

Einige Religionshistoriker (W. Burkert, J. Bremmer, I.P. Culianu und andere) haben auf die Unterschiede der beiden Religionen hingewiesen, aber auch auf den Unterschied zwischen der Ekstase der dionysischen Bachantinnen auf der einen und den iatromantischen Asketen auf der anderen Seite. Aber es ging nicht nur um *Unterschiede,* sondern auch um *Konkurrenz.* Die Iatromantiker, so Culianu, „bilden eine besondere Kategorie der Ekstase, die anders ist als die der Bacchanten, aber manchmal in Konkurrenz zu ihnen stand" (CULIANU 2006: 62). Wahrscheinlich brachte die Rivalität zwischen diesen beiden Kulttypen und den beiden Ekstasetypen Deceneu dazu, die Weinstöcke zu entfernen und die Geto-Daker zu zwingen, ohne Wein zu leben.

Ich habe diese Theorie bereits vor vielen Jahren formuliert (OIȘTEANU 1997: 52–58 und 2004: 383–388). Manche Forscher waren nicht mit ihr einverstanden: „Das ganze Szenario [Oișteanus]", schreibt Dan Dana, „ist mehr als unwahrscheinlich" (DANA 2008: 77).

Überraschenderweise war es der Historiker Gr. G. Tocilescu, der die Bedeutung der drastischen Maßnahmen Deceneus richtig einschätzte, in einem Buch, das heute überholt ist: *Dacia înainte de romani* (1880): „Man sagt auch, dass Deceneu unter anderem angewiesen hat, alle Weinstöcke herauszureißen, was die Daker ohne Gegenwehr taten. Im Allgemeinen wurde dies als einfache Maßnahme angesehen, um die Sitten zu richten bei den Thrakern, bei denen das Weintrinken sehr verbreitet war. Wir glauben aber, dass es hier um mehr geht als um Prohibition. Es ist eine Reaktion gegen den Bacchuskult, gegen die bacchischen Orgien, in denen der Wein die Hauptrolle spielte [...], bei denen die Mänaden tanzten und sangen und ihre Thyrsoi wie Lanzen schwangen und die vom Wein und Krach betrunkenen Priester prophezeiten. Die letzte Bemerkung bezieht sich auf die Information Aristoteles', die von Macrobius bestätigt wird, dass es in Thrakien einen Tempel gab, der den Bacchus anbetete, in dem es Orakel gab. In diesem Tempel sagten die Wahrsager die Zukunft nur nach übermäßigem Weingenuss voraus" (*Saturnalia* I, 18, 1).

Auch der Ethnologe Traian Herseni sprach von einem Aufeinanderprallen der beiden Religionen: die des Zalmoxis und die des Dionysos. Letztere war unterlegen, schrieb Herseni, aber der Wein machte sie auf Grund seiner Effekte unschlagbar. „Die Verwendung von Spirituosen zu religiösen Zwecken bedeutete einen immensen Fortschritt: Der Enthusiasmus wurde fast *sicher*. Daraus resultiert der unerwartete Erfolg des Dionysos in der alten Welt, der alle Zeitgenossen in Verwunderung versetzte."

Aber der Sieg des Dionysmus sei nicht von Dauer gewesen – bis auf die „rituellen Trinkgelage" der Cete de Feciori – weil er religiös nichts Substantielles geboten habe. „Immer, wenn eine bacchische Gottheit in den Vordergrund kommt, kann sie die alten Kulte nicht in den Hintergrund drängen, sie kann sie nicht *ersetzen*, sondern nur *verstärken*. Der Dionysoskult hat bis zum Exzess die Gestalt der uralten lokalen Kulte übertrieben, […] er hat sie halluzinatorisch bis zum Maximum ausgereizt, wie in einem Rausch, aber er hat sie nicht verändert, nicht ersetzt, denn er hatte nichts, womit er sie hätte ersetzen können."

Traian Herseni ist der Meinung, dass die Geto-Daker in der postdionysischen Epoche wieder zu ruhigen religiösen Veranstaltungen übergingen. „Nach dem bacchischen Tumult […] gingen die braven und armen Völker der Schafhirten und Bauern wieder zu der ruhigen Seite der Religion von früher über, mit klar geregelten Werten, und das Trinken wurde wieder, was es vorher gewesen war: ein Hilfsmittel der Religion, um die menschliche Seele in Ekstase zu bringen" (HERSENI 1977: 265, 274).

Die antidionystische Maßnahme, die Deceneu im ersten Jahrhundert v. Chr. einleitete, ist spektakulär und scheint einzigartig, aber sie ist nicht ungewöhnlich. Der Dionysoskult hatte auf der italienischen Halbinsel zunächst in Etrurien und Campania Einzug gehalten und erst später in Rom. Dort stieß er im zweiten Jahrhundert v. Chr. bei der Obrigkeit auf Ablehnung. Im Jahr 186 v. Chr. erließ der römische Senat ein Dekret, das die Bacchusorgien verbot (es hieß *Senatus-consultum de Bacchanalibus*). Infolge des Dekrets wurden circa siebentausend Anhänger des Kults verhaftet und getötet (LIVIUS 1821; *Römische Geschichte* XXXIX, 8–19).[25] Im Jahr 139 v. Chr. wurden auch Verbreiter des orgiastischen Kults des Gottes Sabazios von der Halbinsel verbannt. Die Verehrer des Gottes Sabazios erzeugten die Ekstase, indem sie Wein oder Likör *ex ordeo vel frumento* („aus Gerste oder Weizen") herstellten (BĂLĂ & GHEȚAN 1972: 70).

Auch in Griechenland wurden die dionysischen Orgien bekämpft, sei es durch Gesetze des Diagondas aus Thiva oder durch Komödien des Aristophanes, der die „neuen Götter" und Sabazios die „fremden Götter" aus der Stadt vertrieb (CICERO, *De legibus* II, 15, 37).

Es gibt Hinweise dafür, dass in manchen Gebieten sogar Weinberge zerstört wurden, so wie es auch der große geto-dakische Priester Deceneu tat. Gemäß der Tradition habe Damaskios aus Syrien den von Dionysos eigens gepflanzten Wein zerstört, wofür ihn der Gott lebend gehäutet habe (*New Larousse* 1974: 159). Andererseits wissen wir von Plutarch, dass bei den Römern die Priester Jupiters sich dem Wein nicht nähern und Efeu nicht einmal berühren durften. Plutarch glaubt, dass dieses Verbot den „pytagoräischen Vorschriften" ähnelte und eine symbolische Verurteilung der Tänze und Orgien zu Zeiten der Bacchanten sei (*Quaestiones romanae* 112). Es gibt noch andere Legenden in diesem Kontext. In Asien stellte sich zum Beispiel der indische König Myrrhanus (*Diodors Bibliothek*, III, 65) oder Morrheus (Nonnos, *Dionysiacele* XXIX) gegen die dionysischen Orgien.

Der König aus Thiva Pentheus – der Nachfolger des Cadmos – verbot die neuen Riten, die von durch Wein ausgelösten Wahnsinn begleitet sind (Ovid, *Metamorphosen* III) und legte Dionysos selbst in Ketten. Der junge Basileus stirbt, weil ihn die Bacchanten, die von seiner eigenen Mutter Agave geleitet werden, im mysthischen Delirium zerreißen (Euripidis *Die Bakchen*). Ebenso in Stücke gerissen von thrakischen Bachhantinnen und geschmückt mit Efeu endete auch Orpheus, der versucht hatte, den dionysischen Kult zu reformieren. „Orpheus [...] änderte manches in der Einrichtung der Orgien. Deswegen werden die von Dionysos veranstalteten Weihen auch die Orphischen genannt" (DIODOR 1831: 343, *Historische Bibliothek* III, 65).

Ein anderer thrakischer Souverän, Lykurg, „der König der Thraker von Hellespont", wurde von Dionysos bestraft, indem er dem den Verstand raubte,

---
25 http://gutenberg.spiegel.de/buch/2504/140 (Zugriff 23. Oktober 2013, 9:22).

denn er hatte seinen Untertanen den Dionysoskult verboten. „Likurg griff indessen die Mänaden in dem sogenannten Nysium an, und sie kamen alle um. Dionysos aber setzte über und besiegte die Thracier in einer Schlacht, in welcher Likurg gefangen wurde. Er ließ ihm die Augen ausstechen und ihn kreuzigen, nachdem er ihn auf alle Art gemartert hatte. Hierauf machte er den Tharops aus Dankbarkeit für den Dienst, den er ihm geleistet, zum König von Thracien und lehrte ihn die zu den Weihen gehörenden Orgien" (DIODOR 1831: 343, *Historische Bibliothek* III, 65).

Aischylos ist in dem nur fragmentarisch erhaltenen *Edonoi* deutlicher: Der thrakische König Lykurg schneidet die Weinstöcke, aber weil er von Dionysos blind und verrückt gemacht wurde, tötet er auch sein eigenes Kind. Der König stirbt zerstückelt von wilden Pferden (DETIENNE 2008: 26).

Ähnliche religiöse Auseinandersetzungen spielten sich auch im Rahmen anderer Kulte in Eurasien ab. Um das Jahr 600 v. Chr. zum Beispiel kämpfte der iranische Reformator Zarathustra gegen die „Männergesellschaften", die der Devise der *aêsma* [Furie] folgten. Sie hatten orgiastische Rituale mit blutigen Opferritualen und Trinkexzessen mit Getränken, die aus der halluzinogenen Pflanze *haoma* gefertigt wurden. Auch Zarathustra hätte diese Pflanze gern zerstört, um die Orgien zu stoppen. „Wann werde ich dieses schreckliche Getränk schlagen?", fragt er Ahura Mazda. Oder: „Wann werde ich die schlagen, die das Opfer mit *haoma* praktizieren?" (YASNA 48: 10) Aber Mircea Eliade stellt fest, dass „Zarathustra sich vor allem gegen den Exzess orgiastischer Riten stellte", bei dem „maßlos haoma konsumiert wurde" (ELIADE 1981: 322–333). Dagegen zeigte der schwedische Iranologe, dass die Gläubigen Zarathustras Hanf(behang) nahmen, um zur Ekstase zu gelangen (WIDENGREN 1965).
Die Tatsache, dass René Girard H. Jeanmaire zitiert und glaubt, Dionysos tauche als Gottheit der Weinrebe und des Weins auf, was ihn durch eine leichte Veränderung zu einem Gott fragwürdiger Trinkgelage macht (JEANMAIRE 1951: 23), interessiert mich im Moment nicht. „Es gibt nichts in der alten dionysischen Tradition", schließt René Girard, „das mit Weinanbau oder der Herstellung von Wein zu tun hat" (GIRARD 1995: 145). Das Kapitel ist lang und das Problem wird kontrovers diskutiert (OTTO 1969: 152). Es ist offensichtlich, dass zumindest in der historischen Phase des Mythos, Dionysos derjenige war, der den Wein entdeckt und den Menschen gezeigt hat, wie man Weinstöcke anbaut und den Wein ungemischt trinkt, um einen bacchischen Wahn zu erreichen.

Was mich interessiert ist, ob der Wein tatsächlich genug psychotrope Kraft besaß, um diesen *furor religiosus*, den die antiken Autoren nennen, auszulösen oder ob er nicht vielleicht mit anderen halluzinogenen Substanzen gemischt oder verstärkt wurde. Erwin Rohde (*Psyché* 1894) ist der Auffassung, dass die Thraker „den Zustand der Verherrlichung" während der dionysischen Zeremonien verstärkten, indem sie neben den alkoholischen Getränken den Rauch von Pflanzen – Canabis, wie der Autor glaubt – verwendeten, die den Skythen und den Massageten genauso wie den Thrakern als Narkotika bekannt waren (ROHDE 1985: 223, n. 1). Es ist möglich, dass der deutsche Wissenschaftler Recht hat, aber leider hat er seine Hypothese nicht mit Argumenten untermauert.

H. Jeanmaire ist der Auffassung, dass Dionysos in einer prähistorischen Phase möglicherweise eine Gottheit des Efeus war – oder des wilden Weins (JEANMAIRE 1951: 22–23). „Er war der Erste, der den Saft der Rebe, die in diesem fruchtbaren Lande häufig wild wächst, auspresste und die köstliche Beschaffenheit des Weines entdeckte" (DIODOR 1831: 344, *Historische Bibliothek* III). Walter F. Otto behauptet, dass die Thraker neben Wein auch die Früchte und Blätter des Efeus zu sich nahmen (OTTO 1969: 164–165), die nach Auffassung der Pharmakologen starke psychotrope Kräfte besitzen.

Efeu (Hedera helix) enthält tatsächlich psychoaktive Substanzen wie Hederin, Saponin und andere in allen Pflanzenteilen. Das Zerkauen der Blätter und vor allem der Früchte bewirkt Erregung, Konvulsionen und in großer Menge den Tod. Dioscurides und Plinius der Ältere definierten diese Kletterpflanze als sehr starke Droge. Plinius beschrieb zwanzig Efeuarten. „Vom Epheu habe ich 20 Arten beschrieben. Die medicinische Wirkung aller ist doppelter Natur. Nimmt man einen daraus bereiteten Trank in etwas reichlicher Menge, so verwirrt er die Sinne und reinigt den Kopf" (PLINIUS 2007b: 154; *Naturalis Historia* XXIV, 47).

Die Meinung, die rituellen dionysischen Trinkorgien könnten nicht nur durch Wein ausgelöst worden sein, sondern auch durch Efeu, wird dadurch bestätigt, dass eines der Hauptsymbole des Gottes genau diese Pflanze war. Die Blätter und Früchte des Efeus schmückten den Bacchusstab als Kranz, die Schläfen des Gottes und seiner Anhänger. Die Hauptargumente liefert Plutarch, der selbst in dionysische Geheimnisse eingeweiht war.

Er behauptet, dass die Anhänger des Gottes Dionysos Wein gemischt mit Efeu trinken. Den Zustand derer, die diese Mischung trinken, schreibt Plutarch, kann man nicht Trunkenheit, Verwirrung oder Verrückung des Verstandes nennen, dergleichen auch bei Bilsenkraut und anderen solche Pflanzen, welche eine Art von Raserei verursachen (PLUTARCH 1793: 408).

„Dionysos konnte betrunken sein, ohne dennoch betrunkenen Menschen zu ähneln", notiert Mircea Eliade im Herbst 1942 in seinem Tagebuch (ELIADE 2006: 148). Wahrscheinlich bezog sich der Religionshistoriker auf den Unterschied zwischen einer profanen Trunkenheit und einer rituellen (*furor bacchicus*). Aber es muss auch noch auf den Unterschied in der psychotropen Wirkung zwischen Wein und der stärkeren des Efeus aufmerksam gemacht werden.

Plutarch schreibt zu den Orgien zur Zeit der Mänaden, dass die Frauen, die vom bacchischen Wahnsinn ergriffen sind, auf den Efeu zulaufen, ihn mit den Händen greifen, abreißen und zerkauen. Das, so Plutarch, macht ziemlich glaubwürdig, was man über Efeu sagt: „dass er eine gewisse Kraft besitze, Wuth zu erregen und das Bewußtsein zu rauben und überhaupt ohne Wein eine schädliche Berauschung verursache, zumal bey denen, die von Natur zum Enthusiasmus geneigt sind" (PLUTARCH 1786: 170).

Zauberpflanzen und Halluzinogene

Halluzinogene Pflanzen wurden wahrscheinlich auch im Altarraum des Asklepios, dem griechischen Gott der Heilkunst – einigen zufolge ein „thrakogriechischer Gott" (RUSSU 1957: 9–24) – und bei anderen „thrakischen Göttern mit griechischem Einfluss" verwendet (IGNA 1935: 13). Auch auf dem Gebiet des heutigen Rumänien sind Reste von Tempeln, die Asklepios gewidmet waren, gefunden worden: in Sarmizegetusa, in Apulum (Alba Iulia) und Ampelum (Zlatna). Zunächst wurde der Kranke einer „Reinigung" unterzogen – durch Bäder, Salbungen und Räucherungen. Danach ließ man ihn im Tempel schlafen (*incubatio*). Dank der Halluzinogene erschien der angerufene Gott dem Kranken im Traum und heilte ihn oder sagte ihm, welcher Behandlung er sich unterziehen soll. Im Schlaf befragt man das Orakel, schreibt der griechische Historiker Pausanias im zweiten Jahrhundert v. Chr., und „was man zu wissen durch das Gebet verlanget, das zeiget die Göttin in Träumen" (PAUSANIUS 1766: 434). Nach der incubatio interpretierten die Priester der Heiligenstätte (Asklepiaden) den Traum.

Die Praxis scheint die der Apollon Tempelanlagen in Delphi als Vorbild gehabt zu haben (Asklepios war der Sohn Apollons), wo Pythia und ihre Priester nach der Intoxikation mit Lorbeerblättern Orakel flüsterten, die der Gott verkündet und den die Priester interpretiert hatten (PLUTARCH 1789: 60). Auch bei den Gnostikern in Ägypten verbrannte man aromatische Pflanzen während der Inkubation, wie Iamblichos versichert (*De mysteriis Aegyptiorum* 29). Und wie bereits erwähnt, betranken sich die thrakischen Priester des Gottes Bacchus mit Wein im Tempel, um die Zukunft vorauszusagen (MACROBIUS, *Saturnalia* I, 18, 1). „Der Inkubation an einem heiligen Ort (Höhle, Quelle usw.) gehen in der Regel andere Techniken voraus, die zu Ekstase führen", schreibt Culianu. Von diesen Techniken erwähnt Culianu in erster Linie „das Einatmen oder Schlucken von Halluzinogenen" (CULIANU 1997: 22–24).

Man weiß nicht genau, welche Pflanzen im Tempel des Askleios oder seines Sohnes Machaon verwendet wurden, um die Traumhalluzinationen auszulösen. Sehr wahrscheinlich Pflanzen, aus denen der mysteriöse Kräuterkranz (*kiphos*) auf den Köpfen der Statuen im Innenhof des Tempels gewunden war. „Hier in Gerenia ist ein Grabmahl des Macháon, Sohn des Aeskulapius [...] und Kranke können hier bei Macháon Heilmittel erhalten. [...] Macháon hat eine stehende Bildsäule von Bronze; auf seinem Haupte liegt ein Kranz, welchen die Messenier in ihrer Landessprache Kiphos nennen" (*Pausanias* III, 26, 7).

Daraus lässt sich eine wichtige Regel erkennen. Die Pflanze, aus der die Krone auf dem Kopf des Gottes gemacht ist, enthält narkotische Substanzen, die die Priester und Anhänger des jeweiligen Gottes einnahmen. Bei Dionysos waren es Wein und Efeu, bei Apollon Lorbeer, Mohn war es bei einer alten Gottheit auf Kreta (DEONNA 1965: 43), bei Asklepios waren es die Pflanzen aus dem *Kiphos*.

Plinius der Ältere beschreibt mehrere Arten von Efeu: „thrakischer Art", „bacchischen Efeu", „silenischen Efeu" usw. Dies zeigt, welche Götter (Bacchus, Silenos) und welche Stämme (Thraker) Efeukränze aufsetzten. Vom römischen Gelehrten erfahren wir, wann die Thraker Efeukronen aufsetzten: „Jetzt schmückt der Epheu den Stab, Helm und Schild dieses Gottes [Bacchus] bei den feierlichen Opfern der thrakischen Völker" (PLINIUS 2007a: 739; *Naturalis Historia* XVI, 62). Aber auch Dichter trugen Efeukränze. Plinius spricht über die Efeuart „dessen sich die Dichter zu Kränzen bedienen ..." (PLINIUS 2007a: 739; *Naturalis Historia* XVI, 62) und die, mit der sich „Dichter, Bacchus oder Silenus bekränzen" (PLINIUS 2007a: 740; *Naturalis Historia* XVI, 63).

Plinius beschreibt die Tradition der Griechen, Pflanzenkronen auf die Köpfe der Götter (Statuen) und Menschen zu setzen, und er spricht von Kronen, die dem Geist schaden, da die Kraft des Geruchs der Pflanzen zu Trunkenheit und euphorischen Zuständen führt: „Unter den Griechen haben die Ärzte Mnesitheus und Callimachus über Kränze geschrieben, welche dem Kopfe schaden, denn auch hierin kommt die Gesundheit insofern mit ins Spiel, dass bei Trank und Fröhlichkeit die der Ausdünstung der Blumen leicht unvermerkt ihre verderbliche Wirkung ausüben kann" (PLINIUS 2007b: 51; *Naturalis Historia* XXI, 9). Man glaubte, dass die heilende Kraft durch einfaches Auf-den-Kopf-Legen der Kronen aus heilkräftigen, meist psychotropen Pflanzen erreicht würde. Zum Beispiel Kronen aus purpurnen Veilchen legt man auf den Kopf: „Legt man die daraus geflochtenen Kränze auf den Kopf oder riecht daran, so verschwinden Rausch und Schwere des Kopfes" (PLINIUS 2007b: 74; *Naturalis Historia* XXI, 76). „Ein aus einer ungleichen Anzahl der Blätter gemachter Kranz auf den Kopf gesetzt, soll das Kopfweh vertreiben" (PLINIUS 2007b: 155; *Naturalis Historia* XXIV, 49).

In den ersten Jahrzehnten des 18. Jahrhunderts verstand der Dichter Iancu Văcărescu den symbolischen Wert der Kronen aus narkotischen Pflanzen. Die Tatsache, dass die Bacchante, die Priesterin des Gottes Bacchus, auf dem Kopf eine Efeukrone trägt, ist banal:

Kommt alle zu mir,
aus Efeu gib eine Krone,
Bacchus sagt, ich gehöre ihm!   (CĂLINESCU 1986: 113)

Aber es ist sehr interessant, dass Iancu Văcărescu die Iele orgiastisch tanzend, nackt auf Gebirgswegen und mit Mohnkronen auf dem Kopf beschreibt:

Mit Mohn auf der Stirn
Gehen [die Iele] auf den Berg
Vollkommen nackt ...   (CĂLINESCU 1986: 116)

Bei den weiblichen Geistern (der Luft, des Wassers und des Waldes) aus der russischen Volksmythologie (die verwandt sind mit den Iele der rumänischen Mythologie) finden wir eine ähnliche Beschreibung. Sie wandeln in Hanffeldern und ihr Haar besteht aus Hanffasern (OLTEANU 1998: 200). Wahrscheinlich trugen sie anfänglich Hanfkronen.

In diesem Kontext möchte ich an die magischen Gesänge und rituellen Tänze der Paparude in rumänischen Dörfern erinnern, die aufgeführt wurden, um bei Dürre Regen zu beschwören. Das Ritual wurde bereits zu Beginn des 18. Jahrhunderts von Dimitrie Cantemir in seiner *Descriptio Moldaviae* erwähnt (CANTEMIR 1981: 235). Wie kleine „Priesterinnen" einer heidnischen Gottheit entkleideten sich die jungen Mädchen von neun bis zwölf Jahren und bedeckten ihren Körper mit jungen Zweigen und Blättern des Zwergholunders (*Sambucus ebulus*). Außerdem setzten sie sich Kronen dieser giftigen Pflanze auf den Kopf (Zwergholunder ist der Baum des Teufels), die in der Volksmedizin als Schmerzstiller und Fiebersenker verwendet wird. Die Macedo-Rumänen fertigen die Kostüme der Paparude aus Blättern des Zwergholunders und aus Mohnblüten (MARIAN 2008: 220–230; 1994: 342).

Ein Jahrhundert nach dem Dichter Iancu Văcărescu setzte der Symbolist Alexandru Macedonski der Göttin Diana eine Krone narkotischer Pflanzen auf den Kopf: Lilien- und Stockrosenblüten. Die Göttin des Mondes und der nächtlichen Zauberer ist in der rumänischen Mythologie zur Fee (*Zâna*) geworden. Dies stellte bereits Cantemir in seiner *Descriptio Moldaviae* (1714–1716) fest. *Aus Diana wurde Zâna, Sancta Diana wurde Sânziana,* und die nächtlichen Zauberinnen um die Göttin herum, die bei Vollmond berauscht umherliefen, wurden zănatice (unbesonnene, leichtsinnige). „Zănatic", erklärt Mircea Eliade, also von Diana oder den Zauberinnen „verzaubert" (ELIADE 2006: 102–103). Das Thema wurde später von Culianu wieder aufgegriffen (CULIANU 2009). Aber vor den Religionshistorikern hatten sich bereits die Linguisten Alexandru Cioranescu und Alexandru Rosetti dazu geäußert (CIORANESCU 1961: 915; ROSETTI 1968: 367, 395).

Was die misteriöse Pflanze Kiphos angeht, wissen wir, dass *kif* oder *kief* in Nordafrika der Name für Haschisch ist, ein Extrakt aus *Cannabis indica* (manchmal in Kombination mit Opium und Extrakten aus Lorbeerblättern). In der Literatur des 20. Jahrhunderts macht Paul Bowles, der in Tanger (Marokko) lebt, den marokkanischen *Kif* (Haschisch) in seinen Romanen bekannt, beginnend mit *The Sheltering Sky* (1949). 1962 veröffentlichte Bowles auf Drängen des Dichters Allen Ginsberg einen Band mit Geschichten, in denen es um Haschisch ging. Der Autor gab dem Buch den Titel *A Hundred Camels in the Courtyard*. Der Titel verweist auf ein marokkanisches Sprichwort, das besagt: „a pipeful of kif taken in the morning gives the man the strenght of a hundred camels in the courtyard" (BOON 2005: 165).

Ein anderes altes marokkanisches Sprichwort warnt vor unvorhersehbaren Kräften, mit denen diese Droge wirken kann, und vor Risiken, denen sich ein Haschischraucher aussetzt: *Kif* sei wie Feuer, das ein wenig wärmt, aber einen lange verbrennt (POROT 1953). Ernst Jünger kam in einem ganz anderen soziokulturellen Kontext zu ähnlichen Schlüssen: „Wenngleich vor jeder Droge gewarnt werden muß, so scheint dem Haschisch gegenüber noch besondere Vorsicht geboten, weil er unberechenbare und zum Teil gewalttätige Reaktionen erzeugt" (JÜNGER 2008: 274). Für Charles Baudelaire war Haschisch gefährlicher als Opium: „le hachisch est, dans son effet présent, beaucoup plus véhément que l'opium, beaucoup plus ennemi de la vie régulière, en un mot, beaucoup plus troublant. [...] l'un [l'opium] est un séducteur paisible, l'autre [le hachisch] un démon désordonné" (BAUDELAIRE 2000: 134).

Das Wort *Kif* hat eine lange und spektakuläre Geschichte. Es hat in diversen aktuellen Argots eine ziemlich gleiche Bedeutung.

Auf Englisch: *kif* oder *keef* = Cannabis (VOLCEANOV 1995: 129), auf Französisch *kieff* = Gefühl der Euphorie, die durch Drogen erzeugt ist (FROSIN 1996: 90); auf Deutsch *kiff* = Haschisch oder Mariuana. Aus dem Arabischen ist *kieff* ins Türkische gekommen (*kef, keyf*) und ins Neugriechische (kefi = Euphorie), dann ins Rumänische unter der Form *chef*, das nicht das Mittel, sondern den Zustand der Betäubung beschreibt (ein gängiges linguistisches Phänomen, wie wir bereits gesehen haben). *Chef* bedeutet nicht nur Feier mit viel Essen und Getränken. Ivan Turbincă hält so eine *chef* mit den Dämonen. Er feiert in der Hölle mit Wodka, Tabak, Musik und schönen Frauen (Ion CREANGĂ, *Ivan Turbincă*, 1878). Ein anderes türkisches Wort hatte diese Bedeutung: *zyafet* wurde im Rumänischen *zaiafet* [Gastmahl, Gelage].

Aus dem Maghreb kommt das Wort *kif* oder *kief* nach Frankreich. Von 1789–1802 herrscht Napoleons Armee über Ägypten, und von 1830–1847 findet der französisch-algerische Krieg statt. In der Mitte des 19. Jahrhunderts experimentiert Charles Baudelaire mit Haschisch und mit dem Zustand des *kief* eines „paradis artificiel". Durch Metonymie wurde aus dem Wort, das den Grund bezeichnete, ein Wort, das den Effekt bezeichnet. Aus dem Namen des Narkotikums *kief* wird das Wort für den Zustand, den es auslöst. „Cet état nouveau est ce que les Orientaux appellent le kief. Ce n'est plus quelque chose de tourbillonnant et de tumultueux; c'est une béatitude calme et immobile, une résignation glorieuse" Das ist die Definition der *entheogenen* Droge.

1846 schreibt Théophile Gautier in seinem Text über den „Le Club des Hachichines" in einem Kapitel mit dem Titel „Kief": „J'étais dans cette période bienheureuse du hachisch que les Orientaux appellent le kief. Je ne sentais plus mon corps; les liens de la matière et de l'esprit étaient déliés; je me mouvais par ma seule volonté dans un milieu qui n'offrait pas de résistance" (GAUTIER 1897: 488). Es ist ein Zustand von Ataraxie, den Gautier mit dem Paradies assoziiert. „C'est ainsi, je l'imagine, que doivent agir les âmes dans le monde aromal où nous irons après notre mort" (GAUTIER 1897: 488). Auch Thomas de Quincey schrieb 1821 über die Passivität der türkischen Opiumkonsumenten und über ihre Apathie und Zurückgezogenheit (DE QUINCEY 1822: 210).

Lazăr spricht beim Versuch, die Semantik des Wortes *chef* in den Rumänischen Fürstentümern in der Zeit der Phanarioten zu definieren, von „einem Berauschen mit wohlriechenden Rauch der Narghilea (Wasserpfeife)":

eine Art typisch orientalisches far'niente, die osmanische Art der Trunkenheit, wenn der Körper seine Beweglichkeit verloren zu haben scheint und das Leben sich auf das gleichmäßige Ziehen an der Pfeife beschränkt [...]. Der phanariotische Bojar fällt in eine Art delikate Träumerei, den sogenannten chef oder den orientalischen Quietismus – ganz im Gegenteil zum schrecklichen und manischen Zustand des tiriachiul, des Betrunkenen, der Wein und afion (Opium) zu sich genommen hat, der sich wieder erholte mit ein paar Tropfen Kaffee (ȘĂINEANU 1900: 216–217).

Die rumänischen Ausdrücke „a fi cu chef", „a trage un chef", „a fi chefliu" usw. betreffen die Euphorie, das Wohlsein und die angenehme Benommenheit, den Alkohol, Tabak, Haschisch und Opium in der Regel auslösen. Das findet sich auch bei Ion Ghica: „Er machte Chef mit Ciubuc und Kaffee, nach dem orientalischen Vorbild". Oder bei Vasile Alecsandri:

Jetzt lacht Istanbul und trinkt und kocht
Von einem chef, der bis zum Tag, wachsend, sich verlängert.
Aber den größten chef, genießen auf dem Sofa
Zwei Brüder im Rausch: Murad und Mustafa.

Ein paar der Notizen von Alecsandris Marokkoreise 1853 können uns mehr Informationen geben über die Bedeutung des Wortes *chief* in der rumänischen (und türkischen) Sprache in der Mitte des 19. Jahrhunderts:

Ein Araber aus Fes reist mit uns [auf dem Schiff], er ist seekrank, jammert und ruft Allah an! Ich gehe zu ihm und frag ihn auf Türkisch: Chief ioc? ... Er erschreckt und wendet sich ab. [...]

Später [nach dem Mittagessen] gehen wir hoch auf die Terrasse, um Kaffee zu trinken und chief zu machen. Wer das orientalische Leben kennengelernt hat, weiß, dass chief der wichtigste Teil des Lebens ist, wir zünden uns also Zigaretten an, setzen uns auf die amerikanischen Stühle in Form einer Wiege, lassen den Blick gleiten über die Umgebung von Tanger und die Gedanken in die Welt der Phantasie. [...]

Es bleibt uns aber der chef der Zigaretten und das freudige Murmeln der Quelle [...] Auf dem Rücken liegend, die Augen verloren im Blau des Himmels, verdauen wir, rauchen Tabak aus Latakia und schauen den Ringen des aromatischen Rauchs nach (ALECSANDRI 1974: 229, 237, 263).

Es gibt ein paar Verwendungen im Rumänischen – wenn auch wenige –, in denen das Wort *chef* noch die erste Bedeutung zu haben scheint, also nicht der Zustand der Betäubung, sondern das Narkotikum. Nur ein Beispiel. Alecu Russo schrieb über das exzessiv autoritäre Verhalten der Väter gegenüber ihren Söhnen (auch wenn diese erwachsen waren) in den Bojarenfamilien der Phanariotenzeit und erzählte folgende wahre Begebenheit, die sich in der Moldau um 1800 ereignete: „Ein Bojar mit weißem Bart erzählte, dass er eines Tages mit seiner Frau, zwei Kindern und seinem Vater unterwegs war und sich versteckte, um eine Pfeife *chief* zu rauchen. Als der Vater den Bojaren sah, zerschlug er ihm die Pfeife auf dem Rücken ...!" (RUSSO 1908: 18). In diesem Fall scheint „eine Pfeife *chief* " eine Pfeife mit Haschisch zu bedeuten und nicht mit Tabak. Denn natürlich konnte zu jener Zeit bei einem erwachsenen Mann (mit Frau und Kindern) das Tabakrauchen weder Angst beim Bojarensohn (der sich versteckte) noch eine so agressive Reaktion beim Bojarenvater auslösen.

Die Praxis der Inkubation ist im Mittelalter nicht verschwunden. Sie ist in Byzanz nachgewiesen (in der Basilika des Heiligen Michael) und in Westeuropa (in der Kathedrale Nôtre Dame). Nicolae Vătămanu ist der Auffassung, dass solche Praktiken auch in den rumänischen Fürstentümern im Mittelalter überlebt haben, nur dass der Ort der Inkubation nicht mehr das alte *Asklepion* war, sondern die Kirche (VĂTĂMANU 1979: 23–28, 44).

Mitte des 17. Jahrhunderts (1646–1648) berichtet der katholische Bischof Marcus Bandinus in einem „Generalrapport" an den Papst Innozenz X über ekstatische Trancezustände, die bestimmte Zauberer (*incantatores*) in der Moldau herbeiführten. Das Bild, das er zeichnet, ist spektakulär: Mimik, Zittern der Gliedmaßen, Konvulsionen, Zusammenbrüche und ein lethargischer Schlaf (*mortuis similiores*) von mehreren Stunden. Wenn er wach wird, erzählt der Zauberer seine Träume „als seien es Orakel". „Wenn jemand krank wird, dann wendet er sich an diese incantatores", beschreibt Bandinus die Praxis der Inkubation (URECHEA 1895: CLVII; OIȘTEANU 2004: 84).

In einer Arbeit mit dem suggestiven Titel „*Schamanismus*" *bei den Rumänen?*" stellt Mircea Eliade die Frage, ob solche Praktiken als „schamanisch" eingestuft wurden. Aber wie auch er zeigte, provozierten die Schamanen ekstatische Trancezustände, indem sie (Extrakte aus) Pflanzen mit halluzinogenem Effekt einnahmen. Kann also analog angenommen werden, dass die moldauischen incantatores, die Bandinus beschrieb, auch solche Mittel verwendeten? Mircea Eliade übernahm die bequeme Lösung des ungarischen Schamanologen Vilmos Diószegy, der davon ausgeht, dass sie aus einer Gemeinschaft ungarischer Ethnie (cengăi) und asiatischen Ursprungs seien, die sich in der Moldau niedergelassen hatten.

Die Lösung von Diószegy und Eliade überzeugt nicht. Eine sehr ähnliche These wurde im 19. und 20. Jahrhundert mit der *căderea Rusaliilor* [das Fallen der Rusalien] auf rumänischem Gebiet erwähnt, im Banat (ELIADE 1982: 200–204). Es scheint mir offensichtlich, dass die Trance der Frauen, die im Banat attestiert sind, im Grunde ein komplexes Ritual der Călușari ist, die diejenigen heilten, die von den Rusalien betroffen waren. Südlich der Donau wird der Călușar auch „rusaleț" genannt. Das ekstatische Verhalten der Călușari oder der Kranken, die sie heilten, sind gut bekannt. Bei ihren rituellen und therapeutischen Praktiken verwendeten die Călușari auch verschiedene Heilpflanzen, darunter auch solche mit psychotropen Effekten: Vor allem Wermut aber auch Knoblauch, Gottes-Gnadenkraut (*Gratiola officinalis*), Echtes Labkraut (*Galium verum*) usw. Dr. C.C. Ghenea schlussfolgerte, dass der Vătaf [Gutshofverwalter] der Călușari nicht nur „viele Rezepte auf (Heil)Pflanzenbasis kannte und anwendete, sondern auch Betäubungen mit Hanfsamen vornahm (*Istoria medicinei* [Geschichte der Medizin]1957: 241).

Ein paar Worte über das Wermutkraut (*Artemisia absinthium*), das die Călușarii den Kranken gaben, aber auch selbst in großen Mengen zu sich nahmen. Sie „kauen ohne Unterlass Wermut", schrieben informierte Zeitgenossen (OPRIȘAN 1989: 119, 165). Der Konsum von Wermut ist in die oltenische Volkspoesie eingegangen:

Wermut trink ich, Wermut ess ich
Abends schlaf ich auf Wermut
Morgens, wenn ich aufsteh
Wasch ich meine Augen mit Wermut
Wasch ich mich, um mich zu erfrischen
Und fühl mich danach elender.

Pharmakologen haben herausgefunden, dass Wermut in hohen Dosen Konvulsionen, Wahrnehmungsstörungen (Hyperästhesie), Niedergeschlagenheit mit Schläfrigkeit, Zittern (vor allem der Zunge), Depressionen, Schwindel und Spasmen im Gesicht auslösen kann (NEAGU 1985: 83).

Wie jede psychotrope Pflanze kann auch der Wermut gut sein oder dich verrückt machen, je nachdem, wie man ihn verwendet:

Es lebe der Wein,
Der Wein und der Wermut,

so gut er ist,
er macht dich verrückt.

(Vasile ALECSANDRI).

In einem Manuskript aus dem Jahr 1799 wird „das Blatt des weißen Wermuts" mit heißem Essig übergossen bei Kopfschmerzen empfohlen, und in einem weiteren aus dem Jahre 1806 wird ein Breiumschlag aus Wermut gegen Augenschmerzen empfohlen (GASTER 1983: 354–356).

Moshe Idel hat, was die *incantatores* in der Moldau betrifft, die ekstatischen Techniken, von denen 1646–1648 der katholische Missionar Marcus Bandinus berichtete, mit denen verglichen, die die chassidischen Juden in der Zeit des Israel Elieser praktizierten, der um das Jahr 1730 eine mystische Offenbarung in einer Höhle der Ostkarpaten gehabt haben soll.

Diese Analogie, die Israel vorschlägt, könnte richtig sein, denn es handelt sich um ähnliche Praktiken (Ekstase, incubatio, Iatromantik usw.), die circa zur gleichen Zeit (17. und 18. Jahrhundert) und im gleichen Gebiet (der Moldau) attestiert sind. Natürlich bleibt Moshe Idel vorsichtig und riskiert keine vorschnellen Verbindungen. Er schreibt von einem möglichen „Gleichklang" zwischen „den jüdischen mystischen Traditionen, die in vielen älteren Quellen existieren und den mystisch-magischen Praktiken, die auf dem Gebiet praktiziert wurden, als der Chassidismus auftauchte" (IDEL 2008: 250–252).

Abb. 3: Die Zubereitung der Hexensalbe während des Hexensabbats. Hans Baldung Grien (um 1475–1545)

Halluzinogene Salben, die in der Antike von Hexen verwendet wurden (vgl. APULEIUS, *Der goldene Esel* III, und OVID, *Metamorphosen* XV, 356) und im Mittelalter, bestanden aus verschiedenen Zutaten. Laut Anklagen der Inquisitoren waren die meistverwendeten psychotropen Pflanzen (einzeln oder in Kombination verwendet) die Schwarze Tollkirsche (*Atropa belladonna*),[26] Cannabis indica und Stechapfel (*Datura stramonium*), Schwarzes Bilsenkraut (*Hyoscyamus niger*) und Eisenhut (*Hyoscyamus niger*) (CULIANU 2003: 328).

In manchen kosmogonischen rumänischen Legenden wurden diese Pflanzen am Anfang von Gott geschaffen: „Wo der Große Herrscher [= Gott] auftrat, wuchsen nur Kräuter und Blumen, aber wo der Teufel auftauchte nur Gefleckter Schierling, Stechapfel, Bilsenkraut und Tollkirsche" (OLTEANU 1998: 188). Auch in einigen Gebieten Rumäniens gibt es Legenden und Volksglauben, die die Verwendung von halluzinogenen Salben (weniger Likören) belegen. Diese brachten den Hexen die bekannten Visionen: Auszug aus dem Schornstein, Reiten auf dem Besen (weniger auf Tieren),

---

26 Die Ähnlichkeit zwischen den Visionen der mittelalterlichen Hexen beim Sabbat und denen, die Hieronymus Bosch in seinen Gemälden zeigte, ließ manche Forscher darüber spekulieren, ob der Maler sich nicht auch die Vorstellungskraft, wie die Hexen, mit halluzinogenen Substanzen erweiterte. Wenn wir diese Vermutung ernst nehmen, scheint es, dass Bosch eine Substanz der Tollkirsche verwendete. Die Präsenz dieser Frucht ist symptomatisch für seine Gemälde (*Narrenschiff, Garten der Lüste, Der Heilige Hieronymus im Gebet, Johannes der Täufer in der Wüste, Die Versuchungen des Heiligen Antonius* u.a.). Andere Forscher (Marcus Boon zum Beispiel) glauben, dass die Versuchungen des Heiligen Antonius, so wie sie Flaubert sich vorstellte, auf Haschischexperimente des Autors zurückgehen (BOON 2002: 142–143).

Treffen und Kampf mit anderen Hexen usw. Ein paar Volkserzählungen zu diesem Thema: Die Hexen versammelten sich auf dem Berg Retezat. Sie kamen auf Besen. Sie waren nackt und salbten sich ein, dann flohen sie durch den Schornstein nach draußen." Oder: „Sie kamen und bedeckten das Feuer und löschten das Licht, dass man sie nicht sah, dann zogen sie sich aus, salbten sich am ganzen Körper, und als sie fertig waren, flogen sie durch den Schornstein davon […] mit einem Besen in der Hand bis zu einem großen Teich. Und dort schlugen sie sich wie Soldaten und teilten den Platz, damit eine jede wusste, bis wohin sie gehen konnte und machten einen unsagbar großen Lärm." Oder: „Sie rieben sich mit einer Art Salbe ein, kamen zum Feld und trugen dort die Früchte des Feldes zusammen." Oder: „Um Mitternacht [Hl. Andreas] habe ich gesehen, wie eine Frau aufstand, sich mit Salben einrieb, durch den Schornstein hinausflog" usw. (PAVELESCU 1945: 74–75; FOCHI 1976: 145, 328–329; MUŞLEA 1970: 248, 256). „Um fliegen zu können", schreibt der Ethnologe Gh. Pavelescu, „reiben sich die Hexen mit einer speziellen Salbe ein, die sie leichter macht und sie durch den Schornstein nach oben steigen lässt" (PAVALESCU 1998: 256).

I.P. Culianu war davon überzeugt, dass Hexen, um einen Orgasmus und Halluzinationen wie den „magischen Flug" auszulösen, sich mit halluzinogenen Salben nicht nur den Körper, sondern auch den Besen einrieben, auf dem sie ritten. Da sie diesen eingeriebenen Stab zwischen den Beinen hielten, konnte die Substanz besser „von der besonders sensiblen Haut der Vagina bei den Frauen und den Hoden und dem Anus der Männer aufgenommen werden" (CULIANU 2003: 335–336, 342).

Interessant ist, dass im kollektiven Imaginären im Westen und in Mitteleuropa Hexen auf Besen, in der rumänischen Volkskultur eher auf Brechen fliegen. Die Hexen flogen um Mitternacht auf ihren Brechen aus (Sărbători şi obiceiuri [Feste und Bräuche] 2004: 187). Dieses Gerät aus Holz, das in einem traditionellen rumänischen Haushalt sehr üblich ist, wird normalerweise mit einer öligen Substanz überzogen, die beim Schlagen des Hanfs (Cannabis sativa) entsteht, auch wenn dieser weniger Canabinol enthält.

Leider sind die Inhaltsstoffe für diese Salben in keiner der Erzählungen, die in Rumänien gesammelt wurden, näher erklärt. Wie ich weiter oben zeigte, ist lediglich von einer „Art Salbe" oder „speziellen Salben" die Rede. In jedem Fall ist das „Geheimnis der halluzinogenen Salben nur den Hexen bekannt, die an Initiationsriten teilnahmen" (CULIANU 2003: 336). Die Rezepte der Salben sind mit der Inquisition verloren gegangen. Es ist wahrscheinlich, dass die Hexen im rumänischen Raum die gleichen halluzinogenen Substanzen verwendeten (Tollkirsche, Stechapfel, Bilsenkraut etc.) wie die in West- und Zentraleuropa. 1870 sprach Simeon Mangiuca über die Verwendung kabbalistischer und verwünschender Pflanzen in Transsilvanien: „Für Liebe, Hass und vieles andere, verwendeten sie Stechapfel, Lorbeer u.a., mit deren furchtbaren Gift sie sich selbst beschworen, um sich in Hexen zu verwandeln" (MANGIUCA 1874: 511).

Es ist übrigens möglich, dass es einen Einfluss aus Zentraleuropa gab, wenn dieser Glaube und die Volkslegenden, von denen die Rede war, sowohl in Transsilvanien als auch in der Moldau gefunden wurden, wo die Rumänen benachbart waren mit katholischen und protestantischen Völkern. „Der Glaube, dass die Hexen sich mit einer speziellen Salbe einreiben und durch den Schornstein fliegen", glaubte Mircea Eliade, „war weniger verbreitet auf rumänischem Gebiet" (ELIADE 2006: 163). Es bleibt also zu untersuchen, ob und in welchem Maße Praktiken entlehnt wurden oder nur das Motiv der Legenden.

Totenessen – Narkotika für das Jenseits

Im 19. Jahrhundert ist ein Brauch nachgewiesen, bei dem Hanf und Mohn als Narkotika verwendet werden, allerdings nicht zu therapeutischen, sondern magisch-rituellen Zwecken. In manchen Gebieten Rumäniens verteilte man zum Gedenken an die Seelen der Verstorbenen am 9. März (ein Festtag, den man *Mucenici* nennt), an dem sich „die Tore des Paradieses" allen Toten öffnen, rituelle *Colaci* (Kringel) mit Hanfsamen oder „Milch", die durch Zerreiben der Samen gewonnen wurde. Der Saft, der durch das Kochen der Samen gewonnen wird (dem auch Honig hinzugefügt wurde), nennt sich *julfă, jolfă* (in Transsilvanien und der Moldau) oder *lapte de bou* (Ochsenmilch) (FOCHI 1976: 212; MUȘLEA 1970: 358; GHINOIU 1988: 129). Jolvă ist, so August Scriban, „eine Art Speise aus zerkleinerten Hanfsamen" (SCRIBAN 1939). Die Kringel wurden mit Honig oder Zucker eingerieben, und dazu gab es teilweise süße Milch. In anderen Gebieten nahm man anstelle von Hanfsamen Mohnsamen (BUTURĂ 1979: 142; 1988: 54; MARIAN 1994: 165–166). In traditionellen und archaischen Gesellschaften sind diese Kombinationen (Mehl, Honig, Milch und bestimmte Narkotika) typisch für Totengebäck, als Trankopfer und rituelle Opfergabe, die einem Schutzgeist des Jenseits dargeboten wurde (OIȘTEANU 1989: 35; BRĂTSCU 1985: 143; BUFFIÈRE 1987: 407, 623).

Im Märchen *Harap Alb* von Ion Creanga zum Beispiel schläferte der Heilige Sonntag mit verwünschten Salaten den Bären ein, der Wächter des jenseitigen Gartens war, und er gab ihm auch ein Gericht aus süßer Milch, Honig und *Somnoroasă* (Schläfrige; *Laserpitium pruthenicum* oder *Thalictrum minnus*; beide Pflanzen werden im Volk *Somnoroasă* genannt und beide sind bekannt für ihre einschläfernde Wirkung).

Um in die Hölle zu kommen, gab Aeneas dem Kerberos ein Gebäck mit Honig und Mohnblättern (*Papaver somniferum*).

Der Drache, der den Garten der Hesperiden beschützt, wird überrumpelt, indem man ihm Honig gemischt mit Opium gibt, und der Drache, der das *Goldene Vlies* bewacht, wird besiegt, nachdem ihm Jason einen einschläfernden Trunk aus Kräutern gegeben hat. Das Motiv ist so stark vertreten, dass es sogar in Kultmärchen eingegangen ist. Im *Zauberer von Oz* zum Beispiel fallen die Helden in Zaubererkleidung beim Eintritt in die jenseitige Welt in einen tiefen Schlaf als sie ein Mohnfeld durchqueren.

Odysseus ruft die Seelen der Toten an, indem er eine Opfergabe aus Mehl, Wasser, Honig und Wein zubereitet (HOMER, Odyssee XI, 34–37). Auch die Zauberin Pamphile verwendet Quellwasser, Kuhmilch, Honig und Wein für ihre rituellen Opfergaben (APULEIUS, *Der goldene Esel* III).

Die Zauberin Kirke bietet Odysseus Männern die Mixtur *kykeon* an, die aus Mehl, einem Milchprodukt (Quark), Honig, Wein und einer starken Droge besteht, damit sie ihr Land ganz vergessen (*Odyssee* 234, 290, 316). Manche Forscher (Gordon R. Wasson, Albert Hofmann, Carl Ruck) vertraten die Hypothese, dass beim psychotropen Trank *Kykeon*, der so wichtig war bei den Initiationsriten der Mysterien von Eulisis, die zentrale psychedelische Zutat der Parasitenpilz Kornrade (*Claviceps purpurea*) war (WASSON, HOFMANN & RUCK 1978).

Narkotische Substanzen scheinen bei Begräbniszeremonien verwendet worden zu sein in Verbindung mit chtonischen und höllischen Dämonen beim Kontakt mit dem Jenseits. Es sei daran erinnert, dass die Skythen am Dnister, Nachbarn der Geten, Hanfräucherungen bei Begräbnisritualen durchführten (HERODOT *Historien* IV, 75). Mircea Eliade glaubte, dass diese Bräuche analog zu denen der Schamanen seien, die vom Rauch des Hanfs narkotisiert die Seele des Toten ins Jenseits bringen (ELIADE 1974: 395).

Wenn meine Analogie richtig ist, dann könnten die Hanf- und Mohnsamen, die bei manchen Präparaten beim Gedenken an die Toten angefertigt werden, dafür gedacht sein, den Wächter des Jenseits symbolisch zu „narkotisieren", die "Tore" und so den Weg der Seelen der Toten zu erleichtern. Hauptziel dieser magisch-rituellen Handlungen ist, dass die Seele des Toten gut im Jenseits ankommt. Im slawischen Raum hat sich der Brauch erhalten, dass beim Begräbnis einer Hebamme ein Stock und ein Säckchen Mohn ins Grab gelegt wurden, damit sie sich in der anderen Welt gegen die Kinder wehren konnte, die sie auf die Welt gebracht hatte (OLTEANU 1998: 204).

Der Sinn der Totenfeiern ist es, den Toten auf die "große Reise" zu schicken, die voll ist von Hindernissen und Schwierigkeiten. Die Rückkehr der Seele von diesem Weg als *Strigoi* wird als absolute Anomalie angesehen. Die Folgen können fatal sein. Die Ordnung der Gemeinschaft (der Welt im Allgemeinen) und das Leben der Menschen sind dann in Gefahr. "Viele dieser Toten stehen auf, werden Strigoi und töten die Lebenden", glaubte man in der Walachei in der Mitte des 17. Jahrhunderts (HEDEȘAN 1998: 7). In manchen Regionen des Landes (in der Gegend um Vaslui) aßen die Bauern zum Heiligen Andreas als Ritus gegen die Strigoi um Mitternacht Kuchen (placintă) mit *julfă* aus Hanfsamen (Sărbători și obiceiuri [Feste und Bräuche] 2004: 194). Im Norden der Moldau buken die Frauen am Heiligen Abend ein Gebäck (*turtă*) mit Honig und Mohn- oder Hanfsamen und verteilten es als Seelenandacht (*pomană*) (*Niculița* 1998: 51).

Die Seele des Toten wird auch betäubt oder benebelt, damit sie die "weiße Welt" vergisst, die sie verlässt, um nicht zu klagen und damit sie nicht zurückkommt als *Strigoi*. "Begieß ihn mit Wein,/Und er vergisst die weiße Welt" (IANA 1889: 434–436) oder: "Zwei Engel klettern die Leiter runter und bringen den Toten zu Christus, wo er mit Weißwein begossen wird, damit er die weiße Welt vergisst (MUȘLEA 1970: 520); oder "Die Seele verließ ihn,/und seine arme Mutter/Nahm den Geist mit Alkohol" (SANDU-TIMOC 1967: 203). Wenn die Menschen zu Tisch trinken, schütten sie rituell etwas Alkohol auf den Boden, als Opfer "für die Seelen der Toten". "Wenn man das erste Glas trinkt, muss man ein wenig auf den Boden gießen, damit die Toten trinken", glaubt man in Ialomița (EVSEEV 1997: 48).

Ein antikes Opferritual

Am Eingang zum Jenseits befindet sich meist ein psychotropes Gewässer (die Flüsse Lethe und Mnemosyne und andere) oder eine psychotrope Pflanze. Teilweise haben sie die gleiche Wirkung. Beide bewirken, dass die Seele die Vergangenheit vergisst, um sich nicht nach der diesseitigen Welt zu sehnen

(Syndrom der Strigoi). Für den Dichter Virgil ist Mohn beispielsweise voll von der Schläfrigkeit der Lethe

Für Homer ist die Reise des Odysseus auf die Insel der Lotophagen eine Allegorie einer Initiationsreise in die jenseitige Welt.

Unsere Freunde; sie gaben den Fremdlingen Lotos zu kosten.
Wer nun die Honigsüße der Lotosfrüchte gekostet,
Dieser dachte nicht mehr an Kundschaft oder an Heimkehr:
Sondern sie wollten stets in der Lotophagen Gesellschaft

Bleiben, und Lotos pflücken,
und ihrer Heimat entsagen. (Odyssee IX, 94–97).

Erschrocken darüber, wie sich die Amnesie ausbreitet, unterzieht Odysseus seine drei Begleiter einer wahren Entgiftungskur. Andererseits schreibt Herodot: „aus dieser Frucht machen die Lotophagen auch Wein" (HERODOT 2004: 320; *Historien* IV, 177).[27]

In einem rumänischen Manuskript vom Ende des 18. Jahrhunderts, *Pomenirea sfântului Macarie* [das Fest des Heiligen Macarie] essen die Protagonisten am Eingang zum Paradies „ein Kraut so süß wie Milch und Honig". „Und wir aßen, uns zu sättigen, und unser Gesicht hat sich verändert und unsere Kräfte schwanden" (OPREA 2005: 177). In einer anderen Variante des hagiographischen rumänischen Manuskripts, das 1777 von Moses Gaster entdeckt wurde, ist die Szene klarer. Durch die Einnahme der Pflanze ändert sich nicht das menschliche Gesicht, sondern verstärkt sich die Kraft: „Und wir aßen und sättigten uns an ihr [dem Kraut] und es änderte sich nicht unser Gesicht und Kraft wurde uns gegeben, dass wir zu Gott lobten, der uns nährt und uns auf immer leitet" (GASTER 2003: 226).

Meistens wächst zwischen den beiden Welten Mohn, der die Seelen verführt, einschläfert und das Diesseits vergessen lässt:

Und die Mohnblüte
steht am Tor zur Hölle
Und wächst und erblüht
Und verführt viele Seelen (MARIAN 2000: 77).

---

27 Zur Identifikation der Lotusfrucht und ihren narkotischen, psychotropen Eigenschaften vgl. Suzanne AMIGUES 2004.

Romulus Vulcănescu versuchte die (U)topographie der Hölle in der traditionellen rumänischen Kultur nachzuzeichnen. Neben der *Apa Sâmbetei* (Samstagswasser) „ist der Weg zum Tor der Hölle umrandet von der „Höllenblume", dem Mohn. Vor dem Tor zur Hölle wächst der Mohn üppig, wie ein purpurner See".

Die Seelen der Toten werden von diesen psychotropen Blumen verführt: „Du durchquerst ein Feld, rot von Mohn/Siehst nicht den Schatten des Teufels" (VULCĂNESCU 1985: 456).

Im selben magisch-rituellen Kontext steht wahrscheinlich auch der Volksbrauch, den man in Vâlcea bestätigt hat: Hanfräucherungen sogar in der Kirche „neben dem Sarg", damit die Seele nicht zu den Lebenden zurückkommt, als Strigoi (MUȘLEA 1970: 265). Zum selben Zweck zündeten die Frauen, nachdem der Sarg mit Hanfheden beräuchert worden war, Hanf an, der über das Grab verstreut war, versammelten sich um das Grab und besprachen es (OLTEANU 1998: 198). So drang in die Nase des Verstorbenen nicht nur Rauch aus dem Weihrauchkessel des Priesters, sondern auch Hanfrauch der alten Frauen mit Hexenkünsten. In manchen Dörfern in Gorj steckte man Hanfheden in das Kissen unter dem Kopf des Toten, damit dieser nicht zum Strigoi oder *Moroi* wird (BOT 2008: 101).

Bei der Messe zum Gedenken der Toten geben die Bauern Efeublätter (*Hedera helix*), die Pflanze des Königs Dionysos, sowohl auf das Grab als auch auf die Coliva (GEORGIVA 1985: 35). Der Brauch stammt aus der Antike. Die Römer – so Plinius der Ältere – verwendeten das Schwarze Bilsenkraut (*Hyoscyamus niger*) bei Totenmahlen und legten es auf das Grab.

Die Coliva ist auch ein vorchristliches und nicht-christliches „Totenessen", das aus gekochtem Weizen, Honig oder Zucker und Nüssen besteht. In manchen Teilen Rumäniens (z.B. Kreis Brăila) wurde die Coliva mit Mohnsamen angerichtet. In alten christlich-orthodoxen Texten aus dem 17. Jahrhundert wird streng verboten, Coliven in die Kirche zu bringen und sie von Priestern weihen zu lassen, da sie als „heidnisch" galten (CARTOJAN 1974: 334).

In manchen Gebieten Rumäniens streuen die Verwandten eines Toten, von dem man dachte, er könnte Strigoi werden, wenn er zum Friedhof gebracht wurde, Mohnsamen und sagten: „Der Strigoi soll jedes Jahr einen Mohnsamen essen und nicht die Herzen seiner Angehörigen" (CANDREA 1944: 150). Vielleicht wurde auch der Stechapfel (*Datura stramonium*; *salia* bei Dioscurides) zu ähnlichem Zweck verwendet, denn er wurde im Volksmund auch „Apfel des Strigoi" genannt. Auch eine andere Pflanze mit narkotisch-betäubender

Wirkung nennt sich im Volksmund *strigoaie* oder *steregoaie: Veratrum album*; Weißer Germer (mendruta bei *Dioscurides*). Die Pflanze wird in Wein gekocht und gegen böse Geister, „schlechte Stunden" oder „Gespenster" verwendet (CRIȘAN 2007: 178; LEON 1903: 68).

„Um eine Stafia[28] zu versöhnen" oder „denen, die für Strigois gehalten wurden, zu entkommen (damit er nicht mehr aus dem Grab kommt, um sie zu töten)", verwenden die rumänischen Bauern beim Begräbnis verschiedene psychotrope Pflanzen oder Substanzen: Wein, Rachiu, Hanfsamen oder -büschel, Mohnsamen oder -köpfe usw. (MUȘLEA 1970: 235, 265–268). Ähnliche Rituale fand man in anderen ost-mitteleuropäischen Regionen.

Czesław Miłosz erinnert in einem Gedicht an den Brauch der polnischen Bauern, Hirsesamen (über ihre Funktion bei Riten zum Gedenken der Ahnen s. EVSEEV 1997: 70) und Mohnsamen über das Grab zu verstreuen, damit die Seelenvögel sie aufpickten und die Toten nicht mehr aus dem Jenseits zurückkämen:

Sie streuten über die Gräber Hirse und Mohnsamen
Um die Toten zu ernähren, die als Vögel verkleidet kamen.
Ich lege dieses Buch hier für dich hin, der du einmal gelebt hast,
Dass du nie wieder zu uns kommst.

Um schließlich auch die Kühe vor den Strigoi zu schützen (damit sie nicht die „mana vacilor" [Frucht der Kühe] nehmen – die Kühe geben dann keine Milch mehr), geht man genauso vor. Die rumänischen Bauern in Transsilvanien bringen zum Beispiel zu Ostern Mohnköpfe in die Kirche, um sie zu weihen. Am Tag des Heiligen Georg streuen sie Mohn um die Ställe und die Kühe und sagen: „Bis aller Mohn aufgesammelt ist, können Strigoi nicht zu den Kühen in den Stall" (PAVELESCU 1943: 116). Ähnliche Praktiken sind von den Bauern in der Bukowina bekannt (MARIAN 2000: 77). Den Strigoi-Frauen, sagen die Bauern, „gefällt der Mohn" (PAMFILE 1916: 186).

Damit die schlechten Geister *vântoasele (Windige)/frumoasele (Schöne)* (in der Moldau) und *halele* (im Banat) nicht die „Frucht der Kühe" nehmen und die „Kraft der Bäume", schützen die Bauern die Tiere und Bäume mit Wermut (*Artemisia absinthium*) und Baldrian (*Valeriana officinalis*). „Wenn es keinen Wermut und kein Baldrian gäbe", glaubt man in der Moldau, „würden wir

---

28 Wesen, das die Seele eines Verstorbenen darstellt.

[vântoasele] viel anrichten auf dieser Welt. Aber durch diese beiden Pflanzen können wir nicht tun, was und wie wir wollen" (MARIAN 2000: 89). Baldrian wurde meist (ganz mit der Wurzel) in Schnaps eingelegt und in der Volksheilkunde sehr viel gegen „nervöse Krankheiten" verwendet (PAULIAN 1940: 42–43). Diese Pflanze wächst wild in dieser Gegend des Kontinents. Der wissenschaftliche Name ist *Valeriana officinalis*, der von der Region kommt, in der die Pflanze in Hülle und Fülle wuchs und aus der sie nach Rumänien kam. Valeria ist eine römische Provinz der Pannonia inferior (Illyrien), entlang der Donau.

Noch ein letztes Beispiel für apotropäisches Verhalten – diesmal aus Nordeuropa. Der Anthropologe J.G. Frazer beschrieb einen magischen Volksbrauch skandinavischer Bauern (FRAZER 1890). Am 23 Juni, also zur Sommersonnenwende, am Vorabend der Geburt Johannes des Täufers, in der Nacht der Sânziene – laut rumänischem Kalender –, entzünden die schwedischen Bauern große rituelle Feuer, in die sie halluzinogene Pilze werfen, und zwar Fliegenpilze (*Amanita muscaria*). Die schwedischen Bauern glauben, dass der Rauch von Fliegenpilzen Trolle und andere böse Geister verjagt (KAPLAN 1975: 78).

Die Vorstellung, dass manche psychotropen Pflanzen den Weg der Seelen der Toten ins Jenseits vereinfachen könnten, ist eine weitere Hypothese. Wenn diese Theorie sich bestätigt, würde dies neue Elemente in die Forschung zur Volksmythologie bringen und die (U)topographie des Jenseits beschreiben, so wie es der traditionelle rumänische Volksglaube sah. Diese Hypothese scheint dadurch bestätigt zu werden, dass im Altertum den chthonischen Göttern, Totengöttern und Höllengöttern Ištar, Demeter, Persephone, Hyphnos usw. Mohn angeboten wurde. Auch den Toten gab man Mohn, um sie vor bösen Geistern außerhalb des Grabs zu schützen, behaupten die Anthropologen (DEONNA 1965).

Opium, Theriak, Haschisch & Tabak

Durch das Aufschneiden grüner Mohnkapseln (*Papaver somniferum*; nicht zu verwechseln mit *Papaver rhoeas*) wird ein milchiger Saft gewonnen, der circa zwanzig verschiedene Alkaloide enthält: Morphin, Thebain, Codein, Noscapin, Papaverin usw. Homer beschrieb die Wirkung eines betäubenden Präparats, wahrscheinlich ein Opiat (gr. *pharmakon nepenthes* = Mittel gegen Traurigkeit), das dem Telemach im Wein angeboten wird:

Siehe sie warf in den Wein, wovon sie tranken, ein Mittel
Gegen Kummer und Groll und aller Leiden Gedächtnis (Odyssee IV, 220).

In der gleichen Epoche signalisiert Hesiod die Verwendung von Opium in der Stadt Mekon in Korinth (gr. Mekon = „Mohn", mekonion = „Mohnsaft", bei Dioscurides und Plinius). Herakleides von Tarent (um 75 v. Chr.) empfiehlt hohe Dosen Opium als Gegenmittel gegen den Biss giftiger Schlangen ... Die griechischen Ärzte Diagoras (5. Jh. V. Chr.) und Erasistratos (3. Jh. v. Chr.) beschäftigten sich mit dem Missbrauch von Opium, auch als Schlafmittel. Vergil schrieb im Gedicht *Georgica* über Mohn-gesättigten Schlaf des Lethe. Plinius bestätigt, dass die Perser Opium zur Heilung Kranker verwendeten. Strabon schreibt das Gleiche über die Araber.

Abb. 4: Porträt des Theophrast von Hohenheim, genannt Paracelsus, Abbildung aus seinem Buch *Astronomica et Astrologica opuscula*, Köln, 1567.

Im Mittelalter bringen die arabischen Mediziner und Alchimisten das Opium (zurück) nach Europa, wo es einen außerordentlichen Erfolg haben wird – nicht nur als therapeutisches Mittel, sondern auch als Auslöser des „weißen Rauschs". Paracelsus (1493–1541) verwendete es selbst als Rauschmittel und empfahl es als Medikament. Die Panazee, die er empfahl, hieß *laudanum paracelsi*, Opium aufgelöst in Alkohol. Im 17. Jahrhundert versuchte der englische Arzt Thomas Sydenham, auch *Opiophilos* genannt, die Opioidtherapie zu verabsolutieren und verschreibt *laudanum*, Opium in Wein aufgelöst (*vinum opii*) (ESCOHOTADO 1999: 60). Sein Axiom definiert eine ganze Epoche und eine bestimmte Mentalität: *Nolem esse medicus sine opio*. In der ersten Hälfte des 19. Jahrhunderts schrieb der siebenbürgische Pharmazeut J.M. Honigberger, dass Sydenhams Erbe respektiert und geschützt werden müsse vor denen, die ihn als „Scharlatan und Kriminellen" stigmatisiert haben. Honigberger war so empathisch, weil er selbst ein überzeugter Opioidtherapeut war. „Opium ist in Europa wie auch in Indien eines der wichtigsten Heilmittel" (HONIGBERGER 2004: 108, 308).

In Europa wurde Mohn (und Bilsenkraut) archäologischen Funden zufolge bereits im Neolithikum angebaut. Es wurde genau für die gleiche Wirkung geschätzt, für das es in der rumänischen Volksmedizin verwendet wurde. Alle Teile der Pflanze (Wurzel, Sprossachse, Blüten, Kapseln, Samen) werden verwendet (als Dekokt, Infusion, Lösung in Wein) als Beruhigungsmittel, Schmerzstiller, Schlafmittel usw. (BUTURĂ 1979: 142).

In einem Kalender, der 1785 in Iași gedruckt wurde, werden „Mittel, die einfach und ohne Ausgaben einzusetzen sind und sich in den Häusern der Armen finden, damit sie es anwenden können während der Krankheit" empfohlen: „[Damit] der Mensch schlafen kann: Nimmt man rote Mohnblüten und legt sie in Wasser oder Wein und trinkt das Gemisch" (BRĂTESCU 1989: 226). Zur Verwendung von Mohn als Schlafmittel in der Volksheilkunde werde ich keine Stimme aus dem Volk, sondern den Schriftsteller Mircea Mihăieș zu Wort kommen lassen, der über „den exzessiven Konsum von Mohn" im ländlichen Raum um Arad spricht: „Es war übrigens eine allgemein übliche Praxis in meiner Kindheit. Ich habe nie vergessen, wie die Frauen auf dem Land ihre Kinder dazu brachten einzuschlafen: Sie legten ein paar Mohnkapseln in ein Taschen- oder Kopftuch, rieben das Tuch und die Kinder saugten daran wie brave Kälber. Ich schaute ihnen zu, wie sie von einer Minute zur anderen müde wurden, wie sie die Augen schlossen und verschwitzt und mit hochrotem Kopf, einschliefen" (MIHAIEȘ 2009).

Natürlich hatte das schlechte und unvorhersehbare Wirkungen auf die Kinder. Der Brauch war so verbreitet auf dem Land, dass 1935 der Arzt Vasile Voiculescu in der *Cartea satului* (Buch des Dorfes) ein kategorisches Verbot aussprach: „Nur Ärzte haben die Erlaubnis, Kranken Schlafmohn und Mohn zu geben. […] Kindern gibt man keinen Mohntee. […] Kindern darf auf keinen Fall Mohntee zum Trinken gegeben werden, denn Mohn ist giftig". Voiculescu bezog sich nicht nur auf das Kochen der Kapseln und Samen, sondern auch auf Tee aus Mohnblüten, „der wirklich giftig sein kann für kleine Kinder auf Grund des Opiums, das er enthält" (VOICULESCU 1935: 172–173, 211).

Die einheimischen Bauern kannten und verwendeten schon lange verschiedene Medikamente auf Mohnbasis, aber die Verwendung von Opium (*Afion*; Schlafmohn) kam wahrscheinlich von außen, und wurde erst vor relativ kurzer Zeit übernommen. Allerdings nicht erst vor so kurzer Zeit, wie beispielsweise Alexandru Ciorănescu glaubte: „Im Rumänischen bezeichnet [*Afion*; Schlafmohn] ein nichtdefiniertes Schlafmittel, denn Opium war bis zur heutigen Epoche unbekannt" (CIORĂNESCU 2002: 154).

Ein komplexes Opiat wie Theriak wurde bereits im 16. Jahrhundert in den Pharmazien in Transsilvanien (Cluj, Brașov, Sibiu u.a.) verwendet, und ungefähr zur selben Zeit war auch *Afion* (Mohnsaft, Schlafmohn) bekannt. Das erste Mal taucht der Begriff in einem Manuskript im Banat ca. 1670 auf: im *Dictionarium valachico-latinum*: „Afiom: Herba soporifera (einschläfernde Pflanze)". Es handelt sich um einen sprachlichen Einfluss aus dem Ungarischen (*afium*), schreibt B.P. Hasdeu (1972: 324). In der archaischen Volkssprache bezeichnet Afion manchmal nicht nur den „Mohnsaft", sondern den Mohn selbst. Im oben zitierten Fall handelt es sich – wie auch in den Anfangsformeln von Volksgedichten – offensichtlich um die Pflanze (herba): „grünes Blatt des Afion". Diese Anfangsformeln werden vor allem in Volksgedichten verwendet, in denen es um Schlaf geht: „grünes Blatt des Afion/Alle Vögel schlafen) (SEVASTOS 1990: 80); oder:

Blättchen des Afion
Im Garten des Johannes
Schlafen alle Vögel
Nur einer findet keinen Schlaf (PRICOPIE 1932: 70).

Die Bedeutung des Begriffs ist schwerer zu definieren in den therapeutischen Empfehlungen, die beispielsweise in der Dobrogea um das Jahr 1900 entstanden: „Zerhackte Schleie mit Afion und Spiritus legt man auf den Bauch gegen jede Art von Bauch- oder Magenschmerzen" (LEON 1903: 96). Aber allein die große Verbreitung der Vokabel *Afion* in der medizinischen Volksterminologie (egal, ob nun die Pflanze oder nur ein Teil von ihr gemeint ist) ist ein Symptom für die Verbreitung des Wirkstoffes (*Opium*). Es gab keine generelle lexikalische Konfusion. Im *Însemnare pentru doftorii* (Verzeichnis für Ärzte) von 1788 (mss. BAR nr. 3750) werden „mac" (Mohn) und „afion" als unterschiedliche Heilmittel empfohlen (SACERDOȚEANU 1970: 175–177).

Mehrere Rezepte aus der Volksheilkunde aus der ersten Hälfte des 19. Jahrhunderts (im Archiv des Volkskundlers Artur Gorovei aus Fălticeni) bestätigen die Verwendung von Opiaten mit den beiden oben genannten Begriffen: „Afion", „Weingeist mit Afion gemischt reibt man auf die schmerzende Stelle", Theriak aus Venedig in einem „Balsamrezept", Theriak in einem „Rezept für ein Elixir". Es geht um ein „Elixir", das „das Leben verlängert, sehr gesund macht und frei von allen Ärzten, es stärkt die Kraft, weckt die Gefühle, stoppt das Aufsteigen des Auswurfs und anderer Koliken, lindert Zahnschmerzen, reinigt das Blut, hilft bei Vergiftung, aller Arten von Krankheiten, Erkältungen, Fieber und Schwächen" (SZÉKELY 2006).

Diese Art Arznei war in jeder rumänischen Arzttasche vorhanden, wie es in dem Gedicht *Vraciul* [Der Arzt] von Tudor Arghezi beschrieben ist:

In meiner Allheilmittelpharmazie,
hab ich Kummer um kaumgefühlte Schmerzen,
die misteriös sind und noch nie geheilt,
Während daneben eine schwache Welt entsteht und stirbt
(ARGHEZI 1927: 88).

Am Ende des 18. Jahrhunderts war der Begriff *Afion* so stark verwurzelt im Wortschatz der Volkssprache, dass er verwendet wurde, um die Eigenschaften anderer Drogen zu beschreiben. In einem alten rumänischen Text über Asien, *De obște Gheografia* [Über Geographie], der 1795 in Iași aus dem Französischen „in die moldauische Sprache" übersetzt wurde, heißt es, dass es in Indien „Aromen und alle Arten von Medikamenten gibt". Darunter Betelpfeffer (*Piper betle*), den jeder kaut wegen seiner schmerzstillenden, stimulierenden und aphrodisierenden Wirkung. Der Übersetzer hielt eine Fußnote für angebracht: „Betel ist ein Essen, das die Inder lieben und das bei Festmahlen zu sich genommen wird wie andernorts eine Süßspeise, die dem Afion ähnelt" (BORDAȘ 2006: 406, 415). Es handelt sich natürlich um die „Süßspeise Opium".

„Die Morphinomanie, die im ganzen Orient verbreitet war", schreibt Lazăr Șăineanu 1900 und bezieht sich eigentlich auf die Opiomanie, „ist in der Türkei in allen Klassen der Gesellschaft verbreitet". Șăineanu fügt in einem Nebensatz hinzu: „auch bei uns war sie [die Opiomanie] nicht unbekannt" (ȘĂINEANU 1990: 10). Da sich die hohen rumänischen Beamten häufig in Konstantinopel aufhielten und phanariotische Herrscher im Land waren, kam der Brauch des Theriak- und Opiumkonsums in die Bojarenhöfe der Rumänischen Fürstentümer. In der Phanariotenzeit verbreitete sich durch Pharmazeuten, Wirte, Gasthäuser und Kolonialwarenläden, die von Griechen, Türken und Armeniern geführt wurden, der Brauch, „Afion zu trinken" (aufgelöst in Wein oder Țuică) unter den rumänischen Händlern und Marktleuten.

Echos dieses Brauchs finden sich in der Volksliteratur, wahrscheinlich auch dank eines gelehrten oder städtischen oder musikalischen (bei den Balladen) Einflusses:

Antofitza füllte das Glas mit Wein
Mit Afion füllte sie es auf
Und gibt es dem Vater, dass er trinkt
Und wie der Vater trinkt, wird er berauscht (PAMFILE 1916: 298).

Ähnliche Bilder finden sich in Märchen: „Sie brachte ihn mit Afion zum Schlafen und er wachte nicht mehr auf bis zum Morgen" (ŞEZĂTOAREA 1893: 116); „Es verging nicht viel Zeit und alle Wächter sanken in einen Schlaf, der ähnlich dem Tod ist [...]. Wahrscheinlich war im Rachiufass Afion" (ISPIRESCU 1984: 287).

Den Feind brachte man mit Getränken oder Zigaretten, in denen sich Afion befand, zum Schlafen. So auch in einer Eisenbahngeschichte von Ion Luca Caragiale: „Einer gab ihnen immer süßen Wein mit Gewürzen, und der andere gab ihm eine Zigarette mit Afion, mit weiß der Teufel, was ... Er schlief wie ein Stein ... Als er verdutzt und betäubt in Bukarest wach wurde, war er allein im Waggon und alles, das Fell, den Koffer, das Geld, die Uhr, alles hatten sie ihm genommen" (CARAGIALE 1960: 465). Zu Beginn des 20. Jahrhunderts klang das Wort „Afion" wie „eine Zauberformel", denn in „Großmutters Apotheke" von Ionel Teodoreanu zum Beispiel war „spirtul de afion" [Afionspiritus] eine Art Allzweckmittel (TEODOREANU 1988: 38).

Nicht alle Ärzte glaubten wie der Apotheker J.M. Honigberger aus Braşov an die Wunderwirkungen des Opiums. Im Gegenteil, in der Walachei gab es Ärzte, die der Auffassung waren, dass Afion ein „schlimmes Gift" sei, dass dich tagelang in einen schlechten Zustand versetzt". In einem Manuskript aus dem Jahre 1837 (BAR nr. 4308) schreibt Vasilache Slăvulescu, „berufener Lehrer" an der Episcopie Buzău, dass er, „als er sich schlimm erkältet hatte", sein Leiden mit Afion lindern wollte. Auch heute verwendet man Medikamente auf Codeinbasis gegen Husten – ein Alkaloid, das aus Opium gewonnen wird.

Am Ende schickte Herr Slăvulescu nach Bukarest, um nach einem „Hustenarzt" zu suchen. „Als ich den Ärzten sagte, dass ich ein halbes Jahr lang Afion genommen hatte, weil ich wusste, dass es meinen Husten lindert, sind einige erschrocken, andere überlegten und sagten: „Du bist ein starker Mann, dass du Gott sei's gedankt, nicht gestorben bist, denn du hast ein schlimmes Gift genommen, groß ist Gottes Gnade und wir wundern uns, dass du auf den Beinen stehst. [...] Alle Schwäche, die du bisher hattest, ist von diesem Gift Afion gemacht. [...] Wag es nicht mehr, dieses Gift zu nehmen, denn es wird dich ins Grab bringen. Wir haben unsere Schuld getan und Dir gesagt, dass du es nicht mehr nehmen sollst, und wer dich unter dem Volk so sehen wird, schwach und hustend, wird gleich denken, dass du krank bist. […] Aber es ist nicht so, denn sie haben dich zerstört mit dem Gift des Afion und da du es mehr als ein halbes Jahr genommen hast, weil du dachtest, es hilft gegen den Husten, können wir sagen, dass du dein Leben um zwanzig Jahre verkürzt hast" (CORFUS 1975: 325).

Man könnte sagen, dass die Wahrnehmung des Opiums eine große Palette abdeckte – vom „Wundermittel" zum „schlimmen Gift". Hierbei handelt es sich dennoch um eines der wenigen Dokumente, in denen die Opiumtherapie verdammt wird. Ein Dokument, das ungewöhnlich ist für die Mentalität in der ersten Hälfte des 19. Jahrhunderts.

Das Opiat, das man Theriak nennt (von gr. *therion* – wildes Tier), wurde bereits in der Antike gegen Bisse giftiger Tiere verwendet. Das Präparat enthielt mehrere Zutaten, darunter auch Wunderheilmittel. Neben Opium (dem Grundstoff mit der höchsten Wirkung) musste Theriak auch Vipernfleisch enthalten, dem man nachsagte, es würde das Gift neutralisieren (nach einem Prinzip in der Magie – *similia similibus curentur* – Ähnliches wird durch Ähnliches geheilt). Die Legende besagt, dass Theriak von Mithridates VI Eupator, dem grausamen Herrscher von Pontos (112–63 v. Chr.) kreiert wurde, der davon besessen war, nicht von einem seiner zahlreichen Gegner vergiftet zu werden. Plinius beschrieb ein Rezept des Theriak, „welches an der Schwelle des Tempels des Äsculaps in Stein gehauen ist, […] Dieses Theriaks soll König Antiochus der Große gegen alle Gifte bedient haben" (PLINIUS 2007b: 48; *Naturalis Historia* XX, 100).

Die spektakulärste Beschreibung der Verwendung eines Opiats (Theriak, scheint das *Descântec de [mușcătură de] șarpe* [Beschwörung eines Schlangenbisses] aus einem Manuskript von 1784 zu sein).

Es handelt sich nicht um einen Einzelfall. Fast identische Varianten wurden im 19. Jahrhundert und sogar zu Beginn des 20. Jahrhunderts gefunden. In manchen taucht der Begriff „tiriac" (Theriak) auf (NICULIȚA-VORONCA 1998: 843), und in anderen werden andere veränderte Begriffe verwendet: *treac* („leacul ca treacul" [Heilmittel wie treac], also wahrscheinlich Theriak) (BUTURA 1979: 18), *iliac, liliac, chiliac* (DENSUSIANU 1968: 262). Aber die meisten Varianten dieser klassischen Beschwörungsformel enthalten nicht das besagte Heilmittel und sind meist vollständiger und kohärenter (in der Logik des Zaubers) (LEON 1903: 108; MARIAN 1994: 199; TEODORESCU 1982: 461; ROSETTI: 86). Es ist offensichtlich, dass es die Originalversion des Textes ist und dass der Begriff *tiriac* zu einem späteren Zeitpunkt eingefügt wurde.

Es ist möglich, dass eine Beschwörungsformel bei der Verabreichung des Mittels aufgesagt wurde. In einem Manuskript des gleichen Jahres empfiehlt man: Wer von einer Schlange gebissen wurde, „nehme ein wenig Theriak und mische es mit Mandelöl und reibe es auf den Biss und es wird vorübergehen" (LUPAȘCU 1890). „Man gibt auf ein Tuch Theriak und klebt es auf die Wunde" (Mss. Nr. BAR nr. 3750, von 1788). Oder für Pferde, die von einer Schlange gebissen wurden: „man schneidet ein Stück Brot ab, reibt es mit Theriak ein und gibt es dem Pferd zu essen und reibt auch die Wunde damit ein" (BAR nr. 842, von 1819).

Bleibt zu untersuchen, wie verbreitet Theriak auf dem Land war am Ende des 18. Jahrhunderts. Wahrscheinlich nicht stark, denn man konnte es nur aus der Apotheke beziehen, zu ziemlich hohen Preisen. 1765 kostete die Zollsteuer für die Einfuhr von einem Okka[29] Theriak ungefähr 22 Asper[30], ungefähr so viel wie ein Zobelfell. 1792 waren 18 Asper pro Okka und 1818 „für schlechtes Theriak" 40 Asper zu zahlen. Unter schlechtem Theriak verstand man einfaches, also ein Opiat mit weniger Zutaten.

Die Beschwörungsformel von 1784 beweist, dass die magisch-therapeutischen Kräfte des Mittels bekannt waren. Aber der wirkliche Beginn der Verwendung dieses Opiats muss mit anderen Kriterien beurteilt werden. Es stellt sich die Frage, wie lange Theriak verwendet wurde und vor allem, welches besondere Prestige es hatte, dass sein Name in einem rituellen Zauberspruch verewigt wird. In der Welt der Magie ist die Veränderung einer Zauberformel unvorstellbar. Das hätte schwere Konsequenzen gehabt. Die Zauberformel hätte nicht nur ihre Wirkung („ihre Heilkraft") verloren, sondern meistens auch die entgegengesetzte Wirkung verursacht. Deshalb sind rituelle Texte im Grunde unverändert über Jahrhunderte erhalten geblieben und deshalb sind sie so aussagekräftig.

Außerdem wird dem Theriak eine privilegierte Stelle im Text zuteil. „Leacul [de] la tiriacul" [Das Mittel [des] Theriak] scheint eine besondere Paraphrase der klassischen Beschwörungsformeln gegen Schlangenbisse zu sein:

....

29 altes Gewichtsmaß, das im Osmanischen Reich verwendet wurde, meist 1282 Gramm.
30 osmanische Münze

Die Beschwörungsformel von mir,
Das Heilmittel von Gott.

Es ist eine Endformel, die eine vorgestellte Arbeits- und Verantwortungsverteilung zwischen Beschwörer und Gott festlegt. Auch wenn (oder vor allem wenn) das Mittel nicht tatsächlich verabreicht wurde, ist tiriac nicht nur die einfache Nennung des Opiats, sondern ein Wort mit Zauberkraft, das allein dadurch, dass man es ausspricht, Dämonen aus dem „befallenen Körper" exorzieren kann.

Zunächst kam der Brauch, Opium zu konsumieren, über den türkischen Einfluss in die Rumänischen Fürstentümer. Dafür gibt es mehrere Belege. In erster Linie die Herkunft der Bezeichnung *afion:*. Von türk.: *afyon*, das wiederum von gr. *opion* (Diminutiv von *opos* – Saft). Auch *tiriac* kommt aus dem Türkischen, sowie das Derivat *tiriachiu* (türk.: *tiriaki* – Opiumkonsument). Ins Türkische kamen beide Begriffe ebenfalls aus dem Griechischen. Dimitrie Cantemir erzählt von einem Mann, der in der ersten Hälfte des 17. Jahrhunderts, zur Zeit des Sultans Murad IV, in Istanbul lebte und den man Tiriaki nannte, weil er ein starker Opiumraucher war (CANTEMIR 1876: 377). Baron de Tott beschreibt in seinen Erinnerungen (*Mémoires du Baron de Tott sur les Turcs et les Tartares*, 1784) das Viertel Teriaky Cearcify in Istanbul, wo sich die Opiumkonsumenten trafen (BOON 2002: 21).

Darüber, wie diese Begriffe (tiriac, tiriachiu, afion) im Rumänischen in der Mitte des 19. Jahrhunderts verwendet wurden, schreibt Anton Pann: „Sie schaute ich an tiriach, mit dem Kopf im Rauch". Oder in der Rede des Burggrafen „Strugur mustosul" (saftige Traube) an „Crăiasa poamelor" (Königin der Früchte) im Kapitel über die Trunkenheit bei Anton Pann:

Ich, der ich Mohnkräfte besitze
benebelt sich die Sinne wie ein Tiriac,
sie vergiften mich mit spirituosem Geist
Und sofort bekomme ich Husten und Atemschwäche (PANN 1982: 89).

Oder bei moldauischen Schriftstellern zur gleichen Zeit: Costache Stamati (Der Satan kommt in den Raum, der Tiriac brummt Flüche) und Dimitrie Raletti (Das Afion, mit dem sich die Teriachi benebeln), und eine Figur bei B.P. Hasdeu in der Novelle *Duduca Mamuca* (1863) bekommt von einem Arzt die Droge „Afion" (HASDEU 1998: 50–51). Ionescu-Gion schrieb 1899: „Das Wort tiriachiu ist längst in die [Sprache des] Volks eingegangen und man sagt *om tiriachiu* (ein tiriachiu Mensch) zu jemandem, der benommen aufwacht, wie ein Morphiumabhängiger, wenn er aus seiner teuren Beneblung erwacht" (IONESCU-GION 1998: 604).

Früher wurde jemand, der Opium konsumierte, *tiriachiu* genannt. Der Spitzname wurde zum Ruf und später zu einem Namen. Am Ende des 18. Jahrhunderts gab es in der Moldau einen Bezirkshauptmann mit Namen Constantin Tiriachiu. Es war ein phanariotischer Bojar, „der sich im Land unter der Herrschaft des Alexandru Moruzi niedergelassen hatte", schreibt Constandin Sion in *Arhondologia Moldovei* (SION 1973: 281). Alexandru Teriachiu (1829–1893), ein liberaler Politiker aus der Moldau, war von 1880–1881 Innenminister. Der Name existiert auch heute noch. Im Telefonbuch der Stadt Bukarest aus dem Jahr 2002 sind zwar nur zwei Anschlüsse mit dem Namen Tiriachiu vermerkt, aber es gibt viele abgeleitete Namen, wie Țiriac, Tereaca, Tereacă, Tirică, Tirici, Terec, Terech, Teric etc.

Ein anderer türkischer Begriff, der ein Opiat bezeichnet, ist *altînbaş* (türk. *altîn baş* = „Goldkopf") und wurde ebenfalls früher im Rumänischen verwendet.

Eigentlich ging es um die Übersetzung des Namens der venezianischen Apotheke *ALLA TESTA D'ORO*. Die bekannte Apotheke war eine der anerkanntesten Theriak-Produktionsstätten. Dort stellte man *theriaca fina*, *theriaca venetiana* oder *theriaca vera veneta* her – es nannte sich so, weil es häufig in Istanbul oder Alexandria nachgemacht wurde. Auf rumänischem Gebiet, in Mangalia, fand man ein pharmazeutisches Gefäß von 1609, auf dessen Verschluss steht *TERIACA FINA ALLA TESTA D'ORO IN VENET*. In der Mitte des Deckels ist der Kopf eines Mannes abgebildet, der einen Lorbeerkranz auf dem Kopf trägt (SĂVEANU SANCIUC 1943)

In einem Manuskript von 1788 empfiehlt der Autor als Mittel gegen „Pest, Gott behüte" *altînbaş*, aber da der Begriff nicht eindeutig definiert war, erklärt der Autor sofort: „tiriac de la băcani" (tiriac vom Kolonialwarenhändler/aus der Spezerei) (SACERDOȚEANU 1970: 171). Es ist ein Ausdruck, der in die Volkssprache einging. Nicolae Vodă Caragea hatte ein paar Jahre zuvor, 1783, durch einen Erlass verordnet, dass beim Kolonialwarenhändler keine giftigen und psychotropen Substanzen verkauft werden durften. Der Grund für dieses Verbot war ein Vergiftungsunfall aus dem Jahr 1782. Ein Schüler hatte Rattengift (Arsen) in einer Spezerei gekauft und versucht, einen Lehrer des Gymnasiums „Sfântul Sava" zu vergiften. Ausversehen vergiftete sich aber ein Schulkamerad tödlich (IONESCU-GION 1998: 607).

Aus dem Fernen Orient kam der Begriff *amoc* (unerklärliche Wut, Wahnsinn). In Indochina bedeutet das malaysische Wort *amok* ein Delirium, das durch Rauschmittelmissbrauch entsteht (Opium, Haschisch oder Cannabis) (FERRAN 1969: 275). 1769 erklärte James Cook das malaysische Wort *amuck* im Tagebuch seiner Südostasienreise.

Zu verweisen ist auch auf Zweigs Novelle *Der Amokläufer* aus dem Jahr 1922. Auch Henri Michaux erinnert an den Amoklauf des malaysischen Opiumsüchtigen (*Un barbare en Asie*, 1933). Ins Rumänische kam der Begriff als Neologismus aus dem Französischen.

Ein weiteres Argument für die Hypothese, dass im rumänischen Raum der *afion*-Konsum türkische Wurzeln hat, ist die Tatsache, dass Opium unter den Türken weit verbreitet war. Ein Laster, das durch das religiöse Alkoholverbot, denn Alkohol ist laut dem Koran ein Werk des Satans[31] (*Koran*, Sure 5, 92), und die riesigen Mohnanbauflächen (die es auch heute noch gibt) in Anatolien begünstigt wurde. Eine Region in Anatolien hieß sogar *Afyon-karahisar*. Die Türken nannten Afion, Tabak, Kaffee und Wein die „vier Säulen der Lust". Lazăr Șăineanu schrieb: „Die Muslime haben eine große Leidenschaft für Afion, das aufgelöst in Wein, Rachiu oder Kaffee getrunken wird, um vermeintliche Lustgefühle und Trugbilder auszulösen" (ȘĂINEANU 1900: 217).

Für die Türken waren aber diese Trugbilder und Lustgefühle dank Opiumkonsum nicht so vermeintlich, wie Șăineanu schrieb. Und Pierre Belon schrieb 1546 folgendes: „Es gibt keinen Türken, der nicht sein letztes Geld dafür ausgeben würde, Opium zu kaufen, das er im Krieg wie im Frieden bei sich trägt. Sie essen Opium, weil sie überzeugt sind, dass es sie zu besseren [Kämpfern] macht und sie weniger den Kriegsgefahren aussetzt. Zu Kriegszeiten verkaufen sich solche Mengen [Opium], dass es schwer ist, noch welches im Land zu finden".

Im russisch-türkischen Krieg von 1768-1774 verteilte man an die türkischen Soldaten maslach (auf Arabisch *maslaq*) – ein anregendes Getränk auf Opiumbasis –, damit sie kämpferischer und mutiger werden. (SALVERTE 1843: 277). In der *Encyclopedia Britannica* aus dem Jahr 1771 steht tatsächlich, dass

---

31 „Wein und Glücksspiel und Götzenbilder und Lospfeile sind ein Greuel, ein Werk Satans" (AHMADIYYA 1989). Allerdings ist in anderen Koranübersetzungen nicht nur Alkohol gemeint: „Berauschendes, Glücksspiel, Opfersteine und Lospfeile sind ein Greuel, das Werk des Satans" (RASSOUL 2009).

Opium in geringen Mengen den Mut des Menschen wesentlich steigert. „Aus diesem Grund versorgen sich Türken immer mit Opium, wenn sie in den Krieg ziehen."

Şăineanu beschäftigte sich mit dem türkisch-phanariotischen Einfluss auf die Bräuche in den Rumänischen Fürstentümern (Afion, Theriak, Magiun, Kaffee, Chef, Tabak, Kornrade, Ciubuc etc.). Die Ergebnisse finden sich in seinem berühmten *Dicționar universal al limbii române* [Universalwörterbuch der rumänischen Sprache] von 1896 und in den beiden Bänden seines Werkes *Influența orientală asupra limbei și culturei române* [Der orientalische Einfluss auf die rumänische Sprache und Kultur] von 1900.

Şăineanu ging nach zwölf Jahren des Wartens und mehreren Absagen, als Jude die rumänische Staatsbürgerschaft zu erlangen, nach Paris. In Frankreich beschäftigt sich Lazăr Şăineanu, der zu Lazare Sainéan wurde, mit dem Pariser Argot und der Sprache Rabelais'. In seiner Arbeit *La langue de Rabelais* (2 Bde., 1922–1923), die von Bachtin als „fondamentale"' gelobt wurde, beschäftigt sich Sainéan auch mit dem Thema der Volksmedizin im Werk des französischen Renaissancedichters. Eines der Themen: „das heiliggesprochene Kraut des Pantagruelion", wo man sich heute einig ist, dass es sich um Cannabis handelt (SAINÉAN 1922 : 25–27; 1923: 400, 457). Die Götter fürchteten, dass die Menschen, nachdem sie dieses „wunderbare Kraut" eingenommen hatten, das sich *pantagruelion* nannte, mit den Göttern an einem Tisch sitzen, mit den Göttinnen schlafen und so selbst zu Göttern würden (*Gargantua et Pantagruel*). Das ähnelt der Angst des Jehova, als Adam und Eva vom Baum der Erkenntnis in der Mitte des Paradieses gegessen hatten.

Dimitrie Cantemir schrieb als Augenzeuge zu Beginn des 18. Jahrhunderts: „Aber die [Derwische], die keinen Wein trinken, verwenden in großen Mengen Mohnsaft (russ. *makovîi sok*) [...], der sie zunächst müde macht, dann spüren sie eine Art Freude und Belebung des Geistes. Bei den Türken gibt es keinen Dichter, vor allem keinen vollkommenen Gelehrten, der diesen Mohnsaft nicht verwendet, und zwar ununterbrochen und in solchem Maße, dass es einem Menschen, der so etwas noch nicht gesehen hat, unglaublich vorkommen kann. Ich selbst habe zu Zeiten des Sultans Mustafa [1693–1703] einen Derwisch gesehen ..." (CANTEMIR 1987: 463, 389).

Vielleicht ist die Verallgemeinerung bei Pierre Belon und Dimitrie Cantemir übertrieben, aber vor allem in den Reihen der Aristokraten, der Soldaten und Derwische entsprach es zum großen Teil der Realität. Manchmal gerät die

Situation außer Kontrolle, so dass von oben eingegriffen werden muss. In der ersten Hälfte des 17. Jahrhunderts schreibt Ienăchiță Văcărescu: „Sultan Murad verbot per Dekret Tabak und *afion*" (VĂCĂRESCU 1791).

Zur gleichen Zeit droht Papst Urban VIII (1623–1644) denjenigen mit Exkommunikation, die Tabak (den man als „Pflanze des Satans" ansah) schnupften, und Zar Michail I. drohte denen mit Deportation nach Sibirien, die Tabak rauchten (FERRAN 1969: 235). König James I. wagte nicht, die Verwendung von Tabak, der von Sir Walter Raleigh ins elisabethanische England eingeführt worden war, zu verbieten, aber er veröffentlichte 1604 eine Schmähabhandlung mit dem Titel *A Counterblaste to Tobacco*, und er erhob eine Steuer auf das Laster des Rauchens. In China verbot der Kaiser im 17. Jahrhundert den Tabakkonsum per Dekret (1637, 1641, 1643, 1676 usw.) und später den Konsum von Opium (1729, 1796, 1799, 1800, 1813 usw.) (LUCA 2004: 150–153).

Diese Daten wurden in verschiedenen rumänischen Texten mit mehr oder weniger korrekten Informationen verbreitet. In einem Artikel mit dem Titel „Tiutunul" [Tabak], der im *Calendarul pentru toți românii* [Kalender für alle Rumänen] 1869 erschien, stand: „Der Strauch [Tabak] wurde als Medizin betrachtet, die alle Leiden heilt. Tabak wurde zur Mode an den europäischen Höfen. Aber die Verwendung von Tabak war in einigen Ländern gefährlich. Sultan Amurat IV. ordnete an, dass Raucher in einer Walkmühle zerstampft werden, während es der Schah von Persien dabei beließ, Rauchern die Nase abzuschneiden. Papst Innozenz VIII. verurteilte die Raucher, in der Hölle zu schmoren. Und Jakob I. König von England verfasste Bücher gegen den Tabak. Aber das Schicksal wollte es, dass der Tabak seine Gegner bezwingt, und heute ist es zu einem allgemein verbreiteten Genussmittel geworden" (*Calendarul pentru toți românii* 1869: 9).

Obwohl sie zugaben, dass das Kauen der Blätter den Inkas Kraft für die Arbeit gab und den Hunger unterdrückte, hielten die Jesuiten die Pflanze für „satanisch" und glaubten, sie würde zu Götzenverehrung und Häresie führen (JÜNGER 2008). Die Inquisition war genauso streng, was die sakrale Art und Weise betraf, in der die südamerikanischen Indianer Koka- und Tabakblätter verwendeten. Mircea Eliade sprach von der „rituellen Funktion des Rauchens" im vorkolumbischen Südamerika. Eine Funktion, die es bei den Europäern überhaupt nicht hatte. „Das Rauchen wurde" am Ende des 14. Jahrhunderts „als Droge und nicht als Sakrament in Europa eingeführt. Deshalb sind die Konsequenzen nach vier Jahrhunderten wirklich dramatisch" (ELIADE 1993: 117).

Auf rumänischem Gebiet vertrieb der Tabak den Hunger. „Wenn der Zigeuner Hunger hat, macht er Musik", schreibt Creanga, „der Bojar spaziert mit den Händen auf dem Rücken, und unser Bauer brennt sich eine Lulea-Pfeife an und sinnt". In der rumänischen Mythologie ist Tabak wie auch Wein „Teufelskraut". Als Ivan an der Tür zum Paradies fragt, ob es dort Tabak und Wodka gibt, antwortet Petrus brüsk: „In der Hölle, Ivan, nicht hier" (CREANGĂ 1878). Alte christliche Texte bestraften Raucher und drohten ihnen mit der Hölle: „Ihr beräuchert euch mit schmutzigem Tabak, was die Überreste von Opferidolen sind. Bitter ist es mit euch, denn ihr werdet ewig in der Hölle sein", heißt es in einem Manuskript (Mss. BAR nr. 5584) von 1762 (*Legenda Duminicii* [Sonntagslegende] 2005: 155)

Nicht nur in Kirchentexten wurden Raucher sanktioniert. Der erste phanariotische Herrscher, Nicolae Mavrocordat (1680–1730), schrieb auf Griechisch einen sehr interessanten Text: *Logos kata nikotianis*. Es handelt sich um eine Rede gegen den Tabak und nicht gegen das Nikotin, wie häufig in Kommentaren erwähnt wird. Der Text wurde in den ersten Jahrzehnten des 18. Jahrhunderts verfasst und nach dem Tod des Autors von seinem Enkel, Alexandru II. Mavrocordat, 1786 veröffentlicht. Es scheint, dass der kleine Band, den ich in den Händen hielt, Vasile Alecsandri gehört hatte, der es der Rumänischen Akademie überließ, dessen Gründungsmitglied er war. Ein paar Monate nach dem Tod des Dichters schrieb jemand auf die Titelseite des Buches: „Der Akademie gespendet von V. Alecsandri 1891, am 2. April". Ich glaube, dass dieser von Nicolae Mavrocordat geschriebene Text nicht auf Rumänisch erschienen ist. Ein Grund mehr, ein paar längere Passagen daraus zu zitieren.[32]

Es ist kein Wunder, dass der phanariotische Herrscher eine Rede „gegen den Tabak und gegen jene, die gut von ihm reden", schrieb. Sie entsprach dem *Zeitgeist* (Deutsch im O.). Tabak war also im 17. Jahrhundert in vielen Gebieten Eurasiens verboten. Wahrscheinlich schrieb Nicolae Mavrocordat seinen Text in diesem Sinn – aber nach 1709 (das Jahr, das auf dem Titelblatt erscheint), also circa zwischen 1709 und 1715, als er Fürst der Moldau war (mit einer Unterbrechung von acht Monaten zwischen 1710–1711, als Dimitrie Cantemir auf dem Thron saß).

Überraschend ist, dass Mavrocordat Vodă die Herstellung und Verwendung von Tabak als etwas beschreibt, das nicht besonders bekannt war zu jener

---

32 Ich danke Andrei Cornea, der so liebenswürdig war, mir den Text aus dem Altgriechischen zu übersetzen.

Zeit: „Diese Pflanze mit den breiten Blättern wächst also auf dem Feld. Sie hatte lange keine Bezeichnung, aber die, die sie verwendeten, nannten sie „Nicotiana". Die Blätter werden von den Menschen entfernt und von den Strahlen der Sonne getrocknet und wenn die Feuchtigkeit geht, sind sie trocken. So wird sie in Bündeln verteilt und für nicht wenig Geld verkauft. Die Käufer zerkrümeln sie und stecken sie in ein kleines Gefäß aus Ton, das an beiden Enden ein Loch hat. An der einen Seite wird angebrannt und an der anderen ist ein langes aus Holz gefertigtes Rohr, das die Menschen zwischen die Lippen nehmen. [Durch dieses Rohr] ziehen sie den Rauch, wenn das Gras brennt. Manche Menschen schlucken den Rauch und führen ihn zum Magen und machen aus ihrem Bauch einen Ofen, andere pusten ihn durch die Nase heraus, andere, im Schlechten gemäßigtere Menschen, nehmen ihn ein bisschen im Körper auf und stoßen ihn dann aus." Auch den *Ciubuc* (Pfeife) beschreibt der phanariotische Herrscher mit vielen technischen Details als ein unbekanntes Instrument. Die lange Pfeife aus Ton, die von den Indianern Südamerikas übernommen worden war, war über England und die Niederlande nach Europa gekommen.

Mavrocordat erklärt nicht, warum die psychotrope Pflanze, die „Wahnsinn auslöst", „nicotiană" genannt wurde. Der Name kommt von Jean Nicot de Villemain, dem Botschafter Frankreichs in Lissabon (1559–1561), der die Blätter und Samen des brasilianischen Tabaks nach Paris brachte. Die Pflanze wurde in Europa schnell als Heilmittel bekannt und nach dem französischen Aristokraten benannt: *Herba nicotiana*. Erst Mitte des 18. Jahrhunderts (also ein paar Jahrzehnte nach Mavrocordats Text) gab der Schwede Carolus Linnaeus, selbst starker Raucher, der Pflanze den Namen *Nicotiana tabacum* (*Species plantarum* 1753). Mavrocordat bevorzugt die Interpretation, dass *nikotiani* von Griechisch *kotos* kommen könnte – Groll, Hass –, Gefühle, die Tabak angeblich auslöst, wenn man dessen Rauch einatmet. „Die Bezeichnung [der Pfanze] beschreibt die Aktion an sich", schließt Nicolae Mavrocordat.

Der phanariotische Herrscher beschreibt in apokalyptischen Tönen die „schädlichen Wirkungen" des Tabaks nicht nur auf den Körper, sondern auch auf den Geist des Rauchers: „Während andere [Pflanzen] nur die Körper angreifen, zerstört diese auch den Geist, nicht minder als den Körper. Sie verbrennt den Körper und zerstört die Feuchtigkeit, macht, dass der Körper austrocknet, und wie ein grausamer Tyrann holt sie ihn aus dem Leben vor seiner Zeit. Aber der Gedanke an das Gute und Schöne macht sie kraftlos. Den Körper saugt es aus wie ein Blutegel, während der Geist zum Viehe herabsinkt.

© Frank & Timme   Verlag für wissenschaftliche Literatur

Das Herz wird schwarz wie eine Esse, die Lungen sind voller Asche, der Körper riecht schlecht und die Zähne werden schwärzer als Pech." Mavrocordat verwendete zur gleichen Zeit Opium, ohne dass ihn das in einen (moralischen, medizinischen oder anderen) Konflikt mit seiner extrem kritischen Haltung zum Tabak gebracht hätte.

Wahrscheinlich nicht zufällig befand sich unter der Dienerschaft des Herrschers der portugiesische Arzt Daniel de Fonseca.

Nicolae Mavocordat war selbst ein polyglotter Gelehrter, der Philosophie und Theologie studiert hatte. „Und er [Neculai-Vodă Mavrocordat] war ein gelehrter Mann, guter Wissenschaftler", schrieb Ion Niculce. „Und vergnügtes Schwatzen und Witz – nichts machte man in seiner Gegenwart" (NECULCE 1980: 174). Selbst Dimitrie Cantemir, sein Gegner um den Thron der Moldau, schätzte Nicolae Mavrocordat als „homme fort versé dans la littérature orientale et occidentale" (LEMNY 2009: 62). Nicolae war der Sohn Alexandru Mavrocordats Exaporitul, ein großer Gelehrter mit einem Medizin- und Philosophiestudium an der Universität Padova. Ein Iatro-Philosoph, wie ihn Nicolae Iorga nannnte (IORGA 1988: 91). „Alecsandru Ecsapărâtul", wie ihn Ion Neculce nannte, war ein „besonderer Mensch", „unterrichtet in allen Lehren", wie ihn Nicolea Costin beschrieb. Mit seiner Doktorarbeit *Instrumentul pneumatic al circulației sângelui* [Das pneumatische Instrument für die Zirkulation des Blutes], 1664 in Bologna veröffentlicht, war Mavrocordat einer der ersten Unterstützer der Theorie William Harveys. Es ist also überhaupt nicht überraschend, dass Nicolae Mavrocordat (stolz auf seinen Vater und auf seine Herkunft aus einer moldauischen Bojarenfamilie) in den Anti-Tabak-Diskurs eine medizinische, anatomische Komponente einbringt, die sich konkret auf das Herz, das Blut (ausgemergelt wie von Blutegeln), den Magen, die Eingeweide, die Lunge, das Gehirn etc. bezieht.

Bemerkenswert für jene Zeit ist, dass Mavrocordat es schafft, das Phänomen der Abhängigkeit des Rauchers zu beschreiben: „der nicht einmal nachts von der Pfeife lassen kann und unablässig lange Lobeshymnen auf sein Laster anstimmt". Diese „hässliche Beschäftigung" wird eine „Leidenschaft", ein „mythisches Monster mit hundert Armen" („und mir müssten hundert Zungen wachsen, um die Hinterhältigkeit der Pflanze deutlich zu machen"). Für die an das Rauchen „Gewöhnten", die „sich nur von Tabak ernährt haben", „ist die Gewohnheit bereits zur Natur geworden". Wenn sie vom Tabak verlassen werden, „platzen die Raucher, werden von ihm unterjocht und werden von ihm an der Nase herumgeführt". Starke Raucher „sind wie von einem schrecklichen

Wahn geleitet, gehen hin und her wie Hütehunde, wittern den Tabak, um einen Zug einzuatmen und sich die Innereien mit Ruß zu füllen". Sie benutzen dauernd diese übelriechende Sache und wenn sie nichts mehr haben, ersticken sie fast" und „sie heulen wie Wölfe". Der Autor beweist eine gute Kenntnis der Abhängigkeit (Unterjochung) des Süchtigen und der Qualen des Entzugs.

Der Text bekommt zum Ende hin eine moralisierende, antihedonistische, quasitheologische Färbung gegen das Laster und die nicht zu vergebende Sünde. Rauchend sucht der Mensch „das Vergnügen der Sinne", bahnt „fremde und verschiedene Wege des Vergnügens", in denen „das Ungeheuer der Lüste" liegt. Diejenigen, die die „Tugend nah der Göttlichkeit verehren", geben den fünf Sinnen, „die von der Natur gegeben sind", Nahrung. Der Tabak aber, „das Kraut voller Ekel", zerstört diese Sinne: Den Geschmack („durch Verbitterung"), den Geruchssinn („durch schlechten Geruch") und den Sehsinn (durch „Verdunklung", die durch den Rauch entsteht). Tabakrauch „schädigt auch die Augen in hohem Maße durch Finsternis". „Da sie aus freien Stücken blind sind, bekommen sie tatsächlich die Strafe, die die Lasterhaftigen erwartet: Denn man glaubt, dass dies die Finsternis ist. Die Finsternis hüllt sie ein und umzingelt sie. Wahrlich, sag mir, was ist das Rauchen anderes, als eine Finsternis?" „Tabak […] schädigt Geist und Körper", ist „eine ewige Strafe", „der schlimmste Tyrann" und „diejenigen, die ihn verwenden, sind wilder als Tiere, gieriger als schwangere Frauen, […] frevelhafter als Gauner und Diebe" (MAVROCORDAT 1786).[33]

Ohne die Hölle zu nennen, aber präzise genug beschrieben (Ort des Lasterhaften, der Finsternis, ewige Strafe etc.), nähert sich Mavrocordats Rhetorik der dogmatischen Drohung mit der Finsternis der Hölle für diejenigen, die „sich mit dem stinkenden Tabak beräuchern", wie es im oben zitierten rumänischen Manuskript von 1762 steht (mss. BAR nr. 5584, 1762).

Interessant ist, dass ebenfalls im 18. Jahrhundert bei den *chassidischen* Juden in der Region Galiţia, Podolia, Maramureş, Oaş, Bucovina und Moldova, Tabak und Alkohol die Seele nicht in die Hölle brachten, sondern ins Paradies. Chassid verehrte Jehova mit Praktiken, die bis dahin als profan, wenn nicht gar heidnisch galten: Tanz, Lieder, sexuelle Beziehungen, Schlaf, Essen, Rauchen

---

33 Voievod Nicolae MAVROCORDAT: *Logos kata nikotianis*, das erste Mal 1786 in Iaşi gedruckt. Ich danke Paul Cornea für die Übersetzung aus dem Griechischen.

und – mit den Worten von Simon Dubnov: „durch den Konsum alkoholischer Getränke und anderer anregender Mittel" (DUBNOV 1998: 289).

Abb. 5: Chassidischer Jude aus Polen (mit Tabakspfeife und Schnapsflasche) mit seiner Frau, Paris 1846.

Der Begründer des Chassidismus, Baal Şem Tov, Akronym Beşt (1700–1760), trank Rachiu und rauchte Tabak aus dem *Ciubuc*, wie in der *Shivhei Ha-Besht* steht, einer Sammlung alter hagiographischer Legenden. Die Legenden sagen, dass er sich nicht von seiner orientalischen Pfeife trennte, die ein sehr langes Rohr hatte, genau wie die Pfeifen, die in jener Zeit auch die rumänischen Bojaren verwendeten. In einer der Legenden wird gesagt, dass Baal Şem Tov seine Pfeife vor jedem Gebet anzündete: „das Rauchen war begleitet von kabbalistischen Meditationen". Dass der Tabakrauch bei den Gründern des Chassidismus mythische Träumereien auslöste, ist in den alten Texten klar formuliert: „Wann immer er in die oberen Welten aufsteigen wollte, rauchte Baal Şem Tov eine Pfeife und mit jedem Zug ging er von einer in die andere Welt über". Es wird gesagt, dass der Rabbi Gerşon aus Kutov (der Schwager von Baal Şem Tov) eines Morgens nach dem Gebet seinem Schüler folgendes gestand: „Ich würde mir wünschen, in das Paradies zu kommen, das unser Meister erreicht, wenn er eine Pfeife voller Tabak rauchte" (BUXBAUM 2006: 192).

Die Reisen des Beşt ins Paradies werden in verschiedenen Dokumenten beschrieben. In einer Epistel von Beşt aus dem Jahr 1746 an seinen Schwager, den Rabi Gerşon aus Kutov, berichtet Baal Şem Tov über eine Verzauberung: „Stufe für Stufe bin ich aufgestiegen bis ich in den Palast des Messias eingetreten bin" (IDEL 2008: 242243).

Wie ein Schamane steigt der chassidische Rabbiner aus den Höhen der Kontemplation herab, um die ganze Gemeinde spirituell zu erheben, und praktiziert ein „Heruntersteigen im Anblick des Aufstiegs", wie sich Moshe Idel ausdrückt (IDEL 2001: 313; s. auch ELIADE & CULIANU 2007: 221–222).

Die chassidische Tradition sagt, dass sich Baal Şem Tov im Alter von dreißig Jahren (ca. 1730) zur Kontemplation in eine Höhle im Norden der Ostkarpaten zurückzog, wo er eine mystische Offenbarung hatte. Er war bekannt als geheimnisvoller Zauberer und Arzt, der die Menschen mit Heilpflanzen und diversen Talisman mit heiligen Namen heilte. Moshe Idel verband die magischen Kräfte Baal Şem Tovs (Aufstieg der Seele, Wunderheilung etc.) und die anderer chassidischer Rabbiner mit denen von „Ärzten und Zauberern" *incantatores* (vergleichbar mit den *Doctores subtilissimi et sanctissimi* in Italien), wie sie vom römisch-katholischen Bischof Marcus Bandinus Mitte des 17. Jahrhunderts in der Moldau attestiert wurden (URECHIA 1895). Idel gab dem Kapitel über diese magisch-religiösen Veranstaltungen den Titel „Über den Schamanismus in den Karpaten" (IDEL 2008: 250–252). Ähnlich – aber bereits vor ihm – auch Mircea Eliade, auch wenn er an das Ende des Titels ein Fragezeichen setzt: *„Schamanismus" bei den Rumänen?* (ELIADE 1982: 201ff.)

Nicht nur Tabak, sondern auch alkoholische Getränke wurden von den Chassiden verwendet, um Ekstase zu erreichen. In einigen hagiographischen Legenden heißt es, dass Baal Şem Tov im Norden der Moldau immer einen sehr, sehr starken einheimischen Wein trank. Ein Getränk, das sich „geronnener Wein" nannte, wie Moshe Idel in einer neueren Studie schreibt. „Ich suche immer noch Informationen über den geronnenen Wein", schreibt er (IDEL 2010: 16–17). Es kann sein, dass es sich um den Wein handelt, der durch Einfrieren stärker gemacht wurde. Das ist eine Technik der Geten in Tomis, die Ovid in seinen *Tristia* beschreibt und die sich bei den rumänischen Bauern erhalten hat. Die Amphore oder das Fass mit Wein wurde im Winter nach draußen gestellt. Das Wasser im Wein fror ein und es blieb ein sehr starkes alkoholisches Getränk übrig. Vielleicht war das der „geronnene Wein".

Israel Zamosc (gestorben 1772), ein Zeitgenosse des Begründers des Chassidismus, schrieb, dass Baal Şem Tov und seine Schüler „im Wein badeten und sich mit Rachiu betranken". Israel Zamosc war Anhänger der jüdischen Aufklärung, also Gegner des Chassidismus, und so könnte man meinen, dass er übertrieb, um die Chassiden in Misskredit zu bringen. Dennoch berichten fast alle Dokumente, auch die eigens von Chassiden geschriebenen, von der Verwendung starker alkoholischer Getränke im alltäglichen Leben.

Alkohol war auch Teil der eschatologischen Gleichung mancher Rabbiner – wenn auch anekdotisch. Es wurde beispielsweise erzählt, dass zu Beginn des

19. Jahrhunderts Rabbiner Jaakow Jizchak in der Synagoge in Lublin versprach, dass jeder, der ihm ein Glas Rachiu brachte, sich damit in der Nachwelt einen Platz sichere. Da ihm niemand welchen brachte, verkaufte der Rabbiner seinen Gürtel, um sich den gewünschten Rachiu zu kaufen. „Nun hab ich mir selbst einen Platz in der Nachwelt gesichert", erklärte der Rabbiner Jaakow Jizchak (PATAI 1977: 202).

Ioan Petru Culianu stellt, als er über Reisen ins Jenseits berichtet, wie sie in der späten jüdischen Mystik praktiziert wurden, fest, dass chassidische und chabadnische Juden „sich künstlich hergestellter Ekstase nicht widersetzten" (CULIANU 2007: 244). Musik, Tanz und sexuelle Anspielungen, Alkohol, Tabak „und andere anregende Mittel" (in Dubnovs Formulierung) trugen zur Ekstase bei. Deshalb versuchte der amerikanische Anthropologe Raphael Patai „dionysische Züge" des Chassidismus zu umschreiben (PATAI 1977: 202; 180–221).

Aber Rabbiner Dov Baer aus Lubavici (1773–1827), Leiter der chassidischen Sekte Habad, die von seinem Vater Schneor Zalman aus Liady (1747–1813) gegründet worden war, unterscheidet deutlich zwischen „authentischer Ekstase" und „externer Ekstase", die falsch ist. Es gebe fünf Arten „authentischer Ekstase" oder der „Ekstase des Geistes". Im Gegensatz dazu tritt die „externe Ekstase" in Form eines durch seltsames Feuer entzündeten Enthusiasmus auf, der nur aus der Entflammung des Blutes herrührt und nichts gemein hat mit dem Feuer Gottes" (CULIANU 2007: 244–245).

In der ersten Hälfte des 19. Jahrhunderts war das Rauchen an manchen Orten Zentraleuropas nicht erlaubt. In den Wiener *Folx-Garten* (Volksgarten) zum Beispiel, durfte man, wie der Bojar Dinicu Golescu berichtet, nur „ohne Ciubucs, die nicht erlaubt sind" (GOLESCU 1963: 87). Genauso war es in Transsilvanien, das damals zum habsburgischen Reich gehörte. In diesen Jahren „war das Rauchen auch in den Straßen der Stadt [Brașov] verboten und jeder glaubte, das Recht zu haben, denjenigen, die dagegen verstießen, die Pfeife zu entreißen", notierte der Phanariot Nicolae Suțu. 1821 hatte Suțu sogar eine Auseinandersetzung mit einem Nachtwächter im Brașover Șchei, der ihm eine angezündete Pfeife aus der Hand riss (*Memoriile Principelui Nicole Suțu* 1997: 80). Der Apotheker J.M. Honigberger, der Brașov, seine Geburtsstadt, 1815 verließ, muss von diesen Reglementierungen gewusst haben, Er hat viele dieser Verbote in einem Gedicht gegen „den Tabakmissbrauch" verarbeitet:

Urban der Achte, lesen wir auf den Seiten der Geschichte,
Exkommunizierte diejenigen, die Tabak schnupften.
Der russische Zar, in einer früheren Epoche,
bestrafte diese grässliche Tat
durch Abschneiden der Nase.
Der noch schlauere
Senat in Bern, verbot auf Freiheitsstrafe
Den Schweizern, Tabak zu rauchen, als sei es eine Straftat
wie Diebstahl oder Mord im heiligen Gesetzbuch [...]
Sultan Murad der Vierte verurteilte zum Tode
Alle Tabakraucher [...] (HONIGBERGER 2004: 273).

Möglicherweise entnahm Honigberger diese Information (wie auch das Zitat von Ienăchiță Văcărescu) aus der *Geschichte des Osmanischen Reiches*, des Fürsten Dimitrie Cantemir. Da er, so Cantemir, Alkoholiker war, erließ Sultan Murad 1633 „eine Verordnung, die es jederman erlaubte, Wein zu trinken und zu verkaufen, welchem Stand sie auch sind. [...] Aber so sehr er [der Sultan] den Wein auch liebte, so sehr war er Todfeind des Opiums und des Tabaks, und so stellte der die Verwendung der beiden unter Todesstrafe" (CANTEMIR 1987: 371, 376–377).

Andere dokumentarische Zeugen des Opiumgebrauchs im rumänischen Raum stammen vom Anfang des 18. Jahrhunderts. Der phanariotische Herrscher Nicolae Mavrocordat (1680–1730), der Autor des Textes „Gegen den Tabak", stellte sich ein Opiummus nach einem speziellen Rezept her. 1716 schickte er dem Patriarchen Jerusalems, Hrisant Nottara, ein „panzehr" (ein Gegenmittel) und ein „magiun" (Elektuarium) aus Opium, „gemacht wie für uns selbst, als wir in Cotroceni waren" (VĂTĂMANU 1970: 184).

Den Brauch, derlei Geschenke zu machen, übernahm der Phanariote Mavrocordat von der Hohen Pforte, wo es diese Tradition gab, vor allem zum persischen Neujahr, *Nevrûz* (21. März). Luminița Munteanu schrieb, zu dieser Gelegenheit „fertigte der Chefarzt des Palastes (*hekîmbași*) eine Salbe auf der Basis von Amber, Opium und verschiedenen aromatischen Pflanzen, die er dem Sultan, dem Großvisir und denen im Umkreis derer, in gegenseitiger Ehrerbietung wurde die gleiche Salbe vom Serail und anderen Notablen verschenkt". Da es als wahres Allheilmittel galt, erfreute sich *Magiun* aus Opium „im ganzen mittleren Osten einer gewissen Tradition [...], denn es wird in

Manuskripten verschiedenster Herkunft erwähnt, aus denen sogar das Rezept und eine genaue Liste der Zutaten zu entnehmen ist (verschiedene Arten Amber, Moschus, Rosenblüten und Rosenwasser, Zimt, Sandelholz, Gewürznelke, Seifenkraut, Vanille, Muskatnuss, Ingwer, Koriander, Kokosnuss, Angelika, Aloe etc.)" (MUNTEANU 2005: 436).

Wahrscheinlich spielte der jüdisch-portugiesische Arzt Mavrocordats und später sogar des Sultans, Daniel de Fonsecas, eine wichtige Rolle bei der Herstellung des „Opium-Magiuns", auf den der phanariotische Herrscher so stolz war. Die portugiesische Medizin und Pharmazie basierte im 17. und 18. Jahrhundert unter dem Einfluss portugiesischer Händler und Jesuiten, die in Indien (Goa) und China (Macao) sehr präsent waren, auf opiumhaltigen Medikamenten und traditionellen orientalischen Heilmitteln. Im Museum der Pharmazie in Lissabon sind viele Gefäße für verschiedene Heilmittel auf Opiumbasis ausgestellt: *Theriaca, Mithridatum, Papavera* etc.

Ioan (Ioniță) Canta schrieb über den moldauischen Herrscher des 18. Jahrhunderts, Constantin Racoviță Cehan, der mit einer Türkin aus Istanbul verheiratet war: „Er war so großartig, dass er Afion am Morgen aß und am Nachmittag Wermut mit Gerstenkorn trank und den ganzen Tag über war er immer fröhlich". Der Chronikenschreiber schließt: „Obwohl er „Afion" isst und „Wermut trinkt", kümmert er sich in aller Sorgfalt um seine Aufgaben" (HASDEU 1972: 325). G.I. Ionescu-Ghion hielt 1899 Racoviță Cehan für den ersten Morphiumsüchtigen auf rumänischem Gebiet. „Der einzige Morphiumsüchtige, den ich in Chroniken und Dokumenten gefunden habe, ist Constantin Vodă Racoviță, der aber die zerstörerischen Effekte des Morphiums mit Wermut neutralisierte" (IONESCU-GHION 1998: 604–605). Alexandru Odobescu schrieb 1764: „Constantin Racoviță starb auf dem Thron, Opfer seiner Leidenschaft für melisă [mătăciune = *Dracocephalum moldavica*] und alkoholische Getränke" (ODOBESCU1967: 53). (Jahrzehnte nachdem er das geschrieben hatte, beging Odobescu Selbstmord mit einer Überdosis Morphium.)

Zur gleichen Zeit, wie uns ein Manuskript von 1766 versichert (mss. BAR nr. 3083), wurden opiumhaltige Präparate (wie Theriak) importiert. Sie wurden dafür gelobt, dass sie „kräftige Gesundheit" bringen, „Melahonia und Phantasterei oder Verwirrung der Gedanken" heilen, aber auch, „dass sie das menschliche Gehirn schärfen".[34] Ein anderes Manuskript aus der gleichen Zeit

---

34 Hier gibt es auch ein terminologisches Problem. Zu Beginn des 18. Jahrhunderts verwendete Dimitrie Cantemir (*Istoria ieroflifică*) eine ähnliche Sprache, um ypohondria („Krankheit, die die

enthält Angaben zur Verwendung von „Theriac von Andromac", ein „von den erlesensten und größten Medizinern erfundenes Heilmittel" (VĂTĂMANU 1979: 120). Der Name des Opiats (*Theriaca Andromachi*) kommt vom Namen Andromachus des Arztes von Kaiser Nero (54–68 v. Chr.),. Er soll das ursprüngliche Rezept des Königs Mithridate VI (112–63 v.Chr.) verbessert haben. Andromachus hat die Opiummenge erhöht und zu den anderen 64 Zutaten Vipernfleisch hinzugefügt (PAROJCIC & STUPAR 2003: 28–32).

Natürlich brachte Afion nicht nur „kräftige Gesundheit", sondern auch den Tod.

Plinius der Ältere beschrieb die pharmazeutischen Tugenden des Opiums (*neconium*) – es ist einschläfernd, betäubend etc. Aber er wies auch darauf hin, dass es bei übermäßigem Gebrauch zu einem tödlichen Gift wird: „Er erregt nicht allein Schlaf, sondern kann , in größerer Menge genommen, selbst den Tod nach sich ziehen" (PLINIUS 2007b: 38; *Naturalis Historia XX, 76*). Grigor II. Ghica Vodă, Zeitgenosse des „lustigen" Fürsten Constantin Racoviță Cehan und ebenfalls Herrscher, starb 1752 in Bukarest an den Folgen einer falschen Verwendung des himmlischen Theriak (VĂTĂMANU 1970: 184). Der walachische Herrscher starb wahrscheinlich an einer Überdosis *Theriaca celesta*.

Opiumsucht und Opiumtherapie waren in den rumänischen Fürstentümern nicht den Männern vorbehalten. Das ist nicht verwunderlich. Man hat zum Beispiel festgestellt, dass in Großbritannien in der ersten Hälfte des 19. Jahrhunderts die Mehrzahl der Opiumverwender (60–70%) Frauen waren (BOON 2003: 31). Im rumänischen Raum war der Prototyp der Rauschmittel konsumierenden Frau die Türkin (Sultanin, Odaliske, hanâma (türkische Adlige), Haremsfrau), die im Serail Opium oder Haschisch rauchte. Dimitrie Bolintineanu (*Florile Bosforului*, 1851–1857) beschrieb, als er im Exil in Istanbul lebte, eine Hanâma, die Wasserpfeife raucht.

Phanasie verdreht"), melanholia („Krankheit der schlechten Neigung, Leidenschaft des Traurigwerdens"), nebunia (Wahnsinn, „Verfinsterung des Geistes") zu beschreiben. Im September 1794 bat eine gewisse Joița Pârșcoveanu bei der Mitropolie um Ehescheidung vom Bojaren Gherghe Jianu, mit der Begründung, er sei geisteskrank. Im Laufe der Untersuchungen zu seinem Verhalten kamen die Priester zu der Erkenntnis, dass der Mann eine psychische Krankheit habe, aber „wir können nicht sagen, dass er an Rage oder Wahnsinn leidet, sondern an Ipohondrie oder Verwirrung" (VINTILĂ-GHIȚULESCU 2009)."„Câți nebuni la Sărindar", despre smintiți și zănatici la 1800 [„Wie viele Verrückte in Sărindar, über Geisteskranke und Verrückte 1800], *Dilema veche*, Nr. 272, 30. April 2009. Und: VINTILĂ-GHIȚULESCU (2013): *Im Schalwar und mit Baschlik*. – Aus dem Rum. v. Larisa Schippel. – Berlin: Frank und Timme, S. 85.

Abb. 6: Ciubuc rauchende Odaliske, Abbildung aus *Coutumes orientales*, 17. Jahrhundert.

Nach dem Modell des türkischen Harems (COCO 2002) kam das Opium auch in die Boudoirs der Gattinen hoher Beamter auf rumänischem Gebiet. Am 24. Februar 1813 schrieb Maria, die Frau des moldauischen Herrschers Scarlat Callimachi (1812–1819), einem Apotheker folgendes: „Saor Lochman, schick mir drei Dram[35] Afion Spiritus, ich werde es dir bezahlen. Maria Call[imachi]". Es ist nicht bekannt, wofür die First lady der Moldau circa zehn Gramm „Afion Spiritus" kaufte, aber es ist davon auszugehen, dass es sich bei der bestellten Substanz um *laudanum* handelte. Radu Rosetti bestätigt, dass es „zur Zeit des Scarlat Calimah und des Ioniță Sturdza" im Zentrum von Iași, genau gegenüber dem Palast, tatsächlich eine „Apotheke Lochman" gegeben hat (ROSETTI 1996: 109). Ein Apotheker mit dem Namen Anton Lochmann ist nachgewiesen in Iași in der Mitte des 19. Jahrhunderts. Er wurde 1826 in Iași geboren und 1868 in der Freimaurerloge „Steaua Dunării" (Stern der Donau) initiiert, die 1850 in Brüssel von den 1848er „frații farmazoni" (Zauberbrüdern) gegründet worden war. Es kann sein, dass er der Sohn oder der Enkel des Apothekers Lochman war, bei dem die Frau des Fürsten 1813 „spirt de afion" bestellte. Ein Apotheker mit dem Namen Lochman ist auch 1828 in Bukarest dokumentiert (MĂNUCU-ADAMEȘTEANU 2003: 39).

Man weiß nicht, ob es sich bei dem Namen Lochman um einen wirklichen Namen oder um einen Namen aus einer Sage handelt. In der islamischen Tradition (*Koran*, Sure 31, 12–19) taucht ein kluger Heiler mit dem Namen Lokman (Luqman) auf. Cantemir glaubte, dass der Name dieses Arztes und Zauberers („es gab keine Krankheit, die er nicht geheilt hätte") aus der „Zerstörung" des Namens Esculap stamme (CANTEMIR 1987: 219). Aus der islami-

---

35 Alte Gewichtseinheit, ca. 3,2 Gramm.

schen Tradition kam der Name durch die türkische in die südosteuropäische Kultur. Auf dem Westbalkan zum Beispiel gab es einen legendären Arzt und Zauberer, der die Sprache der Pflanzen verstand. Er besaß eine Pflanze, die alle Krankheiten heilen konnte und sogar manche Menschen unsterblich machte (GJORGJEVICI 1938). Es ist möglich, dass der Name des Berufes Lochmann (im Sinne von Arzt, Zauberer, geschickter Apotheker) zum Namen geworden ist.

Rumäninnen jener Zeit verwendeten tatsächlich Afion in verschiedenen Situationen, u.a., wenn sie zu Bett gingen. Davon berichtet zum Beispiel Nicolae Văcărescu in einem Gedicht-Brief von 1814 an seinen Enkel Iancu. Bojarenfrauen, bereitet und esst nicht mehr „Pudding mit Mohn".

Der Mohn hinterläßt in anderen Stunden
des Bettes sehr süße Spuren
Wenn ihr Herzchen tac macht! (ALEXANIU 1987: 265)

Nicht ganz klar ist, ob hier das Afion als Schlafmittel oder als Aphrodisiakum verwendet wurde. Letzteres ist nicht auszuschließen. Artur Gorovei (*Descântecele românilor*, [Zaubersprüche der Rumänen] 1931) veröffentlichte Zaubersprüche, in denen der Jüngling einen Liebeszauber mit opiumhaltigen Getränken erhält:

Und wer hat ihn verzaubert?
Seine Holde aus dem Dorf
Mit drei Mohn aus drei Gärten
Mit Wasser aus drei Brunnen

Maria Rosetti verfolgte im Oktober 1848 an der unteren Donau zwischen Giurgiu und Orşova das Segelschiff, in dem die Türken die Mitglieder der Revolutionsregierung als Gefangene hielten (Nicolae Bălcescu, C.A. Rosetti, Cesar Bolliac, Dimitrie Bolintineanu, Ion Brătianu, die Brüder Goleşti und andere). Die Türken brachten sie irgendwohin nach Bosnien in die Verbannung, aber Maria Rosetti und der Maler Constantin Daniel Rosenthal, der sie begleitete, schmiedeten Pläne zur Befreiung. Die Legende sagt, dass sie, nachdem sie an der Insel Ada Kaleh, in Sfeniţa, stromaufwärts von Orşova vorbei waren, es schafften, die türkischen Soldaten mit Opium zu betäuben und so den Ausbruch der Revolutionäre ermöglichten.

Jules Michelet bestätigt in *Légendes démocratiques du Nord* (Paris, 1854) diese Episode, ohne allerdings den Namen des Narkotikums zu nennen: „Madame Rosetti qui était en avant, avait fait préparer un grand repas, force vin et café, liqueurs. Les Turcs, déjà troublés par ce qu'ils ont bu tout le jour viennent enterrer là tout ce qui leur reste de la raison. Ils fument, ils tombent de sommeil" (MICHELET 1854: 341–342).

Ion Heliade Rădulescu kennt die Episode über die Betäubung nicht und präsentiert in seinen Memoiren den Ausbruch der Revolutionäre als heldenhafte Revolte: „Sie kamen schließlich nach Orşova und von dort auf den österreichischen Teil des Flusses. Sie waren verzweifelt und sie konnten nicht länger warten, so waren sie gezwungen sich zu wehren und sprangen auf Banater Gebiet und flohen in das erste rumänische Dorf, auf dass sie gerettet würden" (2002: 1157).

Anscheinend gab es noch eine zweite Episode der 1848er Revolution in Muntenien, in der Opium eine entscheidende Rolle spielte – diesmal allerdings eine verheerende. In den gleichen Memoiren, die Ion Heliade-Rădulescu 1851 in Paris veröffentlichte, berichtet er darüber, dass Mitte Juli 1848 der russische Botschafter in Konstantinopel mit Hilfe des Opiums den Großwesir dazu gebracht habe, einen verleumderischen Brief an den Sultan zu unterschreiben. Ein Brief, der die osmanische Armee unter Süleiman Pascha dazu veranlassen sollte, bei Giurgiu die Donau zu überqueren. Hier die Geschichte, die Ion Heliade-Rădulescu erzählt:

Auch diesmal gelang es dem russischen Botschafter durch Intrigen und Verleumdungen, die Türken glauben zu machen, dass die defensive und legitime Bewegung der Walachei eigentlich Revolte und Anarchie sei. Er fabrizierte in seinen Schreibstuben einen fulminanten Brief, der darauf zielte, der walachischen Autonomie einen weiteren Schlag zu versetzen. Er verführte oder kaufte den Sekretär des Großwesirs, um die Unterschrift des hohen Beamten zu bekommen (als dieser sich in glücklicher von Opium ausgelöster Apathie befand). Eine Unterschrift, die ihn das Wesirat kostete (2002: 1036–1037).

In einer Liste mit Waren und Preisen, die österreichische Beamte 1727 in Craiova erstellten, erscheinen verschiedene Importprodukte: „Teriaca" und „Afion aus Konstantinopel", türkischer Tabak, aber auch Tabak aus der Walachei (VĂTĂMANU 1979: 127–128). „Tutunărit", die Steuer für den Anbau von Tabak, ist in der Moldau in einem Dokument von 1693 dokumentiert. Nach der Ernte wurden die Tabakblätter in einer „Tabakfabrik" verarbeitet, wie sie die Brüder Ianachi und Apostol Kalos 1825 in der Moldau gründeten. Sie waren Bojaren albanischer Herkunft, die von den „arnăuți de la Ianina" (albanische Söldner aus Ianina) stammten, wie uns der Zeitgenosse Constandin Sion in *Arhondologia Moldovei* versichert (SION 1973). Solchen „Tabak aus der Walachei" schickte wahrscheinlich Costache Negri 1861 seinen Freunden Maria Cantacuzino, Elena Cuza und Vasile Alecsandri nach Paris (ALECSANDRI 1972; 125). Das waren zu feine Leute, als dass man glauben könnte, Negri habe ihnen Päckchen mit Tabak von zu Hause geschickt, nur weil er vielleicht billiger war. „Tabak aus der Walachei" war sehr beliebt, im Gegensatz zu einigen Sorten „türkischen Tabaks" (*Nicotiana rustica*) von minderer Qualität, die sogenannte *mahorcă*.

In Filimons Buch rauchen die phanariotischen Ciocoi (Bojar) – die alten und die neuen – „wie die Türken ciubuc und Narghele gefüllt mit dem aromatisierten Tabak aus Syrien" oder „mit der aromatischen arabischen Pflanze mit dem Namen Gebel" oder mit „aromatischem Tumbekiu, der schrecklich stark ist", schreibt Rosetti, und „tauchten ein in die süße Ekstase, die nur wahre Raucher empfinden". „Es rauchten auch die Damen, aber seltener" (ROSETTI 1996: 62; FILIMON 1987: 75, 69, 239). Antioh Kantemir (der Sohn Dimitrie Cantemirs) schickt zum Beispiel 1732 seiner Schwester Maria ein Päckchen Tabak von Königsberg nach Sankt Petersburg (LEMNY 2009).

Mavrocordat war sehr kritisch gegenüber denjenigen, die kaum „aufgestanden am Morgen", geleitet „von einem schrecklichen Wahnsinn [...] eine Dosis [Tabak] rauchen und ihre Eingeweiden mit Rauch füllen mussten" (MAVROCORDAT 1786). Sogar der phanariotische Zeitgenosse Mavrocordats – Dimitrie Cantemir – trank, nach der Erzählung seines Sohnes Antioh, Kaffee, rauchte Wasserpfeife nach türkischem Brauch, früh am Morgen, gleich nach dem Aufstehen (LEMNY 2009).

Rauchen „auf nüchternen Magen" verstärkte den betäubenden und psychotropen Effekt des Tabaks. Die rumänischen Bojaren „setzten sich auf türkische Art ins Bett", tranken „türkischen Kaffee" und rauchten Ciubuc oder Narghilea „sobald sie die Augen öffneten und noch bevor sie sich wuschen oder anzogen", erinnerte sich Radu Rosetti (ROSETTI 1996: 61). Am Ende der Phanariotenzeit rauchte der Archimandrit der Kirche *Trei Ierarhi* [Drei Hierarchen] in Iași am Morgen sofort nach dem Aufstehen. Er „zog mit Appetit am Ciubuc mit nur einem offenen Auge" und „bis er nicht seinen Appetit gestillt hatte, war er kein richtiger Mensch" (CĂLINESCU 1986: 54).

Als der Bojarensohn Iacob Negruzzi von 1861–1863 in Berlin war, verwendete er Tabak als Schlafmittel. Er verzeichnete in seinem Tagebuch das Rauchen einer Zigarette wie eine wichtige Angelegenheit. „Ich bin sehr müde", schrieb der Student am 1. Dezember 1861 in sein Tagebuch, „ich werde also nichts mehr schreiben und wenn ich eine Zigarette geraucht habe, werde ich mich schlafen legen" (NEGRUZZI 1980: 33). Wahrscheinlich war es eine ganz natürliche Sache für einen Mann, dessen Vater immer „in einer Tabakwolke wie ein olympischer Gott" gelebt hatte. Eugen Lovinescu beschrieb das Porträt, das der junge Iacob von seinem Vater Costache Negruzzi gemacht hatte: „Wenn die Augen dir [von so viel Rauch] zufielen, schautest du nach unten, griechisch [türkisch] sitzend auf einem Sofa, ein ausgewogener Mann, der sich mit Kogălniceanu unterhielt. Daneben wartete stehend der Junge (Ciubucci – der für den Ciubuc zuständig war). Wenn der Bojar [C. Negruzzi] in die Hände schlug, füllte der Junge den Ciubuc neu, führte ihn zum Mund, zog ein paar mal und gab ihn dem Besitzer. Bräuche eines alten Bojaren ..." (LOVINESCU 2003: 154). C.A. Rosetti (1847) und Alexandru Macedonski (1880) verfassten wahre Oden an den Tabak als Rauschmittel.

Ciubuc, Wasserpfeife, Tabakdose & Tabakbeutel

Die Ciubucs der Bojaren, die „süße Ekstase" (Filimon) und „köstliche Träumereien" (Lazăr Șăineanu) auslösten, wurden von speziellen Bediensteten, den *Ciubuccii*, die dafür generös entlohnt wurden, aufbewahrt, gereinigt, gefüllt und angezündet. „Einer von Rang", also ein Fürst oder Bojar, schrieb Filimon, „musste jeweils ein gutes Bakschisch [Trinkgeld] an den Ciubucci zahlen" (FILIMON 1987: 61). Daher kommt auch der übertragene Sinn des Wortes *ciubuc*, das auch *zusätzlicher Gewinn, Trinkgeld* bedeutet.

„Die Bojaren rauchten Ciubuc nach Ciubuc, während ein Ciubucciu ununterbrochen im Nebenzimmer stand und sofort einen angezündeten Ciubuc brachte, wenn er hörte, dass in die Hände geschlagen wurde [...]. Die Aufgabe des Ciubucciu war es, die Ciubucs sauber zu halten und sie im Hof herumzutragen, wenn viele Gäste anwesend waren. Das war keine leichte Arbeit und wenn besonders viele Gäste kamen, halfen dem Ciubucciu die Ciubucci und Jungen der Gäste" (ROSETTI 1996: 62). Manchmal zeigte sich der Bojar selbst unterwürfig gegenüber denen, die über ihm standen. Dann „füllte er die Ciubucs all jener, von denen er sich etwas erhoffte", schrieb Dimitrie Ralet Mitte des 19. Jahrhunderts (ROSETTI 1996: 121).

Die „fürstlichen" Ciubucs waren Luxusartikel, „lange Pfeifen aus Jasmin- oder Zitronenholz, verziert mit einem großen Mundstück aus Elfenbein mit Diamanten besetzt und bedeckt mit einem blauen oder grünen Samtsäckchen mit Goldfaden bestickt" (MARSILLAC 199: 105).

Oder an anderer Stelle: „Ausgestreckt auf einem Berg aus Kissen rauchen [die rumänischen Bojaren] Tabak aus Medina in Ciubucs aus Jasminholz mit einem Mundstück aus Elfenbein mit edlen Steinen oder ziehen an den Wasserpfeifen aus Christal. Es wird ihnen heißer Kaffee gebracht mit Satz in kleinen filigranen Tassen, die „zart" genannt werden" (MARSILLAC 1999: 90).

Alexandre Dumas konnte die Informationen nicht von Ulysse de Marsillac übernehmen, der in den 1860–70er Jahren auf Französisch schrieb, aber er war gut informiert. Seine Figuren im *Graf von Monte Christo* (1845–1846) tranken „türkischen Kaffee" und rauchten, à la turque sitzend, „Pfeifen mit Jasminröhren und Mundstücken aus Ambra".[36]

F.G. Laurençon, der als Französischlehrer in Bukarest lebte, stellte, als er über den Handel zwischen der Türkei und der Walachei sprach, fest, dass neben anderen Waren aus Istanbul Kaffee, zyprischer Wein, Likör, Heilmittel aber auch Ciubucs und Tabak importiert wurden. Der Brauch der hohen Bojaren, gemeinsam zu rauchen, war ein phanariotisches Modell des gesellschaftlichen Umgangs. Es wurde aber nicht von allen Reisenden, die in die rumänischen Fürstentümer kamen, verstanden oder wohlwollend aufgenommen. Symptomatisch ist die linkische Reaktion des dänischen Diplomaten Clausewitz, der 1824 auf dem Weg von Bukarest nach Istanbul dem Fürsten Grigore IV. Ghica einen Höflichkeitsbesuch abstattete. Der Herrscher „saß mit gekreuzten Beinen auf dem Sofa", gemeinsam mit den Bojarenbeamten und deren Frauen. „Vodă Ghica empfing Fremde mit großer Liebenswürdigkeit, er bat sie auf Italienisch, sich zu setzen und gab Anweisungen, dass ihnen Süßigkeiten, Kaffee und Lulea-Pfeifen [Ciubucs] gebracht werden sollen. Dem Dänen kam es komisch vor, vor einem Fürsten und umringt von so vielen eleganten Damen zu rauchen" (CERNAVODEANU & BUŞĂ 2005: 96). Eine Nargilea aus Kristall und versilbertem Metall aus den ersten Jahrzehnten des 19. Jahrhunderts, die der Familie Ghica gehörte, befindet sich in der Sammlung des

---

36 http://gutenberg.spiegel.de/buch/1079/1 (Zugriff 23. Oktober 2013, 17:33).

Muzeul de Istorie a Moldovei [Museum für die Geschichte der Moldau] (CIOFLÂNCĂ 2008: 21).

Ienăchiță Văcărescu
Sitzt an der Tür von Dudescu
mit einem Ciubuc aus Diamant
in einem roten Morgenrock (CĂLINESCU 1986: 111).

So klingt ein Lied aus dem städtischen Liedgut der ersten Hälfte des 19. Jahrhunderts. Ein Jahrhundert zuvor sah der orientalische Luxus in den Häusern der rumänischen Bojaren genauso aus. Zum Beispiel in der *Istoria lui Iordache Stavarache, biv vel spătar și bași capichihaia al Țării Românești* [Die Geschichte des Iordache Stavarache], *Schwertträger* der Walachei, ein Manuskript (Mss. BAR nr. 4468), das 1767 geschrieben wurde:

Wunderschöne Ciubucs mit Mundstücken aus Bernstein
Und um die Lulea-Pfeife herum alles voller Perlen
Ibriks für Kaffee machten sie aus Silber
Und filigranes Porzellan aus China brachten sie (CIURTIN 1999: 303).

Zur gleichen Zeit waren auch die Opiumpfeifen, die man in China verwendete, aus wertvollen Materialien: aus Elfenbein, Jade oder Schildpatt.

Auch die indische Pfeife (*hooka*, von arabisch *hukkah*), mit der man Haschisch (oder Cannabis) gemischt mit Tabak rauchte, ähnelte der türkischen *Narghilea*. „Aus Cannabis [der in Caschmir wächst]", schrieb Honigberger, der 1829 in Lahore lebte, „wird *churrus* [Haschisch] hergestellt, das in Indien verkauft wird, wo es in einer Mischung mit *tomakoo* [Tabak] als spezielle Droge von den Fakiren in einer *huka* geraucht wird" (HONIGBERGER 2004: 102). Auch Mircea Eliade berichtet in *India* (1934) von Indern, die in „einer Huka aus Holz bhang-Blätter (*Cannabis indica*) rauchten, ein Narkotikum, das ihnen eine angenehme Träumerei brachte" (ELIADE 1991: 121).

Die mit Schmuck besetzten Ciubucs, Narghile und Chisele wurden in einem wertvollen Schrank in einem speziellen Raum aufbewahrt. Es war ein wahrer „Altar der Rauchutensilien", wie Stanislas Bellanger 1846 den im Haus des Bojaren Balș in Bukarest nannte (IONESCU 2001: 23). Der Ciubucciu wurde wirklich gut bezahlt; wie erwähnt, ist sein Gehalt der Grund, warum *ciubuc* im Sinne von Zuverdienst verwendet wird. Er hatte die Pflicht, „die Ciubucs gut zu reinigen", sie gleichmäßig zu füllen und sie dann anzuzünden. Wenn der Tabak oder der *kief* flammend brannte und nicht glimmend, war das Rauchen diskreditiert. Es war ein schlechtes Vorzeichen. „Wenn ich verschlossen zu Hause sitze und traurig am Ciubuc ziehe,/Macht die Lulea-Pfeife mit Flammen und ursu[z]luc" (türk. ursuzluc = Zeichen für Unglück), schrieb der Mundschenk Costache Bălăcescu Mitte des 19. Jahrhunderts (CĂLINESCU 1986: 201).

Abb. 7: Odaliske mit Wasserpfeife und Ciubuc. Zeichnung von Theodor Aman, 1879, Nationales Kunstmuseum Rumäniens.

Damit der Tabak gut brennt, muss der Ciubuc mit einem Deckel bedeckt werden, und die Lulea-Pfeife muss mit einem silbernen Deckel bedeckt sein (NEGRUZZI 1974: 243). Die Lulea ähnelt „einer einfachen tragbaren Narghilea der Perser", schrieb Cesar Bolliac 1873 (BOLLIAC 1873). Übte man den Beruf des Ciubucciu sehr lange aus, konnte das zu Berufskrankheiten führen. Ein Ciubucciu-bascha am Hof des Caragea Vodă wurde krank, „weil er immer in den Ciubuc blies", und starb „an oftică" (Neugr. Ohtikas = Schwindsucht), „seine Tage sind in Rauch aufgegangen", schrieb Alecsandri ironisch in *Kera Nastasia*, 1865 (ALECSANDRI 1977: 108).

Alecsandri beschrieb 1844 das multiethnische Iași, wo die Orientalen (Türken, Griechen, Armenier) das Rauchen einführten. Im „griechischen Café", „voller hoher Fes und Fustanellen", „spielen Felegene (türkische Kaffeetassen), Ciubucs und Narghile eine bedeutende Rolle", und „der Tabakrauch herrscht in seiner ganzen Pracht". Nebenan, auf der Straße, befindet sich eine „tiutiungerie arminească" [ein armenischer Tabakladen]. „Vor dem Laden sind große Gefäße voller Lulea-Pfeifen, Pfeifenmundstücke, Tabak. Drinnen ist er vollgestellt mit Schränken, in denen alle Arten von Tabakdosen liegen, aus verschiedenstem Material; Korallen oder Elfenbein und viele Ciubucs aus Kirsch- und Jasminholz stehen. Die orientalische Ware, die hier verkauft wird, die eigenartige Ausstattung des Ladens und vor allem das charakteristische Gesicht des Armeniers, der vor der Tür ununterbrochen am Ciubuc zieht, geben dem Ganzen einen eigentümlichen Anschein, aus dem ein Maler ein sehr originelles Bild machen könnte …" (ALECSANDRI 1974: 83). Alecsandri vergisst die „tiutiungeriile jidovești" [die jüdischen Tabakläden]. 1851 bei der Volkszählung der jüdischen Bevölkerung (im vierten Bezirk) wurden nicht weniger als fünfzehn jüdische Tabakläden gezählt.

Die Ciubucs der rumänischen Bojaren waren so lang (bis zu 1,5 Meter), dass sie nicht mit in die Kutsche passten. Sie wurden von den Bediensteten gehalten, die außerhalb der Kutsche reisten. Wenn der Bojar auf dem Pferd durch die Stadt ritt, rannte hinter ihm ein Diener, der den Ciubuc trug, und wenn es dunkel war, eine Fackel. Ein russischer Reisender, der 1808 nach Iași eingeladen war, schrieb: „Hinter der Kutsche stehen zwei Diener: Einer hält die Lulea des Herrn, mit einem langen ciubuc. Bojaren, die reiten, haben hinter sich jeder einen barfüßigen Zigeuner, der hinter dem Pferd her läuft […]" (*Călători străini despre Țările române* 2004: 403).

Der jüdisch-ungarische Maler Constantin Daniel Rosenthal, der in Bukarest lebte und mit Maria und C.A. Rosetti befreundet war, scheint Praktiken der Betäubung mit verschiedenem „Tabak" gekannt zu haben. Eines seiner Gemälde von 1848, ein Vanitas-Stillleben, ist eine wahre „Ode an das Rauchen" (PAVEL1996). Es ist ein Gemälde aus der Sammlung des *Muzeului Național de Artă* [Nationales Kunstmuseum] Rumäniens und auf dem Cover der rumänischen Ausgabe dieses Buches zu sehen. Rosenthal zeichnet mit hundert Details den „Altar der Rauchutensilien", dabei wertvolle Narghile, Ciubucs, Lulea, Pfeifen und Schnupftabakdosen (chisele), manche davon „deutsch", andere „türkisch". Im Vordergrund des Gemäldes von Rosenthal steht eine kleine halbgeöffnete Tabakdose. Auf dem runden Deckel sieht man eine emaillierte Miniatur mit dem Gesicht einer jungen Frau. Vielleicht ist es sogar das Gesicht von Maria Rosetti, die ihm öfter Modell stand. Es ist eine *boîte à portrait*, wie sie die Brüder Martin in der ersten Hälfte des 18. Jahrhunderts auf den französischen Markt brachten. Die Dose könnte voller Schnupftabak sein. Mit einer Tabakdose wurde 1777 Grigore III. Ghica vom Gesandten des Sultans (imbrohor) geködert, um ihn zu erdolchen:

Sie reichten ihm die Tabaksdose
Und als der Fürst kam

Um Tabak sich zu nehmen
Gab er seinem Schatzmeister Zeichen
Ihn mit dem Handschar zu erschlagen (OCCISIO GREGORII, 1778)
(CĂLINESCU 1986: 51).

Es war die Zeit der Luxustabakdosen, die mit wertvollen Steinen geschmückt waren.

1781, unter der Herrschaft von Alexandru Ipsilanti, zeigt Prinz Kaunitz, österreichischer Kanzler, Ienăchiță Văcărescu „ein Zobelfell und eine Tabakdose, die ihm der russische Großherzog [Pavel, der Sohn Katharina II.] geschenkt hatte" (ODOBESCU 1967: 60). Aus gutem Grund, ist berleant die volkstümliche Bezeichnung für einen Brillianten, einen geschliffenen Brillianten mit mehreren Facetten, wie uns Lazăr Șăineanus Wörterbuch versichert. „Am perdut un diamant/Mai frumos decât berlant" (Ich habe einen Diamanten verloren/schöner als ein Berlant), bei Anton Pann. Der Brauch der großen europäischen Aristokraten, sich so wertvolle Tabakdosen zu schenken, die mit Diamanten und Rubinen bedeckt waren, zeigt im Grunde, für wie wertvoll man den Inhalt der Tabakdosen in der zweiten Hälfte des 18. Jahrhunderts hielt. In den Sammlungen der Museen in Rumänien sind verschiedene Schnupftabakdosen aus dem 19. und 20. Jahrhundert zu sehen, aus Silber, Schildpatt, Perlmutt usw. (CIOFLÂNCĂ 23–25).

Flaubert schrieb: „Le priser [le tabac] convient à l'homme de cabinet. Cause de toutes les maladies du cerveau et de la moelle épinière » (FLAUBERT 2002: 92). Zunächst hielt man das Tabakkraut für eine „Medizin, die alle Leiden heilt", wie in einem Text von 1869 steht, den wahrscheinlich Gheorghe Asachie schrieb: „Zu Beginn fand man Tabak nur in Apotheken, wo man ihn nur auf Rezept verkaufte, die ihn in Dosen verschrieben, die die Nase des Patienten pro Tag aufnehmen konnte!" (*Calendarul pentru toți românii* 1869: 9). Der Brauch, Tabakstaub mit der Nase einzuatmen, hat den Rumänen nicht besonders gefallen. Es war eher ein Brauch, den „Fremde" praktizierten: der chassidische Rabbiner aus „Folticeni", Solomon Schechter (dessen Sachen „vollkommen mit Schnupftabak und Zigarettenasche befleckt waren (GASTER 1998: 107)), der Grieche Mavromati aus Brăila (dem Strolche, damit er niesen muss, Pfeffer in die Tabakdose taten, die voll war mit Schnupftabak (ISTRATI 1982) bis zu einer Figur aus den Gedichten des „Griechen" Ion Vinea (Iovanaki) aus Giurgiu: „mit der Tabakdose zum Niesen" (*Soliloc*, 1915) (*Avantgarda literară românească* 1983: 114).

Aber die kleine Tabakdose aus dem Gemälde von C.D. Rosenthal könnte auch nicht Schnupftabak enthalten, sondern Haschisch- oder Opiumpillen. Adriana Babeți schreibt, dass bereits zu Zeiten Ludwigs XVI. die französischen Adligen Schnupftabakdosen durch kleine Bonbonbonieren austauschten (BABEȚI 2004: 210). So ist es, nur dass die „Bonbons" häufig Rauschmittel waren. Zu Beginn des 18. Jahrhunderts schrieb Cantemir über den Brauch der Türken, „Mohnsaat und andere berauschende Bonbons" zu schlucen (CANTEMIR 1987: 389). „Hapuri de magiun de opium" (Opiumbreivielesser) – wie sie Lazăr Șăinenau nannte (ȘĂINENAU 1900).

Der Graf von Monte Christo, die Figur, die sich 1845 Alexandre Dumas Vater (selbst Opiumkonsument) ausgedacht hatte, bewahrt seine Haschischpillen in einer Dose auf, die aus einem Smaragd gefertigt war. Er ist ein Dandy, der Pariser Angewohnheiten mit türkischen verbindet, die er vom Pascha von Ianina (Region Epirus, Griechenland), übernommen hat, dem Vater seiner Geliebten Haydée. Solche „goldenen angehauchten Haschischpillen", die mit Sorgfalt „in einer kleinen silbernen Bonboniere" aufbewahrt werden, schluckt auch der Protagonist einer Novelle von Alexandru Macedonski (*Visele hașișului* (Haschischträume), 1875). Im Türkischen hat sich der Ausdruck *altînilaci*, mit Opium oder Haschisch „eine Pille vergolden", erhalten. Mit Sicherheit hatte Macedonski in seiner Jugend den Roman von Alexandre Dumas gelesen, das Buch befand sich in der Bibliothek im Bojarenhaus seiner Eltern (MARINO 1966: 74).

Johannes Martin Honigberger, der 1829 Arzt am Hofe des Maharadschas Ranjit Singh in Lahore (im Norden Indiens) wurde, beschrieb das orientalische Rezept (in der Türkei, Ägypten, Arabien, Persien, Indien) dieser betäubenden Pillen oder „Bonbons". Die Grundsubstanz war „magiun" (von Türk. *madjun*) aus indischem Hanf, Haschisch oder Opium, das manchmal mit Stechapfelsamen gemischt wurde (*Datura stramonium*), „was die Wirkung vergrößert". Diese Mischung wurde „aromatisiert mit Gewürzen wie Pfeffer, Zimt, Safran, Ingwer und anderen und mit Zucker gesüßt" oder mit Honig. „Mit Hilfe von Gelatine oder dem Gummi *tragacant* kann das Ganze in Pillen geformt werden, die ich in Lahore als Bonbons verwendet habe" (HONIGBERGER 2004: 243).

So wertvoll wie die psychotrope Substanz, so prächtig musste auch die Dose sein, in der sie aufbewahrt wurde, und das Gerät, mit dem man sie aufnahm. Nicht nur der Ciubuc, mit dem man Haschisch rauchte, und die Dose für berauschende Bonbons wurde aus wertvollem Material gearbeitet und mit

„berlanturi" geschmückt, sondern sogar die Spritzen, mit denen man sich Morphium spritzte. Der französische Arzt Charles Gabriel Pravaza erfand 1853 die hypodermische Spritze, mit der man Morphium impfen konnte. Selbst dieses aggressive Instrument wurde zu einem Fetisch, das teilweise aus wertvollen Metallen gefertigt und mit Edelsteinen besetzt wurde (FĂTU-TUTOVEANU 2010: 249).

TEIL II

Drogen und Halluzinogene in der modernen rumänischen Kultur

Reisende im Orient

Nicolae Milescu Spătarul: „Kraut, das Kummer vertreibt"

Mihai Eminescu hielt das 17. Jahrhundert für einen wichtigen Stützpfeiler der modernen rumänischen Kultur: „Wäre nicht das siebzehnte Jahrhundert gewesen mit seinen Helden und Denkern, dann hättet ihr euch noch lange über uns lustig machen können". Kulturhistoriker bezeichnen die Periode zwischen 1643 und 1743 als das „Goldene Zeitalter" der moldauischen Kultur (CÂNDEA 1996), eine Epoche in der „Helden und Denker" agierten wie: Miron Costin, Nicolae Costin, Ion Neculce, Nicolae Mavrocordat, Dimitrie Cantemir, Antioh Cantemir, Nicolae Milescu Spătarul u.a.

Nicolae Milescu Spătarul ging 1674 nach Moskau, wo er zum Würdenträger des *Posolski Prikas* ernannt wurde, dem Amt des Zarenreichs, das sich mit auswärtigen Angelegenheiten beschäftigte. 1675 wurde Milescu vom russischen Zaren Alexei Michailowitsch als hoher Botschafter zum chinesischen Kaiser Kangxi (der das Land 62 Jahre lang regierte, 1661–1722) geschickt. Eine seiner Aufgaben war es, „um jedem Preis und zweifelsfrei zu erfahren, ob in der Zukunft zwischen seiner Majestät, dem Zaren Russlands, und dem Kaiser Chinas, Kangxi, gegenseitige Freundschaft und Liebe bestehen werden". Außerdem sollte Milescu Spătarul alle Gebiete, die er durchquerte, geographisch, demographisch und ethnographisch beschreiben (SPĂTARUL 1962: XXIV).

Aus offiziellen russischen Dokumenten, die am 20. Februar 1675 vom *Posolski Prikas* anlässlich der Abreise des Botschafters ausgestellt wurden, geht hervor, dass Nicolae Milescu Spătarul und seine Delegation (die aus vierzig Personen bestand) unter vielen anderen Dingen auch „Zobelfelle und 20 Fässer Tabak" mitnahmen. Mit diesen Geschenken, die ihm der „große Souverän" mitgab, sollte der Botschafter des Zaren das Wohlwollen wichtiger mongolischer Stämme an der Grenze zu China gewinnen (DUMBRAVĂ 2007: 157; 2009: 167–232).

Interessant ist, dass in dieser Epoche Tabak als gefährliches Rauschmittel angesehen wurde. Gebrauch und Handel waren sowohl im zarischen Russland unter Alexei Michailowitsch als auch im China Kangxis verboten. In Russland wurde schon zu Zeiten des Zaren Michail Fjodorowitsch Romanow (1613–1645) Rauchern mit der Deportation nach Sibirien gedroht (FERRAN 1969: 235). Der Kaiser von China hatte den Tabakkonsum (auf Chin. *tan-pa-ku*) durch ein 1637 erlassenes Dekret verboten. Die Prohibition wurde durch aufeinanderfolgende kaiserliche Verordnungen in den Jahren 1638, 1641, 1643 usw. erneuert.

Abb. 8: Kangxi, Kaiser Chinas (1661–1722). Druck von ca. 1676, das Jahr, in dem sich Nicolae Milescu Spătarul als Diplomat in Bejing aufhielt.

Auch Kaiser Kangxi erneuerte das Verbot 1676, just zu der Zeit, als sich Milescu Spătarul in Beijing befand. Aber die Antitabak-Verordnung des Kaisers Kangxi war, wie ein Kommentator berichtet, „wesentlich weniger streng als die vorangegangenen und wurde niemals angewendet", so dass sie „die vollkommene Akzeptanz des Rauchens (wie auch des Tabakschnupfens) gegen Ende des 17. Jahrhunderts ermöglichte und das Rauchen zu einer äußerst verbreiteten gesellschaftlichen Praxis machte". Im Übrigen war Kangxi selbst Raucher und erhielt „Tabak von den portugiesischen [Jesuiten] und vom Papst" (LUCA 2004: 149–153). Unter diesen Bedingungen ist es nicht ausgeschlossen, dass Milescu Spătarul darüber nachdachte, ein paar der zwanzig Fässer Tabak, mit denen er sich auf den Weg gemacht hatte, als Geschenk für den chinesischen Kaiser aufzuheben.

Milescu kam am 20. Mai 1676 in Beijing an, wo er bis zum 1. September des gleichen Jahres blieb. In seiner *Descrierea Chinei* [Beschreibung Chinas] berichtete Milescu Spătarul relativ häufig von den Heilpflanzen, die die Bewohner Chinas verwendeten. Er schrieb sogar ein Kapitel mit dem Titel „Cum se practică medicina la ei, în ce fel tămăduiesc și ce fel de leacuri folosesc" [Wie bei ihnen Medizin gemacht wird, wie sie heilen und welche Heilmittel sie verwenden]. Obwohl „die Jesuiten ihnen viele Bücher ins Chinesische übersetzt haben", darunter auch medizinische, „ist der Beruf des Heilers bei den Chinesen bedeutender als der unserer Ärzte". Und das, weil die Mediziner in China „schneller und besser jede Krankheit heilen", wofür sie unzählige „Kräuter und Wurzeln verwenden, die sie den Kranken geben" und die in „vielen Heilbüchern beschrieben und gezeichnet sind". Es ist ein Zeichen dafür, dass der rumänische Gelehrte es schaffte, diese medizinisch-pharmazeutischen Traktate zu erforschen und sie untereinander zu vergleichen.

„In den Apotheken werden viele Heilwurzeln verkauft, von denen einige nicht in Europa vorkommen. Sie werden in großen Mengen gehandelt, entweder über den Seeweg oder getrocknet über die Seidenstraße" (SPĂTARUL 1975: 48–50). Aber es gab auch umgekehrte Situationen. Manche Mittel, zum Beispiel das Opiat Theriak, wurden aus dem Westen nach China importiert (UNSCHULD 2000: 43).

Abb. 9: Ein ausländischer Händler bietet Theriak an.
Illustration aus der *Materia Medica*, China 1505.

Trotz all seiner Bewunderung für die traditionelle chinesische Medizin und für die natürlichen Heilmittel, die sie verwendete, hatte Milescu Spătarul ein sehr schlechtes Bild von den chinesischen „Alchimisten und Zauberern", die verschiedene Drogen verwendeten, um das Leben zu verlängern. „In China gibt es viele Alchimisten, die nicht nur behaupten Gold aus Zinn zu machen, sondern auch, dass sie Mittel haben, durch die der Mensch Unsterblichkeit erlangen könnte; die gleiche freche Lüge wie in europäischen Landern ..." (Eliade 1935: 29–33)

Es werden zweieinhalb Jahrhunderte vergehen, bis ein anderer rumänischer Gelehrter, Mircea Eliade, erneut und natürlich viel systematischer und ohne Antipathie, das Problem der chinesischen Alchimie und der Drogen, die das Leben verlängern, aufgreifen wird. In einem antiken chinesischen Traktat, dem Cantong Qi, cāntóngqì, „Verwandtschaft der Drei" oder „Dreifache Übereinstimmung" (*Cantong Qi* 1994: 13) von Wei Boyang steht: „Verschließe deinen Mund, halte denspirituellen Trunk im Inneren zurück" (*Cantong Qi 1994*: 32). Die Alchimie schreibt Eliade, „ist eine der vielen Techniken, durch die die Chinesen und vor allem die Daoisten die Unsterblichkeit suchten" (Eliade 1935: 29–33).

Nicolae Milescu Spătarul berichtete, und dabei wird sein Ton wieder freundlicher, dass die chinesischen Ärzte und Alchimisten „viele verschiedene Wurzeln und Kräuter kennen, aber die teuerste und meist gelobte Wurzel ist *ginseng*". Diese Pflanze aus China, die auch „die Wurzel des Lebens" genannt wird, hat außergewöhnliche therapeutische Eigenschaften. In zwei der von Milescu als Quellen verwendeten Abhandlungen von Athanasius Kircher (*China monumentis, qua sacris qua profanis illustrata*, Amsterdam, 1667) und von dessen Schüler Martinius Martini (*Atlas Sinensis*, Amsterdam, 1655) wird die chinesische Ginseng-Pflanze (*Panax ginseng*) mit der europäischen Alraune verwechselt: „*Ginseng, ... mandragoram* nostratem credas".

Die Verwechslung entstand einerseits durch die große Bedeutung, die die beiden Pflanzen haben, und auf der anderen Seite aus der Tatsache, dass beide Pflanzen quasi-anthropomorphe Wurzeln besitzen. In „La mandragore et les mythes de la naissance miraculeuse"[37] im Kapitel über die Alraune in China analysiert Mircea Eliade die Ursprünge der Konfusion zwischen diesen beiden Pflanzen (ELIADE 1940: 1942).

In seiner Beschreibung Chinas berichtet Milescu Spătarul über die Konfuzianer, Buddhisten und Daoisten. Letztere seien gottlose „Zauberer", niederträchtige Hedonisten, ständig auf der Suche nach dem „Unsterblichkeitselixir". Die Einstellung des moldauischen Gelehrten gegenüber Drogen ist sehr nega-

---

37 Dieser Artikel erschien 2000 bei Polirom in rumänischer Übersetzung (*Zalmoxis. Revista de studii religioase, Volumele I–III (1938–1942)* (2000), übers. von Eugen CIURTIN, Mihaela TIMUS und Andrei TIMOTIN. – Iași: Polirom). Auch in dieser Eliade-Übersetzung wurde *mandagore* (Alraune) mit *mătrăgună* (Tollkirsche) übersetzt.

tiv und bestimmt durch seine ethisch-religiöse Perspektive. „Die dritte Stufe oder das Cin", schreibt Milescu und bezieht sich auf den Daoismus, „ist epikureisch und erkennt keinen Gott, kein Idol an, sondern lehrt, dass es auf Erden nichts Besseres gibt, als immer zu feiern. Aus diesem Grund haben sich die Daoisten unzählige Drogen und Speisen ausgedacht, für alle körperlichen Genüsse und für Feiern, und sie schwören darauf, dass diese Drogen bewirken, dass der Mensch nicht mehr sterben muss und deshalb nehmen sie sie ständig. Die meisten unter ihnen sind Zauberer, aber ihr Glaube ist der schlimmste und gemeinste von allen, die sich in China finden lassen" (MILESCU SPĂTARUL 1975: 34).

Aber wenn er über die Narkotika an sich sprach, war seine Wahrnehmung ausgeglichener. In der Provinz Shaanxi (südwestlich von Beijing) „wächst eine Art Kraut, das, wenn man es isst, sofort alles Leiden vertreibt und Freude und Lachen auslöst" (MILESCU SPĂTARUL 1975: 100). Die Beschreibung der Eigenschaften des „Krautes" aus China ähnelt der Beschreibung Homers von einem Opiat, das er *pharmakon nepenthes* („Mittel gegen Kummer und Groll") nannte:

Siehe sie warf in den Wein, wovon sie tranken, ein Mittel
Gegen Kummer und Groll und aller Leiden Gedächtnis (Odyssee IV, 308)
(HOMER 1990).

Leider nannte Milescu nicht den Namen der psychotropen Pflanze. Es könnte Hanf oder Mohn sein. Mohn kam relativ spät über Indien nach China und erscheint in chinesischen pharmazeutischen Traktaten aus dem 16. Jahrhundert – wie beispielsweise in *Bencao Gangmu*, dem riesigen Buch chinesischer Arzneimittel in 52 Bänden von Li Shizhen. Über den Hanf, der in China wächst, schrieb Milescu nur, dass er von den Chinesen häufig zur Textilherstellung verwendet wurde: „Es gibt auch Hanf, aus denen sie Kleidung herstellen" (MILESCU SPĂTARUL 1975: 29). Genauso hatte Herodot zweitausend Jahre zuvor von den Thrakern berichtet, dass die Thraker aus Hanf Kleidung herstellten (*Historien* IV, 74).

Dimitrie Cantemir: „Mohnsaft und andere Betäubungsmittel"

Dimitrie Cantemir lebte insgesamt circa zwanzig Jahre in Istanbul: von 1688–1690 und 1693–1710. Als Student, Botschafter (*capuchehaie*) und Gefangener. Er studierte an der Akademie Istanbul, unter anderem gemeinsam mit Alexandru Mavrocordat. Er wurde als Luxusgefangener in der Hauptstadt des Imperiums seines Vaters, Constantin, Fürst der Moldau (daher auch der türkisierte Name Kantemiroglu oder Kuçuc Kantemiroglu – „der kleine Sohn des Cantemir") gehalten. Dimitrie Cantemir ist es gelungen, die türkische Gesellschaft bis ins kleinste Detail zu beobachten und zu studieren, mit allen Mentalitäten und Sitten der Epoche. Diese Tatsache ist wichtig. Seine Arbeiten über die Türken und das Osmanische Reich kursierten in ganz Europa (auf Russisch, Latein, Englisch, Französisch, Deutsch). Der Gelehrte wurde am 11. Juli 1714 Mitglied der Akademie der Wissenschaften in Berlin (Orientalistik).

Manche türkischen Bräuche, darunter auch der Konsum anregender und betäubender Mittel (Kaffee, Tabak, Opium/Afion/Theriak und Haschisch), wurden von den rumänischen Fürsten, Bojaren und Statthaltern übernommen. „A bea cafea turcească" [türkischen Kaffee trinken], „a fuma ca un turc" [rauchen wie ein Türke], „a face kyef" [einen drauf machen], „a bea afion" [Afion trinken], „a umbla tiriachiu" [herumtaumeln] sind alte Ausdrücke, die in die rumänische Sprache gekommen sind. Das erste Mal, dass zum Beispiel in der rumänischen Kultur Kaffee dokumentiert ist, ist in Verbindung mit der Hohen Pforte, im *Letopiseţul Ţării Moldovei* [Chronik des Landes Moldau] von Neculce. 1505 wusste der Gutsverwalter Tăutu, den Bogdan Vodă als Bote zu den Türken geschickt hatte, nicht, wie er den *cahfè* trinken sollte, den ihm der Wesir von Istanbul anbot. Er stieß an mit dem *cahfè* als sei es Rachiu: „Es lebe der Kaiser und der Wesir!" Tăutu verbrannte sich an dem Kaffe, „weil er aus dem *Felegean*[38] trank, wie jedes andere Getränk" (NECULCE 1980: 15). Der Historiker Aurel Decei widersprach der Aussage Neculces, dass der Kaffee fünfzig Jahre später, also erst in der Mitte des 16. Jahrhunderts, zur Zeit des Sultans Süleymann I. in der Türkei eingeführt wurde. Egal, ob die Geschichte von Tăutu wahr ist oder nicht, sie ist symptomatisch.

---

38 Türkische henkellose Tasse.

Abb. 10: Türkische Diener, die Adligen Ciubuc, Kaffee, Rosenwasser und Ambra bringen.
Illustration aus Giulio Ferrario (1828): *Il Costume antico e moderno*, Mailand.

Die erste dokumentarische Erwähnung eines *cahvenea* [eines Kaffeehauses] in Bukarest datiert von 1667, ein paar Jahre, bevor Dimitrie Cantemir geboren wurde (IONESCU-GHION 1998: 630). Die Bezeichnung *cahvenea* kommt natürlich aus dem Türkischen, aus dem Syntagma *kahve-khané* [Haus des Kaffees] (POTRA 1990: 386). Zu Beginn des 18. Jahrhunderts berichtet Cantemir über die *kahvenelele* in Istanbul. Er nennt sie „Wirtshäuser, in denen *kofe* gekocht und verkauft wird". Er möchte die anregende Wirkung des Kaffees unterstreichen und sagt, er beinhalte einen „wachen Geist". In den Kaffeehäusern in Istanbul „treffen sich zumeist Soldaten", die durch Kaffeetrinken „einen wachen Geist in sich aufnehmen" (CANTEMIR 1987: 227).

Unmittelbar nach der Herrschaft Cantemirs (1710–1711) beginnt in der Moldau (1711) und der Walachei (1716) die Phanariotenzeit. In diesem „langen Jahrhundert", einer sehr wichtigen Epoche, die die spätere Entwicklung Rumäniens bestimmte, haben phanariotische Herrscher und Bojaren Mentalitäten und Bräuche eingeführt, die Bestand hatten. Manche existieren bis heute. Der Konsum von Exzitantien und Betäubungsmitteln war einer der türkischen Bräuche, der die kräftigsten Wurzeln geschlagen hat im rumänischen Raum, vor allem in dieser Epoche. Die Arbeiten Cantemirs über die Geschichte und die Kultur der Türken sind essentiell, denn sie gehen der Phanariotenzeit in den rumänischen Fürstentümern voraus.

Da er Alkoholiker war, schrieb Cantemir, erließ Sultan Murad 1633 „eine Verordnung, die es jedermann erlaubte, Wein zu trinken und zu verkaufen, welchem Stand er auch angehörte". Und das, obwohl Weintrinken „gegen die mohammedanischen Gesetze verstößt". Wein zu trinken wird als Sünde angesehen. „Aber so sehr er [der Sultan] den Wein auch liebte, so sehr war er Todfeind des Opiums und des Tabaks, und so stellte er die Verwendung der beiden unter Todesstrafe. Und das ist nicht alles, er selbst hat mit der Hand mehrere Leute getötet, die er dabei gesehen hatte, wie sie Opium aßen oder Tabak rauchten oder verkauften" (CANTEMIR 1876: 371). Während dieser Prohibition soll der Sultan „bis zu 14.000 [Opium oder Tabakkonsumenten] in seinem ganzen Reich getötet haben, darunter viele Generäle und andere Männer höchsten Ranges" (CANTEMIR 1876: 376–377; MARIAN 1994: 378).

„Es gibt einen gelobten Vers des Sultans Murad, der wirklich der Anführer der Trinker war und sich über diejenigen, die Mohn aßen und Tabak rauchten, lustig machte, in dem es heißt: *Ehlikeif olmak istersen bade nuş ol, bok ieme*, „Wenn du die Fröhlichkeit ehren willst, dann trinke Wein und iss keinen Dreck". Cantemir erklärt: „Dreck [rus. *kal*] meint Mohnsaft und andere betäubende Bonbons" (CANTEMIR 1987: 389). Cantemir verwendete normalerweise für Opium „Mohnsaft", auf Russisch *маковый сок*, wobei das Türkische *afyon* vom Griechischen *opion*, dem Diminutiv von *opos* (Saft), kommt.

Cantemir schrieb seine Texte auf Russisch, aber er schrieb die Anweisungen des Sultans auch im Original, auf Türkisch, ab. Aber *кал* auf Russisch und *bok* auf Türkisch bedeuten das Gleiche: „Exkrement, Kot". Virgil Cândea übersetzte mit einem Euphemismus: „Schmutz". Cantemir nahm den Rat des Sultans Murad auch in die *Geschichte des Osmanischen Reiches* auf. Iosif Hodoşiu übersetzte 1876 korrekter und direkter ins Rumänische: „Wollt ihr guter Dinge sein, dann trinkt Wein und esst nicht Scheiße" (CANTEMIR 1876: 378). Interessant ist, dass auch heute noch im Argot das Englische *shit* (aber auch das Französische *merde*), abgesehen von der bekannten Bedeutung für Marihuana, Haschisch usw. steht oder ganz allgemein für Drogen steht (VOLCEANOV & DOCA 1995: 205; FROSIN 1996: 101).

Cantemir beschrieb auch, wie die Derwische Opium einnahmen, vor allem die aus dem Mevlevi-Derwisch-Orden. „Aber die [Derwische aus dem Mevlevi-Orden], die keinen Wein trinken, nahmen sehr viel Mohnsaft [Russ.: маковый сок] und andere Mischungen aus verschiedenen Zutaten (die sie *berci* nennen) von denen sie zunächst müde werden, dann entsteht eine Art Freude und eine

Belebung des Geistes" (CANTEMIR 1987: 463). In Verbindung mit Cantemirs Begriff *berci* ist zu sagen, dass er den türkisch-arabischen Begriff für Cannabis und Haschisch falsch geschrieben hat: *bangh, banj, bandj* oder *bendj* (s. auch JÜNGER 2000: 246). Wahrscheinlich wurde aus *bendj benci* und schließlich *berci*. Da Haschisch aus Cannabis gewonnen wird, nennt er sich auf Arabisch auch *ibnat al-qunbus* [Tochter der Cannabispflanze] (BOON 2002: 126).

Viele Informationen liefert Cantemir als Augenzeuge, wie zum Beispiel folgende Geschichte über einen opiumsüchtigen Derwisch zur Zeit des Sultans Mustafa II. (1693–1703), also einer Zeit, in der sich der moldauische Gelehrte in Istanbul befand:

Ich selbst habe zu Zeiten Mustaphas einen Derwisch gesehen […], der einmal 60 Dram besten Mohnsaft aß […] Er fiel in ein tiefes Schweigen, wie ein Toter […] und blieb drei Stunden so, unbewegt, gefühllos, den Kopf auf der Brust. […] Darauf begann [der Derwisch] wie aus dem Schlaf erweckt, entweder aus der heiligen Schrift zu zitieren oder einen Vers, gazal, wie er es nannte, über die Liebe (die göttliche natürlich) aufzusagen oder aber eine unbekannte, zärtliche und nützliche Geschichte zu erzählen, die vier Stunden dauern konnte (CANTEMIR 1876: 376–377).

Wie viele Gelehrte der Zeit, die über die Wirkung von Betäubungsmitteln schreiben, ist Cantemir darauf bedacht, die Leser davon zu überzeugen, dass die Betäubung mit Mohnsaft keinerlei Wahnsinn auslöst oder andere Geistesstörungen, wie sie typisch sind für alkoholische Getränke. Im Gegenteil, jedes Wort des Opiumsüchtigen ist „klar und ertragreich". „Niemals hätte man Wahnsinn oder Schwatzhaftigkeit bei ihm entdeckt und kein Wort gefunden, das nicht klar und ertragreich gewesen wäre durch eine besonders wichtige Bedeutung oder die Tiefe seiner Gelehrtheit" (CANTEMIR 1987: 463, 389). Der rumänische Chronist Ioan Canta versucht, dasselbe Paradoxon zu erklären über Constantin Racoviță Cehan, Fürst in der Mitte des 18. Jahrhunderts. Der moldauische Fürst „isst Afion am Morgen und am Nachmittag", schrieb der Chronist, und dennoch erledige er „seine Aufgaben wie es sich gehört" (HASDEU 1972: 324–325).

Cantemirs Aussagen über die Beziehung der türkischen Derwische zum Opium am Ende des 17. und zu Beginn des 18. Jahrhunderts sind äußerst wertvoll, vor allem weil es Informationen eines sehr gewissenhaften Augenzeugen sind und nicht nur die Wiedergabe von Gerüchten. Das Problem ist viel diskutiert. Sogar Ernst Jünger, Spezialist für die Geschichte der Verwendung von Narkotika, ist geteilter Meinung. Jünger verwendet eine Skala der Akzeptanz von Drogen zu bestimmten Zeiten in bestimmten kulturellen Räumen: vom „absoluten Verbot" zu „Beschränkung", und von der „Duldung" zur „Förderung der Rauschfreuden" (JÜNGER 2008:80). Die Derwische gehören in die erste Kategorie. Diese geraten, so Jünger, nur durch Bewegung, Tanz und den durch den Tanz ausgelösten Schwindel in Ekstase. „In der Tat ist der Tanz ein altbewährtes Mittel zum Übergang in das Außer-sich-Sein" (JÜNGER 2008: 80). In diesem letzten Punkt hat Jünger Recht. Der rituelle Tanz (Drehung des Körpers auf dem rechten Fuß) und die rhythmische Musik spielen eine entscheidende Rolle bei der Ekstase der Derwische. Manche Kommentatoren vergleichen diese (und viele andere) rituellen Elemente mit dem Tanz der Schamanen der vortürkischen Stämme (MUNTEANU 2005: 250–254).

Auch Cantemir spricht vom „Aus-sich-heraus-gehen" der sich drehenden Derwische, die zu verschiedenen Orden gehören. Aus seiner Erzählung geht hervor, dass er viel Zeit mit ihnen verbracht hat:

Ich habe die Übungen dieser Derwische sehr oft angesehen, wenn ich in Constantinopel war und obwohl ich nicht erlebt habe, dass sie sich länger als sechs Stunden drehten, weiß ich, dass sehr viele von ihnen diesen ermüdenden Tanz vierundzwanzig Stunden ohne Unterlass durchführen, ohne sich auch nur ein wenig auszuruhen. Nach vielen Stunden schwindelerregenden Tanzes fallen sie, wie von einem teuflischen Geist gepackt, zu Boden als seien sie tot (CANTEMIR 1987: 475).

Oder an anderer Stelle:

Die Derwische fallen zu Boden und beginnen Schaum zu spucken, wie Besessene und sie bleiben lange Zeit in diesem verrückten Zustand. [...] In diesem Zustand können die Derwische Gott selbst sehen, so wie er ist [...] und verstehen von Beginn das Glück des Jahrhunderts, entweder dieses oder des kommenden Jahrhunderts (CANTEMIR 1987: 505).

Die Rolle des Tanzes ist außer Diskussion, aber das bedeutet nicht unbedingt, dass die Derwische nicht auch Drogen verwendeten (eine weitere Ähnlichkeit zu den asiatischen Schamanen). Cantemir ist in dieser Hinsicht kategorisch, aber es gibt mehrere Argumente. Im selben Jahrhundert behauptete auch der

Baron ungarischer Herkunft François de Tott, dass alle Derwische Opium bei ihren Ritualen konsumierten (BOON 2002: 21). Ein bedeutender anatolischer Dichter, Kaygusuz Abdal (Ende des 14. und Anfang des 15. Jahrhunderts), der zum Orden der Bektaschi gehörte und zum Beispiel *Budalanâme* (das Buch des einsamen Derwischs) verfasste, nahm sehr viel Opium. Wahrscheinlich kommt daher sogar sein Name. *Kaygusuz* („ohne Sorge") wurde von den Bektaschi als Bezeichnung für Opium verwendet (MUNTEANU 2005: 406–407).

Natürlich nahmen nicht nur die Derwische Opium. Der französische Naturforscher Pierre Belon war 1546 der Auffassung, dass fast alle Türken und vor allem die, die in den Krieg zogen, ihr letztes Geld verwendeten, um Opium zu kaufen. Beim Militär hielt dies lange Zeit an. Sogar im türkisch-russischen Krieg, der 1774 mit dem Frieden von Küçük Kaynarca endete, wurde an die türkischen Soldaten ein Trank auf Opiumbasis, genannt *maslach*, verteilt (SALVERTE 1843: 277). Cantemir schrieb auch über die Schriftsteller: „Es gibt bei den Türken keinen Dichter, keinen Gelehrten, der nicht Mohnsaft verwendet, sogar unentwegt und in einem Maße, dass es jemandem der es nicht kennt, unglaublich erscheinen kann" (CANTEMIR 1987: 463, 389).

Gelehrte Dichter, hohe Militärleute, hohe Beamte, Derwische – das ist genau das Milieu, das Dimitrie Cantemir um das Jahr 1700 frequentiert. Unter diesen Bedingungen wäre es unrealistisch, sich vorzustellen, dass der junge Cantemir nicht auch versucht hätte, Mohnsaft am eigenen Leib zu probieren, vor allem, da es sich um etwas Gewöhnliches handelte, ohne moralische Konnotationen. Cantemir war ein großer Verehrer des Arztes und Alchimisten Jean Baptiste van Helmont (1580–1644), der auf Grund seiner Theorien als überzeugter Opiumtherapeut *Doctor Opiatus* genannt wurde. 1701 schrieb Dimitrie Cantemir in Istanbul die Arbeit *Ioannis Baptistae van Helmont, Physices universalis doctrina* (Frankfurt, 1682) ab, die der Sohn des Alchimisten veröffentlicht hatte.

So wie Cantemir ein Buch über seinen Vater schrieb, *Viața lui Constantin Cantemir zis cel Bătrân, domnul Moldovei* [Das Leben des Constantin Cantemir, der Ältere, Fürst der Moldau], so schrieb auch Antioh einen apologetischen Text über das Leben seines Vaters Dimitrie Cantemir (CÂNDEA 1985). Der Fürst wurde „von allen Ministern der Hohen Pforte so geschätzt", dass „seine Manieren und sein Wesen in der erlesensten Gesellschaft der Hauptstadt willkommen waren". Aus diesem Text erfahren wir auch, dass Dimitrie Cantemir morgens um fünf aufstand, und das erste, was er tat, war einen Kaffee zu trinken „und an der Wasserpfeife zu ziehen, nach türkischem Brauch"

(LEMNY 101: 255). Diese Formulierung wurde von Nicholas Tindal (1687–1774) übernommen, der die *Geschichte des Osmanischen Reichs* 1753 ins Englische übersetzte und mit einem Vorwort versah. Wahrscheinlich verhielt sich Cantemir auch abends „nach türkischem Brauch", wie er selbst beschreibt: „Nach dem Abendessen, nach Kaffee und Tabak, beschäftigen sie sich mit gemäßigten Unterhaltungen, wie es Rang und Zeit erlauben" (CANTEMIR 1987: 301).

Wie die Zeitgenossen, und vor allem die Chronisten Neculce und Costin, berichten, war der junge Cantemir häufig zu Feiern bei hohen türkischen Beamten eingeladen, weil er ein intelligenter und belesener Mann war, aber auch, weil er mit großer Virtuosität Instrumente spielte (vor allem *tanbur*, eine Art Laute). „Da er ein kluger Mann war und auch gut Türkisch konnte, kannte man seinen Namen in ganz Konstantinopel und die hohen Beamten luden ihn als Gast." Andere sagen, dass er von den hohen Beamten geladen wurde, weil er gut *Tanbur* spielen konnte (Nicolae Costin, *Letopisețul Țării Moldovei*). „Er spielte so gut *Tanbur* wie kein anderer in Konstantinopel" (NECULCE 1980: 179).

Stefan Lemny stellte fest, dass wir keine Zeugnisse über Dimitrie Cantemir haben zwischen 1705 (dem Jahr, in dem *Istoria ieroglifică* [Geschichte der Hieroglyphen] geschrieben wurde, und 1710 (dem Jahr, in dem er den Thron der Moldau besteigt). „S'est-il laissé entraîner avec plus de volupté dans les fêtes turques?", fragte sich Lemny (LEMNY 2009: 91). Natürlich wird es bei den türkischen Gastgebern nicht an Afion [Mohnsaft] gefehlt haben.

So wie später der Wodka nicht gefehlt haben dürfte bei den Gastgebern im Russland Peters des Großen, wohin der moldauische Fürst nach der Niederlage bei Stănilești (1711) floh. Dimitrie Cantemir war „gut im Trinken", aber in der Jugend war er schwach, wie Neculce uns versichert, der ihm im Grunde ohne Erlaubnis ins russische Exil folgte (NECULCE 1980: 182, 227). Manchmal glitt die Abendveranstaltungen in Sankt Petersburg, am Hof des Zaren oder am Hof des Fürsten Cantemir in Charkov, „sehr schnell ins Vulgäre ab", wie ein Zeitzeuge berichtet. Dennoch war „die Trunksucht der Todfeind" Dimitrie Cantemirs; „nach einem ausschweifenden, ungehörigen Abend sank er für fünfzehn Tage ins Bett", schrieb Antioh über seinen Vater (CANTEMIR 2009: 102). In *Descriptio Moldaviae*, die er 1714–1716 auf Russisch schrieb, beklagt er die Neigung zum Alkohol (Wein, weniger Rachiu) seiner Landsleute: „Sie haben vor dem Saufen keinen sonderlichen Abscheu, und sind ihm auch nicht sonderlich heftig ergeben. Ihr größtes Vergnügen ist zuweilen, von 6 Uhr an bis 3 Uhr nach Mitternacht, zuweilen auch bis an des Tages Anbruch in Schmauserei zuzubringen, und sich bis zum Erbrechen vollzusaufen" (CANTEMIR 1973: 283–284).

Johann Martin Honigberger: Opiumtherapie und Homöotherapie

Im Winter des Jahres 1940 veröffentlichte Mircea Eliade in *Revista Fundațiilor Regale* [Zeitschrift der Königlichen Stiftung] die Erzählung *Secretul doctorului Honigberger* [Das Geheimnis des Doktor Honigberger]. Die Novelle wurde berühmt und in viele Sprachen übersetzt. Wenige Leser wissen jedoch, dass sich hinter der Figur der Geschichte eine historische Persönlichkeit befindet. Eliade selbst hat ihn so in einer Fußnote in seinem Buch über Yoga genannt (ELIADE 1936: 303).

Abb. 11: Porträt Johann Martin Honigbergers in orientalischem Gewand von Karl Mahlknecht, 1835.

Eliades Beschreibung von Honigberger ist es wert, zitiert zu werden:

Ich muß zugeben, daß man sich nur schwer dem Zauber dieses siebenbürgischen Doktors entziehen kann, der übrigens durch eigenen Entschluß zum Doktor avanciert war, denn offiziell besaß er nur das Diplom eines Apothekers. Honigberger verbrachte mehr als die Hälfte seines kangen Lebens im Orient. Er bekleidete zu gleicher Zeit die Ämter eines

Leibarztes, Apothekers, eines Zeughausdirektors und eines Admirals am Hofe des Maharadscha Ranjit-Singh in Lahore. Mehrmals gewann er beträchtliche Vermögen und verlor es wieder. Obwohl Abenteurer großen Stils, war Honigberger doch nie ein Scharlatan. Er kannte sich in mehreren wissenschaftlichen Disziplinen aus, in profanen ebenso wie in okkulten, und seine ethnographischen, boranischen, numismatischen und künstlerischen Sammlungen bereichern heute viele berühmte Museen (ELIADE 1953: 92–93).

Es handelt sich tatsächlich um einen siebenbürgisch-sächsischen Apotheker und Arzt, Johann Martin Honigberger, der 1795 in Braşov (Kronstadt) geboren wurde. Die Stadt befindet sich zu jener Zeit im Habsburgischen Reich, aber wenn er von „zu Hause" sprach, dann meinte er „Braşov in Transsilvanien". Er starb 1869 in Braşov, Transsilvanien, „meiner teuren und geliebten Geburtsstadt". Leider trägt keine Straße und kein Platz der Stadt den Namen dieses großen Orientalisten. Dennoch, in dem Haus neben dem Marktplatz in Braşov, in dem er wohnte, befindet sich heute ein Café, das nicht zufällig *Orient* heißt.

Nachdem er das Gymnasium „Johannes Honterus" abgeschlossen hatte, wurde Honigberger Lehrling in einer Apotheke in Braşov und später in einer in Bistriţa. Es gibt Dokumente, die bestätigen, dass in den Apotheken der großen siebenbürgischen Städte (Cluj, Braşov, Sibiu, Bistriţa etc.) psychotrope Heilmittel bereits seit dem 16. Jahrhundert erhältlich waren. Es handelt sich vor allem um Cannabis und Opium (meist als Theriak).

„Der große Abenteurer", aber kein „Scharlatan", als den ihn Mircea Eliade in der Novelle beschreibt, wird ein großer Orientalist, Botaniker, Archäologe und Antiquitätensammler. Er hat in fünfzig Jahren fünf Reisen nach Indien, drei durch Europa und eine nach Afrika unternommen. Im Alter von zwanzig Jahren durchquerte er die Bukowina, die Moldau und die Walachei, wo er ein Jahr lang blieb (er konnte viele Sprachen, darunter auch Rumänisch), dann reiste er weiter in den Nahen Osten (Istanbul, Damaskus, Jerusalem, Kairo, Bagdad), und 1829 (genau ein Jahrhundert vor Mircea Eliade) kam er nach Indien, nach Lahore (im Nordosten des heutigen Pakistans). Dort war er vier Jahre lang der wichtigste Arzt am Hofe des Maharadschas Ranjit Singh (1780–1839). Honigberger veröffentlichte seine Reiseaufzeichnungen auf Deutsch (Wien 1851) unter dem Titel *Früchte aus dem Morgenlande oder Reise-Erlebnisse nebst naturhistorisch-medizinischen Erfahrungen, einigen hundert erprobten Arzneimitteln und einer neuen Heilart, dem Medial-Systeme,* auf Englisch (London 1852) unter dem Titel *Thirty-Five Years in the East*. Die Arbeit wurde kürzlich dank des Indologen Eugen Ciurtin auf Rumänisch herausgegeben.

Honigberger wendete die Homöopathie an, als diese gerade erst entstand. „Nur kleine Dosen können eine wirkliche medizinische Wirkung verursachen", schrieb der Apotheker, der 1835 in Paris den „Vater der Homöopathie", Samuel Hahnemann, besuchte. Siebenbürgen war für Hahnemann kein unbekannter Ort. Er hatte von 1777–1779 in Sibiu gelebt, als Bibliothekar und persönlicher Arzt des Barons Samuel von Brukenthal.

Honigberger war darüber hinaus ein überzeugter Opiotherapeut. Er war der Auffassung, Opium sei quasi ein Allheilmittel. „Opium ist in Europa wie auch in Indien eines der wichtigsten Heilmittel" (HONIGBERGER 2004). Sein Vorbild war der englische Arzt Thomas Sydenham (1624–1689), der auch *Opiophilos* genannt wurde, weil er die Opiumtherapie verabsolutieren wollte (*Nolem esse medicus sine opio*).

Honigberger erforschte mit großer Aufmerksamkeit die psychotropen Mittel und Substanzen, die man im Orient verwendete (Cannabis, Haschisch, Opium, Stechapfel, aber auch Alkohol, Tabak, Kaffee und Tee). Manche davon übernahm er, andere beschrieb er lediglich in seinen Arbeiten, in denen er auch Illustrationen abbildete von Fakiren, die Haschisch, Hanfextrakte, Mohninfusionen usw. bereiten und anwenden.

Zwischen 1838 und 1841 veröffentlichte er in den Iașier Zeitungen *Albina românească* [Rumänische Biene] und *Icoana lumei* [Ikone der Welt], die Gheorghe Asachi herausgab, Artikel zu verschiedenen Aspekten orientalischer Ethnographie (CIURTIN 1998: 316–317, 425–426; HONIGBERGER 2004: 361). Er trug in einer Zeit zur Konstruktion des rumänischen Asienbilds bei, in der nur sehr wenige Informationen über Asien zur Verfügung standen. Bei manchen Artikeln wird sein Name gar nicht genannt, unter anderen stehen nur seine Initialen: I.H. (wahrscheinlich „Ioan Honigberger"). Arion Roșu und Eugen Ciurtin haben ihn als Autor identifiziert (manchmal nur vermutet). Unter den Artikeln, die er in Iași veröffentlichte, waren auch Texte über asiatische Botanik und über einzelne psychotrope Pflanzen wie Kaffee („Kafeoa", 1840) und Tabak („Tiutiunul seau tabacul" [Kaffee oder Tabak], 1841); oder „Fumarea tiutiunului în statele unite de Nord-America" [Das Rauchen von Tabak in den Vereinigten Staaten von Nordamerika], 1841) (vgl. OIȘTEANU 2009).

Die Romantiker – von Scavinski bis Eminescu

„Daniil der traurige und kleine". Selbstmord mit Opium

Călinescu versucht den Stereotyp des klassischen Dichters von dem des romantischen zu unterscheiden und schreibt: „Der Klassiker trinkt Milch, Quellwasser und Falerner Wein, er isst Honig aus Ibla und Früchte. Der Romantiker konsumiert Gin, Opium und Wasser, weil er Aufputsch- oder Schmerzmittel braucht, um die Hölle des Lebens zu ertragen" (CĂLINESCU 1971: 17).

Auch für den jungen Adrian Marino „sind Betäubungsmittel eine Entdeckung der romantischen Empfindsamkeit". Es geht um einen Artikel, der 1944, in dem Jahr, in dem Marino Assistent bei Călinescu wurde, in *Vremea* [Die Zeit] erschien. Die Schriftsteller, um die es Marino geht, sind S.T. Coleridge, Thomas De Quincey, E.A. Poe, Charles Nodier, Charles Baudelaire, Théophile Gautier, Alphonse Karr und Arthur Rimbaud.

Rauschmittel sind relativ neu in der Literatur. Sie wurden mit der Entdeckung des Orients eingeführt, was zu großen Teilen das Werk der Romantiker im 19. Jahrhundert ist. [...] Rauschmittel im Gedicht sind, so paradox das klingen mag, ausschließlich europäisch und vor allem westeuropäisch. Die asiatische Literatur kennt das Phänomen nicht, jedenfalls nicht in der Form, die wir meinen. Es taucht vor allem im Bild des Orients auf, dessen typische Elemente die Immobilität des Rauchers, Opiumträumereien und prächtige Visionen sind (MARINO 2010: 142–143).

Morpheus, der Gott des Schlafes und Lieblingsgott der Romantiker, hat seinen Namen vom wichtigsten Alkoloid des Opiums entlehnt. Morphin wurde, zufällig oder beabsichtigt, 1804 vom deutschen Apotheker F.W.A. Sertürner isoliert, etwa in der Zeit, als die Romantik entstand. Um halluzinogene Substanzen herum hatte sich in Westeuropa eine „eigene Literatur" entwickelt, „die sich von der frühen Romantik bis zum Fin de siècle verfolgen lässt (JÜNGER 2008: 54).

Ein opiumsüchtiger Dichter war Daniil Scavin (1805?–1837). Obwohl er Rumäne aus der Bukowina war, änderte er seinen Namen in das polnische Scavinski. Er hatte „ein wenig Botanik" gelernt und den Apothekerberuf in Lemberg in Galizien, bei einem Apotheker aus seiner Verwandtschaft, wie Costache Negruzzi berichtet. 1823 kam er nach Iași. Der Dichter war „Hypochonder", depressiv und voller Komplexe, weil er „kleiner als klein" war.

Eminescu erwähnt ihn mit Nostalgie im Gedicht *Epigonii* ([Epigonen], 1870), und es gelang ihm, seine wichtigsten Eigenschaften in zwei Wörtern auszudrücken: „Daniil cel trist si mic" [Daniel, der traurige und kleine]. Er war der erste, der in der rumänischen Literatur den Begriff „romantisch" verwendete. Er tat es bei der Beschreibung des Anblicks der Ostkarpaten: „Dort angekommen alle müde vor Erschöpfung/Und durchdrungen von dem schönen, romantischen Anblick" (*Călătoria dumnealui hatmanul Constandin Paladi la feredeile Borsăcului* [Die Reise des Heerführers Constandin Paladi zu den Bäderns des Borsăcs], 1828) (CORNEA 2008: 350–351).

Der romantische Dichter Daniil Scavin(ski) beging 1837 in Iași mit zweiunddreißig Jahren Selbstmord „mit einer hohen Dosis Quecksilber" und Opium. Costache Negruzzi behauptet, Augenzeuge des Selbstmordes gewesen zu sein. „Dann nahm [Scavinski] einen Löffel, goss den Inhalt eines Fläschchens darauf und schluckte es. In dem Fläschchen war Opium. Er ließ sich auf ein Kissen fallen und schlief ein" (NEGRUZZI 1974: 224).

Höchstwahrscheinlich war in der Flasche *Laudanum* (Opium in Alkohol gelöst), *tinctura opii* oder *spirt de afion,* wie diese Opiumtinktur in der Moldau im 19. Jahrhundert auch genannt wurde. Es dürfte Daniil Scavinski nicht schwer gefallen sein, sich *tinctura opii* zu besorgen.

Als „Hypochonder" versorgte sich der Dichter mit diversen Medikamenten: „Den ganzen Morgen lang, nach der Morgentoilette, trank er Abkochungen, jede Stunde nahm er Pillen und am Abend Tropfen. Die Apotheker zerstörten seine Gesundheit und verschlangen das bisschen Geld, das er verdiente. Oft hatte er kein Brot, aber Medikamente hatte er immer" (NEGRUZZI 1974: 224).

Da Scavinski wahrscheinlich an Syphilis litt, wurde er mit Quecksilber behandelt, was nicht nur seinen prächtigen Bart angriff, sondern seinen gesamten Organismus. Wie schon Flaubert sagte: „Mercure. Tue la maladie et le malade" (FLAUBERT 2002: 64). Darüber schrieb ausführlicher auch G.I. Ionescu-Gion 1899, in *Istoria Bucureștilor* [Geschichte Bukarests]: „Die Menge an Quecksilber, die in den Rumänischen Fürstentümern auf Grund der Medizin der Kräuterfrauen eingenommen wurde, ist kolossal. Die Frauen gaben häufig so viel Quecksilber, dass der Kranke mit Enthusiasmus starb" (IONESCU-GHION 1998: 588). „Quecksilber ist ein Heilmittel für Syphilis. […] Man schluckt es nicht mehr einfach, wie man es früher tat, und man macht auch keine Räucherungen damit. Quecksilber ist giftig, es greift die Zähne und das Zahnfleisch an, aber vor allem die Nieren" (VOICULESCU 1935: 180).

Eine der Arbeiten Scavinskis, die heute verschollen ist, ist die Übersetzung des Gedichts *La mort de Socrate* von Lamartine (1823) aus dem Französischen. Mircea Anghelescu hält die Auswahl Scavinskis nicht für zufällig. Er schlägt eine interessante („ganz schüchterne") Parallele vor „zwischen der ruhigen Klarheit des Philosophen (Sokrates), der vor den Augen seiner schmerzerfüllten Schüler Wasserschierling aus großen Tassen trank und unserem Dichter [Scavinski], der, zermürbt von Krankheit, die gleiche Ruhe wählt und sie im Opium sucht, das er unter den verwunderten Augen des einzigen Freundes trinkt, der ihm geblieben war [Negruzzi]" (ANGHELESCU 1988: 20).

Im Falle des Dichters war das tödliche Gift wahrscheinlich Quecksilber und das Opium sollte nur einen Tod ohne große Leiden ermöglichen. „Ein Löffel Opium[tinktur]", wie Costache Negruzzi notierte, wäre nicht tödlich gewesen. Was nicht bedeutet, dass Selbstmord mit Opium nicht möglich wäre. Schon zu Beginn des 11. Jahrhunderts empfiehlt der persische Arzt Ibn Sina (Avicenna) eine Überdosis Opium für Euthanasie.

Jedenfalls musste Opium (oder Haschisch) für Selbstmord geschluckt werden, nicht geraucht. Eine Überdosis Opium kann nicht durch Einatmen des Rauchs entstehen. Der Körper und Geist eines Opiumsüchtigen „entkoppelt" sich lange vor einer tödlichen Dosis von der Realität. Das probierte bereits Jean Cocteau aus: „Si vous entendez dire: ‚X ... s'est tué en fumant de l'opium', sachez que c'est impossible, que cette mort cache autre chose". Oder an anderer Stelle: „Ne jamais confondre le fumeur d'opium et l'opiophage. Autres phénomènes" (COCTEAU 1999: 30, 148).

Johann Martin Honigberger beschrieb den Selbstmord einer Frau mit Opium in Punjab (Nordwesten Chinas). Sie starb trotz der Gegenmittel, die Honigberger ihr gab.

Es war eine Stunde vergangen, seitdem die Frau das Opium genommen hatte und ich fand sie in vollem Bewusstsein – und so blieb sie bis zum letzten Augenblick. Sie saß auf ihrem Bett und erzählte mir ruhig, was sie getan hatte. Um keine Zeit zu verlieren, gab ich ihr ein paar Gegenmittel und ließ sie ins Krankenhaus bringen. Aber man konnte nichts mehr machen und nachdem sie vierundzwanzig Stunden auf den Beinen gewesen war, ließ sie sich tot nach hinten fallen, wie vom Schlag getroffen (HONIGBERGER 2004: 245).

Eine Überdosis Opium ist nicht immer tödlich, auch wenn sie geschluckt wird. Manchmal, weil die Überdosis nicht hoch genug ist, manchmal weil sie zu hoch ist. Es wird gesagt, dass sich Edgar Allan Poe 1848 mit einer enormen Menge (1 Unze) Opium das Leben nehmen wollte. Die Dosis war so groß, dass der Magen sie abstieß. Der Selbstmord misslang auf Grund der Regurgitation des Narkotikums (HOBSON QUINN 1969: 693–694). Das Gleiche geschah 1940 in Lissabon Arthur Koestler. Aus Angst, von den Nationalsozialisten gefangen genommen und deportiert zu werden, versuchte Koestler sich mit mehreren Kapseln Morphium das Leben zu nehmen. Er hatte diese Kapseln von seinem Freund Walter Benjamin bekommen, der sich zwei Monate zuvor ebenfalls mit einer Überdosis Morphium das Leben genommen hatte. Koestler erbrach die Überdosis Morphium und blieb noch 43 Jahre am Leben, bis er sich schließlich 1983 mit einer Überdosis Barbiturate das Leben nahm.

Selbstmord mit *Laudanum* war relativ üblich unter den europäischen Intellektuellen des 19. Jahrhunderts. Nur zwei Beispiele. Der französische Schriftsteller Alphonse Rabbe (1784–1829) war Pessimist. Er ist der Autor eines *Album d'un pessimiste*, das 1835 posthum erschien. Durch Syphilis entstellt und opiumabhängig setzte er seinem Leben am letzten Tag des Jahres 1829 ein Ende, mit einer Überdosis *Laudanum*.

Auf ähnliche Weise tötete sich 1882 auch Dr. Eugen Rizu (der mit Corina Urechia, der Tochter von Vasile Alexandrescu Urechia, verheiratet war), promovierter Pharmakologe, Dekan der Medizinischen Fakultät Iași und Direktor des Laboratoriums der Pharmakologie. Sein Assistent, Dr. Nicolae Leon, schrieb das Geschehene in seinen Memoiren auf: „Da er sich mit dem Geld der Fakultät vertan hatte, nahm er aus dem Labor einen Flacon mit 250 Gramm *Laudanum*, trank es und legte sich ins Bett, um für immer zu schlafen" (LEON 1933: 101). Dr. Nicolae Minovici erwähnte auch einen Selbstmord mit einer Überdosis *Laudanum* eines Mannes in Bukarest, der sich 1901 ereignete und im *Institutul Medico-Legal* [Institut für Gerichtsmedizin] verzeichnet ist (MINOVICI 1904: 13). Auch Alexandru Odobescu versuchte im November 1895 sich mit einer hohen Dosis *Laudanum* umzubringen. Es gelang ihm nicht (sein Organismus stieß die Überdosis wieder ab), schließlich nahm er sich schließlich ein paar Tage später mit einer Überdosis Morphium das Leben.

Die Einnahme von Laudanum und Selbstmord mit diesem Opiat hat auch Einzug in die rumänische Literatur gehalten. Im Haus des Journalisten Mircea Aldea aus *Gaițele* (1932) von Alexandru Kirițescu stand das Fläschchen *laudanum* offen auf dem „Medikamententischchen" im Salon. Für Mircea Aldea ist die Opiumtinktur eine Droge, „ein Getränk des Vergessens und des Nichts". Aus Eifersucht begeht seine Frau Margareta (die verschiedene Betäubungsmittel einnahm: Äther, Brom, Laudanum etc.) Selbstmord, indem sie „ein ganzes Glas" Laudanum trank (KIRIȚESCU 1983: 81–82).

Narkophilie im 19. Jahrhundert in Europa

Ab der Mitte des 19. Jahrhunderts übernahm man die Moden, was Betäubungsmittel und andere Sitten angeht, nicht mehr aus Istanbul, sondern aus Paris, London, Berlin und Wien. Das orientalische Afion wird ersetzt durch Opiate wie Morphium, das 1804 aus Opium isoliert wurde. Im 19. Jahrhundert gab es in Westeuropa mehrere Wellen von Narkophilie. Der in Kalkutta lebende irische Arzt William O'Shaughnessy veröffentliche 1839 eine Arbeit mit dem Titel *On the preparations of the Indian Hemp*, womit die Cannabistherapie in die europäische Medizin eingeführt werden sollte. In Frankreich wurde Haschisch in großem Umfang nach der Besetzung Algeriens verwendet.

In der *Encyclopedia Britannica* wurde Opium bereits in der ersten Ausgabe von 1771 als „sehr geschätzte Substanz" und „eines der wertvollsten Medikamente" präsentiert. In den ersten Jahrzehnten des 19. Jahrhunderts war die Zahl der Opiumsüchtigen in den großen Städten Englands (vor allem Londons) riesig, besonders unter Arbeitern (in Manchester), berichtet Thomas de Quincey, der selbst opiumsüchtig war. Die Arbeiter waren arm und griffen auf die Opiumpillen aus der Apotheke zurück, weil sie paradoxerweise billiger waren als Alkohol. „Nun kann man für einen Penny die Glückseligkeit kaufen und in der Westentasche bei sich tragen. Verzückungen waren transportabel geworden und ließen sich in kleinen Flaschen verkorken, und Seelenfrieden konnte per Post nun in ganzen Gallonen verschickt werden" (DE QUINCEY 2009: 72), schrieb Thomas De Quincey 1821. Und Charles Baudelaire übersetzt ihn ins Französische und zitiert ihn 1860 in extenso (BAUDELAIRE 1860: 106–107). In einem Zeitraum von nur drei Jahrzehnten (1830–1860) verdreifachte sich die Menge an Opium, die nach England importiert wurde. Ungefähr 20% aller in England verwendeten Medikamente (auch für Kinder) waren Opiate. Das Opium kam aus dem Osmanischen Reich, aber auch aus Indien und China, vor allem nach den beiden Opiumkriegen, die England gegen China (1839–1842) und später England gemeinsam mit Frankreich gegen China führten (1856–1860).

Nicht zufällig kreierte Karl Marx in dieser Zeit, als Opium ein allgemein verwendetes Medikament (auch als Sirup für Kinder) und Rauschmittel war, in seiner Kritik *der Hegelschen Rechtsphilosophie* 1843 die Metapher von der Religion als „Opium für das Volk". In diesem Zusammenhang bedeutete „Opium" möglicherweise für Marx nicht so sehr „Illusion" als vielmehr „Heilmittel". Karl Marx selbst verwendete in diesen Jahren Opium, um seine Hautinfektion (Karbunkel) zu heilen.

Vor kurzem schlug der amerikanische Professor Andrew M. McKinon eine neue, nuanciertere Interpretation der marxistischen Metapher vor, weil er der Auffassung war, dass die Parallele zwischen Opium und Religion heute im Vergleich zum 19. Jahrhundert zu „direkt", zu „wörtlich" und zu „negativ" verstanden würde. Aber, Ironie des Schicksals, heute, hundert Jahre nachdem Marx die Metapher schuf, wird der Marxismus selbst als eine Art sekulare Religion angesehen – eine „politische Religion", wie sei Eugen Negrici definierte (*Poezia unei religii politice* 1995), aber auch als „berauschend" und abhängigmachend, als „Droge des Bewusstseins" (MIŁOSZ 1995) oder als „Opium für Intellektuelle" (ARON 2007)

Der Opiumkonsum stieg in der zweiten Hälfte des 19. Jahrhunderts als Folge des Einzugs der Franzosen und Engländer in Indochina, aber auch auf Grund der massiven Immigrationswellen aus Asien (Chinesen, Inder, Vietnamesen etc.) nach Westeuropa und in die USA. Während des deutsch-französischen Kriegs (1870–1871) wurde viel Morphin verwendet, um die Schmerzen der Verwundeten zu lindern – als Schmerzstiller oder Betäubungsmittel, aber auch als Antidepressivum. Ähnlich war es auch ein paar Jahre zuvor in Nordamerika während des Sezessionskriegs (1861–1865).

In der zweiten Hälfte des 19. Jahrhunderts und in den ersten Jahrzehnten des 20. Jahrhunderts wurden verschiedene Betäubungsmittel (zum Beispiel Morphium) verwendet, entweder, um die Soldaten, die in die Schlacht geschickt wurden, aufzumuntern, oder um die Verletzten zu versorgen. Bei der Heimkehr hatten die jungen Russen Entzugserscheinungen und versorgten sich zur Kompensation mit Haschisch oder Opium (auf dem Land) und Kokain (in den großen Städten). Auch in Zentral- und Nordasien nahmen Jugendliche halluzinogene Pilze, vor allem Fliegenpilze.

Manche Opiate (Laudanum, Morphium) wurden zu medizinischen Zwecken verwendet. Es gab eine neue Welle der Opiumtherapie in Westeuropa, diesmal im „Volk". So ist es kein Wunder, dass zum Beispiel im Roman *Erewhon* des englischen Schriftstellers Samuel Butler, der 1872 erschien, die Patienten sich alle Krankheiten des Kopfes, innere wie äußere, mit *laudanum* behandeln ließen (BRĂTESCU 1999: 155). Der Titel dieses „phantastischhumoristischen Romans", den Mircea Eliade siebzigjährig mit Enthusiasmus kommentierte (*Universul*, Nr. 10, 9 März 1924), ist ein Anagramm des englischen Wortes *nowhere*, im Sinne des Titels Utopia (Gr. *Ou topos* – „Ort, der nicht existiert"), der 1516 von Thomas Morus geschaffen wurde (ELIADE 1996: 156).

Es waren drei Jahrhunderte vergangen, seitdem der Schweizer Alchimist Paracelsus ein wundersames Gegenmittel (*laudanum paracelsi*, Opium in Alkohol) erfunden hatte, und zwei Jahrhunderte nachdem der englische Arzt Thomas Sydenham versucht hatte, eine radikale Opiumtherapie durchzusetzen: *Nolem esse medicus sine opio*. Erst am Ende des 19. Jahrhunderts begannen die Ärzte ernsthaft über das Phänomen der „Abhängigkeit von Opium" zu sprechen. Es tauchten nicht nur medizinische Probleme auf, sondern auch soziale und moralische. Und sogar Rechtsprobleme, denn es waren Gesetze geschaffen worden, die den Verkauf und die Verwendung von Opium kontrollieren sollten.

Es war allerdings bereits zu spät. Der Konsum von Rauschmitteln im 19. Jahrhundert (vor allem von Opium und Morphin) war zum literarischen Subjekt geworden, und das weckte die Neugier der Leser, die daraufhin Rauschmittel ausprobierten. Realität und Fiktion potenzierten sich gegenseitig. Henri Guimbail, ein französischer Arzt, der Morphiumsucht untersuchte, schrieb Ende des 19. Jahrhunderts: „I know pages written by our masters of the novel that have done more for the development of morphin addiction than all of the other causes put together" (BOON 2002: 51).

Anästhesie und Heilmittel: Carol Davila, Titu Maiorescu, Carmen Sylva

Im 19. Jahrhundert waren Narkotika häufig zunächst pharmazeutische Heilmittel und wurden dann als Rauschmittel verwendet. So war es bei den englischen Schriftstellern Samuel Taylor Coleridge, Thomas De Quincey und Walter Scott, die *laudanum* zunächst nahmen, um ihre Rheuma-, Zahn-, und Bauchschmerzen zu behandeln und dann stark opiumsüchtig wurden.

Der amerikanische Zahnarzt Horace Wells verwendete als erster 1846 betäubende Substanzen wie Lachgas, Äther und Chloroform. Die Versuche machte er an sich selbst, wurde äthersüchtig und nahm sich bald darauf, 1848, das Leben. 1847 wird die erste Äthernarkose im rumänischen Raum dokumentiert, im Militärkrankenhaus in Timişoara. In der zweiten Hälfte des 19. Jahrhunderts werden neben Äther auch andere Narkosemittel bei chirurgischen Eingriffen oder Zahnoperationen verwendet: Chloroform, Morphin und Kokain.

Ein Pariser Arzt lindert Alexandru Odobescus Neuralgie mit Morphium. Das war vielleicht ab 1881, als Odobescu Legationssekretär in Paris wurde, vielleicht auch schon früher. Königin Elisabeth, die als Schriftstellerin Carmen Sylva hieß, wurde nach einem chirurgischen Eingriff mit Chloralhydrat, einem starken Schlafmittel, behandelt und bei Zahnoperationen mit Chloroform: „Elisabeth sind drei Zähne gezogen worden", schreibt Carol lapidar in sein Tagebuch, „es war eine schreckliche Operation und das Chloroform hatte keinerlei Wirkung, sie hat starke Schmerzen (DOCEA 2007: 273).

Carol Davila gab man, wenn es ihm schlecht ging, Morphiumspritzen, und er musste „Äther" einatmen. Dies geschah auf sein Bitten auch am 24. August 1884, dem Tag, an dem er starb (PÂRVULESCU 2005: 175). Es scheint, dass die Heilmittel ihm zu spät gegeben worden sind. Der Apotheker und Arzt starb mit nur sechsundfünfzig Jahren. Carol Davila rauchte übrigens eine schöne orientalische Naghilea mit Porzelangefäß, die sich heute in der Sammlung des *Muzeului de Istorie a Moldovei* (Museum der Geschichte der Moldau) befindet (s. Abb. 7).

Mitte des 19. Jahrhunderts brachte Carol Davila ein Rezept für eine Opiumtinktur auf den Markt, die sehr bekannt wurde unter dem Namen „Picăturile lui Davila" oder „Picături de Davila" [Davilas Tropfen]. Das Mittel wurde gegen Cholera und Magenkrämpfe sowie gegen Schmerzen im Allgemeinen verwendet. Der Arzt und Autor Vasile Voiculescu beschreibt das Opiummittel 1935 in einem Buch zur Verbreitung pharmazeutischer Mittel *Toate leacurile la îndemână* [Alle Mittel bei der Hand] wie folgt: „[Opium] ist ein Mittel, das Schmerzen lindert, aber es ist sehr giftig. Apotheker geben es nur mit ärztlichem Rezept. Man findet es als Anti-Choler-Tinktur oder *Picăturile lui Davila* [Davilas Tropfen]. Ein großer Mensch kann drei Mal am Tag 10–15 Tropfen auf einem Löffel mit Wasser nehmen, bei Bauchschmerzen und Erbrechen" (VOICULESCU 1935).

In Rumänien wurden „Davilas Tropfen" bis Ende der 1960er Jahre sehr häufig verwendet, auch bei der Behandlung von Kindern. „In meiner Kindheit", schreibt Ioana Pârvulescu, „gab es immer noch die misteriösen „Tropfen des Davila". Kinder durften sie eigentlich nicht nehmen, aber genau abgezählt auf einem Stück Würfelzucker habe ich sie ein paar Mal bekommen und die Wirkung war unglaublich: Sie nahmen dir wirklich die Schmerzen im Handumdrehen. (PÂRVULESCU 2006).

Es gab Einige, die Carol Davila die Erfindung des bekannten Opiummittels streitig machen wollten und behaupteten, er habe das Verdienst eines Anderen für sich verwendet. 1869 erschien zum Beispiel in *Ghimpele* ein Epigramm, dessen Autor nicht genannt wurde, das Davila folgende Worte in den Mund legte:

Choleratropfen, eine famose Erfindung
Das Recht an ihrer Entdeckung habe ich mir angeeignet,
Und viele mit wenig Köpfchen glaubten diese Geschicht
Und gaben mich als großes Genie aus.

(GHIMPELE, 5 Juni 1869)

Über die Jahrhunderte haben viele, beginnend mit Paracelsus, verschiedene Formen von Opiumtinktur erfunden (paracelsisches Laudanum, Opiumtinktur, Afiongesit, Davilas Tropfen etc.). Es waren verschiedene Rezepte mit verschiedenen Zutaten, die in verschiedenen Mengen miteinander vermischt wurden, nur Opium war immer dabei.

Im Oktober 1885 notierte Titu Maiorescu, dass er von seinem deutschen Zahnarzt in Bukarest gegen Zahnschmerzen mit „lokalen Kokaininjektionen unter die Haut" betäubt wurde (MAIORESCU 1939: 312). Am 18. Juni 1889 wurde Titu Maiorescu ein Atherom entfernt, wobei er mit „Ätherspray" und einer „Kokainspritze" anästhisiert wurde. Zufällig geschah das zwei Tage nach der Beerdigung von Eminescu. „Die Operation begann mit einer sehr schwachen Kokaininjektion an der Basis des Atheroms (ohne Schmerzen), nach einer Minute Ätherspray aus einem Gummisprüher über das Atherom. […] Während der Operation wurde noch circa fünf Mal Kokain mit einem Wattebausch auf die Wunde getupft." Nach der Operation raucht Maiorescu mit großer Lust eine Zigarette (PÂRVULESCU 2005: 247). Ein Jahrhundert später war Mircea Cărtărescu davon überzeugt, dass die Schmerzmittel, die er 1996 gegen Zahnschmerzen nahm, „auch ein bisschen Opium enthielten", wie das „magiun" des Pașadia in *Crai de Curtea Veche* (CĂRTĂRESCU 2001: 460).

Natürlich war die Betäubung von Zahnschmerzen mit Morphium oder Kokain nicht für die rumänische Allgemeinheit üblich am Ende des 19. Jahrhunderts Zu jener Zeit lässt Ion Luca Caragiale, „Catindatul", eine Figur aus dem Stück *D'ale carnavalului*, der in einer Bukarester Vorstadt (Mahala) lebt, seine

Zahnschmerzen durch „Magnetisieren mit Jamaikarum" lindern. Nae Girimea, „Frisör und Subchirurg", behandelt den „Catindatul" mit „Zangenwurzeltropfen" (ein Mahalawitz), und zieht ihm einen „unschuldigen Zahn" ohne jegliche Betäubung (*D'ale carnavalului* 1885). Eine andere Figur bei Caragiale, Fräulein Porția Popescu, die ebenfalls in der Mahala lebt, behandelt ihre Zahnschmerzen mit Nikotin, wie die Leute auf dem Land. Sie „hat längst einen Vertrag mit der Angewohnheit des Rauchens geschlossen", wegen der „zu häufigen Zahnschmerzen" (*Groaznica sinucidere din strada Fidelității*, 1897 [Der schreckliche Selbstmord auf der Straße der Treue]). Es wird gesagt, dass „ihre Zahnschmerzen erst dann völlig verschwanden", nachdem sie versucht hatte, sich mit Phosphor (Streichholzköpfe), vermischt mit Rachiu, das Leben zu nehmen.[39]

Die Figuren Tschechows verwendeten zu jener Zeit in Russland ungefähr dieselben Heilmittel. In der Novelle „Chirurgie" von 1884 jedenfalls hat Vonmiglasov Zahnschmerzen und bekommt diverse Empfehlungen: „Der Herr Diakon empfahl, Wodka und Rettich einzunehmen – es half nichts. Glikerija Anisimovna, schenke Gott ihr Gesundheit, drückte mir ein Bändchen in die Hand, um es vom Afonberg herunterzutragen und empfahl, den Zahn mit warmer Milch zu spülen" (TSCHECHOW 2011). Ein übliches Mittel, um Zahnschmerzen zu lindern, war das Betupfen des Zahnes nicht mit in Kokain, sondern in Spiritus getränkter Watte. Es ist „der erste Rausch", den der junge Șerban Foarță 1950 in seinem Leben hatte. „Sondern zuvor/lange bevor ich in eine Wirtschaft gegangen war, wenn mir ein armer Zahn schmerzte,/durch in Spiritus getränkte Watte,/lernte ich/den Geschmack von Alkohol kennen" (FOARȚĂ 2009: 53).

Rumänische Bauern, aber auch Städter, linderten Zahnschmerzen mit Tabak (RIGO 1907), Alkohol, aber auch mit einer psychotropen Pflanze, die nicht zufällig auf Rumänisch *măselariță (masea – Zahn)* (*Hyoscyamus niger*) heißt – es handelt sich um das Bilsenkraut. Im Archiv des Volkskundlers Artur Gorovei aus dem 19. Jahrhundert finden sich zwei Rezepte gegen Zahnschmerzen: „Auf den schlimmen Zahn gibt man einen Tropfen Bilsenkrautöl" oder: „Auf ein Gefäß mit glühenden Kohlen gibt man ein Dram Bilsenkrautsamen und atmet den Rauch ein" (SZÉKELY 2006: 235).

---

39 Die Figur basiert auf einem reelen Ereignis. In Zeitungen von vor dem 1. August 1897, als Caragiale diese Skizze in *Epoca* veröffentlichte, erschien die Nachricht über diesen Selbstmordversuch. Ich danke Iuian Costache für die Information.

Alexandru Odobescu: Überdosis Morphium

Die Morphiumsucht breitet sich auch in den Pariser und Berliner Salons aus, in künstlerischen und Bohemien-Kreisen. Von einem wundersamen psychiatrischen Mittel wird Morphium zur Droge. Auch in den großen rumänischen Städten hält der Brauch Einzug. Doktor Nicolae Leon berichtet über die Verwendung von Morphium in mondänen Kreisen Iași's in den 1880er Jahren – in seinen Memoiren *Note și amintiri* [Notizen und Erinnerungen] (1933) im Kapitel „În societatea unor morfinomane din Iași" [In der Gesellschaft Morphiumsüchtiger in Iași] (LEON 1933: 201–205).

In der rumänischen Literaturszene war Alexandru Odobescu eines der Opfer der Morphiumsucht. Wie bereits erwähnt, verschrieb ihm ein Pariser Arzt ein Schmerzmittel mit Morphium. Eine rebellische Gischt, die mit Morphium behandelt wurde, war der Anfang des Lasters, schrieb Nicolae Manolescu. Odobescu leidet auch an Rheuma. „Ich habe unerträgliche Rheumaschmerzen über der rechten Brust", schrieb er 1889. „Es sind scharfe Stiche, die mich ohne Unterlass quälen. Die vielen Mittel werden zu „Schweinereien". Ich bin immer noch vollkommen ermüdet von den Chininen, Morphinen, Antipyrinen und anderen Schweinereien, die ich während meiner Krankheit eingenommen habe", schrieb Odobescu im März 1894 an Simion Mehedinți (NĂSTASĂ 2010: 247, 446).

Viele der Briefe aus der reichen Korrespondenz zwischen ihm und seiner Frau Alexandra (Sașa) Prejbeanu, von denen einige sehr intim waren und mit „pour toi" beschriftet, vernichtete seine Frau. So hatten sie es vereinbart. Dennoch haben ein paar der Briefe überlebt, die allerdings schwer zu verstehen sind, weil an manchen Stellen eine verschlüsselte Sprache verwendet wird, bemerkt Nicolae Manolescu. In einem solchen Brief von 1880, der erhalten blieb, obwohl darauf „pour toir" stand, schickte Odobescu seiner Frau, die aus Russland zurück kam, eine Nachricht, in der der erotische Akt mit einem Rauschgiftkonsum assoziiert wird:

Nicht vor Schmerz möchte ich dich gepresst jammern hören am ersten Tag nach deiner Rückkehr. Ich bin kein Morphium, sondern etwas viel besseres, das als Spritze dienen wird. Dafür gibt es eine schöne große Nadel, die in dich eindringen wird, nicht weniger als Morphium. Sie erwartet dich mit wacher Ungeduld (MANOLESCU 2008: 323–325).

Mircea Cărtărescu zeigt sich empört über die „verfälschten und schablonenhaften Biographien rumänischer Autoren", bei denen „man den Eindruck hat, dass man bekommt eine Dekoration verkauft", wenn zum Beispiel vom „Olympianismus eines Odobescu" die Rede ist, „ohne, dass ein Wort über seinen Selbstmord und seine Opiumsucht verloren wird" (CĂRTĂRESCU 2003: 95–99). Den wahren Grund für Odobescus Selbstmord kennen wir nicht. Eine unglückliche Kombination aus finanziellen und Gefühlsproblemen. Die Frau, die er in den letzten Jahren seines Lebens liebte, war Hortensia Racoviță (1864–1953), die Enkelin des moldauischen Barons Keminger de Lippa. Sie war verheiratet mit Al. Davila (dem Sohn von Carol Davila), dann mit Dumitru Racoviță – die „femme fatale" war dreißig Jahre jünger als der Archäologe. „Die Frau, die ich vergötterte", wie Odobescu sagte. Sie lehnte es ab, sich mit dem „lächerlichen und verlachten Liebhaber", wie ihn Caragiale beschrieb, mit dem „alten Liebhaber", wie Călinescu schrieb, zu verheiraten. In einer letzten Depesche, die er vor seinem Selbstmord schrieb, vertraute er seinem Freund Anghel Demetriescu an, dass seine Geliebte „das Grab seiner Intelligenz, seiner Illusionen und sogar seines Lebens" war, weil sie ihn dazu brachte, „der Einfachheit und Vulgarität der Sinne" zu erliegen. I.L. Caragiale berichtete in der Presse von den erotischen Abenteuern der letzten fünf Jahre im Leben von Odobescu (*Gazeta poporului*, [Zeitung des Volkes], 16–17 noiembrie 1895). Seine Quelle war ein gemeinsamer Freund („eine Quelle, wie sie zuverlässiger nicht sein konnte"), dessen Name der Dramatiker aber nicht nennen wollte. Erst Șerban Cioculescu nannte den Namen des „Freundes": Anghel Demetriescu (CIOCULESCU 1969: 135).

Odobescu entschied, sich in seinem Haus in Bukarest zu töten, in der Nacht vom 5. zum 6. November 1895, im Alter von einundsechzig Jahren. Der Versuch misslang allerdings. Caragiale beschrieb diese makabre Szene: „Odobescu kam nach Hause und schrieb ein paar Briefe; dann nahm er eine starke Dosis Laudanum. Das Resultat dieses ersten [Selbstmord-]Versuchs wurde aber rechtzeitig gestoppt; Die Sorgen seines Schutzengels [seiner Frau] retteten ihn dieses Mal". Zum Selbstmord selbst sagt er nichts, weil er der Meinung ist, dass „Einzelheiten bereits gut genug bekannt sind, was die letzten Momente des unglücklichen Helden angeht" (CARAGIALE 1999: 90).

Beim ersten Selbstmordversuch schluckte Odobescu, um sich der tödlichen Dosis sicher zu sein, eine große Menge Opiat – 70g. „Wenn ich zehn Pferden 70 Gramm Laudanum gegeben hätte – sie wären alle gestorben", kommentierte später Dr. Măldărescu. Der Effekt war paradox. Gerade weil die Dosis, die der

Gelehrte schluckte, zu groß war, stieß der Organismus sie ab. Sein junger Schüler, der Historiker Teohari, beschrieb die Episode in seinem Tagebuch:

Odobescu hat Selbstmord begangen. Alles, was ich genau darüber weiß, ist Folgendes: Er sagte mir vor der Prüfung: ‚wenn ich nicht deine Prüfung hätte, würde ich mich umbringen, so niedergeschlagen bin ich in der Familie'. Zwei Tage später nahm er 70 Gramm Laudanum und da es ein sehr starkes Medikament ist [...] hat er alles erbrochen. Frau Odobescu hat geweint, hat um ihn gebetet und so nahm er ein Gegenmittel und ist davon gekommen. Als ich bei ihm war und ihn bat, etwas für mich zu tun, sagte mir seine Frau, dass er Dyspepsie gehabt habe, dass seine Zunge geschwollen sei und er nicht reden und fühlen könne. [...] Nach dem ersten Versuch wurde er wieder gesund. [...] Auf seinen Anstoß rief Frau Odobescu die Mutter der Racoviceoaiei [Hortensia Racoviţă], Direktorin der Mädchenschule, und bat sie Odobescu als Schwiegersohn anzunehmen, denn sie, seine rechtmäßige Frau, wird die Scheidung einreichen und wird die Racoviceoaia alleinige Besitzerin sein lassen. Das Klatschweib riss den Mund auf, dass der „dreckige Alte" das Mädchen entehrt habe, dass er korrupt und krank ist – sie muss so laut geschrien haben, dass Odobescu sie hörte und ins Zimmer kam. Wahrscheinlich war es ein Streit. Odobescu, dessen letzte Hoffnung, diese Frau zu bekommen, die er liebte, dahin war, erlöschte und gab vor, dass er von aller Liebe geheilt sei und als Zeichen seiner Heilung sagte er seiner Frau, dass sie ruhig nach Curtea de Argeş gehen solle, da er überhaupt nicht mehr an die ‚nichtswürdige und undankbare Frau' denke. Doamna Odobescu gehorchte und abends erhielt sie ein Telegramm aus Bukarest, dass Odobescu im Todeskampf sei. Als sie in der Straße Cuza Vodă eintraf, war er tot" (ANTONESCU 2005: 167–168).

Odobescu nahm sich schließlich am 8. November 1895 das Leben (und stirbt nach zwei Tagen Todeskampf) mit einer Überdosis Morphium. Diesmal hatte er alle Vorsichtsmaßnahmen getroffen. Um sich eine tödliche Menge Morphium zu besorgen, benutzte er einen billigen Trick. „Er ließ nacheinander zwei Ärzte zu unterschiedlichen Eingängen [des Hauses] hereinkommen, sammelte so eine ausreichende Menge Morphium und tötete sich" (CĂLINESCU 1986: 353).

Aus diesen wenigen Informationen lassen sich dennoch ein paar Schlüsse ziehen. Zunächst kannte Alexandru Odobescu in Bukarest mindestens zwei Ärzte, die ihn mit Narkotika versorgten. Zweitens konnte er sich selbst Morphium spritzen und er wusste, was eine tödliche Dosis ist.[40] Man kann auch davon ausgehen, dass Odobescu sich sowohl Laudanum als auch Morphium besorgte. Aus dem Fragment des Briefs an seine Frau resultiert, dass sie das Laster der Opiumsucht teilten. Alexandra (Saşa) Prejbeanu lebte bis 1922. In ihren letzten Lebensjahren spritzte ihre Tochter Ioana ihr vier Mal am Tag Morphium (CĂLINESCU 1986: 354).

Odobescus Fall war kein Einzelfall zu jener Zeit. Aus einer Statistik zu Selbstmorden von Nicolae Minovici am Gerichtsmedizinischen Institut geht hervor, dass es von 1891–1900 in Bukarest drei Selbstmorde mit einer Morphium-Überdosis gab, alle drei wurden von Männern begangen. Tatsächlich waren es aber mehr, denn eigenartiger Weise ist der Morphium-Selbstmord von Odobescu in der Statistik nicht als solcher vermerkt (MINOVICI 1904: 13).

1873 führte Alexandru Odobescu als Archäologe eine öffentliche Diskussion mit Cesar Bolliac zum Thema der Narkotika, mit denen sich die Geto-Daker in der Antike berauschten. Cesar Bolliac war der Meinung, dass die Daker Rauch von „Mohn und vor allem Hanf" einatmeten. Das „berauschende Kraut" wurde nicht nur ins Feuer oder auf glühende Steine geworfen (wie es Herodot und andere Historiker der Antike beschrieben), sondern auch in Tonpfeifen geraucht. Bolliac hatte diese Pfeifen bei Ausgrabungen in Muntenien gefunden. Bolliac war deshalb der Meinung, der Begriff *kapnobatai*, den Strabon verwendete (*Geografia* VII, 3, 3), um die thrakischen Priester zu benennen, müsse nicht mit „die im Rauch gehen", sondern mit „die [Pfeife] rauchend gehen" übersetzt werden (*Trompeta Carpaților*, 1873).

Alexandru Odobescu sprach sich gegen Bolliacs Schlussfolgerungen aus. Die Thraker inhalierten tatsächlich den Rauch halluzinogener Pflanzen, schrieb Odobescu. Daran gibt es keinerlei Zweifel. Aber sie verwendeten dafür keine Pfeifen. Er war der Auffassung, Cesar Bolliac habe Halluzinationen und ließe sich „in das Reich der Vorstellung" treiben vom „archäologischen Rauch aus den prähistorischen Pfeifen" (*Columna lui Traian*, 1873).

---

40 Zur Schwierigkeit, die tödliche Dosis Morpium zu bestimmen, berichtet Jean Cocteau 1929 von einer lustigen vielsagenden Geschichte: „À la clinique on fait à 5 heures au vieux bull-dog une piqûre de morphine mortelle. Une heure après il joue au jardin, saute, se roule. Le lendemain, à 5 heures, il gratte à la porte du docteur et demande sa piqûre (COCTEAU 1999: 122).

Eminescu und die schwarze Sonne der Melancholie

Eminescu war ein Traumsüchtiger. Sein Werk ist voll von Träumen. Eine Herde von Träumen. Traum an Traum und Traum in Traum. Die Welt und die Wesen, die sie bevölkern, sind nur Traumgebilde Gottes. Eminescus Mensch ist „der Traum eines Schattens und der Schatten eines Traums", der durch „das trügerische Universum" zieht, das selbst ein „Traum des Nichts" ist. Die Existenz – ein perverses Spiel der sinnlichen und geistigen Halluzinationen, „ein herber Traum".

„Das Leben ist ein See aus rebellischen Träumen."

Das Dasein? Ist sinnlos, ist traurige Lüge;
Denn Auge und Ohr ist drauf aus, wie's betrüge;
Heut ist Offenbarung, was morgen nur Schaum.
Weit besser das Nichts als ein sinnloser Traum.

Verkörperte Träume auf Jagd hinter Träumen,
In Gräbern verschwindend, die alles umsäumen,
Wie töt ich mein Denken? Womit? Gebt mir Rat:
Mit Lachen? Mit Fluchen? Mit Weinen? Mit Tat?

(Mortua est!, 1871) (EMINESCU 2000: 21)

„Ein Schwarm aus Träumen", schrieb Călinescu (*Opera lui M. Eminescu*, 1934), der versuchte, Eminescus „Beschwörung", die „berauschende Kraft" seiner Verse mit der „Fähigkeit des Dichters zu schlummern" und zu träumen zu erklären (GANĂ 2002: 291). Rauschmittel kommen in Eminescus Texten vor. Manche Elemente werden genannt oder nur suggeriert. „Lorbeerwald", „lunci de dafin", der Flug des Prinzen zwischen den Sternen, nachdem er aus dem „Glas des Schlafes" getrunken hatte, „der einschläfernde Nektar des Orients", „Toma [Nour] sitzt auf dem Bett und raucht in langen Zügen aus dem langen Ciubuc", „sein Körper bebte vor Vergnügen, nachdem er alten Wein aus der durchsichtigen Karaffe getrunken hatte" etc. Bei Eminescu bringt der Wind aphrodisierende Düfte, und Lindenblüten sind beruhigen, einschläfernd, traumanregend:

Wenn wir schlafen, Lindenblüten
Werden auf uns niederschneien,
Und im Traum von Schäferhütten
Hören wir ihre Schalmeien.

(*Povestea Codrului/Waldmärchen*,
Übers. v. Konrad RICHTER,
EMINESCU 2000: 45)

Oder in der Version von Carmen Sylva:

Der wird uns, zu sanftem Schlafe,
Unter Blüten ganz verschneien,
In den Traum klingt uns das Alphorn
Von den fernen Sennereien.

(*Povestea Codrului/Des Waldes Märchen*,
Übers. v. Carmen SYLVA,
EMINESCU 1989: 22)

während „berauschendes Gras" – wie es Călinescu nennt – Halluzinationen auslöst:

Wenn das hohe Gras im Wind schwankt
Wenn die Welle rauschend flieht,
Bring ich dich dazu, zu horchen,
Wie der Hirsche Rudel zieht;

(*O, rămâi/Bleibe hier*,
Übers. v. Konrad RICHTER,
EMINESCU 2000: 55)

Für Titu Maiorescu konnte man die „Neuropathie" des Dichters, die er vererbt bekommen hatte, in absteigender Linie verfolgen: „Der Grund dafür, dass Eminescu verrückt geworden ist, ist ihm angeboren", schrieb Maiorescu 1889, direkt nach dem Tod des Dichters. Mit anderen Worten, nicht sein unstetes Leben, der Missbrauch von Rauschmitteln, Entkräftung, Kraftlosigkeit, Schlaflosigkeit führten zum Wahnsinn, wie Einige behaupten, sondern umgekehrt.

Auch zu Lebzeiten machte sein Lebensstil den Freunden Angst. Sein Leben war nicht geordnet; häufig ernährte er sich von Rauschmitteln: Er rauchte zu viel und trank Kaffee, verbrachte die Nächte mit Lesen und Schreiben, ganze Tage lang aß er nichts und dann aß er nach Mitternacht wahllos und maßlos; so war Eminescus Leben. Es ist nicht dieses Leben, das zu seinem Wahnsinn geführt hat, sondern die Saat des Wahnsinns, mit der er geboren wurde, verursachte dieses Leben (MAIORESCU 1996: 113–114).

Ende Juni 1883 erlitt Mihai Eminescu den bekannten Nervenzusammenbruch. In der Juliausgabe der Zeitschrift *Literatorul* beeilte sich Alexandru Macedonski dieses unglückliche Epigramm zu veröffentlichen:

X..., ein eingebildeter Dichter
Nahm den jämmerlichsten Weg
Ich würde ihn beweinen, wenn im Irrenhaus
Sein Schicksal nicht besser wäre
Denn bis gestern war er verwirrt
Und heute ist er nur verrückt.

Es war eine dumme Provokation von Macedonski, die in der rumänischen Gesellschaft einen immensen Skandal auslöste. „Das Erscheinen des Epigramms", kommentierte Iulian Costache völlig zu Recht, „führte zu einer Veränderung in der Presse. Von einer Abkehr von Eminescu ging sie über zu einer Abkehr von Macedonski" (COSTACHE 2008: 196).

Im Herbst des Jahres 1883 kam Eminescu in das Bukarester Sanatorium „Caritas", in der Str. Plantelor Nr. 9. Es war die erste Spezialklinik für Geisteskrankheiten in Bukarest, gegründet 1877 von Alexandru Șuțu. Hier behandelte Dr. Șuțu den Dichter, schrieb Călinescu – „mit Chloral[hydrat] und Morphium". Das waren wirklich die Mittel, die den Geisteskranken nach den Aussagen von George Miletciu am Ende des 19. Jahrhunderts verabreicht wurden: „Brom[ide], Morphiumspritze, Chloralhydrat" (MILETCIU 1895). „Unter dem

Einfluss des Giftes in seinem Blut im Delirium, überlässt sich Eminescu den Halluzinationen seines Geistes."

Das relativ neu erfundene Chloralhydrat wird in der zweiten Hälfte des 19. Jahrhunderts als Schmerz-, Schlaf- und Beruhigungsmittel verwendet – wie auch bereits bei der Königin Carmen Sylva. Da man die psychotropen Eigenschaften des Chloralhydrats nicht genau kannte, verschrieb man es falsch und für zu lange Anwendungsphasen. Es bewirkt eine hohe Abhängigkeit und hatte negative Auswirkungen auf die Psyche. Friedrich Nietzsche war ein bekanntes Opfer der falschen Anwendung von Chloralhydrat, aber nicht das einzige. Antonin Artaud brachte sich 1948 im psychiatrischen Sanatorium, wo er mit Chloralhydrat behandelt wurde, um, indem er eine tödliche Dosis einnahm. Der britische Historiker Robert Hines-Davenport stellte eine kurze Liste der Intellektuellen zusammen, die unter der Behandlung mit Chloralhydrat gelitten hatten.

Friedrich Nietzsches Wahnsinn wurde verstärkt, Dante Gabriel Rossetti und Evelyn Waugh bekamen paranoide Halluzinationen und André Gide zerstörte es das Gedächtnis. Ein Freund von Rossetti erinnert sich an einen Versuch Rossettis, auf Chloral zu verzichten: „schwache Stimme, eindringlich bitter, schmerzhafter Ton, erschöpfter Körper und ein Gehirn, das darum bittet ins Unbewusstsein zu fallen" (DAVENPORT 2004).

Im November 1883 wurde Eminescu in die Privatheilanstalt für Nerven-, Gemüts- und Geisteskranke in Oberdöbling bei Wien gebracht, die von Dr. Heinrich Obersteiner, einem Freund von Sigmund Freud, geleitet wurde. Der rumänische Dichter blieb ein halbes Jahr bis zum Frühjahr 1884 in dieser Anstalt. Wahrscheinlich wurde er in Wien mit den gleichen psychotropen Substanzen behandelt wie in der Bukarester Klinik bei Dr. Șuțu. Die Psychoanalyse als diagnostische und therapeutische Methode war noch nicht geboren. Im Juni 1885, ein Jahr, nachdem Eminescu die Anstalt verlassen hatte, begann der junge Arzt Sigmund Freud, genau in diesem Sanatorium zu arbeiten. Er war damals 29 Jahre alt. In einem Brief vom 8. Juni 1885 an seine Freundin Martha Bernays beschwert sich Freud darüber, dass die Geisteskranken im Sanatorium nicht mit psychiatrischen Methoden, sondern nur mit Medikamenten und chirurgischen Eingriffen behandelt werden. „Die medizinische Behandlung ist eingeschränkt", schrieb Freud. „Sie beinhaltet nur innere oder chirurgische

Behandlung, ansonsten besteht alles aus Überwachen, Pflegen und Essen, und die Kranken sind sich selbst überlassen" (FILIPCIUC 2009: 30).

Leider erwähnte Freud in seinem Brief nicht, welche „innere Behandlung" in Oberdöbling erfolgte. Wir wissen nur, dass in diesen Jahren Morphium verwendet wurde und dass sowohl Heinrich Obersteiner (bis 1886) als auch Sigmund Freud (bis 1887) enthusiastisch waren in Bezug auf die „wundersame" Wirkung von injizierbarem Kokain auf Neurasthenie und schwere psychische Depression.[41] Freud behandelte von 1883–1884 seine eigenen Depressionen mit Kokain: „Ich erwarte, dass [diese Substanz] ihren Platz findet in der psychiatrischen Therapie, neben Morphium und sogar über ihm. [...] ich nehme sehr kleine Dosen ein gegen Depressionen [...] mit dem strahlendstem Ergebnis", oder: „Bei der letzten Depression habe ich erneut Kokain genommen und eine kleine Dosis hat mich auf wunderbare Art in die Höhe gezogen. Ich bin gerade damit beschäftigt, eine Bibliographie zusammenzustellen, um eine Ode an diese magische Substanz zu schreiben" (FĂTU-TUTOVEANU 2010: 272). Die „Ode", die Freud meinte, wurde seiner Zeit eine bedeutende Studie *Über Coca* (1884).

Ioan Slavici sprach kurz bevor er starb über die Legende vom Alkoholmissbrauch Eminescus.

Bevor er so schrecklich krank wurde, kann ich nicht wiederholen, was man über ihn sagt, dass er ein starker Alkoholtrinker gewesen sei [...]. Als er die erste Attacke der Krankheit überstanden hatte [1884], kann es schon sein, dass manche Leute, die mehr an ihr eigenes Vergnügen dachten als an die Gesundheit des Dichters, ihn durch verschiedene Lokale gezogen haben und hofften, er spreche unter der Wirkung des Alkohols (ADERCA 1929: 307–308).

Im Frühjahr 1889, nach fast fünf Jahren psychischer Qualen und Aufenthalten in verschiedenen Irrenanstalten, kam Eminescu wieder in das Bukarester Sanatorium „Caritas", wo er vom selben Doktor Şuţu wahrscheinlich mit den gleichen Mitteln behandelt wurde. Er starb drei Monate später, nachdem „der

---

41 Ein alter ego Sigmund Freuds mit dem Namen Dr. Sigmund Froide taucht in Ecos *Ein Friedhof in Prag* auf. Froide hatte von 1885–1886 in Paris beim bedeutenden Neurologen Jean-Martin Charcot gelernt und lobte nun die psychiatrichen Effekte des Kokains, das er einnimmt, um seine Melancholie zu heilen.

Dichter ein paar Monate dementes Träumen und paradiesische Visionen erlebt hatte, die einzigen Momente wahren Glücks in seinem aufgewühlten Leben" (CĂLINESCU 1986: 293–294, 319). Călinescu deutet an, dass Eminescu bestimmte Schlafmittel verabreicht worden seien.

Es wäre interessant zu erfahren, welche psychiatrischen Mittel Alexandru Şuţu bei Eminescu verwendet hat, neben Morphium und Chloralhydrat, das Călinescu bereits erwähnte. In einer geschichtlichen Betrachtung der psychiatrischen Behandlung in Rumänien, *Soarta alienaţilor din vechime şi până azi* ([Das Schicksal Verrückter vom Altertum bis heute], 1895), schrieb George Miletciu, Direktor des Hospiz in Craiova, dass im 19. Jahrhundert, in der Pionierzeit der rumänischen Psychiatrie, Geisteskranke „mit Haschisch und starken Dosen Opium ruhig gestellt wurden" (TOMA & MAJURU 2006). Ich teile nicht die Meinung der Forscherin Constanţa Vintilă-Ghiţulescu, dass um das Jahr 1800 „die Rezepte für Heilmittel, die es so zahlreich gab und die von einer Generation zur nächsten weitergegeben wurden" im rumänischen Raum, „keinerlei Mittel gegen Wahnsinn vorsahen" (VINTILĂ-GHIŢULESCU 2009). Der Psychiater Alexandru Şuţu verwendete auch Rauschmittel für die Behandlung Geisteskranker. In einer Studie von 1869 zur Behandlung geistiger Krankheiten zählte Şuţu folgende psychotrope Mittel auf – mit seinen Worten „Medikamente, die sich auf das Gehirnorgan auswirken": Morphium(spritzen), Belladonna (Tollkirsche), *Datura stramonium* (Stechapfel), Chloroform und „bevorzugt Opium".

Dr. Şuţu verwendete nebenanderen psychotropen Pflanzen auch Tollkirsche. Das ist nicht verwunderlich. Die Tollkirsche war Teil der Pharmazeutik der „romantischen Mediziner". Um 1810 hielt Samuel Hahnemann, der Erfinder der Homöopathie und Gast bei Samuel von Brukenthal in Sibiu, die Tollkirsche für eine Pflanze voller therapeutischer Kräfte und ließ sich von den Werken des Paracelsus und B. van Helmont (FURET 2000: 178) inspirieren. Hildegard von Bingen war im 12. Jahrhundert der Auffassung, dass die Alraune Melancholie heilt (*Physica* 1, 56). Im Grunde müssten wir auf die antike Medizin, zu Plinius dem Älteren zurückgehen, der Alraune (in Wein) empfahl als Mittel, um die „schwarze Galle" (Melancholie) zu behandeln (*Naturalis Historia* XXV, 150). Wie wir gesehen haben, verwendete Alexandru Şuţu als psychiatrisches Mittel „bevorzugt Opium", mit dem er „wahre Erfolge" vor allem bei krankhafter Melancholie erreicht hatte. Es war keine große Entdeckung. Bereits Paracelsus empfahl Opium (*laudanum paracelsi*) als Mittel gegen die Krankheit Melancholie. Aber sogar in den Rumänischen Fürstentümern, wie uns ein Manuskript aus dem 18. Jahrhundert versichert, waren Opiate dafür gelobt worden, Melancholie und „Phantasie und Verwirrung der Gedanken" zu heilen (Mss. BAR nr. 3083, von 1766). Zu Beginn desselben Jahrhunderts verwendete Dimitrie Cantemir eine ähnliche Sprache, um Melancholie zu definieren: „Krankheiten des schlechten Wollens, Leidenschaft zum Traurigsein", Wahnsinn: „Verfinsterung des Geistes" und Hypochondrie. „die Krankheit, die die Phantasie verrückt macht" (*Istoria ieroglifică* [Hieroglyphische Geschichte], 1703–1705).

Wahrscheinlich aufgelöst in Alkohol war Opium (Laudanum, auf Rumänisch: „spirt de afion") das Lieblingsmittel des Dr. Şuţu, und zwar in ständig steigender Dosis „bis zu 6–10 Gramm am Tag" oder sogar „bis zu 10–12 Gramm pro Tag", wie er selbst notierte. „Diese Substanz scheint eine besondere Wirkung bei Melancholie zu haben; sie stärkt das Nervensystem und verkleinert die morbide Empfindsamkeit. Ich verschrieb diese Substanz am ersten Tag mit einem Viertel Gramm, ansteigend pro Tag bis zu 6–10 Gramm am Tag. Ich hatte mehrmals Gelegenheit, wahre Erfolge zu verzeichnen" (*Tratamentul alienaţiunii mintale* [Behandlung geistiger Störungen] 1869; TOMA & MAJURU 2006: 98–99). Doktor Şuţu schrieb dies vierzehn Jahre vor Ausbruch der psychischen Krise bei Mihai Eminescu.

Wichtig ist die Tatsache, dass Eminescu den Doktor Şuţu nicht erst am Tag, als es zu der Krise kam, am 28. Juni 1883, aufsuchte. „Aus den privaten Aufzeichnungen des Dichters geht hervor, dass er Dr. Şuţu vor der Krise im Juni 1883 frequentierte" (GREGORI 2008: 277). Tatsächlich besuchte Eminescu Alexandru Şuţu, damit dieser ihm verschiedene Beruhigungsmittel verschrieb. Eine persönliche Notiz Eminescus im Frühjahr 1883 bestätigt einen der Besuche Eminescus beim Psychiater: „Bei Dr. Şuţu, damit er mir Beruhigungsmittel gibt, 10 Fr[anken]" (EMINESCU 1993: 390).

Welches Beruhigungsmittel wird Eminescu wohl bei Dr. Şuţu für 10 Franken – eine bemerkenswerte Summe zu jener Zeit – gekauft haben? Der Dichter besuchte den Psychiater, um seine Melancholie zu behandeln, wahrscheinlich mit einem Opiat oder einem anderen psychotropen Mittel. Für Robert Hines-Davenport war Opium ein „viktorianisches Äquivalent zu den Antidepressiva der Moderne" (HINES-DAVENPORT 2004: 192–193). Nach ungefähr einem Jahrhundert vergleicht Arşavir Acterian in seinem Tagebuch, als er über Morphiumsucht spricht, Emil Botta mit Mihai Eminescu: „Verzweifelt und von Leiden zermürbt, fast entstellt und fast wahnsinnig, betäubt sich Botta wie

Eminescu, wenn er sich vom Unglück umgezingelt fühlt" (ACTERIAN 2008: 367).

Der Psychiater Ion Nica, der Neuropathologe Ovidiu Vuia und andere Spzialisten, die Eminescus Leben untersucht haben, geben eine dunkle Diagnose ab: Manisch-depressive Psychose (Bipolare Störung) (NICA 1972; VUIA 1996). Die Romantiker gaben dieser schrecklichen Krankheit einen etwas zarteren und in jedem Fall besser klingenden Namen: *Melancholie.* Eminescu diagnostizierte selbst Melancholie an sich in einem Gedicht von 1876, ein paar Jahre vor der eigentlichen psychischen Krise:

Doch ich bin melancholisch
Und weiß nicht, was zu sagen.
Das dunkele Geheimnis
Kann ich zum Spaß nicht tragen.

(*Tu cei o curtenire/Du, Eroberung,* 1876; m.Ü.)

Manchmal gelang es dem Dichter, die Depression kreativ umzusetzen:

Doch die Grillen und die Mäuse
Brachten dann mit leichtem Gang
Mir die ganze Trauer wieder,
Und die Trauer ward Gesang.

(*Singurătate/Einsamkeit,*
Übers. v. Carmen SYLVA,
EMINESCU 1989: 23)

In anderen Momenten war er vollkommen eingenommen von der Finsternis der „schwarzen Sonne der Melancholie" (in der Formulierung Gérard de Nervals). 1976 schreibt er auch das Gedicht mit dem Titel *Melancholie,* in dem er alle Symptome der Krankheit an sich erkennt.

In müden Hirnen suche ich nach meiner Welt vergebens,
Denn eine Grille zirpt darin herbstheiser, satt des Lebens.
Am leeren Herzen tastet umsonst die Hand und zagt,
Es pocht noch wie der Holzwurm, der leis' im Sarge nagt.

(*Melancolie/Melancholie*,
Übers. v. Konrad RICHTER
EMINESCU 2000: 33)

Im müden Hirn vergebens such ich der Welten Fülle:
Gespenst des Herbstes, heiser, spukt traumend eine Grille;
Und meine Hand vergebens sucht leeren Herzens Schlag:
Es tickt, wie leis im Sarge der Holzwurm ticken mag.

(*Melancolie/Melancholie*,
Übers. v. Ewald Ruprecht KORN
EMINESCU 1999: 55)

Als das Gedicht bei der „Junimea" vorgelesen wurde, löste es heftige Emotionen aus. „Es ist wirklich eine Art Wahnsinn in dieser ganzen schwarzen Vision [im Gedicht]", schrieb Titu Maiorescu an Mite Kremnitz, „aber es ist ein geistvoller Wahnsinn" (GANĂ 2002: 31).

Die Symbolisten – von Macedonski bis Minulescu

Alexandru Macedonski: „Vis de opium" (Opiumtraum)

Mihai Zamfir zeigte auf, dass manche Tabus der rumänischen Literatur mit dem Werk Alexandru Macedonskis gefallen sein, der die literarischen Entwicklungen des 20. Jahrhunderts antizipierte: „Macedonski sah eine neue Ethik der Literatur voraus und beschrieb ungezügelte Sexszenen (z.B. in *Idile brutale* [Brutale Idyllen] und *Thalassa*), die man sich vorher nicht hätte vorstellen können in der Literatur, er verfasste vor allem einen Lobgesang an den menschlichen Körper. Er war angezogen von der Schönheit junger Männer und erlaubte sich, der erste rumänische Schriftsteller zu sein, der als

Lobredner männlicher Homosexualität auftrat (es ist sehr wahrscheinlich, dass sie in der Gruppe *Literatorului* auch praktiziert wurde, wie einige Zeugen berichten). Er outete sich sogar diskret im Gedicht *Lui Catato Pol* (ZAMFIR 2009: 16–18).

Mihai Zamfir hat Recht, aber nennt nur die sexuellen Tabus und lässt dabei andere literarische Tabus aus, die Macedonski sprengte. Der symbolistische Dichter war der erste, der offen Literatur über Rauschmittel oder mit Rauschmittel geschriebene Literatur schrieb. Adrian Marino ist der Auffassung, dass er „die Literatur der Betäubungsmittel als künstlerischen Prozess romantischer Art" in Rumänien begründete. Macedonski war beeinflusst von Théophile Gautier (*La pipe d'opium*, 1838; *Le hachich*, 1843; *Le Club des hachichins*, 1846) und von Charles Baudelaire (*Du vin et du hachich*, 1851; *Les Paradis artificiels*, 1860). In einer Novelle, die er 1875, also als junger Mann, schrieb, beschreibt er einen „Jungen mit blassem Gesicht", der „in der Welt der Haschischträume" schwelgt, nachdem er „eine leicht vergoldete Haschischpille" genommen hatte, die er sorgfältig in „einer kleinen Bonbonniere aus ziseliertem Silber" aufbewahrte (MACEDONSKI 1973: 311, 630). Sehr wahrscheinlich ist der Junge in der Novelle *Visele hașișului* [Haschischträume] ein *alter ego* Macedonskis. Die Figur und Macedonski selbst sahen gleich aus und waren gleichaltrig (22 Jahre).

Wie war Macedonski in so jungem Alter auf die Einnahme von Drogen gekommen? Vielleicht bei seinen Reisen durch Europa (Österreich, Schweiz und Italien) von 1870–1873, wo er, wie er selbst berichtet, lasterhafte Jugendliche kennenlernte, die „nur in Orgien" lebten. Als Jugendlicher (sechzehn – neunzehn Jahre), versuchte er den Verführungen zu widerstehen: „Ich bin noch nicht einer wie die,/die sich Geld und Gesundheit ruinieren" (MARINO 1966: 98).

Es ist ein episch und ethisch bekanntes Motiv, das er in der Zeit (und wesentlich expressiver auch Mihai Eminescu) poetisch umsetzte, wenn er sich über „korrupte junge Leute" mit „verwirrtem Geist", „schmutzigem Blut" und „bewusstlosem Sinn"und über Jugendliche mit „betäubter Leidenschaft", „von der Orgie getötet" und „verbrannt in der Trunkenheit" beschwerte (*Junii corupți* [Die jungen Korrupten] 1869).

„Macedonski experimentierte – literarisch – sehr früh mit künstlich erzeugten Rauschzuständen" (MARINO 1967: 180). Opium war für ihn kein einfaches Euphorikum oder Stimulans der Vorstellungskraft, sondern Rückzug aus dem

Realen und ein Refugium im Sinne eines „künstlichen Paradieses", im Schlaf und im Vergessen. Schlüsselbegriffe bei Macedonski sind „Opiumtraum" und „das Opium des Vergessens":

Und über mein Gesicht im Schatten
Zieht wie ein Traum von Opium
Aus dem kalten Licht des Spiegels.

(*Rondelul oglindei*/Spiegelrondell 1919; m.Ü.)

Macedonski suchte nach Originalität mit Tendenz zum Exotismus und entdeckte den euphorischen Wert der Betäubungsmittel relativ spät über die französische, vor allem aber der parnassischen, mit japanischen Einflüssen. Das *Rondelul opiumului* [Opiumrondell] ist für Adrian Marino ein Moment der kulturellen Synchronisierung mit der europäischen Kultur: „Durch ihn eignet sich unsere Poesie eine europäische Attitude an" (MARINO 2010: 149). Im *Rondelul opiumului* wird Narkose mit dem Osten (China) in Verbindung gebracht und beschreibt in crescendo die erste Phase, in der sich der Opiumsüchtige langsam von der schmerzenden Welt ablöst, sich dann seine Gedanken und Gefühle beruhigen, bis er um Mitternacht in Halluzinationen und in der letzten Phase in völlige Amnesie fällt:

Kommt des Nachtens Mitte
Und ihn in des Rausches Segen hebt
Kommen die Halluzinationen
An die er dann vollkommen glaubt,
Wenn er das Opium des Vergessens raucht.

(*Rondelul opiumului*/Opiumrondell 1920; m. Ü.)

Macedonski beschrieb ekstatisch die lange Pfeife, die die rumänschen Bojaren verwendeten:

An das Tischchen gelehnt wartet der traditionelle Ciubuc aus Jasminholz,
mit einem kolossalen Mundstück aus Elfenbein, eingefasst in Gold und

umrandet mit Türkisen und Saphiren, wartet fast erloschen darauf, von Lippen widerbelebt zu werden, damit er den Raum mit blauem Dunst erfüllen kann (CĂLINESCU 1986: 528).

Zeugen berichten, dass auch er zu Hause ein orientalisches Mundstück verwendete, aus Ebenholz mit Perlmutt: „Macedonski rauchte viel – und keine gewöhnlichen Zigaretten. Er hatte ein längeres, dickeres Mundsstück mit Perlmutt und Ebenholz für seine Zigaretten, ein spezielles Mundstück aus dem Orient, das man dort „imoma" nennt". Jedenfalls alle, die beschrieben, wie er rauchte, betonten die „Unersättlichkeit" und „Sinnlichkeit", mit der er den Rauch einatmete. Dumitru Teleor zum Beispiel beschrieb, dass der junge Macedonski viele seiner Gedichte im berühmten Bukarester Café Fialkowski schrieb, und „mit Unersättlichkeit an dem historischen Mundstück aus gelbem Elfenbein zog", von dem der Dichter behauptete, es habe einem polnischen König gehört (POTRA 1990).

Es bleibt die Frage, welche Substanz Macedonski rauchte. Tabak? Opium? Haschisch? Tabak gemischt mit Opium oder Haschisch? Einer seiner Schüler, der symbolistische Dichter D. Karnabatt, sprach über das „göttliche Narkotikum", ohne es zu nennen: „[Macedonski] rauchte viel, sehr viel, und zog das göttliche Narkotikum tief ein, unersättlich, während sein benebelter Blick sich in den durchsichtigen Wolken aus blauem Rauch verlor, die ihn umgaben. Wenn er rauchte, wirkte er wie ein Pascha-Dichter, verträumt und sinnlich, aus *Tausendundeiner Nacht"* (MARINO 1966: 343). Die Freundschaft Macedonskis zum Opium-aphinen Alexandru Bogdan-Pitești, selbst Mäzen und symbolistischer Dichter, darf nicht vergessen werden. Er hat seinen Gedichtband *Bronzes*, der 1897 in Paris auf Französisch erschien, finanziert und ein Vorwort geschrieben.

Nach langer Zeit in kommunistischen Gefängnissen veröffentlichte Adrian Marino zwei grundlegende Bände über den symbolistischen Dichter: *Viața lui Alexandru Macedonski* ([Das Leben Alexandru Macedonskis], 1966) und *Opera lui Alexandru Macedonski* ([Das Werk Alexandru Macedonskis], 1967). Im Mai 1968 las Mircea Eliade in Chicago mit großem Interesse die „exzellente Biographie Macedonskis von A. Marino" (ELIADE 1993c: 589). Der Literaturhistoriker hatte zwei Arbeiten zu Macedonski wieder aufgegriffen, die unveröffentlicht geblieben waren und die er geschrieben hatte, als er Assistent bei Călinescu am Lehrstuhl für Rumänische Literaturgeschichte der Universität

Bukarest gewesen war. Das Vorbild – nämlich Călinescus *Viața lui Mihai Eminescu* und *Opera lui Mihai Eminescu* [Leben bzw. Werk Mihai Eminescus] – ist offensichtlich.

Von 1966–1967 gab es eine kurze Phase der „Liberalisierung" der kommunistischen Regierung in Rumänien. Und dennoch fiel es Adrian Marino in dieser Zeit schwer, offen über das Verhältnis des Dichters zu Drogen zu schreiben. Das Thema war tabu. Das Kapitel, in dem es um dieses Thema hätte gehen müssen, nennt er *Vise și „stupefiante"* [Träume und „Rauschmittel"], wobei er Rauschmittel in Anführungszeichen setzt. Und er spricht verklausuliert über „künstliche Rauschempfindungen" und fügt vorsichtig hinzu, es habe sich nur um „literarische Experimente" gehandelt und nicht um tatsächliche (MARINO 1967: 161, 180). Mit anderen Worten, ist die „Literatur der Rauschmittel" bei Macedonski nur ein „künstlerischer Prozess romantischer Prägung" (MACEDONSKI 1973: 630).

Dennoch gelingt es Marino an zwei Stellen, die untergehen in einem Dickicht aus Euphemismen, die Dinge beim Namen zu nennen:

Aus dieser Richtung [Théophile Gautier, Charles Baudelaire] kommen alle Anregungen, Traum auf künstlichem Weg zu kultivieren und zu intensivieren. Was dazu führt, dass er nicht nur indirekt, sondern ganz konkret die Poesie der Rauschmittel für die rumänische Literatur entdeckt, wo sie bis dato unbekannt war.

Oder eine andere Passage bei Marino:

So überwältigend und stark empfindet Macedonski das Bedürfnis zu vergessen, dass er zu extremen, radikalen, ekstatischen und künstlichen Mitteln greift. So entdeckt der Dichter – effektiv – die „Trunkenheit" der Rauschmittel, die schwere, betäubende Träume auslösen und die Macedonski als Befreiung empfindet (MARINO 1967: 176, 179).

Marinos Mut, über dieses von der Zensur tabuisierte und von der „proletarischen Moral" verurteilte Thema zu sprechen, ist bemerkenswert. Es ist bewundernswert, dass Marino in den Jahren 1966–1967 unter dem Druck der kommunistischen Zensur und der post-proletkultistischen Scham versucht hat, mal offen, mal verklausuliert, über Macedonskis Hang zu Rauschmitteln zu schreiben. Und das bereits zwei Jahre, nachdem er aus kommunistischer Gefangenschaft frei gekommen war.

Im Grunde nahm Marino manche Ideen eines Artikels wieder auf, den er in seiner Jugend über die „Poezia stupefiantelor" [Poesie der Rauschmittel] (*Vremea*, 30 ianuarie 1944) geschrieben hatte. Es ist eine der sehr wenigen Arbeiten, die versucht, die „Literatur der Rauschmittel" in der westlichen Kultur (Frankreich und England), aber auch die Einflüsse, die es auf die rumänische Literatur gab, darzustellen.

Unsere Zivilisation kann noch kein Umfeld schaffen für diese Literatur – es fehlt noch an städtischer Agglomeration mit dem entsprechenden Verfall und auch das kosmopolitische Umfeld […]. In der rumänischen Literatur bleibt das Motiv isoliert. „Opiumsüchtige" sind eine Rarität. Daniel Scavinski hat keine lesbaren Nachfolger gefunden bis Macedonski und danach, bis auf Odobescu, der durch einen Unfall opiumsüchtig geworden ist wie Quincey (MARINO 1944: 149–150).

In gewisser Weise steht das vorliegende Buch in einer polemischen Position gegenüber manchen der Ideen Marinos im Artikel von 1944.

Tabak – „ein poetisches Rauschmittel"

Macedonski lobt die „Ekstase" und die „Trunkenheit der Gedanken", die das Rauchen auslöst. „Nur wer im Delirium ist,/seufzt nicht mehr", schrieb er 1892, in einem Gedicht, dass nicht zufällig den Titel hat: *Porunci verlainiene* [Verlaines Gesetze]. Im Falle Macedonskis weiß man nicht, ob der Tabak, den er rauchte, mit Haschisch oder Opium gemischt war. „À Constantinople, en Algérie et même en France, quelques personnes fument du hachisch mêlé avec du tabac" (BAUDELAIRE 2000: 105). In der rumänischen Literatur gibt uns zum Beispiel Ionel Teodoreanu ein Rezept für Tabak, der mit Opium gemischt ist: „Ein wahrer Tabak *Cocktail* ist gekochter Tabak mit Honig, Sandelholz, Feige und Opium, süß wie Baklava, doppeldeutig, faul und mit klebrigem Nebel" (*La Medeleni*, 1924–1928).

Über die „giftige Pflanze" Tabak schreibt Macedonski:

In ihren blauen Wolken findet sich Vergessen
Als sei es neues Leben, als sei es leises Singen,
Ihr seltsames Aroma beraucht das Denken,
So kann, wer niemals raucht, ein ganzer Mensch nicht sein.

(Tutunul/Tabak 1884; m.Ü.)

Für Macedonski ist Tabak „so notwendig für jene die träumen und schreiben" (*Palatul fermecat* [Der verwunschene Palast], 1881; *În sunetul muzicii* [Im Klang der Musik], 1882). Tabak ist für Macedonski ein „poetisches Rauschmittel", wie sich Marino ausdrückt. Tatsächlich unterbricht Tabak nicht nur den Schmerz und verursacht Euphorie, sondern schafft auch einen poetischen Zustand:

Machen wir eine Zigarette
Und auch noch ein Gedicht
Auf dass sich Leid und Freud
In ihrem Rauch verliert

(În sunetul muzicii/Im Ton der Musik, 1882; m.Ü.)

Für einen anderen Symbolisten, Mircea Demetriade (*Renegatul*, 1893), ist Tabak, wie sich Călinescu ausdrückt, „ein Mittel, sich dem Realen zu entziehen" (CĂLINESCU 1986: 532):

Steige Duft
Aus der Wasserpfeife,
Mit dir Rauch
In meinen Geist

Tabak, Tabak, Tabak
Durch dich erkennen wir
Tabak, Tabak, Tabak
Den Weg zur Unsterblichkeit

Dein Rausch
Göttlicher Tabak
Zeigt mir
Ein reines Paradies

(*Renegatul*, m.Ü., DEMETRIADE 1893: 24)

Ein paar Jahrzehnte zuvor schrieb Vasile Alecsandri in einem Brief an Ion Ghica über die „poetische" Zigarre, denn sie ist nicht nur „ein erfreulicher Weggefährte", sondern führt auch auf imaginäre Reisen": „le cigare poétique, compagnon délicieux de la route".

1847 verfasste C.A. Rosetti eine wahre Hymne an den Tabak. Der Text heißt *Influența țigaretii asupra mea* [Der Einfluss der Zigarette auf mich] ist seinem Freund, dem Major Ioan Voinescu., gewidmet und erschien im Transformationsalphabet[42] im *Calendarul popular pentru anul 1848* [Volkskalender für das Jahr 1848], herausgegeben von Rosetti & Winterhalder, mit einer im Grunde kryptischen Unterschrift, die lediglich aus Initialen besteht: C.A.R. = C.A. Rosetti (ROSETTI 1848: 101–102). Ich glaube, dass das Gedicht nicht mehr veröffentlicht wurde seit der ersten Publikation, weshalb ich es hier vollständig wiedergebe:

Influența țigaretii asupra mea (Der Einfluss der Zigarette auf mich)

Imitation

1847 Aug. 13/1

Gewidmet Herrn Major

Wenn von der Welt mir müde der Glaube abhanden kommt
Und bei der Philosophie ich eilig Hilfe such
Vergängliche Ikone, die Zigarette hilft
Und in den Wolken, die andre zerstören, finde ich neues Leben.

---

42   In kyrillischer und lateinischer Schrift

Wenn mein tapferer Geist nach Improvisationen ruft
Und in leichten Liedern er sie zu geben weiß
Gibt ihm die Zigarette die Kraft ganz schnell zurück
Und nach ein paar Minuten sing ich
„plapăma mea"

[...]

C.A.R. = C.A. Rosetti (ROSETTI 1848: 101–102; m.Ü.).

Es gibt in diesem Gedicht literarische Motive, die typisch sind für die Romantik: „der Tabak aus Havanna" ist ein Rauschmittel, das die poetische Vorstellungskraft stimuliert und kräftigt und das im Geist des Dichters „fruchtbare Ikonen" schafft und ekstatische Visionen, auch zum Sieg im russisch-türkischen Krieg von 1829 (an dem auch rumänische Soldaten teilnahmen), der mit dem Frieden von Adrionopol beendet wurde. Die Zigarette als Bild der Frau, die man liebt, ist relativ neu. C.A. Rosetti verwendet hier anakreontische Metaphern, die die rumänischen Dichter am Ende des 18. und zu Beginn des 19. Jahrhunderts sehr liebten (OIŞTEANU 2005).

Vielleicht wurde Rosetti nicht nur von der Zigarette, sondern auch von einem anderen Dichter beeinflusst, vielleicht sogar von George Byron. Der Untertitel *Imitaţie* [Imitation] würde dafür sprechen. Rosetti hatte aus dem Englischen das dramatische Gedicht *Manfred* nur wenige Jahre zuvor, 1843, übersetzt. Mircea Anghelescu schreibt: „Rosetti identifiziert sich mit verdammten Figuren wie Manfred, der die Grenzen menschlicher Erfahrung ausreizt und schließlich in Hoffnungslosigkeit untergeht". C.A. Rosetti habe alle Eigenschaften einer romantischen Figur. Zu diesen zählt Mircea Anghelescu: „[Rosetti] durchquert lange depressive Phasen, von Entschlusslosigkeit, [...] er sucht nach ungewöhnlichen Erfahrungen, nimmt Drogen, ist unstet in der Liebe, [...] er kultiviert ein verdammtes, interessantes, byronähnliches Bild von sich" (ANGHELESCU 1988: 87).

Lord Byron, selbst großer Opium- und Tabakraucher und großer Laudanum-Konsument, verfasste, als er im osmanischen Griechenland war, auch Hymnen an den „überwältigenden Tabak". „Divine in hookas, glorious in a pipe", aber „yet thy true lovers more admire by far/Thy naked beauties – Give me a cigar!" (*Island Canto 2*, 1823).

In der ersten Hälfte des 19. Jahrhunderts gingen die Rumänen von der Wasserpfeife und dem Ciubuc, die nur noch Altmodische verwendeten, über zur „luleaua neamțului" (der Pfeife der Deutschen oder der „tragbaren Wasserpfeife", wie sie Cesar Bolliac nannte) oder, seltener, zum *trabuc* oder der *havană* (der Zigarre). Das Revolutionärste war der Übergang von Wasserpfeife und Ciubuc zur Zigarette, dem „Ciubuc aus Papier", die Caragiales Chirița „paffte wie ein Deutscher". In der zweiten Hälfte des 19. Jahrhunderts waren das noch selbstgedrehte Zigaretten. Auf einem Ball in Iași in der Mitte des 19. Jahrhunderts, in einem „Rauchersalon", „drehen Kavaliere ihre Zigaretten an einem Tisch, in dessen Mitte ein schönes Bronzegefäß voller türkischem Tabak steht", während „andere auf Diwanen liegen und mit den Augen dem bläulichen Rauch folgen, der in die Höhe steigt" (Vasile Alecsandri *Un salon din Iași* (Ein Salon in Iași), 1855) (ALECSANDRI 1974: 99).

Zigarette und Pfeife waren in jener Zeit die großen Entdeckungen der rumänischen Gesellschaft. Die Strophen, die Chirița in der moldauischen Provinz singt – „Die Menschheit ist eine Zigarette/die sich in Asche verwandelt! " – hatte auch Äquivalente, die in Bukarester Cafés ab Mitte des 19. Jahrhunderts zu hören waren:

Es lebe die tröstende Pfeife
Und mit der Zigarette, welch ein Vergnügen
sie geben in der Not uns das Vergessen
Eine Stunde des Glücks, bei ihnen finden wir sie

Brenn an die Zigarette, lass den Gedanken Lauf
geh zu fröhlichen Träumen,
der Rauch treibt altes Leiden in die Flucht
Die Welt erscheint dir, wie du sie magst

(*Dorul. Culegere de cânturi naționale și populare veche și nuoe* [Sehnsucht. Sammlung alter und neuer National- und Volkslieder], 1868)

Es ging nicht um eine formale Veränderung, eine Modeerscheinung, die einher ging mit dem Wechsel des kulturellen Vorbilds (vom türkisch-phanariotischen zum französisch-deutschen). Wasserpfeife und Ciubuc machten den Raucher bewegungsunfähig – er konnte nur im Schalwar türkisch auf dem Diwan sitzen. Natürlich bedeutete der Wechsel in der Mitte des 19. Jahrhunderts von der Narghilea und dem Ciubuc zur Pfeife („tragbare Narghilea") und zur Zigarre/Zigarette („Ciubic aus Papier") gleichzeitig den Wechsel von der „statischen orientalischen Lebensweise" zur „westlichen Beweglichkeit", wie Tudor Vianu schreibt. Er bedeutete auch eine „Demokratisierung des Rauchens":

Alle Welt heutzutage raucht,
Stößt Rauch aus der Nase, aus dem Hals
manche imitieren die Mode
Andere rauchen fürchterlich.

(*Chirița în provincie* [Chirița in der Provinz], 1852)

Der Wandel ging einher mit dem „revolutionären" Wechsel (Alecu Russo) von der „weichen", „weibischen" türkischen Bekleidung (Eugen Lovinescu), die zum Faulsein und Nicht-Bewegen verführt, hin zu „deutschen Kleidern", die dafür gemacht sind, zu Beweglichkeit, Regsamkeit und Fleiß zu ermuntern. Es war eine grundsätzliche Veränderung, eine Veränderung der Mentalität und der Lebensweise. Es gab dabei asynchrone Momente voller Unruhe und mit einer gewissen Komik. Der siebenbürgische Maler Barabás Miclós, der sich zwischen 1831 und 1833 in Bukarest aufhielt, beschrieb beispielsweise eine skurrile Szene, die er im Hause des Bojaren Ioan Cantacuzino erlebte: In einem Haus mit europäischen Möbeln, saßen die „deutsch gekleideten" Bojaren „türkisch" auf dem Boden und rauchten Wasserpfeife und Ciubucs. „Ich konnte mir nur mit Mühe das Lachen verkneifen, als ich in [Cantacuzinos] Haus kam, wo ich ungefähr zehn Bojaren sah, die lange Ciubucs rauchten und dabei türkisch auf dem Boden neben den Stühlen saßen, aber mit Zylinder auf dem Kopf und den Frackschößen zerknittert auf dem Boden!" (IONESCU 2001: 111).

Viele rumänische Intellektuelle – Alecu Russo (*Studie moldovană* [Moldauische Studie], 1851), Eugen Lovinescu (*Istoria civilizației române moderne* [Geschichte der modernen rumänischen Zivilisation], 1924) und Tudor Vianu (*Introducere în știința culturii* [Einführung in die Wissenschaft der Kultur], 1931) u.a. – haben die Gewohnheiten der Rumänen mit den Mentalitäten ihrer Institutionen in Verbindung gebracht. Ich habe mich bereits an anderer Stelle mit diesem Thema auseinander gesetzt (OIȘTEANU 2006). Bis zum Beginn des 19. Jahrhunderts war die Kleidung der Bojaren orientalisch „so wie auch unsere Feiern und unsere Institutionen orientalisch waren", schrieb Tudor Vianu. Dann kam es zu einer „wunderbaren Veränderung", einem „raschen Übergang vom orientalischen Stil der Unbeweglichkeit zur Beweglichkeit und zum Fortschritt des Westens". Mit dem Wechsel der Institutionen und der Mentalitäten „wechselte auch die Kleidung der höheren Schichten, die Art der Feiern usw. Vom orientalischen Lebensstil wechselten wir entschlossen zum westlichen Lebensstil und von der alten Unbeweglichkeit zu einem lebhaften Rhythmus der Veränderung" (VIANU 1998: 659).

Für den westlichen Intellektuellen sahen die Dinge anders aus. Ernüchtert vom westlichen Lebensstil (den die jungen rumänischen Bonjouristen lobten und nachahmten), blickten Intellektuelle aus Paris, Berlin und London mit Bewunderung auf den orientalischen Lebensstil mit all den exotischen und pittoresken Elementen. Balzac zum Beispiel rauchte nicht gern Zigarre, weil nicht genug Abstand sei zwischen den Lippen und der Glut: „Fumer un cigare", sagte er, „c'est fumer du feu". Aus diesem Grund lobte Honoré de Balzac „le houka de l'Inde, ou le narguilé de la Perse". Er schätzte es, dass man mit diesem „appareil très élégant" nicht nur Tabak, sondern auch andere Kräuter rauchen kann: „on peut fumer plusieurs produits botaniques, tous plus divertissants les uns que les autres. [...] En fait de jouissances matérielles, les Orientaux nous sont décidément supérieurs", schließt Balzac in seinem *Traité des excitants modernes* von 1839 (BALZAC 1839: 139).

Ein großer Raucher in der rumänischen Literatur war B.P. Hasdeu. Er drehte seine Zigaretten selbst und „rauchte viel, rauchte enorm", erinnert sich Eugeniu Sperantia. „[Hasdeu] hatte immer eine große Dose Tabak zur Hand und darin war das ganze Assecoire: Blättchen, ein wenig Watte, die als Filter diente gegen das Nikotin, und auch eine kleine Schere, mit der man Überstehendes an beiden Seiten abschneiden konnte. Wenn die Zigarette fertig war, steckte er sie in seine Zigarettenspitze. [...] die Seite für den Mund war aus Elfenbein und die andere aus Meerschaum" (PÂRVULESCU 2005: 282). So aufmerksam Hasdeu bei der Herstellung seiner Zigaretten war, so nachlässig war er bei deren Resten. In seiner Wohnung in Bukarest, erinnert sich Dr. C.I. Istrati, „ließ er monatelang nicht sein Zimmer kehren, wo Asche, Zigarettenstummel, Streichhölzer und Spuckeflecken unbehelligt herrschten" (NĂSTASĂ 2010: 223).

Auch Garabet Ibrăileanu rauchte sehr viel, fast Zigarette an Zigarette. Er war Hypochonder, desinfizierte sich, wenn sich das Händeschütteln nicht vermeiden ließ, jedes Mal, nachdem er jemandem die Hand gegeben hatte mit Alkohol, umwickelte die Türklinken im Haus mit in Spiritus getränkter Watte und zündete zur Desinfektion auch das Ende der Zigarette an, das er in den Mund führte. Aus diesem Grund „hatte er kohlrabenschwarze, verbrannte Lippen" (NĂSTASĂ 2010: 428, 439).

Auch Eminescu war leidenschaftlicher Raucher und exzessiver Kaffeetrinker. Er „spielte den Türken" („Ehrlicher und verliebter Türke, Aga Emin", signierte er einen Brief an Veronica Micle vom 15. Dezember 1879, und rauchte und trank Kaffee „wie ein Türke"). Nach seinem Tod schrieb Maiorescu über sein „unstetes Leben" und darüber, dass er sich „häufig nur von Rausch- und Aufputschmitteln ernährte: Er konsumierte im Übermaß Tabak und Kaffee" (MAIORESCU 1996: 114). In seiner Studentenzeit in Wien (1869–1872) verbrauchte der Dichter sein weniges Geld, das er von Zuhause bekam, so Călinescu, zum Teil für Tabak und „cafeaua cu caimac" [türkischen Kaffee]. Kaffee war ein „delikates Lebensmittel", so Călinescu weiter, „das auf die Askese der Existenz des großen Dichters hinweist und ein berauschendes Aroma, einen Hauch von Orient verströmt". In Eminescus Zimmer war immer ein für Besucher schwer zu ertragender „Dunst", denn „der Rauch der Zigaretten vermischte sich mit dem Dampf des Kaffees und des Spiritus, der den Bewohner in Nebel hüllte" (CĂLINESCU 1986: 136–140).

„Wenn dann seine Kollegen zu ihm kamen", schrieb Theodor Ștefanelli, „trafen sie in seinem Zimmer auf verpestete Luft aus Zigarettenrauch, Spiritus- und Lampengeruch, die sie kaum atmen ließ, und Eminescu konnte man kaum ausmachen in den Rauchwolken". Eminescu begann den Tag auch im Bukarest der 1880er Jahre mit einer Tasse Kaffee, die er auf einem Spirituskocher zubereitete, wie sein Freund Moses Gaster schrieb (GASTER 1998: 197). Über die Kaffee- und Tabakexzesse Eminescus berichtet auch Ioan Slavici in seinen Memoiren (*Amintiri* [Erinnerungen], 1924).

Eminescus Figuren rauchen ebenfalls viel. Toma Nour raucht und träumt und lässt sich „von einer Welt in die andere treiben". „Toma steht träumend am Bett und raucht in tiefen Zügen aus einem langen Ciubuc und das Feuer in der Lulea-Pfeife brennt im Dunkel des Zimmers wie ein rotes Feuerauge, das in der Nacht leuchtet." Auch Tomas Freunde rauchen „in stinkenden Lulea-Pfeifen einen Tabak, der die Luft in der ohnehin winzigen Mansarde unerträglich machte" (*Geniu pustiu* [Das verlassene Genie], 1868). „Der Arme

Dionysos", ein *alter Ego* Eminescus als er Student in Berlin war, bietet „ein Königreich für eine Zigarette", eine mit Rauschmittel, mit dem er „die Wolken aus Schnee mit Wahnbildern" füllen kann" (*Cugetările sărmanului Dionis* [Gedanken des armen Dionysos], Berlin, 1872).

Selbstironisch sieht sich Eminescu in einem spielerisch-erotischen Gedicht, das er in Berlin um 1873 schrieb, eine lange Pfeife rauchen – eine Art Opfer an den „Vater Brahma".

Interessant ist, dass im rumänischen Volksmythos der Tabak ein „Kraut des Teufels" ist und mehr noch: eine Art „Weihrauch des Teufels". Die Pfeife oder die Lulea-Pfeife ist der „Weihrauchkessel des Teufels" – ein Opferaltar an die Götter des Tabaks, Pâca oder „Mama Dracului" [Mutter des Teufels]. Tabak wächst auf dem Grab des Teufels, ist das Gegenteil von Weihrauch, das auf dem Grab Jesus' wächst. „Lass uns sehen, Herr – provoziert ihn der Teufel –, wem die Welt mehr nachlaufen wird: dem Weihrauch oder dem Tabak" (PAMFILE 1916: 277–278).

Kommen wir zu Eminescus Gedichten zurück, zu einem „mit einem Hauch von blondem Haar", wie Titu Maiorescu schrieb (MAIORESCU 1996: 110): Mit der blonden Lilly im Zug von Berlin nach Potsdam mit einer Lulapfeife im Mund, Kümmel („Kümmel" im Original; Anm. JR) – ein glücklicher Tag ohne Sorgen:

Sagte Brahma, Vater Brahma,
Dass die Welt nichts andres sei
Als Verbrennen eines Opfers
In der ew'gen Räucherkapsel

Meine Pfeife brannt ich an,
Opfer an den Vater Brahma…
Neben mir ein Fläschchen Kümmel
Und ein Stück von der Salami

In den Zug hinein mit Eile
Und mit Hunger wie ein Bär
In den Zähnen die lange Pfeife
Unter'n Achseln Schopenhauer.

Nun bewegt sich die Maschine
Zart riecht Rauch aus meiner Pfeife
Und der Kümmel ist verlockend,
Milly lächelt. – Ach, was kümmert's!

(*Din Berlin la Potsdam*/Von Berlin nach Potsdam; m.Ü.)

Auch Iacob Negruzzi verwendete eine „Kaffeemaschine", die er 1863 gekauft hatte, als er Student in Berlin war. „Ich kann mir jetzt morgens einen Kaffee machen und bin wacher beim Arbeiten", schrieb er in sein Tagebuch. Während seiner Studienzeit in Berlin verwendete Iacob Negruzzi Tabak als Schlafmittel. Das Rauchen einer Zigarette war etwas Wichtiges, das er auch in seinem Tagebuch notierte (CĂLINESCU 1971: 177).

Tabakkonsum war zu jener Zeit nicht nur „Brauch alter Bojaren", sondern auch ein Brauch chassidischer Rabbiner in der Moldau. Für die Beweglichkeit des Rauchers war der Ciubuc durch Zigaretten und Schnupftabak ersetzt worden.

Solomon Schechter (1847–1915) war ein gelehrter Jude, Sohn eines strenggläubigen Rabbiners. Sein Vater war ein *chabadnik*, das heißt ein Mitglied der Chassiden Habad (der Name ist ein Akronym aus *Hochmah* = Weisheit, *Binah* = Verständnis und *Da'at* = Kenntnis). 1886 traf sich Moses Gaster in London mit Solomon Schechter, der „in seiner Jugend viele Jahre als chassidischer Rabbiner in Fălticeni verbracht hatte". Später machte letzterer eine verdienstvolle Karriere, wurde 1901 Vorsitzender des Rabbinerseminars in New York (*Jewish Theological Seminary*), das nach seinem Tod seinen Namen trug. In seinen Memoiren bestätigt ihm Gaster intellektuelle Fähigkeiten, zeichnet aber ein negatives Bild voller moralischer Laster und „komischer Gewohnheiten".

Unter anderem berichtete Moses Gaster, dass Solomon Schechter „schmutzige schwarze Kleidung" trug, „auf der überall Schnupftabakstaub- und Ascheflecken waren". Der „Staub" war mit Sicherheit Tabak, denn Kokain spritzte man sich zu jener Zeit (die Spritze mit hypodermischer Nadel war 1853 erfunden worden). Moses Gaster hatte auch zur Kenntnis gebracht, dass der junge Schlechter um 1870 trunken (wahrscheinlich von Alkohol) „wie andere Jugendliche mit Schuhen auf dem Tisch tanzte". Dort in der Bukowina, fährt Gaster fort, hatte Schechter „all diese besonderen Manieren gelernt, die mich in Bedrängnis brachten" (GASTER 1998: 107–108). Eigentlich waren es für einen chassidischen Juden jener Zeit in diesem Gebiet keine „sonderbaren Gewohnheiten". Er feierte die Omnipräsenz Gottes an den bescheidensten Orten und durch die profansten Handlungen, durch Tanz, Gesang, sexuelle Beziehungen, Schlaf, Essen und „den Konsum alkoholischer Getränke und anderer stimulierender Substanzen" (DUBNO 1998: 289).

Wie bereits erwähnt, rauchte Baal Schem Tov selbst Ciubuc mit Tabak, wie es in *Shivhei Ha-Besht* steht, einer Sammlung alter hagiographischer Sagen über den Begründer des Chassidismus. Er habe sich nie von seiner orientalischen Pfeife getrennt, die ein langes Rohr hatte, wie die phanariotischen Ciubucs, die damals die rumänischen Bojaren verwendeten. In einer Sage steht, dass Baal Schem Tov sich vor jedem Gebet eine Pfeife anzündete, „und der Rauch Begleiter der kabbalistischen Gebete war"(BUXBAUM 2006: 192). Hier hat das Rauchen eine in gewisser Weise „psychopompe" Rolle, denn es wird zum Träger der Seele von einer Welt in die andere. Auch Toma Nour bei Eminescu raucht „einen langen Ciubuc" und lässt sich auf den Flügeln eines ekstatischen Traums „von einer Welt in die andere" treiben (*Geniu pustiu* [Das verlassene Genie], 1868).

Bei der Frage zum Tabakgebrauch von Juden in der Moderne ist die Diskussion zwischen Theodor Herzl und Moses Gaster auf dem 2. Zionistenkongress in Basel 1898 interessant. In seiner Rede trat Gaster leidenschaftlich für die Wiedergeburt der jüdischen Kultur ein. Herzl war ein erklärter Assimilationist und war mit der Rede Gasters in London nicht einverstanden. „Ich würde sagen, Dr. Gaster, dass ich die Menschen gefragt habe: Was ist die ‚jüdische Kultur'? Und sie haben mir geantwortet: Wenn ein Jude am Schabbat über eine Straße in Lemberg oder Warschau geht und eine Zigarette raucht, das repräsentiert die ‚jüdische Kultur'." Ein Jude, der öffentlich am Schabbat raucht, war für Herzl das höchste Maß an Modernität, Assimilation und Abkehr von den judaischen Traditionen. „Nein", widersprach ihm Gaster, „wenn ein anderer Jude kommt, und ihm die Zigarette aus dem Mund reißt, das ist ‚jüdische Kultur'" (GASTER 1998: 224–225). Trotz ihrer Meinungsverschiedenheiten respektierten sich die beiden. Im Gegenteil, Gaster gab einem seiner Söhne den Namen des Gründers des Zionismus: Theodor Herzl Gaster – ein Sohn, der zum großen Teil die Studien zum Judentum und zur Religionsgeschichte seines Vaters weiterführte.

Viele Schriftsteller rauchen vor allem am Schreibtisch. Für Mircea Eliade war der Tabakrauch häufig der Auslöser von Träumereien und literarischer Inspiration: „Wenn mir etwas nicht gefällt", schreibt er am 23. Juli 1941 in sein Tagebuch, „höre ich auf zu schreiben, rauche, träume und dann schreibe ich weiter" (ELIADE 2006: 390). In einem wenig bekannten Text von 1890 beschrieb Lev Tolstoi Ähnliches. Wenn er nicht zufrieden war mit dem, was er schrieb, zerstörte er häufig das Manuskript, hörte auf, rauchte und schrieb danach mit größerer literarischer Inspiration weiter (THÉRY 1997: 165). In einem Essay von 1944 erhob der surrealistische Maler Victor Brauner den Tabak zum „Stimulans der Imagination" (NICOLAE 2004: 186). Cioran schwor sich häufig, nicht mehr zu rauchen, aber er stellte verzweifelt fest, dass er ohne dieses giftige stimulierende Mittel nicht schreiben konnte. „Ich kann nur mit Tabak vergiftet arbeiten. [...] das Gift, das Gift, das macht, dass ich arbeite" (CIORAN 1999: 193, 213).

Tabak wurde „vergöttert" (göttliches Rauschmittel) oder „verteufelt" (Kraut des Teufels) – seltener fand er sich „in der Mitte zwischen Schlecht und Gut". Außer beim Bogomilen Ion Barbz aus Giurgiu:

An irgendeiner türkischen Donau,
auf einer trockenen Tabakebene,
In der Mitte zwischen Schlecht und Gut.

(*Isarlik*, 1924)

Olfaktorischer Rausch oder „weiße Narkose"

Wegen der narkotischen Ausdünstung wurde davon abgeraten, in einem Zimmer zu schlafen, in dem Lilien stehen. In der Volksmedizin verwendete man Lilienblütenblätter als Analgetikum (gegen Kopf- und Augenschmerzen usw.), aber auch, wie Simeon Florea Marian versichert, „für Liebeszauber": „Mit dem Duft der süßen Lilie/Und der Sehnsucht nach deiner Brust" – oder:

Schöne mit schwarzen Augen
Gibst mir immer Lilien
holst mich aus dem Schauder
Ich weiß nicht, sollst Du mich erlösen
Oder tiefer führen (MARIAN 2000: 534–536).

Alexandru Macedonski berauschte sich am schweren Duft der Lilien. „Să mă-mbăt de dulci lumini,/De mirosul de pe crini" („mich zu berauschen am süßen Licht,/des Duftes der Lilien" (*Gândului* [Dem Gedanken], 1882). Nicht nur der Duft berauschte den Dichter mit hypersensiblen Sinnen, sondern auch Farben („süßes Licht"). Zur Synästhesie bei Macedonski siehe Kapitel „Gelehrte. Narkotisch-psychiatrische Experimente". Selbst wenn diese Ekstase nicht von einer Droge im engeren Sinne ausgelöst ist, sondern vom Geruch einer einfachen Blume, beschreibt der Dichter die Reise im Rausch auf klassische Weise:

In toten Zeiten, berauschten sie mich,
Als sie zart waren und frühlingshaft,
In sich zogen sie mich, ekstatisch,
Und auf ihren Flügeln trugen sie mich.
In den Lilien liegt der seltene Rausch.

(*Rondelul crinilor*/Lilienrondell; m.Ü.)

Der exotische Raum wird betrachtet als „Lichtung voll Rosen und Lilien":

Bagdad! Gelbroter pochender Himmel,
Paradies der Träume, und Paradies der Gärten,
Silber der Quellen, und goldene Tage –
Bagdad, Lichtung voll Rosen und Lilien –
Djami – Minarette – und pochender Himmel.

(*Noapte de decemvrie*/Dezembernacht; m.Ü.)

Rosen und Lilien erscheinen in den Ecken des vorgestellten Paradieses eines anderen symbolistischen Dichters: Ion Vinea, auch wenn der Blütenduft im visuellen-taktilen Register ausgedrückt wird: „Rosen brennen, die Lilien scheinen geschliffen" (Gedicht aus *Tatiana*). Zunächst waren Ion Vinea und Smyro-Tzara (von der Zeitschrift *Simbolul* [Das Symbol]) noch Macedonski nah. In seinen ersten Gedichten besingt Tzara die Lilie (TZARA 1971: 53). Vinea hörte nicht wie Eminescu, „wie das Gras wächst" (*În zădar în colbul școlii ...*,

[Sinnlos im Staub der Schule] 1880), sondern „wie Trugbilder der Lilie wachsen", also die Halluzinationen, die durch den Geruch der Lilien entstehen:

Mit gelben Lampen und Schmetterlingen im Eingang und im Garten.
Duft: es weinen klare Kelche auf weiße Festmahle – draußen ...
Provinz – welch Seele bereitest du vor diesen Sommer?
Hör, besser ist es im Schatten dir, wo die trügerischen Lilien wachsen.

(*Constatări provinciale/Provinzielle Feststellungen*; m.Ü.)

Die paradiesische Insel in einem Gedicht von Macedonski, Lewki (von Leuké? der weißen Insel? Der Insel der Glückseligen?) (OIȘTEANU 1999) ist voll von berauschenden Blumen, darunter Narzissen (*Narcissus poeticus*) und natürlich „königliche Lilien" (*Flori sacre* [Heilige Blumen], 1912). Das Alkaloid, das sich in den Duftstoffen befindet, die die Pflanze ausströmt, und in dem Öl, das sich in der Zwiebel der Pflanze befindet, hat narkotische Eigenschaften. Die Bauern in Siebenbürgen verwenden Narzissentee „gegen Atemnot und Herzrasen" (BUTURĂ 1979: 165). Übrigens kommt der Name der Pflanze (und des mythischen Helden Narziss) vom Griechischen *narco* = „benebeln", „berauschen". Daher auch *Narkose* und *Narkotika*.

Im gleichen Gedicht bereitet nicht Apollo einen „Likör für den Kelch der Gottheit", sondern Diana trägt auf dem Kopf eine Krone aus Lilien und Eibisch, Blumen, die in ihren Kelchen „mystisch Berauschendes" enthalten:

Das Alabaster ihrer Stirn krönen Lilien und Eibisch
in ihren Kelchen tragen sie mystischen Rausch.

(*Lewki*, 1912)

Auch Königin Maria von Rumänien gab sich seit der Jugend dem Rausch des Liliendufts hin. Sie veröffentlichte 1912 ihr erstes literarisches Werk auf Englisch: *The Lily of Life* (rumänische Ausgabe: *Crinul vieții*, Socec, București, 1913). Die Königin umgab sich überall mit Lilien, ihren Lieblingsblumen – im Salon, im Schlafzimmer, in den Gärten der Paläste. Im Garten des Palasts von Balcic zum Beispiel gab es auf der Seite zum Schwarzen Meer anstelle von gewöhnlichen Alleen, die „Allee königlicher Lilien". Lilien sind auf einer Majolika an den Wänden des *Silberbrunnens*, in den Fresken der Kapelle *Stella Maris* und auf ihren Gemälden abgebildet. Die Gemälde zeigen vor allem Lilien und Mohn. Sie wurden auf Ausstellungen der Gesellschaft *Tinerimea Artistică* [Künstlerische Jugend] gezeigt, und heute werden sie im Schloß Pelişor in Sinaia aufbewahrt.

Königin Maria wurde als abhängig vom Duft der Lilien beschrieben. „Balciu wurde der Lieblingsrückzugsort der Königin", schreibt Hannah Pakula. Dort konnte sie ihre Leidenschaft für Lilien und Rosen ausleben. Sie verbrachte in den warmen Monaten immer mehr Zeit dort und kam rechtzeitig, um die ersten Frühlingsblüten zu sehen, sie kam im Herbst noch einmal zurück, um die letzten Herbstrosen zu sehen. Maria hatte auch zuvor schon Gärten angelegt, aber keinen in einem so gemäßigten Klima. Sie betrachtete mit Verwunderung jede neue Blumenparade und war traurig, wenn öffentliche Verpflichtungen sie während der besten Blumensaison in der Stadt hielten" (PĂULEANU 2007: 135). Maria starb 1938 und hatte ihr „Buch über Blumen" nicht fertig gestellt.

Bereits in der Jugend (1881) träumte Alexandru Macedonski davon, ein Schlafzimmer voll mit „seltensten Pflanzen" zu haben, die, während er schlief, „die Luft mit berauschenden Düften füllten" (CĂLINESCU 1986: 521). Macedonski stirbt am 24. November 1920 und atmet unersättlich Rosenduft ein. Die „Nebuna orgie de roze" [Die verrückte Orgie der Rose]; *Rondelul rozelor din Cişmigiu* [Das Rosenrondell in Cişmigiu] ist ein poetisches Motiv, das er in den letzten Jahren seines Lebens häufig verwendet. Nicht nur der Dichter, sondern das gesamte Universum ist vom Duft berauscht. Und sogar: das Rondell, das den Rosenrausch beschreibt, ist „berauscht von Rosen":

Von Rosen berauscht ist der Garten
Und alles um ihn her;
Berauscht der blaue Himmel,
Berauscht auch der Biene Summen.

(*Rondelul beat de roze*/Berauschtes Rosenrondell; m.Ü.)

Auch ein von Mateiu Caragiale erfundener Dandy erfreut sich am Duft seltener Blumen (in der Novelle *Remember*, die er 1913 schrieb und die 1921 veröffentlicht wurde). Der Duft, den der androgyne Aubrey de Vere verströmte, der gleiche wie der der Blumen im Haus, war „so berauschend, dass man wach träumte" (CARAGIALE 2001: 39). Es ist ein literarisches Motiv, das die Symbolisten mögen. Charles Baudelaire verbindet Duft synästhetisch mit Farben und Tönen:

Comme de longs échos qui de loin se confondent
Dans une ténébreuse et profonde unité,
Vaste comme la nuit et comme la clarté,
Les parfums, les couleurs et les sons se répondent.

Ayant l'expansion des choses infinies,
Comme l'ambre, le musc, le benjoin et l'encens,
Qui chantent les transports de l'esprit et des sens

(BAUDELAIRE, Correspondances, 1857)

Das moderne Europa erfindet im 18. Jahrhundert den Geruch neu, belebt ihn und versucht, über das manichäistische Stadium der Gerüche (angenehm – unangenehm, Geruch – Gestank) hinauszugehen, aber auch über die enge aristotelische Klassifizierung: stechend, süß, herb, ölig, bitter und scharf. Mitte des 19. Jahrhunderts schreibt Eugène Rimmel (das rumänische Wort für Mascara ist *rimel*, auf Französisch *rimmel* – da die Firma v.a. Mascara vertrieb): „Es gibt Düfte", sagt Rimmel, „die verursachen ein unbeschreibliches Gefühl im ganzen Wesen, wenn die Seele in einer süßen Lust zerfließt" (DIACONU 2007: 48–49). Manchmal vermehren sich die Effekte aber auch. Die Pheromone der geliebten Frau verursachen bei ihm rauschartige Zustände:

Je respire l'odeur de ton sein chaleureux,
Je vois se dérouler des rivages heureux [...]
Guidé par ton odeur vers de charmants climats,
Je vois un port rempli de voiles et de mâts

(BAUDELAIRE, *Parfum exotique*, 1857: 54–55).

Dimitrie Bolintineanu befindet sich zur selben Zeit (1851–1857) in Istanbul am paradiesischen Ufer des Bosporus und schreibt Gedichte, inspiriert vom Duft „der Rosen und der Lilien", „ein Blumenduft, der berauscht". Es sind

Rauschzustände, die Erotik auslösen („dass wir uns an Liebe betrinken") und Poetik („hier herrscht sanfte Poesie"). Aus den „Goldkelchen" und den „Girlanden bezaubernder Blumen", aus dem ganzen „gesalbten Bosporus" steigt ein „Duft von Rosen und Ambrosia/dass süß die zarte Seele berauscht". Der Lyrikband mit Gedichten aus diesem exotischen Raum trägt nicht umsonst den Titel *Florile Bosforului* [Die Blumen des Bosporus] (BOLINTEANU 1865: 26, 62, 90, 103).

Das Motiv der Halluzination durch olfaktorischen Rausch tritt häufig auf bei Macedonski, so auch in *Ospățul lui Pentaur* ([Die Feier des Pentaur], 1895; m.Ü.):

Und derweil man schwatzt und trinkt im Übermaß
Brennen auf metallnem Dreifuß, die arabischen Aromen.

Der Topos findet sich auch bei den „kleinen Symbolisten", die „im Schatten des Meisters" aufwuchsen, wie Mircea Anghelescu es treffend beschreibt (ANGHELESCU 1975: 167–168). Bei Al. Obedenaru zum Beispiel in *Purpura fatală* [Fatales Purpur]: „Unter einem Himmel von Azur und Diamanten/von Myrrhe und Rose betrunken ...", oder bei Mircea Demetriade, in *Invocație* [Anrufung]: „Grenzenlose Wälder von dichten Baobabs,/Mit tropischen Blumen, die berauschen und töten", oder bei Alice Călugăru: „Ich berausche mich an Blumen und Licht/Und wünschte, ich würde nicht mehr aufstehen" (*În grădină* [Im Garten], 1905); „Wehrmut/Balsamiertes Kraut, schwindelerregend wie Wein,/Und die schwarzen Samen des Mohn, gießen ihr Gift" (*Buruieni* [Sträucher], 1910); „Ich lege mich in das wiegende Gras und lege meine Handflächen an die Schläfen/Und lass den Schlaf mich nicht bezwingen von den Düften der Sträucher" (*Șerpii* [Die Schlangen], 1913). Oder auch bei Claudia Millian: „Amphoren mit Moschusduft", „Ihre giftige Phiole", „Aromen zum Träumen und Vergessen", „Parfüm der Orchideen", „die Essenz des ewigen Parfüms" oder „Unter den Palmen, katzenähnliche Frauen" die „allen/Rauschmittel und seltene Früchte zuwirft" (*Garoafe roșii*, 1914, und *Cântări pentru pasărea albastră* [Gesänge für den blauen Vogel], 1923). In diesen „olfaktorischen Räuschen" tauchen überraschenderweise die geruchsfreien „Papierblumen" des gleichnamigen Zyklus von Adrian Maniu auf: „Schau, der Frühling kommt zurück, und alle Bäume haben Papierblüten" (*Primăvară futuristă* [Futuristischer Frühling], 1914). Jedenfalls wussten die rumänischen Symbolisten, dass „arabische Parfums" mit Vorsicht zu genießen sind. Sie sind Rauschmittel, die „berauschen [aber auch] töten".

Ioan Petru Culianu schlussfolgert, als er über Reisen ins Jenseits in der mittelalterlichen Literatur schreibt: „die grundsätzliche Opposition zwischen Gut und Schlecht, Paradies und Hölle, ist stark olfaktorisch, da sie ausgedrückt wird in der Opposition zwischen Duft (Myrasma) und Miasma". In der Hölle herrscht „ein ekliger, unerträglicher Geruch", im Himmel dagegen gibt es „wunderbare grüne Wiesen mit zarten Blumen", die einen „so delikaten Duft verbreiten, dass der Duft alle erfreut, die an diesem Ort sind oder an ihm vorübergehen" (CULIANU 2007: 276). Die geheimnisvolle Metapher „wenn wir alle im Himmel sind, im Schatten einer Lilie" gab der phantastischen Novelle von Eliade Thema und Titel: *La umbra unui crin* [Im Schatten einer Lilie] (ELIADE 1988: 184–206).

Petru Culianu war selbst sehr sensibel für Gerüche. So auch die Figuren seiner Novellen. In einer Erzählung, die Culianu mit circa neunzehn Jahren schrieb (etwa 1969), destilliert Geronimo Rossi, ein Alchimist im Italien der Renaissance, in einem Alambic Rosenblüten, um „ein Parfüm zu schaffen, das unübertroffen, berauschend und aphrodisierend ist". Zusammen mit den Mitgliedern einer persischen Sekte nimmt er an einer Art „rituellem Rausch mit Opium und starker Rosenessenz" teil (CULIANU 2002: 116–117).

Für Dimitrie Arion, eine andere Figur aus einer frühen Novelle Culianus, sind die Düfte und Miasmen, die vom Friedhof kommen, schlaf- und traumauslösend, da sie den „weißen Rausch" auslösen. „Dort vermischten sich der schwere Geruch der Toten und der Erde, die verbrannt war durch die Flamme der Kerzen, mit dem Balsam der Linden und der feinen Bitterkeit des Nussbaumes; die Kränze und abgeschnittenen Stengel der Blumen verbanden sich mit dem verschwenderischen Flieder, der seine Freude verströmt in einem weißen Rausch. Die Pinien schwankten im Wind und verströmten Güsse von Reinheit" (*Moartea și fata* [Der Tod und das Mädchen], 1972). „Der Friedhof des weißen Rauschs, die neue *Insulă a lui Euthanasius* ([Die Insel des Euthanasius]; ein Essayband von Mircea Eliade, der 1943 erschien)", schrieb Dan C. Mihăilescu an den Rand dieser Novelle und zieht damit eine inhaltliche und stilistische Linie von Eminescu über Eliade zu Culianu (CULIANU 2002: 8, 219).

Mircea Cărtărescu lässt sich (zusammen mit seiner Katze) von den „Pheromonen" berauschen, die wie große Schmetterlinge aus den Kelchen der

Lilienblüte steigen: „Optimismus inmitten des Chaos. Und in der Mitte der Zerstörung stoßen die ewigen Lilien auf meinem Tisch Pheromone ins Zimmer und die Katze schläft wie tot auf dem Teppich" (*Jurnal* [Tagebuch], 11. Juni 1995) (389).

Gabriel Liiceanu beschreibt in einer delikaten autobiographischen Novelle seine erste erotische Beziehung und den gescheiterten Selbstmord eines jungen Pärchens im Bukarest der 1950er Jahre. „Es musste diese Form des Todes gefunden werden, die aus einer vorherigen Ekstase entstand." Und der ekstatische Dichter Ibn al-Farid schreibt: „Wer nicht aus Liebe zu ihr stirbt, kann sie gar nicht leben". Diese beiden Jugendlichen haben einen „göttlichen Tod" gewählt. Sie wollten sich töten, umarmt in einem Zimmer liegend, dessen Boden mit Lilien bedeckt war (LIICEANU 2008).

„Ein Bett aus Lilien" ist ein Bild, das auch in einem erotisch-tanatischen Prosagedicht von Gellu Naum von 1944 (NAUM 1970: 25–34) eine Rolle spielt. Ein Motiv, das später auch von seiner Frau Lyggia Naum in einer ihrer Zeichnungen mit dem Titel *Le lit de lys* auftaucht.

Mircea Demetriade: „Haschisch, schlimmes Gift, aber vielen lieb."

In Mircea Demetriades Lyrik sind olfaktorische Trunkenheit, Synästhesie und Rauch sehr präsent: „Trunkenheit heiliges Wort/Gebracht auf die Welt/in duftenden Blumen/in liebenden Händen/in Pflanzen, die wir rauchen/auf dass wir zum Himmel aufsteigen" (DEMETRIADE 1893: 22); oder: „tropische Blume, die berauscht und tötet".

In Demetriades Singgedicht in drei Akten (*Renegatul*, 1893) ist der Held Mahmud ein Rumäne, der zum Islam konvertiert ist und nun in Istanbul lebt. Das Stück wurde altmodisch und voller Gemeinplätze im Januar 1893 am Nationaltheater in Bukarest mit Constantin Nottara in der Hauptrolle aufgeführt. Umgeben von Haremsfrauen und türkischen adligen Frauen und Manele im Hintergrund, bringt Mahmud seine Freunde dazu, sich bei Orgien mit Alkohol (Rachiu), der im Koran verboten ist, und mit dem erlaubtem Haschisch zu berauschen:

Bleibt Freunde, bei euch zu Hause seid ihr hier.
Murat, dir gefällt es, mit Haschisch Dich zu berauschen
Schlag in die Hände und der Sklave wird sofort kommen.

Von der Melancholie eingeholt („Umso mehr um mich herum Besitztum angehäuft wird, falle ich/der Hässliche ist mein Freund, der mir keinen Aufschub mehr gibt") tötet sich der Renegat Mahmud mit Haschisch:

Haschisch, das schlimme Gift, das vielen lieb ist,
Du sollst mir die jahrhundertelange Behausung nehmen!

Wie wir gesehen haben, ist es nicht möglich, sich durch Haschisch- oder Opiumrauch das Leben zu nehmen. Und dennoch lässt der Dichter Mahmud die Wasserpfeife vorbereiten, um einen „angenehmen Tod" zu erleben:

Ich möchte, dass mein Tod über die Maßen angenehm ist;
Durch den Tod möchte ich unsterblich werden!

Es folgt eine wahre Ode an den Selbstmord durch Haschisch, den man in doppelter Dosis nehmen muss:

Haschisch, verdopple ihn und nimm ihn. In Eile
Wirst du deinen Tod sehen, erblassend mit seinem Flügel!
Leicht kommt er mit starrem Blick,
Du siehst ihn wie eine Braut[43] an deiner rechten Seite sitzen.
Und um dich herum hörst du himmlische Musik,
und deine Augen sehen, dass der Tag im Morgenrot beginnt.
Langsam, ganz langsam verliert sich der Blick... schleichen sich ein...
Weiße Formen um dich... und du erlischst, und später ...
Erreicht dein Atem mit Not den ...
Und deine Lider fallen schwer auf deinen Blick ...
Und die Seele schlägt mit den Flügeln und trägt zu den Toten,
die Materie oder die Erde bleibt kalt, tot!

(DEMETRIADE 1893: 28, 69, 50–51; m.Ü.)

Ion Pillat: Opium im „Garten zwischen Mauern"

Nachdem er sich vom parnassischen Macedonski entfernt und Gedichte von Rimbaud und Baudelaire übersetzt hatte, konnte der symbolistische Dichter

---

43 Im Rumänischen ist „der Tod" weiblich.

Ion Pillat nicht an diesem so generösen Thema des Traumes, ausgelöst von Halluzinogenen, vorübergehen. Er bearbeitet es zum Beispiel in seinem Gedicht mit dem Titel *Opium*:

So viele Nächte trank ich das Gift ...
Es ist wieder eine malaysische Stadt,
Mit gelbem, krankem Mond,
Über den Feldern voll Reis
Perfekt quadratisch, wie ein Tablett

(CROHMĂLNICEANU 1974: 108; m.Ü.).

Die Wirkung des Rauschmittels deckt für den Dichter die ganze mögliche Palette ab. Wie Demetriade sagt: „es berauscht und tötet". Opium löst „Ekstasen des [Buddha] Sakya-Muni" aus, bringt Träume und Visionen, aber es ist auch ein lebensgefährliches Gift, wenn auch ein „süßes":

Und auch ich, besiegt vom Kornak
Im Reich eines malaysischen Traums,
Lehn ich mich an, erneut verzaubert, im See
Der Vorstellung – die er schafft
Im süßen Tod, den der Mohn bringt

(PILLAT 1944: 223; m.Ü.).

Dass die Handlung sich in Malaysia abspielt, ist bedeutend. Natürlich ist es ein direkter Verweis auf den exotischen Orient, wie ihn auch Macedonski verwendet. Aber es ist mehr als das. Für das kollektive europäische Imaginäre war Malaysia „ein Reich des Opiums". Aus dem Malaysischen haben die Briten und Franzosen den Begriff *amok* (der als Neologismus auch ins Rumänische kam), der wahnsinnige Wut durch den Missbrauch von Opium bedeutet oder Wahn, der durch Entzug entsteht. James Cook beschrieb 1769 den malaysischen Begriff *amuck* im Tagebuch seiner Südostasienreise.

Ion Pillat schrieb das Gedicht *Opium* 1916, nach seiner Pariser Zeit, und veröffentlichte es 1919 – im selben Jahr, in dem auch Macedonski das Gedicht *Visul de opium* [Opiumtraum] veröffentlichte. Das Gedicht ist Teil des Bandes, der 1919 in Paris und 1920 in Bukarest erschien und den baudelaireschen Titel

Grădina între ziduri [Der Garten zwischen den Mauern] trägt, der die Idee eines „künstlichen Paradieses" evoziert.

In den 1930er Jahren war Ion Pillat gemeinsam mit Nicolae Titulescu, Elena Văcărescu, Vespasian Pella Delegierter beim Völkerbund mit Sitz in Genf. Im September 1935 wurden die Mitglieder der Kommission für soziale Fragen (darunter Pillat) gebeten, einen Bericht zur Opiumfrage vorzulegen. Da sich seine Kollegen davor scheuten, einen solchen Bericht zu verfassen, ging Ion Pillat mit großem Interesse an die Arbeit. Vor der Präsentation des Berichtes schrieb er seiner Frau Maria, dass er „eine reiche Dokumentation" zum Thema zusammengestellt habe. Nach der Konferenz schrieb er, dass er einen „sehr schönen Erfolg" gehabt habe.

Ausführlicher erzählt Pillat von diesem eigenartigen Bericht in einem Brief vom 18. September 1935 an seine Tante Sabina Cantacuzino:

Heute – in einer Stunde – werde ich zum ersten Mal in der fünften Kommission (Soziale Fragen) aktiv sein, mit einer Rede über das spezielle Problem des Opiums. Ein Thema, vor dem sie alle geflüchtet sind und das sie mir überlassen haben. Auch für diejenigen, denen die Sache bekannt ist, bin ich gut vorbereitet – in der Kommission sind viele Spezialisten, vor allem Engländer, Holländer etc., die wegen der Kolonien interessiert sind, und so werde ich zumindest nicht daher reden, au contraire

(PILLAT 1998: 322–328; m.Ü.).

Das Interesse des Dichters für dieses Thema ist bemerkenswert (Spezialisten und Interessierte auf diesem Gebiet waren in der Regel die Repräsentanten der Länder mit Kolonien), aber auch sein Selbstbewusstsein bezüglich der Informationen, die er besaß. Es ist dennoch unklar, um welche Art von Bericht es sich handelte und wozu er diente. Wir wissen, dass in den 1930er Jahren der Völkerbund dem alarmierenden Anstieg des Drogenkonsums in der Welt besondere Aufmerksamkeit schenkte. Europa versuchte sich diesem akuten Problem anzunehmen, nachdem in den USA in den vorangegangenen Jahren mindestens drei Weltkonferenzen zum Thema Rauschmittel stattgefunden hatten (in Philadelphia 1926, in New York 1927 und 1932). Ein weiterer rumänischer Intellektueller, Petru Comarnescu, nahm im August 1932 in Genf an einer ähnlichen Konferenz teil, die sich aber mit dem Konsum von Rauschmitteln beschäftigte und nicht – wie in Pillats Fall – mit der „spezifischen Sache des Opiums". Weitere Informationen über den von Pillat erstellten Bericht sind nicht auffindbar, weder im Familienarchiv, wie mir Monica Pillat-Săulescu, die Enkelin des Dichters, versicherte, noch in den großen Bibliotheken. Leider gab es auch im Archiv des Außenministeriums keine Spuren dieses interessanten Dokuments.

Ion Minulescu: „Weder Opium noch Pfeifentabak"

1900 geht Ion Minulescu mit neunzehn Jahren nach Paris, um Jura zu studieren. Er wird von der symbolistischen Literatur (Baudelaire, Nerval, Verlaine, Rimbaud u.a.) beeinflusst, gibt sein Studium auf und tritt ein in das Leben der Pariser Bohème: „Paris hat mich auf die Straße gebracht,/ins Exil der Cafés/und der modesten Mansarden" (*Romanța necunoscutei* [Die Romanze der Unbekannten]. Lässt man die Lyrik Minulescus dort, wo Călinescu sie verortet hat, d.h. an der „Grenze des authentischsten Symbolismus", finden sich in seinen Gedichten Themen und Motive, die weiter oben schon diskutiert wurden. Darunter der olfaktorische und aphrodisierende Rausch. „Und die Linden, welch Duft/sie ausströmen von den freien Brüsten auf der Allee". Der erotische Akt erfolgt auf einem Bett, das bestreut ist „mit Rosen und Tuberose" oder in einem Schlafplatz aus Mohnblumen mit „giftigem Geruch":

Zu deiner Ehre,
Schönster aller Mädchen, die lügent,
Verbrannte ich giftige Düfte in einem Dreifuß aus Silber,
Ins Bett habe ich Nelken gestreut
Und Mohn –
Alle blutenden Blumen –
Und mit Tannenduft befleckte ich die Spitze der sauberen Kissen,
Und in den Wandteppich wie in eine Vase steckte ich
Drei grüne Zweige Melisse
Und einen trockenen Zweig Eukalyptus.

(*Celei care minte*/Derjenigen, die lügt; m.Ü.)

Von Macedonskis Vers „auf metallenen Dreifüßen verbrannte ich arabische Aromen" (*Ospățul lui Pentaur* [Der Gast des Drachen], 1895) ist es nicht weit bis zu Minulescus Vers „Verbrannte ich giftige Düfte in einem Dreifuß aus Silber". Duftende Blumen, aromatische Früchte, die endlosen Geschichten der Sheherezade, aber auch die Rauschmittel kommen alle aus exotischen und wunderbaren Gestaden – dem fabelhaften Orient. Die Schiffe, Kajaks, Galeeren und Yachten, die überall in der Lyrik Minulescus vorkommen, brechen auf zu entfernten Häfen oder kommen von dort an. In den schwarzen Albträumen des Dichters ist das Meer leer, die Matrosen und Arbeiter „riechen nach Sprit und Jodoform", sie schlafen betrunken im Hafen, denn aus dem Orient kommen nur Schiffe an, die voll sind mit Opium und Tabak:

Im Hafen nicht ein Schiff,
Und weit und breit,
Weder Rauch noch Segel noch Masten!...
aus dem Orient voller Sonne,
voller Blumen, aromatischer Früchte
Und endlosen Geschichten,
aus dem Orient voller Sonne,
und ansteckender Krankheiten
kam seit heute Nacht aus dem Hafen,
Nichts
Weder Blumen noch reife Früchte
„Weder Opium noch Pfeifentabak"

(*Marina estivală/Sommerliche Marine*; m.Ü.)

Mateiu Caragiale

Opium, Cannabis und Haschisch am Fürstenhof Curtea Veche

Wie aus seinem Tagebuch hervorgeht, war auch Mateiu Caragiale (und nicht nur Alexandru Macedonski) in engem Kontakt mit Alexandru Bogdan-Pitești, besonders zwischen 1912–1922 („ich besuchte ihn sehr häufig"). Er wurde von dem dekadenten Aristokraten finanziell unterstützt („er lieh mir sehr bereitwillig Geld") und lebte mit dessen Mätresse, einer Polin mit den Initialen A.K. („seine Geliebte begann mich durch ihre Intimität zu entehren"), reiste 1916 nach Berlin usw. Mateiu Caragiale spricht in seinem Tagebuch nicht die Opiumsucht von Bogdan-Pitești an, kommentiert aber 1928 das Gerücht, dass der rumänische Außenminister „kokainsüchtig sei" (CARAGIALE 2001: 301–307, 341, 349, 361–375, 491–493, 507, 836).

Paul Cernat, der Alexandru Bogdan-Pitești für einen „pittoresken, widerlichen balkanischen Dandy" hielt, malte dieses denkwürdige Porträt von ihm: zynischer und affektierter Bojar, ein vor der Zeit von den Exzessen (Unzucht, dann Päderastie und Narkomanie) gezeichneter Freigeist, ein Amoralist, der von Moral spricht, verführend und vergöttert mit urigen und schlüpfrigen Redensarten (Caragiale in einem Brief an N.A. Boicescu), „ein Ästhet des Lasters und ein Lasterhafter der Künste, durch deren Unterstützung er sich freigekauft hat [...]" (CERNAT 2007: 41).

Es ist nicht ausgeschlossen, dass Caragiale und Bogdan-Pitești gemeinsame Rauschmittelerfahrungen hatten. Ion Vianu argumentierte ziemlich überzeugend, dass Bogdan-Pitești das Vorbild war für Pașadia in *Craii de Curtea-Veche* (VIANU 2008: 33).

In diesem Roman gibt es vereinzelt mehr oder weniger deutliche Anspielungen auf Rauschmittelpraktiken. Pașadia zum Beispiel, der „ein Doppelleben, das sich nach dem Licht richtete", führte, durchlebte „zu früheren Zeiten" verschiedene quasi-psychedelische Zustände, von „komischer Taubheit" und „dunkler Schläfrigkeit" bis zu „Wutausbrüchen" und „furchtbaren Nervenanfällen". „Ich hütete mich davor, in sein verkrampftes Gesicht zu schauen, seinen verwirrten Blick zu treffen, dessen Schrecken mit Worten nicht auszudrücken ist" (CARAGIALE 2001: 95). „Gift, Unruhe und Laster zerstörten seinen [Pașadias] Körper, ohne aber seinen Geist anzutasten, der bis zum Ende seine kalte Klarheit behielt."

In diesem Fall wie auch bei Ion Vinea („Maigift", „in mein Blut wurde das Gift des Abenteuers gespritzt" etc.) könnte das Wort „Gift" ein Codewort für Betäubungsmittel sein. Baudelaire, Cocteau und andere süchtige Schriftsteller nannten manchmal das Rauschmittel, das sie nahmen, „Gift". In einer Novelle von Ion Vinea, *Treptele somnului* [Die Stufen des Schlafes], ist der Protagonist besessen davon, dass er sich im Schlaf vergiften wird, weil er eigenartige, giftige Pastillen, die sich in einer kleinen Schachtel befinden, verschluckt (*Flori de lampă* [Lampenblumen], 1925). Alexandru Macedonski (wie auch Adrian Maniu in *Din paharul cu otravă* [Aus dem Glas voller Gift], 1919) ist auch überzeugt, dass er aus dem Becher mit dem sokratischen Gift trinken wird oder trinken werden muss:

Ein ganzes Land hat sich bemüht
Mir Gift zu geben und ich habe es genommen

                                                              (Sie haben sich gesagt)

oder

Beschimpft mich, Freunde,
Gebt mir Kannen voll Bittrem,
Ihr werdet genug Zeit haben
Mich sinnlos zu beweinen

                                                              (Beschimpft mich, Freunde)

oder

Das Leben ist traurig, der Kampf ist großartig;
Jeder Tag bringt uns ein Glas voller Gift

                                                              (Du, der du geboren wirst) etc.

In der Regel sind die belebenden Liköre, die „Paşa" zu sich nimmt, pur, stark und unverdünnt. „Er schlürfte den starken Kaffee ohne Zucker" und edlen Wein, er taufte nicht mit Wasser, wie es Pirgu tat. Die wichtigste Droge, die die vier Herrscher zu sich nehmen, ist natürlich Alkohol. Wie Anton Pann sagte:

König, unter den bekannten Trinkern,
Du gibst den andern Ehre,
Wie Verdikte des Sultans
Zu finden, den guten Wein
Bevor sie den Korken darauf stecken.

                                                            (Wegweiser der Trinker, 1832; m.Ü.)

Craii de Curtea-Veche [Die vier vom alten Hof] „ist ein Buch, in dem die ganze Zeit getrunken wird", beobachtet Matei Călinescu. Am Ende fragt Pantazi den Erzähler: „Was könnten wir trinken?" Es ist wieder Matei Călinescu, der die Symbolkraft des „letzten Satzes in solch einem Text!" unterstreicht (CĂLINESCU 2007: 16).

Die Herrscher des „alten Hofs" sind meistens betrunken oder haben noch einen Kater. Sie trinken viel Alkohol, in allen seinen Formen. Von einem edlen Wein aus Bordeaux (Pașadia) bis zu einem schlechten Wein, „verschimmelter, trüber Fusel" (Pirgu), bis hin zu einem „Starken", der mit einem Zug getrunken wird, oder einem süßen Kirschlikör, den man am Morgen zur Stärkung im Capșa trinkt, oder einem „Hefebranntwein, den man am Morgen nach der Feier trinkt" (der Erzähler). Der Kater nach dem Alkoholgenuss wird ebenfalls mit Alkohol bekämpft (*similia similibus curentur – Ähnliches wird durch Ähnliches geheilt*). Und bei Anton Pann:

Erbost von der Katerstimmung
Damit sie besser vergeht,
Trink ich erst ein Gläschen,
Nach einer Stunde ein Viertelchen,

Aber Mateiu Caragiale verweist – manchmal durch Andeutungen, manchmal direkt – auch auf die Verwendung von Drogen, die „die Vorstellungskraft anregen": *Opium* und *Cannabis*. Pantazi („ein anderes Ich"), Pașadia und der Erzähler (wohlgemerkt nicht auch Pirgu) sitzen oft auf den Kissen und rauchen Ciubuc. Sie fallen in „schläfrige Faulenzerei", „liegen griechisch herum". Sie ziehen sich wahrscheinlich an wie phanariotische Bojaren: „Er trug ein weißes Bojarenhemd und Ischlik", heißt es in den Versen eines frühen Sonetts des Dichters (*Trântorul* [Der Faulenzer], 1910). Den Gesprächen der Herrscher „folgen häufig dieses lange in Gedanken Versinken" und das Sich-Verlieren „in der Welt der Träume und der Trunkenheit". Aber es geht nicht um Wodkatrinken, nicht um normale Trunkenheit, die – wie im Gedicht oben – dazu führt, dass man „flucht", „jammert", „verrückt lacht" und „Bauchtanz macht, wenn die Manele dich wiegt". Es geht um eine andere Trunkenheit, eine raffinierte, wie Caragiale in *Craii de Curtea-Veche* schreibt, eine „Trunkenheit von Mohn und Hanf, die die Vorstellungskraft entfacht und für bitteres Erwachen sorgt".

Pirgu, der Kuppler, nimmt nie an solchen raffinierten Berauschungen teil. Im Gegenteil, er ist in der Regel derjenige, der die Rauschträumereien der drei Herrscher unterbricht und versucht, sie zu den primären Lastern zu überreden: „Ach lasst doch diese Ciubucs, reden wir lieber über die Weiber". Pirgu ist „ein guter Wegbegleiter", aber nur „auf der Reise des Lebens, das man lebt, nicht auf der, die man träumt". Mit anderen Worten, kann der „unnachahmliche Schurke" Gore Pirgu die Herrscher „auf dem Weg der gewöhnlichen Laster" leiten, aber nicht durch „die Gärten Verlockung", wie ein anderes frühes Gedicht Caragiales heißt (CARAGIALE 2001: 20).

An dieser Stelle gibt es ein Problem bei der Typologie der Rauschmittel, dessen Mateiu Caragiale sich sehr bewusst ist. Es gibt euphorisierende Drogen (wie den Alkohol), der die Nervenzentren stimuliert und implizit die sexuellen Impulse, und es gibt andere Drogen, psychedelische und halluzinogene (wie Haschisch und Opium), die die Nervenzentren betäuben. Ernst Jünger fand eine quasi-aphoristische Formulierung, um diesen grundlegenden Unterschied auszudrücken: „Zu erwähnen ist, dass die mexikanischen Drogen nicht erotisieren wie Äther und Alkohol. Sie führen tiefer in die Charaktere als bis zur Kreuzung, an der sich die Geschlechter abzweigen. Die Charaktere werden durch das Geschlecht beeinflusst, doch nicht bestimmt" (JÜNGER 2008: 412).

Es stellt sich die Frage, was man in intellektuellen und künstlerischen Kreisen im Rumänien der 1920er Jahre, als Mateiu Caragiale seinen berühmten Roman schrieb, über Haschisch (oder Opium) wusste. Dazu ein paar Beispiele: Mircea Eliade, Adrian Maniu, Francisc Şirato, Ştefan Dimitrescu u.a. Im März 1924 publizierte der siebzehnjährige Mircea Eliade einen mutigen Artikel, „Artiştii şi haşişul" [Die Künstler und das Haschisch], in dem er versuchte zu erklären, warum manche französischen Schriftsteller und Künstler (Gérard de Nerval, Alexandre Dumas der Ältere, Théophile Gautier, Charles Baudelaire etc.) in der Mitte des 19. Jahrhunderts Haschisch nahmen, in den meisten Fällen, so Eliade, um die Kreativität und intellektuelle Beweglichkeit zu erhöhen. In kleinen Mengen „taut [Haschisch] den Geist auf und macht ihn empfänglicher für schwer zu verstehende Dinge". In großen Mengen aber führt Haschisch zu Ekstase: „Die Seele trennt sich vom Körper und es scheint dir, als würdest du in Äther versinken" (ELIADE 1996: 163–164).

Der realistische Maler Ştefan Dimitrescu (1886–1933) zeichnete 1926 eine Szene, in der ein paar arme Türken aus Mangalia Haschisch rauchen. Auch Dimitrescu wurde – wie Mateiu Caragiale und viele andere – von Alexandru

Bogdan-Pitești finanziell unterstützt. Dimitrescu zeichnete häufig auf Bogdan-Pitestis Künstlerresidenz in Vlaici (Oltenien).

Nach seinem Kunststudium in Iași und Paris zog Ștefan Dimitrescu von 1925 bis 1926 durch die Dobrogea auf der Suche nach Inspiration und Motiven, meistens begleitet von Francisc Șirato und Nicolae Tonitza. Zusammen mit dem Bildhauer Oscar Han bildeten die drei Maler 1925 „Grupul celor patru" (die Gruppe der vier). Es war die Zeit, in der die bildenden Künstler Rumäniens mit Verwunderung den „Miniaturorient mit seiner ganzen Mischung der Völker" entdeckten, wie Mihai Eminescu 1878 die Dobrogea nannte, als sie zu Rumänien kam („Anexarea Dobrogei" [Die Annektierung der Dobrogea], *Timpul*, 19. August 1878). Es ging vor allem um den Süden der Provinz (mit ihrer türkisch-tatarischen Bevölkerung), die sich nach 1913 um die Süd-Dobrogea erweiterte.

Abb. 12: Ștefan Dimitrescu, *Oameni la Mangalia (Dolce farniente)* [Menschen in Mangalia (Dolce far niente)], Öl auf Leinwand, 1926, Museumskomplex Arad.

Ștefan Dimitrescu stellte 1927 in Bukarest in der „Sala Ileana" [Ileanasaal], die dem Sammler Alexandru Bogdan-Pitești gehörte, bei einer Sammelausstellung ein Gemälde aus, auf dem Türken aus der Dobrogea zu sehen sind, die auf dem Boden sitzen und mit Ciubuc oder als Zigarette Haschisch rauchen. Das Gemälde ist bekannt unter dem Titel *Oameni la Mangalia* [Menschen in Mangalia], aber der Künstler stellte es unter dem vielsagenden Titel *Dolce far niente* aus. Heute befindet sich das Gemälde in der Kunstsammlung des Museums Arad. Die Gesichter der Raucher strahlen Gleichmut, Träumerei und ekstatische Kontemplation aus, wie typischerweise nach Haschischkonsum. Auch für Lazăr Șăineanu ist in *Influența orientală asupra limbei și culturei române* [Der orientalische Einfluss auf die rumänische Sprache und Kultur] (1900) „der Rausch durch [mit Afion oder Haschisch] angereicherten Rauch aus der Wasserpfeife [...] eine Art des für den Orient typischen *far'niente*, die Trunkenheit des Osmanen, wenn der Körper seine Beweglichkeit verliert und das Leben selbst nur noch aus dem regelmäßigen Ziehen am Ciubuc besteht". Wie auf Dimitrescus Gemälde geht es um Haschischraucher, wie sein Freund, der Maler Francisc Șirato, 1927 in der Presse kommentiert: „Ich kenne ab der Iser keinen expressiveren Porträtisten des Türkischen. Ein wahrer und rauer Realismus wie die steinige Landschaft der Dobrogea, über die Ștefan Dimitrescu einen Schleier des Traums, orientalischer Ekstase, vager Müdigkeit legt. *Dolce far niente* ist ein wunderbares Beispiel dafür. Diese unproportionalen Menschen mit unförmigen Haltungen, so weit weg, von dem, was sie umgibt, erleben eine Szene der Ekstase, die durch Haschisch verursacht ist. Ein Haschisch, der nicht aus wer weiß welcher verdammten Pflanze gemacht ist, sondern vielmehr aus ihrem orientalischen Wesen, das der Maler erkannt hat und auf die er verweist mit diesem verlorenen Rauchen und im Kontrast der zusammengekauerten Schatten im Paravent aus Kalk, an der sie lehnen" (ȘIRATO 1978: 18). Die Dobrogea wurde für die klimatisch geeignetste Region Rumäniens zum Anbau von Cannabis gehalten. Zu Beginn der 1930er Jahre schrieb der Dichter Adrian Maniu in der Zeitung *Universul* einen Artikel mit dem Titel „Hașiș dobrogean" [Haschisch aus der Dobrogea] über „eine sensationelle Entdeckung". Um die „Risiken des Schwarzmarktes" zu vermeiden, hatten Drogendealer begonnen, „die Pflanze, aus der man Haschisch gewinnt", in einigen Gebieten der Dobrogea anzubauen. Maniu hoffte, es handele sich nur um eine Episode, der „die Justiz die gehörige Sanktion zukommen lassen wird" (DRĂGAN 1996: 294–295). Der Ort, an dem Ștefan Dimitrescu um 1926 diese Haschisch rauchenden türkischen Tataren zeichnete, eine Mahala [Vorstadt] in Mangalia (das antike Callatis), befindet sich circa siebzig Kilometer entfernt von Balcic (dem antiken Dionysopolis). In den 1920er und 1930er Jahren zeichneten Ștefan Dimitrescu, Francisc Șirato, Nicolae Tonitza aber auch viele andere rumänische Maler (Gh. Petrașcu, Iosif Iser, Theodor Pallady, Nicolae Dărăscu, Jean Al. Steriadi, Cecilia Cuțescu-Storck, Lucian Grigorescu, Medi Wechsler Dinu u.a.) die Sommer auf Baltschick. Das Pittoreske des Ortes hatte Alexandru Satmari entdeckt, der 1924 Königin Maria davon überzeugte, sich dort ein Schloss bauen zu lassen. Zu dieser Zeit entstand die sogenannte

„Şcoală de la Balcic" (Baltschiker Schule), protegiert von Königin Maria. Es war eine für die rumänische Kultur wichtige künstlerische Bewegung, deren Ruf über die Grenzen der Stadt hinaus ging. Sie wurde vom französischen Kunsthistoriker Henri Focillon geschätzt, der sie als „Zeichenschule am Schwarzen Meer" bezeichnete. Der Maler Theodor Pallady verdient im Kontext des Buches eine besondere Erwähnung, nicht nur wegen der Gemälde, die er in Balcic zeichnete, sondern allgemein für die Reihe der Odalisken und Akte, die sich in erotisch-narkotischer Sinneslust räkeln (*Fumătoarea de opium* [Die Opiumraucherin], *Odalisca cu narghilea* [Odaliske mit Wasserpfeife] etc.), und für die Sammlung an Stillleben, in denen die Wasserpfeife die anderen Objekte dominiert.

Abb. 13: Theodor Pallady, *Fumătoarea de opium* [Opiumraucherin], Öl auf Karton, Privatsammlung.

Den Malern folgten die Musiker, Architekten, Schauspieler und Schriftsteller nach Baltschik, die den kleinen Ort in einen Ferienort für viele Intellektuelle jener Zeit verwandelten: Henriette und Cella Delavrancea, Ion und Maria Pillat, Claudia Millian und Ion Minulescu, Ştefan Roll, Nae Ionescu, Vasile Voiculescu, Ionel Teodoreanu, Adrian Maniu, Jean Bart, George Vraca, Jeni Acterian und viele andere.

Es ist möglich, dass einige der Intellektuellen, die nach Baltschik kamen, die Gewohnheiten der türkischen und tatarischen Bewohner kennenlernten und übernahmen. Das konnte zum Beispiel in den Cafés am Hafen geschehen, wie in dem des Türken Mamuth (Mahmud) oder des Tataren Ismail, in denen „die Herren aus Bukarest" Seite an Seite mit den Türken und Tataren Kaffee und Wasserpfeife genossen. In Mamuths Kaffeehaus, schrieb Demetriade 1928, „mischte sich das ruhige Raunen des Meeres mit der ruhigen Sprache des türkischen Erzählers, der im Schneidersitz saß und Wasserpfeife rauchte". Manchmal tanzte auch der Türke Demir in diesen Kaffeehäusern in *Ghemigi mahle* [Mahala der Schiffe], und es wurden klagende Manele gesungen „in langgezogenen Tönen der Daira [Rahmentrommel, Anm. d. Übers.] im Rauch der Wasserpfeife" (PĂULEANU 2007: 214–215, 221).

Es gab auch das Gerücht, dass manchmal „auf dem Schloss" (das in der Mitte der zwanziger Jahre gebaut worden war) die Gäste der Königin Maria, die von den Bewohnern „Sultanin" genannt wurde, verschiedene Rauschmittel zu sich nahmen. Es ist eine Legende, die heute von manchen bulgarischen Reisebüros in Werbetexten verwendet wird. In der ziemlich kitschigen Reklame des Reisebüros *Bulgaria Hotels* steht zum Beispiel, dass das Schloss der Königin Maria in Baltschik „eines der sieben Wunder Bulgariens" sei. „Hier gab Königin Maria wunderbare Empfänge, an denen die Crème de la crème der [rumänischen] Gesellschaft teilnahm. Regelmäßige Gäste waren vor allem Dichter, Maler und Musiker [...]. Was sich aber wirklich bei diesen Veranstaltungen „im Schloss" abspielte, wird für immer verborgen bleiben in den Blättern der Bäume im Park, wie das Gerücht, dass die Königin ihren Gästen an ihrem Lieblingsort, dem Rosengarten des Schlosses, Opium gab. Das Ende der Werbung hat etwas Komisches: „Später belauschte die Königin versteckt hinter den bunten Glasscheiben die Gespräche ihrer berauschten Gäste" (DRAGANOVA 2008).

Zurück zu Mateiu Caragiale. Es gibt in seinem „Buch der Weisheit" *Craii de Curtea-Veche* auch einen „unter dem schweren, schönen orientalischen Samt", wie sich Ion Barbu ausdrückt (*Ultima oră* (Letzte Stunde), 1. mai 1929) versteckten Hinweis zur Rauschmittelsucht des Pașadia Măgureanu. Pirgu sagt zynisch zu Pașadia: „Meinst du, sie wissen nicht alle, dass deine ganze Hoffnung nur noch in Kandelzucker (miambal) und Mus (magiun) liegt? " (CARAGIALE 2001: 67). Das Mus (magiun), von dem Pirgu spricht, ist kein unschuldiges Pflaumenmus, sondern ein Opium- oder Haschischpräparat. Im Wörterbuch des Lazăr Șăineanu stand am Ende des 19. Jahrhunderts als erste Bedeutung des Wortes „magiun" (Mus): „Mischung aus Opium, Mohn und Aloe". Der Begriff kommt aus dem Türkischen (*madjun*) und dem Arabischen (*ma'jûn*). In seinem Buch *Influența orientală asupra limbei și culturei române*

[Der orientalische Einfluss auf die rumänische Sprache und Kultur, 1900] definiert Lazăr Șăineanu „magiun" als „Opiat aus Opiumessenzen, Aloeholz und anderen Gewürzpflanzen; am einfachsten bereitete man es in Form von Pillen zu und nahm es in Wasser oder Kaffee" (ȘĂINEANU 1900).

1716 schickte der phanariotische Bojar Nicolae Mavrocordat den Patriarchen Jerusalems ein Elektuarium aus Opium, das nach einem speziellen Rezept gefertigt wurde: „ein Magiun, wie für uns bereitet, als wir in Cotroceni waren" (VĂTĂMANU 1970: 184). Der siebenbürgische Pharmazeut J.M. Honigberger beschrieb das Rezept im Orient (Türkei, Ägypten, Arabien, Persien, Indien) für die Zubereitung des „Magiun" mit *Cannabis indica*. Man erhitzt Hanf, Öl und Wasser und gibt verschiedene Gewürze hinzu: „Pfeffer, Zimt, Safran, Ingwer und andere und süßt mit Zucker". Dieser *madjoon* (wie Honigberger in Englisch schrieb) wird manchmal mit dem Samen des Stechapfels (*Datura stramonium*) vermischt, „was die Wirkung verstärkt" (HONIGBERGER 2004: 243). Zur gleichen Zeit (1821) schrieb Thomas De Quincey, *madjoon* sei das türkische Wort für Opium (DE QUINCEY 2012: 61, 228).

Charles Baudelaire bietet in *Les Paradis artificiels* (1860) ein sehr ähnliches Rezept für die „confiture de haschisch", die „en Algérie et dans l'Arabie heureuse" *madjound* oder *dawamesk* genannt wird. „L'extrait gras de haschisch [...] s'obtient en faisant bouillir les sommités de la plante fraîche dans du beurre avec un peu d'eau. [...] La plus usitée de ces confitures, le dawamesk, est un mélange d'extrait gras, de sucre, de divers aromates tels que vanille, cannelle, pistaches, amandes, musc (BAUDELAIRE 2000: 38). Ein ähnliches Haschisch-Mus, das in einem kleinen vergoldeten Silbergefäß aufbewahrt wird, nehmen einige Figuren aus *Der Graf von Monte Christo* (geschrieben 1845–1846) zu sich. Es geht um „diese Art Zuckerwerk von grünlicher Farbe" (DUMAS 2013: 147), das „das beste und reinste [Haschisch enthält], was es in Alexandria gibt" (DUMAS 2013: 148, 407–411). Es ist nicht zu vergessen, dass Alexandre Dumas der Ältere und Charles Baudelaire seit 1844 dem „Club der Haschisch-Konsumenten" angehörten, zusammen mit Théophile Gautier, Honoré de Balzac, Gérard de Nerval, Eugène Delacroix, Honoré Daumier u.a. Ein moderner Konsument von Haschisch *majoun* war der amerikanische Schriftsteller Paul Bowles (1910–1999), der ab 1947 in Tanger lebte. Er verriet das Rezept des marokkanischen Haschisch-Mus in einem Buch, das er 1993 veröffentlichte (BOWLES 1993: 63).

Zurück bei den rumänischen Schriftstellern muss an Ioan Petru Culianu in seiner Rolle als Schriftsteller erinnert werden. Eine Figur aus seinem 1987 geschriebenen und erst 2005 veröffentlichten Roman *Jocul de smarald* [Smaragdspiel] lässt er eine andere grünliche „Marmelade" kosten, die aus Mohnsamen hergestellt ist und in einem Gefäß aufbewahrt wird, auf dem *Theriaca* steht. Es war ein „wirkliches Mittel für die Unsterblichkeit", ein Opiat, das „über die Maßen teuer" war. Die Szene spielt in Florenz, am Ende des Quattrocento (CULIANU 2005: 231–234).

Caragiale, Vater und Sohn: „Alkohol- und Tabakmissbrauch"

In Mateiu Caragiales Tagebuch (1927–1935) und in *Agenda-Acta-Memoranda* (1923–1936) beschreibt er sein Verhältnis zum Alkohol. Nach eigener Aussage begann er 1905 in Berlin, mit zwanzig Jahren, zu trinken, als er erfolglos versuchte, sein Jurastudium zu verfolgen. Er hatte kein Geld, „war zerstört vom Hunger und gebeutelt vom Klima Berlins". „Da habe ich begonnen, Alkohol zu trinken – süße Liköre, manchmal bitteren Wachholderschnaps, Punsch mit Burgunder oder mit Ananas […], und einfachen Aquavit zu Hause, wo ich mich mangels Weins an Bier gewöhnt habe" (CARAGIALE 2001: 381).

Über übermäßigen Alkoholkonsum, dass einen „der Schlag treffen könnte", beschwert sich auch der Erzähler (das Alter Ego des Autors) in *Craii de Curtea-Veche:* „In meinem benebelten Geist kam die Angst auf, dass mich der Schlag getroffen hat. Aber am Ende schaffte ich es. Seit einem Monat des Schweigens und gehetzt, voller Hoffnungen und Ängste, befand ich mich in einem Trinkgelage, in Ausschweifung, in einem Spiel. In den Jahren zuvor hatten mir die Umstände schwer mitgespielt; […] ich bemühte mich in einem Leben voller Verderben das Vergessen zu finden" (CARAGIALE 1975: 8). Genau diese Stelle bezeichnete Șerban Cioculescu als „deutlich autobiografisches Fragment" (CIOCULESCU 2005: 126).

Später schrieb Caragiale über seine eigenen Schandtaten, die ausgelöst gewesen seien durch „übermäßigen Konsums von Alkohol und Tabak". Nach einer „starken neurotischen Depression" musste Mateiu Caragiale 1933, um „sein Gleichgewicht zu sichern" und „seine Nerven wieder aufzubauen", spürbar seine Weindosis reduzieren und sogar mit dem Rauchen und dem Kaffee- und Teetrinken aufhören. Er setzte auf die einfache Logik, dass „wenn man den Grund beseitigt, auch die Wirkung vergeht". „Die Depressionen und die morbide Form meiner Leidenschaft zu L. [= Elise Baïcoyano] lagen im Kaffeekonsum und im Übermaß von Wein begründet. […] Nach nur einem Monat

Abstinenz und vor allem weniger Wein, erhielt ich meine großen Qualitäten zurück, meine Willens-, Entscheidungs- und Arbeitskraft, meine Urteilskraft und meinen Scharfsinn, meinen wahren, unveränderten Charakter, die Quintessenz der Kühle und Zurückhaltung. Ich habe Geduld und Energie zurückbekommen. Meine Nerven sind wiederhergestellt und ich fühle mich nicht mehr beschwert. Die Klarheit meines Geistes war unangetastet geblieben, aber meine Energie hatte gelitten, aber nicht unheilbar (*Sublata causa, tollitur effectus*" (CARAGIALE 2001: 349, 381, 491–493).

Auf dieser Seite des Tagebuches wurde eine Passage später zensiert und vom Herausgeber durch Klammern ersetzt. Es scheint, dass Tușki, die Tochter I.L. Caragiales, die Zensur vornahm, um das Bild des Vaters schützen.Șerban Cioculescu, der das komplette Tagebuch gelesen hatte, erinnert sich, dass es in den zensierten Zeilen um das psychische Ungleichgewicht ging, das der übermäßige Genuss von Alkohol und Tabak beim Vater des Tagebuchschreibers auslöste, also bei I.L. Caragiale. Diese Stelle sei, so Cioculescu, aus der Kategorie „nicht reproduzierbare Stellen" Mateiu Caragiales über seinen Vater (CIOCULESCU 2005: 125). Vielleicht war es dieser übermäßige Genuss, der beim Dramatiker die bekannten Hypertrophien der Sinne auslösten: „Ich sehe unermesslich und fühle ungeheuerlich".

In einem Brief vom August 1906 empfahl Constantin Dobrogeanu-Gherea seinem Freund I.L. Caragiale ironisch, sich die Backenzähne ziehen zu lassen, wenn er die Krankheiten, an denen er leidet, loswerden will, denn er „trage la măsea" (zieht am Backenzahn, was auf Rumänisch bedeutet, dass man kräftig Alkohol trinkt). Der Backenzahn verlangt nach Nassem [= Alkohol], Nasses erzeugt Nässe, Nässe führt zu Feuchtigkeit in der Leber", schreibt ihm Dobrogeanu-Gherea. „All die Symptome (der Krankheit), die du meisterlich beschreibst, die Faulheit und Taubheit im ganzen Körper, die stählerne Schwere im Kopf, die Übelkeit, der Pessimismus, die Abneigung gegen das Vaterland, die fehlende berechnende Willenskraft, die Hypertrophie des unberechneten Willens, die halbe Gelähmtheit des Sprechens und der Extremitäten des Körpers, vor allem der Beine, all das kommt von der Feuchtigkeit, die von der Nässe kommt, die vom Nassen [= Alkohol] kommt, dass vom Backenzahn kommt. Zieh dir die Backenzähne, hör auf mich und du wirst sehen, wie gesund und beweglich du werden wirst! " (CIOCULESCU 2005: 228). Eine Zwischenbemerkung:

Der Tee bei den Rumänen

Im Herbst 1935 (vom 10. Oktober bis 18. November) sammelte Mateiu Caragiale im Botanischen Garten im Cotroceni-Viertel bestimmte Pflanzen der Volksmedizin mit schlaffördernder, schmerzstillender und beruhigender Wirkung. Das geschah nur zwei bis drei Monate bevor er am 17. Januar 1936 in Folge einer Gehirnblutung starb. Wahrscheinlich spürte der Schriftsteller einen Anstieg des Blutdrucks im Gehirn und versuchte, sich mit bestimmten medizinischen Pflanzen zu behandeln. In seinem Tagebuch schrieb er, dass er „Samen der Weinraute" (Ruta Graveolens, Ruta nacrophylla) und „verschiedene Kapseln" der Ruta patarins sammelte, ohne zu spezifizieren, wofür er sie verwendete (CARAGIALE 2001: 507).

Weinraute ist eine Heilpflanze, die in großer Menge giftig ist und eine Reihe von Alkaloiden enthält. Weinrautentee wird von Bauern gegen Schlaflosigkeit und Schmerzen aller Art, Magen-, Zahn- und Kopfschmerzen verwendet. „Wäscht man sich damit den Kopf, wird sogar das Gehirn klarer" (BUTURĂ 1979: 204). „Tee aus den Blättern der Weinraute", schrieb der Arzt Vasile Voiculescu 1935, „wird verwendet gegen Kopfschmerzen und wenn das Blut zu Kopf steigt, [...] bei Unruhe und nervösen Störungen, mit Krämpfen in den Beinen und Zittern (Hysterie), wobei es gemischt werden muss mit Baldrian und Melisse [= *Melissa officinalis* (Zitronenmelisse)] oder Basilikum" (VOICULESCU 1935: 243). In einem alten Volksbuch mit dem Titel *Învățătură pentru multe meșteșuguri* [Lernstoff für viele Handwerke], das aus dem Polnischen übersetzt und 1806 veröffentlicht wurde, wird gegen Kopfschmerzen folgendes Mittel empfohlen: „Weinraute mit Rosmarinöl zerkleinern, mit Essig vermischen, einen Umschlag machen und auf den Kopf legen" (GASTER 1983: 356).[44] Tudor Vianu beobachtet 1936, dem Todesjahr Mateiu Caragiales, in einem Artikel in *Gândirea* [Der Gedanke] überrascht, dass Caragiale in letzter Zeit viel las und sich leidenschaftlich für „botanische Sachen" interessierte (VIANU 1973). Auch Ion Iovan, der ein apokryphes Tagebuch Mateiu Caragiales zusammenstellte, sieht diesen mit allerlei Tees und Hausmitteln („Minzaufguss") operieren oder sie – wie Emil Cioran – anderen empfehlen. „Er empfahl ihm Mausschwanzsud als Mittel gegen Taubheit". In seinen Träumen wird der Garten auf dem Grundstück Sionu zu einem Paradies von Heil- und Gewürzpflanzen und exotischen Pflanzen: „Keine Spur von Rasen parterre, nur Rosmarin-

---

44 Zur Rolle der psychotropen Pflanze in der Religion in Indien und im Iran siehe die exzellenten Studien von David Stophlet FLATTERY und Martin SCHWARTZ 1989.

und Majoranfelder, Salbei-, Minze und Basilikumfelder, Orangen, Magnolien und Kränze aus Eisenkraut" (IOVAN 2008).

Über Eisenkraut (*Verbena officinalis*) „sagen die Heiler verrückte Sachen", schrieb Plinius der Ältere. Zum Beispiel, dass die Botschafter es zu den Feinden bringen, um sie umzustimmen, da die Pflanze „Freundschaften schafft" und „diejenigen, die sich damit einreiben, bekommen, was sie sich wünschen" und „wenn man den Speisesaal mit Wasser bespritzt, in das man gehacktes Eisenkraut gegeben hat, werden die Gäste fröhlicher" (*Naturalis Historia* XXV, 105–107, 221).

Für den rumänischen Bauern und Städter war Tee ein Sud oder ein Aufguss mit Heilpflanzen. Als Gast in einem gewöhnlichen rumänischen Haushalt bekommt man fast nie Tee angeboten, sondern Schnaps, Wein oder „für die Herrschaften aus der Stadt", Kaffee. Lehnt man dieses traditionelle Angebot ab und bittet schüchtern um eine Tasse Tee, wird man beunruhigt gefragt: „Aber warum, sind Sie krank?" Als Bezeichnung für einen Sud aus Heilpflanzen („ceai … de păpădie" [Löwenzahntee]), taucht das Wort in einer Bemerkung auf, die 1884 ein gewisser „Daniil cântăreț" [Sänger Daniil] in ein altes Buch geschrieben hat, das sich in der Bibliothek der Rumänischen Akademie befindet: „Löwenzahn ist eine Pflanze, die man vor allem im Frühjahr sieht. […] Es ist ein gutes Mittel gegen Gelbsucht und Fieber. Sie macht auch stark. Friedrich der Große wurde geheilt indem er mehrmals Löwenzahntee trank" (CORFUS 1975: 112). Dies zeigt, dass nicht einmal der Begriff „Tee" wirklich gebräuchlich war. Aber auch der Aufguss einer halluzinogenen Pflanze konnte als „ceai" (Tee) bezeichnet werden. So bezeichneten die moldauischen Bauern am Ende des 19. Jahrhunderts Tollkirschensud, wie Simeon Florea Marian in seiner monumentalen Arbeit *Botanica poporană română* [Rumänische Volksbotanik] versichert. „Wenn jemand schwer krank wird, gibt man ihm Tollkirsche, denn entweder bringt es ihn um, oder es heilt ihn sofort wie die Krankensalbung. Es wird also ein kleines Stück Tollkirschenwurzel gekocht, daraus macht man einen „ciai" (Tee) und gibt ihn dem Kranken zu trinken, worauf er verrückt wird. Nach drei Tagen muss er wieder zu sich kommen" (MARIAN 1988: 122).

Außer Weinrautentee trank Mateiu Caragiale viel Tee im engeren Sinne, „chinesischen Tee" (*Thea sinensis*), eine Pflanze, die Koffein, Tein, Theophyllin und andere aufputschende Substanzen enthält. Nachdem Caragiale festgestellt hatte, dass er eine „schwere neurotische Depression" durchlebt, beschloss er am 13. August 1933 als erstes, keinen Tee mehr zu trinken (CARAGIALE 2001: 491).

Es ist eigenartig, dass Mateiu Caragiale, der „Balkane", ein so großer Teetrinker war. Und noch eigenartiger ist, dass er realisierte, dass Tee psychoaktive, das Nervensystem erregende Substanzen enthält, und er sofort mit dem Teetrinken aufhören muss, um aus der Depression, in die er geraten war, heraus zu kommen. Erst danach hat er Tabak und Kaffee weggelassen und seine Weinmenge drastisch reduziert. Die Rumänen waren (und sind auch heute noch) große Kaffeetrinker, ein Brauch, den sie von den Türken und Phanarioten übernommen haben, aber sie waren keine großen Teetrinker (und sind es auch heute nicht).

Den Brauch des Teetrinkens haben sie von den Russen übernommen, ziemlich spät, am Ende des 18., Anfang des 19. Jahrhunderts. Reisende, die im rumänischen Raum unterwegs waren, vermerkten, dass damals Tee aus Russland in die Rumänischen Fürstentümer importiert wurde (CERNOVODEANU 2004: 62; CERNOVODEANU 2005: 26). Tee war damals eine Luxusware. Die rumänischen Bojaren bewahrten ihn in schönen Silberbüchsen auf, die abschließbar waren, damit die Bediensteten den Inhalt nicht stehlen konnten. Eine solche Büchse von ca. 1800, die kunstvoll aus versilberten Messing gearbeitet ist, befindet sich in Iași in der Sammlung des *Muzeul de Istorie a Moldovei* [Museum der Geschichte der Moldau] (CIOFLÂNCA 2008: 5, 35).

Die nach dem Beginn des russisch-türkischen Kriegs von 1806 in Iași und Bukarest stationierten russischen Offiziere waren unzufrieden, wenn sie statt Tee starken, heißen und ungesüßten Kaffee bekamen, wie es türkischwalachischer Brauch war. „Der Mitropolit Gavriil [aus Iași]", schreibt ein russischer Kurier 1808, „servierte mir Kaffee nach moldauischer Art, das heißt man gab mir erst Marmelade, von der ich einen Löffel nahm und Wasser trank, wonach ich zum Kaffee übergehen musste; aber ich konnte nicht viel Kaffee trinken, denn er wurde ohne Sahne gereicht und war sehr heiß. Die ansässigen Bojaren aber trinken den Kaffee sogar ohne Zucker, nach türkischer Art!" (CERNOVODEANU 2004: 411).

In der rumänischen Literatur taucht das russische Wort für „Teemaschine" mit Kohle – *Samowar* (wörtlich „Selbstkocher") – erst relativ spät, nämlich zu Beginn des 19. Jahrhunderts, auf. Das Gerät und die Bezeichnung wurde wahrscheinlich von russischen Offizieren während des Kriegs mit den Türken 1806–1812 eingeführt. Er kommt zum Beispiel bei den muntenischen Bojaren Iordache Golescu und Costache Faca vor:

*Hol die Lampen aus dem Haus, gieß Wasser in den Samowar, – Lauf
nicht versunken umher und ohne Ziel [...], – Mariuța, mach trocken Brot
und Milch für den Tee, – Vergiss nicht, denen die Rum wünschen, ein
paar Tropfen zu geben* (C. Faca, *Comodia vremii*, 1833) (NICULESCU
1960: 71).

Aber der Samowar und seine Bezeichnung tauchen vor allem bei den moldauischen Bojaren auf (russischer Einfluss), wie beim russophilen Costache Negruzzi, der häufig in das russische Gouvernement Bessarabien reiste. Negruzzi ersetzte in dem für phanariotische Bräuche typischen Paar aus Kaffee und Ciubuc den Kaffee durch Tee: „Er reichte Tee und Ciubucs". 1838 schrieb er eine wahre Lobrede über den Tee: „Der Samowar brodelte. Der Tee, der in die Tassen gegossen wurde, nahm eine rote Farbe an, wenn er sich mit dem Jamaikarum vermischte. Alle [jungen Bojaren] schlürften dieses gewandte Getränk – das seinem Erfinder nicht weniger Ehre macht als dem Erfinder des Buchdrucks und des Dampfschiffs" (NEGRUZZI 1974: 50). Es ist kein Wunder, dass der Sohn dieses Bojaren, Iacob Negruzzi, in Berlin (1859–1863), wo er Jura studierte, auch Tee (aber auch Kaffee) trinken wird (NEGRUZZI 1974: 178).

Interessant ist wie zu Beginn des 19. Jahrhunderts manche rumänischen Bojaren den Brauch, „türkischen Kaffee" zu trinken, gegen den tauschten„ „russischen Tee" (mit Rum!) zu schlürfen. Ein Phänomen mit bedeutenden kulturellen, wenn nicht sogar politischen Konnotationen. Tee und Kaffee wurden zu Symbolen der Konfrontation zwischen rumänischen Bojaren der „russophilen Partei" (der sogenannten „nationalen") und denen der „turkophilen Partei".

Das Teetrinken kam also aus Russland in den rumänischen Raum, nicht aus England. Überhaupt gibt es nur wenige britische Einflüsse. Bis auf ein paar eigenartige Ausnahmen. Zum Beispiel ließ sich Anica Lățasca, die Tochter des moldauischen Hetman Toderaș Balș, 1830–1840 Kutschen aus England bringen „und zog ihren Dienern, Zigeunern, Uniformen englischer Postillions an", erinnert sich Radu Rosetti. Mehr noch, die „anglomanische" Anica ließ ihre englische Gouvernante (missa) den Zigeuner-Kutschern – „wahrscheinlich mit Hilfe einiger Peitschenhiebe", kommentiert Radu Rosetti sarkastisch – einige „englische Begriffe" beibringen. Wenn „der Diener [unterwegs] seine Sprache benutzte, stand Frau Anica in der Kutsche auf und schrie wütend: ‚Sprich englisch, Zigeuner!'" (ROSETTI 1996: 147). „Măcar să fie cu caftan, țiganul e tot țigan" [Selbst im Kaftan, Zigeuner bleibt Zigeuner], heißt ein rumänisches Sprichwort.

Ein paar Elemente britischer Zivilisation, aus Inseln einer „auserwählten Gesellschaft" im Iași der 1830er und 1840er Jahre, finden sich in der Prosa Mihail Kogălniceanus (*Soirées dansantes*, 1839, und *Tainele inimei* [Rätsel des Herzens] 1850). Es geht um junge Iașier, „Anglomanen, Dandys und Gentlemen", die den Copou entlang ritten (*riders*), „vist" (Whist) spielten, elegant gekleidet waren, nach „fașionul englizesc" (english fashion), die Klappzylinder, enge Hosen und „Handschuhe von Brand-Maier" trugen und sich bei „Tanzveranstaltungen" trafen. Nach „bifteacă" [beefsteak[und „pudinci" [Pudding] tranken die Dandies des Iașer high-life „punș fierbinte" [heißen Punsch], schlürften Tee und knabberten „biscote" [biscuits] und „franzelă prăjită" [geröstetes Weißbrot] (CIOCULESCU 2005). Es scheint das erste Auftreten des Begriffs *dandy* in der rumänischen Kultur zu sein (BABEȚI 2004: 111).

C.A. Rosetti war ein weiterer anglophiler und anglophoner Bojar. Er lernte Englisch und übersetzte das dramatische Gedicht *Manfred* von Byron (in *Ceasuri de mulțumire* [Stunden der Zufriedenheit], 1843), besuchte England und heiratete eine Schottin, Mary Grant, die Schwester des Sekretärs des britischen Konsulats in Bukarest. Es ist also nicht verwunderlich, dass er nach 1846 in seinem Laden auf der Brücke Mogoșoaia (den er zusammen mit seinem zukünftigen Schwager Effingham Grant unterhält) neben Büchern, französischem Wein, englischem Papier und „Blumen für die Toilette der Damen" auch Tee verkauft (CĂLINESCU 1986: 167).

In einem Brief vom 5. Dezember 1871 aus Paris an seine Frau Mary, beschreibt Rosetti, wie er die Freude, einen Brief von ihr bekommen zu haben, verlängert. Eine komplizierte Angelegenheit, ein wahres Ritual, das uns zeigt, wie sehr jeder Schluck Tee und jeder Zug an der Zigarette mit Bedeutungen angereichert war, die heute verloren sind: „Ich hatte mich an den Tisch gesetzt, rollte gerade meine Zigarette, als um Viertel nach neun ein Brief von dir kam. Ich habe ihn vor mich hingelegt und meine Zigarette weiter gerollt, schaute dabei die Adresse an, die Briefmarke, deine Schrift auf dem Umschlag. Ich rührte meinen Tee um, kostete und zündete meine Zigarette an. Ich öffnete den Brief, las, weinte, trank einen Schluck Tee, rauchte, las, weinte, dachte über alles nach, was du geschrieben hast und rollte dabei eine weitere Zigarette, goss mir eine zweite Tasse Tee ein und da war es schon 9 Uhr 43". „Rosetti als Absender" schreibt seiner Frau über „Rosetti als Adressat", beobachtet Ioana Pârvulescu mit einer gewissen Ironie (PÂRVULESCU 2005: 263).

Rosetti war Teetrinker aber auch starker Raucher. In allen Karikaturen der Presse jener Zeit, wird Rosetti mit Wasserpfeife, Ciubuc, Pfeife oder Zigarette abgebildet.

Die Rumänischen Fürstentümer befanden sich an den Grenzen Mittel-, Ost- und Südosteuropas, zwischen dem Habsburgischen Reich, dem Zarenreich und dem Osmanischen Reich und damit auch zwischen verschiedenen Kulturen, Zivilisationen, Sitten und Bräuchen. Eine Geschichte aus städtischer Folklore, die 1844 in der Wiener Zeitschrift *Der Humorist* veröffentlicht wurde, unterstreicht sehr gut diese Stellung „der Grenze zwischen den Imperien", die dem rumänischen Raum zueigen war. Es wird gesagt, dass ein Engländer, der eine Nacht in drei verschiedenen Imperien verbringen wollte, an den einzigen Ort gegangen sei, wo dies damals möglich war: Zum Punkt mit dem Namen *triplexconfinium*, im Norden der Bukowina, wo die Grenzen des russischen, habsburgischen und osmanischen Reichs aufeinandertrafen. Der Ort befand sich neben dem Dorf Noua Suliță am Prut. Der Reisende trank Tee in Russland, Kaffee in der Türkei und Wein in Österreich und saß dabei auf einem Stuhl mit drei Beinen, jedes in einem anderen Reich. „Daraufhin ist er glücklich zurück nach London gefahren, um seine sagenhafte Expedition der Geographical Society zu berichten" (CORBEA 1998: 11).

Die kulturelle Vielfalt wurde auch daran gemessen, was man in der Hauptstadt des Landes essen konnte. In dieser „city of pleasure" konnte man auch „Tee wie ein Engländer" trinken, aber das war ein wenig schwieriger. Bukarest hatte relativ wenige tatsächliche Teehäuser. Ein paar befanden sich im jüdischen Viertel (auf der Calea Văcărești), andere im Zentrum, beispielsweise das Teehaus „Macedonia" in der Pasaja Doamnei (EFTIMIU 1965: 134).

Ende des 19. Jahrhunderts bürgerte sich im Bukarester „hailaif" die Sitte ein, einen „jour fixe", eine „soareá" um fünf Uhr zu organisieren, mit Tee und Gebäck nach britischer Art, was in England von der Herzogin von Bedford um 1800 eingeführt worden war. Aber der Brauch des *five o'clock tea* war eine der wenigen englischen Imitationen in einer bürgerlichen Gesellschaft, die nur so strotzte vor französischen Imitationen. Dieser Einfluss wird auch in der Kolumne von Claymoor (Mișu Văcărescu), „Carnet du high-life" beschrieben: „Madame Esméralde Piscopesco, five o'clock tea tous les jeudis" (CARAGIALE 1900). Ein eigenartiger englischer Eindringling in eine snobistische französisierte Gesellschaft, die Tee trinkt à la russe, aus dem Samowar und aus Gläsern, die gehalten werden in Ständern „aus Silber mit der Krone des Comte über dem Monogramm" (CARAGIALE 1960: 96–97).

Ein kosmopolitischer *dandy* wie Alexandru Macedonski trank seinen Tee im Kaffeehaus „High-Life" auf der Calea Victoriei. Peltz erinnert sich 1918, als er Redakteur bei *Literatorul* war, dass Macedonski seinen Tee mit allem Drum und Dran trank: „Der Meister hatte seinen Tisch, seinen Kellner, seine Bestellung. Er besetzte eine große „Loge": Er konnte nie wissen, wer noch kam und wie viele. Er erkundigte sich nach dem Kellner (nicht, dass er an einem Tag kam, an dem der frei hatte) und wenn er lächelnd heran kam, machte ihm der Dichter nur ein Zeichen mit dem Kopf, um verstanden zu werden. Man brachte ihm einen riesige „spezielle" Kanne mit diversen Tassen und Tässchen, denn der Meister hatte seine persönliche Art, den Tee herzustellen. Nachdem er ein paar Schlucke genommen hatte, brannte er seine Zigarette an, schaute durch das Kaffeehaus und beobachtete: ‚Es sind weniger Gäste geworden. Auch dieser Ort beginnt kaputt zu gehen! Was willst du, es sind Neulinge eingefallen.' Und dann melancholisch: ‚Was war hier los vor dem Krieg! Wenn diese Spiegel sprechen könnten! Nur Menschen mit Klasse!'" (PELTZ 1974: 69).

Zum Schluss der Verweis auf Gabriel Liiceanus Beschreibung (in einem Brief an seinen Sohn) seiner morgendlichen Teezeremonie: „ein Tropfen Hedonismus". Tee war eines „der großen kleinen Vergnügen" des Philosophen, neben Kaffee und Zigaretten (LIICEANU 2008: 193–194).

Liebeskrankheit und Heilmittel

Die Passage in *Craii de Curtea-Veche*, in der Pirgu über „magiun" und „miambal" spricht, die Mittel, die Pașadia seit langem nimmt, hat explizite sexuelle Konnotationen. Es ist eine Episode über die schöne Jüdin Rașelica Nachmansohn. „Halal sei ihr, der wunderbaren Frau! ", wie Pirgu sagt. „Sie hat zwei Männer in drei Jahren erledigt und wahrscheinlich hat sie auch noch anderweitig zugeschlagen" (CARAGIALE 2001: 67). Die „übersexuelle" Rașelica erledigt (im Wortsinn) den Pașadia, der – vielleicht wegen einer hohen Dosis Opiummagiun – sein Leben aushaucht auf ihrem Bauch während der Vereinigung. „*La petite mort*", wie der Orgasmus metaphorisch genannt wird, wurde zur „*grande mort*". Matei Călinescu erinnert an die aphrodisierende Wirkung des Opium-Elektuarium Magiun und den Süßholzsaft Miambal (*Glycyrrhiza echinata* auf Türkisch *myan bal* – vgl. im Wörterbuch bei Lazăr Șăineanu). Pirgu bezog sich im Grunde auf die generelle Kraft, auch die sexuelle, des alten Pașadia, dessen „Hoffnung nur noch in Miambal und [Opium] Magiun liegt". Glaubt man dem rumänisch-französischen Wörterbuch Frédéric Damés

(1893–1895), bedeutet „Magiun" ein „opiat cantharidé", also ein Elektuarium aus Opium, dem ein weiteres Aphrodisiakum, Kantharidenpulver, hinzugefügt wird (ZAFIU 2010). Ob nun mit Kanthariden vermischt oder nicht, Baudelaire ist der Meinung, dass Opim die Sinnlichkeit steigert: „L'opium […] creuse la volupté" (Le Poison, 1857). Von Mircea Eliade (Isabel și apele Diavolului, 1930; Șantier, 1935) bis Mircea Cărtărescu (Orbitor [Die Wissenden], 1996) bezogen sich viele Rumänen auf die Eigenschaft des Opiums, sexuelle Aktivitäten zu stimulieren. In Die Wissenden ist Mohn für die balkanischen Bauern eine wunderbare Pflanze, „die den Frauen die Pupillen weite und Lust mache zur Paarung" (CĂRTĂRESCU 57: 2007). Im Roman stimuliert Opium vor allem die erotischen Impulse der Frauen. Nachdem sie sich „blindlings und zuhauf vereinigt hatten", nachdem sie den Höhepunkt der sexuellen Epidemie überstiegen hatten, fielen die Männer in rauschartige Träumerei, während die Frauen weiter im erotischen Fieber blieben. „Den mit Zigeunersamen versetzten Tabak schmauchend lagerten die Männer auf den Zimmerbänken und hatten keine andere Sorge als die, das Feuer im Ofen nicht ausgehen zu lassen. Die Frauen dachten mit keinem Gedanken mehr an ihre Kinder, die irgendwo in den Rinnen plärrten, und liefen geschminkt bis an die Brustwarzen durch die Gassen des Dorfes, um vielleicht einen Kerl anzutreffen, dessen Stoßkraft sie noch nicht gespürt hatten" (CĂRTĂRESCU 2007: 57).

Abb. 14: Theodor Pallady. Odaliscă (cu narghilea) [Odaliske (mit Wasserpfeife], Öl auf Leinwand, ca. 1925–1935, Nationales Kunstmuseum Rumäniens.

Opium hat anscheinend als Aphrodisiakum wirklich unterschiedliche Wirkungen auf die weibliche und männliche Libido. Lucy Roth, die quasi-reale Figur aus dem „indischen" Roman von Mircea Eliade Isabel și apele Diavolului [Isabel und die Wässer des Teufels], weiß etwas darüber: „Das Opium verstärkt die weibliche Sinnlichkeit und verringert die der Männer" (ELIADE 1993: 96). Und auch der opiumsüchtige Jean Cocteau kommt zu dieser Schlussfolgerung: „Chez l'homme, la drogue n'endort pas le cœur, elle endort le sexe. Chez la femme, elle éveille le sexe et endort le cœur " (COCTEAU 1999: 32). Opium kann, mit anderen Worten, als Aphrodisiakum und als Anaphrodisiakum funktionieren: es verstärkt oder verringert die sexuellen Impulse.

Im Mittelalter gab es in Europa zwei Möglichkeiten, das sexuelle Begehren des Partners zu steigern: Magische Rituale oder aphrodisierende Substanzen. Über beide erfahren wir eher bei denjenigen etwas, die sich gegen diese Art von Praktiken aussprachen: Kleriker und Inquisitoren. Im 11. Jahrhundert zum Beispiel bekämpfte der Bischof Burchard von Worms Frauen, die Liebeszauber anboten. „[Sie] nehmen einen lebendigen Fisch, stecken ihn ins Geschlechtsteil, lassen ihn dort, bis er stirbt, kochen ihn dann oder braten ihn und geben ihn dem Ehemann zu essen, damit seine Leidenschaft zu ihnen steigt" (*Collectarium canonum*, 1012). Die Strafe, die der deutsche Bischof für diese teuflische Sünde vorschlug, waren zwei Jahre Brot und Wasser, aber die Strafe stieg auf fünf Jahre, wenn die Frau zum gleichen Zweck „das Blut ihrer Regel nahm und es in das Essen oder Trinken mischt und es dem Ehemann gab" (VERDON 2011: 43–44).

Unter den aphrodisierenden Pflanzen, die im Mittelalter verwendet wurden, waren mit Sicherheit Alraune oder Tollkirsche, Stechapfel und Kornrade. Bei der Suche nach der Droge, die im 12. Jahrhundert Tristan und Isolde als „Liebeselexier" verwendeten, verwies Denis de Rougemont auf die Kornrade, „deren Wirkung der von LSD ähnelt, aber ohne Zweifel stärker aphrodisierend ist" (FĂTU-TUTOVEANU 2005: 80). In der *Mandragola* von Niccolò Machiavelli zu Beginn des 16. Jahrhunderts hat der Alraunentrunk aphrodisierende Funktion. Im Alten Testament haben die „Liebesäpfel" (Dudaim), die Jakob und Leah versuchen, aphrodisierende und fruchtbarkeitssteigernde Wirkung (*Genesis* 30, 14–16). Und Sulamita lädt Solomon an die symbolischen Gestade, wo „die Liebesäpfel duften" und vor dem Liebesakt bietet sie ihm „Würzwein" (*Das Hohelied* (Eberfelder Bibelübersetzung) 7, 14 und 8, 2).

In diesem Teil des Kontinents wurden die walachischen Hexen, das beweisen die siebenbürgisch-sächsischen Chroniken, als diejenigen angesehen, die sich am besten mit den Pflanzenritualen für „Liebeszauber" auskannten (MAZILU 2008: 321). In der Vormoderne verwendeten die Bojarenfrauen Afion in verschiedenen Situationen, und auch, wenn sie sich in ihre Gemächer zurückzogen. Unsere Frauen, beschwerte sich Nicolae Văcărescu 1814, bereiten keinen „Mohnpudding" mehr zu. Es handelt sich um die Verwendung von Afion in den süßen Stunden der Nacht – als Schlafmittel oder Aphrodisiakum? Wie ich im ersten Teil des Buches erwähnte, ist die zweite Hypothese nicht aus der Luft gegriffen. „Die Mädchen legen Mohnblumen unter den Kopf", stellt Artur

Gorovei 1915 fest, „um die Jünglinge zu verführen" (GOROVEI 1995: 128). Und ebenfalls Gorovei veröffentlichte 1931 volkstümliche Zaubersprüche, in denen die „Liebste aus dem Dorf" ihren Geliebten mit Afion bezaubert.

Hanf, auch die europäische Sorte (*Cannabis sativa*), enthält aphrodisierende Alkaloide. Charles Baudelaire sprach in *Les Paradis artificiels* (1860) über „étranges phénomènes" [...] „quand on fait la moisson du chanvre [...] les travailleurs mâles et femelles. On dirait qu'il s'élève de la moisson je ne sais quel esprit vertigineux qui circule autor des jambes et monte malicieusement jusqu'au cerveau " (BAUDELAIRE 2000: 73). Und in manchen Gebieten Rumäniens war es verboten, auf einem frisch geschnittenen Hanffeld zu schlafen. Es kann zu Turbulenzen, auch erotischen, kommen, wie in diesem Volkslied:

Die Frau hat mir gesagt
dass sie mir gibt
Hanf, wenn er reif
Und dass sie ihn zum Schlegel bringt
dass sie es zwischen die Beine legt.

Aber Hanf und der sexuelle Akt potenzieren sich anscheinend gegenseitig, denn ihre Verbindung funktioniert in beide Richtungen. Die Hanfernte kann erotische Impulse auslösen, und der Geschlechtsakt (oder seine Nachahmung) kann das Wachstum des Hanfs wie durch Zauberhand verstärken. Der Ethnologe Traian Herseni beschrieb ein im Oltgebiet bestehendes archaisches Ritual, bei dem die Fruchtbarkeit des Hanfs vergrößert wurde. „Eine Zauberpraxis, um den Hanf zum Wachsen zu bringen mittels Geschlechtsakt direkt auf dem Feld" (HERSENI 1977: 284). Hanf spielt außerdem eine magische Rolle in den rituellen Praktiken zur ehelichen Vorhersehung. Am Heiligen Abend säen die Mädchen im Norden der Moldau (Botoșani) Hanfsamen und sagen: „Ich säe den Hanf nicht für Hemdstoff, denn den habe ich, aber ich säe den Weg des „ursitor" [Person, die vom Schicksal als Ehemann vorgesehen ist, auch Person, die das Schicksal entscheidet, und in Erweiterung das Schicksal selbst; Anm. d. Übers.], dass ich ihn im Traum träume und dass ich ihn wirklich sehe" (NICULIȚA-VORONCA 1998: 65).

Bei den rumänischen Bauern werden Tollkirsche und Alraune für „Liebeszauber" oder als Aphrodisiakum verwendet. „Die Alraune ist die erotische Pflanze par excellence. Sie bewirkt Liebe, Heirat und Fruchtbarkeit " (ELIADE 1982: 233). Die Mädchen und jungen Frauen aus Bistrița-Năsăud machen aus

Mehl (das sie aus der Mühle „mit umgekehrter Hand gestohlen haben"), Alraunenwurzel (die nach einem genauen magischen Ritual gesammelt wurde) und Honig „einen Teig, den sie sauer werden lassen. Diesen Teig benutzen sie später in Schnaps, Tee, Kaffee oder einem Kuchen, den man einem jungen Mann anbietet, um seine Liebe zu wecken" (ELIADE 1982: 218–219): „Alraune, Gute Mutter, verheirate mich in diesem Monat. Wenn nicht in diesem, dann aber im nächsten, aber macht, daß ich nicht länger ein Mädchen bleibe. Ich nehme Euch nicht, um jemanden verrückt zu machen, ich nehme Euch, um jemanden verliebt zu machen" (ELIADE 1982: 219–221).

„Die Tollkirsche", schrieb Simeon Florian 1880, „hat exzellente therapeutische und aphrodisierende Eigenschaften, so dass es schlecht ist, dass dieses Medikament, die Menschen, die es verwenden, verrückt macht" (MARIAN 2000: 81). Genauso verhält es sich mit dem Samen des Stechapfels (*Datura stramonium*), der auch „nebuneala" (Verrücktheit) genannt wird. Aus ihnen werden Liebestränke gefertigt, für „Liebeszauber und Hasszaubereien". Aber „wenn man mehrere trinkt, dann wird man verrückt" (MARIAN 2008: 475). Ungefähr zweitausend Jahre zuvor sprach sich Ovid, ein Spezialist in der „Liebeskunst", dagegen aus, den Mädchen Aphrodisiaka zu geben, die wahrscheinlich auch auf der Basis von Tollkirsche oder Alraune (oder Stechapfel) gefertigt wurden. „Blasser Liebestrank, den Mädchen gegeben, auch nützt nicht;/Ja er schadet dem Geist, steigert die Liebe zur Wuth".[45]

Der französische Arzt Alcibiade Tavernier, der in der Walachei lebte, beschwerte sich 1841 in einer Klageschrift an das *Departamentul Pricinilor Dinlăuntru* [Departement für innere Angelegenheiten], dass der Major Ştefan Pazaraz ihm seine Schulden für Behandlung und Heilmittel nicht bezahle. Unter den noch nicht bezahlten Medikamenten waren auch Pillen gegen Syphilis und „stärkendes Pulver", das die Potenz des Herrn Major steigern sollte (POTRA 1990: 184).

Was enthielten solcherlei Pulver? In den europäischen Städten des 18. und 19. Jahrhunderts, war das Aphrodisiakum, das in Mode war, kein Extrakt aus Pflanzen (Mohn, Tollkirsche, Alraune, Stechapfel oder Bilsenkraut), sondern aus Insekten. Nämlich ein Pulver aus zermahlener Spanischer Fliege, die ein giftiges Alkaloid namens *Cantharidin* enthält. Die Spanische Fliege (*Lytta vesicatoria*; andere Bezeichnungen im Rumänischen: *gândac-de-frasin* [Esche-

---

45 OVID: Ars Amandi, 2. Buch, Übers. von Heinrich LINDEMANN; http://gutenberg.spiegel.de/buch/4724/1 (Zugriff, 8. September 2013, 12:30).

käfer], *gândac-de-turbă* [Wutkäfer] ist ein grün-goldener Hartflügler, der eine blasenziehende Substanz absondert. Die getrockneten Käfer wurden zermahlen und das Pulver in Alkohol aufgelöst. Das Cantharidin wird über den Urin abgegeben, wobei es die Harnwege entzündet und reizt. Dadurch kommt es zur Erektion und dem Gefühl einer verlängerten sexuellen Erregung. Der Unterschied zwischen einer normalen Dosis und einer Überdosis war ziemlich gering, weshalb es häufig zu schlimmen Vergiftungen kam.

Als Amateur-Entomologe beschrieb der junge Mircea Eliade 1922 (im Alter von 15 Jahren) in einem Artikel „die sogenannten *blasenziehenden Insekten*, die *Cantharidin* produzieren, ein sehr gefährliches Alkaloid, das in der Apotheke verwendet wird" (ELIADE 1996: 44). „Die Käferchen", schrieb Vasile Voiculescu 1935, „sind nichts anderes als Cantharide, Eschenkäfer, und genauso giftig. In der Regel verwendet man es auf dem Land gegen Tripper (Samenfluss) oder gegen Impotenz , jedoch zerstört dieses Mittel, egal in welch geringer Menge es verabreicht wird, für immer die Nieren und treibt den Kranken häufig in den Wahnsinn" (VOICULESCU 1935: 103).

Der Brauch, die Spanische Fliege als Aphrodisiakum zu verwenden, stammt aus der Antike. Um 230 sendete der römische Kaiser Severus Alexander auf Grund mehrerer schlimmer Vergiftungen eine Vorschrift aus, die in Häusern der Prostitution die Verwendung des Gemischs aus Stechapfel und dem Pulver der Spanischen Fliege verbot (ESCOHOTAADO 1997: 27). Es gibt keinen besseren Beweis dafür, dass etwas zu einer bestimmten Zeit existierte, als den, dass es verboten wurde.

Interessant ist, dass auch anderthalb Jahrtausende später die aphrodisierenden Bonbons auf der Basis der Spanischen Fliege (auch „à la Richelieu" genannt) in den Bordells Frankreichs verboten waren. Was nicht bedeutet, dass sie nicht verwendet wurden. Zurück zum 19. Jahrhundert, in dem Pulver und Tinktur aus Spanischer Fliege im rumänischen Raum als Aphrodisiakum verwendet wurden. In seinem Buch *Mistere din București* ([Bukarester Geheimnisse], 1862) berichtet Ioan M. Bujoreanu, dass Männer wegen einer Überdosis Cantharidin in die Nervenklinik des Klosters Mărcuţa eingeliefert wurden: „Der Konditor, der das kleine Geschäft im Park [Cişmigiu] unterhält, hat eine besondere Marmelade mit Chanthariden [und Opium] für gute Zwecke. Diese Zwecke sind ein paar verehrungswürdige Damen, die nicht mehr auf den Erfolg ihrer physischen Anziehungskraft hoffen können und auf die Wirkung dieser Insekten zurückgreifen und damit jeden Tag einen eleganten Herrn ins Institut Mărcuţa schicken" (VIGHI 2003: 54). Auch in der quasi-autobiographischen Novelle *Duduca Mamuca* (1863) von B.P. Hasdeu nimmt die Hauptfigur eine berauschende aphrodisierende Substanz aus „Afion" und zermahlenem „Wutkäfer" ein, die ihm von einem Arzt empfohlen wird: *Pulv. Cantharid* (HASDEU 1998: 50–51).

In einem Text mit dem Titel „Un poet necunoscut" [Ein unbekannter Dichter] erzählt Constantin Negruzzi, dass der Apothekerlehrling Daniil Scavinski (der zukünftige Dichter) bevor er 1823 nach Iași kam, „spanische Fliegen und Chinin zermahlte" in einer Apotheke in Lemberg (NEGRUZZI 1974: 221). Auch Didina, die Geliebte des Pampon aus *D-ale carnavalului* von Ion Luca Caragiale, besorgt sich beim Apotheker verschiedene Parfums, „odicoloane", Pomaden und „Lubins", die die Lust solcher wie Nae Girimea entflammen sollten (CARAGIALE 1960: 229).

Die Gewohnheit, Aphrodisiaka zu verwenden, kommt aus dem Orient. Deshalb muss zu diesem Thema ein Blick in den Orient geworfen werden. Charles Baudelaire spricht von „confitures de haschisch", die in Algerien, Ägypten und Arabien üblich waren (*madjound* und *dawamesk*). Man gab neben anderen Zutaten auch „ein wenig Spanische Fliege" dazu. (BAUDELAIRE 2000: 38). Trotz des Alkoholverbots (und wahrscheinlich gerade deswegen) stieg der Konsum von Reizmitteln bei den Muslimen. Ernst Jünger kommentiert, dass ein Fremder, der durch Alexandrien reist, „die Erfahrung gemacht haben [wird], daß Schwärme von Händlern ihm unter anderem Drogen anboten, von Hanfzigaretten bis zur Kantharidentinktur" (JÜNGER 2008: 82). „Es ist ein alter Einwand gegen Mohammeds Gesetzgebung, daß sie durch das Verbot des Weines den Konsum von Opium und Haschisch und den sexuellen Exzeß begünstige" (JÜNGER 2008: 82). Die gleiche Atmosphäre beschreibt Mircea Eliade 1928 in seinem „falschen Bordtagebuch" auf dem Weg nach Indien, als er über die Straßen in Kairo schreibt: „ein Dutzend Verkäufer umkreisen dich" und bieten allmögliche Arten von Zigaretten und „arabische Frauen" (ELIADE 2008: 325).

Honigberger beschreibt die Art und Weise, wie die Spanische Fliege bei den Christen in Syrien verwendet wurde, genau zu jener Zeit, als der rumänische Dichter Daniil Scavinski in einer polnischen Apotheke Pulver aus Spanischen Fliegen herstellte. Padre Tomaso,[46] ein Kapuzinermönch mit medizinischen

---

46 Pater Tomaso wurde durch die sogenannte Damaskusaffäre bekannt. 1840 verschwanden er und sein muslimischer Diener und man beschuldigte die Juden der Stadt, einen „Ritualmord" begangen zu haben. Daraufhin kam es zu Massakern, bei denen hunderte Juden ermordet wurden. Die Affäre bekam internationales Ausmaß. Die Leichen des Paters und seines Dieners wurden nie ge-

Kenntnissen, empfahl 1824 in Damaskus einem christlichen Goldschmied, der bald heiraten wollte, eine ziemlich große Menge Cantharidin als Aphrodisiakum. Dieser fühlte sich „auf Grund der maßlosen [sexuellen] Vergnügen derart erschöpft", dass er fürchtete, „seine ehelichen Pflichten" in der Hochzeitsnacht nicht erfüllen zu können. Nicht nur, dass der „Magiun" aus Spanischer Fliege, den ihm der Mönch empfohlen hatte, „nicht die gewünschte Wirkung zeigte, er brachte [dem Bräutigam] auch unerträgliche Schmerzen". Honigberger, der zu Hilfe gerufen wurde, gab ihm sein Lieblingsmittel: Opiumpillen und Kampfer. Der gleiche Honigberger wunderte sich 1832 in Indien, dass man dort „unsere Spanische Fliege nicht kannte". Die Inder verwendeten stattdessen ein anderes blasenziehendes Insekt, *Meloe telini*, „die mehr Cantharidin enthält als die Spanische Fliege" (HONIGBERGER 2004: 130–131, 156). Alle blasenziehenden Insekten, die Cantharidin enthalten, sind sogenannte „fliegende Ameisen". 1680 empfahl Lazare Rivière, der Dekan der Medizinischen Fakultät in Montpellier, zur Heilung der Frigidität bei Frauen, um „den gänzlich erloschenen geschlechtlichen Impuls zu entfachen, [...] sich die Gegend um den Uterus mit Öl fliegender Ameisen einzureiben". Außerdem empfahl er ihnen, einen Likör aus Wein, Opium, Ambra, fliegenden Ameisen, Knabenkrautwurzeln und anderen Zutaten zu trinken. Die Frauen berichteten ihm, so der Arzt, dass sie nach der Behandlung „wunderbares Vergnügen" hatten (ALEXANDRIAN 1994: 369). Im Mittelalter wurden aromatische Öle, die unbedingt Ambra enthielten, von den Frauen in kleinen goldenen oder silbernen Gefäßen in Apfelform aufbewahrt. Aus der Bezeichnung *pomme d'ambre* enstand das französische Wort *pommade*, das auch in die rumänische Sprache kam (*pomadă*).

Auch die Türken verwendeten „Cantharidentinktur", die wir bei Dimitrie Cantemir wiedererkennen als „erregendes Getränk". So taucht dieses Präparat in seiner Geschichte des Osmanischen Reichs auf, die 1876 archaisierend und lateinisierend vom Siebenbürger Iosif Hodoșiu ins Rumänische übersetzt wurde. Der Sultan Ibrahim (ca. 1648) „war der Sinnlichkeit geneigt". „Man sagt, dass er sein ganzes Leben in sinnlichen Vergnügen verbracht habe. Und als die vergängliche Natur ihm nicht mehr gehorchte, griff er zu erregenden Getränken und anderen Geheimmitteln, um seine Kräfte für geschlechtliche Genüsse wieder zu stärken." Cantemirs Beschreibung des Sultans Ibrahim und deren

---

funden (s. auch OIȘTEANU 2010: 575).

Übersetzung von Hodoșiu ähneln der Beschreibung des Pașadia bei Mateiu Caragiale.

Auch Mateiu Caragiale spricht in seinem Tagebuch über „gemahlene Cantharide" und „aphrodisierende Reibungen" (CARAGIALE 2001: 305–307). Er scheint sich für Weinbäder („mit Gewürzen") interessiert zu haben, die dazu dienten, „die verlorene Kraft" des Körpers wiederzuerlangen. Er war fasziniert von den Thermalbädern Tivoli in Paris, wohin Ende des 18. Jahrhunderts „wirklich auserwählte" Personen gingen, um „ihre ermatteten Nerven", „ihre Krämpfe" und „Verdunklungen des Geistes" zu heilen. Dort wurde „ein aromatisches Bad aus gesundheitsfördernden Weinen" gemacht, gefolgt von „aphrodisierenden Reibungen" mit „gemahlener und in Kölnisch Wasser aufgelöster Spanischen Fliege", mit „Balsam aus Peru" und anderen exotischen Präparaten.[47]

Nach bacchisch-erotischen Nächten unterzog sich Pirgu, „die Verkörperung der schmutzigen und abstoßenden Seele Bukarests", „Bädern und Reibungen mit parfümiertem Essig und Wein". Nach den „Ausschweifungen" der Nacht ging er zur Frau, „damit sie ihn mit Rosenessig und Opedeldok einreibt" (CARAGIALE 2001). *Opedeldok* ist ein Mittel, das der Alchimist Paracelsus erfunden hat und das verschiedene Rezepturen an verschiedenen Orten und zu verschiedenen Zeiten aufweist. Im 19. Jahrhundert, war es eine Salbe aus in Spiritus aufgelöster Seife, gemischt mit den Ölen verschiedener Gewürze: Kampfer (s. DONKIN 1999), Rosmarin, Thymian usw.

---

47 Es ist die Zeit des Marquis de Sade, in der man verschiedene aphrodisierende Substanzen und Methoden versuchte, aber auch eigenartige Mittel gegen Neuropathie. Zum Beispiel eröffnete 1778 der Wiener Mesmer im Hotel Bouret in Paris die sogenannten „baquets magnétiques", „Bäder" mit Musik und Düften „zur sofortigen Heilung von Nervenkrankheiten" (BRĂTESCU 1999: 135–138).

Abb. 15: *Baie tătărască. Sală de odihnă* [Tatarisches Bad, Ruheraum], Lithographie von Auguste Raffet nach einer Zeichnung von 1837.

In einer poetischen Novelle (*Cubul negru* [Der schwarze Würfel], 1915), die sich mit Huysmans *À rebours*, 1884, messen kann, wird das aromatische Bad nicht nach den erotischen Ausschweifungen genommen, sondern zuvor. Die drei Protagonisten (eine Frau und zwei Männer) nehmen ein „parfümiertes Bad" und steigen „nur in weiße Tücher gehüllt", in einen würfelförmigen Raum hinab, der „mit schwarzem Samt ausgepolstert ist". Dort im Keller des Schlosses tanzen sie lasziv und sagen Edgar Allan Poes Gedicht *The Raven* (1845) auf. Sie lassen sich vom Rauch der Zigaretten einhüllen und trinken eine mysteriöse berauschend-aphrodisierende Droge. „Wir trinken schwarze Aromen aus drei schwarzen Gläsern." Es folgt die Sexorgie und dann fallen sie „in diesem schwarzen Würfel des Vergessens" in einen tiefen Schlaf. In diesem Prosagedicht Bacovias „erinnert alles an die durch Haschisch und Opium erzeugte Euphorie in Baudelaires *Les Paradis artificiels*", kommentiert Nicolae Manolescu (BACOVIA 1965: XVI, 285–287). In den ersten Jahrzehnten des 19. Jahrhunderts suchten die Menschen in den öffentlichen Bädern Bukarests „asiatische Entspannung und wohlige Ruhe", wie der Arzt Constantin Caracaş (*Topografie a Valahiei* [Die Topographie der Walachei]) versichert. Doktor Ştefan Episcupescu empfiehlt allen, seien sie krank oder gesund, „einmal oder zweimal in der Woche" ein „stärkendes Bad" mit heißem Wasser, Wein und Heilpflanzen. Es ist ein Bad „zur Kräftigung und Stärkung des Körpers, für die Gesundheit und Schönheit des Körpers". Man legt sich in die Wanne mit heißem Wasser, das „gefüllt ist mit Minze aus dem Garten, Melisseblättern, Rosmarin, Springkraut, Thymian, Holunder, Kamille, Lavendel und Rosenblütenblättern". Über alles gießt man „einen Eimer Wein" vom „guten" (*Practica doctorului de casă* [Die Praxis des Hausarztes], 1846).

Im Grunde gibt es keinen großen Unterschied zur „wahren Sinnlichkeit", mit der zwei Jahrhunderte später Gabriel Liiceanu sein Morgenbad nimmt. Alles sei der „Verwöhnung" zu verdanken, die ihm die verwendeten Lotionen zuteil werden lassen; angefangen von den Duschgels (tägliches Schwanken zwischen den Düften Ingwer, Lavendel und Grüner Tee von Roger & Gallet), über „die Gesichtscreme von Clinique", die „Körperlotion von Molton Brown oder aus der Reihe *thé vert* von Bulgari" bis hin zum „Parfüm für den ersten Teil des Tages: Carolina Herrera oder Bois d'Argent von Dior". „Ich hoffe, du verurteilst mich nicht für das alles", schreibt Liiceanu defensiv an seinen Sohn. „Ich versichere dir, während ich all das tue, fühle ich mich nicht als ‚männliche Kokotte', und auch nicht ‚entmännlicht' oder ‚bourgeois', versnobt oder ‚metrosexuell', sondern ich bin einfach nur ein Mensch, der ein herzliches Verhältnis zu seinem Körper hat, eine Verantwortung für seine Form, für die Geschmeidigkeit seiner Haut und für die Gerüche, die er absondert" (LIICEANU 2008: 193).

In Klammern sei gesagt, dass Opiumgenuss und Wein- oder Cidrebäder mit dem Ziel „Schönheit und Geschmeidigkeit" zu erhöhen, als literarische Motive überlebt haben bis zur Ballade des androgynen Dandys Corydon, die 1941 vom nur einundzwanzigjährigen Radu Stanca geschrieben wurde:

*Mit einem zurückhaltenden Stift mach ich mich schöner,/ich bade in
Cidre dreimal in der Nacht/und anstelle von Spucke hab ich etwas wie
Milch,/Schuhe mit Bändern machen mich geschmeidiger/und eine Droge
aus dem Blut einer Sau macht mich nobler./Alle Zähne im Mund sind
mir mit Gold abgedeckt,/der Rumpf ist gepresst in ein Korsett unterm
Hemd,/ich rauche nur riesige Opiumpfeifen,/auf dem rechten Arm trag
ich als Tatoo einen Stier/und meine Stirn ist geschmückt mit Blättern von
Lorbeer* (CORYDON, 1941).

Wie ein richtiger Dandy verschmähte Mateiu Caragiale den bürgerlichen Geist – nicht nur bei der Kleidung, sondern auch mit all den Cremes, die er prahlerisch auf seinem Körper verteilte. Im Sommer des Jahres 1906 schrieb Barbu Delavrancea an Ion Luca Caragiale in Berlin über eine unangenehme Begegnung mit dessen Sohn: „Ich habe Matheiu bei den [Pferde]Rennen getroffen. Er war zuvorkommend und aufmerksam zu mir. Aber die Handschuhe, der Kragen, die Stiefel und die Pomade haben einen unangenehmen Eindruck hinterlassen" (CARAGIALE 1960: 125). „Das Pomadefläschchen" war auch für Eminescu ein unabdingbares *Dandy*-Accessoire. Natürlich waren Bäder mit Massage und Einreiben mit aromatischen, aphrodisierenden Ölen eine orientalische Spezialität, die in den „türkischen Bädern" (Hamam) der Harems praktiziert wird. Das Einölen der Bojarenfrauen und das Einreiben mit aromatischen Ölen war gefolgt von „Räucherungen mit Ambra" (CROUTIER 1989: 81; s. auch COCO 2002). Wie in *Florile Bosforului* [Die Blumen des Bosporus] von Dimitrie Bolinteanu in der Zeit des Exils in Istanbul nach der 1848er Revolution: „Aus Ambra stieg unter erblühten Lippen/Ein duftender Rauch" (BOLINTEANU 1865: 58). Wie Cantemir versichert, erfreuten sich im 17. und 18. Jahrhundert nicht nur Frauen dieses speziellen Rituals, sondern auch hohe Beamte, die den Sultan im Schloss besuchten, zum Beispiel um *Bairam* zu feiern: „[Die hohen Beamten], trinken Kaffee, *Scherbet* und werden geehrt mit Ambra-Beräucherungen" (CANTEMIR 1987: 438–439).

Abb. 16: John Singer Sargent, *Fumée d'ambre gris*, Öl auf Leinwand, 1880.

Christine Reinhard, die Frau des französischen Konsuls in Iași, berichtet etwas irritiert über einen Besuch 1806 in Bukarest bei der Gattin des Fürsten der Walachei, Constantin Ypsilanti. Bei der Ankunft wurde sie von zwei Hofdamen von den Stufen der Kutsche gehoben und, gehalten unter den Achseln, bis zur „Tür des Harems" getragen. Man „zwang" sie, auf den Diwan zu steigen und sich „türkisch" neben die Gattin des Fürsten zu setzen. „Es wurden mir Süßigkeiten und schwarzer Kaffee gereicht, dann wurde ich mit Parfüm besprüht und daraufhin beräuchert [mit Ambra]. [...] Es fiel mir sehr schwer, mein Lachen zu unterdrücken, als sie begannen, auch meinen Mann zu beräuchern. Ich habe eine gewisse Freude empfunden, als dieser originelle Besuch zu Ende ging, der bei mir einen sehr eigenartigen Eindruck über die Bräuche im Orient hinterlassen hat" (CERNOVODEANU 2004: 403).

Es ist nicht zufällig jemand, der Mateiu Caragiale verehrt, der Dichter Ion Barbu, der sich in einem *Cântec de rușine* [Lied der Scham], 1924), das von einem armen Zigeuner, der türkisch imitiert, eine balkanische Prostituierte vorstellt, eine Pena Corcodușa, eine „große, kurze, bärtige" Hure „altgeworden und böse": eine Hure mit Gewand (ziemlich griechisch, ziemlich jüdisch), eine Hure mit drei Warzen, Ärztin alter Männer. Sie versorgt die „leidenden und dummen Alten" mit aphrodisierenden Substanzen, die „direkt aus dem türkischen Land kommen/um mich aufzurichten". Sie bereitet auch „verbotene Mittel" für die Damen aus dem Serail: Mit drei weiteren Alten brachtest du zu den Damen süße Worte oder verbotenes Mittel, wie du sie zu machen weißt: Du lehrtest sie das Trinken, das Schminken, das Färben. Das Schlüpfen in den Schalwar und andere Kleinigkeiten.

Beim Staatssekretär Costachi Conachi (1777–1849), „unserem einzigen Dichter, der sich ausschließlich der Erotik verschrieben hat", beobachtet Călinescu „den Ton der Zigeunermusik", vieler „Liebesgedichte", manche „gekünstelt und symmetrisch". Sie sind voll von „Seufzern und Ohnmachtsanfällen" (Weh mir, wie oft/werde ich seufzend in Ohnmacht fallen), oder sogar „gespielten Ohnmachtsanfällen und orientalischen Verrücktheiten". „Conachi ist der erste Dichter petrarkischen Typs", schließt G. Călinescu, aber er ist „ein rasierter Petrarca, mit dem Gesicht eines orientalischen Fauns, mit Ischlik, Kaftan und Yemeni-Schuhen, daran gewöhnt, sich auf Sofas in Spitzfindigkeiten zu ergehen, Nachrichten mittels Zigeunermusikern zu übermitteln, äußerst unwahrscheinlich im Wald, um das Treuegelöbnis zu erfüllen und der orthodoxen Kirche zu huldigen, und zur westlichen Trauer bis zum Nervenanfall und zur Hysterie" (CĂLINESCU 1986: 91).

Auch Chera Duduca verwendet simulierte Ohnmachtsanfälle (sogar „vorgetäuschte Lethargie") und andere erotische Kniffe, als sie mit ihrem Liebhaber erwischt wird, und der phanariotische Bojar Andronache Tuzluc – obwohl er „eifersüchtig ist wie ein Türke" – glaubt, dass die Ohnmacht der Griechin echt ist (erotische Ausschweifungen und simulierte Ohnmachtsanfälle finden wir auch in den Gedichten des moldauischen Bojaren Matei Milu (1725–1801), aber nicht beim Dichter, sondern bei seinen Geliebten). Er schrieb „galant seufzende" Liebesgedichte, aber er zeigte sich ohne Mitleid gegenüber Frauen, die Ohnmacht aus Liebe und erotische Hysterie vorspielten, eine orientalische Sitte, um die Aufmerksamkeit des Mannes auf sich zu ziehen. Der Salzflacon war in jener Zeit stark in Mode.

Bei Bällen trugen die Damen am Gürtel ein „châtelaine" aus Silber, ein Etui, das in der Regel einen kleinen Spiegel, einen kleinen Block, einen Stift, ein Siegel und ein Salzflacon gegen Ohnmacht enthielt (CIOFLÂNCĂ 2004). Diese Flacons enthielten eine flüchtige, stark riechende Substanz aus Ammoniumcarbonat, auf der Basis von Kampfer, Phenol usw. Um eine Frau aus der Ohnmacht zu holen, empfiehlt Matei Milu ein anderes Mittel, nämlich die Frau mit dem Stock wie einen Dieb zu schlagen: Der Dichter war auch noch wählerisch. Es mussten die „Griechinnen" und „Moldauerinnen" geschlagen werden, die „Zigeunerinnen" nicht. Denn der erotische Ohnmachtsanfall war eine „griechische Leidenschaft", die die Frauen in der Moldau übernommen hatten. „Die Zigeunerinnen" brauchten nicht zurechtgewiesen zu werden, denn bei ihnen war die Krankheit angeblich „natürlich" (CĂLINESCU 1986: 71). Es war zu jener Zeit Mode, dass die Frauen in Ohnmacht fielen, „um empfindsam zu wirken". Es scheint wirklich eine griechische Mode zu sein, die vor allem die Damen in der Moldau übernahmen. Auch Chirița kommt „die Ohnmacht ans Herz", entweder von den „siebzig Nervenanfällen" oder von den „griechischen Krisen", so dass sie zu Bârzoi muss, damit er sie „entohnmachtet" (ALECSANDRI 1977: 352–357, 405–406). Jedenfalls schimmern beim moldauischen Dichter Matei Milu sadomasochistische sexuelle Verhaltensweisen durch. Er war Zeitgenosse des Marquis de Sade (1740–1814), aber er lebte ein Jahrhundert vor dem österreichischen Schriftsteller Leopold von Sacher-Masoch (1836–1895), der 1869 den Roman *Venus im Pelz* schrieb, in dem der Stock als Instrument erotischer Erregung Verwendung findet. Auch Puschkin war ein Zeitgenosse Conachis. Sie lebten sogar kurzzeitig in derselben Stadt: von 1822–1823 in Chișinău, wo sich Puschkin nach dem griechischen Freiheitskampf 1821 im Exil befand. Auch Eugen Onegin ist ein ewig Verliebter, ein Dandy, der an Melancholie leidet („Was auf Englisch *spleen* heißt,/Und was die Russen *handra* nennen"), „der Tränen und Qualen überdrüssig", ein Don Juan, der keine Geduld mehr hat für „Migräneanfälle,/die Nerven der Mädchen, Ohnmachtsanfälle".

In Chișinău hatte Puschkin verschiedene Mädchen kennengelernt, Moldauerinnen, Zigeunerinnen und Griechinnen (Calipso, „die schöne Griechin"). Costachi Conachi war nicht nur ein depressiver Dichter, der zum Selbstmord neigte („gebt mir ein Messer, dass ich mich töte! "), ein Verliebter, der ohne Unterlass lamentierte. Er war auch ein „berüchtigter Liebhaber" (wie er sich nannte), ein „orientalischer Faun" (wie ihn Călinescu nannte). Garabet Ibrăileanu schien die Anzahl der Fräuleins, die Conachi mit seiner Liebe krank machte, übertrieben. Er ging davon aus, dass der konservative Dichter zwanzig solcher „Musen" gehabt habe, und meint, das sei „ein bisschen viel". Erotische Exzesse führten unabwendbar zu Geschlechtskrankheiten, vor allem nach der explosionsartigen Ausbreitung der Syphilis, der „französischen Krankheit", gegen Ende des 18. Jahrhunderts. Um 1846 schrieb Fürst Nicolae Suțu, der Fürstensohn Grigore Sturdza, ein sexuell Zügelloser, „behandelt seine durch Exzesse ausgelösten Krankheiten" (FILITTI 1997: 170–171). Es ist kein Wunder, dass in der Promiskuität, die im Hause Arnoteni Maiorica ihre „brennende" Krankheit (Tripper), die sie von einem „großen Mädchen" bekommen habe, vom Arzt behandeln lassen musste (CARAGIALE 1975: 128). Der große Schürzenjäger Costachi Conachi hatte nicht nur psychische Leiden, die die Liebe auslöste, sondern auch „weltliche Krankheiten", dank der Göttin Venus. Mit Solidarität und Empathie bemitleidet er die „jungen Leute, die krank sind vor Liebe", die „in Leidenschaft seufzen", auf Grund der Geschlechtskrankheiten: Gelb, vertrocknet, schmal im Gesicht, voller Schanker und Pickel, alles sind Vergeltungen, Geschenke von Euch Damen. Tripper, Schanker, Bonbons, usw. sind Blumen, im Garten der Liebe gepflückt (CONACHI 1963: 232). Man weiß, „beim Apotheker gibt es keine Mittel fürs Herz". Ein Thema der Volksdichtung, das Anton Pann aufnimmt: „Dass ich geh zur Apotheke/für die Liebe gibts kein Mittel". „Es ist ein internationales literarisches Motiv, das man überall zu jeder Zeit findet, und auch bei Leonard Cohen: „There ain't no cure for love". Gegen „weltliche Krankheiten" allerdings gibt es Mittel in den Apotheken, sagt Costachi Conachi – Gott sei Dank!

Vielleicht haben die aphrodisierenden Drogen, die die rumänischen Bojaren damals einnahmen, zu Veränderungen im ästhetischen Kanon der erotischen Lyrik geführt. Der Staatssekretär Costachi Conachi beispielsweise beschreibt („mutig") lüsterne, sexuelle Handlungen, die unanständig waren innerhalb der ethisch-ästhetischen Koordinaten, die für die rumänische Literatur am Ende des 18. Jahrhunderts und Anfang des 19. Jahrhunderts galten:

Lauf Seele, lauf
Zu Deiner lieben Frau
Gedanke geh und erzähl
Dass ihr Geliebter kommt

Die Brust entblöße
Die dunkle Brust
Rodica lassen fallen
Alle Hüllen
Und sag mutig
Dass Du eine große Schifffahrt machst.

Die Grenzen der Moral und des Schamgefühls des *Zeitgeistes* waren überschritten. Selbst Anton Pann traute sich nicht, diesen Text in *Spitalul amorului* ([Spital der Liebe], 1850) zu integrieren, aber er wurde durch die städtische Folklore sehr bekannt, denn die Lautari verbreiteten ihn in Muntenien und der Moldau. Nicht einmal Nicolae Filimon wagte solche „Liebeseroberungen" mit „sinnlichen Liebkosungen", die in pikanten Details im Liebeslied beschrieben werden, zu veröffentlichen: „die obszönen Ausdrücke, die es enthält, entschuldigt er sich schamhaft, veranlassen uns, es nicht zu veröffentlichen". Ein paar zarte Versuche finden sich dennoch Ende des 18. Jahrhunderts bei Alecu Văcărescu, dem Sohn von Ienăchiță:

Hände! Werdet nicht zu Holz,
Sondern seht, dass ihr berührt
Und gut festhaltet
Diesen wunderbaren Körper

Als sich Hasdeu 1863 vor Gericht verantworten muss wegen Pornographie in *Duduca Mamuca* (1861), zitiert er eine Stelle aus einem erotischen Gedicht von Conachi, in dem dieser den „großen Kampf", den der Dichter mit einer gewissen Marghioala austrägt, beschreibt:

Als ich spürte wie es schlug
Ihr Herz unter meinem
Mit schnellem Atem
Brust an Brust gepresst
Mund an Mund
Die Brüste enthüllt
Und ihr Hände, was habt ihr ausgelöst

(CONACHI 1963: 196; m.Ü.)

„Conachis Gedicht ist, wie Sie sehen, meine Herren, keine echte Beschreibung der Liebe, sondern der reine Mechanismus der Sinnlichkeit: Eine praktische Anleitung." In Folge dieses Arguments wurde Hasdeu von der Anklage freigesprochen, weil man der Meinung war, er sei „unschuldig der Anklage, die gegen ihn erhoben wurde" (ȘTEFĂNESCU 2005: 84–85). Solche erotischen Heftigkeiten tauchen zu jener Zeit auch bei einigen griechischen Dichtern auf. Victor Ivanovici bemerkte, dass die phanariotischen Dichter am Ufer des Bosporus, wie Athanasios Christopoulos (1772–1847) „auf die ersten rumänischen Dichter einen sehr schlechten Einfluss hatten". Aber während bei Văcărescu, Conachi und den anderen, „die erotische Pathologie im Detail, mit einem permanenten Wehklagen ausgedrückt wird (und dabei unfreiwillig komisch wirkt) ", beobachtet Ivanovici beim phanariotischen Troubadour, „dass der lyrische Verdruss zum Schimpfwort wird, und die Ah's und Oh's wie Schimpf klingen". Erotisch entflammt, beschimpft der Dichter aus Phanar den Schneider, der das Kleid geschneidert hat, das den Körper der Geliebten versteckt, aber auch die Mädchen, die entscheiden, sich allein schlafen zu legen, ohne Männer:

Schande dem, der dir einen Rock genäht hat auf den Körper,
dass meine Hand nicht reinpasst, dich an der Brust [...], Schande Euch,
den Schönen, einen schlechten Tag euch, und wie viele sind allein im Bett,
sollen sie in die Wüste gehen

(IVANOVICI 2000: 107–123; m.Ü.).

Prosaschriftsteller der Zwischenkriegszeit

Rauschmittel im Leben der Figuren

Rauschmittel waren ziemlich präsent in den Leben der Prosafiguren der Zwischenkriegszeit. Das ist nicht verwunderlich. In den circa drei Jahrzehnten zwischen dem Ersten Weltkrieg und dem Beginn des Kommunismus in Rumänien änderte sich das Muster der Rauschgiftsucht und der Stereotyp des Konsumenten von Rauschgift und halluzinogenen Drogen. Es waren nicht mehr die Herrscher oder Bojaren (oder Städter) der phanariotischen Zeit, die nach türkischer Art „Afion" tranken. Es war auch nicht mehr der „progressistische" Bonjourist, der in Paris nicht nur gelernt hatte „wie man die Krawatte mit Knoten am Hals bindet", sondern auch, wie man „eine lange Zigarette zwischen den Zähnen" hält. Und es war auch nicht mehr der post-1848er Student, der mit Morphium im Blut aus dem Westen zurückkam (meistens aus Berlin oder Wien).

Während des Ersten Weltkriegs wurden Morphium und andere Rauschgifte in rumänischen Krankenhäusern verwendet, um die Schmerzen der Verletzten zu lindern und als Anästhetikum bei Operationen. In manchen Fällen waren die Patienten nach ihrer Entlassung abhängig. Außerdem kamen manche neueren oder älteren Sitten (darunter auch der Konsum von Rauschgiften) durch die Präsenz vieler Offiziere fremder Armeen (französische, deutsche, österreich-ungarische, russische etc.) in den rumänischen Raum (TORREY 2012). Aber auch dadurch, dass viele Offiziere, Adlige, Intellektuelle und Händler nach der Einführung des Bolschewismus aus Russland auf rumänisches Gebiet flüchteten. Während des Ersten Weltkriegs und dem folgenden Bürgerkrieg verwendete das russische Militär häufig verschiedene Rauschmittel (Morphium, Kokain, Haschisch), und auch, so die Forscher, halluzinogene Pilze – *Amanita muscaria*, den Fliegenpilz (KALACEV 1989).

Die Zahl der Rauschgiftkonsumenten stieg also in Rumänien nach dem Ersten Weltkrieg stark an. Die häufigsten psychotropen Mittel, die in der Medizin verwendet wurden, waren Heroin, Kokain, Opium (Laudanum), Äther und vor allem Morphium. 1917, in den letzten Lebensmonaten Titu Maiorescus, linderte man seine stenokardialen Schmerzen mit Hilfe von Morphium. Zur gleichen Zeit wurde der Geograph George Vâlsan nach dem Zugunglück in Ciurea, im Süden von Iași, zum großen Teil mit Morphiumspritzen behandelt. 1925 beschrieb er seine durch Morphium ausgelösten erotischen Träume seinem Freund G.T. Kirileanu in einem Brief: „Die Lust, die wach leicht zu beherrschen ist, tauchte im Schlaf auf. Also es geschieht etwas Außergewöhnliches mit mir, wovon ich noch nie gehört oder gelesen habe. Durch meinen reinen Wunsch kann ich mir, wann ich will, im Traum die erwünschte Person vorstellen und mit ihr [erotische] Beziehungen eingehen bis zur vollen Befriedigung. Das verwunderte und erfreute mich anfangs, ich hatte den Eindruck, eine neue Kraft zu besitzen, von der die anderen Menschen nichts ahnen" (NĂSTASĂ 2010: 436, 338–339).

Blättert man in Zeitungen der Zwischenkriegszeit, wird deutlich, wie oft die Presse das Problem verbotener Drogen anspricht: grenzüberschreitenden Drogenhandel, illegale Machenschaften und mafiaähnliche Clans, die im Drogenhandel stecken, mysteriöse Todesfälle unter unabsichtlichen Überdosen,

Selbstmord mit Rauschgift oder mangels Rauschgift, Diebstahl von Drogen aus Apotheken usw. „Opiumrausch [wahrscheinlich Morphium], der vor dem Krieg nicht weit verbreitet war in Rumänien, beginnt sich auszubreiten und besorgniserregende Formen anzunehmen", stand am 11. November 1919 in *Universul* [Das Universum]. „Die Auswirkungen des Opiums sind verheerend und haben die schrecklichsten Konsequenzen" (DRĂGAN 1996: 294).

In den multiethnischen Hafenstädten der Prosa von Panait Istrati (Brăila, Constanța, aber auch Piräus, Kairo, Alexandria, Beirut etc.) ist der Schwarzmarkt für Drogen zu Hause: „[Wir kamen] aus dem englischen Indien und hatten eine gutes Sümmchen aus dem Handel mit Haschisch verdient" (*Sotir*, 1924). Vagabunden, Seeleute und griechische, türkische, rumänische oder armenische Kaufleute rauchten in Wasserpfeifen und Ciubucs parfümierten Tabak oder Opium: „Und am Abend, als wir bei dem Höllenlärm, der von der Brücke herüberschallte, zusammengekauert in der Kabine saßen, wo wir mit Opium gefüllte ciubuce rauchten, den Kopf voller Trugbilder und trunken von Sorglosigkeit und Glück, begann die Kabine uns zu wiegen, so daß wir glaubten, gen Himmel zu fahren" (ISTRATI 1985: 130). Die Schiffe brachten nicht nur Rauschmittel nach Brăila, sondern auch das Bakterium *Cholera morbus*. Die Geschichte des Riesen Codin spielt vor der Kulisse der Choleraepidemie im Sommer 1893. Alle Figuren der autobiographischen Erzählung Panait Istratis, die 1925 in Paris veröffentlicht wurde, tragen um den Hals Ringe mit krislisiertem Kampfer – halb Heilmittel, halb Talismann gegen die Cholera.

Die Hauptfiguren des Romans von Pavel Chihaia (*Blocada* [Die Blockade], 1947) waren Händler, Wucherer, Restaurant- und Bordellbesitzer, die ebenfalls Rauschmittelhandel im Constanța der Zwischenkriegszeit betreiben. Der Perser Hwaja al Wasiti, der Rumäne Hemcea und die anderen Protagonisten bringen über den Schwarzmarkt Haschisch und vor allem Opium (Afion) aus Syrien und Algerien in den Hafen, um es dann an Seeleute und die anrüchige Gesellschaft der Stadt zu verkaufen. Es ist, so der Schriftsteller selbst, ein realistisches Bild der Hafenstadt, die er selbst in den dreißiger und vierziger Jahren kannte.

Henriette Yvonne Stahl beschäftigte sich damit, wie in der Presse der Zwischenkriegszeit mit der Verwendung von Drogen in Rumänien umgegangen wurde. Im Roman *Între zi și noapte* ([Zwischen Tag und Nacht] 1942) schreibt sie über die „Gazetten, in denen mit sensationellen Details und Photographien Reportagen abgedruckt wurden über die Verfolgung der Morphiumhändler", oder über die Tatsache, dass „die Polizei nach ein paar Artikeln eine Kampagne der Verfolgung, Aufdeckung, Untersuchung, Verschleierung, Erpressung begann, was eine wahnsinnige Verteuerung des Morphiums zur Folge hatte, aber keineswegs dazu führte, dass es verschwand" (STAHL 1971: 322, 313).

Cezar Petrescu, Journalist durch und durch, konnte das so sensationsträchtige Thema *sex, drugs and crime* in seinem Roman *Calea Victoriei* natürlich nicht umgehen. „Nur so kann man sich Dramen erklären, die für andere unerklärlich sind", sagt eine Figur in seinem Roman. Es geht um das Drama in der „Arizon Bar", über das auch in der Zeitung geschrieben wurde. Ein Liebespaar war nach der Einnahme von Heroin gestorben (einer der beiden beging Selbstmord). „Beide suchten darin das Paradies. Und ihr Paradies verbandelte sich mit dem Grauen" (PETRESCU 2009: 367).

In einem Roman von Sanda Movilă (*Desfiguraţii* [Die Entstellten], 1935) flüchtet die morphiumsüchtige Millya, eine gute Freundin der Hauptfigur, weil sie von der Polizei wegen Rauschgiftsucht gesucht wird. Ihr Schicksal ist klassisch: Sie nimmt sich in einem Hotelzimmer mit einer Überdosis Morphium das Leben (MOVILĂ 1990: 96–130). Manche Kommentatoren suchten in den Archiven der speziellen Antidrogeneinheiten der Polizei und der Staatssicherheit (DRĂGAN 1996). In *Realitatea ilustrată* [Illustrierte Realität] vom 17. August 1933 schrieb man über „den schrecklichen Handel mit Rauschgift" und über den Skandal um ein französisches Schiff, das aus dem Nahen Osten zur Insel Ada Kaleh kam und auf dem „man zwei Ladungen (150 und 250 Kilogramm) schwarz eingeführtes Opium gefunden hatte".

Eine der Geschichten, die damals in der Presse kursierte, bezog sich auf Ionel Ghica, direkter Nachkomme der illustren Bojarenfamilie (Ion Ghica war sein Großvater). Er war ein berüchtigter Flieger und drogenabhängiger Dandy, den man in den mondänen Kreisen Bukarests der dreißiger Jahre kannte. 1930 stellte er den Landesrekord auf, indem er zweitausend Kilometer von England nach Bulgarien flog. 1931 flog er eine Langstrecke: Bukarest – Saigon – Bukarest: circa 19.000km in zweiundsechzig Stunden. Um unter diesen Umständen zu bestehen, nahm er starke Aufputschmittel, zum Beispiel Kokain. Im Sommer 1932 starb Ionel Ghica plötzlich an einer Überdosis eines Heroin-Kokain-Gemisches – eine Mixtur, die im Argot *Speedball* genannt wird. Die Zeitungen brachten die Meldung auf der ersten Seite, z.B. im Artikel „Der Tod des Piloten Ionel Ghica", veröffentlicht am 31. Mai 1932 in *Universul*: „Man glaubt, er habe sich mit Heroin vergiftet". Interessant ist, dass der Urgroßvater Ionel Ghicas, der Fürst Grigore II. Ghica, in Bukarest ebenfalls an einer Überdosis gestorben ist – an einem Opiat mit dem Namen „himmlisches Theriak" (VĂTĂMANU 1970: 184).

Es scheint, als hätte Petru Dimitriu ein paar biographische Einzelheiten und Charakterzüge Ionel Ghicas für seine Figur des Ghighi Duca in *Cronică de familie* ([Familienchronik], 1957) übernommen. Wie auch die reale Person, ist die Figur im Buch Nachkomme einer Fürstenfamilie (von Duca Vodă), eine Figur des mondänen Lebens in Bukarest, der leidenschaftlich teure Flugzeuge und Autos bedient, Alkohol- und Rauschmittelexzesse begeht und zu Beginn der dreißiger Jahre jung an einer Überdosis stirbt. Die psychosomatischen Zustände, die der Romanheld bei Ghighi Duca durchlebt, schwanken zwischen durch Kokain ausgelöster Euphorie („gestärkt, verjüngt, mit strahlenden Augen") und dem fast kadaverähnlichen Zustand, wenn die Droge nachlässt. „Er schien wieder sehr alt und müde, grau im Gesicht, mit hängenden Wangen und erloschenen Augen." „Er wird daran sterben, der Idiot. Er nimmt Drogen wie ein Verrückter", sagt Titi Negruzzi über Ghighi Duca, seinen Compagnon bei den bacchisch-erotischen Abenteuern. „Er nimmt Kokain wie ein Idiot, er wird eines Tages krepieren. Whisky, Champagner, drei–viermal am Abend Koko in der Nase, wie soll er das aushalten?" (DUMITRIU 1993: 239–245).

Natürlich wurden mit dem Anstieg des Rauschgiftkonsums am Ende der zwanziger Jahre gesetzliche und polizeiliche Maßnahmen ergriffen, um diese Geißel zu minimieren. 1928 wurde zum Beispiel das *Gesetz zur Bekämpfung des Missbrauchs von Rauschmitteln* veröffentlicht, 1933 wurden alle Aktivitäten mit Drogen (Produktion, Import, Verkauf usw.) zum Staatsmonopol. Die Preise für Rauschmittel explodierten genauso wie Korruption bei Ärzten und Apothekern.

Man griff zu ganz neuen Lösungen: die Akklimatisierung und Kultivierung der Pflanze *Cannabis indica* auf rumänischem Gebiet. Die klimatisch geeignetste Region war die Dobrogea. In den dreißiger Jahren schrieb Adrian zu diesem Thema in *Universul* (wo er Redakteur war) einen Artikel mit dem Titel „Haschisch aus der Dobrogea". „Eine sensationelle Entdeckung. Drogenhändler haben begonnen, die Pflanze [Cannabis indica] anzubauen, aus der man Haschisch gewinnt. Sie waren der Überzeugung, somit das Risiko des Schmuggelns zu vermeiden." Als Schriftsteller erkannte Adrian Maniu leicht, dass diese Information das Zeug zu literarischem Stoff hat. „Wie ein Kapitel aus einem Roman oder einem Film, in dem die Justiz für Recht und Ordnung sorgt" (DRĂGAN 1996: 294–295). Im selben Artikel unterstreicht Maniu – gut informiert –, dass in der Antike dort schon einmal Cannabis indica angebaut worden war, als es zu rituellen Zwecken von den Skythen und Getodakern verwendet wurde.

Es ist also kein Wunder, dass in der Zwischenkriegsprosa, im Grunde bis zum Beginn des Kommunismus in Rumänien, manche Figuren diverse Drogen zu sich nahmen. Rauschmittel und Rauschmittelsüchtige tauchen in verschiedenster Art und Weise auf: Panait Istrati (*Chira Chiralina* [Kyra Kyralina], 1923; *Sotir*, 1924), Ionel Teodoreanu (*La Medeleni*, 1924–1928; *În casa bunicilor* [Im Haus der Großeltern], 1938), Cezar Petrescu (*Întunecare* [Umdüsterung, 1963], 1927; *Calea Victoriei*, 1930), Mateiu Caragiale (*Craii de Curtea-Veche* [Die Könige vom alten Hof], 1929), Mircea Eliade (*Isabel și apele Diavolului* [Isabel und das Wasser des Teufels] 1930; *Șantier* [Baustelle] 1935; *Nopți la Serampore* [Nächte in Serampore], 1940), Camil Petrescu (*Ultima noapte de dragoste, întâia noapte de război* [Letzte Liebesnacht, erste Kriegsnacht], 1930; *Patul lui Procust* [Das Prokustesbett, 1967], 1933), Hortensia Papadat-Bengescu (*Drumul ascuns* [Der versteckte Weg], 1932), Alexandru Kirițescu (*Gaițele*, 1933), Sanda Movilă (*Desfigurații* [Die Entstellten], 1935), Mihail Drumeș (*Invitația la vals*, [Einladung zum Walzer], 1936), Max Blecher (*Inimi cicatrizate* [Vernarbte Herzen] 1937), Sorana Gurian *Narcoza* [Narkose], 1938), Emil Botta (*Un timp mai prielnic* [Eine günstigere Zeit], 1938), Ioana Postelnicu (*Bogdana*, 1939), Ion Vinea (*Venin de mai* [Maigift], 1971), Henriette Yvonne Stahl (*Între zi și noapte* [Zwischen Tag und Nacht], 1942), Vasile Voiculescu (*Iubire magică* [Magische Liebe] 1947), Pavel Chihaia (*Blocada* [Die Blockade] 1947) etc. Das ist eine sehr heterogene Liste, die weit davon entfernt ist, vollständig zu sein.

Pavel Chihaias Buch, das zu Weihnachten des Jahres 1947 erschien, ist das letzte der Liste. Zum symbolischen Datum des 30. Dezember 1947 (Abdankung des Königs Michael) fiel die Guillotine des kommunistischen Regimes und veränderte radikal die kulturellen Koordinaten und das Verlagswesen. 1948 wurde, so erinnert sich Pavel Chihaia, „Blocada" aus den Buchläden entfernt und verschwand zusammen mit anderen Werken, die der kommunistischen Nomenklatura nicht gefielen (CHIHAIA 1994: 337).[48]

Auch die fiktionalen Figuren nehmen Drogen. Ich werde weiter unten ein paar Beispiele fiktiven Drogenkonsums liefern. Sie sind wichtig, weil sie uns (unzensiert) die Art und Weise aufzeigen, wie die Schriftsteller mit dem Prob-

---

48 Das Buch wurde 1991 beim Verlag Dacia neu aufgelegt und ein weiteres Mal 1994.

lem der Rauschmittel umgehen. Schriftsteller können sich frei ausdrücken. Wie Daniel Vighi sagt: „Nichts ist vergleichbar mit Rausch in der Fiktion". Nur „fiktionale Räusche" sind „wahre Räusche" (FOARȚĂ 2009: 223).

Camil Petrescu: Morphium ohne Morphiumsüchtige

Aus der Perspektive des Themas dieses Buches sind Petrescus Bücher Sonderfälle. Denn in seinen beiden genannten Büchern kommt zwar Morphium vor, aber kein Morphiumsüchtiger. Ștefan Ghiorghidiu aus *Ultima noapte de dragoste* [Die letzte Liebesnacht] nimmt nicht Morphium, aber er führt ein so intensives Leben, als würde er welches nehmen. Er empfindet die Liebe für Ela als unerträgliches psychisches Leid: „Die Anwesenheit dieser Frau war für mich unentbehrlich, wie Morphium für einen Süchtigen". Nach einem Treffen mit Ela (nach einer Dosis Morphium, könnte man sagen), empfindet Ștefan „Beruhigung" und „das Gefühl von Heilung". Aber bereits nach kurzer Zeit kam wieder das Gefühl von absoluter Abhängigkeit, wie Entzugserscheinungen. „Nicht nur, dass ich keine Kraft mehr hatte, auch nur ein bisschen zu warten, Wahnwitz ergriff mich wie ein Sturm, mein Urteilsvermögen war getrübt, was immer auch geschah, ich musste sie sehen". Schließlich, um sich von den „erotischen Entzugserscheinungen" zu heilen, tauschte er die Liebe zu Ela ein durch die Liebe zur Philosophie. Er ersetzte also eine Droge durch eine andere. Der „Kantsche Apriorismus" brachte ihn in einen Zustand rauschhafter Klarheit: „In mir herrschte gleichmäßige, helle wohltuende Klarheit, die der daunenleichten innern Ruhe glich, die das Morphium vermittelt" (PETRESCU 1975: 179–180).

Die Verbindung des Studiums der Philosophie Kants mit der Wirkung von Morphium mag eigenartig wirken, ist es aber nicht. Man weiß von Thomas de Quincey, dass Opium und implizit alle Substanzen, die es enthalten (also auch Morphium) nicht wie Wein, der die geistigen Fähigkeiten beeinträchtigt [...] ganz im Gegenteil –, wenn es vorschriftsmäßig genommen wird, die großartigste Ordnung, Logik und Harmonie unter ihnen schafft" (DE QUINCEY 2000: 204). Den englischen Romantiker habe ich nicht zufällig zitiert. Ende des 18. und Anfang des 19. Jahrhunderts trinken Thomas De Quincey und Samuel Coleridge exzessiv Opiumtinktur (Laudanum), um das philosophische System Kants oder Spinozas zu verstehen (BOON 2002: 34).

Die Verwendung solcher Metaphern ist Teil der Stilistik Camil Petrescus. Man findet sie auch in anderen Texten des Autors zu dieser Zeit. In *Patul lui Procust* [Das Prokrustesbett] wird wieder „Ruhe" mit Morphium in Verbindung gebracht, aber diesmal ist es „ein Gefühl der Versöhnung", die nicht aus dem Studium Kants resultiert, sondern aus der Anwesenheit der Geliebten. So steht es in einem Brief George Ladimas an Emilia: „Wie schön wäre es gewesen, wenn auch Du zu Hause hättest sein können … Emy: nur an den Abenden, da ich Dich sehe, fühle ich mich nicht als Sträfling des Lebens. Eine Ruhe, ein Gefühl der Zufriedenheit erfüllt mich in diesem Deinem Zuhause wie ein Morphiumrausch" (PETRESCU 1967: 190)Wie schön es war, dass auch du zu Hause warst, Emy … Die Abende mit dir sind die einzigen, an denen ich mich nicht fühle wie ein Häftling des Lebens. Es umgibt mich eine Ruhe, ein Gefühl der Versöhnung, als wäre da Morphium, in Deinem Inneren".

Erotisch-narkotische Metaphern finden sich auch in den poetischen Novellen von Emil Botta aus den Jahren 1934–1937 (Bd. *Trântorul* [Die Drohne], 1938). Der Kuss der Geliebten ist wie ein „Rauschmittel", das ihn „der Macht des Schlafes" übergibt, die „verbarrikadiert war von Schlaflosigkeit", mit „vom übermäßigen Konsum von Kaffee und Zigaretten gereizten Nerven" (BOTTA 1967)

Bei Camil Petrescu wird die Abwesenheit der geliebten Frau verglichen mit dem Fehlen des Rauschmittels bei einem Süchtigen. Die Gleichstellung ist einfach und er formuliert sie ohne Umschweife: „Die Liebe macht aus demjenigen, der liebt, einen Sklaven des Geliebten". Die Abhängigkeit beherrscht den Süchtigen wie den Verliebten. Es sei die gleiche Art der Knechtschaft. In beiden Fällen sind die Qualen des Entzugs überwältigend und gleichen einer „Verbannung aus dem Paradies". Ladimas Briefe sprechen Bände: „Ich bin der unglücklichste Mensch, Emy, wenn ich nicht bei dir bin. Deine Anwesenheit, neben mir auf der Straße, auf der anderen Seite des Tisches, im Wohnzimmer, im gleichen Raum, sei es auch ein Theatersaal, brauche ich so sehr wie ein Morphiumsüchtiger seine tägliche Dosis. Zuvor konnte ich wenigstens auf dich warten… Ich litt so… Heute, da mir selbst dies seit drei Monaten nicht vergönnt ist, erscheint mir das Warten von damals wie ein verlorenes Paradies. Gib es mir zurück […]. George Ladima" (PETRESCU 1997: 103, 115).

In dieser symbolischen Mischung, in der sich Erotik und Rauschzustände vermischen (oder verwechseln), ist es kein Wunder, dass in *Patul lui Procust* [Das Prokrustesbett], der postkoitale Zustand des Protagonisten als Zustand der Sinnlichkeit beschrieben wird, die typisch ist für einen Morphiumsüchtigen, nachdem er sich einen Schuss gesetzt hat. „Ein Gefühl der Versöhnung, der Vollständigkeit, wie ich sie bis jetzt noch nie in meinem Leben erlebt habe … Es war eine gleichbleibende, ruhige Freude, über alles was war und über alles, was ich wusste, gegenüber allem, was kommen würde, in der gesamten Existenz der Welt ..." (PETRESCU 1997: 124). Nach dem Zustand der explosiven Euphorie während des Orgasmus kommt der der „Versöhnung" und der „Taubheit", Der Wechsel von dem einen Zustand zum anderen wird ausgelöst durch die Veränderung der Menge an Dopamin und Endorphin im Gehirn (*endogenous morphine* = „Morphium, das im Körper natürlich produziert wird").

In der rumänischen Prosa der Zwischenkriegszeit wurde das Thema auch von G. Călinescu aufgegriffen. Der Medizinstudent Weissman (*Enigma Otiliei*, [Rätsel um Ottilie] 1938) beschreibt sein erotisches Verhältnis in mystischekstatischen Begriffen: „So wie ich hast du nicht geliebt! Das ist unmöglich. Ich habe phänomenal geliebt, so wie ein Mensch nur einmal in einem Jahrhundert liebt. Ich habe den seelischen Stoff eines großen Dichter zu erfreuen. Ich habe ein außerordentliches Mädchen geliebt, einen wahren Engel, ein nervöses, empfindsames Mädchen, ein Mädchen, sage ich dir, dessen Seele wie eine kostbare Geige unter dem Bogen eines Enescu vibrierte, eine wahre Maria Baschkirzewa. Ich habe göttliche Stunden mit ihr verlebt, wir sind im heiligen Rausch des Fleisches zerschmolzen. Dann wollten wir beide Selbstmord verüben. Wir haben uns im Zimmer eingeschlossen und den Gashahn geöffnet" (CĂLINESCU 1961: 319–320). Nach Erreichen der Kimax, nach dem „Höhepunkt des [sexuellen] Rauschs", folgt *post-coitum tristesse*, das Versinken in Melancholie und Angst; „Du kennst das Leiden des Fleisches nicht, die Verzweiflung, auf den Höhen des Rausches angelangt zu sein, von wo aus kein Glück mehr möglich ist? Wenn du auf einem solchen Gipfel anlangst, überfällt dich sofort Überdruß. Das Leben war uns zur Last, wir wollten den Augenblick verewigen" (CĂLINESCU 1961: 319–320)

Wie weiter unten deutlich wird, geht auch eine weibliche Figur der Schriftstellerin Henriette Yvonne Stahl nach der Euphorie, die durch psychotrope Substanzen ausgelöst wurde, zum „sexuellen Rausch" über: „Ich habe getrunken, ich habe Morphium genommen, Kokain, alle Drogen, ich habe bis zur Vergiftung geraucht. [...] Dann kamen die Männer, sexueller Rausch ... Ich hatte Orgasmen mit Männern, die mir gefielen und mit welchen, die mir nicht gefielen" (*Martorul eternității*, 1975: 29).

Während der sexuellen Erregung, der Erektion und des Orgasmus, löst das zusätzliche Endorphim, das das Gehirn im Körper ausschüttet, ähnliche Zustände aus wie die, wenn man sich Morphium spritzt: es ist genauso schmerzstillend und sogar betäubend. Christian Teodorescu beschreibt in seinem

Dokumentarroman *Medgidia, oraşul de apoi* [Medgidia, die Stadt danach] mit einem Bericht, bei dem nicht klar ist, ob es sich um Fiktion handelt oder nicht, eine ungewöhnliche Szene: Ein rumänischer Offizier, der mit Erfrierungen von der russischen Front zurückgekehrt ist, wird von seiner Geliebten, einer Ärztin aus Medgidia, ohne Betäubung operiert. „Sie trennte ihm ohne Betäubung drei Zehen des linken Fußes und den großen Zeh des rechten Fußes ab. Während sie mit der rechten Hand die Wunde nähte, erhielt sie mit der rechten die Erregung des Instrumentes seiner Männlichkeit aufrecht, damit ihm nicht schlecht wurde" (TEODORESCU 2009: 103). Das Kapitel heißt passenderweise „Lokale Anästhesie". Der Autor sagte mir, es handele sich um eine Familiengeschichte, die von Vater zu Sohn weitergegeben wurde.

Max Blecher: „Als hätte ich Opium genommen"

Ein besonderer Fall ist der des Schriftstellers Max Blecher (BOTOŞANI, 1909 – Roman, 1938). Die letzten zehn Jahre seines kurzen Lebens, das nur neunundzwanzig Jahre dauerte, verbrachte er, auf dem Rücken liegend, mit Knochentuberkulose an der Wirbelsäule. Er war in vielen Sanatorien, lag jahrelang auf einer Trage mit Rädern – „ein beweglicher Sarg", wie Blecher schrieb. „Du weißt, wie sehr ich es hasse ‚berufsmäßig krank' zu sein", schrieb er seinem Freund Geo Bogza am 10. Mai 1938, drei Wochen vor seinem Tod (POP 2009: 16–17).

Unter anderem schrieb Blecher ein „Sanatoriumstagebuch" (*Vizuina luminată*, [Erhellte Sicht], 1947 posthum veröffentlicht von Saşa Pană), und einen autobiographischen Roman (*Inimi cicatrizate*, [Vernarbte Herzen] 1937), in denen er seine physischen Leiden und psychischen Demütigungen in den dreißiger Jahren in einem französischen Sanatorium in Berck-sur-Mer beschreibt. „Die horizontale Stadt" nannte es Blecher, weil sich jeder Patient des Etablissements auf dem Rücken liegend bewegte, auf einer Trage, die von einem Pferd gezogen wurde. In dieser Position aßen die Patienten, lasen, „spazierten und ruhten sich aus, liebten und hassten sich, lebten und starben. Den Kranken wurden häufig Schmerz- und Rauschmittel gegeben (Chloroform, Ether, Morphium, Kampfer). Nach Operationen erzählten sich die Patienten gegenseitig, welche Visionen und Erlebnisse sie während der Narkose hatten: „Es gibt verschiedene Arten von Dunkelheit [...]. Es gibt eine Dunkelheit, die nichts enthält, trocken und hart ist wie Kohle und die sich am Ende des Korridors befindet, durch den du gehst, wenn du das Chloroform tief eingeatmet hast".

„Man weiß", schreibt Blecher in seinem Sanatoriumstagebuch, „dass auf dem Operationstisch alle Kranken sich abmühen, bis sie einschlafen, und es ablehnen, Chloroform einzuatmen. Als ich für meine Operation betäubt werden sollte, atmete ich zur großen Verwunderung der Ärztin, die mir die Inhalationsmaske aufsetzte, mit aller Kraft, bis zum Grund meiner Lunge, bis zur Erschöpfung das Betäubungsmittel ein, als hätte ich es gebraucht, als hätte ich lange darauf gewartet, dieses Anästhetikum einzuatmen."

Wie er in seinem „Tagebuch" schrieb, plante Blecher, sich mit dem Betäubungsmittel das Leben zu nehmen: „Wenn man mir Chloroform geben wird, werde ich es tief einatmen, bis zu einer Dosis, die tötet, sagte ich mir. Es ist ein einfacher und leichter Tod, niemand wird wissen, dass ich mich umgebracht habe". Selbstmord durch Chloroform erscheint praktisch unmöglich. Anders gesagt, es scheint nur ein literarisches Klischee zu sein, das es aber nicht ist. Ernst Jünger erzählt von einem authentischen Selbstmord eines jungen Deutschen in der Zwischenkriegszeit mit einer Überdosis Chloroform: „Lewin berichtet von Patienten, die er dieser Sucht [Chloroform] wegen behandelte, und auch von einem Lehrling, der mit einem Chloroform getränkten Handtuch vor dem Mund in schwerer Betäubung aufgefunden wurde und den ins Leben zurückzurufen nicht gelang" (JÜNGER 2008: 193). Andere Kranke in *Inimi cicatrizate,* wie der Argentinier Tonio, gehen, um das erlittene Elend zu überleben, vom Alkoholismus zur Morphiumsucht über, von einer legalen Droge zu einer illegalen: „Es ist viel besser und effizienter als zum Beispiel Alkohol zu trinken ..." (BLECHER 1999: 224, 303–304).

Aber die wahren psychotropen Substanzen, die Blecher berauschten, scheinen die gewesen zu sein, die sein Gehirn selbst produzierte: „eine Halluzination, als hätte ich Opium genommen". Die Endorphine halfen dem Schriftsteller, die schlimme, direkte Irrealität zu überleben. „Die Irrealität und das Unlogische des täglichen Lebens", schrieb Blecher an Saşa Pană, „sind seit langem für mich vage Probleme der intellektuellen Spekulation: Ich lebe diese Irrealität und ihre phantastischen Ereignisse." Blecher schrieb diese Zeilen am 7. Juli 1934, zu jener Zeit, als er an dem Gedichtband arbeitete, dessen Titel den Namen einer psychotropen Pflanze tragen sollte: *Iarba visurilor* [Gras der Träume] (BLECHER 1999: 396–397).

Der Band erschien im Herbst 1934 unter dem Titel *Corp transparent* [Transparenter Körper].

Das Gehirn ist eine außergewöhnliche Fabrik für Halluzinogene aller Art. Im Gehirn finden wir sowohl Stoffe, die Schmerzen verursachen, als auch solche, die sie lindern, wir finden Endorphine und natürliche Opiate, die das Gehirn für seine eigenen Ziele produziert. Das Gehirn ist eine außergewöhnliche Zitadelle. Wir leben in der kleinsten Kammer dieser riesigen Zitadelle. Ohne die Gestade der Endorphine und Opiate zu durchqueren, können wir nicht in das intimste, in das heimliche Zimmer gelangen, in dem sich, mitten im Gehirn, das Monster befindet.[49]

Am 19. August 1937 führte Blecher seine existentiellen Gedanken in einem Brief an seinen guten Freund Geo Bogza weiter aus:

Für mich hat die Literatur, die Poesie und auch die ganze Realität seit langem unwiederbringlich jegliche Anziehungskraft verloren, und wenn ich weiter lebe, mich mit Dingen beschäftige, schreibe, dann, weil ich nichtsBesseres zu tun haben, in den jetzigen Bedingungen meines Lebens. [...] Alles, was ich mache, alles, was ich ‚erlebe', ist von einer Taubheit und einer Halluzination umfangen, als hätte ich Opium genommen. Das Leben ist definitiv das gleiche, genauso schlafwandelnd, ob ich Opium nehme oder nicht.

Der halluzinatorische Zustand Blechers („als hätte ich Opium genommen") ist aber aller Wirklichkeitsflucht benommen: „Seit langem habe ich an dieser Halluzination, die eine gewisse Anziehungskraft hatte, vielleicht durch ihre Frische und Abwechslung, nicht mehr das geringste Interesse". „Ich gehe durch unglaubliche Verzweiflung und Bitternisse", schrieb Blecher am 15. April 1938 an Bogza (BLECHER 2000: 140, 146). Anderthalb Monate später, mit 29 Jahren, entkam Max Blecher der „unmittelbaren Irrealität". Vermutlich nahm er eine Überdosis Endorphine ein.

Sorana Gurian: „Narkose"

Sorana Gurian, alias Sara Gurfinchel, wurde 1913 in Comrat (im Süden Bessarabiens) geboren, studierte an der Universität Iași und macht in Bukarest und nach dem Krieg in Paris als Schriftstellerin auf sich aufmerksam. Ihre Prosa unterscheidet sich in vielen Punkten von der Max Blechers. Sorana Gurian

---
49 Teil der Rede, die

hatte die gleiche unheilbare Krankheit wie Blecher (Knochentuberkulose) am Bein. Auch sie verbrachte viel Zeit in verschiedenen Sanatorien unter ähnlichen Verhältnissen wie Blecher. Im August 1938 schreibt sie an Eugen Lovinescu, dass sie sich im Sanatorium in Berck-sur-Mer befindet, sogar „in Blechers Zimmer". In jenem Brief fragt sie den Kritiker, was es Neues von Blecher gebe. Wirklich neu war nur, dass er ein paar Monate zuvor, am 31. Mai 1938, in Roman gestorben war. Ebenfalls aus dem französischen Sanatorium schickte Sorana Gurian Lovinescu einen Brief mit einer gepressten Mohnblüte.

Wie auch Sanda Movilă war Sorana Guriana eine „Sburătoristă", also Mitglied und „Produkt" von Lovinescus Literaturzirkel „Sburătorul". „Die kleine Iaşier Jüdin mit dem kaputten Bein", wie Lovinescu sie in *Agende literare* nannte, debütierte im Dezember 1937 im Literaturkreis „Sburătorul". Eine der ersten Erzählungen, die sie vorlas, war *Narcoza* [Narkose], die zunächst 1938 in der *Revista Fundaţiilor Regale* [Zeitschrift der Königlichen Stiftungen] erscheint und später in einem Erzählband (*Întâmplări dintre amurg şi noapte* [Ereignisse zwischen Sonnenuntergang und Nacht], 1946). Es ist eine (sehr wahrscheinlich autobiographische) Geschichte einer jungen Frau, die von ihrem Geliebten, einem Arzt, operiert wird. In diesem Kontext wird das Verhältnis Chirurg-Patient, Anästhesist-Anästhesierter, Geliebter-Geliebte diskutiert. Ein- und Austritt aus dem Zustand der Vollnarkose (durch Äther) werden von der Schriftstellerin in den kleinsten Details beschrieben (GURIAN 1946: 46–56).

Lovinescu schätzte die weibliche Literatur Sorana Gurians. In den Agenden des Literaturkreises „Sburătorul" äußert sich der wählerische Kritiker in den dreißiger Jahren fast ausschließlich in den höchsten Tönen über die Geschichten der Schriftstellerin. „Ein exzellenter Auftakt", „Talent", „eine bewundernswerte Geschichte", „drei außergewöhnliche Novellen", „großer Erfolg", „drei bewundernswerte Novellen" (LOVINESCU 2001: 137, 146, 152, 192, 198, 252, 260, 325–326, 599, 622, 642, 674). Des Öfteren unterstützte er sie auch öffentlich, indem er die Novelle *Narcoza* für Preise vorschlug: „Sorana Gurian ist meines Erachtens eines der bemerkenswertesten Talente, die ich die Gelegenheit hatte, in den letzten Jahren kennenzulernen", schrieb Lovinescu 1939. „Objektive Beweisstücke finden sich in den beiden bewundernswerten Novellen (*Medalionul* und *Narcoza*), die in der *Revista Fundaţiilor Regale* erschienen sind, sowie in weiteren fünf–sechs in Zeitschriften mit geringerer Reichweite veröffentlichten [Novellen]".[50]

Sorana Gurian starb 1956 in Paris an Krebs. Ihr letztes Buch (*Récit d'un combat*, 1956) beschreibt die Suche nach einem Mittel gegen diese Krankheit. In den letzten Lebensjahren gaben die Ärzte ihr Morphium, um die Schmerzen zu lindern. Ein Psychiater bereitete die Schriftstellerin auf den Tod vor und wollte ihr die Angst davor nehmen. Eugène Ionesco, mit dem sie befreundet war, schrieb voller Bewunderung in sein Tagebuch: „[Der Psychotherapeut] hatte die Aufgabe, Sorana das Sterben beizubringen, den Tod. Und ihm ist diese schwierige Aufgabe gelungen. Eines Morgens erklärte sie dem Arzt, der gekommen war, um ihr die tägliche [Morphium]Spritze zu geben, dass sie sie nicht mehr möchte, dass sie nicht mehr schläfrig sein will, damit sie ihr gesamtes Bewusstsein bis zum letzten Augenblick behalten kann. Nach einer Woche starb sie, mit Würde, so wie sie es sich gewünscht hatte" (IONESCO 1992: 119–120).

Sorana Gurian hatte den großen Mut, Rauschgift auszuschließen an der Grenze zwischen dem Bewusstsein des Lebens und dem des Todes. Eugène Ionescos Bewunderung ist aus der Perspektive seiner pathologischen Angst vor dem Tod zu verstehen.

Ioana Postelnicu: Betäubung mit Äther

Eine weitere Entdeckung des Literaturkreises „Sburătorul" war Ioana Postelnica (*alias* Eugenia Banu, 1910–2004), die 1937 aus ihrem Roman *Bogdana* vorlas. Er war ihr Debut und wurde 1939 veröffentlicht. Im vierten Kapitel beschreibt sie den Zustand der Narkose Bogdanas, der durch Äther ausgelöst worden war.

Interessant ist, dass in der Prosa der Zwischenkriegszeit Drogen den Figuren leicht zugänglich waren. Morphinphiolen konnte man problemlos besorgen in der Apotheke (Henriette Yvonne Stahl, *Între zi și noapte*; Mihail Drumeș, *Invitația la vals*), Laudanumfläschchen stehen in den Salons, „auf dem Tischchen mit den Medikamenten (Alexandru Kirițescu, *Gaițele*), Fläschchen mit Afion werden „im goldenen Holzschränkchen" aufbewahrt, zwischen den Döschen und Ampullen der „Apotheke der Großmutter" (Ionel Teodoreanu, *În casa bunicilor*) und Äther befindet sich „im Schlafzimmer der Mutter, zwischen ihren Fläschchen", wahrscheinlich auf dem Toilettentisch (Ioana

---

50 „O scrisoare a d-lui E. Lovinescu". In: *Însemnări ieșene*, Iași, Bd. XII, Nr. 12, 1. Dezember 1939.

Postelnicu, *Bogdana*). Es ist ein Zeichen dafür, dass diese psychotropen Substanzen zu jener Zeit als gute, oft verwendete Medikamente angesehen wurden und nicht als gefährliche Drogen.

Im Roman *Bogdana* werden wir Zeugen synästhetischer Experimente, die die mit Äther betäubte Protagonistin erlebt: „Ein gleichmäßiger Lärm, wie monotones Rasseln, tönte in ihren Ohren, breitete sich wie ein Pfeil von einem zum anderen Ohr aus und füllte am Ende das gesamte Gehirn. Es schien, als sei ein Licht angegangen, ein rotes Licht, das sich immer schneller, immer schneller drehte. […] Lange grüne, rote, violette Vorhänge lösten sich vom Gehirn, ohne Unterlass. Eine wahnsinnig schnelle Abfolge von Nuancen lief hinter ihrer Netzhaut ab, tauchte in sie ein, um als großer regenbogenfarbiger Fächer wieder zu erscheinen".

Man sagt, dass Rausch, entgegen aller Annahmen, zu den größten darstellerischen Herausforderungen auf der Bühne gehört. Es ist eine der schwersten Prüfungen, die ein Schauspieler bestehen muss. Genauso ist es mit Rauschzuständen in der Literatur. In *Bogdana* ist das bunte Hören, die Explosion der Töne und „ätherischen" Farben, interessant dargestellt, aber es bringt nicht viel Neues in die „Literatur der Rauschmittel". Die kognitive Erfahrung der Protagonistin dagegen ist neu. Bogdana durchläuft nicht eine einfache Narkose, sondern eine Initiation in die Gnoseologie. Die Protagonistin spricht von einem „Rausch des Verstehens". Und wie bei jeder Initiation ist der Neuling vom Tode bedroht.

Während der Narkose fühlt die Heldin, dass ein einziger Schlüssel, ein einziges Wort, sie in ein anderes Paradigma des Verstehens bringen, sie in eine andere Welt führen kann, in eine andere Dimension, die der höheren Kenntnis. „Jemand flüsterte ihr zu ‚sag, los, sag, sieh, ich helfe dir. Hab keine Angst, ich helfe dir hinüber (denn nur der Schlüssel gab ihr diese Möglichkeit). Wenn du es sagst, wirst du alles wissen, wenn nicht, ist es zu Ende'. Sie fühlte sich zwischen zwei Welten und so weit entfernt von der einen und so nah der anderen, dass sie die Hand ausstrecken, den Vorhang heben konnte, um all das zu sehen, was die Zurückgebliebenen nicht sehen konnten. […] Sie fühlte sich bedroht von einem Rausch des Verstehens […]. Ihr Geist schien wie ein spitzer Pfeil, eine sensible Antenne, die in den Windungen des Gehirns nach dem Schlüssel der Befreiung suchte […] Sie spürte, würde der Vorhang erst einmal weg sein, könnte sie ins Unendliche blicken" (POSTELNICU 1979: 53–57).

Wenn ein Schriftsteller die narkotischen Zustände einer Figur gut beschreibt, ist es legitim zu fragen, ob er aus persönlichen Erfahrungen berichtet oder sich auf dem Gebiet gut dokumentiert hat. Bei Ioana Postelnicu ist es nicht ausgeschlossen, dass sie von Guy de Maupassants *Rêves* (1882) beeinflusst wurde. Maupassant beschreibt in diesem Text bestimmte Eigenschaften des Äthers als „Droge der Philosophen", wie man es auch nannte. Für den französischen Schriftsteller, Äther „intensifie les facultés mentales" und führt zu einer neuen *Weltanschauung*. Er vergleicht es mit der Frucht aus dem Baum der Erkenntnis: „Da gingen beiden die Augen auf" (*Genesis* 3, 7).

Ce n'était pas du rêve comme avec le haschich, ce n'étaient pas les visions un peu maladives de l'opium, c'était une acuité prodigieuse de raisonnement, une nouvelle manière de voir, de juger, d'apprécier les choses de la vie et avec la certitude, la conscience absolue que cette manière était la vraie. [...] Il me semblait que j'avais goûté à l'arbre de science, que tous les mystères se dévolaient, tant je me trouvais sous l'empire d'une logique nouvelle, étrange, irréfutable. Et des arguments, des raisonnement, des preuves me vennaient en foule, renversés immédiat par une preuve, un raisonnement, un argument plus fort. Ma tête était devenue le champ de lutte des idées. J'étais un être superieur, armé d'une intelligence invincible, et je goûtais une jouissance prodigieuse à la constatation de ma puissance (Guy de Maupassant, *Rêves*, 1882).

Henriette Yvonne Stahl: „Drogen führen zu einer vollkommenen Zerstörung des Wesens"

Wie auch in der Prosa Petrescus sind die Romane der Schriftstellerin Henriette Yvonne Stahl ein besonderer Fall, wenn auch aus einem ganz anderen Grund. Während bei Petrescu Morphium nur als stilistische Metapher auftaucht, ist bei H. Y. Stahl Morphium ein Element überwältigender Konkretheit. Außerdem fehlen Morphiumsüchtige keineswegs in ihrer „weiblichen" Literatur.

Zu Beginn der vierziger Jahre, wahrscheinlich zur selben Zeit, in der ihr Mann Ion Vinea den Roman *Venin de mai* (Maigift), der postum veröffentlicht wurde) schrieb, verfasste Henriette Yvonne Stahl den Roman *Între zi și noapte* ([Zwischen Tag und Nacht], 1942). Mehr noch, zu jener Zeit wurde unberechtigterweise behauptet, ihr Roman sei in Wirklichkeit von Ion Vinea geschrieben worden (CRISTEA 1996: 145). Solche Spekulationen sind irrelevant.

Wichtig ist, dass Henriette Yvonne Stahl die Einzige in Rumänien ist, die Sucht ins Zentrum ihre Literatur stellte. Sie nahm den Süchtigen von vorn und im Profil auf. Sie schaffte aus psychosomatischer Sicht einen Stereotyp des

Süchtigen. Außerdem ist der Roman autobiographisch und die beiden Hauptfiguren sind real: Zoe Mihalcea-Vrânceanu (eine junge Morphiumsüchtige im Bukarest der zwanziger Jahre, die im Roman mit ihrem echten Namen auftaucht) und Ana Stavri (ihre Freundin und das Alter Ego der Autorin). „Alles hat sich in der Realität genauso abgespielt wie im Roman", erklärt die Schriftstellerin in ihren Memoiren. Absolut alles" (CRISTEA 1996: 121).

Der Leser erfährt von der morphiumsüchtigen Hauptfigur Zoe erst im letzten Teil des Romans, was ihn dazu zwingt, die ganze Geschichte von Anfang an neu zu denken. Aber zu Beginn des Buches entwirft Zoe eine Typologie des Selbstmordes: „Ertrinken und Morphium sind die Tode müder Menschen. An den Bahnhof zu laufen und dich vor den Zug zu werfen, den Revolver zu laden oder den Strick mit Seife einzureiben sind die Tode der Verzweifelten, voller unbefriedigten Temperaments ... der Frenetiker" (STAHL 1992: 142).

Tschechow paraphrasierend könnte man sagen, wenn im ersten Akt die Rede von Selbstmord mit Morphium ist, wird im zweiten Teil jemand auf diese Art sterben. Zoe Mihalcea wird tatsächlich an diesem Laster sterben, aber nicht auf Grund einer Überdosis, sondern wegen einer banalen Tetanusinfektion, durch die Spritzen, mit denen sie das Morphium nahm. Die Tatsache, dass nicht wieder das literarische Klischee des Todes durch Überdosis bemüht wird, macht Zoes Geschichte noch glaubwürdiger als sie ohnehin schon ist.

Selbstmord durch die Einnahme eines Opiats ist ein bequemer (manchmal einfacher) Stereotyp, der in der rumänischen Zwischenkriegsliteratur auftaucht, vor allem bei weiblichen Figuren: Margarete tötet sich, indem sie „ein Glas voll [Laudanum] trinkt" (Al. Kirițescu, *Gaițele*, 1932); oder Millya, starr, leichenblass, die lilafarbenen Hände neben dem Körper. An den Füßen die offene Tasche, die letzten Morphiumphiolen offen, die geöffnete Spritze leuchtete eigenartig" (Sanda Movilă, *Desfigurații*, 1935); oder „[Micaela] setzte sich selbst die Spritze mit einer tödlichen Dosis [Morphium]. Wenigstens hatte die Arme nicht gelitten" (Mihail Drumeș, *Invitația la vals*, 1936); oder „Vielleicht würde eine sehr viel höhere Dosis [Morphium] Zoe einen leichten Tod bringen" (Henriette Yvonne Stahl, *Între zi și noapte*, 1942).

In ihrem überraschenden Roman *Între zi și noapte* fehlt nicht eines der komplexen Probleme der Rauschmittelsucht der Figur: Morphiumeinnahme als Überlebensform einer jungen psychisch traumatisierten Frau, die sexuell missbraucht wurde in der Kindheit vom eigenen Vater; Selbstmordgedanken mit einer Überdosis oder durch Entzug („wenn ich kein Morphium nehmen würde, würde ich mich umbringen"); die Höhepunkte und das Elend bei der

Einnahme des Rauschmittels; ethisch-medizinische Probleme („ich bin ein Kranker, der mit Morphium behandelt wird. Krebspatienten wird am Ende [Morphium] gegeben. Was ich in der Seele, in den Nerven habe, ist monströser als Krebs."); (Auto)Isolation des Süchtigen; finanzielle Not aus dem Grund, um die Drogen zu kaufen; die Schwierigkeiten und Risiken bei der Beschaffung des Morphiums auf dem Schwarzmarkt („Ana lief mit Angst im Herzen, dass man sie erwischte, einsperrte, ausfragte. Und trotz all der Angst hörte Ana nicht auf, nach Morphium zu suchen, sich also das Leben auf einer verlorenen Sache zu errichten."); die Illusion des Glücklichseins" und der Normalität nach der Einnahme („die einzigen Momente, in denen ich ‚normal' werde, sind, wenn ich Morphium nehme"); die Abhängigkeit und die Leiden des Entzugs („wenn man sich einmal an Morphium gewöhnt hat, sind die Entzugserscheinungen so quälend, dass niemand diesen abstoßenden langsamen Tod erwarten kann"; das körperliche und geistige Elend und schließlich der Tod („sie hätte alles, was ihr noch an Geld und Möglichkeiten geblieben ist vom Morphium, zusammennehmen sollen und die letzten Tagen wären eine überwältigende Verschwendung der Droge gewesen, ein Morphiumbankett und dann der Tod … der Tod") usw. (STAHL 1969: 281–331).

Sicher konnten ein paar klischeehafte Bilder nicht vermieden werden, wie die „Auferstehung" des Süchtigen nach der Einnahme der Droge: „Zoe stand auf und setze sich mit ihren zitternden Händen sofort einen Schuss. Wie immer erstand ihr ganzes Wesen nach ein paar Minuten auf. Ihr Teint strahlte, ihre Augen bekamen Leben, ihr Mund öffnete sich." Das Bild wurde von Ionel Teodoreanu quasi-stereotyp behandelt. „Paşa spritze sich Morphium in den von Narben der ständigen Einstiche übersäten Arm. Der Frühling blühte wieder auf; der Himmel erschien blau; die Sonne strahlte warm. Sein Gesicht wurde lebendig wie nach ein paar Gläsern Sekt. Sein Körper bekam seine Elastizität zurück, seine Augen strahlten" (*La Medeleni*, 1924–1928). Bei Petrescu erfolgt die „Auferstehung" des Süchtigen ähnlich, unabhängig bei welcher Droge: Nach einer Dosis Kokain „begannen seine Augen zu strahlen" (*Întunecare*, 1927), und nach einer Dosis Morphium „glitzerten seine Augen lebendig wie Glimmern unter der Asche" (*Calea Victoriei*, 1930) (PETRESCU 1992: 32; 2009: 84).

Între zi şi noapte ist ein in der rumänischen Literatur einzigartiges Buch. Ich glaube, es ist der einzige rumänische Roman, der in den kleinsten Details alle Probleme der Sucht behandelt. Und wichtiger vielleicht noch ist, dass Henriette Yvonne Stahl dies nicht aus einer vereinfachenden ethischen Position heraus tut, derart: Der Drogensüchtige ist eine negative Figur, moralisch verwerflich, und derjenige, der ihm das Morphium besorgt, ist ein skrupelloser Geschäftemacher usw. Entweder hat die Schriftstellerin eine starke Erfahrung mit Rauschmitteln selbst gemacht, oder sie hat sich extrem gut über das Thema informiert.

Der Roman erschien 1969 in Frankreich in der Übersetzung der Autorin bei *Éditions du Seuil* und erfreute sich eines gewissen Erfolgs. Zur selben Zeit erlaubte die kommunistische Zensur auf vollkommen überraschende Weise die Wiederauflage in Rumänien, 1968, bei *Editura pentru Literatură* (Verlag für Literatur) und noch einmal 1971 bei *Editura Minerva*. Es war sicher von Bedeutung, dass der Roman nicht im Sozialismus spielte, zur Zeit des „neuen Menschen", sondern in „der dekadenten bürgerlichen Epoche". So erklärt sich auch die Präsenz von Drogen im Leben der Bukarester Jugendlichen der Zwischenkriegzeit in der Prosa ihres Mannes Petru Dumitriu aus den 1950er Jahren: *Cronică de familie*, [Familienchronik] 1957, Kapitel „Plăcerile tineretului" [Die Vergnügen der Jugend], oder in einigen Novellen, die Victor Eftimiu 1971 veröffentlichte (EFTIMIU 1971).

Anlässlich der Neuveröffentlichung von *Între zi și noapte* (1968 und 1971) schrieb Petru Popescu, damals Schriftsteller en vogue, eine Rezension, in der er zu Recht bemerkt: „In einer sonst so braven Prosa, wie es die rumänische ist, war Henriette Yvonne Stahl von Anfang an befreit von den Vorurteilen traditioneller Themen". Aber Popescus Rezension fährt mit einer abwegigen propagandistischen Idee fort: „Heute [ca. 1969] bewundern manche Kritiker die ‚Hippie'-Literatur, weil sie sie zum überwältigenden Horizont der Drogen führt. Wir stellen fest, dass wir eine Schriftstellerin haben, die auf überzeugende Art und Weise mit dem realen, dem rumänischen Leben, ein ‚exotisches' Leben zeigt, und dies auf einem unbestreitbar weitaus höheren intellektuellen Niveau als die schockierenden Taschenspieler (die mit teilweise zu offensichtlichen Tricks) den heutigen Weltbuchmarkt bestimmen".

Das Thema Drogen war natürlich für das kommunistische Regime tabu. Die Kommunisten lösten das Problem ganz einfach nach dem Prinzip: „Worüber man nicht redet, das existiert nicht". Henriette Yvonne Stahls Buch erschien auf wundersame Weise Ende der sechziger Jahre in einer kurzen Tauwetterphase. Und dennoch behauptete Petru Popescu, dass sogar bei der „Drogenliteratur" die rumänischen Schriftsteller „unbestreitbar" besser, authentischer und überzeugender seien, als die westlichen, die „schockierenden [literarischen] Taschenspieler" (BARBU 1970: 349).

Überraschend ist, dass Henriette Yvonne Stahl nicht nur ihre eigene Freundin Zoe Mihalcea-Vrânceanu Drogen nehmen lässt, sondern ihr eigenes Alter Ego in einem anderen Roman. Es geht um eine Figur, die das Alter (achtzehn) und die biographischen Daten der Autorin hatte im Roman *Martorul eternității* [*Le témoin de l'Éternité*], geschrieben in der ersten Person auf Französisch und 1975 in Paris von der Autorin veröffentlicht (STAHL 1975).

Die Autorin gab zu, dass es sich um Erinnerungen handelte, die sie als Roman präsentierte, um die kommunistischen Zensoren hinters Licht zu führen: „Es ist das einzige Buch, das man als biographisch betrachten könnte. Ich habe es in Frankreich geschrieben, und als ich es der rumänischen Zensur vorlegte, setzte ich den Untertitel ‚Roman' darunter". Das Buch bietet ein „paideisches Modell", wie Gabriel Liiceanu sagen würde, oder „den Roman einer Erziehung", wie Ion Vianu es nennen würde: die spirituelle Erfahrung eines Schülers bei der Begegnung mit dem Meister. Es handelt sich um eine authentische, von der Schriftstellerin erlebte Erfahrung (wie sie selbst in ihren Memoiren sagt), in Paris, Anfang der siebziger Jahre. Der Name des Meisters, der ungenannt blieb, als das Buch 1975 in Paris erschien, wurde erst 1982 enthüllt, kurz vor dem Tod der Schriftstellerin 1984. Aber veröffentlicht wurde er erst 1996, als ihre Memoiren erschienen. „In Paris traf ich Jean Klein, den Mann, der bei dieser Existenz auf Erden mein Meister sein sollte" (CRISTEA 1996: 199, 280). Jean Klein (1916–1988) war ein österreichischer Arzt, der, beeinflusst von René Guénon, 1950 nach Indien gegangen war und bei einem Guru *Advaita Vedanta* studierte, nach Paris zurück kam und spiritueller Meister in *Vedanta* wurde und mehrere Bücher auf diesem Gebiet veröffentlichte.

Es bleibt die Frage, ob die erotisch-narkotischen Ausschweifungen, die die junge Romanfigur erlebt, Erfahrungen der Schriftstellerin sind. Vielleicht weniger exzessiv. Es ist schwer zu glauben, aber nicht unmöglich. Es könnte eine literarische Form sein, um die spirituelle Wegstrecke zu verlängern, die die Heldin zurücklegen muss – vom Nullpunkt (physische Zerstörung und moralischer Abgrund) zum Endpunkt („der Höchsten Erleuchtung", wie es die Autorin nennt). Die Protagonistin ist den Initiationsweg von Damaskus gegangen. Um denkwürdig zu sein, muss die Bekehrung spektakulär sein, wie die Apostasie des Antichristen Saul, der zum Begründer des Christentums Paul wird.

Simona Sora, die den *Témoin de l'Éternité* für eine Mischung aus Autobiographie und Initiationsroman hält, schreibt die erotisch-narkotischen Erfahrungen dennoch der Autorin zu: „H.Y. Stahl spricht mit enormer Ehrlichkeit, mit Verantwortungsgefühl und Talent über diese Dinge, über die zweifache Offenbarung (die erste mit 33 Jahren und die zweite mit 70), aber vor allem über das unablässige Suchen. Sie geht zurück in Zeiten der Verzweiflung, als Sex, Alkohol und Drogen sie in die Nähe des Selbstmords brachten [...] In *Martorul eternității* wird ihr durch Morphium, Zigaretten und sinnliche Experimente überreizte und bereits angeekelte Körper zu dem, was man im Christentum als Heiligtum bezeichnet (SORA 2006).

Leider tauchen in den Memoiren der Schriftstellerin, die zu Beginn der achtziger Jahre im Dialog mit Mihaela Cristea verfasst wurden, keine Kommentare zur Sucht der Heldinnen in den Romanen *Între zi și noapte* und *Martorul eternității* auf. Einer der Gründe war sicher Selbstzensur. Das schrieb auch Mihaela Cristea im Vorwort des Buches, das erst nach 1989 erscheinen konnte: „Ich möchte den Leser darauf hinweisen, dass dieses Buch in den achtziger Jahren geschrieben wurde und es mit Sicherheit eine Art Selbstzensur bei der Darstellung der Dinge, dem Vokabular, dem Ausdruck gab. Der Leser muss die Dinge durch den Filter der Bedingungen und Möglichkeiten dieser Jahre sehen" (CRISTEA 1996: 15).

Mehr noch, wahrscheinlich wurden bei den vermehrten Versuchen, das Buch in den achtziger Jahren zu veröffentlichen, manche Stellen, die man für inakzeptabel für die rumänische Verlagswelt, die vom *Consiliul Culturii și Educației Socialiste* [Rat der Sozialistischen Kultur und Bildung, einer Art kultureller Securitate] hielt, gestrichen. Unter den zensierten Stellen befinden sich mit Sicherheit auch die Rauschmittelexperimente der Figuren (und eventuell der Schriftstellerin). Es überlebten nur ein paar vereinzelte Meinungen, aus dem Kontext gerissen, brav formuliert, um nicht die Zensurbehörde zu verärgern. Hier ein Fragment des Dialogs:

Mihaela Cristea: Was können Sie sagen über diejenigen, die Drogen nehmen und behaupten, übermenschliche Zustände der Erhöhung zu erfahren?

Henriette Yvonne Stahl: Wenn sie sagen, dass sie übermenschliche Zustände der Begeisterung haben, lügen sie nicht, aber diese Zustände, die durch Drogen ausgelöst werden und nicht durch eine natürliche Veredelung ihres Wesens, sind nur ein Akt des Diebstahls, krimineller Unehrlichkeit und des Verfalls. Askese, oder bleiben wir lieber bei dem Wort Disziplin, das besser verständlich ist, ermöglicht durch die eigenen ehrlichen Kräfte eine Erhöhung, die in deiner Gewalt fruchtbar bleibt, während Drogen zu einem vollkommenen Verfall deines Wesens führen. Man kann nicht behaupten, dass man reich ist, wenn man das Geld gestohlen hat. Das Ziel entschuldigt den Diebstahl nicht. In *Schuld und Sühne* ist das Problem des Diebstahls mit philanthropischem Ziel zu genial analysiert, um darauf noch einmal näher eingehen zu müssen.

M.C.: Dann wäre es das Gleiche beim Alkohol?!

H.Y.S.: Natürlich" (CRISTEA 1996: 283–284).

Cezar Petrescu: „Stunde einer trügerischen Einbildung"

So detailliert und tiefgründig H.Y. Stahl das Problem süchtiger Figuren angeht, so uninspiriert und stereotyp behandelt Cezar Petrescu das Thema. Der Diskurs des Schriftstellers ist moralisierend und voller Gemeinplätze, die nicht über die Idee des „künstlichen Paradieses" hinausgehen. Der Kritiker Cosmin Ciotloş beobachtet richtig, dass die Trips, die Cezar Petrescu beschreibt, undeutlich sind, unabhängig davon, ob der Süchtige Kokain, Morphium oder Heroin nimmt (PETRESCU 2009: 25).

Es scheint, Cezar Petrescu wollte das Thema, das sehr angesagt war zu dem Zeitpunkt, unbedingt behandeln, informierte sich aber nicht ausreichend darüber. Sogar die Terminologie, die er verwendet, ist teilweise inadäquat. Zum Beispiel atmet die Figur Dan Şcheianu (*Întunecare* [Umdüsterung], 1927) das Kokain nicht ein, sondern „riecht gierig daran" (PETRESCU 1992: 32).

Das Porträt des Kokainabhängigen Şcheianu entwarf Petrescu nach dem eines jungen avantgardistischen Dichters (wir befinden uns in der Zeit des „Züricher Aufstands"!), der die „rumänische Poesie revolutionieren" wollte. Sein Diskurs gegen die „bürgerliche Kunst" („Alle [Dichter] besingen den Mond! Chromolithographien für Mädchen im Pensionat. Der Mond ist eine alte Kupplerin!") ist dem Ion Vineas in seinem berühmten Manifest sehr ähnlich. „Poesie ist nichts als eine Presse, um Mädchen allen Alters salziges Wasser aus dem Tränenkanal zu pressen. Der Mond ist ein Bordellfenster" (*Manifest activist către tinerime* [Aktivistisches Manifest an die Jugend], 1924). Vielleicht übernahm der Schriftsteller für Şcheianus Porträt ein paar Federstriche von Vinea, der, wie wir sehen werden, Kokain und/oder Äther einnahm. Dan Şcheianu starb jung an Tuberkulose, vergessen im Elend des „Gemeindehauses [der Künstler], das Alcibiade Gițu leitete". „[Für Şcheianu] war alles verrückt: Die neue Poesie, die ästhetische Revolution, Kokain und Alkohol. [...] Es gab für ihn nichts anderes mehr als ewige Halluzination; eine künstliche und gestellte Welt" (PETRESCU 1992: 226–229).

Es wäre komisch, wenn das Thema Rauschgift in einem städtischen Roman *par excellence* fehlen würde (*Calea Victoriei*, 1930), ein Roman, der die Schönheiten und das Elend Bukarests in den fiebrigen Nachkriegsjahren 1925–1929 darstellen will. Fürst Anton Muşat, der gefallene Bojar, ist ein nicht zu rettender Fall von Toxikomanie. Aber die Morphiumdosis kann diese „Ruine eines Menschen", die er geworden war, noch ab und zu zum Leben erwecken: „Seine Augen funkelten wie Glut unter der Asche. [...] Sicher war er nur dafür in das andere Zimmer gegangen: die Spritzen und Phiolen [mit Morphium] um Leben noch für eine Stunde zu bitten". Wenn die Wirkung nachlässt, wird der Morphiumsüchtige wieder zum Kadaver: „Seine Augen erloschen. Seine Wange wurde plötzlich sehr alt und traurig, zerstört und skeletthaft. Die künstliche Lebensflamme erlosch" (PETRESCU 2009: 84, 89). Fürst Muşat ähnelt übrigens in diesem Punkt einer Figur aus dem Roman *Prinţul moldo-vlah* [Der moldauisch-walachische Fürst] von Victor Eftimiu. Es handelt sich um den Fürsten Teodor Polizu Roznoveanu: „Der Fürst war nicht nur an Kokain sondern auch an Morphium gewöhnt. Er spritzte sich häufig. Er hatte einen Sinn im Leben gefunden. All seine Handlungen hatten nur dieses Ziel" (EFTIMIU 1971: 319).

Viorica, die Tochter des skrupellosen Magnaten Hagi-Iordan, kommt in Frankreich in den auserwählten Clubs in Cannes zu diesem Laster. Sie kehrt abhängig nach „Pulvern und Phiolen", aus denen „jeder sich für ein paar Augenblicke das künstliche Paradies erschaffen kann, nach Bukarest zurück. Damit lebte sie drei Jahre". Viorica ist kurz davor, die Drogensucht zu besiegen. Sie will „Pulver und Phiolen" dem Fürsten Muşat schicken: „Bei Ihnen ist es ohnehin egal! Heilung [von der Sucht] ist nicht mehr möglich". Sie schaut ein letztes Mal auf die wertvollen Schachteln (aus Gold, Silber, Email, Perlmutt), voller Rauschmittel:

Hier Kokain. Da Heroin. Dies hier [Heroin] ist das schrecklichste. Zehnmal stärker als Morphium. Mit unmittelbarem Effekt ... Und nach einer Stunde trügerischer Einbildung, dies schreckliche Erwachen, wenn du nicht weißt, was du getan hast, was passiert ist, was du akzeptiert hast ..." (PETRESCU 2009: 364, 367).

Die Rauschgifterfahrung von Sabine Lipan ist sehr kurz und fatal.

Sie schnieft noch [Kokain] und wartet. Warum hatte man ihr gesagt, sie solle nicht? ... Es ist wirklich ein eigenartiges Gefühl, aber nicht so unangenehm, wie es ihr am Anfang schien. Eine Entmaterialisierung, könnte man sagen ... Der Körper befreit vom Blei, das ihn auf den Boden zieht. Und der Gedanke schwebt euphorisch. Nicht ein Gedanke! Zwei, hundert, tausend ... Tausend Gedanken... Ein Tumult von Gedanken ..." (PETRESCU 2009: 370).

Die narkotisch-sexuelle Episode am Ende des Romans ist völlig unglaubwürdig. Cezar Petrescu verwendet das Rauschgift als *deus ex machina*. Dank ihm löst sich alles in wenigen Seiten auf. Im Grunde in zehn Minuten. Sabine wird in Vioricas Zimmer allein gelassen, und die reine und lebendige Jugendliche nimmt aus Neugier Drogen. Auf Grund des Rauschzustands kann sie sich nicht wehren und wird vom Fürstensohn Niki Hagi-Iordan vergewaltigt. Traumatisiert von diesem Ereignis, vermasselt Viorica den Entzug und wird wieder drogenabhängig, und Sabine nimmt sich das Leben.

Als Adrian Marino einen Essay schreibt über die *Poezia stupefiantelor* [Poesie der Betäubungsmittel] in der westlichen Literatur, der 1944 in der Zeitschrift *Vremea* veröffentlich wurde, wirft er auch einen Blick auf die rumänische Literatur. In der rumänischen Prosa entdeckt Marino nur eine Episode aus dem Roman *Calea Victoriei* von Cezar Petrescu: „All diese aktuelle Sensationsliteratur, die Betäubungsmittel kultiviert – bei uns führt Cezar Petrescu, ein Schriftsteller mit kosmopolitischen Allüren, in einen Roman (*Calea Victoriei*) eine solche Episode ein – führt nur dazu, dass ein gutes poetisches Thema ausgenommen, herabgewürdigt wird, das durch Missbrauch die Finesse, die es zu Beginn hatte, verloren hat: Die des Lasters" (MARINO 1944: 145).

Hortensia Papadat-Bengescu: „Havana mit Opium"

In ihrer Prosa interessiert sich Hortensia Papadat-Bengescu nur wenig für Betäubungsmittel. In ihrem Roman *Drumul ascuns* [Der versteckte Weg] von 1932 tauchen Rauschgifte nur zwischen den Zeilen auf. Sie sind im Dekor des Schlafzimmers der griechischen Hedonistin Salema Efraim, einem Raum, in dem die „orientalischen Laster und Sitten unverändert bewahrt geblieben sind, nur zu erahnen": Übermaß an „stark riechenden" Zigaretten und schwarzem Kaffee.

Rauschgift hat eigentlich in der künstlichen Atmosphäre beweglicher Marionetten dieses Romans nichts zu suchen. Paradoxerweise hätte die Autorin sie dadurch zu sehr „vermenschlicht", die „Porzellanpuppen". Ein paar sedative oder psychotrope Mittel tauchen im Buch auf, aber *en passant*: Davilatropfen (Opiumtinktur), Äther, Morphium. Als Lenora in die Endphase des Krebses kommt, bleiben die Injektionen, die sie bekommt, um ihre Schmerzen zu lindern, ungenannt. Das Wort „Morphium" wird nicht ausgesprochen, aber mitverstanden. Auf dem Flacon mit dem Beruhigungsmittel ist ein Etikett, auf dem steht: „Bei Bedarf".

Ein wirkliches Rauschmittel taucht im Roman *Drumul ascuns* [Der versteckte Weg] auf, und zwar in der Umgebung reicher Fräuleins, die die mondänen Clubs des Zwischenkriegs-Bukarest besuchen. Aber es geht nicht um eine für die Epoche typische Droge (Kokain, Heroin, Morphium oder Äther), sondern um eine völlig atypische: Die Mädchen rauchen „eine Havana mit Opium" (PAPADAT-BENGESCU 1995: 9–13).

Von Ion Barbu zu Emil Botta

Ion Barbu: „der tägliche Äther und das wöchentliche Kokain"

Der Fall des Dichters Ion Barbu ist besonders interessant, u.a. deshalb, weil er zu großen Teilen rekonstruierbar ist. Seine Neigung zu Rauschgift ist 1921 dokumentiert, als er sechsundzwanzig Jahre alt war. In dem Zeitraum von 1921–1924 lebte der Dichter in Deutschland (Göttingen, Berlin, Tübingen), wo er auf Anraten von Professor Gheorghe Țițeica seinen Doktor in Mathematik machen wollte.

Barbu gab die Idee des Doktortitels relativ schnell auf (bereits 1921 in Göttingen), auch auf Grund seiner Rauschgiftsucht. Er formulierte das in seinem Gedicht *Ut Algebra Poesis* von 1947so: „In meinen noch jungen Jahren in der Stadt Göttingen/[...] Vergaß ich die gelehrte Muse für ein einfaches Eden" (BARBU 1970: 93). Es ist eine quasikryptische Formulierung, die auf Baudelaires *Paradis artificiels* verweist.

„Auf Grund einer zu langen Entwurzelung und meinem immer wachen Interesse an spirituellen Experimenten gewöhnte ich mir (in Berlin) an, Drogen zu nehmen: Äther und Kokain", schrieb Barbu in einem Brief an seinen flämischen Freund Léo Delfoss. Aus diesem Brief erfahren wir etwas über die Regelmäßigkeit, mit der er dem Laster nachging: „meinen täglichen Äther und mein wöchentliches [Kokain]Pulver" (BARBU 1982: 133). Manchmal nahm Barbu zusammen mit Tudor Vianu, der sich ebenfalls zum Studium in der Weimarer Republik aufhielt (ich werde darauf zurückkommen), Kokain.

Äther (Diethylether) ist eine narkotische Substanz, die als Betäubungsmittel verwendet wird und aus Ethanol und Schwefelsäure entsteht, und wurde deshalb auch früher als „Schwefeläther" bezeichnet. Die Legende sagt, dass die Substanz 1275 von Raymundus Lullus entdeckt und 1540 von Valerius Cordus synthetisch hergestellt wurde unter der Bezeichnung *oleum dulcis vitriol*. Paracelsus verwendete die betäubenden Eigenschaften der Substanz, die 1730 von Augustus Siegmund „Äther", genannt wurde. Erst in der Mitte des 19. Jahrhunderts wurde es in der modernen Medizin als Betäubungsmittel verwendet. 1846 experimentierte der amerikanische Stomatologe Horace Wells an sich selbst mit diesem Betäubungsmittel, aber er wurde abhängig und beging 1848 Selbstmord.

Äther macht schnell süchtig und verlangt eine tägliche Erhöhung der Dosis. Ende des 19. Jahrhunderts beschrieb Baudelaire seine Äthersucht in Novellen wie *Rêves* (1882). Auch Ernst Jünger berichtete von seinen Experimenten mit Äther. Sein Essay hat nicht zufällig den Titel „Auf Maupassants Spuren" (JÜNGER 2008: 175–190). Jünger nahm Äther etwa zur gleichen Zeit wie Ion Barbu: 1918, in Hannover. Die Betäubung mit Äther war nach dem Ersten Weltkrieg in Deutschland so üblich (und so wenig unmoralisch), dass der junge Ernst Jünger Leute sah, die auf der Straße Äther nahmen: „Es hat Typen gegeben, die, ein mit Äther besprühtes Taschentuch vor dem Gesicht, in belebten Straßen umhergingen, weil ihre Wirtin den scharfen Dunst in der Wohnung nicht duldete".

Die Wirkung von Äther ist unterschiedlich, sagt Jünger, und hängt von der eingeatmeten oder getrunkenen Dosis ab: „Dazu kam der klarsichtige Optimismus, mit dem die Droge nachwirkte. Sie läßt sich dosieren, von der stimulierenden Oberfläche bis zur Tiefe des Vollrausches" (Jünger 2008: 183). 1924 beschreibt sich Ion Barbu in einem Selbstporträt eines Ätherabhängigen im Zustand eines solchen Vollrausches, wie nach einer vollkommenen Betäubung der Wirbelsäule:

Und Nerven, die nicht mehr zittern:
Hängende Geigensaiten
Und die Rippen Tasten: des Klaviers
Porös, kalkig, spinal
(zu schmerzhafte Erinnerung an
Vollständige Lähmung).
Dieser zerbrechliche Äthersüchtige ...

In Deutschland, auch in Tübingen („alte Burg im Schwabenland"), wohin Barbu im Frühjahr 1923 umgezogen war, war Äther sehr billig („billiges Geheimnis") und sehr leicht beschaffbar (in der Apotheke, wo „zwei emsige Schwaben" den Dichter bereits kennen).

Alte Burg mit Kirchtürmen und Magie,
Unverhofft, mit Apotheke...
Wo man bekommt in der Karaffe
Äther (billiges Geheimnis) [...].
von braven Leuten, was sag ich euch
Deine metaphysische Manie?

Die äthersüchtige Figur „nimmt eine Brise", „atmet den Äther aus der Karaffe ein, was eine „visionärere Welt" auslöst, voller Chimären und Erinnerungen aus der frühen Kindheit. Äther wird zum Aphrodisiakum.

Was habt ihr erraten? Einen falschen Morbiden
Er ist unser Typ: Ein Hybrid.
Ein feiger Perverser feiger
äther-heterosexueller Schule.

(*Un personaj eteroman*, [Eine äthersüchtige Figur] 1924)

Im Januar 1924, als er in Cottbus ist, findet seine zukünftige Frau Gerda Hossenfelder in der Hosentasche des Schriftstellers ein Kästchen voller Kokain. Gerda erinnert sich voller Verständnis an Barbus aufgebrachte Beichte. Es ist nicht nur Verständnis für die Sucht des Dichters, sondern auch für die Sucht „anderer Dichter": „Über einen Freund kam er eines Tages an Drogen. Am Anfang nahm er sie aus Neugier – ich darf nicht vergessen, dass er Dichter war, und ich wusste von anderen Dichtern, dass sie die Drogen versucht hatten! Sie versetzten ihn in einen Zustand der Euphorie und der Befreiung. Später nahm er sie manchmal, um das seelische Elend zu vergessen, in dem er sich befand. Er war kein Sklave der Drogen." Gerdas Diagnose war nicht korrekt. Ion Barbu war abhängig von harten Drogen. Im Februar 1924 musste er mit Geld, das ihm seine Eltern aus Giurgiu geschickt hatten, schnell nach Rumänien zurückkehren, um den „schlechten Traum von Berlin voller Dekadenz und

Drogenwahnsinn" zu vergessen (BARBILIAN 1979: 148–151). In seinen Memoiren erwähnt Șerban Cioculescu anerkennend, dass Gerda Barbilian Ion Barbu aufrichtete, „der scheinbar definitiv in die Sucht gerutscht" war. Sie fand ihn in Deutschland „geschlagen vom Wind, verwirrt von 'künstlichen Paradiesen' und erotischen Abenteuern", sie „holte ihn von diesen Wegen" und am Ende „entgiftete sie ihn" (CIOCULESCU 2007: 319–320). G. Călinescu erwähnte die Sucht des Dichters nicht, und Ovid Crohmălniceanu verwendete eine euphemistische Wendung, die sich auf die erotisch-narkotischen Exzesse des jungen Barbu bezog: In Deutschland führte der Dichter „das Leben eines Bohemien, dessen Paradiese mit schlechtem Ruf in einigen 'Umstandsversen' Barbus vorkommen" (CROHMĂLNICEANU 1974: 446–447). Ohne Barbus Sucht anzusprechen, verweist Nicolae Manolescu sehr kurz auf die Einnahme von Äther in *Un personaj eteroman* [Eine ätherabhängige Figur]: „Barbu erkennt sowohl seine Leidenschaft für Sex als auch die für Äther an (was die Droge seiner Studentenzeit in Deutschland war)" (MANOLESCU 2008: 694).

Aber auch in Rumänien schafft es Barbu nicht, sich der Herrschaft der Rauschgifte zu entziehen und nimmt weiter Kokain und Äther (vielleicht auch ab und zu Morphium). Die Einträge Eugen Lovinescus in das Tagebuch des Literaturkreises „Sburătorul" im Laufe des Jahres 1924 sind relevant: „Sensationelle aber unangenehme Wiederkehr: I. Barbu! […] seelisch vollkommen zerrüttet" (3. März 1924); „I. Barbu erwartet mich um vier: Er liest mir das Gedicht eines Äthersüchtigen vor [= das Gedicht *Un personaj eteroman*] – ein Humbug, der nicht mehr balkanisch ist" (10. April 1924); „I. Barbu liest noch ein verwirrtes Gedicht über Kokain [wahrscheinlich das Gedicht *Înfățișare* (Erscheinung)]" (4. Mai 1924); „I. Barbu […] erzählt mir von seinen Liebesabenteuern in Deutschland, die ihn zur Verzweiflung führten, zu Äther und Kokain" (13. Mai 1924); „In Cișmigiu mit Barbu – langes Gespräch. Es war nach einem 'Rausch' und er beschreibt mir die Wirkungen 'der Droge'" (7. Juli 1924) (LOVINESCU 1993: 55–85).

Barbus Depression verschlimmert sich. Mitte August 1924 wird der Dichter für eine psychiatrische Behandlung und eine Entgiftung in „la Mărcuța" eingeliefert, das Krankenhaus für Geisteskrankheiten des Klosters Mărcuța in der Nähe von Bukarest. Entgegen erster, sehr pessimistischer Diagnosen übersteht Barbu die Zeit des Entzuges, kommt zu Kräften und verlässt das Krankenhaus nach einem halben Jahr, im Januar 1925.

Es gibt keine Dokumente, aus denen hervorgeht, wie Barbu die Zeit der Entgiftung überstand. Wir können uns dennoch die Qualen des selbstauferlegten Entzugs vorstellen, wenn wir das Porträt Barbus betrachten, das Marcel Iancu 1925 nach dem Krankenhausaufenthalt von ihm anfertigte. Ein entstelltes, gequältes Gesicht, durchzogen von Falten einer Grimasse, die großes und unendliches neuropsychisches Leiden zeigt. Wahrscheinlich litt er schrecklich ohne die Drogen, von denen er abhängig geworden war. Wir können das Leiden Ion Barbus erahnen, wenn wir es vergleichen mit dem, das der Opiumsüchtige Jean Cocteau nur wenig später, 1928, beschreibt. Die Erfahrung ist erschütternd:

Profitons de l'insomnie pour tenter l'impossible: décrire le besoin. Byron disait: ‚L'amour ne résiste pas au mal de mer, le besoin pénètre partout. La résistance est inutile. D'abord un malaise. Ensuite les choses s'aggravent. Imaginez un silence qui corresponde aux plantes de lilliers d'enfants dont les nourrices ne rentrent pas pour donner le sein. L'inquiétude amoureuse traduite dans le sensible. Une absence qui règne, un despotisme négatif. Les phénomènes se précisent. Moires électriques, champagne de veines, siphons glacés, crampes, sueur à la racine des cheveux, colle de bouche, morve, larmes. N'insistez pas. Votre courage est en pure perte (COCTEAU 1999: 90–91).

Es gibt auch in der rumänischen Literatur Beschreibungen von Entzug. Beispielsweise im bereits erwähnten *Între zi și noapte* von Henriette Yvonne Stahl von 1942:

Wenn man sich einmal an Morphium gewöhnt hat, ist es ohne Morphium eine Qual [...]. Jede Minute eine andere Qual. Du spürst, wie das Herz immer langsamer schlägt, wie die Luft nur schwer die Lungen erreicht, wie das Blut schwerer wird durch ein Gift, das es selbst herstellt, ohne es aufhalten zu können. Ein schmerzhafter Schwindel, der die ganze Welt schüttelt, ein Zischen im Blut, das dich taub macht, die Augen verdunkeln sich, sie sehen nichts mehr. Klebriger Schweiß, dunkler Urin ..., unerträgliche Schmerzen im ganzen Körper ... (STAHL 1971: 284).

Hat Ion Barbu nach Januar 1925, also nach der Entgiftung, noch einmal Drogen genommen? Anscheinend ja. In jedem Fall blieb Äther etwas, das ihn

Gedichte schreiben ließ. Im Laufe des Jahres 1926 publizierte er in der Zeitschrift *Contimporanul* [Der Zeitgenosse] Gedichte aus der Reihe *Ritmuri pentru nunțile necesare* [Rhythmen für notwendige Hochzeiten], die er in *Joc secund* [Zweites Spiel], 1930) wieder aufnehmen wird. Nicht zufällig wählt er als Motto eine Zeile aus dem Gedicht *Un personaj eteroman* (1924). Nur „unter dem klaren Äther" können die „drei klaren sicheren Schlüssel" gefertigt werden, die so viele „Geheimniskreise" öffnen können (BARBU 1986: 50).

Die Einnahme des Rauschgiftes löst bei Barbu eine gewisse Labilität im Verhalten aus, die E. Lovinescu dazu brachte, sich zu fragen, ob Ion Barbu „Poseur ist oder unwiederbringlich durchgedreht!" (8. September 1937) (LOVINESCU 2001: 113). Șerban Cioculescu erinnert sich, dass in dieser Zeit – in der zweiten Hälfte der dreißiger Jahre – der Mathematiker und Dichter sich nicht mehr traute, in der Apotheke Äther zu kaufen. Er kannte fast alle Apotheker und sie verkauften ihm nicht mehr die Dosen, die er brauchte. Deshalb bittet Barbu Cioculescu, für ihn in die Apotheke zu gehen und einen Flacon Äther zu kaufen.[51] Diese Situation ist diametral entgegengesetzt zu der, die der romantische Dichter Samuel Taylor Coleridge ein halbes Jahrhundert zuvor erlebt hatte. Er wollte dem Teufelskreis seiner Opiumabhängigkeit entkommen und stellte einen Mann ein, der die Aufgabe hatte, ihn mit Macht daran zu hindern, in irgendeine Apotheke zu gehen, in der er sich die Droge hätte beschaffen können (BOON 2002: 33).

Ion Barbus Probleme (und die anderer Süchtiger), sich Rauschmittel zu beschaffen (auch bei solchen, die als „leichtere Drogen" angesehen wurden, wie Äther) verstärkten sich Ende der zwanziger und zu Beginn der dreißiger Jahre. 1928 wurde das Gesetz Nr. 58 zur Bekämpfung des Missbrauchs von Rauschmitteln erlassen. Nach nur wenigen Jahren folgte mit dem Hohen Königlichen Dekret Nr. 2111 vom Juli 1933 das Monopol des Staates über Rauschmittel. In dieser Regelung wurden alle natürlichen und synthetischen Mittel mit berauschenden Inhaltsstoffen definiert und aufgelistet. „Import, Lagerung, Produktion, Vertrieb, das in Umlauf bringen und der Handel aller berauschenden Produkte und Substanzen im ganzen Land" war ausschließliches Recht des Staates.

Natürlich war, außer in vom Gesetz vorgesehenen Ausnahmen, auch die *Verwendung* von Rauschmitteln verboten. Die Verwendung aus nichtmedizini-

---

51 Ich danke Simona Cioculescu für diese Information, die sie von ihrem Schwiegervater, Șerban Cioculescu, erhalten hatte.

schen Gründen wurde als „Missbrauch" betrachtet und vom Gesetz ausgeschlossen. Man versuchte dadurch, ein wenig Ordnung in die ethisch-juristischen Koordinaten der Gesellschaft zu bringen. Die Wahrnehmung der Verwendung von Drogen aus ethischer Sicht hatte nun auch ein juristisches Pendant bekommen. Drogensucht wurde bereits als unmoralisch angesehen – nun war sie auch illegal geworden.

Aber in einem sehr korrupten Land, wie es Rumänien damals war, konnten diese juristischen Vorschriften relativ leicht umgangen werden. Ein rumänisches Sprichwort sagt alles, was es dazu zu sagen gibt: „Das Gesetz ist eine Barriere, unter der die Hunde hindurchkriechen, über die Pferde springen und an der Ochsen stehen bleiben". Es blieb natürlich die Möglichkeit, sich die Drogen auf dem Schwarzmarkt zu besorgen und den Apotheker oder den Arzt zu bestechen, damit er falsche Rezepte ausstellte.

Henriette Yvonne Stahl zum Beispiel beschrieb in ihrem Roman *Între zi și noapte* (1942), wie man sich in den zwanziger Jahren in den Apotheken Bukarests illegal Morphium beschaffen konnte: „Jedesmal, wenn man nun in eine Drogerie kam, empfand man ein eigenartiges Lampenfieber, eine Angst. Sie glaubte, dass es diesmal das letzte Mal sein würde, und sie von nun an nicht mehr den Mut haben würde [nach Morphium zu fragen]" (STAHL 1971: 121). Die Situation des Drogenbeschaffens im Russland der Zwischenkriegszeit ist detailliert beschrieben in einem Roman über Kokain (1934) des unbekannten M. Agejew. Wahrscheinlich ein Pseudonym Vladimir Nabokovs oder eines anderen russischen Schriftstellers (I. Bunin, Mark Aldanov, Mark Levy).

„Ein zweites, reineres Spiel": Poesie zwischen Mathematik und Narkose

Ion Barbu gab schon 1935 öffentlich zu, dass *Poesie* irgendwo „zerquetscht" in der Mitte zwischen *Mathematik* (der „kartesianischen Wahrhaftigkeit") und der *Narkose* („einem Navigieren in einem kontrollierten Schlaf – eine Formulierung, die der Avantgarde der Zeit würdig war) liege. In einem verschlüsselten Essay, der kaum bekannt ist und den die Kritiker nicht verstanden haben, gibt Barbu zu, dass er in Deutschland in den zwanziger Jahren einen Fehler begangen habe („meinem eigenen Gesetz gegenüber"), als er zu weit ging („weiter als ich wollte") „hin zu den Fakten des Schlafes" – eine Metapher für Rauschmittelsucht. „Ich glaubte allerdings damals an die Poesie und brachte in ihre Tiefe eine kartesianische Wahrhaftigkeit und eine Inbrunst des Navigierens. Ihre Natur [= der Poesie] schien mir identisch mit dem kontrollierten

Schlaf" (BARBU 1935: 2). Charles Baudelaire sagte, dass die Liebe zwischen Dichtern und Rauschgift Poesie gebiert. Ion Barbu scheint die Existenz einer ähnlichen Beziehung zu suggerieren, allerdings einer *ménage à trois*: Dichter + Narkose + Mathematik = Poesie. Mit allen Schönheiten und allem Elend, die eine solche Gleichung bedeutet.

Zwei Jahrzehnte nach der Entgiftung sprach Barbu immer noch von der Sucht, als wäre sie eine seiner Eigenschaften. 1947 zum Beispiel schrieb er an Nina Cassian: Werde ich die Legende, ich sei oder war Modernist zerstören können? Sie ist ein Irrtum, der entstanden ist auf Grund meiner schwankenden Spezialisierungen: Rauschgiftsucht und Mathematik, die ich nicht so gut im Griff hatte, als dass sie nicht auf mein Schreiben Einfluss gehabt hätten" (BARBILIAN & SCURTU 1982: 118). Es ist klar, dass die Sucht für die beiden Dichter ein Thema war, denn 1947 widmet Barbu Nina Cassian ein Gedicht, bei dem es an einigen Stellen klar um seine Rauschmittelexperimente geht: *Ut algebra poesis*, eine Paraphrase des berühmten Ausspruchs von Horatio *Ut pictura poesis* (*Epistula ad Pisones*, 361) (BARBU 1970: 93–94).

Der Essay von 1935 und der Brief an Nina Cassian von 1947 sind sehr wichtig, um Ion Barbus Poesie zu verstehen. Er sagt explizit, dass seine Rauschgifterfahrungen sich häufig ohne seinen Willen, in die Poesie „einschlichen". Mit anderen Worten, er gibt zu, dass die Sucht ihn nicht nur in seiner Existenz, sondern auch in der Ästhetik prägte.

Natürlich beschreibt er in manchen frühen Gedichten (*Dionisiacă*, *Panteism*) bis 1920 – beeinflusst von Nietzsche – dionysische Rituale, mit Mänaden im Delirium, betrunken von Wein und Efeu („Wein der Liebkosung" Trunkenheit „der Enttäuschung", „Efeu mit Reif", „unendliche Ekstase", „vitale Hysterie", „angsterfülltes Rufen der Mänade", „warme schamlose Zybelle" etc.).

Aber es ist mehr als das. In Barbus Gedichten nach 1920 finden sich relativ viele Verweise – mehr oder weniger offensichtliche – auf wirkliche Drogen: und zwar in *Când va veni declinul* [Wann wird der Verfall kommen], 1920; *Infrarealism* [Infrarealismus], 1926; *Portret* [Porträt], 1947. Es handelt sich um „un paysage opiacé", wie Charles Baudelaire gesagt hätte (BAUDELAIRE 2000: 197).

Das Gedicht *Înfățișare* (1924) scheint die in Versform gebrachte Reise (ein Trip) dank einer Prise Kokain zu sein. Das „Böse" wird auf den Spiegel gestreut, das Puder, um durch die Nase eingeatmet werden zu können, und es werden auch die psychosomatischen Effekte beschrieben. Das Gedicht aus dem Frühjahr 1924 hat als Motto den Vers eines anderen nächtlichen „Navigators": Edgar Allan Poe.

Jedenfalls unterscheidet sich das „künstliche Paradies", in das der abstrakte und hermetische Ion Barbu mit Hilfe „kalter" Drogen (wie Kokain) abtaucht, essenziell von dem, in das der Symbolist Alexandru Macedonski mittels „warmer" Drogen (Haschisch und Opium) abtaucht. „Gefrorener Gedanke", oder „Dein Schloss aus Eis habe ich kennengelernt, Gedanke!", schrieb Ion Barbu. „Parnasser drücken sich niemals so aus" schlussfolgert Tudor Vianu (VIANU 1935: 30).

„Aufputschmittel Kaffee" im Kommunismus

Ion Barbu starb am 11. August 1961 mit sechsundsechzig Jahren nach einem Leberversagen (vielleicht auf Grund des übermäßigen Konsums von Drogen in der Jugend). Höchstwahrscheinlich hatte der Dichter im Kommunismus keine Möglichkeit mehr, sich aufputschende Drogen zu beschaffen. Von 1949–1961 wurde er von Mitarbeitern der Securitate aufmerksam überwacht. Seine Akte aus den Archiven der CNSAS zeigt das deutlich. In den Berichten der Securitate wird Barbu aller Sünden, die es damals gab, beschuldigt („ehemaliger Legionär"[52], „Kosmopolit", „Individualist", „feindliche ideologische Gesinnung" usw.), aber nicht des Drogenkonsums.

Die Securisten dachten sogar darüber nach, „Prof. Dan Barbilian" anzuwerben. In einem Bericht vom September 1950 steht beispielsweise, Barbu habe „eine feindliche Einstellung, vor allem ideologisch". „Deshalb glaube ich nicht, dass er geeignet ist, in der Richtung zu arbeiten, die für uns notwendig ist" (DIACONESCU 2009: 16–17). Wissend, wie die Mitarbeiter der Securitate arbeiteten, können wir davon ausgehen, dass sie das Laster erwähnt hätten, wenn sie davon gewusst hätten. In einem Handbuch für den internen Bereich wurde den Mitarbeitern für die „Rekrutierung von Informanten" unter anderem auch Folgendes geraten: „Schwächen ansprechen", „Einschüchterung durch Informationen, die wir haben zu einer möglichen Schuld, die die Person belasten könnte", „Erpressung mittels kompromittierender Informationen" usw. (OPREA 2002: 424).

Es scheint, dass das einzige Aufputschmittel, das Ion Barbu in den „Jahren der Volksdemokratie" nahm, Kaffee war. Der Dichter stimulierte sein Nervensystem, indem er viel starken Kaffee trank, manchmal bis zur Vergiftung. Des-

---

52 Also: Mitglied der faschistischen Eisernen Garde.

halb konnte Barbu ohne Schlafmittel nicht mehr einschlafen (BARBILIAN 1979: 316). In einem Brief vom 7. Dezember 1946 an den Schriftsteller Oscar Lemnaru entschuldigt sich Barbu, dass er seit einer Woche nicht mehr in den Club „Edgar Poe" gekommen sei, den er vor kurzem gegründet hatte: „Ich bin stark vergiftet durch Filter[Kaffee], das ist der Grund. Ich habe drei bis vier am Tag getrunken" (BARBU 1986: 207). Interessant ist, dass Barbu sich daran gewöhnt hatte, Filterkaffee zu trinken, eine Angewohnheit aus seiner Zeit in Deutschland, und nicht Kaffee *à la turque*, wie man ihn sicher bei ihm zu Hause in Giurgiu trank.

Der Dichter tauschte eine das Herz und das Nervensystem aufputschende Droge (Kokain) gegen eine andere (Koffein) aus. Auch Emil Botta versuchte, wie wir noch sehen werden, die Wirkung des Morphiums durch Kaffee und Zigaretten zu ersetzen.

In der Regel trank Ion Barbu Kaffee bereits am Morgen, auf nüchternen Magen im Café *Capșa*. Dort arbeitete er auch, verfasste seine Mathematikkurse und seine Gedichte. Șerban Cioculescu war auch „Capșist"„ (ein von Tudor Arghezi geprägter Begriff), und er beschreibt den Dichter als schwer koffeinsüchtig: „Ein graumelierter Herr, mittelalt, mit riesigen grünen, unglaublichen Augen. […] Er hatte einen runden, wie eine Kugel glänzenden Kopf, mit zerzausten Haaren an der Seite und einem Bart, aus dem der gierig getrunkene Kaffee tropfte […]. Er schrieb ohne Unterlass, wie besessen, nicht ohne ab und an die Tasse zum Mund zu führen und den schwarzen, inspirierenden Likör zu schlürfen" (CIOCULESCU 2007: 310). Es ist ein Porträt, wie es Urmuz hätte verfassen können …

„Ion Barbu liebte starken Filterkaffee, von dem er im *Capșa* viele doppelte Portionen bestellte. Aber zu Beginn der fünfziger Jahre wurde der Kaffee im *Capșa* dünner. Aus diesem Grund bekam Barbu am 27. November 1951 einen wahren Nervenzusammenbruch und verließ „die Spelunke" türenknallend. Vorher hinterließ er aber noch im Beschwerdebuch des bekannten Cafés einen denkwürdigen Text, in dem er sich ironisch darüber beschwerte, dass dadurch, dass ihm kein „aufputschender Kaffee"„ gebracht worden war, den er „zwingend benötigte", „Sabotage" ausgeübt worden sei auf den Fünfjahresplan, den er als Mathematiker und Schriftsteller zu erbringen habe. Șerban Cioculescu schrieb dieses Prosagedicht glücklicherweise ab (CIOCULESCU 2007: 312–313). Es ist eine ironische Seite rumänischer politischer Geschichte:

27. November 1951.

Ich komme in das Caféhaus nicht, um Geschäfte zu machen oder zu plaudern. Ich komme, um meine Arbeit als Mathematiker zu erledigen, der leider Kaffee als Aufputschmittel benötigt. Er kostet mich Geld und meine Gesundheit, aber er ist zwingend notwendig. Der Filterkaffee, der mir hier manchmal serviert wird, ist eine Fälschung. Sicher kostet dieses süßliche schwarze Wasser, das man unter diesem Namen bringt, nicht 200 Lei! Ich erkläre, dass diese Unregelmäßigkeit, die mir, für den das Caféhaus eine Art Arbeitskabinett ist, zuteil wurde, Sabotage bedeutet. Ich arbeite im Rahmen des Fünfjahresplans an einem mathematischen Traktat (und als Schriftsteller an einer Shakespeare-Übersetzung). Ich mache die skrupellosen Funktionäre, die meinen Filterkaffee gefälscht haben, schuldig für die Verspätung meiner Arbeit.

D. Barbilian (der Schriftsteller Ion Barbu),
Professor an der Universität C.I. Parhon,
Mitglied der Schriftstellervereinigung der Volksrepublik Rumänien

Ion Vianu schrieb sogar, dass Ion Barbu in diesen Jahren immer „seinen dekorativen aber leicht bedrohlichen Stock bei sich hatte, bereit zu kämpfen, und wenn es nur war, um sich über die dubiose Qualität des Kaffees zu beschweren", (CALINESCU & VIANU 2005: 186). In der stalinistischen Zeit konnte man für solche sarkastischen Texte ins Gefängnis kommen. Vor allem als Schriftsteller, der in den fünfziger Jahren aufmerksam überwacht wurde, weil er „ehemaliger Legionär" war und „eine feindliche Einstellung zur marxistischen Lehre hat" (DIACONESCU 2009: 16–17).

Der König halluzinogener Pilze und die Schamanin Enigel

Nicht nur die Rauschmittel, die in seinen Gedichten vorkommen, sind wichtig, sondern auch die Art und Weise, wie diese seinen ästhetischen Blick und seinen poetischen Ausdruck beeinflussten. Ich werde versuchen, das Gedicht *Riga Crypto și lapona Enigel* (König Crypto und die Lappin Enigel) in dieser Hinsicht zu interpretieren. Es gibt zu diesem Gedicht bereits zahlreiche Interpretationen. Auf diese werde ich hier nicht eingehen. Ich erinnere lediglich daran, dass das Gedicht bezeichnet wurde als „Ballade" (von Ion Barbu selbst), als „greisenhaftes Hochzeitslied" (Tudor Vianu), eine „Phantasie" (Al. Philippide), als „Märchen" (Nicolae Manolescu), „Anekdote" (Șerban Cioculescu), „Fabel", eigentlich als „Cantafabula" (Șerban Foarță).

Die Hermeneutiker überboten sich in esoterischen und exoterischen Analysen zu dem, was „ein *Abendstern* [Eminescu] mit vertauschten Rollen" (Nicolae Manolescu) genannt wurde. Es ist offensichtlich, dass Ion Barbus „Ballade" mehrere Lesarten zulässt, mit verschiedenen Schlüsseln. Ich werde nur auf ein paar dieser Schlüssel eingehen, die bisher weniger Betrachtung erfuhren. „Wenn ein Gedicht eine Erklärung zulässt", sagte Ion Barbu selbst, „dann lässt es rational eine Endlosigkeit zu. Eine Exegese kann also in keinem Fall absolut sein" (BARBU 1970: 184).

Um das Gedicht *Riga Crypto și lapona Enigel* zu verstehen, muss man die Bedingungen verstehen, unter denen es entstanden ist. Wir haben keine Anmerkungen des Autors, wie etwa bei einem anderen rauschmittelsüchtigen Dichter, S.T. Coleridge, beim Gedicht *Kubla Khan or A Vision in a Dream*. „Dieses Fragment [...] wurde in einer Art Träumerei geschrieben, die durch zwei Körnchen Opium herbeigeführt wurde [...], im Herbst des Jahres 1797" (FĂTU-TUTOVEANU 2005: 102).

Wir haben aber andere, ziemlich detaillierte Quellen. Ion Barbu schrieb *Riga Crypto* während der Zeit, in der er Rauschgifte nahm (Kokain und Äther), in Tübingen, an einem Abend im Oktober 1923. „Ich kämpfte in meinem Zimmer mit den Qualen des Äthers", erinnert sich Ion Barbu in einem Brief von 1927 an seinen flämischen Freund Léo Delfoss (BARBU 1982: 141–142).

Der Dichter durchlief zu jener Zeit eine zweifache Krise. Außer der „Qualen des Äthers" (und des Kokains) quälte Ion Barbu zu jener Zeit (auch an diesem Abend) die erotische Einsamkeit. „Ich begann den Geist jener Stunde anzubeten, dieser Einsamkeit ein Ende zu setzen", schreibt der Dichter im selben Brief. Es waren erst ein paar Monate vergangen, dass er verlassen worden war (im Mai 1923) von seiner älteren Geliebten, der norwegischen Malerin Helga, die er in München kennengelernt hatte. Sie war, so die Frau des Dichters, Gerda Barbilian, Barbus „große Liebe", „die einzige Frau, die er ehrlich geliebt hat, an die er bis ans Ende seines Lebens mit Zärtlichkeit dachte", „die einzige, für die er verzweifelt gelitten hat, bis in die Tiefe seiner Seele". Die Tatsache, dass es sich um die Äußerungen der Ehefrau Barbus handelt, gibt der Aussage besondere Bedeutung. Die Trennung von Helga „erschütterte sein Leben", erzählt Gerda Barbilian weiter, „brachte ihn aus der Fassung, ließ ihn tief verzweifeln" (BARBILIAN 1979: 138–146).

In einem solchen Zustand befand sich Ion Barbu an diesem Herbstabend des Jahres 1923. Mit Äther betäubt (dessen Menge im „verdammten Flacon" bedenklich sank), schläft Barbu ein – nach dem Vorbild Coleridges, den er verehrte, und träumt „die Struktur der Ballade". „Der Ursprung der Ballade Riga Crypto ist onirisch, mit Sicherheit [...]. Jedenfalls als Intention und als Schema; denn die Komposition entwickelte und vollendete sich in Momenten der Klarheit", schreibt Barbu an Delfoss.

Ich habe Gründe zu glauben, dass Enigel, die Wanderhirtin aus Lappland, die aus „vereisten unwirtlichen Ländern" mit ihren Rentieren „immer weiter nach Süden" (nach Deutschland?) kommt, der verschlüsselte Name der Norwegerin Helga ist. Ion Barbu spricht im Übrigen selbst über den „skandinavischen Rahmen des Gedichts", ein geo-kultureller Rahmen, aus einer „ganz intimen Notwendigkeit". Er schreibt dies in dem Brief an Delfoss, in dem er den autobiographischen Kontext darstellt, in dem das Gedicht entstanden ist: „Ich glaubte, dass die Elemente: Pilz, Erdbeere, Lappland, Eis, Rentiere [und Eisbär – füge ich hinzu, A.O.] dadurch gänzlich gerechtfertigt sind, weil es eine für mich ganz intime Notwendigkeit gab, dem Gedicht einen skandinavischen Rahmen zu geben" (BARBILIAN & SCURTU 1982: 142).

Die Lappländerin Enigel ist nicht die einzige poetische Hyposthase an seine geliebte Helga. Es gibt auch noch das „unerschütterliche Idol El Gahel" aus „einem norwegischen Land" (Încheiere, 1926) und die „skandinavische Wassernixe" (Portret, 1947), wie Şerban Foarţă zeigte (FOARŢĂ 1980: 48, 131). Der Name „Ga-Hel" wird mit vertauschten Silben zu „Hel-ga". In einer Variante des Gedichts Portret, wird das Wort „iezer" (Gebirgssee) durch das norwegische Wort „maelstrom" ersetzt (BARBU 1970: 130). Barbus Verschlüsselung war schwer zu durchschauen. Nicht einmal seine Frau (oder sie eben gerade nicht) hatte Zugang dazu: „Er hat keine wirklichen Liebesgedichte geschrieben, jedenfalls keine für Helga", nahm Gerda Barbilian fälschlich an (BARBILIAN 1979: 138).

Infolge der Trennung von Helga beschäftigt Barbu das Thema Hochzeit (das zentral ist in *Riga Crypto*). Gerade zu der Zeit, als das Gedicht entstand (Oktober 1923), hielt Barbu vollkommen unerwartet um Gerdas Hand an (BARBILIAN 1979: 146). Er spürte vielleicht, dass sein erotisch und narkotisch äußerst unordentliches Leben (er bezeichnete sich selbst als äther-heterosexuell), an der Seite einer verständnisvollen Frau ins Gleichgewicht kommen könnte.

Der Literaturhistoriker Geo Şerban erinnert sich an die Erzählungen Tudor Vianus aus den fünfziger Jahren über die erotischen und andere Exzesse Barbus in den zwanziger Jahren in Deutschland. „Ich begnügte mich damit, immer wieder Tudor Vianus Erzählungen über ihre Studentenzeit in Deutschland zuzuhören, mit einem Barbu, der gefangen war in den Verwirrungen der frenetischen studentischen Feiern, unablässig auf der Pirsch und voller Sehnsucht nach dem ewigen Reiz der Frauen, auf unkonventionellste Art" (ŞERBAN 1980: 11).

Im November 1921, zwei Jahre bevor er um die Hand Gerdas anhält, hatte ihn die bevorstehende Hochzeit seines Freundes Simon Bayer aus Guirgiu tief beunruhigt. „Es wäre eine Lüge zu behaupten, dass mich [die Nachricht deiner Hochzeit] freut. [...] *Épouser c'est mourir un peu*", schrieb er ihm roh, ein ungewöhnlicher Brief an einen Bräutigam. Aber es war bei Barbu auch halbvertuschter Neid. „Es ist die Eitelkeit des Lebens eines ewigen Junggesellen, zu dem mich tyrannische Eigenheiten [?!] und der Widerwille gegen meine eigene Unreinheit [?!] verurteilt, das dem Leben, das du nun führst, entgegengesetzt ist: ruhig, fruchtbar, gesegnet" (BARBILIAN & SCURTU 1982: 78). Wahrscheinlich sind solche Aussagen wie „Widerwille gegen meine eigenen Unreinheit", „tyrannische Eigenheiten" Andeutungen auf die narkotischen (und erotischen) Exzesse des Dichters.

Wenn wir also davon ausgehen, dass Enigel die norwegische Helga ist, müssen wir auch annehmen, dass Riga Crypto (roher Pilz, „Riga spân") das „Gehirn" Ion Barbus („ewiger Junggeselle", der bereits in jungen Jahren eine Glatze hatte) ist. Paul Cernat schrieb in seiner Rezension der ersten Auflage des vorliegenden Buchs, dass diese Ballade, gelesen als „biographische Allegorie", den skandinavischen „Norden" (mit der lappländischen Schamanin Enigel als norwegische Helga) in Verbindung bringt mit dem balkanischen „Süden" (mit Riga Crypto als Barbilian aus Giurgiu) (CERNAT 2010).

Die Frage ist, warum Barbu sich als Alter Ego eine niedrige Pflanze, einen Pilz, ein Kryptogam aussuchte, das keine Blüten trägt („er wollte nicht erblühen"). „Es ist sicher kein Zufall", glaubt Tudor Vianu 1935, „dass die Figur ein Pilz ist" (VIANU 1935: 61). Aber leider brachte der Literaturhistoriker (und guter Freund des Dichters) kein Argument, *warum* es kein Zufall sei. Vianu suggeriert mit dem Wort „sicher", dass es so offensichtlich ist, dass es keiner Erklärung bedarf. Was wusste man im Rumänien der dreißiger Jahre, was man heute nicht mehr weiß? Die Frage ist eigentlich nicht nur, warum sich der Dichter als Pilz wahrnahm, sondern als was für ein Pilz. Ich werde versuchen, darauf eine Antwort zu finden.

In seinem Brief an seinen Freund Léon Delfoss schreibt er, dass der König Crypto ein „rötlicher Pilz" sei „ („un Champignon rosé"), ohne weitere Details. Mit Blick auf die Ballade können wir aber versuchen, die Sorte zu bestimmen. Da es sich um einen „Riga Crypto[gama]", „Crypto Königspilz" handelt, ist klar, dass es sich um einen König der Pilze handeln muss („der über die Pilze herrschte"). Die Sonne, die „rot [ist], groß [und] viele Punkte hat", spiegelt sich in der „Glatze" der Pilzkappe („spiegelte sich auf seiner kahlen Haut"). Mit anderen Worten, die Kappe des Pilzes ist auch rot mit Punkten. Ein farbliches aber auch ein toxikologisches Element ist der Ballade zu entnehmen: Wenn er an der Sonne reift, riecht er nach „Gift und rotem Öl". Es scheint um den Fliegenpilz zu gehen. Es ist ein stark psychotroper Pilz, mit weißem Stiel und einer rotten Kappe mit weißen Punkten (typischer Pilz in Kinderbüchern), also der König der halluzinogenen Pilze: *Amanita muscaria* (auf Rumänisch *muscariță* [kleine Fliege] oder *pălăria-șarpelui* [Schlangenhut]).[53] Interessant ist, dass die essbare Art der Spezies Amanita nur drei „königliche" Bezeichnungen hat: *Amanita caesarea*, *crăiță* und *burete-domnesc*.

Es ist symptomatisch, dass Barbu sich in seinem Zustand der Verzweiflung und unter Rauschgift als halluzinogenen Pilz darstellt, der verrückt macht. Nach nur ein paar Monaten, im Februar 1924, kehrt er nervenkrank nach Rumänien zurück. Am 3. März desselben Jahres trifft ihn Eugen Lovinescu „seelisch vollkommen zerrüttet". Nach wenigen Monaten, am 13. August 1924, wird Barbu zur Entgiftung in eine Nervenheilanstalt eingeliefert.

Woher aber nahm Barbu dennoch das Bild dieser eigenartigen Figur Riga Crypto? Es darf nicht außer Acht gelassen werden, dass der Fliegenpilz nicht irgendein Pilz ist, sondern ein sehr bekannter, der ins Volksliedgut eingegangen ist. Sogar ins Kinderliedgut.

Ein Männlein steht im Walde
Ganz still und stumm
Es hat von lauter Purpur ein Mäntlein um.
Sagt, wer mag das Männlein sein,
Das da steht im Wald allein

---

53 Crohmălniceanu erkannte, dass es sich um einen „giftigen Pilz" handelt, aber er irrte sich, als er sagte, dass er „rote Punkte" habe. Ich glaube allerdings nicht, dass Barbus Ballade, wie Crohmălniceanu annimmt, „eine Legende des Ursprungs giftiger Pilze" sei, oder eine „ethylogische Legende", wie die Ethnologen behaupten.

Mit dem purpurroten Mäntelein. Und die Kinder antworten lachend: „Der Glückspilz! Der Fliegenpilz!" (ZNAMENSKY 2007: 136). Es ist nicht ausgeschlossen, dass Barbu dieses Kinderlied kannte. Es wäre nicht verwunderlich, dass ein Dichter wie Ion Barbu, der Anton Pann als Vorbild hatte, für seine eigene „ätherische Ballade" das Bild dieser geheimnisvollen Figur aus der Volkskunst entnommen hat: Ein Pilz-König, antropomorph, mit purpurenem Mantel (und weißen Punkten), still und einsam im Wald. Im Grunde taucht die antropomorphe Darstellung des Pilzes häufig in der Höhlenmalerei, in Bildern der Bronzezeit aber auch in der Folklore der Schamanenvölker im gesamten nordischen Raum Eurasiens auf (KAPLAN 1975: 245; MC KENNA 1992: 3ff.).

Enigel, die Wanderhirtin aus Lappland scheint Schamanin zu sein. Ihre totemische Sprache kennzeichnet sie: „der Eisbär ist mein rechter Gevatter", oder „ich verneige mich vor der weisen Sonne", oder „das weiße Rad ist mein Herr" etc. Auf der anderen Seite ist der Hirte normalerweise das Symbol des Priesters, des Schamanen. Mircea Eliade hat den Schamanismus im Norden Eurasiens studiert und die „archaischen Techniken der Ekstase" (es ist sogar der Untertitel seines Buches über den Schamanismus, das 1951 auf Französisch erschien). Er untersuchte den Schamanismus im Allgemeinen, aber auch den in Lappland. Hier ein paar grundlegende Punkte des lappländischen Schamanismus: Frauen können Schamanen werden; für die lappländischen Schamanen ist die Sonne Gott, und der Bär ist das Geist-Tier, in den der Schamane „sich verwandelt"; die Schamanen kennen die geheime Sprache, in der die Geister der Natur kommunizieren (die Tiere und Pflanzen); Schamanen essen psychedelische Pilze (den Fliegenpilz), um in ekstatische Trance zu geraten (ELIADE 1974: 15, 93, 96, 176, 278, 399–401).

Mitte des 18. Jahrhunderts gab der Schwede Carolus Linnaeus, „"der Vater der botanischen Taxonomie", dem psychedelischen Pilz den Namen *Agaricus muscarius* (*Species plantarum*, 1753). Er fand ihn in Massen in den skandinavischen Wäldern, vor allem Lapplands, wohin ihn 1732 die Akademie der Wissenschaft in Uppsala schickte, um die Flora dieser subarktischen Region, die man wenig kannte, zu untersuchen. In Folge seiner Expedition und seiner Forschungen veröffentlichte Linnaeus 1737 das Werk *Flora Lapponica*.

Das ist die Zeit, in der die aufgeklärten europäischen Gelehrten die Schamanen entdeckten. Für das kollektive Imaginäre, waren Schamanen und Zauberer per Definition Lappländer. Der Zeitgenosse Linnaeus, ein weiterer Schwede, und der Offizier Philip Johann von Strahlenberg (1676–1747) wur-

den in der Schlacht von Poltava (1709) gefangen genommen und für zehn Jahre nach Sibirien deportiert. Er verglich den sibirischen mit dem lappländischen Schamanismus und dokumentierte als erster Gelehrter die Verwendung des psychedelischen Pilzes *Amanita muscaria* durch Schamanen (ZNAMENSKY 2007: 7).
Die Daten zur Verwendung des Pilzes durch skandinavische Schamanen Jahrtausende zuvor lieferten Archäologen. In Norwegen, Schweden und Dänemark wurden Abbildungen auf Steinen und Metallklingen aus der Bronzezeit (1100–700 v.Chr.) gefunden, auf denen Schamanen zu sehen sind, die den Pilz in der Hand halten. „In Skandinavien sprießt der Fliegenpilz", schreibt der Anthropologe Reid. W. Kaplan –„Thus, the evidence in bronze and rock suggests, that a component of the sun-centred religion of the Bronze Age north was a mushroom cult, utilising the psychotropic properties of the fungus for ritual purposes. (KAPLAN 1975: 77–78).[54]

Im Frühjahr nach der langen Polarnacht („Es fällt die Nacht, das Licht kommt raus") macht Riga Crypto, „der Bräutigam der Wiesen", Enigel ein Angebot mit erotischen Konnotationen. Riga verführt sie dazu, ihn zu pflücken. Aber der Pilz ist noch nicht reif genug. Da er „ewiger Junggeselle ist, ein zu „schwacher" König, er ist „roh" und „zart". Böse Zungen behaupten auf der Wiese, er sei „unfruchtbar", weil er nicht „erblüht", sogar, er sei „Eunuch". „Warte, bis du reif bist", sagt ihm die Schamanin Enigel. Wie gesagt, in der Wärme der Sonne wird der „süße Saft" im „versteckten Herzen" (cryptos) des Pilzes „bitter" und verwandelt sich in „Gift und rotes Öl". Der junge Fliegenpilz hat „süßen Saft", er ist nicht giftig, sogar essbar. Erst wenn er erwachsen wird, „verborgen ist sein schlagendes Herz", wird der Pilz giftig und psychedelisch. Im Gedicht ist erst am Ende, in der vorletzten Strophe von der „Verrücktheit" des Pilzes die Rede: „Ein Glas mit Gift ist der Gedanke./wie beim verrückten Riga Crypto". Und das, nachdem „das Feuer [der Sonne] sein Herz gekocht hat". Tatsächlich verwenden die Schamanen im Norden Aurasiens den Fliegenpilz, wenn er ausgewachsen ist (RUDGLEY 2008: 243).
Eigentlich ist nicht der Pilz-König verrückt. Wie gesagt, der Pilz verursacht „Verrücktheit". Viele psychotrope Pflanzen verursachen „eine Art Verrücktheit". Manche tragen dies auch im Namen wie „nebunariță" („kleine Verrück-

---

54 Zur Verwendung in Ritualen der Schamanen und in der russischen Bevölkerung im Norden Russlands s. DUNN 1973: 488–492.

te" für Bilsenkraut) oder „bolânzealǎ/bolândariţǎ" („Wahnsinnige" für Stechapfel) (OIŞTEANU 2004: 369–412). Das sind die Pflanzen, mit denen der „verrückte" Riga Crypto sich zusammenschließen wird, am Ende der Ballade. Er schließt sich tatsächlich mit einem anderen „König" zusammen („war ihm geblieben sich zu verirren/mit einem königlicheren Mädchen"), auch ein Psychotrop: mit „Laurul Balaurul" (dem Stechapfel). Zusammen mit ihm gibt Riga Crypto all sein Geld aus und wird alles auf den Kopf hauen mit der „Zauberin der Pilze, am Brunnen der Jugend". Es geht nicht um eine Pilz-Zauberin, sondern um den Pilz der Zauberinnen, die er verjüngt (in der Volksmedizin Frankreichs heißt der Stechapfel sogar *Herbe aux sorcières*).

Am Ende wählt der „verrückte" Pilz-König das Bilsenkraut als „Königin", die auch *nebunariţa* (kleine Verrückte) genannt wird, und verbindet sich somit mit einer Pflanze seiner Art und seines Rangs. Es ist eine Pflanze aus dem guten Hause der *Nachtschattengewächse*, eng verwandt mit der edlen Frau Alraune und der Tollkirsche: „Mit Bilsenkraut als Braut/nimm sie als Königin." Nichts ist in Barbus Ballade dem Zufall überlassen. Das Bilsenkraut ist eine psychotrope Pflanze, aber auch ein starkes Aphrodisiakum. Wie auch die Alraune, die im Volksmund „Königin der Kräuter" genannt wird.

Im 5. und 6. Jahrhundert verwendeten die Alchimisten Embleme und Alegorien, um verschlüsselt Informationen (sogar Rezepte) über ihre „Kunst" zu verschlüsseln. Was bei den Esoterikern der Renaissance die „Hochzeit der (Al)chemie" ist, *Chymische Hochzeit* bei Christian Rosenkreutz, 1459), ist die „psychedelische Hochzeit" beim Dichter und Mathematiker Ion Barbu. Zum „hermetischen" Gedicht *Joc secund* von Ion Barbu schreibt Ovid Crohmǎlniceanu: „Die hermetischen Schriften kommunizierten bestimmte Dinge in ‚kryptischer' schwieriger Form, mit dem Ziel, den Zugang zu ihrem Wissen nur denen vorzubehalten, die die großen Geheimnisse strebsam erfahren wollen und dies beweisen, indem sie die Hindernisse des Textes überwinden, seine heimliche Symbolik" (CROHMǍLNICEANU 1974: 454).

In der Ballade Riga Crypto geht es um eine teilweise „verpatzte Hochzeit", glaubt Şerban Foarţǎ (FOARŢǍ 1980: 32). Es ist richtig, dass die Verbindung zwischen den Reichen (Mensch- und Pflanzenreich), zwischen der lappländischen Enigel (der skandinavischen Helga) und dem Pilz-König (dem balkanischen Barbilian), die zwischen Mensch („altes Wesen") und Pilz („zartere Gestalt"), nicht stattfindet. Eine unmögliche und also verpatzte Hochzeit, im Leben wie in der Ballade. Am Ende aber findet eine Hochzeit im gleichen

Reich statt (Pflanzenreich und Pflanzenreich), die zwischen dem Fliegenpilz und dem Bilsenkraut. Das Motiv der „verpatzten Hochzeit" taucht auf, wenn die Eheleute sich als inkompatibel erweisen, aber nicht nur, wenn sie „zu nah" sind (Inzest, vgl. Ballade Sonne und Mond (CULIANU 2004)), sondern auch, wenn sie „zu weit entfernt sind" (der Abendstern, Riga Crypto).[55]

Das Gedicht ist eine Allegorie mit verschlüsselten Informationen über psychotrope Pflanzen. Man kann die Frage stellen, woher der Dichter so viel Wissen über dieses riesige und spezifische Thema hatte. Hatte er Literatur darüber gelesen? Anscheinend ja. Barbu wusste zum Beispiel, dass in „seiner" Stadt, an der Universität Göttingen, 1859 Albert Niemann aus Kokablättern Kokain isoliert hatte. Ein Detail der Wissenschaftsgeschichte. Er wusste auch, dass Samuel Taylor Coleridge 1798–1799 als Student an der Universität Göttingen Opium eingenommen und Gedichte geschrieben hatte: „Die Wege von vor vierzehn Jahren [= 1921]", schrieb Barbu in einem Artikel von 1935, „führten mich bis nach Göttingen, wo Coleridge, wie man weiß, in einer starken Träumerei gelebt hatte". Im selben Artikel war der Dichter empört, dass „die Spießbürgermoral sich häufig im Wühlen in diesen ein wenig besonderen Biographien [süchtiger Schriftsteller wie Poe, Coleridge, De Quincey u.a.] eine niedere Neugier nach Skandalen befriedigt" (BARBU 1935).

Ion Barbu war immer an den Werken anderer Rauschmittelsüchtiger Schriftsteller interessiert und oft von ihnen beeinflusst: E.A. Poe, S.T. Coleridge, Thomas De Quincey, Charles Baudelaire, Arthur Rimbaud u.a. In seiner Jugend lernte er Englisch, um E.A. Poe im Original zu lesen. Das Gedicht Falduri ist einer Figur Poes (William Wilson) gewidmet. Auch *Înfățișare* trägt das Motto eines Gedichts des amerikanischen Dichters: der 1946 in Bukarest

---

55 In einer Rezension zur ersten Ausgabe dieses Buches schrieb Marius Chivu folgendes: „Die Demonstration Andrei Oișteanus ist perfekt, aber sie ist nicht bis zur letzten Konsequenz betrieben. Ich erlaube mir, eine zu skizzieren, in der Riga Crypto Eginel bittet, ihn im zarten Alter (wenn er noch essbar ist) zu pflücken, macht er ihr kein erotisches Angebot, sondern er bittet sie, den Fluch zu brechen, der ihn zu einem Gift macht. Da Enigel aber, der gerade auf der Suche nach der Sonne (der Halluzination) ist, hat sie daran überhaupt kein Interesse, denn sie sucht gerade das Gift, das er haben wird, wenn er ausgewachsen ist. Nicht die verschiedenen Arten, denen sie angören, sind das Problem, sondern die Unterschiedlichkeit ihrer Interessen. Zwischen den beiden besteht ein Interessenkonflikt. Es ist nicht vom Ritual einer Hochzeit die Rede, denn das Reifen Cryptos ist von niemandes Liebe abhängig, es ist unabwendbar. Enigel lehnt ihn gerade deshalb ab, weil er unreif ist und wartet darauf, dass er reift: „süßer Saft wird bitter!/der versteckt im Herzen schlägt [...] Das Zusammenkommen vom bereits „verrückten" Crypto und dem „Laurul-Balaurul" und der „Bilsenkraut der Braut" ist weniger das Zusammenkommen verschiedener Arten, sondern vielleicht ihr Zusammentreffen im Korb der Schamanin, die sie gepflückt hat, als sie reif waren und voll von dem Gift, nach dem sie so lange gesucht hatte (CHIVU 2010: 14).

zusammen mit Oscar Lemnaru gegründete Club „E.A. Poe". 1929 las er mit Enthusiasmus de Quinceys Buch *Confessions of an English Opium-Eater* (1821), ein Buch, das Ion Barbu – wie bereits Charles Baudelaire – als eines „der schönsten Bücher, die ich kenne" bezeichnete (BARBU 1982: 148).

Tudor Vianu & Ion Barbu

Es wird gemeinhin eine einfache Typologie psychotroper Substanzen verwendet, die sie in vier Gruppen einteilt: Stimulanzien, Sedativa, Narkotika und Halluzinogene. Ernst Jünger vereinfachte dies weiter, und unterschied nur zwei Substanzen: *Stimulantien* und *Narkotica*. Mit anderen Worten, es gibt Drogen, die anregend auf die Sinne wirken und andere, die sie betäuben (Jünger 2008: 39). Es gibt auch Drogen, die kontemplative Passivität, Immobilität, Einsamkeit und Träumerei auslösen (Opium, Haschisch, Äther), und wieder andere, die – im Gegenteil – zu Aktivität, Sozialisierung und Kommunikation anregen (Kokain, Marihuana, Alkohol).

Vereinfache ich nun meinerseits die Dinge, so lässt sich behaupten, dass bei Barbu Äther und Kokain auf den Mathematiker und Dichter komplementäre Wirkungen hatten. „Der tägliche Äther" sorgte für Träumereien wie die, bei der die Ballade *Riga Crypto* entstand. „Das wöchentliche Kokain" ließ den Dichter hermetische, kalte Verse schreibe: „Dein Schloss aus Eis lernte ich kennen, Gedanke!" Aber Kokain hatte auch psychosomatische Wirkungen, die dazu führten, dass Ion Barbu beweglicher, sozialer, kommunikativer wurde. Wenn er Kokain nahm, ging er gern aus dem Haus, nahm an erotischen Eskapaden teil (mit „irgendeiner Dame"), traf sich mit guten Freunden (Tudor Vianu, Simon Bayer, Ion Vinea), spazierte durch die Stadt, besuchte Museen usw.

Zu Beginn der zwanziger Jahre war einer der Freunde, mit denen er zusammen Kokain nahm, Tudor Vianu, der auch zum Doktorstudium in Deutschland an die Universität Tübingen gekommen war. Am 27. Oktober 1922 schrieb Barbu an Vianu: „Von Berlin bring ich dir Cocà mit. Damit wir Nürnberg durch [Kokain] sehen!" Und in einem Brief vom 28. September 1922, ebenfalls von Barbu an Vianu, heißt es: „Erster Punkt des Programms natürlich [...] eine Kokainsitzung", in Berlin zusammen mit dem gemeinsamen Freund Simon Bayer, der aus Rumänien angekommen war. Im selben Jahr, am 10. Oktober, schreibt Barbu an Tudor Vianu: „Ich habe [in Berlin] vier Tage nach unserer Formel erlebt: Museen anschauen [...] und Cocà nehmen (BARBILIAN & SCURTU 1982: 274, 279, 281). Barbu verwendete die Bezeichnung „Cocà" wahrscheinlich in Anlehnung an Sigmund Freud, der die neue psychoaktive Substanz, an die er vierzig Jahre zuvor eine Ode geschrieben hatte (*Über Coca*, 1884), genauso.

Der Schriftsteller Ion Vianu (der Sohn des Literaturhistorikers) meint, dass, Tudor Vianu, wenn er als junger Mann 1922 Kokain genommen hat, das nur gelegentlich und auf Initiative Ion Barbus getan habe. Ich denke, Ion Vianu hat Recht. Vielleicht hatte Vianu 1922 Kokain aus Neugier genommen, auf den Vorschlag (und dann das Drängen) Ion Barbus. Später, glaube ich, hat er es selten genommen und irgendwie *à contre cœur*. Einerseits, weil es nicht seine saubere und ausgeglichene Art war. Andererseits, weil er sich fürchtete, drogenabhängig zu werden und somit sein Studium an der Universität Tübingen in Gefahr zu bringen. Sein Freund Ion Barbu war das beste Beispiel für solch einen Misserfolg.

Anfangs, 1922, folgte Tudor Vianu Barbu noch häufiger in narkotische Eskapaden. Wie wir gesehen haben, schreibt Barbu Vianu über „unsere Formel", die Zeit in der Stadt zu verbringen: mit Kokain und Museen. Im Frühjahr veränderte sich die Situation grundlegend: Es scheint, als habe Vianu ihn bei seinen narkotischen „Reisen" nicht mehr begleitet.

Mehr noch, Tudor Vianu machte mehrere Versuche, den Dichter von der Sucht abzubringen. Barbu beschwerte sich darüber in einem Brief, den er nach Rumänien an ihren gemeinsamen Freund Simon Bayer im April 1923 schrieb. Kurz zuvor war Barbu von Götingen („unsympathische und deprimierende Stadt") nach Tübingen („provinzelle Stadt ohne Reiz") gezogen. Es war der verzweifelte Versuch, seine Doktorarbeit wieder in Gang zu bringen und vor allem näher bei seinem Freund Tudor Vianu zu sein.

Der Brief an Bayer ist verschlüsselt, so dass er, wenn man ihn unabhängig vom Kontext der Sucht liest, im Grunde unverständlich ist. Der übersetzte Code lautet: Die narkotischen Experimente sind „eigenartige, entspannte und romantische Sitzungen" (nach Vianus Meinung) oder „wichtige und instruktive Sitzungen" (nach der Meinung Barbus), „Abhängigkeit", „normaler Zustand" vs. „Schlaf", „Laster", „sehr wichtige Dinge", „starke Empfindungen", Predigten eines Freundes („Tudor liest mir die Leviten"), „Gefahren eines solchen Spiels" usw. Nur wenn man sie genau entziffert, kann man den polemischen Druck verstehen, der entstand, als aus unschuldigen erotischen Abenteuern unlösbare Rauschmittelprobleme wurden. Jedenfalls konnten diese Dinge nicht in Briefen besprochen werden. Mehr wird er Bayer „beim Treffen" erzählt haben.

Er schreibt Simon Bayer am 16. April 1923: „In der Zwischenzeit: siegreiche Schachpartien mit Tudor, Eskapaden in Stuttgart und München, irgendwelche Damen und ein bisschen Literatur". „Tudor gibt mir regelmäßig Dehmel, Maria Rilke, Morgenstern, George und andere Typen. Ich wehre mich mit einer sympatischen Dickköpfigkeit. Tudor entgegnet mir eine gleiche [= Dickköpfigkeit], wenn ich ihn in amouröse Abenteuer verwickeln will, oder ihn gewinnen will für komische, entspannte und romantische (wie er es nennt), wichtige und instruktive (meine ich) Sitzungen. Ich beharre nicht darauf. Es gibt Dinge, über die man in einem normalen Zustand scherzen kann. Unter Abhängigkeit werde ich das nicht mehr machen. Ich habe ein paar Sicherheiten gewonnen. Ich weiß empirisch, was Schlaf ist, unsere organische Kondition scheint mir der Tod zu sein. Lach nicht, das ist kein leeres Gerede. Das sind sehr wichtige Dinge. Es ist eine Provinz der Fakten, starker und anziehender Empfindungen, wie alles Absolute. Ich werde dir mehr sagen beim Treffen. Tudor predigt mir täglich von den Gefahren eines solchen Spiels. Es kann nicht die Rede sein von einem Laster. Sinnlichkeit schließt sich aus. Ein intellektuelles Interesse; dadurch temporär" (BAYER 1973: 96).

Tudor Vianu war für eine andere Art der Träumerei zu haben als Ion Barbu. Eine andere Art „Trunkenheit". Tudor Vianu machte jeden Mittag – nach „orientalisch-meridionalem Ritual", wie sich sein Sohn erinnert – Siesta im „kleinen türkischen Salon", der im Haus eingerichtet war, „wo dem Kaffee gehuldigt wurde, nicht dem Tee". „Ich berausche mich am Licht meines Geistes", sagte Tudor Vianu halb scherzend zu diesem „Moment der Ruhe, der fruchtbar ist für gute Ideen". Der Psychiater Ion Vianu kommentierte diesen höheren Rausch wie die Wirkung eines mentalen Narkotikums, voller Sinnlichkeit, das Abhängigkeit auslöst: „Die Sinnlichkeit zu denken, zu spüren, wie der Geist funktioniert, ist für dich ein einfacher Rausch, ohne unangenehme körperliche Konsequenzen. Wer diesen höheren Rausch kennengelernt hat, trennt sich nicht mehr von ihm" (VIANU 2010: 25–26, 28).

Ohne über Rauschmittel zu sprechen, erfasst Manolescu die Charakteristik: Diese beiden Schriftsteller haben eine vollkommen unterschiedliche Struktur. „Es gibt zwischen den beiden Freunden", schreibt Manolescu, „die sich beide zum Studium in Deutschland aufhielten, einen riesigen charakterlichen Unterschied. Vianu ist schüchtern und zurückgezogen, seinem Studium verpflichtet, Barbu ist ein Don Juan, notorischer Verführer und ständig auf der Jagd, nicht in der Lage, den Doktortitel zu erlangen, wie Eminescu, und nicht einmal, die Sprache Gauss' zu lernen". In einem Brief von 1922 „denunziert" sich Tudor

Vianu selbst: „Ich habe nie ein Vergnügen empfunden zu leben. Ich habe mich immer in Trübsinnigkeit versündigt" (MANOLESCU 2008: 698). Ion Barbu hätte so eine Erklärung niemals abgegeben.

Ion Vinea & Ion Barbu

Neben Tudor Vianu und Simon Bayer gab es einen weiteren Freund, mit dem Ion Barbu manchmal Drogen nahm (in Bukarest 1924): den Dichter Ion Vinea, ebenfalls aus Giurgiu. Die Kommentare Eugen Lovinescus im Tagebuch des Literaturkreises „Sburătorul" sind klar aber summarisch. „In Cişmigiu mit Barbu – langes Gespräch. Es war nach einem ‚Rausch' und er beschreibt mir die Wirkungen ‚der Droge' („drogă") (7. Juli 1924)" (LOVINESCU 1993: 85). Auch Mircea Eliade verwendete den Begriff „drogă" (Droge, eigentlich im Rumänischen nicht weiblich, sondern sächlich: „drog"). Es geht um einen Tagebucheintrag aus dem Jahr 1973 (ELIADE 1993: 117), aber dabei darf nicht vergessen werden, dass Eliade in gewisser Weise im Rumänischen der Zwischenkriegszeit gefangen war (er verließ Rumänien 1940). Wahrscheinlich handelt es sich um eine Übernahme des Genus aus dem Französischen – *la drogue*. Es ist ein Symptom dafür, dass der Terminus sich noch nicht ganz in der rumänischen Sprache eingebürgert hatte. Ebenso sagte man am Ende des 19. Jahrhunderts noch *duşă* (Dusche, heute *duş*) nach dem Französischen *la douche* (PÂRVULESCU 2005: 321).

Eugen Lovinescu spezifiziert nicht, welche „drogă" Barbu und Vinea nahmen. Wir können annehmen, dass es sich um Kokain handelte.

Der Tagebucheintrag wurde am 7. Juli 1924 geschrieben. Ion Barbu befand sich damals auf dem Höhepunkt seiner Sucht und der psychischen Depression. Etwa einen Monat später wird der Dichter zur Entgiftung ins Krankenhaus Mărcuţa gebracht. Das Jahr 1924 war sehr wichtig für die avantgardistische Bewegung in Rumänien, aber auch für die Zeitschrift *Contimporanul* [Der Zeitgenosse], die Ion Vinea leitete und für die auch Ion Barbu arbeitete. Es ist das Jahr, in dem Ion Vinea sein *Manifestul activist către tinerime* [Aktivistisches Manifest an die Jugend], *Contimporanul*, Mai 1924) schrieb, und in dem in Bukarest die große internationale avantgardistische Ausstellung eröffnet wurde, die Vinea und die Gruppierung um *Contimporanul* organisiert hatten (30. November – 30 Dezember 1924). An dieser Ausstellung nahmen avantgardistische Künstler mit großen Namen teil: Kurt Schwitters, Hans Arp, Paul Klee, Hans Richter, Lajos Kassák, Arthur Segal, Constantin Brâncuşi, Victor Brauner, Marcel Iancu, M.H Maxy, Miliţa Petraşcu u.a. (CERNAT 2007: 39–41).

Waren Rauschmittel bei Ion Vinea eine temporäre Angewohnheit? Wir wissen es nicht. Wir wissen nur, dass er starker Raucher war, der versuchte, mit dem Rauchen aufzuhören. In einer Novelle aus den zwanziger Jahren, *Treptele somnului* [Die Stufen des Schlafs], ist der Held besessen von der Idee, dass er sich im Schlaf vergiften wird, indem er psychotrope Pillen verschluckt, die in einem Kästchen aufbewahrt waren (Band *Flori de lampă* [Lampenblumen], 1925). In einem autoreferentiellen Gedicht von 1938 mit dem Titel *Adam* und dem Untertitel *Încercare de autobiografie* [Versuch einer Autobiografie] ist Vinea traurig darüber, dass er „aufgehört hat zu rauchen", weint um den „Augenblick des Glücks" und um den Zustand der Ekstase („Ekstase: Ist genau, was ich brauche"), und er gibt zu, dass „im Blut ist mir das Gift des Abenteuers geronnen" (*Facla*, 20 Juni 1938).

Wie bereits erwähnt könnte es sich bei „Gift des Abenteuers" um eine Metapher handeln, hinter der sich der Name einer psychotropen Pflanze verbirgt. Genauso könnte es bei Mateiu Caragiale in *Craii de Curtea-Veche* sein. „Gibt, Wache, Laster" beherrschten den Körper des süchtigen Pașadia, nicht „sein Geist, der sich kalte Klarheit erhalten hatte" (CARAGIALE 1975: 137).

Der Begriff „Gift" kommt auch im Titel eines Romans mit autobiographischen Elementen vor (Ion Vinea, *Venin de mai*, [Maigift] posthum publiziert), in dem nicht nur Sex- sondern auch Drogensüchtige vorkommen. Doktor Rossini zum Beispiel (wie auch die Herrscher bei Mateiu Caragiale) „räkeln sich den ganzen Tag auf dem Diwan nach der Mode zu türkischphanariotischer Zeit" (VINEA 1990: 537). Unter den Drogensüchtigen befindet sich die Figur Adam Gună (der auch im Roman *Lunatecii* [Die Schlafwandler] auftaucht), hinter der sich nach Meinung Paul Cernats (CERNAT 2007: 41) ein echter Drogensüchtiger versteckt, der symbolistische Dichter, Mäzen und Publizist Alexandru Bogdan-Pitești (1871–1922).

Emil Botta und „die Opiumlektion"

Es ist schwer, eine vollständige Dokumentation des Verhältnisses der Zwischenkriegsdichter zu Rauschgiften zusammenzustellen, vor allem, weil das Thema tabu war und geblieben ist. Wenn es zum Thema wurde, dann aus einer moralischen Perspektive und nicht aus einer geschichtlich-literarischen. Ein paar Beispiele können dennoch gegeben werden: Tristan Tzara, Ion Barbu, Ion Vinea, Emil Botta u.a.

Die Morphiumabhängigkeit des Dichters Emil Botta hängt mit der Mythologie der rumänischen Literaturgeschichte zusammen. Man weiß und spricht über die Angewohnheit des Aristokraten des Theaters und der Poesie, aber niemand schreibt darüber. Einige Literaturkritiker und -historiker scheinen seine Sucht von Anfang an geahnt zu haben. Călinescu verwendet in seinem Kommentar zum Debütband *Întunecatul april* [Der verdunkelte April], der 1937 den Preis der Königlichen Stiftungen erhielt, Ausdrücke wie „große romantische Halluzinationen", „Automatismus der Geisteskranken" oder „demente Faselei" (MANOLESCU 2008: 904). Mihail Sebastian rezensiert denselben Band und reduziert das poetische Universum Emil Bottas nicht nur auf „eine künstliche Welt der Geheimnisse", sondern sogar auf „eine Welt des ‚künstlichen Paradieses', in dem „es sicher nicht schwer ist, einen Verweis auf Baudelaire oder Poe zu finden". Ich glaube, dass Sebastian Emil Botta nicht zufällig mit anderen süchtigen Dichtern vergleicht: Charles Baudelaire, E.A. Poe und Arthur Rimbaud (*Rampa*, 11. Juli 1937).

Eines der Gedichte von Emil Botta aus dem Band *Pe-o gură de rai* [In einer Himmelsbucht] – zweite Zeile der Volksballade *Miorița*, (1943) trägt den Titel Colerigde – nach dem romantischen opiumsüchtigen Dichter Samuel Taylor Coleridge. Das Gedicht *Vizite II* [Visiten II] hat als Figur den „Englischen Opiumesser" Thomas De Quincey (BOTTA 1980: 57). Ein anderes Gedicht heißt sogar „Opiumlektion". Symptomatisch ist, dass dieses Gedicht bei Neuauflagen von der kommunistischen Zensur herausgenommen wurde, obwohl der Dichter darauf bestand, dass es erscheint, auch in seinem letzten Band (*Un dor fără sațiu* [Unersättliche Sehnsucht] 1976. Das Gedicht wurde erst posthum wieder veröffentlich (BOTTA 1980, I: 55). Beim Lesen wird klar, warum es zensiert worden war.

Gebeugt war ich von der Ausbreitung des Waldes,
Der Baum der Willensschwäche flüsterte meinen Namen:
Emil, wilder, schweigsamer Raucher,
Sag diesem Reich Adieu [...]
Die Hände der Opiumsüchtigen suchen im Äther,
Den Ort diaphaner Abenteuer,
Leben, die noch nicht geboren sind,
Erbetteln in der Halluzination einen Kuss.

Symptome für die Depression des Dichters finden sich fast in jedem Gedicht: „Verzweiflung", „Enttäuschung", „Nervenschwäche", „große Lethargie", „Melancholie", „zu Tode geängstigt" etc. Die meisten Kommentatoren diagnostizierten dem Dichter bereits in der Jugend eine große Melancholie und „eine unheilbare Traurigkeit". In den Augen seines Freundes war Emil Botta bereits mit zwanzig Jahren ein alter Mann: „Botta ist ein besonderer Typ – er hat Stil in allem, was er tut, fühlt, denkt. Er hat das bittere Lächeln eines Menschen, der vom Leben gezeichnet ist, er ist skeptisch, gequält, eine Art männliche Greta Garbo. Ich nenne ihn ‚Sänger seiner Traurigkeit', denn er trägt eine unheilbare Traurigkeit in sich", schrieb Petru Comarnescu im April 1932 in sein Tagebuch (COMARNESCU 2003: 42). Emil Botta war in den dreißiger Jahren „von einer ganz besonderen Klarheit und extrem unruhig", erinnert sich Cioran im April 1969 (CIORAN 2004: 208).

Emil Botta diagnostizierte sich wie Eminescu selbst eine psychische Depression:

Es ist so viel Unfrieden in meinem Herzen,
Geschlagen von Kram und von Schatten erfasst …
Eine unersättliche Sehnsucht hat mich besiegt,
Und ich weiß nicht, welcher Durst in mir stetig brennt.

(*Un dor fără saţiu* [Eine unersättliche Sehnsucht], 1943)

Ein paar interessante Elemente über seine Depression gehen aus einem Tagebuch hervor, dass eine gute Freundin, die Theaterregisseurin Jeni Acterian, zu jener Zeit führte. „E[mil] B[otta] sagte mir traurig, dass er sich von der Sinnlosigkeit und Leere der Chimären, für die er noch lebte, überzeugt hat. Als er das sagte, lag er auf dem Rücken und schaute ins Leere und hatte die ganze Welt um sich vergessen", schrieb Acterian am 3. Januar 1939. Oder eine andere Passage aus dem Tagebuch vom 21. Dezember 1938, noch interessanter, vor allem aus der Perspektive einer Regisseurin: „E[mil Botta] trank ziemlich viel und es überkam ihn die Verzweiflung. Er begann Gedichte zu rezitieren. Erst Eminescu, dann erreichte seine Verzweiflung, nicht gerade aus heiterem Himmel, eine Art Demenz und er rezitierte sprudelnd, verrückt, mit schmerzhaften Augen und schweren Bewegungen alles, was ihm in den Sinn kam. Von *Joc secund* bis *Duhovnicească* [von Arghezi] bis zu [Jules] Supervielle, die Gedichte füllten die Stunden der Nacht. Er war betrunken, aber sehr klar" (ACTERIAN 2007: 258, 265).

Der Alkohol war tatsächlich eines der Mittel, die die Melancholie, an der
der Dichter litt, linderte:

Luxusvögel in der Erinnerung der Ertrunkenen
Wenn sie sich zurückziehen in Alkoholspiegel
Ein furchtbarer Stumpf, die Lilie der Enthaupteten
Stahlen im Traum den geheimnisvollen Mongolen.

(*Centru* [Zentrum], 1932 (BOTTA 1980: 251))

Aber auch wenn er „ziemlich viel" getrunken hatte in der von Jeni Acterian
beschriebenen Nacht, könnte der „sehr klare" Rausch des jungen Dichters ein
Hinweis auf eine andere psychotrope Substanz als Alkohol sein. „Doch der
wesentliche Unterschied liegt darin, dass, Wein die geistigen Fähigkeiten in
Unordnung bringt, das Opium, in der angemessenen Weise genommen, sie
hingegen in die erlesene Ordnung, Gesetzmäßigkeit und Harmonie überführt.
(De Quincey 2009 76). Ausgehend von De Quincey schrieb auch Baudelaire
im Kapitel „Du vin et du hachisch" denkwürdige Zeilen über den grundlegenden Unterschied zwischen einem Rausch durch Alkohol und einem von Haschisch oder Opium. Ein Jahrhundert nach den Erfahrungen von De Quincey
und Cocteau schrieb er: „Le vin prive l'homme du gouvernement de soi-
même, et l'opium rend ce gouvernement plus souple et plus calme" (BAUDE-
LAIRE 2012: 191).

1969 verfilmte der Regisseur Lucian Pintilie eine Novelle von Horia Pătraşcu
Reconstituirea (Wiederherstellung). Die Premiere des Films, der zu einer Referenz geworden war, fand am 5. Januar 1970 statt (ich hatte das Glück dabei zu
sein), wurde aber nur wenige Tage danach von der Zensur verboten. Das
kommunistische Regime empfand den Film aus allen Blickwinkeln als subver-
siv. In einer Nebenrolle spielt Emil Botta einen Lehrer. Paveliu, ein Gymnasi-
umlehrer in der Provinz, behandelt seine Depression durch übermäßigen
Alkoholkonsum. Nachdem er den Staatsanwalt ostentativ gebeten hatte, ihm
wegen eines "Meinungsdelikts" Handschellen anzulegen, zieht sich der Lehrer
zurück und betrinkt sich in einer bekannten Kneipe. Er bestellte eine Flasche
Likör „Oriental" (eine Name voller Bedeutung) mit abgerissener, obsessiver
Stimme, so wie ein Süchtiger nach der Dosis verlangt, ohne die er nicht leben

kann. Botta hat seine Rolle unvergesslich gespielt! Viele Zuschauer suchten damals eine Verbindung zwischen der „Legende" der Sucht des Schauspielers und der Rolle, die ihm der Regisseur gegeben hatte. Vierzig Jahre später, im September 2009, sprach ich mit dem Regisseur Lucian Pintilie über dieses Thema. Er bestätigte, dass die Rolle des Lehrers Paveliu die eines „Drogensüchtigen" war, der sich selbst aus der Gesellschaft zurückzieht. Pintilie erzählte mir auch, wie diskret Emil Botta mit seiner Angewohnheit umging.

In diesen Jahren, also jenen einer relativen Liberalisierung des kommunistischen Regimes, versuchte Seine Initiative hatte keinen Erfolg. Er schickte ein paar aus dem Tagebuch abgeschriebene Fragmente mit der Post an Cioran nach Paris – vor allem die, in denen es um deren gemeinsamen Freund, den Schauspieler Emil Botta, ging. Cioran nahm dies zum Anlass, den psychisch labilen Zustand Bottas zu kommentieren, aber auch ein paar Andeutungen zur Sucht des Dichters zu machen. Cioran spricht in seinen Briefen über „den Verfall", über das „Entkommen [Bottas] aus der Hölle", über „seine letzten ‚Abenteuer'", über „diese neue *Verdunklung* [bei Botta]", wobei er sich auf seine alte „Verdunklung" in *Întunecatul april* [Der verdunkelte April] von 1937 bezog. Es scheint, als habe Emil Botta Ende der sechziger und Anfang der siebziger Jahre an einer starken Depression gelitten, denn er wurde (vielleicht auch zur Entgiftung) ins Krankenhaus Nr. 9 für Geistes- und Nervenkrankheiten eingeliefert. Die Korrespondenz zwischen Emil Cioran und Arșavir Acterian bezieht sich darauf.

Cioran machte nur Andeutungen, die die Mitarbeiter der Securitate hinters Licht führen sollten, die höchstwahrscheinlich die Briefe in Bukarest lasen. „Ich bin sehr sensibel für sein melancholisches Leiden, seine Düsterkeit. Unsere Generation hat keine Form des Verfalls ausgelassen: Wie solltest Du darauf nicht stolz sein?" (11. Juni 1969). „Ich habe vor kurzem in *România literară* [Literarisches Rumänien] eine Photographie Emil Bottas gesehen: Mit wie viel Mitgefühl habe ich diese vollkommen verkrampfte Maske voller Leiden angesehen! Es gab auch ein paar Verse, die im Kontext den Wert eines Kommentars hatten: ‚manchmal, wenn ich in den Spiegel schaue, erschrecke ich vor den Augen, die ich sehe …'" (6. Januar 1972). „Du hast mir eine wirkliche Freude bereitet, vor allem als du mir von der moralischen Gesundung Emil B[ottas] erzähltest. Er ist der Hölle entkommen, und ich habe seinen Platz eingenommen" (11. Juli 1972). „Ich glaube das Porträt, das Emil Botta zeichnete, ist korrekt, aber mir fällt es schwer, mir diese neue *Verdunklung* bei ihm vorzustellen. In meiner Erinnerung ist er der entzückende Junge geblieben, traurig und unschuldig, oder wenn du willst, ein Verfluchter voll Sanftheit und Eleganz" (12. April 1974). „Was für ein Mensch, dieser E[mil] B[otta]! Alles, was du mir über seine letzten ‚Abenteuer' erzählst, macht ihn nur anziehender. Wie gern ich ihn in Hamlet gesehen hätte!" (20. Dezember 1979, zwei Jahre nach dem Tod Emil Bottas).

An einer einzigen Stelle verzichtete Cioran auf seine asopische Sprache: „Vor kurzem hat man mir zweimal von unserem lieben [Emil] Botta erzählt, von seinen Grenzerfahrungen à la Quincey, sein beeindruckendes Ungleichgewicht. Von uns allen ist er am weitesten gegangen. Man kann Hamlet nicht spielen, ohne bestraft zu werden. Ich hätte ihn so gern in dieser Rolle gesehen" (2. November 1968) (CIORAN 2004: 208–210, 214–215, 222, 236).

Wenn er über die „Grenzerfahrungen à la Quincey" spricht (und damit auf den opiumsüchtigen Schriftsteller par excellence verweist), spricht Cioran die Rauschgiftsucht Emil Bottas offen an. Wahrscheinlich hat der diensthabende Securitate-Mitarbeiter, der den Brief las, nicht verstanden, welche Grenzerfahrungen à la Quincey der Dichter und Autor in Bukarest machte, weil er wahrscheinlich nicht wusste, „wer verdammt noch mal, dieser Cuinsi wieder ist!". Ioana Diaconescu forderte die Securitate-Akte Emil Bottas an und war desillusioniert. Sie erhielt „ein dünnes, zensiertes Äktchen" mit ein paar unnummerierten, völlig unbedeutenden Blättern. In Anbetracht der Biographie des Dichters und seines Bruders (Dan Botta war ehemaliger Legionär und politischer Gefangener nach dem Krieg) ist es unwahrscheinlich, dass die Securitate Emil Botta nicht als „Ziel" betrachtete und kein *DUI* (*Dosar de Urmărire Informativă* [Akte zur informativen Verfolgung] eröffnete.

Es kann eine thematische unterirdische Verbindung zwischen dem Briefwechsel Cioran – Acterian und dem Tagebuch Acterians ausgemacht werden. Unmittelbar nachdem er den Brief Ciorans vom 2. November 1968 erhalten hatte, kommentiert er im Tagebuch Emil Bottas Sucht (12. November 1968). Acterian bestritt die Rauschgiftsucht Bottas nicht. Im Gegenteil, er bestätigt sie. Er bestreitet aber, dass Bottas Poesie eine „inkohärente Vision eines Opiumsüchtigen im Zerfall sei", wie „einige sagen" (vielleicht bezieht er sich auf Cioran, vielleicht auf diejenigen, die Cioran zweimal darauf ansprachen). Für Arşavir Acterian ist Bottas Poesie „eine tragische, zerfallene Lebensspannung. Poetische Verzweiflung, metabolische Absurdität mittelbar in Literatur mit edlen Bedeutungen verwandelt. Aus Zweifeln und Ängsten, Unruhe, Angst vor dem Tod und dem Gefühl der Auflösung entsteht eine Welt, die ihn einschließt und die er bearbeitet, um sie in Traum und Poesie zu verwandeln und erträglich zu machen (ACTERIAN 2008: 179).

Arşavir Acterian war Emil Botta sehr nah. Ein Freund, der immer versuchte, seine psychische Instabilität, seine Gefühlsausbrüche, seine Hypersensibilität abzumildern. Acterian war einer der wenigen Freunde, die an den unkommunikativen Dichter herankamen, sogar in den schweren Momenten des Entzugs und der Abhängigkeit von Rauschgift. Am 6. November 1971 notiert er in seinem Tagebuch: „In der Höhle, in der er sich einschließt, finde ich ihn durcheinander, zusammengefallen, mit einer dumpfen Stimme, als würde sie aus seinem Inneren herausgestoßen, dass man kaum versteht, was er sagt. […] Ich traf ihn schon in den letzten Tagen in Einsamkeit und Schweigen, sehr schwer atmend, trotzdem trank er Kaffee in großen Tassen und rauchte wie ein Besessener, rebellisch gegen jeden Rat und jede Hilfe" (ACTERIAN 2008: 305–306).

Wie auch andere Schriftsteller und Schauspieler der kommunistischen Zeit, besorgte sich Emil Botta guten Kaffee im Geschäft des berühmten Kaffeehändlers Gheorghe Florescu (Boulevard Hristo Botev Nr. 10), der vor kurzem seine Memoiren veröffentlichte (FLORESCU 2008: 123f.). Aber außer den vielen Tassen starken Kaffees nahm der Dichter Koffein-Phiolen und Luminal-Pillen aus der Apotheke. Er rauchte außerdem sehr viel, er brannte sich im Grunde eine Zigarette an der vorherigen an. Er hatte Schlafprobleme und war magersüchtig. Wenn ein Freund fragte, ob er etwas gegessen habe, antwortete er gewöhnlich: „Ich habe einen Kaffee gegessen und als Nachtisch einen Nescafé". Es wirkte wie ein Witz, war aber keiner.[56]

1938 veröffentlichte Emil Botta einen Band mit Prosagedichten, *Trântorul* [Die Drohne], der fast unbemerkt blieb. In der ersten Geschichte des Bandes *Un timp mai prielnic* [Eine günstigere Zeit], die er zwischen 1934 und 1937 schrieb, tauchen Alter Egos des Autors auf. Botta scheint sich in allen Figuren der Geschichte wiederzufinden. Er ist der „Arzt" (der „sich mit Drogen vollstopft", er nimmt Pillen, die „er in einem Kästchen aufbewahrt, auf das eine Uhr gemalt ist"), der „Prosaschriftsteller" (der „übermäßig viel Kaffee und Zigaretten konsumiert", „durch Schlaflosigkeit blockiert ist", aber auch der Held des Romans, den der „Schriftsteller" schreibt, Brutus (der „weder Hunger noch Durst hatte"). Der „Schriftsteller" entkommt der Schlaflosigkeit durch

---

56 Diese Informationen stammen von Ioana Diaconescu, die in den Jahren vor Bottas Tod mit ihm befreundet war und nach seinem Tod seine Gedichte neu herausgab.

eine narkotisch-erotische Vision: „'Arabella', murmelte ich, Kaffee und Tabak haben mich benebelt und mir die Nerven gespannt; gib mir ein Rauschgift, damit ich in die Arme des Schlafes falle' ... Ich bettelte fast und sie verneigte sich, besiegt von einem unverständlichen Mitgefühl und küsste mich auf die Stirn. Erst dann schlief ich ein" (BOTTA 1967: 17–33).

Am 27. Juni 1973, ein paar Jahre nach dem Tod des Dichters, schrieb Arşavir Acterian wieder in seinem Tagebuch über die „Betäubung" bei Emil Botta (und bei Mihai Eminescu!), dann, wenn er sich „vom Unglück in die Zange genommen sah": „Oft erinnert mich EB an das Gesicht Eminescus. Wie leidenschaftlich schön er war, begierig auf Wissen, das Leben in Extremen lebend, Frauen liebend, verzweifelt, vom Leiden hingestreckt, seltsam im Benehmen und verrückt, wie er versuchte, sich zu betäuben, wenn er sich vom Unglück in die Zange genommen sah, wie er fast verfallen und fast wahnsinnig war" (ACTERIAN 2008: 367).

Es ist kein Zufall, dass ich gerade bei Arşavir Acterian Informationen über die Sucht Bottas fand. Acterian hatte ein Interesse an der Wirkung von Drogen und vor allem an der Art und Weise, wie sie die Kreativität von Schriftstellern und Künstlern beeinflussen. Es reicht, sein Tagebuch durchzublättern. 1932 scheint ihm der Film *Cocaine* mit Marcelle Chantal, den er zusammen mit Eugen Ionescu anschaut, „bewundernswert". In diesen Jahren war übrigens das Kino selbst für die Schwester Acterians, Jeni, „das beste Suchtmittel" (schrieb sie am 17. Oktober 1933 in ihr Tagebuch) (ACTERIAN 2007: 54).

Acterian kommentiert 1969 in seinem Tagebuch einen lobenden Artikel über René Daumal (1908–1944), der mit sechsunddreißig Jahren an Tuberkulose starb, die er bekommen haben soll, weil er Tetrachlormethan einnahm, manchmal zusammen mit Äther und Distickstoffmonoxid (Lachgas). „Auch er suchte das Absolute, er beschmierte auch Papier, aber er nahm auch Drogen, wie Quincey, Aldous Huxley und die Hippies von heute, um es zu finden. Er war deren Vorreiter. Und anscheinend unter anderen auch deren Quelle der Inspiration. Er hatte einen ganzen Kreis von experimentellen Schreibern, die irgendwie den Surrealisten ähnelten, von denen er sich aber unterschied durch die Wucht seiner Erfahrung und die Intensität, mit der er für etwas brannte, was ihn schnell ins Grab brachte (die menschliche Zelle verträgt schlecht Exzesse)."

1972 schreibt Arşavir Acterian im Tagebuch über einen Maler, den Sohn eines Freundes (der schwer zu identifizieren ist), der seine Sensibilität mit

Exzessen psychotroper Substanzen bekämpft – Alkohol, Kaffee, Tabak. „Das Laster führt zu Nervenschwäche und Störungen. Vielleicht wird das Talent des Malers (und das Gleiche lässt sich über alle kreativen Aktivitäten sagen) vergrößert, die Intelligenz schärfer, die Sensibilität gereizt, um feiner und raffinierter zu werden" (ACTERIAN 2008: 119, 194, 328).

Avantgardisten und Modernisten

Tristan Tzara: „Das Wasser des Teufels regnet auf meinen Verstand"

ZÜRICH
Für avantgardistische Dichter und Künstler waren Kreativität, Vorstellungskraft, geistige Freiheit und Träume Mechanismen, die nicht nur unterstützt, sondern angetrieben werden mussten. Als Traumsüchtige per Definition war ihnen die künstliche Herstellung der „liberté de l'esprit" (André Breton, *Manifeste surréaliste*, 1924) nicht fremd.

Ich erwähnte bereits das Verhältnis Ion Vineas zu Rauschgift, das wahrscheinlich 1924 unter dem Einfluss von Ion Barbu begann. Im Herbst des Jahres 1915 hatte er sich von seinem Freund Tristan Tzara getrennt, der nach München gegangen war. In Zürich, zur Zeit der „insurrection de Zürich", verbanden sich die anarchischen Erfahrungen der radikalen Künstler, die dionysische Leidenschaft und die explosive Atmosphäre der *Happenings* der Dadaisten aufs Beste mit den Exitantien und Betäubungsmitteln, die in den großen Städten Europas frei erhältlich waren. „Nous affirmons la VITALITÉ de chaque instant, l'antiphilosphie des acrobats spontanes" schreit Tzara in seinem Manifest *Proclamation sans prétention* (Zürich, 1919).

Die Stadt Zürich in der deutschsprachigen Schweiz war damals (und ist es noch heute) einer der europäischen Drogenhauptstädte. Das sagt ein Rauschgift-Experte wie Ernst Jünger: „Das Kokain ist während des Ersten Weltkriegs Mode geworden; das januskröpfige Zürich war eine der Residenzen, von denen seine Herrschaft ausstrahlte. (JÜNGER 2008: 204). Was den Kokainkonsum dieser Jahre angeht, war Jünger ein *connaisseur*, man kann ihm also aufs Wort glauben. Die Situation war sehr ähnlich in anderen großen Städten im deutschsprachigen Raum. Man kann auch die Aussage eines Spezialisten hinzuziehen. Den Psychiater Hans W. Maier zum Beispiel, der 1926 eine Monographie über den Missbrauch von Kokain verfasste, in der er behauptete, dass im deutschsprachigen Raum Europas, die Jahre 1918–1921 besonders den Konsum von geschnupftem Kokain förderten (BOON 2002: 187).

In seinen Memoiren beschreibt Richard Huelsenbeck das *Cabaret Voltaire* als einen in dicke Rauchwolken gehüllten Raum mit einem beißenden Aschegeruch. Hugo Ball schreibt 1916 in seinem Tagebuch von einem Gefühl „unendlicher Ekstase", die die Teilnehmer bei dadaistischen Veranstaltungen verband. Ebenfalls 1916 interpretierte die Sängerin und Tänzerin Emmy Hennings (ein „Protohippie, wie sie Andrei Codrescu nannte) ihr Gedicht *Morphine* auf der Bühne des *Cabaret Voltaire*. Ihr Gedicht erschien in der einzigen Nummer der gleichnamigen Zeitschrift vom 15. Juni 1916 (SAWELSON-GORSE 1998: 520).[57] Es scheint, dass der Rausch [der Dadaisten] nicht immer vom Alkohol ausgelöst war, schreibt Leah Dickerman, eine der Organisatorinnen der internationalen *DADA*-Ausstellung in Paris, Washington und New York 2005 und 2006 (LE BON 2005: 994).

Tristan Tzara war es aus seiner Bukarester Gymnasiumzeit (1910–1915) gewöhnt, unterschiedliche Beruhigungsmittel zu nehmen. Er nahm Bromide gegen die plötzlichen Ohnmachtsanfälle und Migränen, unter denen er vor allem im Sommer litt (SANDQVIST 2006: 125). Ein paar Andeutungen auf Rauschgift gibt es in Tzaras Texten aus den Jahren 1918–1919: „L'eau du diable pleure sur ma raison" (Vingt-cinq poèmes, 1918) oder „Lavez votre cerveau" oder „Je détruit les tiroirs de mon cerveau" (*Le Manifeste Dada*, 1918). In einem Fragment eines Gedichtes erscheint ein mystheriöses Medikament, anscheinend Heroin:

Flacon mit Wachsflügeln, rot und in Blüte
Mein Kalender hebt astrales Medikament
Unnötiger Verbesserung
Löst sich in der brennenden Kerze
Meines kapitalen Nervs.

(*Dada*, nr. Nr. 3, Zürich, Dezember 1918)

Hier eine Passage des *Manifeste Dada* 1918:

---

57 Das Gedicht wurde noch einmal abgedruckt in: *The Dada Market* 1993: 100–101.

Ici nous avons le droit de proclamer car nous avons connu les frissons et l'éveil. Revenants ivres d'énergie nous enfonçons le trident dans la chair insoucieuse. Nous sommes ruissellements de malédictions en abondance tropique de végétations vertigineuses, gomme et pluie est notre sueur, nous saignons et brûlons la soif, notre sang est vigueur (Dada, nr. 3, Zürich, Dezember 1918). Während hier die Spritze nur angedeutet ist, wird sie später direkt erwähnt: *„La seringue n'est que pour mon entendement"* (Proclamation sans prétention 1919).

1919 schrieb André Breton an Tristan Tzara nach Zürich über den Verfall durch Vergiftung durch verschiedene Rauschmittel (darunter Opium) bei Alfred Jarry, den Tzara für den „Vorreiter des Dadaismus" hielt. „Jarry est surréaliste dans l'absinthe.", schreibt Breton im *Manifeste du surréalisme* von 1924. 1919 ist das Jahr, in dem Jacques Vaché, den die Surrealisten lieben werden, sich im Alter von dreiundzwanzig Jahren mit Opium das Leben nimmt (PANĂ 1936).

Ebenfalls 1919 traf sich Marcel Iancu in Paris mit Breton und Aragon und beschrieb Tzara als „einen roßen Dichter", der in Zürich „skandalöse Nächte im Opiumrauch" organisiert (BUOT 2003: 65). Mit Sicherheit wusste Iancu von der Anti-Drogen-Einstellung Bretons. Da er wütend war auf Tzara, wollte Marcel Iancu seinen Landsmann wahrscheinlich vor der Pariser Gruppe diskreditieren. Das Bild Tristan Tzaras als „Priester", „Schamane" oder „Zauberer", der seine Landsleute mit verschiedenen psychotropen Substanzen vergiftete, war kein Einzelfall. Filip Brunea-Fox, der für verschiedene avantgardistische Zeitschriften schrieb (*75 HP, Punct, unu, Integral*), kommentiert die *Sept manifestes Dada* und sah Tzara als „Zauberer, der in einem Schweizer Kanton das Elexir gefunden hat, mit dem die sesshafte Unsterblichkeit ausgepeitscht werden kann" (Integral, März 1925) (POP 2010: 23–24).

Die Information, die Marcel Iancu Breton und Aragon gibt, ist dennoch glaubhaft. Manche der Dadaisten (in Zürich oder Berlin) nahmen wirklich Morphium, Heroin und Kokain, zum Beispiel Hugo Ball, seine Frau Emmy Hennings, Walter Serner, Johannes Baader, Rudolf Schlichter u.a. (SANDQVIST 2006: 29). Später nahmen auch surrealistische Dichter und Künstler (oder deren Freunde) Drogen: Jacques Vaché, René Crevel, Jacques Rigaut, Robert Desnos (der 1919 eine Lobrede auf das Kokain schrieb im Gedicht *L'ode à Coco*), Guillaume Apollinaire, Francis Picabia, Pablo Picasso, Salvador Dalí,

Max Ernst, Antonin Artaud, Jean Cocteau, Henri Michaux, Roger Gilbert-Lecomte, Blaise Cendrars, Erik Satie u.a. Die ersten drei dieser Liste nahmen sich das Leben. Tristan Tzara ehrte sie in Bukarest in seiner Rede vom 4. Dezember 1946. Die Dadaisten versuchten „das Dilemma *Aktion* und *Traum*" zu reduzieren, sagte Tzara. „Crevel und Rigaud sind unter tragischen Umständen gestorben [...]. Sie konnten die Widersprüche zwischen Traum und Wirklichkeit nicht lösen" (TZARA 1947: 4–6), schloss Tzara in einer kryptischen Sprache. Die Studie zum Surrealismus von Walter Benjamin aus dem Jahre 1929 enthält eine bedeutende Diskussion über die profane Aufklärung und den Konsum von Haschisch und Opium. „Benjamin claimed, that the Surrealists aimed „to win the energies of intoxication for the revolution" (BOON 2002: 150).

BERLIN
Seit dem Februar 1918 war die Dada-Epidemie unter den deutschen Dichtern und Künstlern voll ausgebrochen. Der Virus war von Richard Huelsenbeck aus Zürich mitgebracht worden. Von August–September 1922 unternahmen Tristan Tzara und der Elsässer Hans Arp eine Reise nach Deutschland, nach Berlin, aber auch nach Weimar, Düsseldorf (wo sie am „Konstruktivistischen Kongress" teilnahmen) und Jena („Konferenz über Dada", wo Tzara der Wut der rechtsradikalen Studenten nur knapp entkam). Die deutschen Dadaisten empfingen sie mit Enthusiasmus. Ich weiß nicht, ob sie auch Max Ernst, den Führer der dadaistischen Gruppe in Köln getroffen haben, aber sie hatten sich eben erst in Tirol getrennt, wo sie die Ferien gemeinsam verbracht hatten, zusammen mit Paul Éluard.

In Deutschland waren Tzara und Arp von der Freiheit der jungen Deutschen vor allem in der Hauptstadt extrem positiv beeindruckt. Sie fühlten sich wunderbar und genossen die Atmosphäre der Freiheit, die in Berlin herrschte, schreibt François Buot, Tzaras Biograph. Hans Richter verband die Atmosphäre des Berliner Clubs DADA Anfang der zwanziger Jahre mit dem malaysischen Begriff „Amok", der sich auf Halluzinationen durch übermäßige Einnahme von Opium bezog (RICHTER 1978: 10). François Buot berichtet, dass man in Berlin alle Zeitschriften erhielt und die Toleranz sei ganz anders als in Paris. Deutschland sei Tzara und Arp wie ein Paradies ohne Zensur vorgekommen (Buot 2002). Ernst Jünger berichtet über die Kokainsüchtigen dieser Zeit in Berlin: „Ich hatte die Larvengesichter mit den Nachtschattenaugen in den Cafés gesehen, nicht nur am Alexanderplatz, sondern auch am Kurfürstendamm. Ein widriger Anblick, auch wenn er in jenen Jahren nicht selten war" (JÜNGER 2008: 210).

Tatsächlich schien Deutschland ein Paradies zu sein, auch eins für Drogen. 1922 könnte sich Tzara, zufällig oder nicht, in Berlin mit Barbu getroffen haben. Zum Beispiel im Romanischen Kaffee, im Norden der Stadt, das in den zwanziger Jahren Treffpunkt der jungen rumänischen Intellektuellen war, die nach Berlin kamen oder hier lebten: Dan Barbilian, Tudor Vianu, Al. Philippide und viele andere (NĂSTASĂ 2010: 29). [aber nicht nur sie, sondern auch: Benn, Brecht, Ringelnatz …, Anm. JR] In einem Briefwechsel aus dieser Zeit (September–Oktober 1922) zwischen Tudor Vianu und Ion Barbu verbindet letzterer ständig Berlin mit Kokain, das nicht besonders teuer war und leicht zu beschaffen. Einerseits wurden nach dem Krieg in den Drogerien der großen Städte die pharmazeutischen Reserven der Armee verteilt. Auf der anderen Seite arbeiteten die pharmazeutischen Hersteller in Deutschland auf Hochtouren und produzierten psychoaktive Drogen, darunter Kokain, das in der Apotheke in 4–6 Gramm Packungen verkauft und „Koks" genannt wurde (BOON 2002: 187). Ion Barbu kam nach drei Jahren Deutschland (1921–1924) früher als gedacht nach Rumänien zurück, um, wie seine Frau schreibt, „den Alptraum Berlin voller Dekadenz und Drogenwahnsinn" zu vergessen (BARBAILIAN 1979: 148–151).

PARIS

Zu Beginn der zwanziger Jahre stand in manchen französischen Zeitungen, dass Tristan Tzara & Co halluzinogene Substanzen verwendeten. Tristan Tzara und Jean Cocteau waren von 1920–1924 in der Szene der künstlerischen Bohème in Paris unzertrennlich. Ihre Freunde werden sich später erinnern, dass „sie viel tranken damals und ab und zu Opium oder Modedrogen nahmen". Auch die schwedische Malerin Greta Knutson wird sich an die fulminante bohemische Atmosphäre der avantgardistischen Gruppe im Paris des Jahres 1924 erinnern, als sie Tzara, ihren zukünftigen Mann, kennenlernte. „Der Tumult um ihn in Paris schien wie eine Droge, ein Doping für ihn zu sein", sagte später André Breton (POPESCU 2000: 30).

Natürlich war Alkohol die Droge, die am leichtesten zu beschaffen war. Die Exaltiertheit der Avantgardisten war allgemein verbreitet. Es werden ganze Fässer Porto getrunken, Whisky, aber auch Spezialitäten wie der „Cocktail Dada". Im April 1920 stellte sich Tristan Tzara eine dadaistische Einladung zu einer Picabia-Ausstellung in Paris vor. Der übermäßige Opiumkonsum Cocteaus zu jener Zeit ist bekannt, vor allem nach dem Tod seines jungen Freundes und Schülers, dem Schriftsteller Raymond Radiguet im Dezember 1923. Er rauchte nach eigener Aussage bis zu zehn Pfeifen Opium am Tag: „Je les fumais à raison de trois le matin (9 heures), quatre l'après-midi (5 heures), trois le soir (11 heures)" (COCTEAU 1999: 17). Nach nur wenigen Jahren erlebte Cocteau von Dezember 1928 bis April 1929 in einer Klinik in Saint-Cloud bei Paris eine äußerst traumatisierende Entgiftung, von einem „remède en train de devenir un despote" (COCTEAU 1999: 17). Die „blessure au ralenti", die er durchlebte, erwies sich aber als künstlerisch fruchtbar. „Je ne plaide pas. Je ne juge pas. Je verse des pièces à charge et à décharge au dossier du procès de l'opium" (COCTEAU 1999: 11).

Aber Opium und Haschisch, die Drogen der Romantiker, sind Halluzinogene, die zu Unbeweglichkeit und Träumerei führen. Der Körper schläft, während der Geist fliegt. Außerdem sucht der Opiumkonsument nicht die Gesellschaft der Anderen. Er geht nicht in die Gemeinschaft wie der Konsument von Kokain, Cannabis oder Alkohol. Wein mache die Menschen glücklich und gesellig, Haschisch isoliere sie, schreibt Baudelaire. Wein steigere den Willen, während Haschisch ihn verringert. Für einen guten Rausch nach einer Dosis Haschisch empfiehlt Baudelaire: „il faut un bel appartement ou un beau paysage, un esprit libre et dégagé, et quelques complices dont le tempérament intellectuel se rapproche du vôtre; un peu de musique aussi, s'il est possible" (BAUDELAIRE 2012: 75). Bei Opiumrauchern ist es genau umgekehrt. Jean Cocteau fand eine gelungene quasi-aphoristische Formulierung: „Sous l'opium, on se délecte d'un Roussel et on ne cherche pas à faire partager cette joie. L'opium nous désocialise et nous éloigne de la communauté (COCTEAU 1999: 197). Was die Wirkung und den Wunsch nach Gesellschaft angeht, können wir Schriftstellern wie Baudelaire, Cocteau und Burroughs trauen.

Die neurotische Lebendigkeit und die Schlaflosigkeit der Dadaisten lassen eher auf andere Arten von Drogen schließen: euphorisierende Stimulanzien wie Kokain („Glück in Bewegung" wie es genannt wird). Dadaismus und Futurismus sind künstlerische Bewegungen von Kokainabhängigen, schreibt Arnauld de LIEDEKERKE (2001). Manche futuristischen Dichter, die verliebt waren in Abenteuer (*Vivere pericolosamente!*, wie D'Annunzio sagt), Reisen, Geschwindigkeit, Autos, Pferdestärken und Benzin (das sie sich als Parfum aufs Rever sprühten), nahmen tatsächlich Stimulanzien, darunter Kokain: Sofronio Pocarini (*Cocaina*, 1924), Alberto Manca (*Sogno alla cocaina*, 1933) u.a. (BOHN 2004: 155).

In der Ausgabe vom 25. Januar 1920 der Pariser Zeitung *L'Action Française* schrieb man, dass Dadaisten „starke Kokainkonsumenten" seien. In anderen Zeitschriften verband man nicht die Dadaisten, sondern den Dadaismus selbst mit Kokain: „Der Dadaismus und Kokain sind giftige Produkte des letzten Krieges, und ersterer [= der Dadaismus] ist nicht weniger schädlich" (*L'Ami du peuple*, 4. Juni 1931).

Diese Texte stammen aus rechten Zeitschriften, *L'Action Française* und *L'Ami du peuple* hatten alle Gründe, etwas gegen die linken Avantgardisten zu haben (BUOT 2003: 90, 195, 240–243). Zwischen diesen beiden Seiten gab es einen ununterbrochenen erklärten Krieg. Die Pariser Avantgardisten zum Beispiel solidarisierten sich mit einer militanten Anarchistin, Germaine Berton, die am 23. Januar 1923 in die Redaktion der *L'Action Française* ging und eine führende Persönlichkeit der extremen Rechten, Marius Plateau, erschoss (CARDINAL & SHORT 1970).

BUKAREST
Petre Pandea verband 1947 Tristan Tzara (und den Dadaismus generell) mit Rauschgiftsucht, aber eher im übertragenen Sinn. Tzara war dadurch, dass er „kürzlich zum Marxismus konvertiert war", wie sich Pandrea ausdrückte, eine Art Schmuggler des „Opiums der Intellektuellen" (um einen 1955 von Raymond Aron geprägten Ausdruck zu verwenden). Nachdem er ein paar Reisen nach Spanien (1936–1937) unternommen hatte, um sich mit den Franco-Gegnern zu solidarisieren, als Maquisard an der Résistance in Südfrankreich teilgenommen hatte und militanter Kommunist geworden war, besuchte Tzara Rumänien (er war vorher in der Tschechoslowakei, Ungarn und Jugoslawien gewesen) und hielt Ende des Jahres 1946 Vorträge. In Bukarest wurde er von Sașa Pană und anderen rumänischen Avantgardisten empfangen, nicht jedoch von Marcel Iancu, der nach der Legionärsrebellion im Januar 1942 mit seiner gesamten Familie nach Palästina ausgewandert war (OIȘTEANU 2009: 12).

Tzara kam am 24. November 1946 nach Rumänien; er war ungefähr zwanzig Jahre nicht in Bukarest (und seiner Heimatstadt Moinești) gewesen. Rumänien befand sich – direkt nach den Wahlen am 19. November, die von den Kommunisten gefälscht worden waren – in einer kritischen Situation. Er hielt den Vortrag *Suprarealismul și epoca de după război* [Surrealismus und die Nachkriegszeit] am 4. Dezember 1946 im Nationaltheater Bukarest. Sașa Pană publizierte den Text in der Zeitschrift *Orizont* (Nr. 3, Februar 1947, siehe auch: MORAR 2007: 355–365). Aber in der rumänischen Kultur der „Nachkriegszeit" wird es weniger um „Surrealismus" als um „sozialistischen Realismus" gehen. Paul Celan, der seit ein paar Jahren in Bukarest lebte, schrieb über die Beziehung Saşa Panăs zu Tristan Tzara anlässlich des Besuchs Tzaras in Rumänien sarkastisch: „Saşa Pană ist ... ein Schatten, der endlich seinen Menschen gefunden hat" (SOLOMON 2008: 102).

Ein paar Monate später bezeichnete Petre Pandrea Tzara als „balkanischer Lieferant verruchter Haremsfrauen mit Rauschgift und einer Art Skandalliteratur", ein „Halbkolonisator von uns, ein Halbgelehrter und Halb-Kommerzieller, ein guter Kern Intelligenz im Darm des Hundes seines schlechten Charakters, der mit literarischem Kokain Schwarzhandel treibt, gestern als Dadaismus, heute als „französische Résistance" und literarischer Sowjetismus, morgen als angelssächsischer Dandy" etc. (PANDEA 2001: 120–122). Paul Cernat entdeckte in Pandreas Text „mäßig versteckte xenophobe Stereotypen, wie man sie bei fast allen zeitgenössischen Gegnern Tzaras entdecken kann" (CERNAT 2007: 113).

Im Oktober 1956 versuchte Tzara zurück nach Rumänien zu kommen, mit dem Gedanken, nach genau zehn Jahren die gleiche Strecke zurück zu legen: Paris – Prag – Budapest – Belgrad – Bukarest. Auf dem Weg hielt ihn aber die antikommunistische Revolution in Budapest auf, wo er Lajos Kassák und andere ungarische Schriftsteller besuchte, die für die Entstalinisierung Ungarns kämpften (JÁNOS 2006: 19). Er ging nach Frankreich zurück, geheilt sowohl von Osteuropa als auch vom Kommunismus. In Paris wurde er von der Führung der Kommunistischen Partei Frankreichs (vor allem von Louis Aragon) für seine Haltung kritisiert, denn er hatte sich öffentlich für die ungarische Revolution ausgesprochen. Ende des Jahres 1956 trat Tristan Tzara als Zeichen seines Protestes gegen die Niederschlagung der Revolten in Ungarn aus der Partei aus.

Futuristen und Surrealisten über Rauschgifte

An dieser Stelle muss eine Klammer aufgemacht werden. Die verschiedenen Strömungen der historischen Avantgarde waren ideologisch stark aufgeladen, sogar politisiert. Extrem links der Surrealismus und extrem rechts der Futurismus. Keine andere literarisch-künstlerische Strömung erlebte so viele doktrinartige Manifeste, programmatische Schriften, Kongresse, Führer, Hierarchien, „Parteidisziplin", Umstürzler, Ausschlüsse und Exkommunikationen. „Die surrealistische Gruppe funktionierte wie eine Partei. Eine ‚poetische, revolutionäre Partei'", sagt Sarane Alexandrian, einer derjenigen, die von

André Breton ausgeschlossen worden war. Darum ist der internationale Kontext der avantgardistischen Bewegung extrem wichtig. Ohne ihn zu verstehen, können die avantgardistischen Bewegungen in den verschiedenen Ländern mit ihren Besonderheiten nicht verstanden werden. Es geht auch um die Positionen verschiedener Gruppierungen, der Führungen, um Konsum von Narkotika bei den Avantgardisten.

Wie bereits erwähnt, „forcierten" relativ viele avantgardistische Schriftsteller und Maler „ihre Vorstellungskraft" und „verstärkten die Reizbarkeit der Geisteskräfte (wie bei Max Ernst „Comment on force l'inspiration", 1933), indem sie psychotrope Substanzen einnahmen. Meist Kokain und Opium, aber auch Morphium, Heroin, Äther u.a. Trotz allem und paradoxerweise, drückten die meisten ideologischen Führer verschiedener avantgardistischer Strömungen ihre Ablehnung gegenüber solchen Angewohnheiten aus. Es ging um mehr oder weniger „offizielle" doktrinäre Unstimmigkeiten, die nicht in irgendwelchen meinungsmachenden Artikeln vorkamen, sondern künstlerisch dargestellt wurden oder in programmatischen Texten.

Der [faschistische, Anm. JR] Futurist Filippo Tommaso Marinetti verwendete zum Beispiel den Namen psychotroper Substanzen nur pejorativ: Venedig sei von Morphium und ekelerregender Feigheit vergiftet (*Contro Venezia passatista*, 1910) oder die argentinische Rasse, die Erfinderin des Tango, sei schlecht domestiziert, voll Morphium und gepudert, oder sie würden die Symmetrie des Opiums bekämpfen (*Manifeste du futurisme* 1909: 91, 133, 237). Für die Begründer des Futurismus war das „künstliche Paradies", das nur eine Minderheit „von sensiblen, raffinierten Künstlern und Denkern", „apatischen" und „nervenschwachen", die „das Leben zerstören" und die wahre Wirklichkeit ersetzen. Marinetti macht seine Position in *Le Tactilisme. Manifeste futuriste* klar, das er im Januar 1921 öffentlich ausrief.

La minorité intellectuelle méprise ironiquement cette ruée et ne trouvant plus de goût aux joies antiques de la Religion, de l'Art et de l'Amour qui constituaient son privilège et son refuge, elle intente un procès cruel de la Vie, dont elle ne sait plus jouir et s'abandonne aux pessimistes rares, aux inversions sexuelles, et aux paradis artificiels de la cocaïne, de l'opium, de l'éther, etc. (MARINETTI 1921).

Auf paradoxe Weise erkennt man bereits in diesem Text Marinettis vom Anfang der zwanziger Jahre das „Phantombild" des zukünftigen „entarteten

Künstlers": Süchtig, pornographisch, homosexuell, deprimiert, „wild" und in der „Minderheit". Dieser wird die „entartete Kunst" schaffen, für „Zersetzung" und „Dekadenz" sorgen. Kurz darauf, nach 1945, wird auch der „sozialistische Realismus" den avantgardistischen Experimenten der Zwischenkriegszeit das Etikett der „Dekadenz" verpassen (POP 2010: 219–229).

Die Beziehung der rumänischen Avantgardisten und Modernisten zum Futuristen Tommaso Marinetti veränderte sich mit der Zeit radikal. Das *Manifeste du futurisme* erschien in Craiova auf Rumänisch (in der Zeitung *Democraţia*) am selben Tag, dem 20. Februar 1909, an dem es international verbreitet wurde und in *Le Figaro* erschien. Es wird als die Geburtsstunde der literarisch-künstlerischen Avantgarde des 20. Jahrhunderts angesehen. 1910 wurde Marinetti von Alexandru Macedonski (der in der Zeitschrift *Poesia* veröffentlichte, die Marinetti herausgab) eingeladen, Vorträge in Bukarest zu halten. Er sollte sogar beim rumänischen Dichter wohnen, aber der Besuch wurde aus finanziellen Gründen verschoben (MARINO 1944: 486). Marinetti wurde von den Anhängern der Zeitschriften *Integral* und *Contimporani* geschätzt und geehrt (auch bei seinem Besuch 1930 in Rumänien), aber die Bukarester Avantgardisten boykottierten ihn öffentlich (mit Ausnahme von Ilarie Voronca), als er 1932 noch einmal nach Rumänien kam. Aus dem „Futuristen" Marinetti, erklärter Gegner der „akademischen Literatur und Kunst war der „Faschist" Marinetti geworden, der Akademiker Mussolinis", wie ihn Saşa Pană nannte (PANĂ 1973: 364). (Vorausschauend hatte Tzara bereits 1918 die „futuristischen Akademien" als „Laboratorien formaler Ideen" bezeichnet; in *Sept manifestes DADA*. 13.) Aber zur selben Zeit, im Sommer 1933, schrieb Mihail Sebastian positiv über Marinetti und dessen Beziehung zum mussolinischen Regime (*Cuvântul*, 21. Juni 1933) (PETREU 2009: 86–87).

Interessant ist, dass das *Manifeste du futurisme* – wie gesagt – 1909 auf Rumänisch erschien, zusammen mit einem offenen Brief Marinettis an den Herausgeber der rumänischen Zeitung, Mihail Drăgănescu. Der rumänische Publizist erklärt sich (teilweise) einverstanden mit dem Manifest. Auch er will den „orientalischen Opiumschlaf" gegen den westlichen Vitalismus eintauschen: „Teurer Bruder, […] Wir möchten Energie und Mut. Wir möchten nicht den orientalischen Opiumschlaf, der Ekstase und Trägheit fördert, wir wollen Aktion, Bewegung, um euch zu folgen, denn wir orientalischen Lateiner haben das gleiche Blut wie ihr okzidentalen, unser Ursprung kommt aus Rom […]. Kunst darf nicht in Museen und Bibliotheken schlafen, das ist wahr. Auf dem

Friedhof schlafen die Toten mit ihrem Geruch von Kadavern" (SANDQVIST 2006: 188–189).

Pierre Drieu la Rochelles Position ähnelt der Marinettis. Drieu la Rochelle war Anfang der zwanziger Jahre der Surrealistischen Bewegung nahe gewesen und springt später vom linken ins faschistische Lager. Für ihn waren Homosexualität, Alkoholismus und Rauschgiftsucht „Krankheiten des Geistes", die Dekadenz der Kreativität verursachten: Masturbation und Homosexualität, schrieb er 1922, seien Krankheiten des Geistes, Alkoholismus und Drogen der erste Schritt zum Verfall des kreativen Geistes (DRIEU LA ROCHELLE 1922: 113–114).

Auch André Breton sprach sich gegen die Verwendung von Rauschmitteln aus, aber aus ganz anderen Gründen. Man ging davon aus, dass seine deutliche Position zu diesem Thema darin begründet lag, dass sein Freund und Kamerad im Ersten Weltkrieg, der Dichter Jacques Vaché, sich 1919 mit einer Überdosis Opium das Leben nahm. Dennoch war Bretons Position gegen Rauschgift auch doktrinär motiviert. Der Traumzustand, das poetische Mysterium und „freiwillige Halluzination" können nicht auf künstlichem Weg erreicht werden. Das sagte André Breton in einem programmatischen Text im Dezember 1924, und zwar im Vorwort der ersten Nummer von *La Révolution surréaliste*. „Surrealism is the place where the enchantments of sleep, alcohol, tobacco, ether, opium, cocaine, und morphine meet; but it is also the breaker of chains; we don't sleep, we don't drink, we don't smoke, we don't snort, we don't shoot up, and we dream." (BRETON 1924; zit. nach BOON 2002: 65).

Die Replik des opiumkonsumierenden Dramaturgen und Dichters Antonin Artaud ließ nicht lange auf sich warten. Sie erschien sofort, Anfang 1925, in der nächsten Ausgabe der gleichen surrealistischen Zeitung. Artaud gab zu, dass Opiumsucht ein gefährliches Laster ist, aber er vertrat auf der einen Seite, dass ein Kranker „das Recht haben muss, Opium zu nehmen, um seine Schmerzen zu lindern (das war auch bei ihm der Fall), und auf der anderen Seite, dass eine Rauschgiftprohibition den abartigen Effekt habe, dass „die Neugier der Öffentlichkeit gegenüber Rauschgiften" steige" (BOON 2003: 66).

Aus Sicht André Bretons, aus dem *Ersten Manifest des Surrealismus* (1924) sollten Künstler keine Rauschgifte brauchen.

„[le surréalisme] agit sur l'esprit à la manière des stupéfiants", er ist ein „vice nouveau", „un bien artificiel paradis". „Le surréalisme ne permet pas à ceux qui s'y adonnent de le délaisser quand il leur plaît. Tout porte à *croire qu'il agit sur l'esprit à la manière des stupéfiants; comme eux il crée un certain état de. Besoin et peut pousser l'homme à de terribles révoltes. Par bien des côtés le surréalisme se présente comme un vice nouveau qui ne semble pas devoir être l'apanage de quelques hommes il a comme le haschisch de quoi satisfaire tous les délicats"* Breton fährt fort, indem er die surrealistischen Bilder mit denen vergleicht, die durch Opium entstehen, wie sie Charles Baudelaire sah: *„Il en va des images surréalistes comme de ces images de l'opium que l'homme n'évoque plus, mais qui s'offrent à lui, spontanément, despotiquement. Il ne peut pas les congédier; car la volonté n'a plus de force et ne gouverne plus les facultés"* (BRETON 1924).

Auch Louis Aragon wird über das Laster des Surrealismus sprechen, das sich durch die Einnahme des Rauschgiftes kennzeichnet (POP: 2010: 227).

Wie bei vielen anderen Punkten auch waren die Meinungen Artauds und Bretons unterschiedlich, was die Verwendung von Rauschgiften bei Schriftstellern und Künstlern anging. Antonin Artaud war in den zwanziger und dreißiger Jahren stark opiumsüchtig. 1936 experimentierte er in Mexiko auch mit Mescalin. Sein berühmter „Appel à la jeunesse: Intoxication – Destoxination" von 1934 wurde ein wahres Manifest der dichterischen Kreativität, die durch Rauschgifte ausgelöst wird. Für Artaud ist Opium die beste Erfindung des Nichts, die jemals die menschlichen Sinne verstärkte. Und er könne nichts schaffen, ohne diese Kultur des Nichts manchmal einzunehmen. Es sei nicht das Opium, das ihn zum Arbeiten bringt, sondern das Fehlen des Opiums und damit es ihm fehle, müsse er es auch ab und zu nehmen (BOON 2002: 67).

In diesem Kontext muss auf eine interessante Figur hingewiesen werden. Es handelt sich um eine rumänische Schauspielerin, die Geliebte Artauds, die einbezogen war in die Rauschgifterfahrungen des Dichters. Génica Athanasiou, 1897 als Eugenia Tănase in Bukarest geboren, kam 1919 nach Paris um Theater zu studieren. Im Herbst 1921 lernte sie Antonin Artaud kennen, mit dem sie später an verschiedenen avantgardistischen Theater- und Filmprojekten arbeitete. 1940 kam er in ein psychiatrisches Krankenhaus bei Vichy, wo er mit Elektroschocks behandelt wurde, und er schrieb seiner Freundin, sie solle Himmel und Hölle in Bewegung setzen, um ihm in Paris Opium oder ein Opiat (Heroin) zu besorgen. „you must find heroin at any cost and if necessary be killed in order to bring it to me here ... if it's difficult to get hold of opium or heroin, it's solely because of me and because it is known that it's the only thing that will give me back strength and rstore me to a state in which I can battle evil" (ARTAUD 1940: 309; zit. nach BOON 2002: 68).

Von Saşa Pană zu Gherasim Luca: „Leser, befreie dein Gehirn von Parasiten!"

Es ist nicht verwunderlich, dass in den Texten der rumänischen Avantgardisten häufig auf berauschende Pflanzen oder Substanzen verwiesen wird. Ihr geheimnisvoller, verbotener und psychotroper Charakter gibt ihnen einen poetischen Status. „Mohnplantagen" kommen in den ersten Gedichten des prä-dadaistischen Tristan Tzara vor (MINCU 1983: 102). Der psychedelische Fliegenpilz wird in Saşa Panăs *Manifest* von 1928 erwähnt, in der ersten Ausgabe der Zeitschrift *unu* (April 1928). Dieser Pilz ist, wie erwähnt, Hauptfigur in Ion Barbus *Riga Crypto* von 1924. Am 7. Juli 1924 (dem Jahr der großen internationalen Ausstellung *Contimporanul*), schreibt Eugen Lovinescu in das Tagebuch des Literaturkreises „Sburătorul", dass Ion Barbu und Ion Vinea zusammen Drogen nahmen, wahrscheinlich Kokain oder Äther (LOVINESCU 1993: 85).

Es ist bezeichnend, dass Saşa Pană gerade den Fliegenpilz, mit seinen besonders starken psychotropen Effekten auswählte in einem programmatischen Text, der mit dem berühmten „Schrei ins Trommelfell" begann: „Leser, befreie dein Gehirn von Parasiten!", das er aus Voroncas Manifest übernommen hatte (*75HP*, Oktober 1924). Ilarie Voronca (Pseudonym von Eduard Marcus) gab einem seiner Gedichte den Titel *Cloroform*: „Die Nacht kommt: Weißes Auseinanderflechten, Troika im Wahnsinn" (aus *Invitaţie la bal* [Einladung zum Ball], Verlag Unu, 1931). Der Dichter mit dem Pseudonym, das an Lachgas („gaz ilariant") erinnert, begrüßt die „Ekstase", denn sie ist ein „Reich der Stille". Ilarie Voronca nimmt sich am 8. April 1946 in Paris das Leben (nach einem tröstenden Besuch in Rumänien) und hinterließ auf dem Schreibtisch einen neuen Band: *Mic manual de fericire perfectă* [Kleines Handbuch des perfekten Glücks]. „[Voronca] ist ein verurteilter Mann", schrieb der Publizist Bernard Lecache. „Sein lyrisches Delirium ist stärker als Alkohol." Eine Überdosis Beruhigungsmittel und Ersticken durch Gase waren fatal für ihn. „Dieser Mann ist krankhaft hypersensibel und leidet unter starken Gemütsschwankungen. Die Übergänge von höchster Überschwänglichkeit zu Traurigkeit verliefen, als würde man einen elektrischen Schalter umlegen, der das Licht plötzlich ein- oder ausschaltet. Von einer Sekunde auf die andere verdunkelte er sich, plötzlich wurde er wieder fröhlich" (VORONCA 1972: X).

Chloroform als Rauschgift spielt eine wichtige Rolle in der autobiographischen Prosa Max Blechers (*Vizuina luminată* [Erhellte Vision]). In seinen Gedichten im Band (*Corp transparent* [Durchsichtiger Körper], 1934) erscheinen entweder „eigenartige Blumen, die das Gehirn parfümieren" und „Freude" auslösen, oder „Tollkirschenblüten", die die Hörner der Rinder krönen, während „der Planet des Schlafes sich auf die Felder legt" (BLECHER 1999: 323, 330). Kurz bevor sein Gedichtband erschien, wollte Blecher ihn *Iarba visurilor* [Traumkräuter] nennen, wie er Saşa Pană im Juli 1934 schrieb (BLECHER 1999: 397). Der Schriftsteller Ion Călugăru veröffentlichte in der avantgardistischen Zeitschrift *unu* ein Pamphlet mit dem Titel *Passiflorina universitară* [Universitäre Passionsblume]. Die Passionsblume ist ein psychoaktives Medikament, Beruhigungs- und Schlafmittel, das in Rumänien häufig verwendet wird (PANĂ 1973: 364).

In den zwanziger Jahren schlägt der „Integralist" Stephan Roll den Konsum von Energien eines „reisenden Dichters" vor, nicht durch Einnahme von Aphrodisiaka, sondern durch „Crosslauf von 10–15 km anstelle von Cantharidin-erzeugten [erotischen] Träumereien" (*Evoluări* [Entwicklungen], 1925) (ROLL 1925: 6). Seine erotischen Gedichte schwimmen „an frischer Luft" zwischen „Bocksbeutel mit Absinth" und „Absinthwolke": „Gib mir deinen Mund, gib mir deinen Schoß und den Bocksbeutel mit Absinth" (*Poeme în aer liber* [Gedichte an frischer Luft], 1929) (ROLL 1929: 5, 18).

Mit dem Titel *Absint anonim* [Anonymer Absinth] und dem Untertitel *Mit* [Mythos] erscheint (in Nr. 77–78, 1927) ein Text eines wenig bekannten avantgardistischen Schriftstellers: G. Mănciulescu. Es ist „eine experimentelle erotisierende und ‚drogensüchtige' Prosa", wie Paul Cernat schreibt (CERNAT 2007: 194–196), voller Verweise auf Rauschgiftexperimente: „er verlangte die maximale Dosis Opium", „er hätte sie [die Pfeife] mit Dynamit füllen können", „um die Erinnerung an das Leben so weit wie möglich zu vertreiben, habe ich euch, bittere Pulver gerufen, die die Nerven verfeinern", „das Blut destilliert die Gifte des Traums", „das magische Elixir", „der Alkohol der Rettung", „Veronal" (eine Substanz, die 1902 synthetisiert wurde) usw.

Die kommerziellen Bezeichnungen der psychoaktiven Substanzen (*Veronal, Luminal, Cloroform, Passiflorină, Valeriană* und auch die der fiktiven *Penetral* und *Cimpanzol*) tauchen ständig in avantgardistischen Schriften auf. Manchmal kommen sie in spielerischen Texten vor, wie im Fall des „urmuzischen" Jacques Costin (1895–1987), in den zwanziger Jahren ständiger Autor bei der Zeitschrift *Contimporanul*. „Ich habe mich ernährt von Lektüre, Äpfeln und

Luminal. Kurz darauf konnte ich ohne Schwierigkeit zwei Wassermelonen in einer Hand halten" (*Diez și becar* [Kreuz und Auflösungszeichen] 1930). Jacques Costin parodiert auch die Biographien bedeutender Männer (*De viris illustribus*), auch die des legendären Königs Mithridate, dem Erfinder des Opiats Theriak, dem Gegenmittel gegen „die schlimmsten Gifte" (*Exerciții pentru mâna dreaptă* [Übungen für die rechte Hand], 1931) (CROHMĂLNICEANU 2001: 91–94). Ein anderer „Urmuzianer", Grigore Cugler (1903–1972), führt in seinen poetischen Diskurs eine „Häufchen Haschisch mit Cantharidin" ein, in einer „heidnischen Anrufung" mit erotischen Konnotationen (CUGLER 1975: 27).

Teil der Gruppe um die Zeitschrift *Contimporanul* (und der Zeitschrift *Integral*) war auch der avantgardistische Maler (und Prosaschriftsteller) Corneliu Michăilescu (1887–1965). Er nahm 1932 an Experimenten mit Mescalin teil, die aus wissenschaftlichen Gründen vom Neurologen Gheorghe Marinescu organisiert wurden. Kunsthistoriker sind der Auffassung, dass diese Experimente mit Halluzinogenen die Werke des Malers beeinflussten. Ich werde weiter unten auf dieses Thema eingehen.

Sașa Pană verwendete nicht nur den Fliegenpilz in seinem Manifest (*unu*, 1928), sondern auch andere Namen psychotroper Pflanzen in seinen Texten. In der letzten Ausgabe von *unu* (Nr. 50, Dezember 1932), in einer Art Bilanz mit dem Titel „Denunț" [Anzeige], schrieb Sașa Pană unter anderem: „Ich hatte [in der Zeitschrift *unu*] keine Rubrik. Manchmal versuchte das durch Überraschung eingenistete Bilsenkraut die Weinrebe zu strangulieren. Sie wurde schnell mit den Zangen des Ekels herausgerissen. Auch die Kornrade wurde mit jeder neuen Nummer ausgesiebt" (PANĂ 1973: 388). Das Bilsenkraut ist eine Pflanze, die ein giftiges Alkaloid enthält, das den Rebstock erstickt – der puren Alkohol herstellt. Es ist ein Text, mit dem die Zeitschrift „ermordet" wurde, schreibt Sașa Pană (*unu*, Dezember 1932). Ein öffentlicher Akt des „Selbstmords", vermerkt auch G. Călinescu (*Adevărul literar și artistic* [Literarische und künstlerische Wahrheit], 1. Januar 1933). Interessant ist, dass – zufällig oder nicht – die Zeitschrift *unu* unter dem Zeichen des psychedelischen Fliegenpilzes (*Amanita muscaria*) geboren wurde und unter dem Zeichen des halluzinogenen Bilsenkrauts (*Hyoscyamus niger*) starb.

Sașa Pană verwendete diese Pflanzennamen nicht zufällig oder weil sie so gut klangen, sondern im vollen Bewusstsein. Mit anderen Worten, er kannte die Wirkung der Halluzinogene ganz genau. Mitte der zwanziger Jahre hatte er in Iași und Bukarest am Medizinisch-Militärischen Institut studiert und N.

Leon, Al. Obregia, Gh. Marinescu u.a. waren seine Professoren. In Pharmakognosie lernte er, wie man verschiedene psychotrope Pflanzen erkennt und verwendet, darunter *Papaver somniferum* (Mohn), *Datura stramonium* (Stechapfel) u.a., wie er selbst schreibt. Außerdem hatte er in den zwanziger und dreißiger Jahren Morphium bei sich, das er spritzte. Er hatte einen kokainsüchtigen Kollegen, schrieb eine Arbeit über „Alkoholismus und den Kampf gegen den Alkohol", war tief beeindruckt von den Gemälden Corneliu Michăilescu im Rauschzustand mit Mescalin etc. (PANĂ 1973: 124, 196, 399, 560).

Als Arzt und Dichter war Sașa Pană wie die französischen Surrealisten interessiert an den literarischen Produktionen von Psychopathen. In der ersten Nummer der Zeitschrift *unu* (1928) wurde der neuentdeckte „Dichter" Petre Popescu lobend vorgestellt, der „apathische Insasse des Zentalkrankenhauses für Nervenkrankheiten", wie Sașa Pană ihn später selbst beschrieb (PANĂ 1973: 402). Dies kam sogar in die Berichte der Agenten des Geheimdienstes. 1934 berichtet zum Beispiel ein Informant, dass Sașa Pană „mit Demenz und Dementen beschäftigt ist und von ihnen besessen [und] er hat in [der Zeitschrift] ‚unu' sogar die Absonderlichkeiten der Insassen des Zentralkrankenhauses für Nervenkrankheiten beschrieben" (TĂNASE 2008: 238). 1940 war Petre Popescu noch Patient im Krankenhaus für Verrückte, von wo aus er Briefe an zwei Adressaten schickte: an Gellu Naum und „an Gott" (ATHANOR 2008: 47). Das Interesse für die „Kunst der Psychopathen", „die Kunst der Kinder" und „die Kunst primitiver Völker" teilte er zu jener Zeit mit Marcel Iancu (*Contimporanul*, 1929), für den diese „die lebendigsten Künste waren, weil sie aus den organischen Tiefen kamen ohne die Kultur des Schönen" (POP 2010: 31).

Ein anderer Arzt und Dichter, Paul Păun, spricht die „einzigartigen Forschungen" der französischen Psychologen „Bourru und Bourrat" an (es handelte sich um Henri Bourru und Prosper Burot, *La suggestion mentale et l'action à distance des substances toxiques et médicamenteuses*, Paris, 1887), um sich ein Experiment vorzustellen, bei dem „hysterische Subjekte" mit verschiedenen psychotropen Pflanzen behandelt werden: „die Wirkung von Baldrian, der sie erregt wie Katzen, des Stechapfels, der dich geheimnisvoll macht etc." (*Conspirația tăcerii* [Die Verschwörung des Schweigens], 1947) (MINCU 1983: 460–461).

In seinem programmatischen Text *Cubomanii și obiecte* [Cubomanen und Objekte] schrieb 1945 Gherasim Luca, einer der Gründer des rumänischen Surrealismus: „Ihre Anwesenheit [der surrealistischen Objekte] in meinem Zimmer ist das bewiesene Äquivalent eines chemischen Aphrodisiakums, zu dem man die Wirkung eines Rauschmittels hinzugegeben hat" (MINCU 1983: 658). Gherasim Luca ist „der Erfinder der Liebe" für die „ungeborene Frau", „diese ideale, stereotype, entfernte Frau, die uns die Romantiker in ihrer opiumberauschten Lyrik fast erreichbar machten (*Inventatorul iubirii* [Der Erfinder der Liebe], 1945) (LUCA 2003: 235). Lucas Freund, der Maler Jacques Hérold, verfasste das Manifest *Maltraité de peinture* als ob sein Geist von Alraunensaft benebelt sei: „Mein Gehirn mit Alraunenpfoten/schubst die Wörter, wirft sie durcheinander" (HEROLD 2001: 53).

Im Gedicht *Vrăji* [Zauber] des Avantgardisten Sesto Pals (ein weiterer Freund Gherasim Lucas) kocht der Dichter „verzauberte Pflanzen", um einen aphrodisierenden Trank oder psychotrope Salben herzustellen:

Ich habe Kräuter gekocht für Zauber,
Ich wollte mich geliebt machen,
Ich wollte mich zum Zentrum machen [...]
Ich habe mich mit dem Saft verzauberter Pflanzen besprüht,
Ich habe die Stiermaske aufgesetzt [...]

(PALS 2003: 223; m.Ü.).

Nach 1947 fiel die Guillotine der proletkultistischen Literatur. Zwanzig Jahre später, in der zweiten Hälfte der sechziger Jahre, erwachte der avantgardistische Geist gewissermaßen zu neuem Leben, durch die Welle der Schriftsteller, die man „onirici" [Träumer] nannte. Die Figuren in den Gedichten von Leonid Dimov schlürfen „lächelnd" aus den „uralten Absinthgläsern" (*Destin cu baobab* [Schicksal mit Affenbrotbaum] 1966) oder mit „Met und Absinth" (*Nelinişte* [Unruhe], 1966), sie schlafen „auf getrockneten Wermuthblättern" (*Rondelul sfintei în brocat* [Rondell der Heiligen in Brokat], 1970), sie rauchen „neuralgischen Tabak" (*Eschivă* [Ausweichen]), reiben sich die Wunden mit „Salben mit versteckten Mitteln ein" (*Baia* [Bad], 1977) und sind umzingelt von „Pflanzen einer komischen Art" (*Tramvaiul 2* [Straßenbahn 2], 1972). Der Dichter ist entweder „ein schwarzer Schamane", der „Kräuter kocht" und „nackt tanzt", oder ein „in Zaubersprüchen geschickter" Hexenmeister, der nachts durch die Luft fliegt auf „einem großen Besen mit Schwanz", der mit „Fett getrocknet vom Geist" eingerieben ist (*Dezlegare* [Lösen]) (DIMOV 1980). Der Dichter Valery Oisteanu, der zu Beginn der siebziger Jahre nach New York ging, würdigte seine spirituellen Vorreiter im Gedicht *Cooking With the Ancestors*:

My spiritual ancestors are
Bringing herbs and potions and spices
Kafka-Freud-Einstein
relativity Challah
André Breton brings aphrodisiacs
Baudelaire and Gautier: wine and hashish
Michaux and Cocteau: desserts, opium and mescaline
And I eat my own poetry

(OISTEANU 1992: 10).

Victor Brauner: „Tollkirsche, Ruf der Wälder, Freude der Nacht"

Psychotrope Pflanzen (Mohn, Tollkirsche, Alraune, Efeu, der Kaktus *peyotl*, mexikanischer Kaffee u.a.) spielen in den poetischen Schriften der „magischen" Periode des surrealistischen Malers Victor Brauner eine wichtige Rolle. In einem Essay von 1941 beschreibt der Maler einen „Zustand der Ekstase", „eine immense Freude". Ein paar psychotrope Pflanzen helfen ihm, sich vom „Geheimnis ‚der Chemischen Nacht'" zu lösen. Mohn löst „das Labyrinth des großen optischen Spiels" aus und ist „erfreuend und voller Hoffnung", und „Wurzel erotischer Lust". Die Tollkirsche (*Atropa belladonna*) kann tödlich sein, aber sie führt zum „angenehmsten" aller Tode: „Belladonna, du bist mein angenehmster Tod". Zigarettentabak „regt die Vorstellungskraft an" (NICOLAE 2004: 183–187). Sein Freund Gellu Naum „raucht Zigaretten in Eile", und während die „Tabakhandlungen" schlafen, „singen die Hanffrauen ein Kriegslied" und die Männer „öffnen sich die Venen" und „halluzinieren unter Bäumen" (*Vasco da Gama*, 1938) (NAUM 1974: 287f.). Der Essay, den Volker Brauner 1941 während seiner Zuflucht in Südfrankreich schrieb, ist veröffentlicht in *Cahier Très Belle L'or* mit Texten und Zeichnungen, die seiner damaligen Liebe Laurette Séjourné gewidmet sind.

In einer *Proclamație* [Erklärung], die Brauner 1944 schrieb, werden zur „großen Chemischen Vermählung von Wissenschaft und Gedanken" „die pflanzlichen Armeen der Dämonen" einberufen: Tollkirsche, Efeu und „Bleiakteen" (*peyotl*), die Mescalin enthalten. Diese halluzinogenen Pflanzen „bewirkten eine regeneratorische Veränderung des psychologischen Raums im

Laufe der Jahrhunderte. Die neuen Gesetze, freie und momentane Korrespondenz der Fügung und des Unvorhergesehenen machen, dass die Welt der Gefühle zittert". Die *Proclamația* ist unterschrieben von „Victor Brauner, Chevalier der Schlange, die sich in den Schwanz beißt, Großer Kämpfer der Schwarzen Magie" (NICOLAE 2004: 190). In Brauners Bibliothek fanden sich zwei Bücher mit dem Titel *Mandragora* [Alraune], eines erschienen 1945 und das andere 1954. Beide (Victor Brauner gewidmet) vom surrealistischen Dichter Enrique Gómez-Correa (1915–1995). Gómez Correa gründete, im Übrigen, in den vierziger Jahren die surrealistische Gruppe *Mandrágora* (und den gleichnamigen Verlag) (BRAUNER 1996: 127).

In den literarischen Texten Brauners aus den Jahren 1941–1945, die im „Archiv Brauner" im *Musée National d'Art Moderne* in Paris liegen, erwähnt Victor Brauner verschiedene mehr oder weniger narkotische Pflanzen, die „die schwarze Sonne [der Melancholie] aufwirbeln": „Saturnische Frau, Freundin des Bleis,/der Tollkirsche, mit nächtlichem Gesicht/Kaktus des physischen Genies [...], im Schatten des Efeus; der große Festzug des nicht geschaffenen Realen/.../Tollkirsche, schwarzer Hund der Mitternacht/der Wind zerstreute die weißglühenden Teile deines Gehirns" (1944); „Kräuter, Tabak, Verbene, Blüte der Liebe/auch sie kam, um für ein mondsüchtiges Schicksal/.../Sie wird sich an einem Wort erheben/Wachszauberin,/doppelt königlich,/Tollkirsche, Schrei der Wälder, Freude der Nacht" (1945); „Alle Blüten der Hoffnung durchquerten den Nebel der Angst./.../Ich habe in ihren Augen das Blei des Todeskaktus gesehen" (1945). Ebenfalls 1945 zeichnet Victor Brauner ein eigenartiges *Phantom der Weinrebe* (BRAUNER 2001: 21).

Brauner fühlt sich „überschwemmt von göttlichem Likör", der „die Zeit verändert" und den Raum sprengt „ohne Raum, ohne Orientierung, ohne Ende, ohne Realität" und schafft eine „süße Konfusion". Der Maler spricht ebenfalls über den „Moment des großen Ausbruchs der angehäuften Energien", über „eine enorme Euphorie, [die] aus allen psychologischen Poren brechen wird, die enorme Euphorie des Genius". Das sind Zustände, die nicht nur (wie weiter oben) von einer psychotropen Pflanze ausgelöst werden, sondern auch von „der perversesten Pille, die dem perfiden Geist eines Pharmazisten entstiegen ist" (1941) (NICOLAE 2006: 165–192).

Victor Brauner kannte sich gut aus in der esoterischen Literatur. Bücher über Magie, Okkultismus, Kabbala, Divination und Alchimie nährten seine künstlerische Vorstellungskraft. „Die Praxis der Magie war vielen Surrealisten nicht fremd. Zum Beispiel Victor [Brauner] ..." (*Despre Interior-Exterior*

[Über Innen-Außen], 2003: 141). Als die Nationalsozialisten Paris besetzten, flüchtete Brauner wie viele Avantgardisten (André Breton, Max Ernst, Marcel Duchamp, Benjamin Péret, Jacques Hérold u.a.) in den Süden Frankreichs, in die Nähe von Marseille. Im Herbst des Jahres 1940 versuchte er vergeblich, nach Mexiko auszureisen, wie aus den Briefen ersichtlich wird, die er seiner Familie am 24. September 1940 nach Rumänien schrieb (NICOLAE 2006: 113–115); und an Gellu Naum am 15. November 1940 (*Athanor* 2008, Nr. 2: 21).

Während der Zeit in Südfrankreich und danach las er viel okkulte Literatur – Raymundus Lullus, Paracelsus, Cornelius Agrippa, Antoine Fabre d'Olivet etc., aber auch Mircea Eliade, Henry Corbin, René Guénon, Carl Gustav Jung etc. (*Victor Brauner dans les collections du Musée National d'Art Moderne* 1996). 1941 lernte er Jean Marquès-Rivière, den Spezialisten in Okkultismus, kennen, der ihn in die esoterische Kunst einführte, indem er ihm Bücher über Magie gab (VELESCU 2007: 223–225) und sein eigenes Buch: *Amulettes, talismans et pantacles dans les traditions orientales et occidentales*, das 1938 bei Payot erschienen war. „Victor Brauner bewahrte [dieses Buch] mit Andacht in seinem Atelier auf und verwendete es in magischen Kompositionen" (NICOLAE 2006: 100). Sarane Alexandrian bestätigt, dass das Jahr 1941 „die hermetische Periode [Brauners] einleitete, was die Bücher zur schwarzen Magie angeht, die Jean Marquès-Rivière ihm gab, ein Esoterikspezialist, den er in Marseille kennenlernte" (ALEXANDRIAN 1954).

All diese Lektüre beeinflusste seine Gemälde in der „magischen Periode", aber sie gaben ihm auch Informationen über die magisch-rituelle Verwendung psychotroper Pflanzen. In Jean Marquès-Rivières Buch las Brauner über die rituelle Verwendung des Kaktus *peyotl* bei den Schamanen in Südamerika, die die vorkolumbianischen Traditionen weiterführten: „Sie gerieten in Trance vor allem mit Hilfe des *peyotl* […]. Diese heilige Pflanze wurde im vorkolumbianischen Amerika verehrt, weil sie verschiedene magische Anwendungen erlaubte, die die ‚Meister' (*teopixqui*) und ‚die Wissenden' (*narrahualtin*) leiteten. Unter diesen Initiierten hatte nur der Chef die Macht, sich in ein Tier zu verwandeln" (MARQUÈS-RIVIÈRE 1938: 177–178).

Brauner konnte diese Art von Informationen auch von Laurette Séjourné (1911–2003) erhalten haben. Er lernte sie 1941 kennen, auch während seiner Zeit in Südfrankreich, und verliebte sich in sie. Laurette Séjourné ging nach Mexiko und wurde eine bedeutende Archäologin und Ethnologin, die spezialisiert war auf magisch-religiöse Traditionen vorkolumbischer Völker (Azteken). Die beiden blieben weiter in Kontakt (es existieren zwölf Briefe aus der Zeit zwischen 1941 und1946), und Brauner verfasste weiter Texte und fertigte Zeichnungen und Gemälde an, die von seiner ehemaligen Liebe inspiriert waren (*Très Belle L'or* …). Auch mit Mircea Eliade schrieb sich Laurette Séjourné, und im Februar 1965 führte sie den Religionshistoriker, der in Chicago lebte, zu den wichtigsten Kultstätten der Azteken in Mexiko (ELIADE 1993: 509–523).

Benjamin Fondane: „Der Ciubuc, in dem ich Baudelaires Haschisch rauchte"

Die Beziehung Benjamin Fondanes (Fundoianu) zu Rauschgiften war indirekt. Mittler waren die beiden großen französischen Dichter, deren Biographien und Werke er aus einer neuen, nie dagewesenen Perspektive betrachtete: Charles Baudelaire und Arthur Rimbaud. „… l'ivresse de l'Art est plus apte que toute autre à voiler les terreurs du gouffre" (BAUDELAIRE 1869: 81).

Fondane schrieb schon ab 1921 über Baudelaires Poesie, während er in einer „Kolonie der französischen Kultur" lebte, wie er die rumänische Kultur bezeichnete (*Imagini și cărți din Franța* [Bilder und Bücher aus Frankreich], 1921). Fundoianu kritisierte Henry Bataille stark, dem das Vorwort von Théophile Gautier zu Baudelaires *Les fleurs du mal* von 1857 nicht gefiel. „Ich verstehe, auch wenn ich anderer Meinung bin, dass Bataille Gautiers Vorwort als störend empfindet, denn es macht aus Baudelaire einen Helden der Kunst, der Isolation und des Haschisch" (FUNDOIANU 2006: 7). Aber wenn Baudelaire korrupt sei (wie es Ferdinand Brunetière behauptet), dann nicht „moralisch", sondern er ist korrupt auf der Ebene der Gefühle. „Das Buch *Les fleurs du mal*", schließt B. Fundoianu, „ist gemacht für Künstler, für diejenigen, die nicht die Anekdoten über Baudelaire, sondern sein Bild, sein Wort zu schätzen wissen!" (FUNDOIANU 2006: 12–14).

Auf der anderen Seite erschien es Benjamin Fundoianu „schmerzlich", dass viele Ausgaben von *Les fleurs du mal* (in Frankreich und Rumänien) erschienen, in denen Théophile Gautiers (des „guten Freunds unserer Träumerei") Vorwort fehlte. Fundoianus Lob an das Vorwort ist denkwürdig: „Gautiers Vorwort: ein Vestibül, in dem sich die Seele reinigt und wo wir Mantel und Hut der gewesenen Existenz an den Haken hängen. Gautiers Vorwort: Der Ciubuc, in dem wir Baudelaires Haschisch rauchen werden. Weil wir Théophile Gautier lieben, wir, die wir Baudelaire praktizieren" (FUNDOIANU 2006: 88).

Man weiß, dass die visionären Gedichte Arthur Rimbauds – die Synästhesien (*Sonnet des voyelles*, 1871) und seine „Illuminationen" (*Illuminations*,

1874) –, die er während seiner Beziehung zu Paul Verlaine schrieb, auch unter dem Einfluss von Absinth und Haschisch entstanden, die beide Dichter im Übermaß konsumierten. Fondane dachte, die „psychische Inhibition" des „Gauners" (*Rimbaud le Voyou*, 1933) habe nicht unbedingt „sichtbare Gründe", wie bei Poe, zum Beispiel: Alkohol- und Drogenmissbrauch (FONDANE 1979: 155).

Ovid Crohmălniceanu fasst sehr gut zusammen, wie Fondane die „Mogelei" des rebellischen Dichters aufnahm, in „andere Welten" zu reisen: „Rimbaud versucht die „gaunerische" Idee, den prophetischen Zustand, die Überschreitung menschlicher Grenzen, die Entdeckung ‚anderer Welten' zu erreichen, indem er berechnend ist, seine geistigen Fähigkeiten intensiviert und seinen Verstand bis zur Weißglut erhitzt. Er begeht dabei eine ‚Mogelei', denn er versucht, durch ‚Raub' das zu erlangen, was nicht in der Macht der Logik, der Wissenschaft steht und sie bemühten sich umsonst, Theologen und Gelehrte zu finden. Er erkannte zynisch das Unmoralische seines Versuchs an und erklärte, dass sich die ‚Technik des Visionarismus' deklassiert, umso intensiver man sie verwendet" (CROHMĂLNICEANU 2001: 82–83).

Geo Bogza: „der Körper durchlöchert von Injektionen"

Den avantgardistischen Dichtern sind bestimmte Exzesse nicht fremd. Im Gegenteil. Sașa Pană wird schlecht (Sașa wurde grün im Gesicht) nach einer „Tabaksynkope" (29. Oktober 1930). In voller psychischer Depression nahm Geo Bogza an „grandiosen Trinkgelagen" teil, die seine Freunde organisierten (27. Dezember 1928). Laut seinem Tagebuch „der Kindheit und Jugend" (Ende der zwanziger und Anfang der dreißiger Jahre) injiziert sich Bogza verschiedene therapeutische Substanzen („gegen Pickel", „Calcium" etc.). Sollten darunter auch psychoaktive Substanzen gewesen sein? Wir wissen es nicht. Am 30. Juni 1931, mit 23 Jahren, erhält er ein komisches Paket, das „eine Reihe sehr teurer Injektionen enthält", die ihm eine Freundin besorgt hatte, „die sie aus der Drogerie entwendete, in der sie arbeitete" (BOGZA 1987).

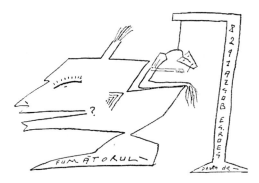

Abb. 17: *Fumătorul* [Der Raucher], Zeichnung von Geo Bogza, 1928.

Ich glaube, Geo Bogza hatte psychotrope Substanzen gar nicht nötig. Zu jener Zeit lebte und arbeitete er wie ein wirklich Süchtiger und vergiftete sich mit seinem eigenen Endorphin. „Ich schreibe sicher nicht, weil ich will, sondern jemand anders ist in mir und bestimmt", notiert er am 9. Februar 1931. Bogza durchlebte psychotische Zustände, wurde, wie er selbst sagt, von „Räuschen" heimgesucht, von „reinen Delirien" und „Halluzinationen". Wutzustände, aber „kreative Wut" aus dichterischer Perspektive (*unu*, Februar 1931). Die Droge, die sein eigener Körper herstellte, zeigte, manchmal als Überdosis, ihre ganze Wirkung. Von der Ekstase zur Agonie, von der Euphorie zum Alptraum. Das Zweischneidige der Rauschgiftsucht funktionierte sogar beim selbstproduzierten Endorphin. Im Frühjahr desselben Jahres 1931 verwendet er die Metapher von Aufstieg und Fall selbst: „In mir ist eine monströse Maschinerie", schreibt Geo Bogza in sein Tagebuch. „Wenn ich wissen werde, wie ich mit ihr umgehen muss, kann ich aufsteigen bis wer weiß wohin. Wenn ich die Augen geschlossen halte, wie bisher, werde ich schnell fallen, definitiv fallen. Ich würde gern ihren Mechanismus verstehen, Herr sein über sie" (BOGZA 1987: 174, 216, 279, 339, 364, 379).

Wie beim Priester ist auch beim Dichter wichtiger, was er sagt, als was er macht. Geo Bogza sucht in den Zaubersprüchen ein „himmlisches Mittel", das seine „Kopfschmerzen" stoppt (*Descântec* [Zauberspruch], 1928) und stellt sich eine fiktive pharmazeutische psychoaktive Substanz vor, *Penetral*, die den Zustand einer „poezie penetrantă" [durchdringende Poesie] herstellt (*Penetral*, 1928). Für ihn ist dichterische Inspiration gleichbedeutend mit Halluzination:

*Ich bin sehr klar und es fehlt mir jede poetische Inspiration
Weit entfernt von einem Hauch von Halluzination.*

Ebenfalls für Geo Bogza (*Poemul invectivă* [Schimpfgedicht] 1933) ist die Poesie „ein Vitriol, das brennen soll", eine Droge, „die berauschen soll" (BOGZA 1937: 2635). Bogza sammelt in den Versen wie in einem poetischen Herbarium psychotrope Pflanzen: „süße und giftige Pflanze" und „konvulsive und rauchende Blume der Schlaflosigkeit" (*Poemul invectivă*, 1933; *Paznic de far* [Leuchtturmwärter], 1945). Im *Jurnal de sex* ([Sextagebuch], 1929), „wird in Apotheken eingebrochen", „stehlen alle die Gifte" und „laufen wie wahnsinnig durch die Stadt. In einem anderen Gedicht (*Zizi*, 1928) verherrlicht Bogza den Körper der morphiumsüchtigen Prostituierten, „der durchbohrt ist von Injektionen", „zur Verzweiflung der bürgerlichen Mädchen":

*Auch deinem Körper, der durchbohrt ist von Injektionen, eine Hymne
der Qual
Du hängst ihn hoch an der Kreuzung des Jahrhunderts* (POP 1990: 274).

Die gleiche Art, die Bürgerlichen zu beeindrucken, finden wir vier Jahrzehnte später beim *Beatnik* Allen Ginsberg:

*[...]
the girl at the counter, whose yellow Bouffant roots
grew black over her pinch'd face,
spooned her coffee with knuckles
puncture-marked,
whose midnight wrists had needletracks,
scars insight her arms: –
"Wanna go get a Hotel Room with me?"
The Heroin Whore
[...]*

An open window on Chicago (GINSBERG 1972: 61)

Gellu Naum: „Ich kontrolliere meine psychedelischen Zustände selbst"

Auf dem Umschlag eines Gedichtbandes von Gellu Naum (*Faţa şi suprafaţa* [Gesicht und Oberfläche], 1994) ist eine Alraune mit der antropomorphen

Darstellung der männlichen und weiblichen Wurzel der Pflanze (NAUM 1994) zu sehen. Die Idee zum Titelbild stammt vom Graphiker Dan Stanciu (wie er mir selbst erklärte), sie wurde aber von Gellu Naum sofort akzeptiert. Zum letzten Repräsentanten der historischen rumänischen Avantgarde hier eine persönliche Erinnerung. Als ich mich etwa 1979 in seinem Sommerhaus in Comana befand, bot ihm jemand Marijuana an für seine Pfeife. Der Dichter lächelte hochmütig: „Ich brauche solche Aufputschmittel nicht. Ich kontrolliere meine psychedelischen Zustände selbst".

Einmal verglich Simona Popescu Gellu Naum mit dem alten mexikanischen Schamanen Don Juan Matus, der mit dem Anthropologen Carlos Castaneda mit Hilfe psychedelischer Pflanzen einen Initiationsritus vornahm. Naums Antwort darauf war typisch für ihn: „Castaneda und der alte Mexikaner … Sie waren sich einig, auf verrückt zu machen. Sie rauchten Kräuter, verbrachten ihre Zeit mit ‚Räuchlein' und begannen zu *sehen*. Das kann, im Grunde, jeder. Aber zu *sehen* ohne sie, ohne die Kräuter … Das bedeutet *sehen*" (POPESCU 2000: 257).

Darin kann man auch Angeberei sehen, die typisch ist für avantgardistische (und nicht nur diese) Schriftsteller und Künstler. Weil man glaubte, Dalí würde seine Bilder unter dem Einfluss halluzinogener Substanzen schaffen, erklärte er: „Ich nehme keine Drogen. Ich bin meine eigene Droge". Der englische Begriff dafür ist *natural high*, also die Möglichkeit, auf natürliche Weise, ohne Drogen, Euphorie und Ekstase zu empfinden. Es gibt natürliche Substanzen, die der menschliche Körper produziert (endogene Drogen), die solche Wirkungen haben: Enorphin, Dopamin, Serotonin etc. In allen zivilisierten Ländern ist die Verwendung von Morphium und anderer psychotroper Substanzen ohne medizinische Verschreibung verboten. Călin-Andrei Mihăilescu beobachtet ironisch das Paradoxe bei dieser juristischen Frage: „Ein Gesetz hinsichtlich der Tatsache, dass wir auf natürliche Weise verbotene Substanzen produzieren, wurde noch nicht formuliert" (MIHĂILESCU 2005: 38).

1929 schrieb Jean Cocteau während eines Aufenthaltes in einer Entzugsklinik nach einer langen Periode des Opiumexzesses etwas Interessantes über „die natürliche Droge": „Le peintre qui aime peindre les arbres devenant un arbre. Les enfants portent en eux une drogue naturelle. […] Tous les enfants ont un pouvoir féerique de se changer en ce qu'il veulent. Les poètes en qui l'enfance se prolonge souffrent beaucoup de perdre ce pouvoir. Sans doute est-ce une des raisons qui poussent le poète à employer l'opium (COCTEAU 1999: 118).

Eine ähnliche Antwort wie Gellu Naum gab Mircea Eliade 1944 in Cordoba spanischen Kongressteilnehmern, die ihn drängten, Wein zu trinken, damit er wieder in „verrückten Schwung" komme. Er schrieb in sein Tagebuch: „Die Wahrheit ist, dass ich mich auch mit einem Glas Sodawasser „betrinken" kann. Mein Schwung und sogar mein Rausch haben nichts mit Alkohol zu tun. Mir reicht die Nacht, der Mond, das Feld, die Frau – oder etwas anderes *Lebendiges*" (ELIADE 2006: 260).[58]

In dieser Art der Reaktion zu Drogen kann man ein literarisches Motiv erkennen. Der Held des Romans *À rebours* von Huysmans (1884) verzichtet Haschisch und Opium: „Ich konnte nicht einmal Opiumextrakt zu Hilfe nehmen; anstatt ihn zu besänftigen, erregte ihn dieses Beruhigungsmittel so sehr, daß es ihm mitunter den Schlaf raubte. Einst wollte er sich mit Opium und Haschisch Visionen verschaffen, aber diese beiden Substanzen hatten Erbrechen und heftige nervöse Störungen ausgelöst. Er hatte unverzüglich auf uhre Einnahme verzichten und ohne Unterstützung durch diese derben Reizstoffe einzig seinen Gedanken abverlangen müssen, ihn aus dem Leben fortzutragen, in die Träume hinein" (Huysmans 2008: 188). Sogar ein Drogensüchtiger wie Baudelaire sprach abschätzig über den Mann, der „a continuer à demander à la confiture maudite l'excitation qu'il faut trouver en soi-même" (BAUDELAIRE 1869: 183). Er schaffte es nicht, keine Drogen zu nehmen, aber er bewunderte Balzac:

Je l'ai vu une fois, dans une réunion où il était question des effets prodigieux du haschisch. Il écoutait et questionnait avec une attention et une vivacité amusantes^. Les personnes qui l'ont connu devinent qu'il devait être intéressé. Mais l'idée de penser malgré lui-même le choquait vivement. On lui présenta du dawamesk; il examina, le flaira et le rendit sans y toucher. La lutte entre sa curiosité presque enfantine et sa répugnance pour l'abdication se trahissait sur son visage expressif d'une manière frappante. L'amour de la dignité l'emporta" (Baudelaire 1869: 219–220).

---

58 Zufällig durchlebte Mircea Eliade zu jener Zeit eine heftige Psychoneurose und musste starke Amphetamine nehmen (Pervitin, das man damals als „Zauberdroge" ansah), um verschiedene Situationen zu überstehen: „Seit ein paar Tagen kann ich mich nicht in einem Zustand halten, der für meine Umgebung akzeptabel wäre, ohne zwei–drei Pillen *Pervitin* zu nehmen." Oder: „Ich wollte die Feier nicht durch meine Melancholie zerstören. Ich nahm Pervitin, ich trank Champagner und ich wurde zu dem, der ich zu guten Zeiten war, fröhlich und ‚intelligent'."

Baudelaire schlussfolgert: „En effet, il est difficile de se figurer le théoricien de la *volonté*, ce jumeau spirituel de Louis Lambert, consentant à perdre une parcelle de cette précieuse substance" (BAUDELAIRE 1869: 220). Der Dichter verweist natürlich auf Balzacs Aufsatz von 1813, *Le Traité de la Volonté*. Grundlegend in der Passage Baudelaires ist die Tatsache, dass gerade in diesem Punkt der Dichter dazu kommt, das ganze Problem der Drogensucht aus einer ethischen Perspektive zu betrachten. Er spricht nicht nur vom „caractère immorale du haschisch", von Drogen im Allgemeinen, sondern auch über die „escroquerie" des Süchtigen. „Nous appelons escroc le joueur qui a trouvé le moyen de jouer à coup sûr; comment nommerons-nous l'homme qui veut acheter avec un peu de monnaie, le bonheur et le génie? C'est l'infaillibilité supposé de la magie lui impose son stigmate infernal" (BAUDELAIRE 1869: 221).

Kommen wir zurück zu der Szene, in der Gellu Naum es ablehnt, Marijuana in seine Pfeife zu stecken. Ich glaube, der Grund seiner Ablehnung hat nichts mit Prahlerei zu tun. Wie auch André Breton war Gellu Naum für die „absolute Freiheit des Geistes" (*Surrealistisches Manifest*, 1924), aber mittels natürlicher, nicht künstlicher Methoden, mit internen Alkaloiden, nicht externen. *Sobria ebrietas*, die paradoxe Formulierung von Philon von Alexandria, könnte in solchen Fällen verwendet werden.

Gellu Naum verehrte die Gruppe *Acid Test* um den Schriftsteller und *Hippie* Ken Kesey: „Ken Keseys Freunde sind bewundernswert […] sie gefallen mir total", schrieb Naum. Der amerikanische Schriftsteller organisierte in den sechziger Jahren psychedelische poetisch-musikalisch-künstlerische *Happenings*. Naum erkannte Gemeinsamkeiten zu den Spielen und poetischen Ereignissen der surrealistischen Gruppe der Zwischenkriegszeit. Bei den kollektiven Happenings, die Kesey organisierte, wurden verschiedene Rauschgifte konsumiert, vor allem viele Dosen LSD, „acid" – daher auch der Name der Gruppe: *Acid Test*. Zu diesem Punkt äußerte sich Gellu Naum sehr reserviert: „Über Acid sage ich nichts, weil ich es nicht nehme" (NAUM 2003: 38). Ken Kesey organisierte seine Partys in der kleinen Stadt La Honda im Süden von San Francisco in den sechziger Jahren, nachdem 1962 sein berühmter Roman *Einer flog über das Kuckucksnest* herausgekommen war. Im Dezember 1965 schreibt Allen Ginsberg berauscht über die erste Party in einem Gedicht mit dem Titel *First Party At Ken Kesey's With Hell's Angels* (GINSBERG 2010: 225).

Obwohl Gellu Naum ein sehr zurückgezogenes Leben führte, war er sehr gut informiert über die Bewegungen der aufgebrachten Jugendlichen in den sechziger und siebziger Jahren, die psychedelischen kontrakulturellen Bekundungen (wie die Gruppe *Acid Test*), die holländischen Anarchisten *provo* und die lauten *Hippies* etc. Letzteren gegenüber empfand Naum „viel Sympathie" und „viel Respekt". Er akzeptiert „sehr ruhig" die „Flucht zur Natur" der rebellischen Jugendlichen, die sexuelle Freiheit, das Nomadentum und den Anarchismus, den sie vertraten und sogar den „massenhaften Drogenkonsum". Naum war der Auffassung, dass der Drogenkonsum nicht die Koordinaten der Hippie-Bewegung geschaffen hat (wie manche behaupten), aber auch nicht umgekehrt. „Ich beziehe mich auf die großen Jugendbewegungen unserer Zeit, die nicht mehr einfach nur Zeichen sind. Für [die anarchisch-dadaistische Bewegung] provo, für die Hippies und andere habe ich viel Sympathie", sagte er in einem Gespräch mit Sanda Roşescu. „Ich möchte sagen, dass die großen Jugendbewegungen unserer Zeit nicht entstanden, weil man ein nomadisches Leben aufnahm und Drogen konsumierte. Wie auch das Bedürfnis nach Drogen nicht durch die großen Bewegungen entstanden ist."

Es lassen sich Sympathiereaktionen gegenüber den Hippies entdecken, die bei den sonst so unterschiedlichen Schriftstellern Mircea Eliade und Gellu Naum ähnlich ausfallen. Mehr noch, wie auch Eliade sah Naum im religiösen Aspekt der Bewegung eine Ähnlichkeit zwischen den Hippies und den primitiven Christen, den sogenannten „Asketen der Wüste". „Für diese lauten Suchenden habe ich genau so viel Hochachtung wie für diejenigen, die zu ihrer Zeit in die Wüste gingen, um den Kontakt mit dem Schweigen wiederzufinden", schrieb Naum.

Weil dem Dichter Naum der Begriff „Sensibilität" nicht gefiel, der unter Missbrauch litt, versuchte er, „das Bedürfnis des Suchens" anders zu definieren, im Unbewussten (im „Gegensatz zum Bewussten") mit Hilfe von Drogen. Er schaffte rasch das Syntagma „Sensibilität jenseits der Sensibilität".

In einem akuten und zugespitzten Zustand wird das Universum des Bewussten untersucht ... Aber ebenfalls bewusst ... Es besteht die Notwendigkeit, die Massen unter Drogen zu setzen, was auch praktiziert wird [von den Hippies]. Es gibt die Notwendigkeit, jenseits der Sensibilität nach der Sensibilität zu suchen ... Ich betrachte sie sehr ruhig und akzeptiere sie ... Und die Spezies, gleichgültig gegenüber meiner Haltung, kümmert sich um ihre Angelegenheiten ... (NAUM 2003: 90–91).

Wenn auch nur teilweise, bricht Gellu Naum mit der von André Breton aufgestellten Übereinkunft, dass kein Rauschgift genommen werden sollte. Es ist richtig, dass Naum weniger dogmatisch war als sein französischer Kollege. Gellu Naum bewunderte und respektierte Breton, aber er erlaubte sich Ironie auf dessen Kosten: „Breton [ist] eine der repräsentativsten Figuren unserer Zeit (und das sage ich heute, da ich einen Großteil seiner Texte nicht mehr ertrage)" (NAUM 2003: 139).

Für Gellu Naum ist „die Poesie vor allem eine Lebensart" (NAUM 2003: 138).

Das ganze Werk des Dichters und seine gesamte Lebensphilosophie basierten auf ungewöhnlichen parapsychologischen Techniken, die lange ausgeübt wurden (außersensorielle Wahrnehmung, träumerische Erkenntnis, automatisches Schreiben, Aufdecken des poetischen Geheimnisses, Mediumhaftigkeit, Telepathie, Synästhesie, Hyperästhesie etc.).

Wer ihn kannte, wusste, worauf ich mich beziehe. Es geht um Techniken, die bei Naum extrasensorielle Kräfte und besondere psychoaffektive Zustände auslösten, die ihn in eine privilegierte unmittelbare Beziehung zu den Menschen brachte, zu Wesen im Allgemeinen, zu Objekten, zur ihn umgebenden Welt. Wie auch bei den Zuständen, die durch Rauschmittel erzeugt werden, sind Wörter zu arm, um diese Dinge auszudrücken. Wir müssen uns mit „Annäherungen", wie Ernst Jünger sagt, zufriedengeben. Immer, wenn Gellu Naum versuchte, so einen besonderen Zustand zu beschreiben, tat er dies mit unendlicher Zurückhaltung und großem Zögern: „Sensibilität] – „ich bitte euch zu entschuldigen, dass ich das Wort Sensibilität verwende, ich könnte weinen vor Unglück, denn es geht um etwas vollkommen anderes" (POPESCU 2000: 219); oder „parapsihologie" [Parapsychologie] – „entschuldige das Wort", oder „experiență" [Erfahrung] – „ein hässliches Wort, aber mir steht kein anderes zur Verfügung" (NAUM 2003: 219). Oder „mediumnitate" [Mediumhaftigkeit] – „ein unpassendes Wort vielleicht, in jedem Fall aber kompromittiert" (NAUM 1970: 174).

Da ist es nicht verwunderlich, dass Gellu Naum in einigen seiner Gedichte auf den Begriff *psychedelisch* zurückgriff. Er verwendete ihn beispielsweise in einem Gedicht (*Eftihia*, 1994), in dem er sich in den Zwischenräumen zwischen bewusst und unbewusst bewegt, in den „schwarzen Löchern des menschlichen Geistes", und „die versunkene Festung, die ich, ich weiß nicht warum, EFTIHIA [= fericire]" nenne, entdeckt. Es ist ein Gedicht, in dem der Begriff dreimal auftaucht: „es kommt eine psychedelische Zeit", „ein psychedelisch gefärbtes Insekt" und „psychedelische Farben, die ich mit Panik im Blut betrachte". Die Erwähnung „psychedelischer Farben" markiert ein synästhetisches Gedicht, in dem die Töne sichtbar und die Bilder hörbar sind. Es ist kein Zufall, dass dieses Gedicht ausgerechnet in dem Band erschien, auf dessen Umschlag die anthropomorphe Alraune abgebildet ist (NAUM 1994: 87–91).

Der Begriff psychedelisch (gr. Psyche = Seele und delos = offenkundig) wurde 1957 vom Psychiater Humphry Osmond geschaffen, um psychedelische (oder halluzinogene) Mittel in der Psychiatrie zu bezeichnen. Aber diejenigen, die das Syntagma „psychedelische Drogen" (Mescalin, der Pilz *Psilocybe*, LSD etc.) und ihre breite Anwendung empfahlen, waren Aldous Huxley und dann Timothy Leary. Der Begriff wurde in der Mitte der sechziger Jahre so populär, dass eine ganze Gegenkultur sich so nannte (Begriff von Theodore Roszak[59]).

Paul Celan: „Mohn und Gedächtnis"

Die nervöse Überreiztheit und die psychischen Störungen, die Paul Celan (mit richtigem Namen Paul Antschel) jahrelang begleiteten, sind bekannt. Sie haben verschiedene Gründe: Das (wohl unbegründete) Schuldgefühl, dass seine Eltern 1942 nach Transnistrien deportiert wurden und er mit „nur" drei Jahren Arbeitslager in Buzău davonkam; die Tatsache, dass seine Eltern im Holocaust umkamen („Nach Auschwitz ein Gedicht zu schreiben, ist barbarisch", schrieb Adorno); die Tatsache, dass er sein Leben lang auf Deutsch schrieb, einer Sprache, mit der ihn eine Hassliebe verband, weil es die „Sprache der Mörder meiner Eltern ist"; die absurde Diffamierungskampagne Claire Golls, die versuchte, die Welt davon zu überzeugen, dass Paul Celan die Gedichte Yvan Golls plagiert und sogar versucht habe, sie „in einem Zustand des Schlafwandelns" zu vergewaltigen etc. „Die schwarze Sonne der Melancholie" (die bekannte Formulierung Gérard de Nervals) wurde bei Celan zu „Schwarze Milch der Frühe wir trinken sie abends" (*Todesfuge*, 1947).

Nach der Bukarester Zeit (1945–1947) lebte Celan in Wien (1947–1948), wo er sich in Ingeborg Bachmann (1926–1973) verliebte. Bachmann schrieb ihrem Vater (ein bekannter ehemaliger österreichischer Naziaktivist), dass sie sich in einen surrealistischen Dichter verliebt habe, der Jude sei und ihre Wohnung mit Mohnblumensträußen fülle. Nach einer bedeutenden literarischen Karriere starb sie im Alter von 47 Jahren 1973 in Rom. Die Gründe ihres

---

59 Der Begriff stammt von John Milton Yinger, wurde aber lange Zeit Roszak zugeschrieben (Anm. d. Übers.).

Todes blieben ungeklärt. Anscheinend hatte sie psychotrope Tabletten genommen und war mit der Zigarette in der Hand eingeschlafen. Sie überlebte die Verbrennungen des selbst verschuldeten Unfalls im Zusammenhang mit ihrer Abhängigkeit von Barbituraten nicht. Sie war starke Raucherin. Im Oktober 1957 hatte ihr Paul Celan aus Paris geschrieben: „Rege dich nicht auf und rauch nicht so viel". Die Korrespondenz der beiden Schriftsteller wurde in Deutschland und Österreich veröffentlicht (BÖSCHENSTEIN & WEIGEL 1997). Claire Goll behauptete, Paul Celan habe in *Mohn und Gedächtnis* (1952) Gedichte ihres Mannes Yvan Goll aus dem posthum erschienen Band *Traumkraut* (1951) verwendet. Sogar die beiden Titel schienen sich zu gleichen. Der Opium-Mond bei Celan und die traumauslösende Pflanze bei Goll. Das Argument konnte leicht entkräftet werden. Das Gedicht *Corona*, mit der Zeile „wir lieben einander wie Mohn und Gedächtnis", der dem Band 1952 den Titel gab, ist Teil von *Sand aus den Urnen* und wurde 1948 das erste Mal veröffentlicht. Es war ein kleiner Band mit einer Auflage von 500 Exemplaren, die Celan zurückzog, weil sie zu viele Druckfehler enthielt. Er hatte das Gedicht zwischen 1945 und 1947 in Bukarest geschrieben, als er sich mit der Gruppe der rumänischen Surrealisten (Gellu Naum, Gherasim Luca, Paul Păun, Virgil Teodorescu) traf. Es ist seine Bukarester Periode, in der der Dichter *Corona* schreibt.

Mein Aug steigt hinab zum Geschlecht der Geliebten:
wir sehen uns an,
wir sagen uns Dunkles,
wir lieben einander wie Mohn und Gedächtnis,
wir schlafen wie Wein in den Muscheln,
wie das Meer im Blutstrahl des Mondes.

(*Corona*, 1948)

Für den Dichter Paul Celan, den Autor des Bandes *Mohn und Gedächtnis*, verursacht Opium Vergessen, Schlaf (und Traum). Was bei Paul Celan „der Mohn des Vergessens" ist (im Gedicht *Ewigkeit* 1952), ist bei Alexandru Macedonski „das Opium des Vergessens" (in *Rondelul opiumului* [Opiumrondell], 1920). Zum Binom *Vergessen* vs. *Gedächtnis* kann ein weiteres gegensätzliches Begriffspaar hinzugefügt werden, z.B.: *Traumrealität* vs. *Historische Realität*. „Der Mohn (aus dem man Opium gewinnt), der dich berauscht, dich in

Traumsphären bringt, – und das ‚Gedächtnis', dessen Aufmerksamkeit sich richtet auf die historische Welt der Fakten", schreibt Dan Flonta im Vorwort der rumänischen Ausgabe des Buches (CELAN 2006: 12–13, 47, 78).

Wahrscheinlich verstärkte sich Paul Celans Depression nach 1960, nachdem Yvan Golls Frau einen Plagiatsprozess gegen ihn anstrengte.[60] Man könnte eine Anamnese der Krankheit machen anhand der Briefe, Tagebucheintragungen und Erinnerungen seiner Freunde. „Meine Nerven sind arme Nerven, die mich im Stich gelassen haben", schreibt er am 5. September 1962 an Petre Solomon. „[...] hinzukommt ein *à la longue* unerträglicher psychologischer Druck" (SOLOMON o.J.: 19).

Im März 1964 fuhr Celan für ein paar Tage nach Genf, um Jean Starobinski zu treffen. Aber nicht als Literaturhistoriker suchte er ihn auf, sondern als Psychiater und Spezialisten in der Geschichte der Melancholie (vgl. STAROBINSKI 1974). Celan war zu einer psychiatrischen Konsultation nach Genf gefahren.

Ein paar Monate später, im Sommer 1964, besuchte ihn eine Jugendfreundin aus Bukarest: Maria Banuş. „Er ist ziemlich nervenkrank", schrieb die Dichterin ihrem Mann in Paris. An anderer Stelle berichtet Maria Banuş ein wenig mehr über ihr Treffen mit Celan:

Mir öffnete eine alter Mann. Sicher, es waren zwanzig Jahre vergangen. Aber nicht vierzig, nach denen er aussah. Er war eingefallen, kleiner geworden, müde. Ich war bereits in Bukarest vorgewarnt worden. Petre Solomon, der sich mit ihm schrieb, hatte mit mir gesprochen. Über eine Neurose. Verfolgungswahn. [...] Etwas Morbides lag in der Luft. Das Leitmotiv der Verfolgung. Er widersprach mir hitzig: Sie wollen ihn beseitigen (ŞERBAN 2010: 14–15).

Zu Beginn des Jahres 1966 kam die Depression, unter der Celan litt, in eine kritische Phase. Er wurde in eine Pariser Spezialklinik eingeliefert. Am 5. Januar 1966 schrieb Emil Cioran, der immer aufmerksam das Schicksal des Dichters aus Cernowitz verfolgte, in sein Tagebuch über die Gründe der Einlieferung: „Ich habe erfahren, dass P. Celan in ein Krankenhaus eingeliefert worden ist, nachdem er versucht habe, seine Frau zu ermorden". Die Information löst bei Cioran Ängste und Schlaflosigkeit aus. „Er hatte viel Charme,

---

60 Zur Goll-Affäre: s. WIEDEMANN (2000).

dieser unmögliche Mensch, mit dem jede Art von Beziehung schwierig und kompliziert war, dem man aber alles verzieh, wenn man seine ungerechtfertigten Vorwürfe vergaß, die er jedem entgegenbrachte" (CIORAN 2001: 7).

In der Psychiatrie bekam Celan Beruhigungsmittel. Man glaubt, er habe versucht, sich damit das Leben zu nehmen. Der Versuch scheiterte, aber das Gerücht verbreitete sich unter den Freunden in der Stadt. Am 6. Februar 1967 notiert Emil Cioran in seinem Tagebuch: „Anscheinend hat sich Paul Celan umgebracht. Diese noch nicht bestätigte Information ergreift mich unaussprechlich" (CIORAN 2001: 176).

Im Sommer des gleichen Jahres besuchte ihn sein guter Freund aus Bukarest, Petre Solomon, in Paris und fand ihn in der Psychiatrie, in einer „tiefen Depression". In seinen Erinnerungen schildert er dramatische Szenen: „,Sie machen Experimente mit mir', sagte mir [Celan] mit erloschener Stimme, unterbrochen von den Seufzern, die vielleicht von den Elektroschocks und den Beruhigungsmitteln kamen, die die Ärzte ihm gaben. Was hätte ich ihm antworten sollen?", fragt sich Petre Solomon. „Ich war bestürzt und betroffen [...] und hätte ihm gern auf irgendeine Art geholfen, aber ich wusste nicht wie. Paul war wie Hölderlin: „Ein Opfer der Ärzte [...]. Der Wahnsinn [Celans], der nicht so friedlich war, wie der Hölderlins, stürzte ihn ungefähr drei Jahre später in das Wasser der Seine ..." (SOLOMON 2008: 190–191).

Ein anderer Freund, Ovid S. Crohmălniceanu, erinnert sich mit fast denselben Worten an sein Treffen mit Celan in Paris, ebenfalls 1967: „Paul war grau geworden, lief nah an den Wänden und mit gekrümmtem Rücken, wie unter einer erdrückenden Last. Es gab in ihm, schon damals, Zeichen für das sich nähernde Desaster". Das Kapitel in *Amintiri deghizate* [Verschleierte Erinnerungen] heißt nicht zufällig *Paul Celan între mac și memorie* [Paul Celan zwischen Mohn und Gedächtnis] (CROHMĂLNICEANU 1994: 115).

Zu Beginn des Jahres 1968 traf sich Emil Cioran mit Paul Celan, „der diese verlegene Ausstrahlung hatte (die wir immer haben, wenn wir etwas Wesentliches verstecken, von dem wir glauben, dass es die ganze Welt bereits weiß)". „Dieses Wesentliche", über das Celan nicht sprechen wollte, war, dass „er ein paar Monate in einer Psychiatrie verbracht hatte". Cioran schrieb: „Es ist richtig, dass es nicht einfach ist, über die eigene Krise zu sprechen. Und was für eine Krise!" (CIORAN 2001: 261).

Im Oktober 1969 unternahm Celan eine Reise nach Israel, die ihn aufrichten sollte. In Jerusalem traf er die Schriftstellerin Ilana Shmueli, die auch aus Cernowitz war. Sie wurden gute Freunde. Kurz vorher war in Deutschland die

Korrespondenz der beiden (Suhrkamp 2004) erschienen, die bis 1970 anhalten sollte. Ein paar Wochen vor seinem Selbstmord schickte er Ilana Shmueli verzweifelte Briefe: „Die Kräfte, die ich in Jerusalem hatte, sind verschwunden. […] Vor einem Jahr war ich hinter den Gittern eines Krankenhauses, ich dachte für immer". Ihr schrieb er, dass „er im Desaster funktioniere", dass Paris „ihn zu Boden zieht und leer macht" und dass die Straßen der unerträglichen Stadt in ihm „verrückte Visionen nähren" (MANEA 2010).

Am 20. April 1970, zu Ostern in der vollen Frühlingsexplosion der Vegetation, stürzte sich Paul Celan vom Pont Mirabeau, die von Guillaume Apollinaire besungen worden war, in die Seine. Eine Strophe aus Apollinaires Gedichts steht auf einer Bronzeplakette auf der rechten Uferseite der Brücke:

Sous le pont Mirabeau coule la Seine
Et nos amours
Faut-il qu'il m'en souvienne
La joie venait toujours après la peine

Vienne la nuit sonne l'heure
Les jours s'en vont je demeure.

(*Le pont Mirabeau*, 1913)

Am 7. Mai 1970 schreibt Cioran über den Selbstmord Celans: „Paul Celan hat sich in die Seine geworfen. Sie haben seine Leiche letzten Monat gefunden. Dieser bezaubernde und unerträgliche Mensch, wild mit zahmen Seiten, an dem ich hing und vor dem ich floh, aus Angst, ihn zu verletzen, denn alles verletzte ihn. Jedes Mal, wenn ich ihn traf, war ich so aufmerksam und bedacht, dass ich nach einer halben Stunde völlig erschöpft war" (CIORAN 2005: 177). Die beiden Frauen, die ihn das ganze Leben lang geliebt und beschützt hatten (seine Frau Gisèle Lestrange und seine Geliebte Ingeborg Bachmann), waren erschüttert. „„Dans la nuit de dimanche à lundi 19/20 avril, il a quitté son domicile pour ne plus jamais revenir. J'ai passé quinze jours à le chercher partout, je n'avais aucun éspoir de le retrouver vivant. […] Paul s'est jeté dans la Seine. Il a choisit la mort la plus anonyme et la plus solitaire. Que puis-je dire d'autre, Ingeborg. Je n'ai pass u l'aider comme je l'aurais voulu" (BACHMANN & CELAN 2009: 197)

Bedeutsam auch die Reaktion des Dichters Henri Michaux: „Das Heilmittel, das aus dem Schreiben kam, war nicht genug, war ihm nicht genug … Und er ging!" Man weiß, dass Michaux auch andere „Heilmittel" zum Überleben verwendete (Mescalin, Haschisch), außer der „aus dem Schreiben". In einer Periode, in der sich Celan isolierte, war er, wie Solomon schreibt, „einer der zu wenigen Freunde in Paris" (SOLOMON 2008: 227).

Abb. 18: Blick vom Pont Mirabeau.

Im Frühjahr des Jahres 2008 war ich in Paris und stieg auf die berühmte Mirabeau Brücke, um mir das letzte Bild vor Augen zu führen, dass Celan kurz vor seinem Tod sah: *Die Freiheitsstatue* (eine Replik derer in New York) und der Eiffelturm riesig im Hintergrund und das Grün der *Île des Cygnes*, die das Wasser der Seine lange teilt. Ein starkes Bild, voller Energie und Symbole. Eines, das dich nicht zum Selbstmord treibt. Und Celans Freunde wussten, dass er ein guter Schwimmer war (SCHULLER 2011: 77). Damit ein guter Schwimmer Selbstmord durch Ertrinken begeht, muss es eine immense Todessehnsucht gegeben haben, die in der Lage war, den Überlebensinstinkt zu besiegen.

Am 9. Februar 1994, vierundzwanzig Jahre nach dem Tod Celans, wird sein Freund, der Dichter Gherasim Luca, seinem fatalen Beispiel folgen und exakt am selben Ort in die Seine springen. Luca hinterließ auf seinem Anrufbeantworter folgende Nachricht: „Auf dieser Welt haben Dichter nichts verloren". Paul Celan und Gherasim Luca verlängerten die Liste der Pariser Dichter und Künstler, die sich im Laufe der Zeit in der Seine das Leben nahmen. *Senucigași* [Seine-Selbstmörder] könnte man sie nennen. Mihail Sebastian legte auf die Mirabeau Brücke das gefundene Manuskript, das Thema seines ersten veröffentlichten Romans war (*Fragmente dintr-un carnet găsit* [Fragmente aus einem gefundenen Heft], 1932). *Le pont Mirabeau*, die Endes des 19. Jahrhunderts gebaut worden war, kam auf eigenartige Weise in die rumänische Literaturgeschichte – auf Grund von drei jüdisch-rumänischen Schriftstellern,

Mihail Sebastian, Paul Celan und Gherasim Luca, von denen die letzten beiden *Senucigași* wurden.

Gelehrte. Narkotisch-psychiatrische Experimente

Psychiatrische Neugier und Sprachprobleme

Der poetische und allusive Diskurs über die Verwendung betäubender und halluzinogener Substanzen änderte sich grundlegend, als Fachleute hinzukamen. Gemeint sind rumänische Ärzte, Apotheker, Psychiater und Neurologen, die (mit anderen oder sich selbst) Experimente mit psychotropen Pflanzen durchführten. Es geht mir hier nicht um Gelehrte wie den siebenbürgischen Johann Martin Honigberger oder den Bukarester Alexandru Șuțu, die im 19. Jahrhundert die Opiumtherapie anwendeten. Ich werde mich vor allem mit den Experimenten in der Zwischenkriegszeit beschäftigen: Dr. Nicolae Leon (mit Bilsenkraut, Iași, 1929), Dr. Vasile Sava (mit Mescalin, Bukarest, 1929), Dr. Gh. Marinescu (mit Mescalin, Bukarest 1932–1933), Dr. Eduard Pamfil (mit Mescalin, Paris, ca. 1940), Dr. Iuliu Ghelerter (mit verschiedenen Betäubungsmitteln, Paris, 1929) und Andere.

Sie alle waren von beruflicher Neugier getrieben. Der Psychiater Eduard Pamfil formulierte rigoros, was ihn dazu brachte, seine Experimente mit Mescalin an sich selbst durchzuführen: „Das entscheidende Argument für dieses Experiment resultierte aus den großen Unterschieden in den Beschreibungen der Versuchspersonen, aus den unvereinbaren Unterschieden in der Sprache und der hohen Frequenz superlativer Stereotype, wenn die halluzinatorischen Zustände zum Höhepunkt kamen, und auch der Wunsch, diese Zustände zu erleben, die unbestreitbar mit der Erfahrung des Deliriums verbunden sind, dem man sich bisher nur genähert hatte, wenn man die Beschreibungen meiner Vorgänger oder der Versuchspersonen verfolgt" (PAMFIL 1976: 150–155).

Auch der Schweizer Chemiker Albert Hofman, der 1943 LSD synthetisierte, setzte sich den Erfahrungen der Einnahme halluzinogener Substanzen aus, um zu verstehen, wie die psychischen Mechanismen, die sie auslösten, funktionierten. Als Ernst Jünger ihn bat zu beschreiben, was er bei einem gemeinsamen Experiment mit LSD 1970 empfunden hatte, erklärte Hofmann stammelnd: „In unserer Sprache nichts Vergleichbares. Kommt doch aus einer anderen Welt Nichts" (JÜNGER 2008: 398).

Es ist klar, dass neben all den anderen Themen zu Erfahrungen mit Betäubungsmitteln auch ein Problem der Sprache, der Kommunikation bestand. Der Neurologe Gh. Marinescu war überzeugt davon, dass, wenn er seine Experimente mit Freiwilligen durchführte, „der Beruf und die Kultur desjenigen eine wichtige Rolle spielt", sowohl in der Art und Weise, wie er die Narkose erlebt und auch, wie er sie beschreibt. Das ist der Grund dafür, warum er vor allem Künstler und Intellektuelle aussuchte" (MARINESCU 1934: 358).

Die Frage der Sprache und der Kommunikation des Kranken mit neurotischen und psychiatrischen Problemen war immer grundlegend für die darauf spezialisierten Ärzte. In den ersten Jahrzehnten des 20. Jahrhunderts (die Geburt der Psychoanalyse) war das Problem anscheinend noch akuter. Freud beklagt, dass die Kranken ihnen nichts sagen, was sie nicht auch von Gesunden erfahren könnten (FREUD 1969: 4).

Als zum Beispiel Jean Cocteau nach seinen bekannten Opiummissbräuchen 1929 zur Entgiftung kam, fragte er den Neurologen, warum er aus der Klinik Salpêtrière in die Klinik Saint-Cloud kam, um seine Zeit mit ihm zu vergeuden. „Il me répondit qu'il tenait enfin un malade qui parle, qu'il apprenait plus avec moi, capable de décrire mes symptômes, qu'à la Salpêtrière, où la question: 'Où souffrez-vous?' attirait invariablement cette réponse: 'J'sais pas, docteur'" (COCTEAU 1999: 29).

Mittlerweile überzeugt von der Bedeutung, seine Bekenntnisse zu veröffentlichen, schrieb Cocteau: „Je souhaite que ce reportage trouve une place entre les brochures de médecins et la littérature de l'opium. Puisse-t-il servir de guide aux novices qui ne reconnaissent pas, sous la lenteur de l'opium, une des figures les plus dangereuses de la vitesse" (COCTEAU 1999: 253). Natürlich veröffentlichte auch Baudelaire seine Erfahrungen mit Opium, in der ausdrücklichen Hoffnung, dass sie sich nicht nur als interessant erweisen, sondern auch als nützlich und lehrreich (BAUDELAIRE 2000: 100). Cocteau ging darüber hinaus. Der Dichter bietet den zukünftigen Opfern der Rauschgiftsucht seine eigenen Erfahrungen der Ver- und Entgiftung, so wie Menschen durch das Testament ihren Körper zu wissenschaftlichen Zwecken zur Verfügung stellen.

Die Experimente, die die rumänischen Ärzte in der Zwischenkriegszeit unternahmen, scheinen sich an Sigmund Freuds Experimenten orientiert zu haben. Dr. Nicolae Leon verweist in dieser Hinsicht sogar auf Freud und Louis Lewin. 1886 untersuchte der deutsche Apotheker Louis Lewin (1850–1929) von der Universität Berlin in Zentral- und Nordamerika die Wirkungen des Mescalins. Er nannte das aus den Knospen des Kaktus Peyotl gewonnene Alkaloid *Anhalonin* und publizierte Studien zum Thema. Eine der wissenschaftlichen Bezeichnungen des Kaktus Peyotl entstand ihm zu Ehren: *Anhalonium Lewinii* (LEWIN 1998: 81). Freud sorgte 1884 in Wien für eine Sensation, als er eine Studie veröffentlichte, in der er seine Experimente mit Kokain an sich selbst und anderen veröffentlichte. Es war für ihn eine Ode an die Ehrlichkeit dieser magischen Substanz. Eine Substanz, die Freud liebevoll „Cocà" nannte (wie vierzig Jahre später auch Barbu). Später, zu Beginn des 20. Jahrhunderts, beschrieb auch Dr. Charles Richet (Nobelpreisträger für Medizin 1913) Experimente, bei denen er sich selbst immer größere Mengen Haschisch verabreicht hatte, aber auch Mescalin (ein „göttliches Gift", wie der Gelehrte meinte). 1947 untersuchte Dr. Werner A. Stoll (von der Universität Zürich) die Wirkung von LSD auf sich und psychisch Kranke. Viele Psychiater folgten später seinem Beispiel.

Abb. 19: Englische Dichter unter dem Einfluss von Lachgas, R. Seymour, 1829.

Es gibt eine gewisse „Vorgeschichte" zu dieser Art von Experimenten. Ich werde auf drei davon näher eingehen, die in verschiedenen Epochen, unter verschiedenen Bedingungen und in unterschiedlichen Ländern (England, Frankreich, Deutschland) durchgeführt wurden. Sie haben dennoch ein wesentliches gemeinsames Merkmal: Die Zusammenarbeit zwischen Ärzten und Schriftstellern beim Versuch, die Wirkung narkotischer Substanzen auf die menschliche Psyche zu ergründen.

1799 organisierte der junge Arzt Humphry Davy am *Medical Pneumatic Institution* in Bristol eine Reihe von Experimenten mit Lachgas (N_2O), das circa zwei Jahrzehnte zuvor vom Chemiker Joseph Priestley entdeckt worden war.

Wichtig ist, dass Humphry Davy (selbst auch Dichter) das Lachgas an einer Gruppe Freiwilliger, darunter auch zwei wichtige Schriftsteller der Romantik, ausprobierte: Samuel Taylor Coleridge und Robert Southey. Er hatte auch versucht, William Wordsworth von einer Teilnahme zu überzeugen. Der Arzt war daran interessiert, wie die Schriftsteller nach dem Rausch ihre Erfahrungen beschreiben würden. Nutzen davon hatten aber natürlich beide Seiten. Coleridge nahm an den Experimenten teil, um, wie er sagte, neue Metaphern für seine Gedichte zu finden.

Jacques Joseph Moreau war beeinflusst von den Experimenten des Engländers Davy und führte seinerseits systematische Experimente durch, die die Wirkung verschiedener psychotroper Pflanzen (Tollkirsche, Stechapfel, Eisenhut und Cannabis) auf das zentrale Nervensystem beschreiben. Schon Ende des 18. Jahrhunderts erwähnten die französischen Psychiater Jean Colombier und François Doulet verschiedene Rauschmittel (besonders Opium) als Mittel gegen Wahnsinn in ihrer Arbeit *Instructions sur la manière de gouverner les Insensés, et de travailler à leur guérison dans les Asyles qui leur sont destinés* (Paris, 1785).

Moreau besuchte den Nahen Osten (1837–1840) und begann, Haschisch zur Untersuchung von Geisteskrankheiten zu verwenden. Spezialisten sind der Auffassung, dass sein Band zu psychologischen Untersuchungen mit dem Titel *Du hachich et de l'aliénation mentale* (1846) Thesen beinhaltet, die noch heute Bestand haben. In seinem Essay von 1851 *Du vin et du hachich* erinnert Baudelaire an diese Arbeit: „la tentative faite récemment pour appliquer le hachisch à la cure de la folie. Le fou qui prend du hachisch contracte une folie qui chasse l'autre, et quand l'ivresse est passée, la vraie folie, qui est l'état normal du fou, reprend son empire, comme chez nous la raison et la santé" (BAUDELAIRE 1999: 85).

Von 1845–1849 gelang es Dr. Jacques-Jospeh Moreau in Paris, im Hotel Pimodan in Île Saint Louis, den sogenannten *Club des hachichins* zu organisieren. Der Prototyp eines solchen Ortes war legendär. In der zweiten Hälfte des 13. Jahrhunderts verbreitete der venedische Reisende Marco Polo in Europa die Legende des „Alten vom Berg Hasan ibn Sabbah" – einem persischen Gelehrten, der Ende des 11. Jahrhunderts eine häretische islamische Sekte gegründet haben soll, die Assassinen. Die Mitglieder dieser Geheimgesellschaft lebten in einer unbesiegbaren Burg (Alamut, im Norden des heutigen Irans), die von einem riesigen, paradiesischen Garten umgeben war. Ein wahres Paradies auf Erden. Sie wurden vom „Alten aus den Bergen" mit einem Likör auf

Haschischbasis berauscht, „ein Getränk, das ihnen den Verstand raubte", und dann schickte er sie, seine politischen und religiösen Gegner zu töten. Diese Geschichte führte zu einer falschen etymologischen Legende, nämlich, dass Haschaschin/Assassin zur Entstehung des Begriffs Asasin/Assassin (Mörder) geführt habe. Die mythologische Figur des „Alten vom Berg", des „verrückten Drogensüchtigen" steht im Zentrum einer phantastischen Novelle von Petru Culianu (*Pergamentul diafan* [Diaphanes Pergament], 1986).

Mitte des 19. Jahrhunderts waren die Teilnehmer der monatlichen Haschischeinnahme des Pariser Clubs große französische Schriftsteller und Maler. Eine unvergleichliche Reihe romantischer Künstler: Charles Baudelaire, Théophile Gautier, Gérard de Nerval, Eugène Delacroix, Victor Hugo, Honoré Daumier, Alphonse Karr, Alexandre Dumas der Ältere, Honoré de Balzac u.a. Die Experimente im „Club des Hachichins", die die Werke der Teilnehmer unterschiedlich beeinflussten, werden vor allem von Baudelaire und Gautier in späteren Texten beschrieben werden.

Théophile Gautier erinnert sich, dass er an einem Dezemberabend 1845 das erste Mal in den *Club des hachichins* kam. In einem von der Droge ausgelösten ekstatischen Zustand reichte ihm Moreau eine Portion „Haschischmarmelade" (*Dawamesk*) und sagte: „Das wird dir von deinem Anteil am Paradies abgezogen" (GAUTIER 1846). Mit anderen Worten, die Zeit, die man im „künstlichen Paradies" verbringt, wird einem vom „natürlichen Paradies" abgezogen. Diese ethisch-eschatologische Gleichung wird Ernst Jünger wieder aufgreifen. Er empfindet die dank des Rauschgifts erreichten Glücksmomente als „Raub". Die Bilanz der Gesamtsituation beinhaltet auch „Schuld" und „Sühne", aber auch „Bezahlen". Dank des Rauschgiftes leben und zu fühlen: „einmal lebt ich wie die Götter", ist nicht ohne Preis. Es hat einen Preis, der auf die eine oder andere Weise „bezahlt werden muss" (JÜNGER 2008: 27).

Auch Adam und Eva kosteten von der Frucht des *Baums der Erkenntnis*, „mitten im Garten" (eine psychotrope Frucht, wie viele Mythologen glauben) (OIȘTEANU 2009: 150). „Da wurden ihrer beiden Augen aufgetan" und sie wurden „wie Gott und wissen, was gut und böse ist". Das ist ein Fall ungehöriger Kenntnis des Paradieses, eine Art Raub, den sie hart und teuer bezahlen. Adam und Eva werden aus dem Paradies verbannt, weil sie ein paar Momente „wie Gott" waren (*Genesis* 3, 1–24). Aus ethisch-theologischer Sicht ist das die höchste Schuld, die „Erbsünde". Es ist der ätiologische Mythos, die Basis der gesamten jüdisch-christlichen Doktrin der „Vertreibung aus dem Paradies" der Menschen.

Zwischen 1927 und 1934 führten zwei deutsche Ärzte, Ernst Joël und Fritz Fränkel, eine Reihe von Experimenten mit Betäubungsmitteln in einer Berliner Klinik durch. Sie luden verschiedene Intellektuelle ein, darunter Walter Benjamin und Ernst Bloch. 1926, bevor die Experimente begonnen hatten, schrieb Fritz Fränkel: „Es ist merkwürdig, daß die Haschischvergiftung bisher noch nicht experimentell bearbeitet wurde. Diese vorzügliche Schilderung des Haschischrauches stammt von Baudelaire (Paradis artificiels)" (BENJAMIN 1961: 344–345). Es ist kein Zufall, dass Benjamin Baudelaires „vorzüglichste Schilderung des Haschischrausches" aus *les Paradis artificielles* entnimmt. Zwischen Dezember 1927 und Mai 1934 fanden zwölf Sitzungen statt, bei denen Haschisch, Opium und Mescalin eingenommen wurden. Die Teilnehmer notierten ihre Erlebnisse und Eindrücke. Diese „Protokolle" wurden später veröffentlicht.[61] „Die Aufzeichnungen, die ich teils selbständig, teils im Anschluß an die Versuchsprotokolle darüber gemacht habe, dürften einen sehr lesenswerten Anhang zu meinen philosophischen Notizen geben, mit denen sie, und z.T. sogar die Erfahrungen im Rausch, die engstenn Beziehungen haben. Diese Nachricht aber möchte ich im Schoße der Familie Scholem beschlossen wissen").

Sauerstoffrausch

Möglicherweise haben die Experimente Davys nicht nur einen französischen Psychiater, Jacques-Joseph Moreau, sondern auch einen französischen Schriftsteller, Jules Verne, beeinflusst. In seiner weniger bekannten Novelle *Une fantaisie du docteur Ox*, die 1872 veröffentlicht wurde, vereinfacht Jules Verne geistreich den Vergleich mit Rauschgift. Die neuropsychischen Veränderungen werden nicht durch irgendein Betäubungsgas (Lachgas, Äther oder Chloroform) ausgelöst, sondern einfach durch die Erhöhung der Sauerstoffmenge, die die Menschen einer Gemeinde einatmen. In einem kleinen, ruhigen Ort in Flandern, bei Brügge, baut Doktor Ox eine Sauerstofffabrik, die Wasser in seine Bestandteile zerlegt. Er baut sie unter dem Vorwand, ein neues öffentliches Beleuchtungssystem installieren zu wollen. Durch ein unterirdisches Rohrnetz gelingt es ihm, die Sauerstoffmenge des kleinen Ortes merkbar zu erhöhen. Das Verhalten und die Einstellung der gesamten Gemeinschaft verändern sich deutlich. „Wenn dies vollständig geschmack- und geruchlose Gas in so hoher Dosis die Atmosphäre durchdringt und somit eingeatmet wird,

---

61 http://www.wbenjamin.org/protocol1.html#4

erzeugt es in den Organismen die ernsthaftesten Störungen. Lebt man in einem mit Oxygen gesättigten Dunstkreise, so wird man aufgeregt, überreizt, ja förmlich entflammt" (VERNE 2011:85). Jünger bemerkt lakonisch aber vollkommen zu Recht: „Durch Konzentration wird also ein Stoff giftig" (JÜNGER 2008: 34). Paracelsus hatte Recht: *Sola dosis facit venenum*.

Die Flamen der kleinen Stadt werden lebendiger, leidenschaftlicher und sogar schneller erotisch erregbar, ohne etwas getrunken zu haben, was die Ekstase hätte auslösen können. Die kollektive Nervosität schlägt in Streit um, sogar in aggressive Wut, und führt schließlich zu einer Kriegserklärung an die Gemeinde des Nachbarortes. Erst die Explosion der Sauerstofffabrik setzt dem Experiment des Doktor Ox ein Ende. Die Lehre aus der Novelle ist einfach: „Sollten denn Tugend, Muth, Talent, Phantasie und alle anderen Eigenschaften und Fähigkeiten des Geistes nur eine Oxygenfrage sein? Es ist das allerdings die Theorie des Doctor Ox, aber wir haben das Recht, sie anzuzweifeln ..." (VERNE 2011: 85).

Im ersten Teil des Buches ging es um die kollektive Einnahme von Rauschmitteln. Es waren, wenn auch unfreiwillig, ganze Gemeinden, die sich in der Antike, im Mittelalter und in der Vormoderne vergifteten. In der Novelle *Une fantaisie du docteur Ox* spricht Jules Verne auch von einer kollektiven Vergiftung, aber einer gewollten, von einer Figur ausgelösten. Dennoch, die Idee Vernes, die Atmosphäre mit einem euphorisierenden Gas anzureichern, ist weniger glaubhaft als die Ioan Petru Culianus, der in seinem Roman *Tozgrec* von einem Professor berichtet, der der Bevölkerung einer ganzen Stadt Drogen verabreicht, in dem er Kokainpulver in das Trinkwasser schüttet. Ich werde darauf im Kapitel zu Culianu zurückkommen.

Die Idee des „Sauerstoffrausches" finden wir auch im Buch eines elsässischen Franzosen, der in Bukarest lebte, Henri Stahl (1877–1942), Spezialist in Graphologie und Stenographie, Vater von H.H. Stahl. und Henriette Yvonne Stahl, Großvater des Paul H. Stahl. Er veröffentlichte 1914 einen der ersten Science-Fiction-Romane der rumänischen Literatur. Es geht um *Un român în lună* [Ein Rumäne auf dem Mond] mit dem Untertitel „roman astronomic" [ein astronomischer Roman]. Von Jules Verne („der meine Kindheit verzaubert hat, wie der Autor im Vorwort schreibt), übernahm Henri Stahl nicht nur die Idee der Reise des Menschen „von der Erde zum Mond", sondern auch die des „Sauerstoffrauschs", wie er ein Kapitel seines Buches nannte.

Während der Held des „astronomischen Romans" zum Mond fliegt in einem „Aerosfredel" (Rakete), wird die Atmosphäre im Inneren dünner. Der

Astronaut gibt ein paar Pillen in „den Sauerstoffproduktionsapparat", aber damit steigt die Sauerstoffkonzentration über die normale Grenze. Der Zustand der Trunkenheit des Astronauten und seines Papageien Coco wird mit wissenschaftlicher Detailliertheit und klarer Distanzierung beschrieben:

Es war ein Moment des reinen Wahnsinns. Wie unter dem Einfluss von Alkoho, ich brüllte mit immer größerer Leidenschaft, sagte Wörter ohne Sinn, gestikulierte wie ein Dementer. Dann unterbrach ich die Tiraden und sprang auf den Tisch und schrie „Erwache Rumäne", dann hielt ich mich mit der Hand am Elektromagneten fest, dort oben, drehte mich um mich selbst und machte „die Kröte" und brüllte, während Coco mich nachahmte und einen Umschwung auf ihrem Stock machte [...], bis sie, wie ich, herunter fiel, müde, schniefend. Dann schlief ich, plötzlich beruhigt, tief ein ... Diese verrückte Überreiztheit hatte der Sauerstoff ausgelöst, der in zu großer Menge ausgestoßen worden war, und man weiß, dass Sauerstoff, den man in zu großer Menge einatmet, die Blutzirkulation beschleunigt, sodass eine stärkere Trunkenheit eintritt als mit Champagner". Nach der Trunkenheit folgt natürlich der Kater: „schreckliche Kopfschmerzen", „Übelkeit und Schwindel", „niederschmetternde Müdigeit.

Bis der Apparat wieder richtig eingestellt ist, muss der Held wählen zwischen Trunkenheit durch zu viel Sauerstoff oder Erstickungserscheinung durch zu wenig. „Ich bin verdammt, in dauernder Überreiztheit zu leben, in Champagnerlaune, wie ein Patient des Doktor [Alexandru] und mir in ein paar Monaten die Lungen zu verbrennen oder in Abgestumpftheit und Übelkeit zu versinken, die dem Ersticken vorausgehen... Was würde ich nicht tun für ein oder zwei Liter Stickstoff, dem nützlichen Beruhigungsgas, das – wie Wasser starken Wein – die Energie des Sauerstoffs mildern würde!" (STAHL 1966: 52–56).

Wie viel hat Henri Stahl aus dem Roman *De la terre à la lune* von Jules Verne (1865) übernommen? Auch an Bord der Rakete bei Verne befand sich ein Sauerstoffgerät, das Kaliumchlorat in Kaliumchlorid umwandelte und dabei Sauerstoff produzierte. Es gibt noch einen Behälter mit Kaliumhydroxid, der dafür da ist, um Kohlendioxid zu absorbieren, das durch Atmen entsteht. Auch an Bord dieser Rakete kommt es zu einem „euphorischen Moment". Der Sauerstoffhahn ist versehentlich ganz offen geblieben, und es kommt zu einer „Art Trunkenheit" der Kosmonauten, eine „besondere Überschwänglichkeit", eine „eigenartige Verwirrung des Gehirns", eine „Überreiztheit aller moralischen und emotionalen Fähigkeiten" etc.

Interessant ist, dass einem der Kosmonauten (dem Franzosen), nach der psychotropen Erfahrung, die einzigartige Idee kommt, Sauerstoffkabinen herzustellen, um die Menschen aktiver zu machen Es ist klar, dass Jules Verne in diesem Roman von 1865 bereits die Idee für ein anderes Buch – *Une fantaisie du docteur Ox* – vorschwebte, das er ein paar Jahre später, 1872, veröffentlichte.

Ohne hier in Details zu gehen (ich werde darauf zurückkommen), sei gesagt, dass eine Überdosierung mit Sauerstoff mit Pranayama zu tun hat, den Yogatechniken der Atmung. Techniken, die die Verlängerung und Synchronisation der drei verschiedenen Atmungsphasen zum Ziel hat. Einatmen (*praka*), Ausatmen (*remka*) und Luftanhalten (*kumbhaka*). „Wichtig erscheint uns die Behauptung, daß ‚immer eine Verbindung zwischen der Atmung und dne inneren Zuständen besteht'." Zitiert Eliade das klassische Werk *Yoga-Sûtra* (I, 34) des Patañjali. Ähnliche Atemtechniken finden sich auch im taoistischen China, in der islamischen Mystik und im christlichen Hesychasmus (Eliade 2004: 61ff).

Hypoxie verursacht einen Zustand der „Trunkenheit" und bestimmte Halluzinationen. Sie können zum Beispiel bei Ballonfahrern, Piloten kleiner Flugzeuge auftauchen, die keine Sauerstoffmaske tragen, oder bei Bergsteigern, die über 2.500–3.000 Meter steigen (Höhenkrankheit). Petru Popescu beschreibt in einem Roman die Symptome der Hypoxie beim Besteigen der Anden (bei über 5.700 Meter) und den psychischen Zustand eines französischen Ballonfahrers, der im 19. Jahrhundert auf 8.300 Meter gestiegen ist. „Er empfand eine außergewöhnliche Taubheit, aber ansonsten litt er nicht; im Gegenteil, ihn überkam eine große innere Freude, wie er selbst sagte, war es das Resultat eines großen Lichtstroms, der ihn überkam" (POPESCU 1993: 358).

Erstickung kann ebenfalls bestimmte Halluzinationen auslösen, aber auch sexuelle Auswirkungen haben. Die Ärzte sprechen über Erektionen und sogar Ejakulationen bei Menschen, die erhängt werden. Die Legenden sagen, dass aus dem Sperma eines Erhängten, das auf den Boden fällt, eine Pflanze wächst. Aber nicht irgendeine Pflanze, sondern – wie sollte es anders sein – eine psychotrope: die Tollkirsche (ELIADE 1939). Der irische Dramaturg Samuel Beckett verwendete dieses mythologische Motiv im ersten Akt seines Stücks *Warten auf Godot* (1952). *Autoerotic asphyxia* (oder *asphyxiophilia*, [Atemkontrolle]) ist eine bekannte sadomasochistische Sexualpraktik, bei der die Partner ihre sexuelle Lust dadurch erhöhen, dass sie die Luftzufuhr erschweren oder kurz ganz verhindern. Abb. 1: : Dr. Nicolae Minovici während seiner Experimente des assistierten Erhängens (ca. 1900).

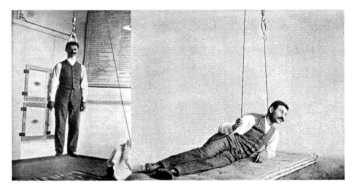

Abb. 20: Nicolae Minovici während seiner Experimente, ca. 1900

Zu Beginn des 20. Jahrhunderts untersuchte Nicolae Minovici (1868–1941) als stellvertretender Direktor des Medizinisch-Juristischen Instituts 172 Fälle von Selbstmord durch Erhängen. Er publizierte auch ein Buch über diese Untersuchungen *Studiu asupra spânzurării* ([Studien über Erhängungen], Socec, Bukarest, 1904). Im Allgemeinen verfasste er anthropologische Studien über verschiedene Arten von Randgruppen: Selbstmörder, Bettler, Vagabunden, Vorstädter, Tätowierte, Geisteskranke, angebliche Zauberer. Interessanter ist, dass Nicolae Minovici sich auf „Todeskampf" spezialisierte und diesen an sich selbst erforschte. Er versuchte, durch Selbststrangulation an „die Grenze zwischen den Welten" zu kommen. Um das Phänomen zu verstehen, löste er zwölf Mal Fast-Erstickungen aus, assistiert von zwei Laboranten, und verwendete Mechanismen der „kontrollierten Strangulierung". Die Dauer der freiwilligen Strangulierung variierte zwischen vier und sechsundzwanzig Sekunden. Danach notierte er seine Eindrücke und die Halluzinationen, die er hatte (MINOVICI 1904: 70–72). In einem Roman von Radu Tudoran (*Casa domnului Alcibiade* [Das Haus des Herrn Alcibiade], 1978) macht die Figur Lucifer Chiricuță ähnliche Experimente wie die realen bei Minovici.

Laut Minovici verursacht die Strangulierung nicht nur eine „Verengung der Atemwege", sondern auch „eine Verengung der [Blut]Gefäße im Hals". Diese physischen Phänomene verursachen „das Erscheinen flüchtiger Lichter", „eine komplette Betäubung des Körpers", „Verlust des Bewusstseins", „Erinnerungsverlust", „Erregungszustände", „psychische Verwirrung". Mehr noch, Minovici behauptet, die Heilung vorheriger Psychosen nach gescheiterten Selbstmordversuchen durch Erhängen beobachtet zu haben (MINOVICI 1904: 70–100).

„Das erste Mal, als ich versuchte, mir auf diese Weise das Leben zu nehmen", sagte er in einem Interview 1939, „lag ich auf dem Bett und schaute in den Himmel. Mit beiden Händen drückte ich mir den Hals um den Adamsapfel herum zu. In der fünften Sekunde, fühlte ich, wie eine purpurne Welle und dann eine schwarze Welle über mich kam. Mit hoher Geschwindigkeit zogen vor meinem inneren Auge Ikonen [= Bilder] vorbei. Dann fühlte ich etwas wie eine elektrische Entladung und alles wurde schwarz. Ich verlor das Bewusstsein".

Abb. 21: Zeichnungen, die Nicolae Minovicis von den Visionen anfertigte, die er während des Erhängens hatte, Sammlung Adrian Majuru.

Dr. Minovici versuchte sogar, diese Visionen graphisch darzustellen. Adrian Majuru veröffentlichte ein Bild, das Minovici gemalt hatte, auf dem zehn Phantasiewesen zu sehen sind (eine Art Cherubim), die „schnell die Grenze zwischen den Welten überquerten" (MAJURU 2005: 243–245). Es handelt sich natürlich um eine Reise ins Jenseits. In der Typologie, die Petru Culianu für diese Art von Reisen verwendete, fallen die Experimente von Nicolae Minovici in die Kategorie Nahtoderfahrung (CULIANU 2007: 39). Im Gegensatz zur großen Mehrheit der Versuche dieser Art, liegen die von Minovici praktizierten freiwilligen Experimente an der Grenze zum Tod.

Es ist bekannt, dass Kohlenmonoxid tödlich ist. Auch Gheorghe Şincai, der aufklärerische Gelehrte, der 1804 versuchte, psychische Phänomene „zur Verärgerung des Volksaberglaubens" zu verbreiten, wusste das auch: „Hören wir auf die Ärzte, die uns lehren, uns vor Kohlengas zu schützen, denn es greift unsere Gesundheit an wie ein Gift" (ŞINCAI 1964: 119). Bei Mihai Eminescu führt Kohlenmonoxid, natürlich nicht aus Unwissenheit, zu Träumereien seiner Figuren. Die Träume zweier Helden aus einem Prosastück von Eminescu werden auf diese Art ausgelöst. Ioan Vestimie wird durch ungewollte Hypoxie betäubt – besser gesagt mit einer Kohlenmonoxidvergiftung durch den Ofen im Zimmer: Ioan hatte die Ofentür zu früh geschlossen". Nach ein paar Vergiftungssymptomen (Taubheit der Gliedmaßen, Kopfschmerzen) verursachte die Hypoxie bei ihm Traumhalluzinationen (*Moartea lui Ioan Vestimie* [Der Tod des Ioan Vestimie], 1878).

Die andere Figur bei Eminescu, Toma Nour, vergiftet sich willentlich mit „Kohle" (Kohlenmonoxid) beim Versuch, sich das Leben zu nehmen. „Ich schloss den Ofen, setzte mich vor die Asche, schloß die Augen, um für immer einzuschlafen [...]. Ich schlief ein und spürte, schien es, wie mir die Kohle das Gehirn lähmte." Anstatt an Vergiftung zu sterben, fällt Toma Nour in einen Zustand der Narkose. Er wird der Held eines zauberhaften, paradiesischen Traums: „Ich war gestorben! Ich wachte plötzlich in einem smaragdgrünen Wald auf, in dem die Steine aus Myrrhe waren, und die Quellen waren jungfräulich und heilig. Zwischen den Bäumen sangen die Nachtigallen mit Engelsstimmen ... etc.". Die wunderbare Reise endet, als ein Freund Toma Nours im Zimmer auftaucht und das Fenster öffnet und die Ofentür (*Geniu pustiu*, 1868). Auch hier haben wir es mit einer Reise ins Jenseits zu tun, die durch eine Nahtoderfahrung ausgelöst wird.

Einen eigenartigen Zustand „wie Haschischrausch" löst eine Figur aus einer Geschichte Vasile Voiculescus durch Anhalten der Atmung aus.

Ich legte mich aufs Bett, und entschieden versuchte ich in den Zustand einer tiefen Meditation zu gelangen. Ich hatte meine eigenen Praktiken, meine Konzentration bis zum Übermaß zu erhöhen. Ein Rhythmus des vitalen Geistes, eine Art der Beherrschung, eine Bremse der Atmung bis zum Ausbleiben, eine Art Klarheit, wie eine Kontrolle über den Herzschlag und ein Zielen auf Bilder im Geist, die wachsen und erblühen, sich verändern unter einem inneren Auge, und mir eine Schönheit geben wie unter Haschisch, aber ohne die desaströsen Folgen des Haschisch (*Iubire magică* [Magische Liebe], 1947).

In einem Text von 1945, *Moartea moartă* [Der tote Tod], behandelt Gherasim Luca „fünf nicht ödipische Selbstmordversuche". Beim Selbstmord durch Stoppen der Sauerstoffzufuhr durchläuft der surrealistische Dichter eigenartige Erlebnisse, vom Orgasmus zur Euphorie. „Ich versuche, mich durch willentliches Stoppen der Atmung zu töten. [...] ungeordnetes Brennen, das in meinem Körper stattfindet, spüre ich in den Schläfen und im Herzen, das schneller schlägt und mich in einen mechanischen Zustand bringt, der so ähnlich ist wie kurz vor dem Orgasmus, aber ich spüre keinerlei manifeste erotische Erregung. Der Selbstmordversuch durch das Unmögliche löst allerdings eine wirkliche geistige Euphorie aus, die körperliche Erregung findet erst statt, als ich wieder zur normalen Atmung zurückkomme" (LUCA 2003: 283).

In der Zwischenkriegszeit hatte die Sauerstofftherapie ihren Höhepunkt. Wenn ich an den Großvater von Paul H. Stahl erinnert habe, so muss ich auch an den Großvater von Ioan Petru Culianu und seiner Schwester Tereza Culianu-Petrescu erinnern. Alexandru (Alecu) Culianu, der Sohn des Junimea-Anhängers Neculai (Papa) Culianu, wurde Doktor der Medizin in Paris und Professor an der Fakultät für Medizin in Iași (1898–1903). Er kam um 1920 nach Paris und präsentierte in den dreißiger Jahren die Behandlung mit dem Gas „Octozon" (O_4), als sei es ein Wundermittel. 1933 eröffnete er in Bukarest ein „Octozon-Zentrum" (*Boulevard Tache Ionescu* Nr. 12) und veröffentlichte (zusammen mit Lazăr Mayerson) eine Broschüre mit dem Titel *Octozonul și aplicațiunile sale medicale* [Octozon und seine medizinischen Anwendungsmöglichkeiten]. Mit dem Namen „Docteur Couliano" veröffentlichte er zu diesem Thema auch zwei Broschüren in Paris (wahrscheinlich auf eigene Kosten), von denen eine, die von 1935, den Titel *Le miracle de l'Octozone* trug. In Frankreich erlitt Culianu einen Hirnschlag, der zu einer halbseitigen Lähmung führte. Wie er selbst in seiner Broschüre von 1935 erklärt, wurde er mit Octozon-Spritzen behandelt, und „nach zehn Tagen war er in der Lage, alle Aktivitäten bei der *Generaldirektion des Octozons* wieder aufzunehmen" (COULIANO 1935).

Nach ein paar Jahren Forschung im Labor war der Erfolg anscheinend überwältigend. 1935 gab es bereits neunzig Zentren, in denen Octozon-Behandlungen angeboten wurden: in Frankreich und vielen europäischen und maghrebinischen Ländern (Marokko, Tunesien u.a.). Ende der dreißiger Jahre forschte Dr. Couliano weiter in Bukarest, bis zur Unterbrechung durch den Krieg. Wie auch seine französischen Kollegen behauptete Alecu Couliano, dass Octozon, das (durch Ionisierung?) in einem Apparat mit dem Namen „Elektroniseur" produziert wurde, das Nervensystem anrege und, je nach Dosierung, schmerzlindernd, beruhigend, anregend oder euphorisierend wirke.

Die quasi-legendäre Therapie auf Ozonbasis (O_3) mit Sauerstoffzugabe hielt sich hartnäckig. Sie überlebte lange in der zweiten Hälfte des 20. Jahrhunderts, als die kommunistische Regierung den Arbeitern Bergstationen empfahl zur Ozonisierung und Ionisierung ihrer Lungen. Natürlich nur, damit sie dann den Fünfjahresplan erfüllen konnten. Sogar heute noch lässt sich das Wiedererwachen einer Therapie mit reinem Sauerstoff, der mit erhöhtem Druck eingeatmet wird, beobachten. In den USA und Westeuropa wurden tausende Zentren der sogenannten „hyperbaren Oxygenierung" gegründet. Man behauptet, dass es „wundersame" therapeutische Wirkungen zeige, und solcherart „Sauerstoffbäder" sind in letzter Zeit auch in Rumänien entstanden (TURCITU 2007).

Mescalinrausch und „Traum von Bilsenkraut"

Wie andere Erzählungen von Mircea Eliade, scheint auch *La țigănci* [Bei den Zigeunerinnen] die Beschreibung eines Trips zu sein, einer „Reise", die nach der Einnahme halluzinogener Substanzen unternommen wird. Die psychosomatischen Zustände, die die Hauptfigur, Professor Gavrilescu (der viel Kaffee trinkt), erlebt, können mit denen verglichen werden, die durch Einnahme von Rauschmitteln entstehen. So zum Beispiel die Erfahrungen des Psychiaters Eduard Pamfil (1912–1994), der sich freiwillig mit Mescalin vergiftete. Mescalin ist ein Alkaloid, dass aus dem Kaktus *Peyotl* (*Echinocactus williamsii*, der vor allem in Mexiko wächst) gewonnen wird; eine psychedelische Substanz, die 1897 in Deutschland isoliert und 1919 synthetisiert wurde.

Eduard Pamfil, Arzt aus Timișoara, experimentierte aus wissenschaftlichen Gründen mit Mescalin, er erforschte Psychosen. Die Rauschzustände mit Mescalin wurden von ihm selbst erfahren, beschrieben und kommentiert, assistiert von zwei Kollegen: Schweißausbrüche, Zittern, Licht- und Farbexplosionen unter den Lidern, „buntes Hören", Entpersonalisierung, „es gibt keine Sinne, alles ist ersetzt durch einen Übersinn", „es gibt keine Zeit, das ist eine lächerliche Größe, sie ist ersetzt durch etwas mehrdimensionales, viel reicheres", „es ist eine Art phantastische Reise von [Hieronymus] Bosch zum Surrealismus".

Der Sohn des Arztes, der Kunstkritiker François Pamfil, berichtete mir, dass das Experiment ca. 1940 stattgefunden hat, in der berühmten neurologischen Klinik Salpêtrière in Paris, wo Pamfil zwischen 1939 und 1947 arbeitete. In Rumänien präsentierte er die Resultate seines Experiments 1949, bei der Vereinigung der Gesellschaften Medizinischer Wissenschaft. Seine Beschreibung wurde 1976 veröffentlicht (PAMFIL 1976: 150–155). Die Publikation dieser wenigen Seiten ist verwunderlich angesichts der kommunistischen Zensur der siebziger Jahre.

Nicht nur, weil das Thema in jener Epoche tabuisiert wurde, sondern weil die kommunistische Regierung alle Gründe hatte, sich bei diesem Thema schuldig zu fühlen. Ion Vianu, der aus politischen Motiven ausgewandert war, war der stärkste Ankläger der Verwendung der Psychiatrie als politische Waffe des kommunistischen Regimes in den Jahren 1970–1980: Die Stigmatisierung derjenigen, die in Rumänien die Verletzung elementarster Menschenrechte anprangerten, als psychisch Kranke, die Zwangseinweisung politischer Dissidenten in psychiatrische Einrichtungen, das Verabreichen großer Dosen Beruhigungsmittel, die Weiterleitung psychiatrischer Erkenntnisse über Patienten an die Organe der Securitate usw. Der Fall des Dissidenten Vasile Paraschiv, der solchen Missbrauch zwischen 1969 und 1977 erlebte, ist der bekannteste.

Die Legitimierung solcher schändlichen Methoden wurde von oberster Stelle öffentlich gemacht: von Nicolae Ceaușescu selbst. In seiner Rede vom 1. Oktober 1968, die er in Bukarest anlässlich des neuen Universitätsjahres hielt, suggerierte er die Verwendung narkoleptischer Substanzen, um „die Verrückten" zum Schweigen zu bringen, die sich erlaubten, „die Beständigkeit und die Kraft des Sozialismus in Rumänien in Frage zu stellen". Ich war als Student auch bei dieser Veranstaltung an der Piața Universității anwesend. Ceaușescu sagte:

Kann noch jemand glauben, dass es in Rumänien gesellschaftliche Kräfte gibt, die in der Lage wären, unsere sozialistische Ordnung in Gefahr zu bringen? Ich glaube nicht [...]. Natürlich gibt es immer noch Verrückte und es wird sie immer geben. Aber für Verrückte verfügt unsere sozialistische Gesellschaft über die notwendigen Mittel, darunter auch Zwangsjacken. Aber wir entwickeln auf breiter Basis die Medizin. [...] Sogar diese Verrückten können wir mit moderneren Mitteln behandeln, um nicht auf Zwangsjacken zurückgreifen zu müssen (VIANU 2009: 59).

Ein paar Jahre später, 1971, machte Wladimir Bukowski die Verwendung der politischen Psychiatrie im Gulag öffentlich, und zwar die Einweisung derjenigen in Psychiatrien, die sich für die Menschenrechte aussprachen.

Er selbst wurde 1963 Opfer einer solchen Praxis (VIANU 2009: 58). Über die Verwendung des „Wahrheitsserums" Scopolamin zu politischen Zwecken in Ländern des sozialistischen Lagers berichte ich weiter unten.

Ion Vianu enthüllt weitere beeindruckende Einzelheiten zu diesem Thema in seinem Buch (VIANU 2009: 58–78) und einem Interview:

Der schrecklichste Fall, den ich selbst beobachtet habe, war der des Anwaltes H.I., der als dement eingestuft wurde, weil er behauptete, dass 'in Rumänien die Menschenrechte nicht eingehalten werden'. Ich war kein priviligierter Beobachter. Ich arbeitete in einem Universitätskrankenhaus. Die schlimmsten Dinge passierten an versteckteren Orten, bei Petru Groza, in Poiana Mare etc. Davon erfuhr ich erst später durch Akten, die bei Amnesty International und anderen Organisationen angekommen waren. Und durch die erschütternden Aussagen von Psychiatern wie C. Stancu, der bereits verstorben ist und erzählte, wie er den aus politischen Motiven in Cula Untergebrachten riesige Dosen Neuroleptika verabreichte. Der Weg zu den Archiven ist heute versperrt. Von allen Verbrechen des Kommunismus ist das nicht das schlimmste, aber das beschämendste. Daher die Schwierigkeit, Zugang zu den Archiven zu bekommen (VIANU 2009b: 577).

Dan Petrescu interpretierte Mircea Eliades *La țigănci* ausgehend von den halluzinogenen Zuständen, die Nicolae Leon erlebte, nachdem er eine große Menge Bilsenkrautextrakt (*Hyoscyamus niger*) zu sich genommen hatte.

Nicolae [Niculai] Leon (1962–1931) stammte aus einer moldauischen Bojarenfamilie (siehe Constandin Sion, *Arhondologia Moldovei*, ca. 1850) und war Professor an der Medizinischen Fakultät der Universität Iași. Zeitweise war er sogar Dekan der Fakultät und Rektor der Universität. Er war der Halbbruder (über die Mutter) des Naturforschers Grigore Antipa und Vater von Corina Leon (1892–1971). Corina Leon heiratete den illustren deutschen Ökonomen und Soziologen Werner Sombart und ist die Mutter des Schriftstellers Nicolaus Sombart. Nicolaus Sombart (der 2008 starb), der den Namen seines Großvaters bekam, hielt Nicolae Leon für einen „grand seigneur", einen Bojaren, einen Mann, „der Ausstrahlung hatte und Noblesse", einen Mann, der „sein Leben in den Dienst der Wissenschaft stellte, weil er sie für die wertvollste Aufgabe des Menschen hielt" (SOMBART 1991: 12, 23)

Die Untersuchungen Leons zur Volksmedizin in seiner Jugend materialisierten sich 1903 in einem Buch zur „Medizin der alten Frauen

Abb. 22: Dr. Nicolae Leon

und Hexen" (LEON 1903). Im Juli 1929 nahm er aus beruflicher Neugier einen Extrakt aus den Samen des Bilsenkrauts ein und verwendete ein Rezept, das er von einer „Hexenzigeunerin" kannte. Anschließend notierte er die Zustände, die er durchlebt hatte. Aus Angst, der halluzinogene Saft könnte fatale Folgen haben und für alle Fälle, hatte Leon auf dem Nachtschrank ein Gegenmittel bereitgestellt, das ebenfalls aus der „Hexenmedizin" stammte.

Dan Petrescu behauptet, dass die Halluzinationen bei Leon „eine erschreckende Ähnlichkeit mit dem haben, was Gavrilescu in *La țigănci* passiert. Leon erscheint im Traum eine „Zigeunerhexe", die ihm sagt: „Siehst du mein Herr, wenn du mein Getränk vor 35 Jahren genommen hättest, wäre dir nicht passiert, was dir nun im Alter passiert ist, dann hättest du nur Mädchen gesehen, schöne Mädchen, aber nicht die, die du jetzt sehen wirst". Die Hexe zieht ihn an der Hand „in eine Art langen, dunklen, luftleeren Tunnel, den man nur mit eingezogenem Kopf entlanggehen konnte". „Du wolltest nicht, dass ich dich vor 35 Jahren zu schönen Frauen führe, komm, dass ich dich jetzt zu der führe, mit der du deine Jugend verbracht hast" (LEON 1933: 301–309).

Das Buch, in dem Nicolae Leon seine Experimente mit halluzinogenen Substanzen erzählt, wurde 1932 veröffentlicht, Eliades Geschichte 1959. Dan Petrescu fragt sich: „Ob Eliade Leons Buch wohl gelesen hat und seine eigenen Erfahrungen mit denen von Leon erzählten vermischt hat? Es wäre nicht völlig undenkbar, da Leon schon 1920–1921 in seinen Lektüren vorkam" (PETRESCU 2003: 4). Tudor Crețu kommentiert: „Der Text [Eliades] hat vielleicht nicht nur schriftliche Zeugnisse als Basis, sondern auch persönliche [Rauschmittel]Erfahrungen [des Autors]" (CREȚU 2010: 13, 31).

Zu Beginn der fünfziger Jahre machte der Schweizer Hans Heimann an der Psychiatrischen Universitätsklinik Waldau in Bern Experimente mit Bilsenkrautextrakt (Scopolamin) (HEIMANN 1952). Nach der vergleichenden Analyse der Elektroenzephalografien (EEGs) der Probanden, die Scopolamin genommen hatten, wurden „starke Veränderungen im Zeitempfinden" festgestellt, wie Ernst Jünger kommentiert, und er spricht darüber, dass wir die Zeit „dehnen oder komprimieren" (JÜNGER 2008: 45). Und die Zeit ist die Hauptperson in *La țigănci*, besser gesagt, die Komprimierung und Dehnung von Zeit sind die Wirkungen, auf die Mircea Eliade in dieser Geschichte setzt. Auch der Südamerikaner Julio Cortázar schrieb eine Novelle (*Final de Juego*, 1963), in der die Zeit verkürzt und ausgedehnt wird und sich Raum schafft im Kopf des Helden Jonny, einem Jazzer und Saxophonspieler, der Marihuana raucht (CORTÁZAR 1963).

Eliade selbst spricht das Thema direkt an: In einer anderen phantastischen Novelle, *Dayan* (beendet im Januar 1980), in der er – wie Jünger – über die „Fähigkeit der Zeit, sich zu konzentrieren und auszudehnen je nach Umständen" spricht (ELIADE 1992: 136). Es ist Ahasver (Ahasverus bei Eliade) selbst, *Der Ewige Jude*, die Figur aus der Legende, die von Jesus verdammt wurde, nie zu sterben, der in der Novelle die Zeit mit einer variablen Geometrie personifiziert. Seit zweitausend Jahren irrt er ruhelos durch die Welt. Über die Entstehung und die Verbreitung der Legende vom Ewigen Juden in Europa und darüber, wie sie in die rumänische Kultur kam (und in Eliades Prosa) habe ich mich an anderer Stelle beschäftigt (OIȘTEANU 2010: 452). Die unglaublichen Reisen des Helden der Novelle, Dayan (ein begnadeter Mathematikstudent), spielen sich nicht im Raum ab, sondern in der Zeit. In der Rolle des Stalkers, als „schamanischer" Wegbegleiter, folgt ihm Ahasver. Dayan erklärt: „Ich habe etwas Paranormales, Eigenartiges erlebt, sagen wir, etwas ‚Ekstatisches', aber für mich war es entscheidend, denn es bot mir die Möglichkeit des absoluten Gleichnisses."

Laut der Legende ist Ahasver verdammt, bis ans Ende der Welt ruhelos durch die Welt zu irren. In Mircea Eliades Roman geht der *Ewige Jude* eine Lehrer-Schüler-Beziehung mit Dayan ein, um zu erfahren, wann das Ende der Welt kommen wird, wann er also befreit sein wird: „Das Einzige, was ich mir wünsche ist: sterblich wie ich bin eines Tages zu sterben wie alle anderen" (ELIADE 1992: 141).

Die Geschichte spielt im Bukarest des Jahres 1970. Durch die eigenartigen Reisen und „übersinnlichen Fähigkeiten" Dayans stutzig geworden, isoliert die Securitate ihn in einem psychiatrischen Sanatorium. (Auch der Held einer anderen Erzählung von Eliade, *Tinerețe fără de tinerețe* [Jugend ohne Jugend], durchläuft einen Zustand von *Altered State of Consciousness*, wird in einem speziellen Irrenhaus untergebracht und weckt das Interesse des Geheimdienstes: Staatssicherheit und Gestapo.) Im Sanatorium wird Dayan das „Wahrheitsserum" Scopolamin verabreicht und alles, was er danach unfreiwillig im Schlaf sagt, ein tiefer Schlaf, wie „ein Zustand der Katalepsie", wird aufgenommen. Es geht um eine „bestimmte Art Schlaf", sagt der Held der Erzählung, der das „Wahrheitsserum" bekommen hat: „Ich ziehe Narkose und Spritzen mit „Wahrheitsserum" der klassischen Behandlung der Schizophrenie mit Elektroschocks vor" (ELIADE 1992: 169). Manchmal bitten die Mitarbeiter der Securitate die Ärzte, ihn mit einer Koffeinspritze zu wecken, um ihn zu befragen. Als klar wird, dass der Fall „verloren" ist, sollen die Ärzte den jungen

Mathematiker „euthanisieren" mit einer Überdosis der „Wahrheitsdroge" (ELIADE 1992: 129–183).

In einer Rezension zur ersten Auflage des vorliegenden Buchs bezieht sich Tudor Crețu auf die Erzählung Dayans und schreibt: „Es ist der direkteste Verweis in Eliades Prosa auf eine Droge, Scopolamin, das das giftigste Alkaloid des Bilsenkrauts enthält. Scopolamin ist in der Tat ein starkes Betäubungsmittel, das aus den Blättern und Samen des Bilsenkrauts, der Alraune und des Stechapfels gewonnen wird, aber es kann auch synthetisch hergestellt werden. Im 20. Jahrhundert wurde es als „Wahrheitsserum" bezeichnet und unter anderem zur Befragung Krimineller, Geheimdienstagenten aber auch politischer Gefangener verwendet. Zu diesen Zwecken wurde das Alkaloid vor allem vom sowjetischen Geheimdienst und in anderen kommunistischen Ländern verwendet, um den politischen Gegner bestimmte Wahrheiten gegen ihren Willen zu entlocken (RUDGLEY 2008: 300). Mircea Eliade wusste darüber offensichtlich Bescheid.

Es ist sehr wahrscheinlich, dass der Religionshistoriker über diese Praktiken der Securitate von ehemaligen politischen Gefangenen erfahren hat, die er 1964 nach deren Befreiung in Chicago besuchen konnte. Möglicherweise war einer von ihnen Bartolomeu Anania, mit dem sich Eliade Ende der sechziger Jahre mehrmals traf (ANANIA 2009: 590). Der Archimandrit Anania wurde 1965 von der Rumänischen Orthodoxen Kirche (aber auch von der Abteilung für auswärtige Informationen der Securitate, wie Ion Mihai Pacepa behauptet) für mehrere Jahre beauftragt, die Missionsdiözese der rumänischen Orthodoxen Kirche neu zu organisieren. In seinen Memoiren (die 2006 in der Presse und 2008 als Buch erschienen), gab Anania, der 2006 Metropolit von Cluj, Alba, Crișana und der Maramureș geworden war, der Einnahme von Scopolamin die Schuld daran, dass er in der Zusammenarbeit mit der Securitate 1959 über das Ziel hinausschoss, als er sich in der Gefangenschaft der Securitate in Ploiești befand.

Umso mehr [Denunzierungen] ich schrieb, umso mehr stieg in mir die Lust zu sprechen, zu bezeugen, mir das Herz auszuschütten und der Drang, zu denunzieren, mir nichts entgehen zu lassen. Mehr noch, meine Einstellung war auf den Kopf gestellt. Herrschte vorher in mir die Tendenz vor, meine Freunde zu schützen und so wenig wie möglich auf sie kommen zu lassen, so spürte ich eine Art Lust, nun bei ihnen Fakten und Haltungen zu finden, die sie als Gegner des [kommunistischen] Regimes qualifizierten. [...] Ich schrieb und schrieb und hörte nicht auf und ich wunderte mich über mich und schrieb weiter in einer Art Wut auf alle, die damals frei waren, während ich im Gefängnis saß. Ich schrieb wie ein Besessener, ich war böse geworden. Ich war mir bis zu einem gewissen Punkt dessen bewusst, was ich tat, aber ich spürte ein schmerzhaftes Vergnügen, mir so das Bewusstsein zu peitschen und mich schändlich gegen meine eigene Natur zu verhalten. In der Nacht konnte ich nicht einschlafen, weil ich darüber nachdachte, was ich am nächsten Tag schreiben könnte.

Zu einem bestimmten Zeitpunkt kam ihm die Idee, dass ihm die Offiziere der Securitate Drogen in den „Kaffee" (aus Gerste) mischten, den er morgens bekam.

Da schoss mir eine Frage durch den Kopf: Was passiert mit mir? Warum schreibst du mit solcher Wut über die Menschen, die du achtest und liebst? [...] Ich hatte davon gehört, dass die Securitate Drogen in das Essen Gefangener mischten, ‚Ehrlichkeitsdrogen‘, die verursachten, dass man seine Psychologie änderte und alles berichtet, was man weiß, konnte dem aber nicht wirklich Glauben schenken. (Viel später erfuhr ich von der Existenz von Scopolamin, das auch ‚Wahrheitsserum‘ genannt wird, eine Droge, die Einfluss auf das zentrale Nervensystem hat und nach dessen Einnahme der Befragte gezwungen ist, alles zu sagen, was er weiß. In den entwickelsten Ländern ist die Verwendung illegal und ohne Wirkung in den Instanzen der Justiz.) Jemand erzählte mir vom Fall des Bruders Benedict Ghiuş, der – vielleicht aus Versehen – eine Überdosis hatte und während der Verhandlung in der Zelle im Uranus auf einem Bein sprang. Aber ich wiederhole, ich war nicht dazu bereit, solchen Annahmen allzu viel Glauben zu schenken (ANANIA 2009: 299–300).

Zurück zu Eliades Prosa und den halluzinogenen Substanzen. Matei Călinescu kommt bei der Betrachtung der Erzählung *Un om mare* [Ein großer Mensch] zu interessanten Schlussfolgerungen. Der Literaturhistoriker geht von einem unveröffentlichten Tagebucheintrag Eliades vom 30. Juni 1968 aus. Den Text hatte er von Mac Linscott Ricketts bekommen. In der Passage schreibt Eliade, dass die Ontophanie des Cucoaneş „die Erfahrung Aldous Huxleys vorwegnimmt, nachdem er Mescalin nahm und zum ersten Mal sah, dass [...] die

Objekte in seiner Umgebung *existieren*". Das Buch, in dem Huxley den Mescalinrausch beschreibt und auf das sich Eliade wahrscheinlich bezieht, ist *The Doors of Perception*, erschienen 1954.

Laut Matei Călinescus Transkription fährt Eliade in seinem Tagebuch fort: „Die Erzählung [*Un om mare*] schrieb ich im Febr[uar] 1945, einige Jahre vor Huxleys Erfahrungen [mit Mescalin]. Unnötig, dass ich erkläre, *warum*. Cucoaneş hatte eine ontophanisch-universelle Offenbarung". Könnte es sein, fragt sich Matei Călinescu, dass sich der Religionshistoriker „auf eine mögliche Drogenerfahrung bezog, die er vor Huxley hatte?" (CĂLINESCU 2002: 73).

Ich habe mit Mac Linscott Ricketts (dem ich hiermit danke) die Korrektheit des Zitats aus Eliades Tagebuch geprüft. In einem Brief vom 15. September 2007 schickte mir der amerikanische Professor den Satz, wie er korrekt im Tagebuch steht: „Unnötig, dass ich erkläre, *warum* Cucoaneş eine ontophanisch-universelle Offenbarung hatte". Matei Călinescu hatte aus Versehen den Satz durch einen inexistenten Punkt in zwei Sätze geteilt. Seine Frage, ob Mircea Eliade in seiner Jugend Drogen genommen hat, bleibt aber vollkommen legitim. Ich werde im Kapitel zu Mircea Eliade auf diese Frage zurückkommen.

Buntes Hören

Einige Teile dieses Bandes wurden ursprünglich in der Zeitschrift *22* publiziert (OIŞTEANU 2008). Sie hatten ein großes Echo in der Presse, unter anderem in einem Artikel von Adrian Mihalache (MIHALACHE 2008). Vollkommen richtig behauptete der Essayist, es gebe einen wichtigen Unterschied zwischen den Begriffen „experienţă" [Erfahrung] und „experiment" [Experiment], und dass wir auf diese Unterscheidung achten sollten, vor allem, wenn wir von der Verwendung technischer oder psychotroper Substanzen sprechen. „Im Prinzip befand sich der Körper des Experimentators außerhalb des Experiments, während man eine Erfahrung mit dem ganzen Körper erlebt." Normalerweise müsste der Experimentator absolut objektiv bleiben, mit weißem Kittel und Gummihandschuhen, und „kalt" in ein Heft das Vorgehen und die Resultate des Experimentes eintragen. Wie wir aber gesehen haben, behielten Nicolae Leon, Eduard Pamfil und Nicolae Minovici weder ihren Körper noch ihren Kopf „außerhalb des Experiments". Es ging natürlich wie bei anderen Gelehrten um ein Selbstexperiment, bei dem die eigenen Erlebnisse aufgeschrieben werden sollten, was grundlegend war, um die komplizierten psychischen Mechanismen zu verstehen.

In der psychiatrischen Landschaft Rumäniens hat Gheorghe Marinescu systematisch wissenschaftliche Experimente bei Freiwilligen unternommen, denen er psychotrope Substanzen verabreichte. Zunächst koordinierte er Experimente bei Freiwilligen (auch Malern), die 1929 von einem seiner Schüler, Vasile Sava, durchgeführt wurden. Dieser untersuchte „das bunte Hören", das durch „Vergiftung mit Mescalin" entstand, in einer „Klinik für Nervenkrankheiten", die von Professor Marinescu geleitet wurde.

Sava notierte:

Aus den zwölf Experimenten geht hervor, dass dieses Alkaloid eine starke Anregung der unterbewussten Imagination auslöst, die sich in einen sehr eigenartigen visuellen Rausch überträgt, der im Vorüberziehen lebhafter und bunter Bilder besteht, die vom Einfachen zum Komplexen übergehen und vom Konkreten zum Abstrakten, hin zu Phantasmen in einer ständigen Bewegung, Drehbewegung oder Wellenbewegung, die begleitet sind von diversen psychisch-physiologischen Phänomenen. […] Ein wichtiges Phänomen bei der Verabreichung von Mescalin ist der Zustand von Hyperästhesie aller Sinne, vor allem des Tast-, Hör- und Sehsinns. Jede externe Erregung wird mit einer bunten Vision verbunden (SAVA 1929: 22–23).

Professor Gh. Marinescu erforschte selbst das Phänomen des „bunten Hörens" und veröffentlichte in den ersten Jahrzehnten des 20. Jahrhunderts mehrere Studien zu diesem Thema in akademischen Zeitschriften in Frankreich und Rumänien (MARINESCU 1911 und 1931). Marinescu und sein Schüler Vasile Sava führten die Untersuchungen fort, die Eduard Grüber (1861–1896), der Literatur nur als psychologische (oder psychiatrische) Auskunft über den Schriftsteller betrachtete, in der zweiten Hälfte des 19. Jahrhunderts unternommen hatte, (GRÜBER 1888). Grüber wurde 1889 von Titu Maiorescu mit einem Stipendium an die Universität Leipzig geschickt, wo er mit dem berühmten Wilhelm Wundt in dessen Labor für experimentelle Psychologie zusammenarbeitete. 1894 gründete Eduard Grüber mit der Unterstützung des Ministers für Kultur und öffentliche Bildung, Tache Ionescu, Titu Maiorescus und des Rektors der Universität, Nicolae Culianu, in Iași ein Laboratorium für experimentelle Psychologie und war der erste, der in Rumänien das Phänomen des „bunten Hörens" unter dem Einfluss psychoaktiver Substanzen untersuchte (DRĂGAN 1996: 296). Er war verheiratet mit Virginia, einer der Töchter von

Veronica Micle, und starb nervenkrank im Alter von fünfunddreißig Jahren in einem Sanatorium in Wien. Interessant ist, dass die Manuskripte Grübers aufbewahrt und Professor Gheorghe Marinescu von Titu Maiorescu zur Verfügung gestellt wurden.

Unter dem Einfluss von Betäubungsmitteln (Mescalin vor allem) geraten Menschen in einen Zustand der Synästhesie (Verbindung verschiedener Sinne). Ein Hörstimulus löst zum Beispiel ein Bild aus. So erklärt sich zum Beispiel das laute Auftreten der Mexikaner, die unter Escalin stehen: Schüsse in die Luft, Jauchzer, Verwendung von Trommeln usw. Die Geräusche sorgen für Lichtexplosionen. Ich denke, ich sollte kurz bei diesem psychischen Phänomen verweilen, das durch die Einnahme psychotroper Substanzen verstärkt wird, wobei, wie Mircea Cărtărescu sagt, auch Kinder ein *audition colorée* kennen (CĂRTĂRESCU 2001: 383).

Verschiedene symbolistische und romantische Schriftsteller, die unter Drogen schrieben, sprachen in ihren Werken das Thema der Synästhesie oder des „audition colorée" an: „A noir, E blanc, I rouge, U vert, O bleu : voyelles" (Arthur Rimbaud, *Sonnet des voyelles*, 1871, was Mircea Demetriade nachahmte, *Sonuri și culori*, 1906); oder „Les parfums, les couleurs et les sons se répondent" (Charles Baudelaire, *Correspondances*, 1857). Baudelaire beschrieb 1851 seine Synästhesie und Hyperästhesie nach der Einnahme von Haschisch. „Les sens deviennent d'une finesse et d'une acuité extraordinaires. […] Les sons ont une couleur, les couleurs ont une musique. […] Les proportions du temps et de l'être sont dérangées par la multitude innombrable et par l'intensité des sensations et des idées" (BAUDELAIRE 2012: 79).

Eine bekannte Figur bei Edgar Allan Poe, Roderick Usher, leidet unter krankhafter, psychotischer Hyper- und Synästhesie. Die Sinne entgleiten ihm und lösen bei ihm Panikattacken aus: „there were but peculiar sounds, and these from stringed instruments, which did not inspire him with horror". Seine eigenartigen Rapsodien komponiert er mit der Gitarre in einem Zustand „of that intense mental collectedness and concentration to which I have previously alluded as observable only in particular moments of the highest artificial excitement". Roderick Usher verhält sich wie „irreclaimable eater of opium, during the periods of his most intense excitement" (*The Fall of the House of Usher*, 1839).[62] Manche Literaturhistoriker glauben, der psychotische Zustand der Figur habe mit einer „möglichen Verwendung von Opium durch den Autors

---

62 http://www.gutenberg.org/files/932/932-h/932-h.htm (Zugriff 26. Oktober 2013, 16:30).

als Stimulus seiner Vorstellungskraft zu tun" (CUȚITARU 2009: 28). Auch eine andere Figur bei Poe, Augustus Bedloe (*A Tale of the Ragged Mountains*, 1844), bekommt Hyperästhesie durch Morphium.

Ich merke die am Ende banale Tatsache an, dass manche Drogen Anästesie (Verringern der Sinne), andere Hyperästhesie (Überreizung der Sinne) und wieder andere Synästhesie (Verbindung verschiedener Sinne) auslösen. Alexandru Macedonski nimmt einen besonderen Platz ein in der Reihe der Dichter, die ihre Hyper- und Synästhesie kultivierten. Er suggerierte sie nicht nur in seinen Schriften, sondern experimentierte damit und theoretisierte sie. *Cartea de aur* [Das goldene Buch], das er Ende des 19. Jahrhunderts schrieb, wurde 1902 veröffentlicht (BAR nr. 3216). Der Text enthielt eine Notiz, die der Dichter in der dritten Person geschrieben hatte: „In der Vorstellung des Autors muss jedes Kapitel seines Singgedichts das Gefühl einer Farbe durch die verwendeten Bilder auslösen und jedes Kapitel, das auf Papier gedruckt ist, eine entsprechende Nuance. Außerdem bricht Alexandru Macedonski mit der Tradition der Vergangenheit, sich nur an zwei Sinne des Lesers zu richten: das SEHEN und das HÖREN. Er möchte, dass GERUCH, GESCHMACK und TASTSINN in eine Linie mit den ersten kommen".

Später (wahrscheinlich 1906, als das Buch in Paris unter dem Titel *Calvaire de Feu* erschien, transkribierte Macedonski den Text auf Französisch und verwendete Tinte unterschiedlicher Farbe (rot, grün, blau, schwarz, silber) und besonderes Papier (OIȘTEANU 1987, 1988; 2008: 124–135). Da der Held des Singgedichts „anormalen Sinne" hatte (wie sich der Autor ausdrückte) war, ist der Aufruf zu so einer Technik keine „Mystifizierung", wie G. Călinescu glaubte (CĂLINESCU 1986: 525). 1910 sah V.G. Paleolog diese Manuskripte von Macedonski und kommentierte sie später, 1944, in einer Arbeit mit dem Titel *Visiunea și audiția colorată sinestesică la Al. Macedonski*: [Synästesie bei Al. Macedonski]: „zeigten sich durch eine einzigartige Darstellungstechnik für die damalige Graphik in der Literatur" (PALEOLOG 1944).

In einem Gedicht von Oktober 1921 trägt Ion Barbu an einem Abend unter dem Einfluss von „feinem Tabak" und „arabischem Balsam" Gedichte von Rimbaud nach Silben vor und navigiert das „bâteau ivre" und denkt an „den visuellen Wert von a, e, i, o, u" (BARBU 1970: 91–92). Für Barbu ist Rimbaud ein „Methodiker des Deliriums" und sein „berühmtes Sonnett der Vokale" ist eine „Revision – durch Ekstase – der großen Tage des Schaffens" und nicht die Anwendung „der armen Theorie" der *audition colorée*. „Wie auch bei *Apocalypse*, nur auf der anderen Seite der Kette von Wirkung und Ursache", sagt

Barbu in einem Essay mit dem Titel *Rimbaud*, „geben die fünf grundlegenden Töne der Sprache, die Vokale bei Rimbaud den Bildern dieser riesigen Konzepte ein Maß. Wie weit sind wir von der albernen Interpretation seiner Zeitgenossen entfernt, die in dem Meisterwerk Rimbauds eine Anwendung der armseligen Theorie, die damals in Mode war, sahen: der Audition colorée!" (BARBU 1970: 339–344).

Auch Doktor Zerlendi, die Figur in Mircea Eliades *Secretul doctorului Honigberger* (1940), erlebt Zustände der Synästhesie. Nach ein paar Sitzungen *Hatha Yoga* mit rhythmischer Atmung lernt Zerlendi ein einziges Mal pro Minute zu atmen: Zwanzig Sekunden Einatmen, Anhalten und Ausatmen. „Ich hatte den Eindruck, ich kehre in eine Spektralwelt zurück, wo ich nur Farben sah, die fast ohne Formen und ohne Konturen waren. Eher farbige Flecken. Dagegen beherrschte das tönende Universum die Welt der Formen. Jeder helle Fleck war eine Quelle von Tönen" (ELIADE 1953: 143 Diesmal liegt es nicht an psychotropen Substanzen (im Gegenteil, Zerlendi hatte gerade aufgehört zu rauchen, zu trinken, Kaffee und Tee zu trinken und all das), sondern an psychotropen Techniken (rhythmische Atmung und Yoga-Meditation).

Die Kommentare des Erzählers (alias Mircea Eliade) machen das synästhetische Bild komplett:

Soviel ich verstehe, wollte der Doktor hier den Versuch machen, in einigen, eine nur annähernd richtige Vorstellung vermittelnden Zeilen auf den tönenden Kosmos einzugehen, der den Eingeweihten erst zugänglich wird, wenn er wiederholt über die Töne, über die ‚mystischen Silben' meditiert hat, von denen die Traktate des Mantra-Yogo handeln. Und wirklich scheint man von einer gewissen Höhe des Bewußtseins ab nur mehr Tönen und Farben zu begegnen, während die eigentlichen Formen wie durch Zauber verschwinden (ELIADE 1953: 143–144).

Es muss an dieser Stelle daran erinnert werden, dass sich Mircea Eliade bereits in der Jugend für Synestäsie und *audition colorée* interessierte. Mit achtzehn Jahren schrieb er unter dem Pseudonym M. Gheorghe einen Essay mit dem Titel „die Farbe der Töne" (Știu-tot [Ich weiß alles], Nr. 14, Dezember 1925). Der junge Eliade berichtete über dieses Phänomen aus „dem Bereich der Psychiatrie", besonders über „die Verbindung zwischen menschlichen Sinneswahrnehmungen, vor allem die *Farbe der Töne*" (ELIADE 1996: 345).

Auch Gellu Naum war „Synästesist". Der Dichter beherrschte psychedelische Techniken, ohne psychedelische Substanzen zu sich nehmen zu müssen. Gellu Naum drückte dies im surrealistisch-parnassischen Gedicht *Eftihia* (aus dem Band *Fața și suprafața*, 1994), in dem die „psychedelischen Farben mit Blut in Panik" betrachtet werden. In den „schwarzen Löchern des Geistes", in „dem versunkenen Schloss", das *Eftihia* (Griechisch für Glück) heißt, sind die Töne und das Schweigen bunt, und Bilder sind akustisch: „das grüne Schweigen", „der unwiderstehliche, sonore Nebel, durchtränkt von geschriebenen Tönen", „darüber sehe ich unser Flüstern", „Ich betrachte mit den Ohren, höre mit den Augen Töne, die Wesen und Dinge sind, Feuer und Gruben für den Kalk", „ich denke in akustischer Sicht des großen schwarzen Panthers" etc. (NAUM 1994: 87–91).

Der Neurologe Gheorghe Marinescu

Zwischen 1932 und 1933 untersuchte Gheorghe Marinescu an sich selbst die Wirkungen des Mescalin. Er führte die von Prentis & Morgan (1895) begonnenen und von Mitchell, Ellis & James weitergeführten Forschungen weiter, die an sich selbst die Wirkung des *Peyotl* untersucht hatten. Die Euphorieempfindungen und die audition colorée waren so stark und einmalig, dass „sie mangels geeigneter Worte nicht in die gängige Sprache übersetzt werden können" (MARINESCU 1934: 342–343).

Der rumänische Neurologe war vor allem durch Experimente beeinflusst, die an der psychiatrischen Klinik Heidelberg von Dr. Kurt Beringer unternommen wurden, dem Autor des bekannten Traktats zum „Meskalinrausch" (BERINGER 1927). Der deutsche Arzt spritzte sechzig hoch gebildeten Probanden (vor allem Ärzte, Studenten, Mediziner, Philologen, Maler etc.) Mescalin. Ernst Jünger sprach aber mit Vorbehalt von den Untersuchungen Beringers zu den Wirkungen des Mescalin. Beringers Buch von 1927 sei „eine umfangreiche aber wenig tiefgründige Monographie" (JÜNGER 2008: 57).

Ich zitiere Ernst Jünger als Autorität auf dem Gebiet, obwohl er weder Psychiater, Arzt oder Apotheker war (er wuchs aber im Labor seines Vaters, eines Apothekers, auf). Er wurde vom Schweizer Orientalisten Rudolf Gelpke als Drogenforscher bezeichnet, eine Bezeichnung, die auch auf Gelpke selbst zugetroffen hätte (GELPKE 1966). Beide nahmen in den fünfziger und sechziger Jahren an Privatexperimenten teil, bei denen zusammen mit dem echten „Drogenforscher" Albert Hofmann, dem Schweizer Chemiker, der 1943 LSD synthetisierte, psychedelische mexikanische Pilze, ein Extrakt aus Kornrade und andere halluzinogene Substanzen eingenommen wurden.

Zu Beginn der dreißiger Jahre spritzte Gh. Marinescu ebenfalls einer Reihe von Freiwilligen (Schriftsteller, Maler, Studenten, Patienten) Mescalin und notierte dann ihre Reaktionen. Die Ergebnisse der Experimente wurden im Rahmen einer Konferenz der „Stiftung Carol I." im November 1932 vorgetragen. Während des Vortrages zeigte er Bilder, auf denen Cornelia Michăilescu im Mescalinrausch zu sehen war. 1934 präsentierte Marinescu die Ergebnisse dieser Recherchen in einer rumänischen Zeitschrift und, später bei einem Ärztekongress in Paris.

Die Wirkungen, die während des Rauschs auftreten, sind: Euphorie, Mydriasis (Weitstellung der Pupille), Enthemmung, Gefühl der Entmaterialisierung, Halluzinationen, Traumdelirium, Verlust des Zeitempfindens, Störung des Raumempfindens, Makropsie, Bewusstseinsveränderung und vor allem Synästhesie. Marinescu schreibt:

Unter dem Einfluss von Mescalin entstehen Hyperästhesie der Sinne und der Wahrnehmung. Gehör, Sehvermögen und Tastsinn sind vor allem betroffen. Töne und Geräusche verbinden sich zu visuellen Bildern. Die Aussprache der Vokale und Konsonanten ergibt bunte Bilder. […] Tast-, Geruchs- und Geschmacksreize verbinden sich ebenfalls zu bunten Visionen (MARINESCU 1934: 348).

Auf Grund der Synästhesieeffekte bei der Selbsteinnahme von Mescalin testete er den „Mescalinrausch" an sieben Malern. Drei davon ließen sich identifizieren. Es sind Ludovic Basarab, Paul Molda und Corneliu Michăilescu. Die letzten beiden „reproduzierten die Bilder, die sie unter Mescalin gesehen hatten mit Farben". Dem Maler Paul Molda (1884–1955) wurden nacheinander zwei Dosen Mescalin mit jeweils 0,25 Gramm verabreicht, weil die erste Dosis „keinerlei ungewöhnliche Empfindung" verursacht hatte. Erst nach der zweiten Dosis hatte er die üblichen Symptome: Euphorie, Synästhesie, audition colorée, polychrome Visionen, rasche Veränderung der Bilder, die durch Geräusche und Musiktöne erzeugt wurden, alptraumhafte Halluzinationen usw. (MARINESCU 1934: 356–358).

Interessant sind die allgemeinen und zusammenfassenden Beobachtungen, die Marinescu beim nochmaligen Durchgehen der Blätter aller Maler, denen er Mescalin verabreicht hatte, machte.

Zusammenfassend lässt sich sagen, dass es bei den Malern, die von uns untersucht wurden, zunächst einen individuellen Faktor gibt und einen, der von der körperlichen Verfassung abhängt. Beide spiegeln sich in den bedingten Reflexen, die erlernt sind und die Art und Weise und Stärke der Phantasmen beeinflussen, die unter Mescalin entstehen. Der Beruf und die Kultur des Subjekts spielen eine wichtige Rolle bei den optischen Phänomenen unter Mescalin. Die Halluzinationen sind in der Regel angenehm, manchmal prächtig. Die von uns untersuchten Maler waren begeistert vom Reichtum und der Schönheit der Farben. Affektivität und Emotionalität sind während des Mescalinrauschs übertrieben, allerdings nicht so stark, dass sie an die Realität der Phantasmen glauben. Dennoch sind Selbstkritik und Urteilsvermögen verringert (MARINESCU 1934: 358).

Gh. Marinescu war daran interessiert, den Mescalinrausch bei gebildeten Menschen mit intellektuellen und künstlerischen Fähigkeiten zu untersuchen. Es handelt sich um Menschen, die ihre psychischen Zustände deutlich beschreiben können. „Wenn wir psychologische Analysen durchführen [an Subjekten, denen Mescalin gegeben wurde], dann ist es von Vorteil, sich an Personen mit bestimmten Fähigkeiten zu wenden, wie Intellektuelle im Allgemeinen, Musiker, Maler" (MARINESCU 1934: 350). Auch Ernst Jünger bezog sich bei der Einnahme von Mescalin vor allem auf Künstler und Schriftsteller. „Für den musischen Menschen, den Dichter mag es noch andere Gründe geben, zum Brunnen herab zu steigen, in dem Styx und Lethe sich vereinen, dort entspringt auch der kastalische Quell." (JÜNGER 2008: 58).

Jünger bezog sich auf den Schock, den die Künstler erlebten, wenn sie Mescalin nahmen: „Das Meskalin und seine Verwandten wirken brutaler, herrischer als die Opiate" (JÜNGER 2008: 57). Auch Henri Michaux betonte den großen Unterschied zwischen Cannabis und Haschisch auf der einen Seite und Mescalin auf der anderen Seite und behauptet, wer Haschisch nimmt, nachdem er Mescalin genommen hatte, wird sich fühlen, als steige er von einem Sportwagen auf ein Pony um (MICHAUX 2004: 232).

Der Maler Corneliu Michăilescu

Ein weiterer bedeutender visueller Künstler, der an Experimenten mit Mescalin bei Marinescu teilnahm, war der avantgardistische Maler (und Schriftsteller) Corneliu Michăilescu (1887–1965). Er war damals etwa fünfundvierzig

Jahre alt und Mitglied der künstlerischen Gruppierung um die Zeitschriften *Contimporanul, unu* und *Integral*. Nachdem die Ärzte ihm Mescalin gespritzt hatten, ließen sie ihn Musik von einem Grammophon hören, gaben ihm verschiedene Düfte zu riechen und Zucker, Salz und Pfeffer zu kosten und ließen ihn andere psychotrope Substanzen einatmen (Äther, Alkohol) usw.

Hier ein paar Ausschnitte aus den Beobachtungsblättern zu Michăilescu, die Marinescu und seine Assistenten während des Experiments ausfüllten:

Gefühle von elektrischem Blau. Explosionsartiges Lachen. Ein Stück Zucker löst die Vision von Engeln um Jesus herum aus. Er hat das Gefühl, dass seine Zunge und seine Lippen riesig geworden sind. Salz löst erotische Gefühle aus. [...] Er beginnt seine Visionen zu malen. Ocker ist für ihn Perlmutt. Einen Punkt stellt er schwarz dar. Zwei gelbe Linien sind zwei Personen, die sich küssen. [...] Er fertigt mehrere Skizzen an und wiederholt immer wieder das Wort 'perlaceu'. Er zeichnet ein 'Menuett in blau', inspiriert durch das Menuett von [Ian] Paderewski. Während der Arbeit hat er eine von ihm selbst als despotisch bezeichnete Haltung und tendiert zur Polemik (MARINESCU 1934: 354–355).

Andrei Pintilie, ein aufmerksamer Beobachter der rumänischen Avantgarde, entdeckte am Anfang der dreißiger Jahre eine Zäsur in „der Entwicklung der Konzepte bei Michăilescu hin zu einer vollkommen anderen Kunst". „Diese ‚progressive' Veränderung, die 1933 ihren Höhepunkt erreichte", wurde von Pintilie „mit den Mescalin-Erfahrungen in Verbindung gebracht", die Marinescu organisierte. Der Titel des Buches von Andrei Pintilie (das von seiner Schwester Ileana Pintilie redigiert wurde) ist *Ochiul în ureche* [Auge im Ohr], eine Andeutung auf audition colorée (PINTILIE 2002).

„Ob nun Michăilescu nach der Erfahrung unter ärztlicher Kontrolle weiter Mescalin nahm oder nicht, das neue Universum, das sich ihm auf diesem Weg erschloss, hat seine Spuren in seinem gesamten Werk bis 1938, als er an einer schweren Depression litt, hinterlassen (PINTILIE 2002: 45). In seiner Studie von 1979 versprach Pintilie, er werde an anderer Stelle „über die Experimente mit Mescalin und ihren Einfluss auf C. Michăilescu" schreiben. Vielleicht tat er das in der unveröffentlicht gebliebenen Monographie über den avantgardistischen Maler, die anscheinend im Archiv des *Institutul de Istorie a Artei* [Institut für Kunstgeschichte] liegt. „Die Visionen, die [Michăilescu] unter dem Einfluss der Droge hat, werden in Zeichnungen umgesetzt", schrieb Ruxandra Dreptu.

Nach den Rauschmittelerfahrungen „geht seine stilistische Entwicklung vom Kubismus zum Surrealismus über" (KESSLER 2007).

Zwischen 1912 und 1915 studierte Corneliu Michăilescu in Florenz. 1915, auf dem Weg nach Bukarest, hielt der Maler in Zürich, wo er sich mit Tristan Tzara und Marcel Iancu traf, die den Aufstand im „Cabaret Voltaire" vorbereiteten. Später blieb er immer in der Nähe der avantgardistischen Gruppierungen und Zeitschriften in Bukarest (*Contimporanul*, *unu*, *Integral* etc.). Anfang 1933 eröffnete er in Bukarest eine eigene Ausstellung. Er stellte Aquarelle aus, die er unter Mescalin gemalt hatte. Als sein Freund Saşa Pană am 5. Februar 1933 die Ausstellung besuchte, war er vor allem von diesen Arbeiten beeindruckt. Es ist interessant, was Saşa Pană (in seiner doppelten Stellung als Arzt und Avantgardist) dazu in seinen Memoiren schrieb:

Mein Freund Corneliu Mi[c]hăilescu hat eine wichtige Ausstellung eröffnet. Aquarelle von halluzinierender Farbe. Der Maler stand einige Zeit unter der Beobachtung des bekannten Neurologen Gh. Marinescu. Dieser gab ihm Mescalinspritzen, ein Alkaloid, das bunte Visionen auslöst. Die Ergebnisse veröffentlichte er in einer breiten Studie, die in der Zeitschrift ‚La Presse médicale' erschien, zusammen mit ein paar Reproduktionen der Arbeiten, die der Maler unter dem Einfluss von Mescalin geschaffen hatte. Für einen Neurologen sind auch die, die nun ausgestellt wurden, unter dem Einfluss des Alkaloids entstanden. Ich erkenne Einflüsse von Paul Klee und Picasso.

Saşa Pană war extrem beeindruckt von diesen Experimenten mit Rauschmitteln. Aufgeregt erzählte er auch anderen davon, und nachts hatte er einen eigenartigen Traum, der an die Halluzinationen unter Mescalin erinnerte, die der Maler hatte. „Intensive Farben, die besonders prägnant waren [im Traum] und die ich bemerkte wie ein wichtiges Detail, und sogar die Halluzinationen von einem galoppierenden Pferd sind verbunden mit den Gesprächen vom Vortag, bei der Ausstellung, mit Corneliu Mi[c]hăilescu, über die Mescalinspritzen und die bunten Visionen, die sie auslösen" (PANĂ 1973: 399–401). Interessant ist, dass der Maler Michăilescu nicht nur kein Geheimnis aus seinen Mescalinexperimenten und den dabei entstandenen Gemälden machte, sondern er erzählte auch allen, die es hören wollten, davon. Er erzählte es dem Dichter Saşa Pană 1933 und – wie wir sehen werden – drei Jahrzehnte später, 1965, dem Kunstkritiker Petre Oprea.

Corneliu Michăilescus Geschichte ähnelt in gewisser Weise der des polnischen avantgardistischen Malers (und Schriftstellers) Stanisław Ignacy Witkiewicz (1885–1939), der das Pseudonym Witkacy trug. Witkiewicz begann ebenfalls in den dreißiger Jahren, er war auch ungefähr fünfundvierzig Jahre alt, unter dem Einfluss von Drogen, darunter auch Mescalin, zu zeichnen. Wenn er das Gemälde unterschrieb, nannte er auch das Rauschmittel, unter dessen Einfluss er es gezeichnet hatte. Am 1. September 1939, als die deutsche Armee den Westen Polens besetzte, floh er in den Osten des Landes. Nachdem die sowjetische Armee in Ostpolen einmarschierte, am 17. September, nahm er sich zwei Tage später das Leben.

Corneliu Michăilescu zog sich 1933 nach Cernica in der Nähe von Bukarest in ein von Marcel Ianco projektiertes Haus zurück. In den dreißiger Jahren bekam er oft Besuch von Freunden wie Victor Brauner, M.H. Maxy, Marcel Iancu, Ion Minulescu u.a. Nach dem Krieg lebte der Maler aber zurückgezogen wie ein Einsiedler und wurde von der offiziellen proletkultischen Kunst, die in den ersten beiden Jahrzehnten des kommunistischen Regimes herrschte, isoliert.

Der Kunstkritiker Petre Oprea besuchte den Maler im Oktober 1965, als das sogenannte ideologische „Tauwetter" begann. Das war wenige Wochen vor dem Tod Michăilescus. Er hatte Magenkrebs und linderte die schlimmen Schmerzen mit Morphium. Petre Oprea fand dreißig Jahrzehnte nachdem sie geschaffen worden waren, Gemälde, die Michăilescu in den dreißiger Jahren unter Mescalin gezeichnet hatte, an einem Ehrenplatz. Die Bewertung hinsichtlich der Verbindung zwischen bewusst und unbewusst, zwischen Rationalität und Halluzination beim Malen dieser Bilder ist es wert, in Gänze zu zitieren:

Da auf der linken Seite [des Ateliers] Werke angeordnet waren, die mich reizten, weil sie so schwer verständlich waren, bat ich [den Maler] um Erklärung. Sie drückten keine seelische Unruhe aus, sondern waren das Resultat medizinischer Experimente. Er hatte sie in einem fast unbewussten Zustand gemalt, unter dem Einfluss von Mescalin und bei Musik und unter der Kontrolle des Neurologen Ion [eigentlich Gherorghe, Anm. A.O.] Marinescu im Jahr 1933. [...] Obwohl sie in einem Trancezustand gemalt wurden, drücken die Gemälde einen bewussten Seelenzustand aus, der ihn im Moment des Schaffens bewegte. Er fügte unkontrolliert etliche Details hinzu, die aus dem Unterbewussten kamen, das auf Grund der Drogen deutlicher war. Sie lösen beim Betrachter einen unvorhersehbaren Zustand der Neurose aus. Er empfand sie nicht als Ergebnisse eines Experiments, sondern als bewusst geschaffene Werke, denn er war zu jener Zeit getrieben von der Suche nach einer plastischen Psychoanalayse, und betrachtete sie also als eigenes Schaffen (OPREA 1998: 81).

Zwischen 1933 und 1945 schrieb Corneliu Michăilescu, zurückgezogen in dem Haus in Cernica, phantastische und surrealistische Novellen, die erst 2000 veröffentlicht wurden (MICHĂILESCU 2000). Er betrachtete den Einfluss des Neurologen Gheorghe Marinescu als entscheidend auch für seine literarischen Werke. Der Kritiker Petre Oprea ist auch dafür Zeuge: „Über die surrealistische Prosa sagte [Corneliu Michăilescu], dass sie aus nächster Nähe paranormale medizinische Fälle dokumentierten. Er hatte lange mit [Gheorghe] Marinescu und seinen Mitarbeitern gesprochen und besaß eine Vielzahl von medizinischen Abhandlungen zu diesem Thema in seiner Bibliothek (OPREA 1998: 88).

Der Kritiker Petru Comarnescu

Ein weiterer bedeutender Intellektueller der dreißiger Jahre, der freiwillig an den Mescalin-Eperimenten Marinescus teilnahm, war Petru Comarnescu (1905–1970). Zu dieser Zeit (1932–1933) war Comarnescu siebenundzwanzig Jahre alt und ein junger Publizist und Kunstkritiker, ein führender Kopf der Gruppe *Criterion*, und gerade (1931) aus den Vereinigten Staaten mit einem Doktorat in Ästhetik zurückgekehrt. In den Beobachtungsunterlagen wird er mit „P.C." abgekürzt und nur einmal mit „P. Com.". Wichtig ist die Beschreibung der Person in den Unterlagen: „eine Person mit einem breiten Wissen auf dem Gebiet der Soziologie und der Psychologie" und „eine sehr gelehrte Person, Philosoph und Soziologe".

Abb. 23: Petru Comarnescu, 1929, Nationalmuseum für Rumänische Literatur.

Wahrscheinlich bat Petru Comarnescu Marinescu um Diskretion zu seiner Teilnahme an den Mescalin-Experimenten. Comarnescu verliert jedenfalls selbst kein Wort über das Ereignis in seinem Tagebuch. Im Januar 1932 unterbricht er „diese oberflächlichen Aufzeichnungen" im Tagebuch. „Eigentlich habe ich keine Geduld, sie genügend zu überdenken und mich in ihnen zu öffnen. Der Gedanke, dass sie irgendwann von einer anderen Person gesehen werden, verursacht mir Unbehagen. Es sind Dinge, die ich mir selbst verschweige" (COMARNESCU 2003: 20). Das sind Ängste, die wir zehn Jahre später bei seinem Kollegen Mircea Eliade, der ebenfalls in der Gruppe *Criterion* war, in seinem „portugiesischen Tagebuch" wiederfinden.

Andrei Pintilie stellte fest, dass „das Mescalin zwei Charaktereigenschaften des Patienten [Petru Comarnescu] verstärkte: die Geschwätzigkeit und das Vagabundentum der Ideen" (PINTILIE 2002: 245). Ein paar Stellen aus den Beobachtungsunterlagen Marinescus sind aufschlussreich:

Eine Melodie von Bach versetzte [Petre Comarnescu] in einen Zustand der Ekstase und des Leidens. Er weint viel, jammert, es kommt ihm vor, als befinde er sich in der Stratosphäre. Er sieht Legionen von Engeln, fühlt sich erhöht, ohne Geschlecht, transzendent. La Fontaine von Ravel löst bei ihm eine Vielzahl sehr eigenartiger Visionen aus. [...] sein Herz vergrößert sich, er empfindet die Freude der ganzen Welt. Sein Körper zerfällt und er wird sphärisch. [...] Wir legen Zweifel von Glinka auf das Grammophon. Er hat das Gefühl, in Russland zu sein. Im Hals hat er eine große Pfefferkugel. Er befindet sich im Schnee, in Äther. ‚Schnee oder Kokain?' Jean Cocteau, Lokale, in denen Opium geraucht wird, russisches Ballett, Nijinsky. Er sieht Engel aus Watte oder Schnee mit Staub überzogen. [...] Das gleiche Wort erzeugt die gleichen Farben, die Nuancen können aber variieren; manchmal sieht er Farben, die es in der Natur nicht gibt. Musik löst Geruchserlebnisse aus (Auditiv-olfaktorische Synästhesie). Der Trauermarsch löst den Geruch von Chrysantemen und Tuberose aus. Der Übergang von der Realität zum Mescalinrausch und das Zurückkehren in die Realität gehen mit einem tiefen Gefühl von Traurigkeit einher (MARINESCU 1934: 350–352, 360–362).

Wie auch bei Corneliu Michäilescu spielte man Petru Comarnescu während des Mescalinrausches Musik vor (Bach, Ravel, Glinka, Trauermärsche usw.). Aus gutem Grund. Wie bereits erwähnt, verbindet man Mescalin mit Musik (mit Tönen im Allgemeinen). Auch der Dichter Henri Michaux experimentierte Ende der dreißiger Jahre, als er in Südamerika lebte, an der eigenen *Psyché* mit Mescalin und Musik. Zur Beziehung Comarnescus zu Drogen gibt es eine weitere interessante Information. Im August 1932 nahm Comarnescu an einem internationalen Colloquium teil, das in Genf stattfand. Dort traf er Lucian Blaga, der damals Presseattaché der rumänischen Gesandtschaft in der Schweiz war. Ein „englischer Beamter" sprach während eines Vortrags über die Drogenbekämpfung in der Welt und die Maßnahmen des Völkerbunds gegen den Verkauf von Opium in China. Am Ende des Vortrages, in den Minuten, die Fragen und der Diskussion gewidmet sind, greift Petru Comarnescu mit einer Polemik ein, die er in seinem Tagebuch zusammengefasst hat: „Ich fragte den eingebildeten englischen Beamten: Glauben Sie, dass ein Verbot des Drogenkonsums die große Lösung ist? Wenn die Menschen, und vor allem die Armen, Drogen nehmen oder trinken, dann tun sie dies, weil sie unglücklich sind. Was geben Sie ihnen anstelle der Drogen? Geben Sie ihnen ein gerechtes, glückliches Leben, bessere Lebensumstände – und Sie werden sehen, dass die Armen keine Drogen mehr nehmen werden, die ihnen für ein paar Stunden zu einem scheinbaren Glück verhelfen" (COMARNESCU 200: 53–54). Cormanescus Einwurf sorgte für Aufregung unter den Teilnehmern des Colloquiums. Sie teilten sich in zwei Gruppen, schrieb er ironisch: „Die einen gaben mir Recht, die anderen sagten, ich sei Kommunist".

Toxikomanie und Sozialmedizin

Ende des 19. Jahrhunderts, kann man sagen, setzten sich in Rumänien mehr Ärzte und Intellektuelle für die Bekämpfung des Alkoholismus vor allem unter den einfachen Menschen ein. Es ist vielsagend, dass markante Persönlichkeiten wie Iacob Felix, Victor Babeș, A.D. Xenopol 1896 die *Liga Antialcoolică Română* [Antialkoholische Rumänische Liga] gründeten. Die Bewegung wurde politisch. In der Liga waren auch Intellektuelle mit antisemitischen Ansichten, die versuchten, den Kampf gegen den Alkoholismus in einen gegen Juden zu verwandeln. Es ist die Rede von Nicolae Paulescu und A.C. Cuza, die aktiv Stereotypen wie „den Judenwirt", „den Juden, der das rumänische Volk durch Alkohol zerstört", „der Jude, der Getränke vergiftet" usw. verbreiteten (OIȘTEANU 2010: 235ff.).

Zur gleichen Zeit, 1899, verteidigte ein jüdischer Arzt in Iași, Litman Ghelerter (1873–1945), an der Universität Iași seine Doktorarbeit über *Alkohol und Alkoholismus*. Ghelerter betrachtete das Thema aus der Sicht einer gesellschaftlichen Aufgabe der Medizin. Seine professionelle Spezialisierung hatte zu tun mit seiner linken politischen Ausrichtung. Er war ein wichtiger Kopf der sozialistischen Bewegung in Rumänien. Aus dieser Doppelrolle heraus gründete er 1923 in Bukarest die *Societatea de asistență socială și medicală „Iubirea de oameni"* [Gesellschaft für soziale und medizinische Versorgung „Menschenliebe"].

Der Sohn dieses Pioniers der Sozialmedizin in Rumänien, Iuliu Ghelerter (1903–1967), führte sein Werk in gewisser Weise weiter, Menschen am Rande der Gesellschaft und von ihr ausgeschlossene zu versorgen. 1929 absolvierte Iuliu (Jules Ghelerter) sein Medizinstudium in Paris. Während des Studiums macht er ein Praktikum am Pariser Krankenhaus „Henri Rousselle", das auf die Entgiftung Drogensüchtiger spezialisiert war, und von Roger Dupouy (Autor des Buches *Les Opiomanes*, 1912) geleitet wurde. Iuliu Ghelerter verfasste einen detaillierten Fragebogen und gab ihn den Drogensüchtigen im Krankenhaus (Abhängige von Opium/Laudanum, Morphium, Heroin, Kokain, Ether, Haschisch, Chloral u.a.). Die dreißig Fragen handelten praktisch alle Probleme ab, die im Zusammenhang stehen mit der Einnahme von Drogen. Er erhielt fünfzig schriftliche, ziemlich ausführliche Antworten, die er transkribierte und aus einer statistischen und soziologischen Perspektive kommentierte. Das war seine Abschlussarbeit, die er 1929 mit dem Titel *Les toxicomanies. Étude médico-sociale* veröffentlichte.

Die Methode des sozialmedizinischen Fragebogens zur statistischen Untersuchung Drogensüchtiger war nicht neu. Einer der ersten, der diese Forschungsmethode 1879 verwendete, war Dr. Lewinstein, der sich für die soziomedizinischen Aspekte der Explosion der Morphiumsucht nach dem Französisch-Preußischen Krieg 1870–1871 interessierte. Iulius Ghelerter verwendete in seiner Arbeit alle ähnlichen Fragebögen, die es bis dato gegeben hatte, auch jenen, den 1928 ein anderer rumänischer Arzt ausgearbeitet und zwölf Personen zum Ausfüllen gegeben hatte: V. Gogan (*La Morphinomanie*, Thèse de Bucarest, 1928).

Das Ergebnis der Studie von Iulius Ghelerter war im Großen und Ganzen, dass „die Drogensucht eine Gesellschaftskrankheit ist" (die von ökonomischen und sozialen Faktoren ausgelöst wird) und dass sie als solche behandelt werden muss. Es müssen für Drogensüchtige spezielle Krankenhäuser eingerichtet werden und nicht Gefängnisse, in die man besser die Drogenschmuggler und ihre Komplizen stecken solle. Jules Ghelerters Buch von 1929 wird auch heute noch in der internationalen Spezialliteratur zitiert und angesehen als „das bestdokumentierte Werk der Epoche hinsichtlich der sozialen Aspekte der Drogenabhängigen" (RETAILLAUD-BAJAC 2001)

Später, ab 1930, arbeitete Iuliu Ghelerter nach seiner Rückkehr nach Bukarest als Internist zusammen mit seinem Vater am Krankenhaus „Menschenliebe". Nach dem Krieg gab er Vorlesungen zur Medizingeschichte an der Universität für Medizin und Pharmazie in Bukarest. Leider war Iuliu Ghelerter in den fünfziger und sechziger Jahren ein „passionierter Bolschewik", ein überzeugter Kommunist, stur, dogmatisch auch im Privatleben", wie ihn Matei Călinescu beschrieb, der ihn in dieser Zeit gut kannte, da er mit seiner Schwester verheiratet war (CĂLINESCU & VIANU 2005: 351).

Cioran & Ionesco. „Selbstvergessen"

Emil Cioran: „Beruhigungsmittel, um meine Empörung zu zügeln"

Im Alter von zwanzig bis fünfundzwanzig Jahren, also in der Zeit von 1931–1936, durchlief Emil Cioran einen besonderen psychischen Zustand, den er versuchte, in seinem Tagebuch zu beschreiben:

Deux choses qui ont énormément compté dans ma vie : musique et mysthique (donc extase) et qui s'éloignent ... Entre vingt et vingt-cinq ans, orgie des deux. Mon gout passioné pour elles était lié à mes insomnies. Des nerfs incandescents, chaque instant gonflé jusqu'à l'éclatement, envie de pleurer par un intolérable bonheur ... Tout cela a été remplacé par l'aigreur, l'affolement, le scepticisme et l'anxiété. En somme, une baisse de la température intérieure – qui explique seule pourquoi je suis encore en vie. Car s'il m'avait fallu persévérer à l'état d'ébullition, depuis longtemps j'aurais sauté (CIORAN 1997: 765–766).

Am Ende dieser Periode, 1936, erschien das viel diskutierte Buch Ciorans *Schimbarea la față a României* [Die Verklärung Rumäniens]. Der junge Autor träumte im Delirium, in einem „fanatischen Rumänien" zu leben, in einem Land „mit dem Schicksal Frankreichs und einer chinesischen Bevölkerung" und schlug eine lustvolle Explosion vor, einen „Dionysmus des Rumänisch-Werdens". Das Kapitel über die Juden war tief antisemitisch. In einem Brief an den Autor hielt Mircea Eliade (der sich in Bukarest mit den Schriftsatzstreifen des Buchs von Cioran beschäftigte) gerade dieses Kapitel für „bewundernswert" (ELIADE 1999: 156). Im Februar 1990, zwei Monate nach der Revolution, willigte Cioran ein, dass das Buch neu aufgelegt wurde. Er nahm „ein paar

Seiten" (eigentlich ein paar Kapitel) heraus, die er für „prätentiös und dumm" hielt, weil sie „meine damalige Hysterie zeigen". „Diese Ausgabe ist die endgültige", schloss Cioran 1990. „Niemand hat das Recht, sie zu verändern" (CIORAN 1990: 5).

1936 befindet sich Cioran in Brașov (als bescheidener Gymnasiallehrer) und schickt provinzielle, melancholische Nachrichten an Eliade. „Alles, was ist, scheint mir Nahrung für eine unermessliche Traurigkeit", schrieb er im Dezember 1935 (ELIADE 1993: 190). In einem Antwortschreiben vom Herbst 1936 empfiehlt ihm Eliade, in dem Versuch, dessen depressiven Zustand zu verbessern (im Spaß oder im Ernst?), ein eigenartiges psychiatrisches Heilmittel: „Aber was ist mit dir passiert? Hast Du kein Opium zu Hand?!" (ELIADE 1999: 155).[63]

Wir wissen nicht, ob Cioran 1936 in Brașov „Opium zur Hand" hatte. Ein Jahrhundert zuvor, zu Zeiten des Opiumtherapeuten J.M. Honigberger, der zu einer Figur in Eliades Erzählung wurde, hätte man sicher Opium in der Apotheke bekommen. Wir wissen aber, dass Emil Cioran „in der Jugend" „Selbstvergessenheit" durch Alkoholexzesse erreichte. Dies geht klar aus einem Gespräch mit Gabriel Liiceanu hervor, in einem Film, der 1990 in Paris gedreht wurde. Hier ein kurzer Ausschnitt aus dem Dialog:

Emil Cioran: Ich habe mein ganzes Leben lang extrem viel gelesen, als eine Art Desertion. Ich wollte in die Philosophie einsteigen, in die Vision eines anderen. Es ist eine Flucht in die Bücher, eine Art, sich selbst zu entkommen.

Gabriel Liiceanu: Und wie kommt es, dass Sie nicht in eine andere Variante des Selbstvergessens gefallen sind, Alkoholiker geworden sind oder ...?

E.C.: Also ich betrank mich sehr oft!

G.L.: Sie? Der Sie so maßvoll sind? Wann haben Sie sich betrunken?

E.C.: Sehr häufig zu jener Zeit, in der Jugend. Ich glaubte, ich würde Alkoholiker werden, denn mir gefiel der Zustand des Unbewusstseins und dementen Stolzes. In Rășinari, wohin ich in den Ferien zurückging, bewunderte ich die klassischen Trinker, die jeden Tag betrunken waren. Es gab vor allem einen, der von einem Geiger begleitet umherlief und den ganzen Tag pfiff und sang.

---

63 Zum komplexen Verhältnis Eliades zu Rauschmitteln, siehe Kapitel „Religionshistoriker. Von Eliade zu Culianu".

Das ist der einzige interessante Typ im ganzen Dorf, dachte ich, der einzige, der etwas mitbekommt, der es verstanden hat. Alle waren auf dem Feld, alle machten etwas und er war der Einzige, der sich amüsierte.[64]

Die Information wird an anderer Stelle bestätigt. Cioran schrieb, er sei sehr nah am Alkoholismus vorbeigeschrammt. Wenn er sich zu schlecht und miserabel fühlte, sagte er sich zum Trost: „'Resaissis-toi, reprends courage, tu aurais pu, tu as failli même d'être ivrogne" (CIORAN 1997: 663). 1936, als er zwei Wochen in Iași war, hielt es Cioran in diesem „Paradies der Neurasthenie" nur dank des Alkohols. In diesen Jahren verschaffte auch Mihail Sebastian sich heilende Amnesie durch Alkohol: Im Herbst 1937 schrieb er in sein Tagebuch: „Ich habe absichtlich viel getrunken (Ich möchte ständig trinken, um zu vergessen ...)" (SEBASTIAN 2006: 186).

Die Tatsache, dass er in seiner Jugend Alkoholiker hätte werden können, beschäftigte ihn als Essayist. Er bestätigte es auch in zwei Briefen von 1979 an seinen österreichischen Verleger, den Philosophen Wolfgang Kraus. Auch in einem seiner Briefe nach Hause vom 13. Dezember 1978 erinnerte sich Cioran an andere „Rauschexzesse" in seiner Jugend, vor allem Tabak und Schlafmittel (CIORAN 2004).

Die Exzesse gingen auch in Paris weiter. 1944 zum Beispiel schickte Mircea Eliade ihm Zigaretten aus Lissabon. „Zu jener Zeit schickte ihm Eliade Pakete aus Portugal", erinnert sich Simone Boué, Pakete. in denen „sich vor allem Camel-Zigaretten befanden".[65] Zu Beginn des Jahres 1958, mit vierundsiebzig Jahren, beginnt Cioran seinen geistigen Zustand zu beklagen: „Höhepunkt der Entschlussunfähigkeit", „krankes Gehirn" etc. Die Ärzte verbieten ihm, weiter „Stimuli" zu nehmen (Tabak, Kaffee und Alkohol). „Er hört auf zu rauchen und Kaffee zu trinken, aber in Momenten der absoluten Verzweiflung, weil er nicht schreiben kann ‚außer mit Tabak vergiftet', fängt er wieder an zu rauchen" (PETREU 2008: 92–93). Für Cioran war es keine einfache Entscheidung, auf Aufputschmittel, „Heilmittel", wie er sie nannte, zu verzichten. Es reicht, seine Drangsal zu verfolgen, wie er sie in den Tagebuchheften aus der Zeit von 1958 bis 1968 ausdrückt:

---

64 Fragment aus dem Film *Apocalipsa după Cioran* [Apokalypse nach Cioran] von Gabriel LIICEANU und Sorin ILIEȘU, Bukarest 1995.

65 Unveröffentlichtes Interview mit Simone Boué, auf Rumänisch erschienen in *România literară*, Nr. 31, 7. August 2009, 16–17.

L'ennui me reprend, cet ennui que je connus dans mon enfance certains dimanches, et puis celui qui devasta mon adolescence. Un vide qui évacue l'espace. Et contre lequel l'alcool seul pourrait me défendre. Mais l'alcool m'est défendu, tous les remèdes me sont défendus. Et dire que je m'obstine encore! (21 Juni 1958) (CIORAN 1997: 24) *Je ne peux pas écrire sans excitants; et les excitants me sont interdits. Le café est le secret de tout* (27. Juni 1958) (CIORAN 1997: 26).

J'ai cessé de fumer il y a plus de deux mois, sans en souffrir aucunement et sans éprouver la moindre envie de recommencer. Mais depuis hier, cette envie a fait irruption et je lutte désespérément pour ne pas reprendre une habitude qui pour moi est funeste (estomac, gorge, oh, tout est délabré à cause du tabac). Je me suis juré de ne plus jamais fumer. Et me voilà maintenant sur le point de rechuter. Quelle agonie pénible! (17. August 1963) (CIORAN 1997: 176).

Und kurz darauf:

Pendant trois mois je n'ai pas fumé une seule cigarette. Les maux de gorge, le dégoût, l'âcre odeur dans la bouche, tout m'en préservait. J'étais convaincu que cette fois-ci, c'était définitif, que je ne reprendrais jamais cette vieille et pour moi funeste habitude qui m'a abîmé l'estomac pour le reste de ma vie. Or que voilà aujourd'hui j'ai failli. Honte, honte, honte! L'idée stupide que je ne puis travailler qu'intoxiqué par le tabac m'y a fait revenir. Pourtant je m'étais je m'étais juré que dussé-je renoncer au travail, je ne reprendrais pas une si misérable habitude. Pourquoi écrire si on ne peut le faire que sous l'influence d'un excitant? D'ailleurs le tabac n'en est même pas un; c'est au contraire un abrutissant (17. August 1963) (CIORAN 1997: 178).

On ne peut supporter ce monde qu'en état d'ébriété. Encore faudrait-il que cet état durât vingt-quatre heures sur vingt-quatre. Mais même alors tout ne serait pas résolu, la pire lucidité, la plus destructrice en tout cas, étant celle qui surgit dans les interstices de l'ébriété précisément: lucidité fulgurante – comme une entaille de l'esprit (23. März 1967) (CIORAN 1997: 486).

Dabei handelt es sich allerdings um allgemeine Überlegungen zum Alkoholismus. Im Frühjahr 1967 scheint es, als trinke er keinen Alkohol: „De deux choses je suis sûr: l'alcool et la gloire sont œuvres diaboliques. Il ne faut pas s'adonner au premier, Il ne faut pas chercher la seconde. Ce son deux périls qui ne me concernent pas, bien que j'aie effleuré le premier dans ma jeunesse" (CIORAN 1997: 501–502). In dieser Zeit unterzog sich Cioran einer doppelten psychotropen Behandlung. Auf der einen Seite verzichtete er auf Stimuli (und führte darüber genau Buch), und auf der anderen Seite „vergiftete" er sich mit Sedativen.

Im Juni 1968 schrieb er: *Partout des traces de cendre, résidu de ma rage de fumeur. J'ai cessé complètement de fumer il y aurau bientôt cinq ans, et cet arrêt est la plus grande fierté de mai vie.* (CIORAN 1997: 582)

Und im November 1965: *„Comment écrire, comment travailler quand je me suis employé à l'assagir, à le calmer, à le stériliser ? Sans le tabac et le café, je n'aurais peut-être rien écrit (en français, toutefois). Or cela fait deux ans que je ne fume plus, et six mois que je n'ai avalé une seule gorgée de café. Feuilles de cassis, romarin, thym – tout l'arsenal de l'homéopathie ensuite – comment avec ces produits soporifiques faire fonctionner le cerveau ? Que la santé me coûte cher!* (CIORAN: 1997: 318).

Ich habe manche Passagen des Tagebuchs von Cioran, aus denen die „schreckliche Agonie" der Abhängigkeit hervorgeht, ausführlich gelesen. Aber im Grunde liegt darin nichts Neues. Entzüge sind alle ähnlich, und sie sind mehr oder weniger unterschiedliche Hypostasen einer „Agonie". Was ich zeigen wollte, jedenfalls für den Zeitraum der fünfziger und sechziger Jahre, ist Ciorans Schwierigkeit zu schreiben (vor allem auf Französisch!), ohne bestimmte Rauschmittel genommen zu haben: Alkohol (das erste, auf das er verzichtet), Kaffee und Tabak.

Marta Petreu schrieb über „die Krankheiten der Philosophen". Das ist eine sehr willkommene Herangehensweise, die ziemlich untypisch ist für die rumänische Essayistik. Es sind Untersuchungen, die mit „Biographischem" durchtränkt sind und versuchen zu zeigen, dass „die Krankheiten der Philosophen" deren psychische und mentale Zustände und als solche ihr Werk beeinflussten. Marta Petreu wendete diese Methode übrigens auch auf Mihail Sebastian an (*Portret de scriitor în depresie prelungită* [Porträt eines Schriftstellers in andauernder Depression]. Petreu beobachtete 1938 zwei wichtige Symptome (starke Müdigkeit und hohe Traumaktivität) und diagnostiziert eine schwere Depression. Weder im Tagebuch noch in den Briefen jener Zeit ist von dem Versuch einer psychiatrischen Behandlung die Rede. Marta Petreu reihte ihn in eine Typologie depressiver Schriftsteller ein: „So wie [Sebastian] strukturell erotisch in der Familie von Kierkegaard, Nietzsche, Kafka und Pavese einzuordnen ist, so ist seine ‚Abhängigkeit vom Wetter', den ‚Süchtigen' wie De Quincey" ähnlich (PETREU 2009: 239).

Marta Petreu diagnostiziert bei Cioran: „Mit Schlaflosigkeit, nervöser Überreiztheit, Depressionen, chronischer Müdigkeit (letztendlich mit Alzheimer) – Cioran ist ständig verzweifelt, weil er ununterbrochen seinen Körper fühlt" (PETREU 2008: 88–89). Um seine Nervenschwäche und seine Psychosen zu behandeln, greift Cioran zur Volksmedizin, zu homöopathischen Mitteln und Naturprodukten, zu beruhigenden Pflanzentees, vor allem Lindenblütentee und andere. Exzessiv wie er war, übertrieb er auch hier:

Depuis six mois je ne prends que des calmants (homéopathiques). Comment mon esprit fonctionnerait-il? Il est endormi, en tout cas gêné par ces extraits de plantes, par ces remèdes de bonne femme. Cependant ce sont ces remèdes dont mes entrailles ont besoin. J'ai sacrifié l'esprit, je me suis sacrifié pour un rien de santé (CIORAN 1997: 310).

Vielleicht griff er ebenfalls zu solchen natürlichen Beruhigungsmitteln im Herbst 1971, als er folgendes in sein Tagebuch schrieb: „Depuis des années, chaque jour, au lever, je prends des calmants pour amortir mon indignation. (CIORAN 1997: 975). Das gleiche empfiehlt ihm auch sein Bruder Aurel Cioran in einem Brief, als dieser 1980 eine schwere Depression durchlebt: „Du musst viel Tee trinken, drei oder vier am Tag, möglichst beruhigende (Lindenblütentee etc.)". Auf Bitten Ciorans schickte er ihm antidepressive Tabletten, wies ihn aber darauf hin, „dass ein Übermaß solcher Medikamente sehr gefährlich ist" (PETREU 2008: 109).

Ich sagte, Cioran übertrieb seine Sedierung. Aber er tat es mit natürlichen Beruhigungsmitteln (er fühlte sich vergiftet durch Lindentee, betrunken von Rosmarintee), nicht mit synthetischen Antidepressiva. Gegen diese hatte der rumänische Philosoph eine unverhohlene Abneigung, denn sie lösten ein elendes gekauftes Glück aus, das zu nichts nütze sei. Umso weniger hatte Cioran Vertrauen in Psychiater, die diese Pseudomittel empfahlen. Dies notierte er im April 1964 in sein *Cahier* über einen depressiven Freund, wahrscheinlich Eugène Ionesco:

X vient de me téléphoner – pour me parler de son désarroi total. Il a consulté un psychiatre, qui lui a prescrit des drogues, lesquelles lui donnent de l'euphorie, suivie de crises de dépression. Je lui ai dit que cette 'joie achetée' ne valait rien, et qu'il fallait s'adresser à quelqu'un qui soit à même de le comprendre. Un psychiatre, à moins de quelqu'un d'exceptionnel, n'y parviendra jamais (CIORAN 1997: 221).

Ciorans Position gegenüber Rauschmitteln und Süchtigen blieb nicht immer „vernünftig", „bürgerlich", „von gutem Ton" wie oben. Er war paradox und unvorhersehbar in dieser Hinsicht. Rauschmittel gefielen ihm nicht, weil sie für ein „gekauftes Glück" sorgten, aber vor Süchtigen hatte er Respekt und brachte ihnen Verständnis entgegen. Trinker, Drogensüchtige und Ausschweifende betrachtete er mit Empathie, und sah „ihre" Laster als „unsere". „Un homme complet devrait avoir le courage de tous les vices, et les avoir pratiqué, ne fût-ce que par curiosité" (CIORAN 1997: 240) Henri Michaux' Mescalin-Erfahrungen interessierten Cioran. Er las seine Bücher, war aber gelangweilt davon, dass der französisch-belgische Schriftsteller versuchte, dieses Thema exhaustiv zu behandeln. Im Dezember 1965, wahrscheinlich nachdem er sein neues Buch, *Les Grandes épreuves de l'esprit et les innombrables petites* gelesen hatte, schrieb er in sein Tagebuch: „H[enri] M[ichaux] sur la mescaline. Quatre, cinq, six ou combien de livres a-t-il écrit là-dessus? Ici le mot de Voltaire s'impose: 'Le secret d'ennuyer, c'est de vouloir tout dire'" (CIORAN 1997: 322). Die beiden „Provinzler" (einer aus Siebenbürgen, der andere Wallone), die in Paris lebten, waren zwei Jahrzehnte lang gute Freunde. Sie behandelten ihre Schlaflosigkeit mit nächtlichen Gesprächen.

Ciorans Bewunderung – die sich in einem Porträt von 1973 materialisierte – ging vom Dichter Michaux zum Intellektuellen Michaux über, der mit Hilfe von Rauschmitteln seine grundlegendsten psychologischen Pfeiler entdeckte (*Exercices d'admiration*, 1986). Der Titel Ciorans *Exerciții de admirație* [Übungen in Bewunderung] birgt vor allem eine Falle, glaubt I.P. Culianu: „Der Akzent liegt nicht so sehr, wie man glaubt, auf *Bewunderung* als vielmehr auf *Übung*. Ciorans Bewunderung „ist so unangenehm, weil sie so hoch greift wie sie entkräftet, dass sie sich oft in ihr Gegenteil wandelt". „Ciorans Lob ist fast immer giftig", schließt Culianu (CULIANU 2006: 232).

Cioran entdeckte bei Henri Michaux einen „authentischen Mystiker", wenn auch einen „unerfüllten". Vor allem die Rauschmittelerfahrungen des Dichters – die so sehr „authentischen religiösen Erfahrungen" ähnlich ist – führten Cioran zu dieser Schlussfolgerung.

Eugène Ionesco: „Spritzen, um der Angst ein Ende zu setzen"

Hätte der Mensch keine Halluzinationen, [...] würde er sich keine Atmosphäre der Täuschung schaffen, [...] dann würde nichts von dem existieren, was existiert

Eugen IONESCU, Tagebuchfragment, 1932 (PETREU 2008: 9)

Emil Cioran gefiel es, bei Anderen Diagnosen zu stellen und sie zu behandeln. „Wie jeder Kranke, der etwas auf sich hält, begann [Cioran] den Arzt zu spielen. Nicht nur bei sich, sondern bei anderen" (PETREU 2008: 105). Was Eugène Ionesco angeht, so ist Ciorans Diagnose eine psychiatrische: „Im Grunde ist [Eugen] sehr unglücklich, immer verfolgt von depressiven Krisen, von unerträglicher Apathie", schrieb Cioran seinem Bukarester Freund Arşavir Acterian am 13. März 1979 (Cioran 2004: 236). Im Frühjahr 1967 erlebte Eugène Ionescu eine schwere Depression und ging zur Behandlung in die Schweiz. Um seine Depression zu überwinden, trank er Alkohol, was natürlich seine Krise verschlimmerte. Er konnte diesem Teufelskreis nicht entkommen, suchte Trost und rief Cioran in Paris an. Paradoxerweise wurde der sprichwörtliche Prediger des Selbstmords zum Psychiater, der den Despressiven behandelt.

Was Cioran im April 1967 in seinen Cahiers notiert, scheint unglaublich:

E. me téléphone de Lucerne, où il est censé faire une cure dans une clinique. Il est 10 heures le matin et il me dit qu'il n'en peut plus ; qu'il ne peut sortir de ses crises de dépression et il me demande comment je fais pour vivre. Je lui réponds que c'est justement la question que je me pose, et que je m'admire de pouvoir continuer. Cependant je ne bois pas et j'ai dit à E. que l'alcool était diabolique, que tant qu'il s'y adonnera, il ne pourra sortir de l'enfer. [...] E. téléphone à minuit exactement de Zurich. Il pleure, il soupire, il miaule presque, me dit avoir bu dans la soirée une bouteille de whisky, qu'il est au bord du suicide, qu'il a peur ; il me de-

mande d'aller le voir à Zurich à son hotel ou tout au moins de l'appeler à 6 heures du maitn. Nous parlons toujours des mêmes choses, je le supplie de cesser de boire, de quitter la Suisse et de venir s'installer dans une clinique à Paris, ou en banlieue, pour qu'on puisse le voir. [...] Je lui ai dit qu'il faut absolument qu'il se rende maître de l'alcol ; il me dit qu'il ne peut pas; Qu'il a essayé et qu'il sait qu'il ne peut y arriver. [...] Je lui ai dit qu s'il ne renance pas, ne fût-ce que pour une semai'e ou deux à l'alcool, il est perdu. Aujourd'hui je lui ai dit : ne bois pas, si tu en ressens l'envie, prend un catéchisme, dis quelques prières. Il me dit qu'il ne pouvait pas plus le faire, qu'il avait essayé dans le passé mais que maintenant cela lui est impossible. Et il recommence ses plaintes, ses récriminations: On ne me joue plus en Allemagne etc. (19. und 20. April 1967) (CIORAN 1997: 499–500).

Der Hauptgrund der Verzweiflung des Dramaturgen war der Eindruck, er würde nicht mehr gespielt werden und seine Berühmtheit könnte vergehen. Eugène Ionescos Eindruck war falsch, denn seine Stücke wurden zu dieser Zeit in allen Theatern Europas gespielt. Ab 1964 (*Die Nashörner* am Komödien-Theater Bukarest) spielte man seine Stücke sogar im kommunistischen Rumänien. Aber wie wir wissen, kann die Wahrnehmung eines Phänomens sich vom Phänomen selbst vollkommen unterscheiden. „Sa gloire est une poison, une drogue, dont il ne connaît que les inconvenients, dont il ne tire aucun plaisir réel: une torture, une punition, une véritable agonie, mais dont il ne pourrait pas se passer" (CIORAN 1997: 500)

Ciorans Diagnose entspricht der eines echten Psychiaters. Berühmtheit hat auf Ionescu die Wirkung einer gefährlichen Droge, die Abhängigkeit verursacht. Es ist ein „Elixir des Teufels". Wenn die Dosis dieses Rauschmittels sinkt, ersetzt der Dramatiker es durch ein anderes, durch Alkohol, der allerdings noch gefährlicher ist.

Sehr redselig erzählt Emil Cioran von den schweren Problemen, die Ionesco durchlebt, auch Leuten, die er weniger gut kannte. So ist zu erklären, dass verschiedenste Herren aus Rumänien, die ihn in Paris besuchten, Informanten der Securitate, danach in Bukarest „informative Notizen" darüber verfassten, wie Cioran den Dramatiker beschrieb. Ein Beweis größter Naivität des Essayisten. Hier ein paar Auszüge aus den Denunziationen der Informanten aus der zweiten Hälfte der sechziger Jahre, die sich in der Securitate-Akte Ciorans befanden:

[Cioran sagt, dass] auf Grund des fortgeschrittenen Zustands des Alkoholismus Eugen Ionescus ein Kommen nach Rumänien unangenehm werden könnte, dass er in Momenten der Trunkenheit die Kontrolle vollkommen verliere (18. Mai 1965, Informant Mihai Brediceanu, Direktor der Rumänischen Oper); oder:

Über Eugen Ionescu, sagte mir [Cioran], dass er Alkoholiker im Endstadium sei und sich in der Schweiz zur Kur aufhalte, aber ohne Hoffnung (tmit dem Kodenamen „Rădulesc P.", Dezember 1966); oder:

Er [Cioran] sagte, er sei gut mit Eugen Ionescu befreundet, der ein widersprüchliches Wesen habe und Trinker sei, der unter einem antisemitischen Komplex leide, da er zur Hälfte Jude ist (nicht identifizierbarer Informant, 23. Dezember 1966); oder:

[Cioran behauptet, dass] Eugen Ionescu ihn hindere, das gleiche zu tun [nach Rumänien zu kommen], weil er bei Feiern den Kommunismus kritisieren würde (nicht identifizierbarer Informant, ca. 1967); oder:

Alexandru Căpraru, Chefredakteur der Zeitschrift Tribuna *in Cluj war Zeuge eines Telefongesprächs zwischen [Cioran] und Eugen Ionescu, der sich in der Schweiz aufhielt, in dem Eugen Ionescu ihm sagt, dass er sich das Leben nehmen will, weil er „Alkoholiker ist"* (Informant mit dem Kodenamen „Cosma Ovidiu", Juni 1969) (TĂNASE 2010: 112, 207, 213, 232, 267).

Man weiß über Eugène Ionescos Alkoholsucht Bescheid. Am Morgen des 2. Juli 1966 kam Cioran „sturzbetrunken" nach einer nächtlichen pantagruelischen Feier mit Ionesco nach Hause: „Il est incroyable ce que E. peut manger et boire" (CIORAN 1997: 26). Aber können wir den Tagebucheintragungen Ciorans wirklich Glauben schenken? Manchmal handelt es sich um karikaturenhafte Beschreibungen Ionescos. Wir wissen, dass Emil Cioran exzessiv war beim Schreiben, und es könnte auch sein, dass er im Fall der Depression Ionescos übertreibt. Wir müssen also Ciorans Informationen mit Hilfe anderer stützen.

Es gibt ein paar Zeichen in der Jugend Ionescus in Bukarest. Mihail Sebastian schrieb zum Beispiel im Februar 1941 in sein Tagebuch, über Ionescu (der damals einunddreißig Jahre alt war): „Eugen Ionescu, nach einigen Cocktails schnell betrunken (am Samstagmorgen)" (SEBASTIAN 2006: 438). Emotional sehr bewegt und „vom Alkohol betäubt", beichtet Ionescu seinem Freund Sebastian, dass seine Mutter „bis kurz vor dem Tode dem jüdischen Glauben treu geblieben, bis er, Eugen selbst, sie auf dem Sterbebett taufte" (SEBASTIAN 2006: 438). Ionesco berichtet „als hätte ihn die Sache bedrückt, beinahe erstickt", notiert Sebastian in seinem Tagebuch (SEBASTIAN 2006: 438). Wir müssen aber den zeitlichen Kontext beachten. Diese Szene spielt sich zwei Wochen nach der Rebellion der Legionäre und dem Pogrom in Bukarest (21.–23. Januar 1941) ab, als das versteckte Judentum Eugen Ionescus wirkliche Ängste hervorrufen konnte. Die Information ist somit nicht sonderlich aussagekräftig, aber es ist ein Symptom dafür, dass er, wenn er in psychische Schwierigkeiten gelangte, sich mit Alkohol zu stabilisieren versuchte.

Dass es sich bei Eugen Ionescu wirklich um psychische Probleme handelte, bestätigt ein Tagebucheintrag des Bildhauers Ion Vlasiu, direkt nach den Ereignissen im Januar 1941: „Ich treffe mich jeden Tag mit Eugen [Ionescu]. Er ist verängstigt. Seine Mutter ist Jüdin und das weiß man. Im Moment ist man besser Huhn statt Jude. Der Nationalismus zeigt sein wahres Gesicht [...]. Ich habe Mitleid mit Eugen, ich hake mich bei ihm ein und er drückt sich an mich. Er schaut mich mit großen Augen an wie ein Kind, das am Horizont Ungeheuer sieht und scheint zu fragen: Werden sie mich verschlingen?" (VLASIU 1970: 165). Es war eine Zeit, in der die Juden in Rumänien jeden Grund hatten, entsetzt und verängstigt zu sein. Mihail Sebastian zum Beispiel durchlebte schwere neurotische Zustände nach den Pogromen in Bukarest und Iași (OIȘTEANU 2006: 5–6). Marcel Iancu flüchtete 1941, direkt nach dem Pogrom in Bukarest (sein Schwager war von den Legionären ermordet worden) mit seiner gesamten Familie verängstigt aus Rumänien und ließ sich in Palästina nieder (OIȘTEANU 2009: 12).

Die Informationen aus Ciorans Tagebuch aus den sechziger Jahren können gestützt werden durch Informationen von Eugène Ionesco selbst aus derselben Zeit. Nehmen wir einen Text, in dem er sich bekennt, *Présent passé, passé présent*, den Ionesco 1967 geschrieben hat. Der Dramatiker beklagt, dass er an die Grenze seines Erfolgs gelangt ist, dass ihm der Kopf schrecklich weh tut, wenn er sich betrinkt, dass er mit achtundfünfzig Jahren wegen des Trinkens sein Gedächtnis komplett verloren hat:

J'oublie, de plus en plus. Comme tout le monde. Vais-je perdre tout à fait la mémoire? Est-ce cela, mourir? Déjà lorsque je bois trop, je ne me souviens plus de ce que j'ai dit, de ce qu'on m'a dit, de ce que j'ai fiat. On me le raconte, le lendemain, on y croit à peine, parce qu'on s'aperçoit que je ne me souviens plus (IONESCO 1968: 39).

Es ist die Erklärung eines Mannes, der vor dem Vergessen so viel Angst hat wie vorm Tod: „C'est comme si je mourais plusieurs fois. Comme si on me mettait dans un tombeau pour des dizaines d'années ou pour des siècles" (IONESCO 1968: 39).

Aufschlussreich ist auch ein anderer Text des Dramatikers, *Journal en miettes*, der Ende 1967 veröffentlicht worden ist. Leider haben die Tagebucheinträge keine Datumsangabe. Der Band besteht aus Einträgen des Schriftstellers aus den sechziger Jahren bis zum Sommer 1967. Das Tagebuch beinhaltet also auch die Zeit in der Klinik in Zürich im April 1967.

Es handelte sich wahrscheinlich um die berühmte Psychiatrische Klinik der Universität Zürich, wo C.G. Jung zu Beginn des Jahrhunderts arbeitete. „Betrunkensein hilft nichts, der schweizer Psychologe auch nicht. Nicht genug" (IONESCO 1991: 204)", schließt Ionesco pessimistisch.

Das Problem des Berühmtseins („zum Teil angenehm, zum Teil unerträglich") als Motiv für die Depression des Dramatikers („ich werde nicht mehr gespielt") scheint auch in diesem Fall durch: „Nun bin ich aber wieder in die Literatur verfallen. Möglicherweise deshalb, weil der Direktor der Comédie Française mich aus Paris angerufen hat, um mir zu sagen, daß er sich für mein letztes Stück interessiert. Eine Kleinigkeit genügt, eine Störung meines Gleichgewichtes zu beseitigen. Essen wir also einen Apfel" CIORAN 1991: Dennoch erscheint das Problem des eigenen Ruhms in Ionescos Tagebuch weniger obsessiv als es Cioran darstellt. Ionesco läuft nicht Gefahr, „Marionette der eigenen Eitelkeit" zu werden, wie es dreißig Jahre zuvor Pompiliu Constantinescu vorhersah („Eugen Ionescu – sau marioneta propriei vanități" [Eugen Ionesco oder die Marionette der eigenen Eitelkeit], 1934). Vielleicht nur „ein einsamer, trauriger Clown", wie ihn Michael Finkenthal liebevoll nannte: „Unser geliebter Clown Ionesco".

Das wahre Motiv seiner Depression ist, einfach und mit seinen eigenen Worten gesagt, die „Angst vor dem Tod". Er überlebt in einem Dilemma, getrieben vor der Angst zu leben und der zu sterben. Paradoxerweise kann Todesangst zu Suizidgedanken führen. Es handelt sich um eine terrorisierende Angst gegenüber dem Geheimnis des Todes und eine vernichtende Bürde, mit der Finsternis zu leben, die „die schwarze Sonne der Melancholie" ausstrahlt, um die berühmte Wendung Gérard de Nervals zu verwenden, die Ionesco selbst im Tagebuch erwähnt. „Mich quälte und mich quält die Angst vor dem Tode, das Grauen vor der Leere, und zugleich empfinde ich den glühenden, ungeduldigen, dringenden Wunsch zu leben" (IONESCO 1991: 63) schrieb Eugène Ionesco. Seine Melancholie vermischt sich mit dem Unglück, sich in der Welt verloren zu fühlen. Alkohol wird unter anderem als Mittel gegen Melancholie und pathologische Angstzustände angesehen. Hier ein paar Zeilen aus seinem Tagebuch, in denen das „Selbstvergessen" durch Erinnerungsverlust ausgelöst wird, der seinerseits durch den Alkohol entsteht:

„Ich habe mich nicht vergessen können. Um mich zu vergessen, müsste ich nicht nur meinen eigenen Tod vergessen, sondern auch vergessen, daß alle, die ich liebe, sterben werden, und daß die Welt ein Ende nimmt. Der Gedanke an das Ende ängstigt und erbittert mich. Wirklich glücklich war ich nur im Rausch. Leider tötet der Alkohol das Gedächtnis, und mir bleiben nur verschwommene Erinnerungen an meine Euphorien. (Ionesco 1991: 28). „Ach, diese beklemmende Angst, diese Panik! Sie befällt mich, sowie es Nacht wird. Ich will allein sein, ich kann es nicht ertragen. […] Die Nacht kommt. Sie sinkt mir auf den Rücken, oder vielmehr, ich versinke in ihr. […] Mir fehlt der Alkohol. Ein Glas, und die Angst wäre fort" (CIORAN 1991: 89) Dies schrieb er in einer psychiatrischen Klinik in der Schweiz. Adrian Mihalache schrieb nach Ionescos Tod dessen Pseudo-Tagebuch und lässt Ionesco darin sich an die Todesangst und die Mittel erinnern, mit denen er sie „betäubte": „Alkohol und Tabak haben mir wenigstens für den Moment die Angst vor dem Tod betäubt" (MIHALACHE 2009: 5).

Eigentlich müssen wir nicht lange suchen. Sogar in seinen Stücken finden wir seine Selbstdiagnose. Ein Dialogausschnitt aus *Rhinocéros* beispielsweise sagt mehr über den Autor als eine ganze Krankenakte. Das Stück wurde 1959 veröffentlicht und Hauptperson ist Bérenger – ein *Alter Ego* des Dramatikers:

BÉRENGER: Je n'aime pas tellement l'alcool. Et pourtant si je ne bois pas, ça ne va pas. C'est comme si j'avais peur, alors je bois pour ne plus avoir peur.

JEAN: Peur de quoi ?

BÉRENGER: Je ne sais pas trop Des angoisses difficiles à définir le me sens mai à l'aise dans l'existence, parmi les gens, alors je prends un verre. Cela me calme, cela me détend, j'oublie.

JEAN: Vous vous oubliez!

BÉRENGER: Je suis fatigué, depuis des années fatigué J'ai du mal à porter le poids de mon propre corps ...

JEAN: C'est de la neurasthénie alcoolique, la mélancolie du buveur de vin ...

Es ist schwer zu glauben, dass Eugène Ionesco, der unter Depressionen litt und in mehreren entsprechenden Kliniken war, nicht mit psychoaktiven pharmazeutischen Präparaten behandelt wurde. Wie erwähnt notierte Emil Cioran im April 1964 in seinem Tagebuch, dass sein Freund „X" (sehr wahrscheinlich Eugène Ionesco, den er schützte, indem er seinen Namen nicht nannte) im „Absturz" begriffen sei und sich beklagt, dass ein Psychiater ihm Psychopharmaka verschrieb. Cioran hasste psychiatrische Kliniken und „elende Ärzte", die nach Belieben quälten, abgrundtief. Eugène Ionesco nicht. Die Einweisung in solch eine Einrichtung war für ihn der angenehme Fall in einen Raum, in dem er keinerlei Verantwortung trug. „Ich möchte mein ganzes Leben in einer Klinik verbringen, in einem hellen, sauberen Klinikzimmer. Wenn wir schon im Gefängnis sein müssen, such ich mir lieber solch ein Gefängnis aus" (Cioran 1991: 146). Aber um welche Art von Betäubungsmitteln kann es sich im Fall Ionesco handeln? Welche psychoaktiven Heilmittel wurden ihm verschrieben? Manche Angaben tauchen im „Traumtagebuch" auf, das Ionesco führte. Hier ein Traum aus jener Zeit in den sechziger Jahren, als er in einer psychiatrischen Klinik war und beklagte, dass ihm Alkohol fehle, mit dem er die Angstzustände verringern könnte. Im Traum kommt Eugène Ionesco in ein Wirtshaus, wo er etwas zu trinken bestellt. „'Ich darf Ihnen nur zu trinken geben, wenn Sie mir ein Attest vorweisen, daß Sie nicht geisteskrank sind. [...] Sie sind anscheinend verrückt, Sie haben Spritzen bekommen, Sie stehen unter Drogeneinfluß.' Ich erkläre, daß mir ein Arzt die Spritzen gegeben hat, um meine Angst zu betäuben. Er läßt sich nicht überzeugen. [...] In einer andern Ecke des Gartens, unter Bäumen, finde ich ein ganz kleines Gasthaus. Wird man mir hier zu trinken geben? [...] Ich warte vergeblich, ich warte und der Traum endet mit diesem Warten. [...]Wüsste ich tatsächlich, wonach ich Hunger und Durst verspüre, wäre alles gut. Aber wie im Traum warte ich immer noch vergebens " (CIORAN 1991: 95–96).

Ionesco bespricht den Traum mit Z., wahrscheinlich seinem Arzt. Wir können also davon ausgehen, dass ihm tatsächlich Medikamente gegeben wurden, „um seine Angst zu betäuben".

Der Schriftsteller und Psychiater Ion Vianu spricht über seine Freundschaft zu Ionesco und über dessen „ständig verletzte Empfindsamkeit", über dessen „Versuche, sich zu schützen: durch Träume, aber auch durch den Rückzug in künstliche Paradiese. Ich glaube, das war sein grundlegender psychologischer Mechanismus" (VIANU 2009: 14–15).

Irgendwo im *Journal en miettes,* das er bis 1967 führte, schrieb Ionesco in Bezug auf die Art und Weise, wie er seinen eigenen Körper wahrnimmt: „Ich hatte schon immer eine schlechte Kinästhesie, ich fühlte mich nicht wohl in meiner Haut. Daher das Bedürfnis nach euphoriewirkenden Mitteln und nach Alkohol..." (CIORAN 1991: 28). Wir können wiederum fragen: Über welche „Aufmunterungsmittel", „Medikamente", „Spritzen" und „Drogen" könnte er sprechen? Von welchen „Rückzügen in künstliche Paradiese" spricht Vianu? Ionesco selbst war sehr diskret in dieser Hinsicht.

Es gibt in seinem Tagebuch eine Passage, die teilweise den Tagebuchschreiber verrät. Er berichtet darin über euphorische Zustände, aber nicht in Folge der Zyklothymie, sondern ausgelöst von anderen Medikamenten. „Von Zeit zu Zeit eine gewisse Euphorie. Woher kommt die? Vom Alleinsein?, von der strengen Diät oder von den Medikamenten, die meinen Organismus entgiften? Tatsächlich werde ich meine Gifte los, indem ich sie niederschreibe, das heißt indem ich sie hinausschleudere. Sollte es das Isidon sein, das ich seit zehn Tagen nehme, und das jetzt zu wirken anfängt? Indessen war ich doch diese Nacht und gestern abend und noch heute morgen in der Tiefe, in Bedrängnis. Anscheinend ist der böse Wind von Zürich an diesen Depressionen schuld. Es muss hier aber wohl auch euphorische Winde geben. Nicht die Philosophie heilt uns oder macht uns krank. Wie sind ein Spielball der Winde (IONESCO 1991: 125)

Es gibt kein Medikament mit dem Namen *Isidon.* Eugène Ionesco meint in Wirklichkeit *Insidon* – ein Produkt der deutschen Pharmaindustrie, ein Antidepressivum, das „heimtückische" (insidieux – daher auch der Name des Medikaments) Krankheiten heilt, die ohne Symptome auftreten und in die Kategorie der *Generalized Anxiety Disorder* (GAD) eingeordnet werden, zu denen etwa die Melancholie gehört. Ein weiterer kommerzieller Name dieses Präparats ist *Opipramol*. Es erhielt diesen Namen, weil es sich um ein *Opioid* handelt. Aus pharmazeutischer Sicht ist ein Opioid kein Medikament, das Opium enthält oder von ihm abstammt (es ist also kein Opiat), sondern ein synthetisches Rauschmittel, dessen Wirkung der des Opiums ähnelt.

Eugène Ionescos Zustand war auch zwölf Jahre später, Ende der siebziger Jahre, nicht besser. Eugen ist „sehr unglücklich", schrieb Emil Cioran 1979 an Arşavir Acterian, „denn er ist ständig von depressiven Krisen befallen" (CIORAN 2004: 236). Natürlich hatten Ionescos Depressionen literarischen Mehrwert. „Alles, was ich geschrieben habe, habe ich während der depressiven Krisen geträumt, und wenn ich mich von der Krankheit erholt hatte, bearbeitet", vertraute er Ion Vianu an. „Diese Funktion der Depression, unbewusste Inhalte freizusetzen, die in Zeiten, in denen Klarheit und Gesundheit herrschen, Form annehmen und organisiert werden, könnte weiterentwickelt werden." Dieses pulsartige System, in dem Leid und Energie sich abwechseln und ergänzen, lässt sich bei Ionesco ganz deutlich erkennen! (IONESCO 2009: 14–15). „Warum bist du fröhlich und schreibst traurige Texte", frage Ionesco Cioran, „und ich bin traurig und schreibe fröhliche Stücke?"

Im Zeitraum zwischen 1980–1988 war Eugène Ionesco bei den Schweizer Kunstsammlern Franz Larese und Jürg Janett eingeladen, seine Sommer in St. Gallen zu verbringen. In dem kleinen Atelier, das sie ihm zur Verfügung stellten, praktizierte Ionesco Maltherapie (zum Alkoholentzug?), wie die beiden Sammler berichten. Es waren freie Maltherapiesitzungen, bestätigte Ion Vianu, der Ionesco in jenen Jahren in St. Gallen besuchte, mir gegenüber. Diese Diagnose und Behandlungsmethode hatte zu jener Zeit Erfolg, vor allem in der Schweiz, dem Heimatland C.G. Jungs. Im Besitz der Larese und Janett-Stiftung St. Gallen, befanden sich noch zehn Arbeiten (Lithographien und Gouachen) aus Ionescos Hand. 2003 wurden sie zum Teil dem Kunstmuseum Basel und zum Teil dem New Europe College (NEC) in Bukarest gestiftet, wo diese ungewöhnlichen Werke Ionescos aus den achtziger Jahren betrachtet werden können (NEC, Strada Plantelor Nr. 21, Bukarest).[66]

---

66 Ich danke Andrei Pleşu, dem Rektor des NEC, für diese Information.

„*Verwüstung durch Alkohol*"

2008 veröffentlichte ich mehrere Artikel über „Rumänische Schriftsteller und Rauschgifte" in der Zeitschrift 22 (OIȘTEANU 2008). Ich tat das auch, um die Reaktion auf dem „kulturellen Markt" zu diesem schwierigen Thema vor der Veröffentlichung des vorliegenden Buches zu testen. Einige Schriftsteller und Publizisten waren so freundlich und kommentierten die Artikel oder gaben mir erkenntnisreiche Interviews (MIHALACHE 2008: 12). Darunter auch Ștefan Agopian (in einem Artikel mit dem Titel „Scriitori în eternitate" [Schriftsteller in der Ewigkeit], der sich vor allem mit dem Verhältnis rumänischer Schriftsteller zum Alkohol beschäftigte. „Nachdem die Kommunisten 1948 an die Macht gekommen waren, hatten die Schriftsteller keinen Zugang mehr zu Drogen und griffen in hohem Maße zu einem weniger subtilen Rauschmittel: dem Alkohol. Auf Grund von Alkoholmissbrauch starben nicht wenige Schriftsteller (relativ) jung. Labiș starb, weil er betrunken unter die Straßenbahn kam. Nicolae Velea war eines Nachts so betrunken, dass er im Schnee einschlief und erfror. In einer Rezension zur ersten Ausgabe des vorliegenden Buchs fügte Cristian Teodorescu zu dieser Liste hinzu: „Nichita Stănescu und Virgil Mazilescu tranken vier halbe Liter Wodka, um die Welt rosa zu sehen. In die Kategorie starker Raucher und Kaffeetrinker gehören zwei Klassiker: Rebreanu und Arghezi" (TEODORESCU 2010: 22).

Bogdan Ghiu erstellte ebenfalls eine kurze Liste rumänischer Gegenwartsdichter, die Trinker waren. Er bezeichnet sie als „Große Dichter – große Trinker". Es handelt sich um Mircea Ivănescu, Virgil Mazilescu, Nichita Stănescu und Mariana (Madi) Marin. „Madi [Marin] hatte schreckliches psychisches Leid erlebt, war unfähig, ihren Lebensunterhalt zu verdienen, dem Alkoholismus verfallen und vollendete ihr Werk des zielstrebigen Selbstmords", schrieb Mircea Cărtărescu, der der gleichen Generation angehört. Matei Călinescu nannte neben Nichita Stănescu als alkoholkranken Dichter auch Grigore Hagiu. Auch er „betrank sich selbstmörderisch mit dem Geld, das er durch die Gedichte verdiente, in denen er die Partei zu jeder offiziellen Feier besang, obwohl er parallel dazu auch andere Gedichte schrieb, mit tragischer Note und versteckter Kritik" (CĂLINESCU & VIANU 2005: 336). In seinem letzten Gedichtband *Cartea Alcool* ([Buch Alkohol], 2010) zählt Ion Mureșan zu „den Erwählten, die tranken, bis sie starben" Virgil Mazilescu, Nichita Stănescu und Mariana Marin, zu denen er aus einer anderen Epoche Ady Endre und George Bacovia hinzufügt. Bogdan Ghius Liste der „großen Trinker" unter den Dichtern erschien in einem Sammelband „Das erste Mal betrunken" (FOARȚĂ,

GHIU, VIGHI u.a. 2009: 64–65). Wenige Autoren sind auf die Idee gekommen, über „Das letzte Mal betrunken" der Schriftsteller zu schreiben, das fatal endete. Bogdan Ghiu ist der Auffassung, dass der Alkohol eine Droge ist, die den Menschen von den gefährlicheren ideologischen Drogen (Kommunismus, Kapitalismus) abhält. Der Alkoholrausch sei eine gutartige, selbstverursachte Vergiftung „gegen die großen politischen Vergiftungen". „Warum müssen wir trinken?", fragt sich Ghiu. „Damit wir nicht durch künstliche, tödliche Drogen der Ideologie, der Ökonomie vergiftet werden können. Wir müssen uns pharmazeutisch, therapeutisch, philosophisch, kontrapolitisch ‚berauschen', damit wir nicht einmal mit *kaltem Wasser* oder falschen Ideen *berauscht* werden können: Gestern vom Kommunismus und im Namen des Kommunismus, heute über den Kapitalismus und im Namen des Kapitalismus" (FOARȚĂ, GHIU, VIGHI u.a. 2009: 68).

Vasile Ernu – „Geboren in der UdSSR" (ERNU 2006) – hat zu diesem Thema eine ähnlich ironische, aber differenzierte Herangehensweise. Seiner Meinung nach „ist der Zustand des Rauschs der spezifischste politische Zustand der Diktatur kommunistischen Typs". Alkohol wird als Mittel zum physischen und psychischen Überleben angesehen, als Zuflucht vor der politischen und wirtschaftlichen Repression – eine Art, der *De-Konnektion* (im etymologischen Sinn des Wortes). Der häufig verwendeten Formulierung „Widerstand durch Kultur" (PLEȘU 2010) könnte ich eine volksnähere hinzufügen: *Widerstand durch Alkohol*. Diese psychische Krankheit, ob nun mit Alkohol behandelt oder nicht, bekam in „der Psychiatrie sowjetischen Vorbilds" einen bestimmten Namen: *Neurasthenie* (oder *Neurose*), „Krankheit mangelnder Motivation". Ion Vianu schrieb: „Neurasthenie war nicht nur ein Begriff sowjetischer Psychiatrien. Es war regelrecht eine sowjetische Krankheit. […] Das gesamte [sozialistische] Lager war ein ‚Krankenhaus' für Nervenschwache" (VIANU 2009: 27).

In der Transformationszeit, sagt Ernu, „ist der ‚politische Zustand' nicht Rausch, sondern Katerstimmung" (ERNU 2009: 249). Wie Anton Pann sagte: „Wütend über die Katerstimmung" (*Îndreptătorul bețivilor* [Wegweiser für Trinker], 1832). Aber Alkoholismus und Katerstimmung sind nicht nur typisch für den Kommunismus, sondern auch für den primitiven Kapitalismus, führt Ernu in seinem ideologischen Pamphlet zum Rausch weiter aus, „vor allem der wilde, industrielle Kapitalismus in seinen Anfangszuständen". Überleben durch Alkohol funktioniert allerdings nicht „beim fortgeschrittenen Kapitalismus, der auf Finanzspekulationen, Hochtechnologie und einer Gesellschaft der Inszenierung durch postindustrielle Massenmedien basiert. In dem Fall [...] hat der Alkohol keine Wirkung mehr, ist kontraproduktiv, und die einzigen rettenden Substanzen sind alle möglichen Drogen, vor allem die fortgeschrittenen". „Die einzige Form des Widerstandes in einer Gesellschaft mit einem so hohen Grad an Künstlichkeit ist, ihr mit einer Substanz zu begegnen, die genauso künstlich und halluzinogen ist. Umso künstlicher die Gesellschaft ist, umso stärker und künstlicher werden die Drogen sein" (ERNU 2009: 266–267).

Auch aus einer politischen Perspektive sind Rauschmittel also interessant zu beobachten. In *Amor intellectualis* (2010) erinnert Ion Vianu an seine Jugend, in der er sich mit Freunden rebellisch betrank. Die Jugendzeit Vianus, Ende der vierziger Jahre, fällt zusammen mit der brutalen Installation des Kommunismus in Rumänien. Aus dieser Perspektive erinnert sich Ion Vianu an einen französischen Kommunisten, der Alkohol in ideologische Opposition zu Drogen stellte: „Alkohol", sagte der, „ist eine revolutionäre Droge. Die Arbeiter versammeln sich im Wirtshaus, trinken und lehnen sich zusammen gegen grausame und ungerechte Zustände auf. Die anderen Drogen sind konservativ, sie spielen dem Kapitalismus in die Hände: Jemand, der Haschisch oder Heroin genommen hat, zieht sich in sich zurück, in seine Träumereien, er ist verloren für die Revolution". Ion Vianu kommentiert ironisch: „Ich kann diese Theorie bestätigen, nur dass wir [wenn wir Alkohol trinken] nicht zu Revolutionären werden, sondern, laut der offiziellen Klassifikation, zu Konterrevolutionären. Ich stand diesen Zeiten des Terrors vollkommen ablehnend gegenüber" (VIANU 2010: 75).

Zum Thema „rumänische Schriftsteller und Alkohol" muss auch Anton Pann zu Wort kommen, der in *Povestea vorbii* ([Geschichte des Sprechens], 1847) und *Îndreptătorul bețivilor* ([Wegweiser für Trinker], 1832) versuchte, „die Benennung der Trinker und alles, was mit Trunkenheit zu tun hat", aufzuführen:

[Weinbeere...]
Schlagfertig, wild in ihrer Art,
machst wütend über die Maßen,
lachst über jeden,
Machst schwindlig die Welt mit deinem Zauber (PANN 1982: 88).

Oder Păstorel Teodoreanu, der 1935 in Karlsbad seine Zirrhose behandelte, schreibt präventiv seine Grabaufschrift:

Hier liegt Păstorel,
Gute Seele, feiner Geist.
Wenn ihr vorbeikommt,
Weckt ihn nicht, denn er will Wein! (TEODOREANU 1936: 281)

Wir könnten auch den Blues-Rhythmus der letzten Strophe des Gedichtes *Ravagiile alcoolismului* sau *Dezintoxicările lui Julian Ospitalierul* ([Verheerungen des Alkoholismus oder die Entgiftung des Julian Ospitalierul], 1998) singen:

Und alle die ich oben nannt,
tranken viel Wein und auch gebrannt
Auf der Insel Santa Cruz:
Blues!

Lucian Năstasă schrieb bei seiner Untersuchung des Privatlebens der rumänischen Universitätsangehörigen über „Alkoholrausch, Drogenkonsum etc." und über „Konsumenten von Halluzinogenen, von Alkohol". In seinem Buch tauchen vor allem Geisteswissenschaftler mit bacchischer Leidenschaft auf, die versuchen, ihre literarische Kreativität durch Alkoholgenuss zu steigern. Duliu Zamfirescu schrieb 1899 an Titu Maiorescu: „Angeregtheit im Allgemeinen und im Besonderen, Angeregtheit durch Alkohol wird bei nervösen Temperamenten zu einer kreativen Kraft auf Grund der Tatsache, dass das Bewusstsein die Tiefe der Details erfasst und die Phantasie sie in besonderer Weise ausschmückt" (NĂSTASĂ 2010: 68, 215, 237–239).

Alkohol spielte im Leben vieler rumänischer Schriftsteller eine wichtige Rolle. Aber er spielte auch eine Rolle dabei, wie einige von ihnen starben. Und natürlich hat er auch die Werke vieler Schriftsteller, bildende Künstler und Schauspieler beeinflusst. „Hat denn jemals ein russischer Gelehrter die Rolle des Alkohols für das Entstehen der großen russischen Literatur untersucht?" Diese rhetorische Frage stellte Bedros Horasangian in seiner Novelle *Natascha* (2009), und man könnte sie auch mit Blick auf die rumänische Literatur stellen. Paul Cernat kommentiert die Gedichtbände von Radu Vancu (*Monstrul fericit* ([Das glückliche Monster], Cartier, Chișinău, 2009) und Ion Mureșan (*cartea Alcool* [Buch Alkohol], Charmides, Bistrița, 2010) sowie die unveröffentlichte Studie von Sorin Stoica zum „Mythos des alkoholsüchtigen Dichters" und kommt zu folgender Schlussfolgerung: „In Rumänien hat niemand eine poetische Monographie geschrieben zum Alkohol, die gefiltert ist durch biographische Erfahrungen und eine ordentliche literarische Bibliographie ..." (CERNAT 2009, 2010). Würde ich hier dieses bacchisch-literarische Kapitel öffnen, müsste ich nicht ein Buch schreiben, sondern ein ganzes Regal füllen. Ich schließe also das Kapitel besser ab.

Religionshistoriker. Von Eliade zu Culianu

Eliade in Rumänien: „Künstler und Haschisch"

Mircea Eliade lehnte 1944 bei einem Kongress in Córdoba die Einladung seiner spanischen Kollegen ab, die ihn dazu verleiten wollten, Wein zu trinken, um „in Schwung" zu kommen. „Die Wahrheit ist, ich kann mich mit Wasser betrinken. Mein Schwung und mein Rausch haben nichts mit Alkohol zu tun. Mir reicht die Nacht, der Mond, das Feld, eine Frau oder einfach etwas Lebendiges." (ELIADE 2006: 260). Spiritueller Rausch. *Sobria ebrietas* mit den Worten Philons von Alexandria. Aber das Verhältnis Mircea Eliades zu psychotropen Substanzen ist sehr viel komplexer. Hier ein paar Daten.

Als Jugendlicher interessierte sich Eliade zum Beispiel für die Art und Weise, wie Koffein die literarische und künstlerische Inspiration und Kreativität beeinflusst. Das klassische Beispiel, dass Eliade analysierte, war Honoré de Balzac, ein Schriftsteller, der „von Kaffee betäubt war" und den rumänischen Religionshistoriker prägte. Für ihn gehörten Kaffee, Tabak und Opium in die gleiche Kategorie der Rauschgifte (Balzac, *Tráité des excitants modernes*, 1831). In einem Artikel mit dem Titel „Sonderbarkeiten und Anekdoten aus dem Leben Balzacs" (

[Balzac] arbeitete bis zum Mittag ohne Unterbrechung, warf die beschriebenen Blätter auf den Boden und trank in kurzen Abständen große Tassen voll Kaffee. [...] Balzac arbeitete inspiriert von Kaffee und schrieb schnell. Seine Blätter zu entziffern war eine echte Qual [...]. Der Kaffee, den er täglich in erschreckender Menge trank, störte seinen Schlaf und brachte ihn zum Arbeiten. Balzac schrieb schwer; aber wenn die „Inspiration" kam, konnte er stundenlang nicht aufhören. In dem Zimmer, in dem

er schrieb, war der Rauch der Kaffeemaschine so dicht, dass man kaum noch etwas erkennen konnte. Der Kaffee machte Balzac nervös und sehr sensibel. Wenn er viel arbeitete, lagen seine Augen tief in den Augenhöhlen, er hatte tiefe, lange Augenringe, dunkle Lider und wässrige Augen. Es sah aus wie ein Visionär, ein Halluzinierender. Auf der Straße stieß er die Vorübergehenden an und sprach laut mit seinen Figuren ... (ELIADE 1996: 329–330).

Ich werde auf die Kaffeesucht Balzacs zurückkommen, aber in diesem Kontext ist die Hauptfigur nicht der französische Schriftsteller, sondern der junge Eliade. Aus diesem Grund habe ich dieses Zitat in Gänze wiedergegeben. Interessant ist, dass Mircea Eliade bereits mit achtzehn Jahren in der Lage war, das Porträt eines echten Süchtigen exakt wiederzugeben. Aber er hatte auch ein Gespür dafür, wie Inspiration durch Rauschmittel funktioniert. Umso mehr, da es sich um ein „banales" Rauschmittel, Kaffee, handelt, das zum Alltag gehört und das damals in der Regel nicht (wie heute) als wirkliche Droge angesehen wurde.

Ein halbes Jahr zuvor (im März 1924), mit nur siebzehn Jahren, hatte Eliade (unter dem Pseudonym Silviu Nicoară) bereits einen sehr mutigen Artikel veröffentlicht: „Künstler und Haschisch", in dem er erklärte, dass viele Künstler und Schriftsteller (Gérard de Nerval, Alexandre Dumas der Ältere, Théophile Gautier, Charles Baudelaire etc.) Haschisch konsumierten, um ihre intellektuelle Kreativität und Beweglichkeit zu steigern. Eliade zitierte den Arzt Charles Richet (Nobelpreis 1913) und schrieb: „In geringen Mengen taut [Haschisch] den Geist auf und öffnet ihn für schwer verständliche Dinge und gibt auch den Ideen eine erstaunliche Kontinuität". Unter dem Schutz des Pseudonyms schreibt der Jugendliche, dass Haschisch in hohen Mengen ekstatische Zustände auslöst: „Die Seele löst sich in diesem Moment vom Körper und man scheint in Äther zu versinken" (ELIADE 1996: 163–164).

In dem Artikel „Savanți. Experimente narco-psihiatrice" [Gelehrte. Psychiatrische Experimente mit Betäubungsmitteln] habe ich Verbindungen hergestellt zwischen Mircea Eliades phantastischen Novellen (*La țigănci* [Bei den Zigeunerinnen], *Un om mare* [Ein großer Mensch] und psychedelischen Zuständen, die durch Rauschmittel ausgelöst wurden. Ich bezog mich vor allem auf Experimente mit Rauschmitteln (Bilsenkrautsaft, Mescalin), die Nicolae Leon (1929), der Psychiater Eduard Pamfil (1940) und der Schriftsteller Aldous

Huxley (vor 1945) an sich selbst durchführten. Ich werde hier nicht noch einmal auf dieses Thema eingehen, aber es ist noch lange nicht ausgeschöpft.

Matei Călinescu fragt sich bei der Analyse eines ambigen Tagebucheintrags Mircea Eliades, ob der Religionshistoriker sich nicht „auf eine mögliche Drogenerfahrung bezieht, die [Eliade] vor Huxley machte" (CĂLINESCU 2002: 73). Călinescu gab keine Antwort auf diese ansonsten durchaus legitime Frage, die sich durchaus mit „ja" beantworten lässt.

Eliade in Indien: *Opium und Cannabis*

Im Frühjahr 1929 war Eliade zweiundzwanzig Jahre alt und lebte in Kalkutta, in der Pension von Gwyn Perris in der Ripon Street Nr. 82. In seinen Erinnerungen schreibt Eliade über diese Zeit:

Es war eine eigenartige Woche, in der ich lauter Fremde und Fremdes kennenlernte [...]. Einmal war ich mit einer Gruppe in einem Haus in China Town, wo man Opium für wenig Geld rauchen konnte. Ich entdeckte, dass selbst Herr Peris sich solchen Dingen hingab. [...] Wir gingen gegen Morgen nach Hause. Im Auto machte mich eines der Mädchen [...] noch einmal darauf aufmerksam, dass ich nicht erzählen sollte, dass ich mit Freunden in einer Bar in China Town war. Meine Erinnerungen waren übrigens ziemlich wirr. Ich konnte nicht unterscheiden, was mir wirklich passiert war und was ich mir vorgestellt hatte [...]. Ich war erschöpft, mein Kopf war schwer, meine Lider wie Blei. [...] Ich versuchte, meine Gastgeber davon zu überzeugen, dass meine Müdigkeit von einem zu schnell getrunkenen Glas Whisky kam. Vielleicht stimmte das, aber es erklärte nicht den Zustand des Halbbewussten und der Phantasie, in dem ich fast die ganze Zeit war. Ich hatte das Gefühl, dass etwas mit mir geschehen war, aber ich schaffte es nicht, mich daran zu erinnern, was genau es war (ELIADE 1991b:. 183).

Aus dem Subtext geht hervor, dass Eliade mit Opium experimentiert haben musste, aber es wird nicht explizit gesagt. In der Monographie, die Mircea Eliade gewidmet ist, fasst Culianu diese Episode in einem einzigen Satz zusammen: „Eliade nimmt an den unverantwortlichen nächtlichen Eskapaden eines Deutschen teil, der die Viertel der Einheimischen [in Kalkutta] kennt" (CULIANU 2004: 39). Mac Linscott Ricketts legt nahe, dass er ein Rauschmittel genommen haben könnte, aber auch er geht bei den Erfahrungen des jungen

Eliade im chinesischen Viertel in Kalkutta nicht ins Detail, schreibt aber, dass er eine Woche lang schwindelig wirkte (RICKETTS 1988: 384).

Abb. 24: Ripon Street Nr. 82 in Kalkutta, das Haus, in dem Eliade zwischen 1929 und 1931 lebte. Photo: Andrei Oișteanu, 2007.

Natürlich konnte man in Kalkutta nicht nur in *China Town* Opium finden, sondern auch in den indischen Vierteln. Ein solches Gebiet befindet sich in unmittelbarer Nachbarschaft zum englisch-indischen Viertel, in dem Mircea Eliade lebte. Im Oktober 2007 hatte ich Gelegenheit, die Häuser zu besuchen, in denen Eliade von 1929–1931 gelebt hatte. Sowohl das Haus seines Meister Surendranath Dasgupta (Maitreyis Vater), als auch die Pension der englisch-indischen Familie Perris.

Was den Konsum von Rauschmitteln und sexuelle Erfahrungen angeht, war Mircea Eliade in seinen Memoiren, die er als Erwachsener schrieb, diskret. Offener war er im Tagebuch und in quasi-autobiographischen Romanen seiner Jugend. „Authentizität" war ein typischer Charakterzug für Eliades Art, in der Zwischenkriegszeit zu schreiben. Oft forderte er auch heraus mit seinem Stil. Und auch das Primat des „Erlebens" von Lebenserfahrungen zulasten intellektueller Erfahrungen – ein Prinzip der Philosophie Eliades und seiner Generation – spielte eine Rolle.

Als existentialistische philosophische Haltung wurde der „Trăirismul" in den dreißiger Jahren von Nae Ionescu und seinen Schülern verbreitet, den Begriff selbst schuf Șerban Cioculescu als eine quasi-ironische Übersetzung des deutschen Begriffs *Lebensphilosophie*. Vianu schrieb: „Im Namen eines „prototrăirism" (denn er stand noch nicht unter dem Einfluss Nae Ionescus), bevorzugte Eliade in Indien heiße erotische Erfahrungen [und Rauschgifterfahrungen, füge ich hinzu – A.O.] zu Lasten seines Doktorats in Sanskrit. Intellektuelle Erfahrung war Opium für die Träiristen[67] (so, wie Marx von der Religion sagte, sie sei Opium fürs Volk). Paradoxerweise handelte es sich um einen Antiintellektualismus, der von Intellektuellen ausging, und bot als Ergänzung zum Buch und in der Regel als dessen Ersatz das Leben selbst in seiner ganzen Gewalt, in der es sich ausdrückt" (VIANU 2010: 46–47).

In seinem indischen Tagebuch (*Șantier* [Baustelle], 1935) beschreibt Eliade ein paar der Opiumerfahrungen in seiner Zeit in Indien, vor allem 1929. Zu Beginn desselben Jahres schrieb der junge Doktorand, der eben erst in Kalkutta angekommen war, über das Verhältnis *Buch* vs. *Opium*: „Ich hatte eine wahnsinnige Lust darauf, die Bücher liegen zu lassen und Opium zu rauchen. Aber nicht wegen der Bücher. Ich wäre zu ihnen zurückgekehrt. Was mir abging, waren nicht meine geistigen Funktionen – sondern ihre Bedeutung" (ELIADE 1935: 30). Mit anderen Worten: Opium ist für den jungen Wissenschaftler keine Alternative zum Studium, sondern ein Hilfsmittel für das Studium.

In einem anderen Tagebucheintrag von Ende 1929 erzählt Eliade eine erotische Szene, die er in einem Raum in *China Town* hatte, in dem Opium geraucht wurde, nachdem er den Preis für „eine Opiumpfeife" bezahlt hatte. Im Herbst 1931 erinnert sich Eliade an seine schwindelerregenden erotischen und narkotischen Abenteuer von 1929: „Das außergewöhnliche Bild, das ich von mir hatte, weil ich in Nanking essen gehen konnte, mitten in der chinesischen Stadt, und weil ich so viel Opium rauchen konnte, wie ich wollte". Durch das Übermaß ist Eliade am Ende von sich und den Drogennächten in *Nanking*, an die er sich nicht mehr erinnern kann, abgestoßen: „Die chinesische Stadt empfing mich jeden Abend um acht. Was ich dann bis zum Morgen machte, weiß ich nicht mehr so genau. Ich habe großen Widerwillen vor mir und vor der vergeudeten Zeit" (ELIADE 1935: 40, 145, 238). Die Ironie des Schicksals wollte es so, dass gerade in der chinesischen Stadt Nanking der Vertrag zum Ende des „Opiumkriegs" zwischen den Briten und den Chinesen (1839–1842) geschlossen wurde.

Nach den erotisch-narkotischen Erfahrungen im chinesischen Viertel Kalkuttas beginnt Eliade, *Isabel și apele Diavolului* [Isabelle und die Wasser des Teufels] zu schreiben. Der Roman erschien 1930, Eliade schrieb ihn im Zeitraum zwischen April und August 1929 in Anlehnung an die beschriebenen Ereignisse und in gewisser Weise auf Grund dieser Ereignisse: „Um nicht mehr

---

67 von Träismus [rum. Übersetzung von „Lebensphilospie"] philosoph. Strömung im Rumänien der Zwischenkriegszeit.

nachzudenken, schrieb ich an *Isabel și apele Diavolului*", berichtet er. „Das Thema war mir vertraut. Es ging um Erfahrungen aus Indien" (ELIADE 1991d: 184). Es ist natürlich ein Roman mit vielen autobiographischen Elementen. Zwei Figuren interessieren mich besonders: Der „Doktor", Erzähler und Alter Ego Eliades, der durch die „Wasser des Teufels" reist, zum einen; und zum anderen Miss Lucy Roth, die Stella Kramrisch (1896–1993) darstellte, eine Wiener Forscherin, die circa zehn Jahre älter war als Eliade. Sie war Professorin für orientalische Geschichte. Mircea Eliade hatte sie im Januar 1929 an der Universität Kalkutta über seinen Professor Surendranath Dasgupta kennengelernt.

Im Roman treffen sich der Doktor und Lucy Roth zufällig im anrüchigen Restaurant *Nanking* wieder. „Ich habe [in Nanking] leichte Abende und echte Freude erlebt, in den zurückgezogenen Räumen, mit den indischen Dienern und den chinesischen Bräuchen. Ich kannte den Besitzer und wusste, dass Herr Chen, *the manager*, dem engen Kreis Opium besorgte oder Mädchen aus Shanghai." Während Lucy „Drogen und Wein liebte" stießen den Arzt „Visionen aus lasterhaften Dämpfen" ab, „Ein Traum, der aus Drogen entsteht, ist abstoßend. Für mich ist Opium, die Vorstellung, durch Vergiftung oder sinnliche Exaltation langweilige Mystifizierungen zu erzeugen, der mittelmäßige Versuch, die reine Welt zu spiegeln und sie dem Geist vorzugaukeln, indem man seine Zellen malträtiert." Am Ende landen die beiden bei Lucy zu Hause (ein wahres Museum orientalischer Kunst), wo sie wieder Opium rauchen. Unter dem Einfluss des Rauschmittels verführt Lucy den Arzt.. „Opium steigert die weibliche Sinnlichkeit und unterdrückt die der Männer", erklärt sie ihm später (ELIADE 1993: 80–96). „Die Rauschmittelerfahrungen ergänzen das Bild der [erotischen] Empfindungen", fasste G. Călinescu diese epische Episode, diese „ruhige Orgie" zwischen dem jungen Arzt und dem „alten Fräulein" – Miss Lucy Roth –, „eine gebildete, gleichgültige und opiumsüchtige Professorin", zusammen (CĂLINESCU 1986: 957).

Auch Mihail Sebastian, der [zu diesem Zeitpunkt noch; Anm. JR] mit Eliade befreundet war, kommentierte *Isabel și apele Diavolului* und war überrascht von der „gewaltigen Ehrlichkeit Mircea Eliades Buchs". Die Geschichte des Buchs mitsamt der „überwältigenden Orgien im Hause Fräulein Roths" können als „trunken und unvergleichlich", aber „absolut möglich" angesehen werden (*Cuvântul* [Das Wort], 31. Mai 1930). In einer anderen Rezension zur zweiten Auflage des Buches 1932 war Sebastian beeindruckt vom Ort in der rumänischen Literatur, den die „nie dagewesene" Figur der Miss Roth besetzt – „ein verwunderlicher Ort auf Grund ihrer moralischen Komplexität, für das

Pittoreske ihrer gesellschaftlichen Stellung, für ihre unterschiedlichen Seelenzustände" (*România literară* [Literarisches Rumänien], 6. August 1932) (SEBASTIAN 2002: 284–285, 289).

Für Pompiliu Constantinescu ist der Doktor jemand, „der durch fleischliche Sünden und Gesellschaftsflucht zum Egoisten wird. Er ist ein luziferischer Don Juan, durchdrungen von Kasuistik, ein deformierter Übermensch, der auf Intellekt und Sexualität reduziert ist", und Miss Roth „drückt einen d'annunzianischen Ästhetizismus aus, in dem das Laster und die Kunst als oberste Formen des Individualismus erscheinen" (*Vremea* [Die Zeit], 3. Juli 1930) (HANDOCA 1999: 230–231).

1985, fünfundfünfzig Jahre nachdem Eliade den Roman veröffentlicht hatte, wandte sich der amerikanische Professor Mac Linscott Ricketts in einem Brief an Stella Kramrisch (das Vorbild für die quasi-fiktive Figur Miss Lucy Roth). Sie erklärte Linscott Ricketts Folgendes: „Never in my life did I drink alcohol or consume any narcotic drug (nor did I smoke tobacco, opium or hashish)". Ich danke meinem Freund Mac Linscott Ricketts dafür, mir den Inhalt des Briefs von Stella Kramrischs vom 31. Januar 1985 übermittelt zu haben. Wir werden wahrscheinlich niemals erfahren, ob Mircea Eliade seiner rumänischen Vorstellungskraft freien Lauf ließ (wie er es wahrscheinlich auch bei Maitreyi tat), oder ob Stella Kramrisch Jahrzehnte später ihre bürgerliche Ehre retten wollte.

Bemerkenswert ist das Interesse Stella Kramrischs an der Erforschung *entheogener* Drogen dennoch, das heißt solcher Drogen, die beim Menschen *enthousiasmos* auslösen, göttliche Inspiration. Es gibt Rauschmittel, die dazu führen, dass der Mensch „von Gott beseelt" ist. Ein Jahr nach dem oben erwähnten Brief, veröffentlichte Stella Kramrisch im Alter von neunzig Jahren mit drei weiteren Forschern ein Buch über diese entheogenen Pflanzen: *Persephone's Quest: Entheogens and the Origins of Religion* (WASSON, KRAMRISCH & RUCK 1986).[68] Die Koautoren des Buchs (Gordon R. Wasson, Carl Ruck, Jonathan Ott) sind Berühmtheiten auf dem Gebiet der Erforschung der Rolle von Rauschmitteln in der Religionsgeschichte. Vor allem Gordon R. Wasson, *Soma: The Divine Mushroom of Immortality* (Harcourt Brace Jovanovitch, New York, 1968), Gordon R. Wasson, Carl Ruck, Albert Hofmann, *The Road to Eleusis: Unveiling the Secret of the Misteries* (Harcourt Brace Jovanovitch, New

---

68 Siehe auch KRAMRISCH (1975: 222–235).

York, 1978) und Jonathan Ott, *Pharmacotheon: Entheogenic Drugs, Their Plant Sources and History* (Natural Products, Kennewick, Washington, 1993).

Als Eliade 1944 in Lissabon war, las er sein Buch *Isabel și apele Diavolului* noch einmal „um es zu korrigieren und eine neue Auflage vorzuberieten". Nach 15 Jahren fand er es „dicht, pathetisch und gleichzeitig originell". Die erotisch-narkotischen Szenen störten ihn überhaupt nicht. „Ärgerlich" fand er einzig und allein „eine homosexuelle Passage" (Eliade 2009: 236–237).

Im Winter 1930–1931, als sich Eliade in ein *Ashram* in der Nähe der Stadt Rishikesh im Norden Indiens begab, wurde er Schüler in einem „nepalesischen brahmacarin", er war ein „Einsiedler", der „medizinische Pflanzen anbaute und sammelte". In Erinnerung an diese Zeit schreibt Eliade in seinen *Mémoires* vor allem von „Brahmas Blatt", einer Pflanze, „die in der Ayurveda seit tausenden Jahren bekannt und berühmt für ihre stärkende Wirkung" ist und für „die Behandlung von Überanstrengung" verwendet wird (ELIADE 1991: 209–210). Es handelt sich wahrscheinlich um die Pflanze *Brahma manduki* (oder *Gotu kola, Centella asiatica*, Indischer Wassernabel), die tatsächlich als Energiespender in der ayurvedischen Medizin eingesetzt wird.

Abb. 25: Mircea Eliade im Gewand eines hinduistischen Mönchs (Rishikesh, 1931).

Bei dieser Gelegenheit, im Frühjahr 1931, schrieb der Religionshistoriker einen Artikel über botanische Kenntnisse im alten Indien und schickte ihn zur Publikation nach Cluj. Unter anderem zitiert Eliade in seinem Buch den Arzt Abu Mansur aus dem 10. Jahrhundert. In diesem Text zur iranisch-indischen Pharmakologie erscheinen verschiedene psychotrope Pflanzen, darunter *Tollkirsche* und *indisches Cannabis* (*bhang*; in Sanskrit *banga*; auf Arabisch *banj*). *Bhang* ist eine „Pflanze, deren Samen als Ersatzstoff für Opium verwendet werden" (ELIADE 1931).

Es verwundert nicht, dass der Medizinhistoriker Valeriu Bologa (mit dem Einverständnis Emil Racovițăs) Eliades Studie sofort Ende 1931 veröffentlichte. Bologa schrieb Eliade nach Indien: „Da [der Artikel] zu spät zum Druck kommen würde, habe ich Prof. Emil Racoviță den Artikel im April [1931] für das *Buletinul Societății de Științe* [Bulletin der Wissenschaftsgesellschaft] geschickt. Racoviță hat es mit großem Vergnügen gelesen und sofort akzeptiert"

(HANDOCA 1993). Die jungen Wissenschaftler Eliade und Bologa schätzten sich gegenseitig. Im Oktober 1928, kurz bevor Mircea Eliade nach Indien abreiste, brachte er in der Zeitung *Cuvântul* [Das Wort] seine Wertschätzung für die Arbeit des *Institutul de Istorie a Medicinei și a Farmaciei* [Institut für Geschichte der Medizin und Pharmazie], das Bologa in Cluj gegründet hatte und dessen Forschung in der Volksmedizin (darunter der Artikel „Florile spurcate" [Schmutzige Blumen], 1926), und damit seine Forschungen, die „unter den Prämissen der Religionsgeschichte" erarbeitet wurden zum Ausdruck (HANDOCA 2008: 285–289).

Eine detaillierte Dokumentation der Rauschmittelerfahrungen, die Eliade im *Ashram* am Himalayagebirge machte, ist schwer zu erstellen. Manche Kommentatoren sind der Auffassung, Eliade habe einen wahren „Himalayamythos" um sich herum geschaffen. Liviu Bordaș schreibt:

Untersucht man [Eliades] Artikel über Indien, sein Tagebuch, seine Erinnerungsschriften und Korrespondenz, stößt man auf Ungereimtheiten in seinen Aussagen über die Zeit in Indien und vor allem über die Monate, die er in Rishikesh verbrachte. Sie werfen einen Schatten des Zweifels auf die Ehrlichkeit und die Wahrheit seiner Aussagen und hinterlassen den Eindruck, dass er bestimmte Aspekte seines Lebens und seiner Persönlichkeit verschleiern wollte (BORDAȘ 2002: 80).

Ioan Petru Culianu war dagegen der Meinung, dass der Religionshistoriker zu wenig über seine Erfahrungen in dieser Zeit schrieb. „Über die Monate, die [Eliade] in Rishikesh, im Kloster des Shri Shivananda verbrachte, schweigen sich seine Memoiren nahezu aus" (CULIANU 2006: 276).

Ein Teil dessen, was er sich nicht traute, in seinen Memoiren zu schreiben (die erst in seinen späten Jahren erschienen), also vor allem seine Rauschmittelerfahrung, wagte er, im Tagebuch über seine Indienreise zu sagen (das in seiner Jugend veröffentlicht worden war). Bei dieser Gelegenheit beschrieb Eliade verschiedene Pflanzen mit medizinischen und halluzinogenen Eigenschaften aus dem Garten des nepalesischen brahmacain, darunter „eine Art Cannabis, die eine opiumähnliche Vergiftung verursacht". „Viele der gesammelten Pflanzen habe ich selbst ausprobiert, im Krankenhaus von Laksmanjula [= kleine Stadt bei Rishikesh]."

Unter anderen psychotropen Pflanzen wuchsen neben der Hütte des nepalesischen Einsiedlers viele „bhang Sträucher" (Cannabis indica), „deren Blätter einen Rausch verursachen, wenn man sie verbrennt oder in einer *hooka* aus Holz raucht [eine Art Wasserpfeife], einen Rausch, den die *sadhus* sehr schätzen, denn es wird gesagt, dass er die Konzentrationsfähigkeit verbessert und die Meditation erhellt".

Diese Seiten aus dem Band Indien sind auch deshalb sehr interessant, weil Eliade (in einer unsicheren Sprache) versuchte, die Zustände zu beschreiben, die er während des Rausches erlebte: „Einmal habe ich Bhang geraucht, und ich erinnere mich daran, dass ich eine schwindelerregende Nacht hatte, denn der Sinn für den Raum verschob sich, und ich fühlte mich so leicht, dass ich jedesmal, wenn ich mich drehen wollte, aus dem Bett fiel ... Bhang hat eine seltsame Eigenschaft, Gedanken zu bündeln und zu vertiefen – alle Gedanken, die das Bewusstsein im Moment der Einnahme beherrschen. Hat man religiöse Gedanken, wie vorgesehen, dann ist die Meditation perfekt. Ich erinnere mich aber, dass ich an jenem Abend eine literarische Diskussion mit einem Besucher im *Ashram* hatte und meine Nacht war voller Alpträume ..." (ELIADE 1991: 121–122).

An dieser Stelle ein kurzer Einschub. Trotz der „Annäherungen" (ein Begriff Jüngers), die Eliade versucht, schafft er es, ein paar wichtige Ideen zu entwickeln. Ein scheinbar banaler Gedanke ist, dass das Rauschmittel im Allgemeinen (in diesem Fall Cannabis) „die seltsame Eigenschaft hat, Gedanken zu bündeln und zu vertiefen", was natürlich der Meditation, wie sie beim Yoga ausgeführt wird, zugute kommt. Mit einer grundlegenden Hinzufügung: Es geht um „jeden Gedanken, der das Bewusstsein im Moment der Einnahme beherrschte". Tatsächlich kamen alle Kommentatoren im Laufe der Zeit zu ähnlichen Schlussfolgerungen: Das Rauschmittel vollbringt keine Wunder. Es füllt keine leere Tasche und verändert auch nicht die Art der Dinge, die sich in der Tasche befinden. Daher die Möglichkeit, dass der *Psychonaut* (ein weiterer von Jünger geprägter Begriff) einen bad trip, einen good trip oder sogar einen no trip hat (in den Begriffen der psychedelischen Kultur der sechziger und siebziger Jahre). Das Rauschmittel „bündelt und vertieft Gedanken" (wie der junge Eliade sagt), verändert stark die Durchdringungskraft des Denkens und verändert unvorhersehbar seine stereotype Perspektive, vergrößert unerwartet stark den Verstehenshorizont, aber setzt nichts an eine Stelle, wo nichts ist.

Charles Baudelaire erklärte dies Nichteingeweihten fast didaktisch:

Que les gens du monde et les ignorants, curieux de connaître des jouissances exceptionnelles, sachent donc bien, qu'ils ne trouveront dans le hachisch rien de miraculeux, absolument reien que le naturel excessif. Le cerveau et l'organisme sur lesquels opère le hachisch ne donneront que leurs phénomènes ordinaires, individuels, augmentés, il est vrai, quant au nombre et à l'énergie, mais toujours fidèles à leur origine. L'homme n'échappera pas à la fatalité de son tempérament physique et moral : hachisch sera, pour les impressions et les pensées familières de l'homme, un miroir grosissant, mais un pur miroir (BAUDELAIRE 2000: 108).

Natürlich stammen diese didaktisch-explikativen Formulierungen aus dem 19. Jahrhundert, aus der Romantik der Rauschmittelerfahrungen von De Quincey und Baudelaire. Zum selben Zeitpunkt, als Eliade dies in Indien schrieb, drückt Cocteau dieselbe Idee wie Baudelaire aus, aber aphoristischer: „L'opium joue le rôle de l'eau. Aucun de nous ne porte le même modèle de fleur. Il se peut qu'une personne qui ne fume pas ne sache jamais le genre de fleur que l'opium aurait déroulée en elle" (COCTEAU 1999: 92).

Eliade im Rumänien der dreißiger Jahre: „Hast Du kein Opium zur Hand?"

Von 1929–1933 schrieb Eliade in Kalkutta, Rishikesh und Bukarest seine Doktorarbeit. Sie trägt den Titel *Psihologia meditației indiene. Studii despre Yoga* [Die Psychologie der indischen Meditation. Studien über Yoga]. Er trug sie 1933 an der Universität Bukarest einer von Dimitrie Gusti geleiteten Kommission vor und veröffentlichte sie 1936 auf Französisch. Einige Paragraphen sind der Verwendung psychotroper Pflanzen von indischen Asketen gewidmet: „Die Mehrzahl derer, die Yoga ausübten, verwendeten seit Jahrhunderten Drogen, Blätter-, Wurzel-, Rauschmittelaufgüsse – entweder um eine dubiose Trance zu forcieren, oder um das Nervensystem zu beleben. In den Klöstern im Himalaya werden noch heute pflanzliche Drogen verwendet, die zum großen Teil aus der indischen Volksmedizin stammen" (ELIADE 1992:179).

Im Laufe der Zeit wandten sich andere Schriftsteller dem Problem zu, dass Eliade tief beschäftigte – die Verbindung zwischen religiösen und narkotischen Erfahrungen. In den fünfziger und sechziger Jahren behandelten es von Aldous Huxley bis Henri Michaux und von R. Gordon Wasson bis Allan Watts

(*Psychedelics and Religious Experience*, 1968) (Watts 1968: 74–85). Mitte der dreißiger Jahre nahm der französische Religionshistoriker Philippe de Félice das Thema in einem Buch mit dem passenden Titel *Poisons sacrés. Essai sur quelques formes inférieures de la mystique* (DE FELICE 1936) auf. Denis de Rougemont war 1939 folgte den Argumenten Philippe de Félice', der auf überzeugende Weise gezeigt habe, dass jeder, der Rauschmittel nimmt, ein Mystiker sei, ohne es zu wissen (DE ROUGEMONT 1939: 160).

Auch Eliade zeigte Interesse für Philippe de Félice' Buch, über das er 1939 in *Vremea* eine Rezension mit dem Titel „Mistici inferioare" [Niedrige Mystiker] schrieb: „Was tragisch ist am Menschsein, ist die ständige Rückkehr zu „niedrigeren Formen der Mystik". Wenn Du nicht mehr kannst oder glaubst, Dich nicht mehr „in Gott versenken" zu können – dann versenkst du dich in Alkohol, Opium, Peyotl oder eine kollektive Hysterie. „Mystik bleibt ..." Eliade war mit sich selbst inkonsequent.

Er war der Auffassung, dass psychotrope Pflanzen mystische Erfahrungen auslösen, aber der Terminologie Philippe de Félice' folgend, seien das „niedrige Formen" im Vergleich zu authentischen mystischen Erfahrungen.

Andere Kommentare des rumänischen Religionshistorikers zielen auf die Beziehung zwischen mystischer Ekstase und der, die durch Rauschmittel ausgelöst ist. „Du musst auf irgendeine Weise aus dir herausgehen. Und wenn dich die Liebe nicht mehr retten kann, dann retten dich Alkohol, Opium oder Kokain. Die Rituale bleiben die gleichen, Isolation (,allein trinken' ist ein Zeichen für einen wirklichen Trinker, der *drogue divine* Zeit und Platz einräumen etc.). Gleich bleibt auch die Sehnsucht danach, dich zu vergessen, dich zu verlieren, in einem ‚Absoluten' giftiger Essenz" (ELIADE 1994: 155).

Eine Reaktion zu diesem Text Eliades kam von Adrian Marino, in einem Artikel, den er ein paar Jahre später in derselben Zeitung veröffentlichte. Marino schrieb: „die Abschaffung des eigenen Bewusstseins, der Verlust des Selbst beim Opiumsüchtigen" ist auf mystischer Ebene „gleich der Absorbtion in Heiligkeit, dem Verlieren im Nichts, im Absoluten, was in manchen Fällen, nicht übertrieben ist. Einige Texte können in diesem Sinne zum geeigneten Moment gefertigt werden" (MARINO 2010: 148).

Als Eliade in Kalkutta in der Pension der englisch-indischen Familie Perris lebte, äußerte er den Wunsch, sich eine Pfeife extra zum Opiumrauchen anzuschaffen. Er war wahrscheinlich beeindruckt von den Opiumpfeifen, die er in der Spezialsammlung Stella Kramrischs gesehen (und ausprobiert?) hatte. Eine solche Pfeife beschaffte ihm seine Gastgeberin in Kalkutta, Gwyn Perris, aber erst nach der Rückkehr Eliades nach Rumänien Ende 1931. Am 7. Januar 1932 schrieb Gwyn Perris Eliade nach Bukarest: „[Ein Bekannter] möchte Antiquitäten verkaufen, darunter auch, was du suchst: Opiumpfeifen; falls du sie also möchtest, werden wir dir den Preis nennen und sie dir [nach Bukarest] schicken" (HANDOCA 2003: 280). Wir werden nie erfahren, ob die besondere Opiumpfeife Eliade erreicht hat oder nicht.

Wie im ersten Teil des Buches deutlich wird, beschäftigte sich Eliade in den dreißiger und vierziger Jahren weiter mit der Rolle der Alraune im rumänischen Volksglauben und mit der Religionsgeschichte in Eurasien im Allgemeinen. Eliade versuchte, das Buch *La Mandragore et l'Arbre Cosmique* fertigzustellen, das er 1942 als in Bearbeitung und im Juli 1943 als „fast abgeschlossen" ankündigte (ELIADE 2006: 205).

Im Allgemeinen war Eliade in diesem Zeitraum äußerst interessiert am magisch-medizinischen Volksglauben und der Volksmedizin. Er schrieb Anfang der vierziger Jahre:

Wir müssen anerkennen, dass wir sehr spät in den Lichtkreis der wissenschaftlichen Medizin getreten sind. Die interessantesten Dokumente aus unserer medizinischen Vergangenheit gehören der Volkskunde und der Ethnographie an. Die Volksmedizin und die medizinische Volkskunde sind bedeutender als das Werk irgendeines Arztes zu Beginn des letzten Jahrhunderts. Eine organische und auf den Menschen ausgerichtete Vision ist nur in der Volksmedizin zu entdecken. Dort haben wir es mit Glauben und Aberglauben zu tun, die schon seit tausend Jahren auf dem rumänischen Gebiet existieren. Indem wir sie kennenlernen und entziffern, nehmen wir Kontakt zum Seelenleben unserer Ahnen auf und vielleicht gelingt es uns, spirituelle Werte in den Zaubersprüchen und Formeln zu erkennen. Die Volksmedizin ist Teil eines Ganzen, einer harmonischen Vision (ELIADE 1943: 168).

1936 befindet sich Cioran in Brașov als deprimierter Gymnasiallehrer. „Alles was ist, scheint mir Nahrung für eine übermäßige Traurigkeit zu sein" (HANDOCA 1993: 190). Mircea Eliade versuchte, ihn im Herbst 1936 durch einen Brief aufzumuntern, in dem er über seine eigene Melancholie und seine irrationalen Ausbrüche schrieb: Deine Traurigkeit betrübt mich. Natürlich, auch mir ging es nicht blendend; in letzter Zeit nagt die Melancholie an mir und

Tragödie fordert mich heraus. Wenn du wüsstest zu welchen Dummheiten ich manchmal in der Lage bin! […] Ich kann es dir nicht erzählen. Geb's Gott, dass ich nicht am Ende den Verstand verliere". „Aber was ist eigentlich mit dir los?", schrieb Eliade weiter und schlägt ihm ein fast psychiatrisches Mittel vor: „Hast du denn kein Opium zur Hand, keine kranke Karriere, der du dich widmen kannst, keinen Hasdeu, den du herausbringen kannst?!" (ELIADE 1999: 155).

Wie Dan Petrescu feststellte, nannte sich Mircea Eliade in den letzten Zeilen des Briefes selbst als Beispiel. Er arbeitete 1936 tatsächlich intensiv an einer Hasdeu-Veröffentlichung, die er 1937 herausgab (HASDEU 1937). 1934 hatte Eliade Nina Mareş geheiratet, eine sehr kränkliche Person, die zwölf Jahre älter war als er und die zehn Jahre später relativ jung stirbt. „Ich weiß, dass ich jung sterben werde", sagte sie selbst (NĂSTASĂ 2010: 144). Aus dem Kontext könnte man schlussfolgern, dass Eliade 1936 in Bukarest drei Mittel hatte, mit deren Hilfe er seine Melancholie bekämpfen konnte: „einen Hasdeu", den er publizierte, „eine kranke Karriere", der er sich widmete, und Opium, das er zur Hand hatte.

Wenn es um das Umfeld Eliades zu diesem Zeitpunkt geht, muss auch Sorana Ţopa (1898–1986) genannt werden, die sich, wie es Petre Pandrea ausdrückte, „mit Mircea Eliade und Emil Cioran zusammentat". Sorana war Schauspielerin am Nationaltheater Bukarest (davor in Iaşi) und schrieb Theaterstücke. In den dreißiger Jahren reiste sie mehrmals nach Holland, um dort die Vorträge Krishnamurtis zu hören. 1933 unterbrach Mircea Eliade seine erotische Beziehung zu Sorana Ţopa, um mit seiner künftigen Frau, Nina Mareş, zusammenzukommen. Diese dilemmatische Liebesgeschichte erzählt Eliade ausführlich in seinen Memoiren (ELIADE 1980: 248–292) und kurz im *Journal portugais*:

Nina sagte mir, dass es ihr nicht gefalle, Liebe zu teilen und dass ich mich von Sorana trennen müsse. Ich versprach es ihr, versuchte es, aber ich schaffte es erst nach ungefähr sieben Monaten, im Juli 1933, […] dann trennte ich mich endgültig von Sorana und verlobte mich mit Nina. Diese sieben Monate waren pathetisch; ich liebte Nina, Sorana machte mich rasend, aber ich schaffte es nicht, mich von ihr loszusagen. Ich belog beide (ELIADE 2006: 274).

Petre Pandea schrieb in seinen Memoiren sarkastisch über die Rauschmittelsucht Ţopas, mit „vom Kokain gepeitschten Nerven" und über seine Reisen und die anderer rumänischer Intellektueller der dreißiger Jahre „zu den künstlichen Paradiesen". Sie gewöhnte sich die Kokaineinnahme in längeren „Berliner Ferien" am Ende der zwanziger Jahre an, als Petre Pandrea Presseattaché der rumänischen Gesandtschaft in Deutschland war. Ihre Freunde (darunter der Philosoph Ştefan Teodorescu) waren der Auffassung, dass „Sorana Kokain zubereitet wie Mamaliga". „Sie braucht starke Dosen, Unmengen, um in Trance zu geraten. (Ihr Liebhaber war empfindlicher und fiel sofort ins Koma.) Er brauchte solche Sachen gar nicht. Ihre berühmten Liebhaber hatten ihr beigebracht, Kokain zu nehmen, unvorsichtige Politiker und Sonette schreibende Dichter. Das arme Mädchen eines Wirts aus dem Viertel Podul-Turcului. In ihrem verwirrten Kopf haben sich die Dinge vermischt. [...] Sorana ist berauschend und sie berauscht sich, deliriert und lügt wie sie atmet" (PANDREA 2004: 97–101).

Felix Aderca schrieb 1929: „Such in keiner Garderobe einer Schauspielerin, die über die Grenze in dieses balkanische Land gekommen ist. Du findest – da bin ich sicher – genügend Material für einen Strafbefehl wegen Schmuggel: Verbotene Parfums, Kokain, Zylinder aus Seide, unschätzbare Kleidermodelle [...]. Und außer all dem – Begeisterung für Kunst!" (ADERCA 1929: 351–352).

Mircea Eliade beschreibt das exaltierte, veränderliche und unvorhersehbare Verhalten Sorana Țopas und scheint in seinen Memoiren die Rauschgiftsucht der Schauspielerin in den dreißiger Jahren zu thematisieren. Er tut es allerdings, ohne die Dinge beim Namen zu nennen:

[Sorana] war durstig nach dem ‚Absoluten' und glaubte, den Weg gefunden zu haben, es zu erreichen. Der Preis, den Sorana bezahlte, um das Recht zu haben, über das Leben zu sprechen, wie sie es verstand, war so groß, dass wenigsten ihre Freunde nicht die Geduld hätten verlieren dürfen, ihr zuzuhören. [...]Sie war unvorhersehbar so wie auch ihre Launen unvorhersehbar waren; sie brach nach einer pathetischen Tirade in Lachen aus, sie wurde traurig, weinte, mitten in einer Hymne an das Leben. Sie hatte versucht, sich von allem loszusagen und blieb aggressiv-weiblich, eigenwillig, wunderlich. Trotz all der Schrillheit hatte sie viel Charme. Und zu ihrem Charme kam ihre Schönheit und ihr Talent, sie wäre unwiderstehlich gewesen, hätte sie dies nicht zerstört durch ihre Wut, ihre Dickköpfigkeit, hätte sie nicht ständig versucht, anders zu sein, als sie war (ELIADE 1991: 250).

Eine kurze Ergänzung zu Eliades Kollegen in der Diplomatie Lucian Blaga. Er war Presseattaché den rumänischen Botschaften in Warschau (1926–1927), Prag (1927–1928), Bern (1928–1932 und 1937–1938), Wien (1932–1937) und dann Botschafter in Lissabon (1938–1939). Auch Blaga nahm, aus anderen Gründen als Eliade, Beruhigungsmittel. Er tat es vor allem, um seine Empfindsamkeit zu kontrollieren, das lähmende Lampenfieber und verschiedene neurotische Störungen (ständige Kopfschmerzen, Schlaflosigkeit und Herzflattern). Anfang Juni 1937 zum Beispiel kam Lucian Blaga mit dem Zug von Bern nach Bukarest anlässlich seiner Aufnahme in die Rumänische Akademie. Er war furchtbar aufgeregt. Und er hatte allen Grund dazu. Neben seiner chronischen Schüchternheit musste sich der Philosoph der harten Gegenwehr Nicolae Iorgas und der anderer „alter Herren der Akademie" aussetzen (NĂSTASĂ 2007: 507; 2010: 431). Blaga sollte mit zweiundvierzig Jahren jüngstes Mitglied der Akademie werden, und König Karl II. hatte entschieden, den Vorsitz dieser Akademiesitzung zu übernehmen. „Gestern, am Donnerstag nachmittag, bin ich der Akademie beigetreten. Alles ging gut. Das Alonal gab die notwendige Ruhe", schrieb er seiner Frau.

Alonal war ein Beruhigungsmittel, dass Blaga höchstwahrscheinlich auch ein paar Tage später, am 5. Juni 1937, verwendete, als er – im Beisein des Königs – den Aufnahmevortrag an der Akademie hielt, der den Titel *Elogiul satului românesc* [Loblied auf das rumänische Dorf] trug (BLAGA 1969: 405–408). In einem anderen Brief an seine Frau, die sich zu diesem Zeitpunkt (am 18. November 1938) in Lissabon befand, deutet Blaga an, dass er Alonal auch bei einem Vortrag an der Universität Cluj genommen hatte: „Ich habe [den Text des Vortrags] genauso ruhig und gut vorgelesen wie an der Akademie" (BLAGA 2004).

Der jüngere Mircea Eliade begrüßte die Aufnahme des Philosophen in die Reihen der rumänischen Akademiemitglieder. Nachzulesen ist dies in seinen Artikeln „Lucian Blaga la Academie" ([Lucian Blaga in der Akademie]; *Viața literară*, Nr. 12, September 1937) und „Convorbiri cu Lucian Blaga" ([Gespräche mit Lucian Blaga]; *Vremea*, Nr. 501, 22. August 1937). Es gab zwischen diesen beiden Intellektuellen eine natürliche Anziehungskraft. 1933 schrieb Blaga aus Wien an Eliade: „Deinen Aufstieg verfolge ich von allen jungen Intellektuellen am meisten" (HANDOCA 1993: 95).

Aus der Korrespondenz des Philosophen mit seiner Freundin Domnița Gherghinescu-Vania geht hervor, dass er sich nicht berauschen konnte, weil er Alkohol und „anderen Alkoholika" gegenüber immun sei. Am 12. November

1943 schrieb Blaga: „Tatsache ist, dass ich Lust habe mich zu berauschen. Ich würde gern mit Dir an meiner Seite zehn Wermuth trinken [...]. Nur bin ich Alkohol und anderen Alkoholika gegenüber immun" (CIOCULESCU 1995: 102).

In der *Trilogia cunoașterii* [Triologie der Erkenntnis] von 1943 schreibt Blaga über die Unfähigkeit eines „sujet cognitive", die absolute Wahrheit zu erreichen und bezieht sich auf Mittel aus der „Zaubermedizin". Der Philosoph glaubte, dass der Mensch „dieses grundsätzliche Gebrechen nur durch ein Wunder überwinden könne". Im Versuch, der Welt dieses Wunder zu bieten, schlugen Denker verschiedene Mittel vor. „Da ich kein Werk über magische Pharmakologie geschrieben hatte, ist es besser, über die veralteten Mittel und Rezepte zu schweigen. [...] Es wäre aber riskant, ihre Bedeutung zu verneinen. Jedes von ihnen hatte sicher seine Wirkung. Was wir negieren ist, dass sie immer genau das wundersame Ziel erreichten, für das sie gedacht" (BLAGA 1943: 332).

Im Herbst 1960 stellten Ärzte bei Blaga die Verletzung eines Halswirbels fest. Man gab ihm Novocain. Die Ärzte mussten aber am Ende eine schreckliche Diagnose stellen: einen bösartigen Tumor mit Metastasen an der Wirbelsäule. Um ihn von den unerträglichen Schmerzen zu befreien, gab man ihm von März 1961 bis zu seinem Tod Morphium (NĂSTASĂ 2010: 431–432).

Etwa zur gleichen Zeit gab man auch Tudor Vianu (im Mai 1964) und G. Călinescu (von Januar bis März 1965) Morphium auf dem Sterbebett (NĂSTASĂ 2010: 432–433). Ebenfalls im Sterbebett bat Vasile Voiculescu seinen Sohn Radu, ihm beim Sterben zu helfen: „Bitte gib mir eine Morphiumspritze, damit ich einschlafe und nicht mehr aufwache". „So holte ich zehn Phiolen Morphium vom Institut Cantacuzino, wo ich arbeitete, und war entschlossen, seinem Leiden ein Ende zu seten, aber ich hatte nicht den Mut, diesen (medizinischen?) Akt der Euthanasie zu begehen" (POPESCU 2003: 91–92).

Eliade in Portugal: Methamphetamine

Matei Călinescu ist bei der Analyse von Mircea Eliades Erzählung *Un om mare* [Ein großer Mensch], die er zwischen 1944 und 1945 in Lissabon geschrieben hatte, zu interessanten Schlussfolgerungen gekommen. In einem Tagebucheintrag vom 30. Juni 1968, der unveröffentlicht blieb, stellt Eliade die *Ontophanie* des Eugen Cucoaneș (der zwanghaft raucht) in Verbindung mit dem Mescalinrausch Aldous Huxleys. „Ich habe heute Abend noch einmal *Un om mare* gelesen. Ich war überrascht zu entdecken, dass Cucoaneș (der damals sechssieben Meter groß war), als man ihn fragte, was er sieht, denkt, was *dort* ist, antwortet: Alles ist! Und dann zeigt er auf den Himmel, die Bäume, die Erde etc. Ontophanie. Er nimmt A. Huxleys Mescalinerfahrung vorweg." „Die Erzählung schrieb ich im Februar 1945, ein paar Jahre vor Huxleys Erfahrung [mit Mescalin]. Es ist nicht nötig zu erklären, warum Cucoaneş eine universelle ontophanische Offenbarung hatte" (CĂLINESCU 2002: 73; mit einer Korrektur, die ich zu dieser Passage beigetragen habe, im Kapitel zu den Experimenten der Gelehrten).

Matei Călinescu hat ein weiteres unveröffentlichtes Fragment aus dem Tagebuch des Religionshistorikers in Umlauf gebracht. Die Tagebuchseite befindet sich in der *Joseph Regenstein Library* der *Divinity School* in Chicago und ist weder in der französischen noch in der rumänischen Fassung enthalten. Mircea Eliade schrieb am 6. November 1953: „Heute Abend bei Eugen Ionescu, um das neue Stück *Amédée* [ou *Comment s'en débarasser*] zu hören. Drei Akte und ziemlich lang für „Ionescos Stil". Die Idee des monströsen Wachstums der Leiche (die am Ende zwei Zimmer ausfüllt) hat er sicher aus meiner Erzählung *Un om mare* genommen. Unzählige Male hatte er mir gesagt, wie sehr ihm die Idee gefallen hat. Er hat auch eine Erzählung zu diesem Thema geschrieben …" (CĂLINESCU 2002: 76–77). „Die Leiche, die wächst, ist die Zeit", erklärt Ionescu sein eigenes Stück (IONESCU 1991: 1576). Unter bestimmten Bedingungen verlieren Raum und Zeit ihre „normalen" Dimensionen.

Cucoaneş ist der einzige Macrantrop, der in Eliades Prosa vorkommt. Ein „großer Mensch" ist auch „Oana, die Tochter des Schankwirts aus Obor" aus der Erzählung *Pe strada Mântuleasa* [Auf der Mântuleasa-Straße] (1955–1967). Mit achtzehn Jahren war Oana nahezu zwei Meter vierzig hoch, sie war riesig und machte Liebeszauber mit Alraunen, um einen Mann zu finden (ELIADE 1972).

Wie bereits erwähnt, fragte sich Matei Călinescu, ob die Erzählung *Un om mare* in Verbindung stand mit einer „möglichen Drogenerfahrung" Eliades bevor Huxley mit Mescalin experimentierte. Die Annahme ist legitim, da manche Rauschgifte dazu führen, dass man glaubt, Körper wüchsen oder würden kleiner. Der britische Naturwissenschaftler und Mykologe Mordecai Cooke (1825–1914) untersuchte die Wirkung des Fliegenpilzes auf die sibirischen Schamanen. Seiner Meinung nach erzeugt die Einnahme von Fliegenpilzsaft oder der Rauch von Cannabis bei den Schamanen „falsche Eindrücke bei Dimensionen und Distanzen" (*The Seven Sisters of Sleep* 1860: 227).

Charles Baudelaire schrieb 1850, als er mit Haschisch experimentierte, dass, die Zeit und Größenverhältnisse sich verschoben. Er hatte selbst schwere Zustände von *Makropsie* erlebt.

Abb. 26: Charles Baudelaire, *Autoportrait sous l'influence de hachisch* (1844)

In einem Selbstporträt von 1844 zeichnete sich Baudelaire an der Place Vendôme mit einem Körper, der doppelt so groß war, wie die bekannte Säule, die Napoleon nach dem Sieg bei Austerlitz aufstellen ließ (BOON 2002: 141).

Einige der Patienten, denen der Neurologe Gh. Marinescu im Rahmen seiner Experimente von 1932 Mescalin gab, erlebten Zustände von *Makropsie*. Das heißt, sie hatten den Eindruck, dass verschiedene Körperteile (Hand, Nase etc.) oder der gesamte Körper wuchs. „Wenn er [der Patient] steht, fühlt er sich sehr groß", notiert Dr. Marinescu in einem Beobachtungsbogen. Später erleben diese Patienten dagegen einen Zustand der Mikropsie (MARINESCU 1934: 349).

Als Mircea Cărtărescu 1996 für seinen Roman *Orbitor* [Die Wissenden] recherchierte, schrieb er in sein Tagebuch, dass Rauschgifte unter anderem „Mikropsie und Makropsie auslösen" (CĂRTĂRESCU 2001: 427). Die klassische Erzählung für dieses Thema (Wachsen und Schrumpfen des Körpers nach der Einnahme verschiedener Mittel) ist *Alice im Wunderland* von Lewis Carroll. So komisch es erscheinen mag, ich bin der Überzeugung, dass an dieser Stelle kurz über dieses Meisterwerk der Kinderliteratur gesprochen werden muss. Der Autor dieses „Traumromans", wie ihn Borges definierte (BORGES 1992), scheint eine doppelte Persönlichkeit gehabt zu haben, eine Art Dr. *Jekyll and Mr. Hyde* (1886). Die erste Figur der Novelle des Schotten Robert Louis Stevenson (der am Tage handelnde Dr. Jekyll) nimmt eine sehr starke Droge (laut Kommentatoren Morphium oder Kokain) und verwandelt sich in die zweite Figur (den in der Nacht aktiven Mr. Hyde).

Charles Lutwidge Dodgson – das ist der eigentliche Name Lewis Carrolls (1832–1898) – war ein langweiliger Bürgerlicher, ein ehrwürdiger Stotterer,

Mathematiklehrer am christlichen, sehr konservativen *Christ Church College* in Oxford. Ein Student erinnert sich: „Er lächelte nie, er ließ nie den geringsten Sinn für Humor erkennen und sein Unterricht langweilte einen zu Tode" (VASILIU 2010: 16). Sein anderes Ich, das das wohlklingende Pseudonym Lewis Carrol trug, war dagegen ein *homo ludens*, ein extrovertierter Mensch, der verliebt war in ein elf- bis zwölfjähriges Mädchen, Alice Lidell, die Tochter des Collegedekans, für das er strahlende, surrealistische Märchen erfand.

Ioan Petru Culianu fügte diese Geschichte als Pflichtlektüre in sein „Handwerkszeug eines Historikers der vierten Dimension", Handwerkszeug, das nötig war, um „Reisen in die Welt des Jenseits" zu verstehen (und sogar zu unternehmen). Alices Betreten eines anderen Raums und einer anderen Zeit durch Vergrößerung oder Verkleinerung ihres Körpers (*Alice in Wonderland*, 1865) oder indem sie durch einen Spiegel tritt (*Through the Looking Glass*, 1871), sind Dinge, die Culianu erforscht, vom Typ *Altered States of Consciousness* oder *Out-of-Body Experiences* (CULIANU 2007: 39, 62–63). Lewis Carrolls Bücher waren im Übrigen auf der kurzen Liste der obligatorischen Bücher für seinen Kurs „Religion und Wissenschaft". Der Vortrag über die *Vierte Dimension*, den Culianu an der *Divinity School, University of Chicago* im Universitätsjahr 1988–1989 hielt (ANTON 2005: 196–200), beinhaltet die Geschichten von *Alice im Wunderland*.

Das, was Alice erlebt, vor allem die Makropsie und die Mikropsie, sind psycho-neurotische Zustände der Kategorie *Body Image Disturbances*, das in der psychiatrischen Fachliteratur *AIWS* genannt wird – *Alice In Wonderland Syndrome*. Dieses Syndrom kann beispielsweise durch Migräne ausgelöst werden (unter der, wie wir wissen, Lewis Carroll litt), oder unter anderem auch durch die Einnahme psychotroper Substanzen.

Wir wissen nicht, ob der anglikanische Pfarrer solche Substanzen einnahm, aber wir wissen zumindest, dass ihm die Welt der Rauschgifte nicht unbekannt war, sowohl dank seiner Freunde, die psychotrope Substanzen einnahmen (Dante Gabriel Rossetti und Henry Kingsley) als auch dank seiner Lektüren. Marcus Boon kam zu der Erkenntnis, dass Carroll, bevor er *Alice in Wonderland* 1865 veröffentlichte, wichtige Bücher über Rauschgifte und Betäubungsmittel gelesen hatte, wie zum Beispiel *Stimulants and Narcotics* (1864) von Francis Anstie, aber auch *A Plain and Easy Account of British Fungi* (1862) und *The Seven Sisters of Sleep: Popular History of the Seven Prevailing Narcotics of the World* (1860), beide von Mordecai Cooke (BOON 2002: 226–227). Aus Cookes letztem Buch konnte sich Carroll mit Sicherheit an die Passage erinnern, in der der Fliegenpilz (aber auch Hanf) zu falscher Wahrnehmung von Dimensionen führte: „Erroneous impressions of size and distance are common occurences, equally with the swallower of amanita and hemp" (BOON 2002: 227). Der amerikanische Anthropologe Michael Carmichael, Spezialist für Ethnobotanik, führte dafür Argumente an, dass Carroll versuchsweise Fliegenpilz einnahm (CARMICHAEL 1996: 19–28).

Im Grunde benehmen sich in *Alice in Wonderland* mehrere Figuren so, als würden sie unter dem Einfluss psychotroper Substanzen stehen. Die Grinsekatze grinst die ganze Zeit über beide Ohren (am Ende verschwindet sie ganz und es bleibt nur ihr Grinsen), der verrückte Hutmacher und der Märzhase haben ein Problem damit, dass sie die Zeit falsch wahrnehmen, die blaue Raupe raucht schläfrig eine Shisha, Alice hat schwerwiegende Identitäts- und Entpersonalisierungsprobleme („Let me think: was I the same when I got up this morning? I almost think I can remember feeling a little different. But if I'm not the same, the next question is, who in the world am I?"), das Mädchen fällt in einen langen vertikalen Tunnel und kommt in paradiesisches Gebiet etc.

Alice kommt in eine andere Zeit und in einen anderen Raum, indem sie ihre Körpergröße verändert und verschiedene komische Substanzen einnimmt. Sie trinkt aus einer Flasche, auf der geschrieben steht „Drink me" und „this bottle was NOT marked ,poison'", Alice „was now only ten inches high". Dann ist sie eine Süßigkeit, auf der steht „Eat me" und ihr Körper wird länger „like the largest telescope that ever was!".

Der Autor scheint mit dem Zaunpfahl zu winken, damit der Leser versteht, dass Alice eigentlich Rauschmittel nimmt, die Makro- und Mikropsie auslösen. Damit es keinen Zweifel gibt, wird Alice für die nächste Gelegenheit, bei der sie wachsen oder schrumpfen will, empfohlen, einen bestimmten Pilz zu essen: „One side [of the mushroom] will make you grow taller, and the other side will make you grow shorter". Diesen Rat gibt ihr die schläfrige blaue Raupe, die auf dem Pilz sitzt – ein weiteres Indiz für den Leser – „quietly smoking a long hookah". (In Tim Burtons Film *Alice in Wonderland* aus dem Jahr 2010 ist der Pilz, auf dem die Raupe ihre Wasserpfeife raucht, ein riesiger Fliegenpilz, der in einem wahren Wald aus Fliegenpilzen wächst. Die Verbindung einer Raupe mit dem Fliegenpilz ist normal. Dieser Pilz stieß Gerüche aus, die Raupen, Fliegen etc. anziehen. Der Fliegenpilz wurde verwendet, um Hausfliegen anzulocken, die erst betäubt sind und dann sterben. Deshalb ist die Raupe auf dem Pilz schläfrig.

Abb. 27: *Alice und die blaue Raupe*. Illustration von Sir John Tenniel, dem ersten Illustrator von Alice in Wonderland, 1865.

Lewis Carrolls Hinweis ist noch stärker, denn die schläfrige Raupe raucht keine türkische Wasserpfeife (wie es 1865 John Tenniel, der erste Illustrator der Geschichte, zeichnete), sondern eine indische *hooka*. Hooka ist ein Begriff aus dem Hindu, der eine Art Wasserpfeife aus Holz bezeichnet, mit der die Inder vor allem Opium, Haschisch oder Cannabis rauchen. So beschrieb dieses traditionelle Objekt der Apotheker Honigberger um 1830: „[Haschisch] wird vor allem von den Fakiren als Droge verwendet, die es in einer *Hooka* rauchen" (HONIGBERGER 2004: 102, Abbildungen auf S. 292). Ähnliches lesen wir circa hundert Jahre später bei Mircea Eliade: Indische Asketen rauchen Blätter des Cannabis indica „in einer *Hooka* aus Holz" (ELIADE 1991: 121).

Ebenfalls von „großen Menschen", die übermäßig wachsen, handelt der science-fiction-Roman *The Food of the Gods* von H.G. Wells (1903–1904). Zwei britische Forscher, Bensington und Redwood schaffen eine Mischung aus Substanzen, eine Nahrung, die das Wachstum der Wesen bestimmt.

Die beiden Forscher produzieren in einer Versuchsfarm riesige Küken, riesige Ratten, riesige Würmer usw. Und später riesige Kinder und Erwachsene. Natürlich gerät das Experiment außer Kontrolle und die Dinge nehmen eine unvorhergesehe Wendung.

Ich werde hier nicht die Details der Geschichte erzählen. Im Roman wird die „Nahrung der Götter" von den Forschern *Heracleoforbia IV* (Herkules Nahrung) genannt. Das Rezept dieser „Nahrung ähnelt den Salben und Tränken der mittelalterlichen Zauberer und Hexen: Hunde- und Katzenblut und andere Zutaten wie „Pilzsaft" (!). Die psychoaktive Substanz wurde von Professor Redwood entdeckt, als er nach „Alkaloiden, die das Nervensystem stimulieren" forschte (WELLS 1923). Manche Kommentatoren sind der Auffassung, dass H.G. Wells vom Schriftsteller und rauschgiftsüchtigen Okkultisten

Aleister Crowley in die Welt der Rauschmittel eingeführt wurde (BENET, OS-
BURN & OSBURN 1995).

Die Novelle *Un om mare* schrieb Eliade Anfang 1945 in Portugal, von ihm datiert mit: Cascais, Februar 1945. Aber die Idee hatte er ein halbes Jahr zuvor, im Juli 1944 (ELIADE 2006: 241, 302–305). In der Zeit in Portugal (10. Februar 1941 – 13. September 1945) und vor allem in den letzten zwei–drei Jahren (1943–1945) durchlebte Eliade eine schwere neurotische Krise. Auf den Seiten des Portugiesischen Tagebuchs lassen sich die Gründe dieser Depression erkennen: Das Verlassen des Landes in einem entscheidenden Moment seiner Geschichte, das klägliche Versagen der Legionärsbewegung,[69] die Entwicklung des Krieges (vor allem nach den Kämpfen in Stalingrad 1943), der Zusammenbruch Hitlerdeutschlands, der Beginn des kommunistischen Regimes in Rumänien, die langweiligen diplomatischen Verpflichtungen, die Mittelmäßigkeit der portugiesischen Intellektuellenkreise, sein Ausschluss aus der Diplomatie, die eigene Sterilität als Schriftsteller, die Krankheit und der Tod seiner Frau Nina Mareș (1944). Es soll hier nicht um politische (Un)Korrektheiten Eliades gehen. Manche politischen Gründe, die Krise, die Eliade durchlebt, kann man teilen, andere nicht, aber die Lektüre des Portugiesischen Tagebuchs ist überwältigend in der Darstellung der psychischen Leiden.

In Portugal behandelte Eliade (wahrscheinlich von 1943–1945) seine Neurosen mit antidepressiven Drogen, war aber sehr diskret dabei (wie bereits bei seinem Opiumkonsum in Indien 1929–1930). Er war diskret den Menschen in seiner Umgebung gegenüber (Freunde, Kollegen, Beamte) wie auch den künftigen Lesern seiner täglichen Aufzeichnungen gegenüber. Sogar in seinem persönlichen Tagebuch (das er nicht zu Lebzeiten veröffentlichte) vermied es Eliade, dieses Problem anzusprechen. Er selbst sagte: „Auch die Lücken in einem intimen Tagebuch sind aufschlussreich. [...] Es gibt Lücken, die einen verraten" (ELIADE 2006: 247). Hinweise auf dieses Thema sind äußerst selten, denn Eliade zensierte seine Tagebücher mit Sorgfalt, bevor sie veröffentlicht wurden. So wollte er auch mit dem Tagebuch vorgehen, das er in Lissabon geführt hatte: „Auch wenn ich es veröffentliche, werde ich nur Fragmente auswählen" (ELIADE 2006: 317). Am Ende war das Portugiesische Tagebuch einer der (wenn nicht sogar der einzige) unzensierten Eliade-Texte.

---

69 Die antisemitische, faschistische Bewegung, der Eliade angehört hatte [Anm. d. Übers.].

Man hat als Leser den Eindruck, dass Eliade das Thema „geheim" hält, aber unter dem Druck der Neurose tauchen ab und zu summarische Informationen auf.

Sorin Alexandrescu, der wahrscheinlich spürte, dass Eliade nicht wünschte, dass das Thema seiner Behandlung mit Antidepressiva öffentlich wurde, umging diese Zeit der portugiesischen Periode des Religionshistorikers vollständig.

Am 14. Mai 1943 fühlte sich Eliade besessen von *Le démon de Midi* (Titel von Paul Bourget) und spricht vom „Gift, das mich töten wird". Und das, „weil die Neurasthenie, die mich bedroht, auf keine Weise geheilt werden kann". Es ist der erste (nicht sonderlich explizite) Tagebucheintrag über ein bestimmtes „Gift". Im Sommer des darauffolgenden Jahres (als die Idee zu *Un om mare* entstand), hielt sich Eliade für vollständig vergiftet, war aber nicht in der Lage, wenigstens in seinem intimen Tagebuch Details seiner dramatischen Situation zu beschreiben: „[Ich bin] vollkommen vergiftet. Ich habe nicht den Mut, hier aufzuschreiben, was alles mit mir passiert. Ich hoffe, ich kann mich retten! Es ist nicht nur Neurasthenie oder Überarbeitung, wie ich glaubte. Es ist einfach eine Verdunklung des Geistes".

Nach nur wenigen Tagen, nach einem „neuen Nervenanfall gegenüber Giza und Nina", geht Eliade in die Stadt, um „verzweifelt Mittel" zu suchen. Diesmal ist klar von psychotherapeutischen Substanzen die Rede, es wird aber nicht gesagt, um welche genau es sich handelt. Aber auch die Dosis der eingenommenen Drogen zeigt keine Wirkung mehr. „Ich glaube, außer der Mutter Jesu gibt es keine Hoffnung mehr. Mein Geist ist krank." Die einzigen Wirkungen scheinen die Nebenwirkungen zu sein: Vergiftung, Geschwüre, Vagotonie, aber auch „schreckliche Lüste", wahrscheinlich erotische. Es muss erwähnt werden, dass Vagotonie (Erregbarkeit des Nervensystems) „die Empfindlichkeit gegenüber dem Gift erhöht", da „sich das Gift schneller an die Nervenzelle anhängen kann", wie der Neurologe Gheorghe Marinescu nach seinen Mescalinerfahrungen der dreißiger Jahre behauptet (MARINESCU 1934: 362).

Warum fühlte sich Eliade „vollkommen vergiftet"? Welches „Gift" brachte ihn um? Welche „Mittel" besorgte er sich? Gibt es eine Chance, dass das psychoaktive Mittel im Tagebuch auftaucht? Im Februar 1945 kommt die psychische Krise Eliades in eine noch schlimmere Phase. Das Tagebuch war für ihn zum einen „ein Verteidigungsmittel gegen das Nichts, das ihn von allen Seiten bedrohte". Auf der anderen Seite hatte Eliade Probleme mit „bestimmten Ereignissen, die ich summarisch beschrieb, oder die gar nicht auftauchen"

(ELIADE 2006: 313). Er wollte bestimmte Dinge einfach nicht im Tagebuch erwähnen, aus Angst, sie könnten öffentlich werden. "Sollte der Gedanke, ich könnte Fragmente aus diesem Tagebuch eher als geplant veröffentlichen (d.h. vor 1967)", schrieb er am 5. Februar 1945, "mich so einschüchtern, dass ich mich nicht mehr traue, alles zu berichten?"

"Ich muss mich von diesem Gedanken befreien. Denn selbst wenn ich es veröffentliche, bevor sechzig Jahre seit meiner Geburt vergangen sind (sei ich dann am Leben oder nicht), werde ich lediglich Fragmente auswählen" (ELIADE 2006: 317). Es gab also zwei Fragen bei Eliades Selbstzensur: *Wann?* und *Wie viel?* er aus dem Tagebuch veröffentlichen würde.

Nach dem Tod seiner Frau am 20. November 1944 kommt Eliades Psychoneurose an ihren Höhepunkt. Ninas Abwesenheit ist für Mircea Eliade stärker als es ihre Anwesenheit war. Andrei Simuț analysiert Hyposthasen der "Traumaliteratur" und stellt fest: "Eigenartigerweise ist Nina in Eliades Tagebuch nach ihrem Tod wesentlich präsenter" (SIMUȚ 2007: 84).

Der psycho-nervöse Druck ist so groß, dass Risse entstehen, die dazu führen, dass er intimste Details in sein Tagebuch schreibt. Im Frühjahr 1945 zensiert sich Eliade nicht mehr selbst, sondern schreibt in seinem Tagebuch über die Psychose, die ihn quält. Er nennt sogar die Namen der psychotropen Drogen, die er in "hohen Dosen" einnimmt. Am 4. März 1945 schrieb er: "Heute hatte ich die schlimmste Krise, seitdem Nina nicht mehr da ist. Ich bin erst gegen drei Uhr morgens eingeschlafen und wachte um sechs auf, geschüttelt von einer unendlichen Verzweiflung, zu der meine normale Neurasthenie hinzukommt. Von sechs bis sieben habe ich erfolglos versucht, mich zu beruhigen, indem ich eine hohe Dosis *Passionsfrucht* nahm. Ich weinte hoffnungslos und zeigte mich Nina: ‚Schau, was aus mir geworden ist! Schau, was aus meinen armen Nerven geworden ist." Nur wenige Wochen vor dieser Krise schrieb Eliade die Novelle *Un om mare*.

Passionsfrucht (oder *Maracuja*) ist ein Strauch aus den Tropen Amerikas, die von jesuitischen Missionaren zu Beginn des 17. Jahrhunderts diesen Namen bekam. Die Blätter der Pflanze enthält Passiflorin, eine psychotrope Substanz, die aber nicht zu Abhängigkeit führt. Es ist ein natürliches Beruhigungsmittel, das zu Behandlung von Schlaflosigkeit, Asthenie, Angststörungen und Depressionen verwendet wird. Passiflorin wird als psychotropes Heilmittel in der brasilianischen Volksmedizin verwendet. Mircea Eliade hatte in den vierziger Jahren sicher kein Problem, sich in Lissabon *Passiflorin* zu besorgen. Es war auch im Rumänien der Zwischenkriegszeit ein gebräuchliches Beruhigungsmittel und wurde zum gewöhnlichen Schlafmittel. Ion Călugăru veröffentlichte zum Beispiel 1932 in der avantgardistischen Zeitschrift *unu* ein Pamphlet gegen einen Universitätsprofessor, das den Titel *Passiflorina universitară* [Universitäres Passiflorin] trug (PANĂ 1973: 364).

Außer *Passiflorin* nahm Eliade noch eine andere psychotrope Droge, die wesentlich stärker war. Es handelt sich um *Pervitin*. Am 5. Mai 1945 notierte Eliade in sein Tagebuch: „Seit ein paar Tagen, kann ich mich nur mit zwei–drei Tabletten *Pervitin* in einem für meine Umgebung erträglichen Zustand halten. Ich habe es auch heute Morgen genommen". Und dann, am 6. Mai: „Ich wollte die Feier nicht durch meine Melancholie verderben. Ich habe Pervitin genommen, Champagner getrunken und wurde wieder der aus guten Zeiten, fröhlich und ‚intelligent'".

Ein paar Tage später, am 10. Mai 1945, klingt der Eintrag schlimmer: „Die Nervenkrise hält an. Ich halte mich nur durch *Pervitin*" (ELIADE 2006: 197, 243–245, 335, 361–362). Zufällig oder nicht handelt es sich gerade um die Tage kurz vor und kurz nach der bedingungslosen Kapitulation Nazideutschlands. Wahrscheinlich stand dies im Zusammenhang mit der „Nervenkrise", die Mircea Eliade im Mai 1945 erlebt und der übermäßigen Einnahme einer starken Droge, wie es *Pervitin* war.

Pervitin ist ein Methanphetamin, das 1938 von der I.G. *Farbenindustrie* auf den Markt gebracht wird. Man hielt es zunächst für eine „Wunderdroge", zehn Millionen Tabletten wurden 1939 unter den deutschen Soldaten verteilt. In einem Artikel mit dem Titel „Berauscht in die Schlacht" behandelte Andreas Ulrich das Thema (ULRICH 2005)

Heinrich Böll schrieb 1939–1940, während er in Polen an der Front kämpfte, Briefe nach Hause, in denen er seine Familie darum bat, ihm *Pervitin* zu schicken.

Pervitin ist eine sehr starke psychostimulierende und beruhigende Droge, die mit Kokain vergleichbar ist. Es hebt den Adrenalinspiegel, steigert das Selbstvertrauen, den Mut und die Konzentrationsfähigkeit und senkt gleichzeitig den Bedarf an Schlaf, Nahrung, Wasser und Wärme. Interessant und paradox ist, dass I.G. *Farben* in ihren Gesellschaften zwischen 1938 und 1945 sowohl ein hochgiftiges Gas auf Blausäurebasis wie das *Zyklon B* zum Töten von Menschen herstellte, als auch gleichzeitig eine starke psychotrope Substanz wie *Pervitin* zur Stärkung der nationalsozialistischen Soldaten.

Gheorghe Barbul notierte in seinen Memoiren die Tatsache, dass in den Kriegsjahren die Piloten der deutschen Militärflugzeuge, die Mitglieder der Panzerausrüstung und die führenden Nationalsozialisten in Hitlers Umgebung „drei Tabletten [Pervitin] am Tag bekamen". Barbul schreibt weiter: „In hohen Dosen hatte das Medikament nicht nur die Gabe, denjenigen, der es genommen hatte, bis zu zwei Wochen wach zu halten, sondern auch ihm viel Mut und Optimismus zu geben. So produzierte I.G. *Farben* Helden in Serie."

Gheorghe Barbul war Ion Antonescus Sekretär und nahm Teil an dessen zwölf Treffen mit Hitler. Er beschrieb mit Detailverliebtheit das Treffen zwischen Hitler und Antonescu am 10. Oktober 1942 in Königsberg (an dem auch Joseph Goebbels, Joachim von Ribbentrop, Eilhelm Keitel, Alfred Jodl, Alexander Dörnberg und andere teilnahmen). Ein wichtiges Treffen, bei dem die Offensivstrategie in Stalingrad beschlossen wurde.

Barbul war schockiert über den ausschweifenden Alkoholismus und die „Pervitinomanie" (sein Ausdruck), die in der Kamarilla des Führers herrschte und vor allem im Oberkommando der Wehrmacht. „Die engsten Mitarbeiter Hitlers" hatten „verfinsterte Gesichter", „einen erdfarbenen Teint" „starrende Augen" und waren „versunken in einer Art Idiotie". Barbul schreibt in seinen Memoiren: „‚Die Pervitinomanie' des Oberkommandos der Wehrmacht sollte ein Kapitel in der Geschichte dieses Krieges füllen. Die Generäle, Diplomaten und SS-Leute schienen langsam unter die Macht der Droge zu geraten."

Auch Hermann Göring, der Kommandant der Luftwaffe, war abhängig von dieser Droge. Călin-Andrei Mihăilescu schrieb: „Göhring ging nie ohne [Pervitin] nach Hause und so kam er zur Luftwaffe, in den Höhen schwebend, der schnellste Überbringer schlechter Nachrichten" (MIHĂILESCU 2005: 31–32).

Hitler selbst nahm diese Droge. Barbul erinnert sich, dass am Ende des Treffens in Königsberg das Pervitin „seine Wirkung auf das Nervensystem Hitlers verloren zu haben schien", dennoch blieb seine Stimme „verschleiert und kratzig wie bei jemandem, der Drogen genommen hat" (BARBUL 2001).

Man weiß, dass die komplexe militärische Operation, die unter dem Namen „Schlacht von Stalingrad" bekannt ist, sich als apokalyptisch für die deutsche und die rumänische Armee herausstellte. Am Don und in der Kalmückensteppe starben in nur zwei Monaten 150.000 rumänische Soldaten. Es ist legitim zu fragen, inwiefern die Tatsache, dass die hohen Nationalsozialisten, die diese katastrophale Operation planten, Pervitin nahmen, eine Rolle spielte.

Rosa G. Waldeck, Korrespondentin der amerikanischen Wochenzeitung *Newsweek* in Rumänien von Juni 1940 bis Januar 1941, schrieb Interessantes über das „neue deutsche Aufputschmittel". In jener Zeit in Bukarest nahm sie Pervitintabletten als Aufputschmittel, Informationen über diese Droge finden sich in ihrem Roman *Athénée Palace*, den die amerikanische Journalistin 1942 veröffentlichte. Rosa Waldeck schrieb: „The Germans began by giving Pervitin to pilots and soldiers who had strenous tasks before them, which may account for the stories from France about the fighting "extasy" of the Nazi soldiers (WALDECK 1942: 309). Ebenfalls von Rosa Waldeck erfahren wir, wie man sich in den vierziger Jahren Pervitin besorgen konnte:

'Pervertin', as I got to call it, to the irritation of my Nazy acquaintances, could be bought over counters of drug stores in all Nazi-dominated Europe. It is an inexpensive drug, and also, I was told, harmless. Its peppingup effect was produced by a very high vitamin B-1 content. Much later a German doctor warned me against its use "in excess", as the Nazis had begun to feel unsure of its after effects, having noticed that regular users of Pervitin were given to nightmares and depression (WALDECK 1942: 310).

Nachdem die Nebenwirkungen der Droge erkannt worden waren (Abhängigkeit, Persönlichkeitsveränderung, starke Erhöhung des Blutdrucks, Schwitzen, Alpträume, psychische Störungen etc.), wurde *Pervitin* für Zivilisten verboten. Obwohl das Verbot am 1. Juli 1941 vom Deutschen Gesundheitsministerium ausgesprochen worden war, wurde die Droge dennoch weiter an die deutschen Soldaten an der Front verschickt. Bis zum Verbot hatte es *Pervitin* in jeder Apotheke gegeben.

Es ist anzunehmen, dass sich Eliade nach dem 1. Juli 1941 Pervitin auf dem Schwarzmarkt in Lissabon oder gar Berlin besorgte, entweder als er sich selbst dort befand (im Sommer 1942), oder als seine Frau Nina in Berlin war (Sommer 1943). Vielleicht half ihm sein Berliner Arzt, der Nina Spritzen mit einem Schmerzmittel auf Morphiumbasis verschrieb, Eucodal, oder „dessen Schüler, ein deutscher Arzt in Madrid" (ELIADE 2006: 203, 246).

Sehr wahrscheinlich ist, dass Eliade bereits vor 1945 *Pervitin* nahm. Zu Beginn des Jahres 1944 schrieb Eliade „in einer Art Trance" (wie er selbst sagte) das Stück *Oameni și pietre* [Menschen und Steine]. Am 9. März 1944 las er es „einigen rumänischen Freunden aus der Botschaft" vor (ELIADE 2006: 224–225). Die beiden Hauptfiguren befinden sich in einer Höhle in den Karpaten und nehmen „Pervitintabletten" ein. Pervitin wird in dem Stück als synthetisches Opiat beschrieben. Manchmal sind die Tabletten „aus Heroin" und manchmal „aus Opium".

Die Figuren haben unterschiedliche Gründe dafür, die Droge einzunehmen. Der Höhlenforscher Petruş nimmt sie, um sich zu „beleben" und „Schlaf, Müdigkeit und Angst" zu vertreiben. Der Dichter Alexandru (ein Alter Ego des Autoren) hat „entkräftete Nerven", und Pervition benebelt ihn und löst bei ihm visuelle und auditive Halluzinationen aus. Der Abstieg in die Tiefen der Höhle ist für ihn ein *descensus ad inferos*, „ein Abstieg bis zur untersten Ebende des Bewusstseins und des kosmischen Lebens" (ELIADE 1996: 79–109).

Wir wissen, wie wichtig dieses in der vergleichenden Morphologie des Heiligen bei Eliade ist. Der Abstieg in eine Höhle oder in eine unterirdische Wohnstätte (Zalmoxis, Pythagoras u.a.) ist für Eliade rituell und symbolisch gleichbedeutend mit der *Katabasis*, „mit einem *descensus ad inferos* zum Ziel der Initiation". Eliade schlussfolgert: „In die Hölle hinab zu steigen, bedeutet den ‚Initiationstod' zu erfahren, eine Erfahrung, die eine neue Art der Existenz auslösen soll" (ELIADE 1983: 42–43).

Interessant ist, dass Eliade genau in dem Zeitraum, in dem er psychotherapeutische Mittel einnimmt, im Oktober 1944 das bekannte Buch von Milton Silverman *Drogas Magicas*, das ins Spanische übersetzt wurde, liest. Der Originaltitel des Buches, das 1941 erschienen war, lautet: *Magic in a Bottle* (Macmillan & Co., New York 1941). Es handelt sich um eine Pharmaziegeschichte der Drogen, in der dargestellt wird, wie Morphium, Kokain, synthetische Drogen etc. entdeckt wurden. Eliade ist auf besondere Art an psychotropen Medikamenten wie Chloral und Veronal interessiert, weil er beeindruckt ist von der Tatsache (die er sorgfältig in seinem Tagebuch notiert), dass die Entdecker dieser Drogen daran starben, dass sie ihre eigenen Entdeckungen einnahmen (ELIADE 2006: 262–263).

Auch Eliades Freund, der Religionshistoriker Stig Wikander, durchlebte nach dem Krieg eine schwere Depression. Wie Eliade war Wikander politisch der extremen Rechten und den deutschen Nationalsozialisten sehr nah. Er versuchte, die Depression mit Alkohol und bestimmten Amphetaminen zu überwinden. Es handelt sich vor allem um Maxiton, dass dem schwedischen Iranologen dabei half „abscheuliche Morgen zu überwinden", wie er selbst schrieb.

Wikander hatte das Bedürfnis, Eliade hinsichtlich der Wirkung des Medikaments zu beruhigen, das lediglich „tonisch oder anregend" und „sehr gut gegen Migräne sei, ohne die unangenehmen Wirkungen zu haben, die vergleichbare schwedische Produkte habe". Eliade erkannte wahrscheinlich bei Wikander seine eigenen depressiven Probleme wieder und war sehr verständnisvoll, was die Krankheit seines skandinavischen Kollegen anging. Im März 1952 bittet Wikander Eliade, ihm nach Paris (in Schweden konnte man es nicht beschaffen) „wenigstens zwanzig Päckchen" *Maxiton* mitzubringen. Natürlich besorgte Eliade ihm das Mittel und brachte es ihm (TIMUŞ & CIURTIN 2001).

Vor kurzem hat Marcu Boon, der eine gute Geschichte über den Drogenkonsum von Schriftstellern geschrieben hat, eine gewagte These aufgestellt:

Aristocrats, bankers, German right-wing ex-military men, not to mention the CIA and the Nazis: From the 1930 to the 1960, it is a little acknowledged fact that one of the principal sources of interest in psychedelics, aside from the interest of researchers working on specific therapeutic uses, was of conservative or right-wing orientation [...] Psychedelic drugs evoked several themes that were dear to the hearts of intellectuals on the right. They were associated with the primitive, the irrational, and the mythological, and put the intrepid latter-day gentleman explorer back in touch with his 'origins' (BOON 2002: 258).

Die Intellektuellen, auf die sich Boon explizit bezog, sind Mircea Eliade, Ernst Jünger, Aldous Huxley, Robert Graves und andere. Wenn er über den Zeitraum der dreißiger bis sechziger Jahre spricht, vergisst Boon das Interesse der avantgardistischen Schriftsteller und Künstler in der Zwischenkriegszeit (die mit wenigen Ausnahmen „links" waren) und das der alkoholsüchtigen Schriftsteller nach dem Krieg an Rauschgift zu erwähnen. Der Versuch Marcus Boons, das Thema zu politisieren, ist riskant, aber dennoch erwähnenswert.

Eliade in den USA: Die psychedelische Epoche

Im Laufe des Jahres 1932, im Alter von fünfundzwanzig Jahren, veröffentlicht Eliade in *Cuvântul* einen Artikel in mehreren Folgen über Aldous Huxley. Es ist ein teils lobender, teils kritischer Text. Zu diesem Zeitpunkt, mit achtunddreißig Jahren, hatte Huxley seine großen Bücher noch nicht veröffentlicht. Er hatte die Angewohnheit (wie übrigens auch Eliade), seine exzellenten Presseartikel als Bücher zu veröffentlichen. Die Kritik des jungen Eliade: „Er hat die Mentalität eines Apothekers, der mit Rausch- und Abführmitteln heilt und den [chirurgische] Operationen abstoßen, der sich nicht für die tiefliegenden

Gründe interessiert, aber den Kranken bemitleidet, ihm Pulver und Kräuter anbietet, die die große Krankheit aufschieben und kleine einschläfern (aus *Insula lui Euthanasius* [Die Insel des Euthanasius], 1943) (ELIADE 1991: 298).

Später wird Eliades Meinung nuancierter, ohne an Ironie zu verlieren. In seinem Tagebuch amüsiert er sich über die Erzählung des Doktor Osmond über die Teilnahme Huxleys an einem Psychologiekongress in San Francisco. Der britische Psychiater Humphrey Osmond ist der, der Huxley 1953 zum ersten Mal Mescalin empfohlen hat und der den Begriff *psychedelisch* prägte. Osmond erzählt, wie Huxley die Beiträge des Kongresses aufmerksam verfolgt „und sich jedes mal mit Hingabe bekreuzigt, wenn der Name Freud erwähnt wird" (ELIADE 1993: 567). Eliades Meinung über Aldous Huxley ändert sich grundlegend in der Mitte der fünfziger Jahre, vor allem nachdem jener seine berühmten Bücher *The Doors of Perception* (1954) und *Heaven and Hell* (1956) veröffentlicht, in denen er Rauschmittelerfahrungen (mit Mescalin und LSD) mit mystischen Erfahrungen in Beziehung setzte.[70]

Mircea Eliade ging 1957 nach Chicago. Im Herbst 1959, noch nicht angepasst an *the American way of life*, meditiert er über das unglückliche Schicksal des zeitgenössischen Menschen, der „zerstört, erstickt, erdrückt ist von der ‚industriellen Zivilisation'". In seinem Tagebuch fragt er sich: „Wie werden wir die sakrale Dimension der Existenz wiederentdecken? [...] Es muss eine Lösung geben. Aldous Huxley schlägt Mescalin, Alkohol und Drogen vor. Darüber gebe es viel zu sagen" (ELIADE 1993: 346). Es ist sehr wahrscheinlich, dass Eliade wirklich viel zu diesem Thema zu sagen hatte, aber sich auch diesmal für Zurückhaltung entschied. Oder aber, er hatte es in sein Tagebuch geschrieben und sich später selbst zensiert. Jedenfalls war es nur der Beginn einer psychedelischen Epoche und Kultur. Und Eliade befand sich im „Auge des Zyklons", mitten in der psychedelischen Kultur.

In den sechziger und siebziger Jahren als Professor in den Vereinigten Staaten war Eliade äußerst interessiert an der Hippie-Bewegung und der explosionsartigen Verbreitung von Rauschgift unter den amerikanischen (und westeuropäischen) Jugendlichen der Zeit. Ich habe an anderer Stelle Eliades Interesse

---

70 Siehe auch Aldous Huxleys Roman *The Genius and the Godess*, der 1955 erschien. Der Roman erschien 2009 in rumänischer Übersetzung bei Polirom. Codrin Liviu Cuțitaru kommentierte den Roman aus der Perspektive einer „psychedelischen Initiation", die durch die „Abhängigkeit von LSD" des Autors entstand. So wie C.L. Cuțitaru auch behauptet, Edgar Allan Poes *The Fall of the House of Usher* von 1839 habe wahrscheinlich zu tun mit „der Einnahme von Opium, das der Autor verwendete, um seine Vorstellungskraft anzuregen" (CUȚITARU 2009: 28).

kommentiert (OIȘTEANU 2006: 12; 2007: 57–61). Mircea Eliades Karriere und die Geschichte der Religionsgeschichte verzeichnen von 1965–1974 einen wichtigen Wendepunkt. Die Religionsgeschichte, die bis dahin eine trockene akademische Disziplin (wenn nicht gar nur ein Anhängsel der Theologie) gewesen war, wurde plötzlich eine Provokation und ein sehr populäres Thema unter Millionen rebellischer Jugendlicher der westlichen Gesellschaft.

In den sechziger und siebziger Jahren begann die Nachkriegsgeneration gegen die von ihren Eltern „verwaltete" Gesellschaft zu revoltieren und sich für nicht-westliche Zivilisationen, nichtchristliche Religionen (Jesus war nur als *Protohippie* „interessant"; siehe *Jesus Christ Superstar* 1970), für orientalische Kulturen und archaische magisch-rituelle Praktiken zu interessieren. Orient, Mystizismus, Schamanismus, Yoga, indische Religionen, Drogen zogen ihr Interesse an. An der *Divinity School* der *University of Chicago* hielt Eliade Vorlesungen über Schamanismus und Yoga, über das Heilige und das Profane, über Mythen, Träume und Mysterien. Er sprach auch über freiwillige Vergiftung mit psychotropen Pflanzen in verschiedenen archaischen Kulturen (Trakien, Iran, Indien, China, Amerika und Asien zur Zeit der Schamanen und im mittelalterlichen Europa etc.) sowie über „archaische Techniken der Ekstase". *Les techniques archaïques de l'extase* ist der Untertitel seines Buches *Le Chamanisme,* das 1951 auf Französisch erschien und nicht zufällig in hoher Auflage bei der Princeton University Press 1964, 1972, 1974. Er nahm das Thema der Drogeneinnahme der Schamanen wieder auf, die durch Ekstase die normalen Grenzen der Sinneseindrücke und der Erkenntnis überschreiten wollen, in seinem Buch *Mythes, rêves et mysthères,* das 1957 bei Gallimard und 1967, 1970, 1972 etc. neu aufgelegt wurde (ELIADE 1991).

Die Räume, in denen Mircea Eliade las, wurden zu klein und seine Vorlesungen wurden in Amphitheater verlegt. Er wurde zu Vorträgen an andere amerikanische Universitäten eingeladen. Beispielsweise nach Kalifornien, Los Angeles und Santa Barbara – den Geburtsort der *Hippie*-Bewegung. „Ich spreche frei, improvisiere genauso vor einer randvollen Klasse", schrieb Eliade am 8. Februar 1968 über die Vorlesung an der Universität in Santa Barbara in sein Tagebuch (ELIADE 1993: 583).

Eliade selbst gab (1978, also gegen Ende des Hippie-Phänomens) zu, dass Religionsgeschichte in jener Zeit zu „einer Modedisziplin" geworden war und Schamanismus „fast ein Objekt der Unterhaltung": „Was ich in Chicago und Santa Barbara gesehen habe, ist spannend. In Amerika ist Religionsgeschichte eine Modedisziplin, nicht nur unter den Studenten, die, wie [Jacques] Maritain sagte, ‚religiöse Analphabeten' sind, sondern auch unter denen, die sich für die Religionen der Anderen interessieren: Hinduismus, Buddhismus, archaische und primitive Religionen. Der Schamanismus ist zum Unterhaltungsobjekt geworden. Maler, Theaterleute und viele junge Leute interessieren sich dafür; sie glauben, dass ihre Drogen sie darauf vorbereiten, Schamanismus zu verstehen. Manche der Studenten haben das Absolute in einer vergänglichen [orientalischen] Sekte gefunden [...]. Ich ermutige sie nicht dazu, aber ich kritisiere auch nicht ihre Entscheidung, denn sie sagen mir: ‚Früher nahm ich Drogen, ich war eine Larve, ich glaubte an nichts, ich habe zweimal versucht, mich umzubringen, ich wäre beinahe ermordet worden, als ich einmal vollkommen zu war und jetzt habe ich das Absolute gefunden!'" (ELIADE 1990: 99–100).

Es war die Zeit, in der die rebellische amerikanische Jugend nicht nur den Orient (Indien vor allem), sondern auch den „Orient des Südens" der mittelamerikanischen Indianer entdeckten. Der Hauptrepräsentant dieser Entdeckung war der Amerikaner peruanischer Herkunft Carlos Castaneda (1925–1998), Student an der Fakultät für Anthropologie der Universität Kalifornien in Los Angeles (UCLA, Abschluss 1962, Doktortitel 1973). Es ist sehr wahrscheinlich, dass der junge Castaneda Eliades Vorlesung Anfang der sechziger Jahre gehört hatte. Seine ersten Bücher, die zwischen 1968 und 1972 erschienen, beschreiben seine Initiation durch einen schamanischen Guru in einem nordamerikanischen Stamm, mit Hilfe halluzinogener Pflanzen: Peyotl (*Lophophora williamsii*), psychedelische Pilze (*Psilocybe mexicana*) und Stechapfel (*Datura stramonium*).

Die Studenten begannen, in Eliade nicht so sehr einen Professor als vielmehr einen „Meister", wenn nicht gar einen „Guru", zu suchen. Seine Bücher hatten großen Erfolg, wurden mehrfach und in großer Zahl neu aufgelegt. Ich möchte weder den Wert von Eliades Werk kleinreden noch die Effizienz seiner Methoden bei der Schaffung einer wahren Schule (im weiten Wortsinn) der Religionsgeschichte. Ich möchte lediglich unterstreichen, dass dies alles sich auf glückliche Weise überschnitt mit einem speziellen sozio-kulturellen Kontext, der auf unerwartete Weise das Interesse der Jugend auf Disziplinen wie Religionsgeschichte, Kulturanthropologie und Orientalistik lenkte.

Es wurde noch nicht erwähnt, wie Mircea Eliade die Hippie-Bewegung in den USA in der zweiten Hälfte der sechziger Jahre wahrnahm. Er war gerade sechzig geworden (im März 1967) und lehrte Religionsgeschichte an der Universität Chicago, aber auch in Los Angeles und Santa Barbara, und unter seinen Studenten waren viele Hippies. Zu Beginn hatte sich Eliade überrascht gezeigt vom Ausmaß des Phänomens und seinen nie dagewesenen sozialen und kulturellen Eigenheiten. Seine Einstellungen und Erklärungen waren nicht von Anfang an enthusiastisch. Die Generation der Intellektuellen wie Eliade, Cioran & Co, die ehemaligen Rebellen der zwanziger Jahre, die nun im Alter der Großeltern der Hippie-Bewegung waren, betrachtete die Flower power-Generation zunächst skeptisch. 1969 zum Beispiel (das Jahr des Woodstock Festivals) waren die Hippies in Paris für Cioran eine skandalöse Erscheinung: „Ces filles pratiquement nues, ces garçons aux longs cheveux, quelle sinistre dégeulasserie! Tout cela craquera, inexorablement!" (CIORAN 1987: 748).

Eliade erlebte auch mit Missfallen den Moment des „Bürgerlichen", den „der Geruch eines verschwitzten Körpers stört", den ein ungewaschener Hippie-Student hinterlässt. Aber Eliade versuchte, unter die Oberfläche des Phänomens zu schauen. Er verstand sehr schnell, dass die Tatsache, dass die Hippies schmutzig waren, „Teil ihrer Ideologie und der ‚Rebellion' ist. Es ist der Ausdruck des gleichen Wunsches, gegen eine opulente Gesellschaft zu protestieren, lautstark die Distanzierung von den moralischen, politischen und ästhetischen Idealen der Eltern auszurufen" (ELIADE 2006: 597).

In der zweiten Phase weckten die Rebellen die Neugier des Professors. „Was ich nicht alles von den ganz jungen Studenten lerne", schrieb er im Januar 1968 in sein Tagebuch.

Zunächst hatte er versucht, die Hippie-Bewegung auf Grund der äußerlichen Formen zu kategorisieren („bärtig, mit Zigeunerhaaren, exzentrisch und gleichzeitig ärmlich angezogen; Spezialisten für LSD und Mescalin"), aber auch auf Grund ideologischer Themen: „Sie stehen alle in offener Revolte zu den Ideologien ihrer Eltern und der Institutionen, besonders der akademischen Institutionen (*the Establishment*). Wie Leitmotive kehren bestimmte Themen wieder: Anti-Traditionalismus, Anti-Reduktionismus (sie sind für Jung, gegen Freud), Interesse für Mystik aber nicht für ‚religiöse Institutionen'; sie lieben das Leben, sind optimistisch, sie finden Bedeutung in dem, *was ihnen geschieht*. Von den zehn–elf [Studenten], die ich heute gesehen habe, waren alle Antiexistenzialisten (Anti-Sartre vor allem) und nur einer (Anthropologie) interessierte sich für Strukturalismus. Der Rest – eher ‚Mystiker'" (ELIADE 2006: 582).

Auch wenn einigen der Studenten fast alle Professoren „dumm, infantil und irrelevant" erschienen, hatten sie in Mircea Eliade ein gewisses Vertrauen. Sie hielten ihn für „einen von ihnen": Er hatte in Indien studiert, praktizierte Yoga, schrieb über Schamanismus, Sexualität, mystische Initiation („wie begeistert die Studenten von ‚Initiation' sind", notierte Eliade) und vor allem über die Verwendung von Halluzinogenen und andere „Techniken der Ekstase". Andere beschrieben ihm, was sie während des Yoga empfanden: „Ich höre immer mit Interesse den jungen Leuten zu, die ‚Yoga praktizieren' und die mir von ihren Erfahrungen während bestimmter Meditationen erzählen; ich erkenne häufig ganze Sätze aus meinen Büchern wieder" (ELIADE 1993: 116). Virgil Nemoianu erinnert sich: „In Amerika nähert sich Eliade der Jugendrevolte der sechziger Jahre (‚Revolution der Blumen') an, und diese Jugendlichen erkennen ihn häufig als einen der Ihren an" (GLIGOR & RICKETTS 2007: 188).

Manche Studenten berichteten ihm von ihren Erfahrungen mit leichteren Drogen (Marhiuana und Haschisch) oder mit psychedelischen Substanzen (LSD und Mescalin). An einem Tag im Jahr 1968 berichtete ihm ein Student von den Erfahrungen, die er gemacht hatte, nachdem er Marhiuana geraucht und LSD genommen hatte. Aber erst nachdem er Eliades Buch über den Schamanismus gelesen hatte, verstand er, dass er eigentlich eine „schamanische Initiation" erlebt hatte. Im Januar 1971 schrieb sich eine Studentin in Eliades Veranstaltung über „Initiation" ein, um die eigene Erfahrung zu verstehen, die sie nach der Einnahme „einer großen Mende Haschisch" und einer „Dosis LSD" gemacht hatte bei einer „Hippie-Versammlung", die zu „einer rituellen Zauberfeier" geworden war.

Eliade hört seinen Studenten aufmerksam zu und notiert ihre Rauschgifterfahrungen detailliert in seinem Tagebuch. Ich glaube, der erste Eintrag dieser Art ist relativ früh, bereits am 14. April 1966. Eliade ahnte in diesem Zusammenhang, dass „die junge Generation durch die paranormalen Erfahrungen halluzinogener Drogen eine neue phantastische, verständliche und bedeutende Literatur schaffen wird". Später, im Jahr 1968, stellt er fest, dass „der nie dagewesene Erfolg halluzinogener Drogen unter den Jugendlichen" das Syndrom unter anderem eines komplexen *Zeitgeistes* der westlichen Gesellschaft abbildet (ELIADE 1993a).

Aus dieser Perspektive ist auch das Treffen zwischen Eliade und dem Trinker-Dichter Allen Ginsberg (im Tagebuch fälschlich Ginsburg geschrieben) denkwürdig. Das Treffen fand am 25. Februar 1967 auf Initiative des Dichters in Chicago statt. Es war die Zeit, in der er den Band *The Fall of America* vorbereitete, in dem sich auch das Gedicht *An Open Window on Chicago* befindet, das er zu Beginn des Jahres 1967 schrieb. Ginsberg kam zu Eliade wie zu einem Guru, „wie ein Suchender nach Wissen zu einem großen Lehrer", kommentierte Andrei Codrescu (CODRESCU 2005: 70). Ginsberg „ähnelt einem himalayaischen Asketen", der aber „ohne Unterlass trinkt und raucht", schrieb Eliade. Unter anderem berichtete Ginsberg ihm über seine „Erfahrungen mit Drogen", über die Mechanismen der „poetischen Inspiration" und über „Techniken der Meditation". Der Dichter berichtete darüber, was er bei der Einnahme verschiedener Drogen empfunden hatte: „Mescalin, LSD und viele andere". Tatsächlich sind seine Gedichte voll von Erfahrungen, die durch die Einnahme von Rauschmitteln und halluzinogenen Substanzen wie Marhiuana, Haschisch, Benzedrin, LSD, Ayahuasca u.a. ausgelöst wurden. Zurück zu Hause notierte Eliade die Informationen sorgfältig in seinem Tagebuch (ELIADE 1993a: 571–573). Ebenfalls 1967 bekam Eliade von einem anderen rebellischen Dichter Besuch: Andrei Codrescu – ein Hippie von zwanzig Jahren, der damals Amerika und die psychedelische Kultur der jungen Generation entdeckte (siehe folgendes Kapitel). Nur ein paar Monate zuvor, 1966, hatten sich Ginsberg und Codrescu in New York getroffen und angefreundet (CODRESCU 1993: 63, 113).

Wie ein Student und Schüler Eliades, Douglas Allen, aus der Zeit des *Flower Power* bestätigt, war Eliade „von den *Hippies* fasziniert", von den jungen Leuten, die „die indischen Praktiken entdeckten, mit ihren mythischen und symbolischen Strukturen der Harmonie mit der Natur, der rituellen Nacktheit etc. Eliade war „äußerst freigiebig, fast romantisch, in der Beschreibung dieser talentierten Studenten", die „vom modernen Westen entfremdet" mit „,spirituellen Alternativen'" experimentierten (ein Codewort für psychedelische Substanzen) (GLIGOR & RICKETTS 2007: 39). Als diese Kultur die kritische Masse erreicht hatte, kam sie aus dem *underground* und wurde eine Alternative zum *mainstream*, eine *Gegenkultur*. Der Begriff wurde vom amerikanischen Soziologen Theodore Roszak geprägt (*The Making of a Counter Culture*, 1968).

Eine Erinnerung aus der zweiten Hälfte der sechziger Jahre stammt von einem anderen Studenten Eliades, dem amerikanischen Religionshistoriker und Sinologen Normann Girardot, der damals bärtiger Hippie war und „Gräser, die den Geist verändern" (wahrscheinlich Marhiuana und seltener Mescalin), nahm. Über die Gepflogenheiten Eliades selbst zu jener Zeit sagt uns Girardot nicht mehr, als dass er „häufig schmutzige [Hosen] trug und kräftig Pfeife mit süßlichem billigen Cherry Blend Tabak rauchte" (GLIGOR & RICHETTS 2007: 103).

Für Eliade war der Gebrauch der Pfeife ein Ritual, das die Dichterin Constanța Buzea beschrieb, die Eliade im Januar 1971 besuchte. „[Eliade] füllt die Pfeife noch einmal bis oben hin. Er verwendet lauter Tütchen. In die eine schüttelt er die Asche. Aus der anderen holt er mit zwei Fingern goldenen Tabak. Dann stopft er mit dem Daumen, indem er den Tabak in den Pfeifenkopf drückt. Er brennt sie nicht sofort an, sondern hört zu in seiner Lieblingshaltung, die Faust unter dem Bart, wie ein Kind, das einem Wunder gegenüber steht. Erobert wie ein Gläubiger, der die Existenz Gottes nicht mehr anzweifelt, sondern darauf wartet, dass er sich zeigt. Dann zündet er die Pfeife an. Die rechte Hand, blass und unbewegt, die, mit der er die Pfeife hält, hat etwas von der Sorgfalt, mit der man ein Kultobjekt verwendet. Angestrengt, als würde sie eine Schlange halten" (BUZEA 2009: 157).

Mircea Eliade berichtete seinen Studenten über die „rituelle Funktion des Rauchens", wie es die südamerikanischen Völker praktiziert hatten. 1973 notierte er in sein Tagebuch, dass die Europäer das Rauchen nach 1492 zu etwas Profanem gemacht hatten: „Das Rauchen wurde in Europa als Droge eingeführt, nicht als ein Sakrament. Deshalb sind die Konsequenzen nach vier Jahrhunderten wirklich dramatisch" (ELIADE 1993: 117).[71] Die Tatsache, dass Eliade sich für die Erlebnisse seiner Hippie-Studenten interessierte, die er zu verstehen schien und mit denen er manchmal eine gemeinsame Sprache sprach, änderte deren Erwartungen. Manche suchten in ihm einen Guru, was ihn unvorbereitet traf und zwang, auf Distanz zu gehen. Dies geschah nicht zufällig das erste Mal in Kalifornien, als er in Santa Barbara lehrte. Eliade notiert am 8. Februar 1968: „Ein paar Studenten kommen in mein Büro, um mit mir zu sprechen. Einer von ihnen mit langen Haaren, die ihm auf die Schultern fallen, bittet mich, über Yoga und Mystizismus zu sprechen und vor allem die archaische, orientalische Welt mit der *modern world* in Verbindung zu setzen. Er hat natürlich Recht. Aber ich bin nicht als Guru hier hergekommen, sondern um Religionsgeschichte zu unterrichten" (ELIADE 1993a: 584; siehe auch ELIADE 1978: 99).

Mit ihrer „freien Liebe" und ihrem primitiven „Kommunismus" erobern die Hippies Eliade: Er schreibt am 2. März 1969: „[Ich bin] immer mehr eingenommen vom *Hippie*-Phänomen. Ich erinnere mich an die Geschichten eines meiner Studenten: *Hippies* bilden eine Art geheime Gesellschaft religiösen Typus'; es kommen Jugendliche aus allen Ecken Amerikas ohne Geld, sie werden von Unbekannten beherbergt (ebenfalls von *Hippies*), essen, was ihnen angeboten wird; sie haben ‚Geschäfte', wo jeder sich aussucht, was er braucht

---

71 Zur Verwendung von Tabak zu religiösen und magisch-rituellen Zwecken bei südamerikanischen Völkern siehe auch Claude Lévi-Strauss' *Du miel aux cendres* von 1966 (LÉVI-STRAUSS 1966).

[…] und lassen im Tausch etwas dort, wenn sie etwas haben. An den Orten, an denen sie zusammenkommen, im Wald, auf Hügeln, leben sie in einer fast primitiven christlichen Gemeinschaft. Alle arbeiten, hören Musik, meditieren usw. machen ‚freie' Liebe …".

Dennoch ist Eliade unsicher. Seine Typologie der religiösen Handlungen scheint unvollständig. „Das Kästchen" in „Eliades Tabelle", in dem die *„Hippie-Bewegung"* einzuordnen gewesen wäre, ist nicht sehr klar formuliert. Mal ist es „eine Art Geheimgesellschaft religiösen Typs", mal ähnelt es den Gemeinschaften der ersten Christen, und manche lustvollen Veranstaltungen ähneln „rituellen Hexenfeiern". Eliade liest erneut Bücher über die „Agonie des Christentums (Miguel de Unamuno, zum Beispiel) und versucht „die neue Religion" zu verstehen, die die jungen *Hippies* durch „Initiationsversuche" erreichen wollen. „Ich weiß, dass viele Hippies von einer ‚neuen Religion' träumen und sich bemühen, sich einer ‚unbekannten Welt' zu nähern. Das ist übrigens die Rechtfertigung, die sie gern dafür liefern, dass sie Drogen im Übermaß nehmen. Aber können solche künstlichen, einfachen, mechanischen Ekstasen einer ‚Initiation' ähneln – selbst einer wie in *Inferno* [von Strindberg]?" (ELIADE 1993b: 30–33).

Jedenfalls erscheint Eliade der (quasi-)religiöse Aspekt des Hippie-Phänomens im März 1968 essenziell. „Warum nenne ich diese ‚Bewegung' religiös oder quasi-religiös? Weil es eine Reaktion ist auf das Fehlen von Bedeutung und die Leere einer entfremdeten Existenz, wie sie vor allem die junge amerikanische Generation (in Rebellion zu den Werten und Idealen ihrer Eltern) kennt. Diese jungen Leute *glauben* an das Leben, die Freiheit, die *Agape*, die Liebe. Sie haben einen Lebens*sinn* gefunden und glauben an eine *absolute* Realität, die sie erreichen können. Endlich leben sie in Freiheit, Spontanität, Gleichgültigkeit zu den Dingen" (ELIADE 1993a: 585).

Äußerst wichtig ist für den Religionshistoriker auch die Herangehensweise der Hippies an die Sexualität. In ihrer Vorstellung der *free love* gibt es „keinerlei Promiskuität, nichts Lustvolles". „Im Gegenteil, sagen sie, die Nacktheit der Mädchen und Frauen ist der ‚Kameradschaft' zuträglich" (ELIADE 1993a: 585).

Später, als Eliade auch die *Untergrund*presse der Jugendlichen liest, ändert er ein wenig seine Meinung. Im Juli 1968 schreibt er: „Der Ton dieser Texte ist trotz des Exzesses an Sex, Nacktheit und lustvoller Freiheit nur scheinbar lustvoll oder gar pornographisch, er ist religiös, ja, religiös. Jeder Ausdruck der Liebe, vor allem der physischen Liebe wird mit Gefühl und Reverenz akzeptiert. Wie ich schon mehrmals wiederholt habe, könnte ein uneingeschränktes

Sexualleben, wie es die junge Generation der Rebellen preist, Teil des (unbewussten) Prozesses sein, die Sakralität des Lebens wiederzuentdecken." Es ist ein „historischer Moment", erklärt Mircea Eliade, wenn „zum ersten Mal in der Geschichte der christlichen Zivilisation uneingeschränkte Sexualität über alles triumphiert und die fast rituelle Schönheit der Nacktheit wiederentdeckt" (ELIADE 1993a: 592–593, 598).

Tatsächlich gab es seit den archaischen Sexualriten mit fruchtbarkeitsfördernder Funktion, über narkotisch-dionysische Orgien keine vergleichbaren Phänomene in der westlichen Welt, die von der christlich-jüdischen Moral beherrscht wird, bis auf wenige verhüllte Überbleibsel (Karneval, magisch-erotische Rituale). „Wir erleben, wie man weiß, die radikalste Revolution der sexuellen Sitten und Werte der Geschichte", notiert Mircea Eliade am 6. September 1973 (ELIADE 1993b: 127). Ein paar Jahre später, 1978, wird er die große Bedeutung der Tatsache unterstreichen, dass durch das *„Hippie-Phänomen"* eine junge Generation, nach zehn christlichen, protestantischen oder katholischen Generationen die religiöse Dimension des kosmischen Lebens, der Nacktheit und der Sexualität wiederentdeckt hat" (ELIADE 1990: 102). 1973 verwendete Eliade noch das Präsens, wenn er vom „Hippie-Phänomen" spricht; 1978 verwendete er die Vergangenheitsform.

Das Thema der „religiösen Dimension" der jugendlichen Rebellen nehmen Eliade und Culianu in *The Encyclopedia of Religion* wieder auf, die in sechzehn Bänden erscheint und die Eliade am Ende seines Lebens herausgibt (Macmillan, New York, 1987) „Es wäre falsch, zu behaupten, dass die ‚sexuelle Revolution' keine eigene Ideologie gehabt habe, oder völlig frei von Religion gewesen sei" (CULIANU 2003: 180). Der Artikel zur Sexualität in der *Encyclopedia of Religion* wurde gemeinsam von Eliade und Culianu geschrieben, aber der Absatz zu sexuellen Revolutionen, aus dem das Zitat oben entnommen ist, stammt aus Culianus Feder. Natürlich ist es eine von Eliade abgesegnete Formulierung.

Wichtig ist Eliades Meinung zur *Flower Power* Generation, die er *post factum* formulierte, Ende der siebziger und achtziger Jahre. Es war genug Zeit für eine objektive historische Betrachtung vergangen.

Was die Sekten anbelangt: wie immer bestehen große Chancen, daß diese Bewegungen etwas Neues, Positives enthüllen. Aber das Hippie-Phänomen scheint mir die größte Bedeutung zu haben, denn dadurch ist uns bewiesen worden, daß eine junge Generation, die von zehn Generati-

onen Christen, Protestanten und Katholiken abstammt, die religiöse Dimension des kosmischen Lebens, der Nacktheit und der Sexualität wiederentdeckt hat. *Und ich widerspreche hier denen, die meinen, daß die Neigung der Hippies zur Sexualität und zur Orgie Teil der Bewegung sexueller Befreiung in der ganzen Welt ist* (ELIADE 1987: 131).

Ich glaube, dass meine Ausführung wichtig ist. In erster Linie ist meines Erachtens die Art und Weise, wie ein Religionshistoriker und Spezialist des Heilligen von der Größe Eliades die Hippie-Bewegung dort, wo sie entstand, im studentischen Milieu Amerikas, aufnahm. Aber es ist genauso wichtig zu beobachten, wie ein Professor seinerseits eine ganze Generation von Jugendlichen beeinflusste. Und unabhängig von der Beziehung zwischen Professor und Studenten, zwischen einem Repräsentanten der „Elterngeneration" und Repräsentanten der „jungen Generation" ist es auch interessant zu beobachten, wie sich ein eher „rechter" Intellektueller zu einer eher „linken" Bewegung verhielt (beispielsweise Eliades grundlegender Antikommunismus und die Positionierung gegen den Vietnamkrieg der jungen Generation). Dieses Thema werde ich an anderer Stelle wieder aufgreifen.

Culianu: „Schamanismus über den Schamanismus hinaus"

Ich sagte weiter oben, dass es sehr wahrscheinlich ist, dass der junge amerikanische Anthropologe peruanischer Herkunft, Carlos Castaneda (1925–1998), in den sechziger Jahren Eliades Vorlesung zur Religionsgeschichte an der *University of California*, Los Angeles (*UCLA*) hörte.

Die Bücher, die er von 1968 bis 1972 veröffentlichte, beschreiben seine Initiation durch einen Schamanen (Don Juan Matus) vom nordmexikanischen Stamm der Yaqui, die er mit Hilfe halluzinogener Pflanzen vornahm. Peyotl (*Lophophora williamsii*, aus dem Mescalin gemacht wird), psychedelische Pilze (*Psilocybe mexicana*, der in einer speziellen schamanischen Pfeife geraucht wurde), Stechapfel oder „Teufelswurzel" (*Datura stramonium*, der als halluzinogene Salbe verarbeitet wurde und auf Schläfen und Stirn aufgetragen wurde). Die drei ersten Bücher Carlos Castanedas sind: *The Teachings of Don Juan: A Yaqui Way of Knowledge* (1968), *A Separate Reality: Further Conversations with Don Juan* (1971), *Journey to Ixtlan: The Lessons of Don Juan* (1972). Seine Bücher wurden erst nach 1995 ins Rumänische übersetzt.

Abb. 28: Ioan Petru Culianu, Arezzo (Italien), im Frühjahr 1990.
Photo: Emanuela Guano.

Nach einer Phase großen Einflusses auf die junge Generation (zwölf Bände übersetzt in siebzehn Sprachen, acht Millionen verkaufte Exemplare), wurde Castaneda stark angegriffen. Der größte Zerstörer des „Mythos Castaneda" war der Psychologe Richard de Mille in zwei aufeinanderfolgenden Bänden. Den ersten Band über die Frechheit Castanedas schrieb er 1976 (*Castaneda's Journey The Power and the Allegory*), den zweiten, einen Sammelband, gab er 1981 heraus (*The Don Juan Papers: Further Castaneda Controversies*) (BRAGA 2005).

Elémire Zolla widmete in seinem Buch *I letterati e lo sciamano* (1989), in dem der das Bild des Schamanismus in der Literatur behandelt, ein ganzes Kapitel dem Werk Carlos Castanedas. Der italienische Religionshistoriker kommentierte auch die „ethnologische Lüge", die Castaneda vorgeworfen wurde (ZOLLA 1989: 359–401).

Ioan Petru Culianu hielt Castaneda für einen „falschen Anthropologen" (*pseudoanthropologist*), der seine narkotischen Initiationsfiktionen als authentische Erfahrungen und anthropologische Feldforschung präsentierte. Anfang der siebziger Jahre schrieb Culianu: „Als erster, der Out of Body Erfahrungen mittels psychedelischer Substanzen wie Mescalin machte, wurde lange der Pseudoanthropologe Carlos Castaneda betrachtet, jedenfalls bevor klar wurde, dass er Romancier ist und nicht Anthropologe" (CULIANU 2006: 385–386). Culianu spricht von Jugendlichen, für die Castaneda ein Idol blieb, der für ihn aber mehr Scharlatan als Anthropologe war.

Interessant ist, dass 1988 (also nach Eliades Tod), Culianu behauptet, dass „im rumänischen Kontext der dreißiger Jahre" Eliade, der wie ein Held aus Indien zurück kehrte, „eine Art Großonkel Castanedas war. „Er schaffte es, sich als Gelehrter Respekt zu verschaffen trotz seiner fiktionalen Literatur, die von zu vielen gelesen und oft falsch verstanden wurde" (CULIANU 2006: 386).

Culianus Meinung zum amerikanisch-peruanischen Anthropologen ist überraschend und ausgewogen. Er ist weit entfernt von der schwärmerischen Position der Einen, aber auch der zerstörerischen der Anderen (Richard de Mille zum Beispiel). Ob „fiction" oder „nonfiction", schreibt Culianu, die Arbeiten Castanedas haben lediglich das bestätigt, „was man bereits über die Eigenschaften halluzinogener Substanzen und die ‚Kräfte' indianischer Schamanen wusste. [...] Ob es wahr ist oder nicht, es handelt sich um ein Phänomen, das sowohl in der Religionsgeschichte, als auch in der Geschichte der westlichen Zivilisation vorkommt", selbst wenn die Authentizität der anthropologischen Untersuchungen und der Erfahrungen Castanedas fraglich bleibt, ist „alles, was er berichtet, wenn nicht wahr, dann zumindest gut getroffen ...". Nicht zufällig gab Culianu diesem Text, den er 1981 in Italien veröffentlichte, den Titel: *Se non è vero, è ben trovato ...* (CULIANU 2005: 201–205).

Wie Eliade war auch Culianu sehr an der Rolle psychoaktiver Substanzen bei mythisch-religiösen und magisch-rituellen Veranstaltungen interessiert. In seiner Monographie über die Reisen ins Jenseits unterschied Culianu drei Arten, außerweltliche Ekstasen und Visionen zu erzeugen: *Altered States of Consciousness, Out-of-Body Experiences* und *Near-Death Experiences*. Bei den beiden ersten Arten greift man teilweise auf den Konsum psychotroper Pflanzen zurück.

Culianu entschied sich für eine mutige Herangehensweise an die „griechischen Hexer", die er *Greek medicine men* oder *iatromanti* nannte (von griechisch *iatros* „Arzt" und *mantis* „Prophet"). Es geht um Pythagoras von Samos, Abaris aus Hyperborea, Aristaios aus Proconessos, Epimenides aus Kreta und viele andere. Culianu entdeckte in ihrem Verhalten „schamanische Praktiken": die Verwendung halluzinogener und euphorisierender Pflanzen, ekstatische Reisen, das Verlassen des Körpers durch die Seele, Katalepsie, Abstinenz, Vorhersage, Allgegenwart, Anamnese, Iatromantie etc.

Herodot erinnert an Abaris, der die Welt umkreist habe, ohne etwas zu essen (*Historien* IV, 36). Eine der psychotropen Pflanzen, die die Iatromantie verwendet, sei eine Pflanze, die selbst Plinius der Ältere schwer identifizieren konnte (*Naturgeschichte* XXII, 73–75) und die *Alimos* (manchmal *Halimos*) im Sinne von „ohne Hunger" genannt wird. Es soll eine Pflanze sein, die in geringen Mengen das Hungergefühl unterdrückt. Culianu behauptete, es handele sich um eine lokale Pflanzenart, die den Blättern der Kokapflanze aus Südamerika (*Erythroxylum coca*) ähnelt. „Die Berichte sagen nichts darüber, ob man davon ausging, dass [griechische *iatromantes*] aufmunternde oder halluzinogene Substanzen verwendeten oder nicht, aber aktuelle Recherchen zu den Eigenschaften psychotroper und psychedelischer Drogen scheinen eine solche Hypothese eher zu stützen" (CULIANU 2006: 74).

Auf einer Linie mit Karl Meuli, Eric R. Dodds, F.M. Cornford, Walter Burkert und Carlo Ginzburg schlug Culianu das Syntagma „Schamanismus jenseits des Schamanismus" vor und erweiterte damit die Zone, in der man üblicherweise von Phänomenen des Schamanismus sprach, stark. Er erweiterte nicht nur das geographische Gebiet (Zentral- und Nordasien), sondern auch das „ideologische" (indem er die griechischen Iatromantes und europäischen Hexer einschloss). In dieser Hinsicht hat er sich von seinem konservativeren Lehrer Eliade entfernt und warf ihm vor, er habe den Sinn des Begriffes Schamanismus umschrieben, um Phänomene auszuschließen, die man eher als Zauberei bezeichnet" (CULIANU 2007: 186–188).

Tatsächlich war Eliade verwundert, als er zum Beispiel in der Moldau Mitte magisch-ekstatische Praktiken des 17. Jahrhunderts entdeckte (*Codex Bandinus*, 1646–1648). Er setzte den Begriff Schamanismus in Anführungszeichen, und der Titel der Studie von 1962 wurde zur Frage: *„Schamanismus" bei den Rumänen?* Mehr noch: er antwortet auf diese Frage mit ‚nein'. Um manche frappierenden Ähnlichkeiten zwischen den ekstatischen Praktiken der moldauischen Hexer (die der katholische Bischof Marcus Bandinus *incantatores* nannte) und denen der zentralasiatischen Schamanen zu erklären, griff Eliade vorsichtig auf eine bequeme Lösung zurück: den „Import" des Schamanismus durch magyarische, also zentralasiatische Völker (ceangăi). Eliade übernahm die einfache Lösung, die bereits 1958 vom ungarischen Schamanologen geäußert worden war: „Das läßt uns glauben, daß die *incantatores*, die Bandinus in der Moldau antraf, nicht Rumänen, sondern Tschangö (eine magyarische Bevölkerungsgruppe aus den Moldaukarpaten) waren" (Eliade 1982: 204).

Ausgehend von den Theorien H.S. Nybergs und G. Widengrens, fragte sich Eliade, ob die spezifische Art der religiösen Erfahrung bei Zarathustra den ekstatischen Erfahrungen der Schamanen Zentralasiens gleichgesetzt werden kann.

Ein, allerdings nicht einziges, starkes Argument besteht darin, dass in beiden Fällen zum Erreichen der Ekstase verschiedene psychotrope Pflanzen, vor allem Cannabis (*bhang*), verwendet wurden. Eliade versieht dieses Problem 1976 im ersten Band des Buches *Istoria credinţelor şi ideilor religioase* [Geschichte religiöser Ideen und Glauben] im Kapitel „Zarathustra şi religia iraniană" [Zarathustra und die iranische Religion] ebenfalls mit einem Fragezeichen, indem er das entsprechende Unterkapitel „Extaz şamanic?" (Schamanische Ekstase) nannte. Auch hier war die Antwort negativ (ELIADE 1981c: 324–325).

Ebenfalls zurückhaltend äußerte sich Eliade darüber, ob es „schamanische" Ekstase (wiederum in Anführungszeichen) nicht nur in geographisch vom klassischen Raum der Schamanen entfernten Gebieten (bei den Iranern, Griechen und Rumänen) gegeben habe, sondern auch in zeitlich entfernten Räumen – im Paläolithikum, zum Beispiel. „Die Existenz eines bestimmten Typus des ‚Schamanismus' scheint sicher" (ELIADE 1981c: 18).

Es handelt sich, wie bereits an anderer Stelle erwähnt, in weiten Teilen um ein Problem der Konventionen, wenn nicht gar nur um eines der Terminologie. Mircea Eliade nahm diese Herangehensweise bereits 1951 voraus, als er seine Monographie zum Schamanismus veröffentlichte: „Ein solcher Schamanismus stricto sensu ist nicht auf Zentral- und Nordasien begrenzt" (ELIADE 1994: 16). 1983 gab das auch Ioan Petru Culianu zu: „Ob die iatromantischen Griechen Schamanen genannt werden oder nicht, ist eine Frage der Konvention" (CULIANU 2006: 62).

Es scheint, als hätten Eliade und Culianu einen „Pakt" geschlossen, dass alles davon abhängt, was wir als „Schamanismus" bezeichnen. Während aber Eliade (eher konservativ) die Erweiterung des Begriffs über seine klassische Bedeutung (und dessen Gebiet) hinaus nicht unterstützt, befürwortet Culianu (eher innovativ) diese Erweiterung.

Ich bin auf dieses Problem bereits an anderer Stelle eingegangen, vor allem im Vorwort des Buches von Culianu 1991: *Călătorii în lumea de dincolo* (CULIANU 2007: 17–18; OIȘTEANU 2010), ein Buch, in dem sich der Schüler definitiv vom Meister entfernt. Mircea Eliades Buch über den Schamanismus von 1951 wird von Culianu nicht einmal zitiert, obwohl Eliade den Schamanismus gerade aus der Perspektive der „archaischen technischenEkstase" betrachtet. Es handelt sich natürlich nicht um eine bibliographische Lücke, sondern um eine polemische Haltung. 1984, in *Expériences de l'extase,* hatte Culianu Eliades Schamanismus noch als Referenzwerk zitiert (CULIANU 1984: 239).

Auf der anderen Seite hält Eliade den Schamanismus in Zentral- und Nordasien für stark durch südasiatische religiöse Systeme, vor allem Indien, Tibet, Iran, Mesopotamien, beeinflusst (ELIADE 1951: 495). Culianus Theorie dreht die Einflussrichtung um. Jedenfalls wurde das, was für Eliade in den achtziger Jahren lediglich eine mögliche Alternative gewesen war, 1991 für Culianu zur Evidenz: „Es ist möglich, dass Schamanismus sich unter dem Einfluss indo-tibetischer Religionen bildet, aber auch die umgekehrte Hypothese ist argumentierbar" (CULIANU 1984: 110). Die Diskussion, in deren

Zentrum (implizit oder explizit) die Polemik zwischen Mircea Eliade und Ioan Culianu steht, zum Schamanismus bleibt offen.

Culianus Text, der sich am meisten mit der Verwendung berauschender Pflanzen im europäischen Mittelalter (darunter auch in Rumänien) beschäftigt, ist ein Beitrag auf einer Konferenz 1981 in Groningen, wo er lehrte. Später fügte er den Text als Anhang seinem Buch *Éros et magie à la Renaissance* hinzu (Flammarion, 1984). In diesem Text mit dem Titel *Realitatea vrăjitoriei* [Die Realität der Zauberei] beschäftigte er sich sowohl mit der unfreiwilligen Vergiftung mit Roggen, der von *Claviceps purpurea* befallen war, als auch mit den „magischen Flügen", die aufgelöst waren durch halluzinogene Salben, die die Hexen verwendeten.

Dan Dana schreibt mit einem vorwurfsvollen Unterton: „Überall in seinen Schriften privilegiert Culianu die reale Verwendung von Halluzinogenen. Der Akzent, den Culianu auf Halluzinogene legt, hängt zusammen mit der westlichen Vorliebe für diese Substanzen (die allerdings zu anderen Zwecken verwendet werden)" (DANA 2008: 374).

Ich habe über die innovativen Meinungen Ioan Petru Culianus im ersten Teil dieses Buches gesprochen. Das große Interesse des rumänischen Religionshistorikers, der sich damals in den liberalen Niederlanden befand, ist im letzten Absatz aus *Realitatea vrăjitoriei* erkennbar:

Ich habe viele Drogensüchtige gesehen und es vergeht kein Tag, an dem ich nicht über sie reden höre, abgesehen davon habe ich viel Literatur über ihre Erfahrungen gelesen. Ich bin überzeugt davon, dass die Verwendung von Halluzinogenen unter der Überwachung von ‚Spezialisten' und innerhalb von Initiationsriten am Anfang bestimmter Menschheitsglauben stehen, vor allem solcher, in denen es um die Beweglichkeit des Geistes und den magischen Flug geht. Im Fall des Zaubers besteht keinerlei Zweifel darüber (CULIANU 1999: 63).

Liest man diesen Absatz aufmerksam, so lässt sich eine wichtige Veränderung des Blickwinkels erkennen. Psychotrope Pflanzen sind für Culianu nicht nur halluzinogen sondern *entheogen*. Sie stehen, so meint er, am Ursprung mythischen und religiösen Glaubens und magisch-ritueller Rituale (die mit der "Beweglichkeit der Seele", *psihanodia*, „magische Flug" etc. in Verbindung gebracht werden).

Die Ironie des Schicksals wollte es, dass I.P. Culianus Ermordung auf die eine oder andere Weise mit Drogen in Verbindung gebracht wurde. Überwältigt von der Nachricht seiner Ermordung, glaubten Monica Lovinescu und Virgil Ierunca zunächst nicht an ein politisch motiviertes Verbrechen. „Wir glauben eher, es war irgendein Drogenabhängiger ‚en manque'", schreibt Monica Lovinescu am 26 Mai 1991, wenige Tage, nachdem Culianu kaltblütig ermordet worden war, in ihr Tagebuch (LOVINESCU 2003: 141). Es handelte sich natürlich um eine Fehleinschätzung. Ein Drogenabhängiger ‚en manque' betritt keine Universität und erschießt einen Professor, ohne ihn zu durchsuchen, und verschwindet dann, ohne eine Spur zu hinterlassen.

Schlimmer ist, dass Culianus Ermordung betrügerisch mit dem internationalen Drogenhandel und selbst mit dem kolumbianischen Kokainkartell in Verbindung gebracht wurde. Man sagte, das letzte Telefonat, das er geführt habe, sei mit einer Person aus Medellín gewesen und es habe unmittelbar vor der Tat in seinem Büro der Universität Chicago stattgefunden (ANTON 1999: 46). Es ist nur eines der verschiedenen Ablenkungsmanöver, die in Umlauf gebracht wurden, um den Mord zu vernebeln. Ich habe bei anderer Gelegenheit bereits geschrieben, dass es darum ging, die Polizei auf eine falsche Fährte zu schicken. Culianu soll Kokain genommen haben, „angeblich, um an sich selbst auszuprobieren, womit er sich schon lange beschäftigte: Zustände der Ekstase bei Schamanen und Zauberern" (ANTON 2005: 11).

Culianu: Manipulation durch Rauschgift

Rauschgifte tauchen auch in Culianus Prosa auf. Ich erwähnte bereits den Roman *Jocul de smarald* [Smaragdspiel], den er 1987 schrieb und der posthum veröffentlicht wurde. In einem Kapitel experimentieren zwei Figuren im Florenz des 15. Jahrhunderts mit einem Opiat, das „über die Maßen teuer" ist – Theriak –, „das wahre Mittel für Unsterblichkeit". Culianu beschreibt detailgenau eine Reihe übersinnlicher Zustände, die das Opiummus auslöst, von Euphorie zu Synästhesie, von Halluzination zu Ataraxie, von Entpersonifizierung zu tiefer Narkose: „Ich habe die Augen geschlossen und bin ins Nichtsein übergegangen. Kein Gedanke, kein Ton, keine Wahrnehmung, kein Gefühl. Es existierten weder Raum noch Zeit" (CULIANU 2005: 231–234).

Ich habe ebenso die olfaktorische Empfindsamkeit erwähnt, die Culianu und implizit manche der Figuren seiner Romane besaßen. Bei dem Studenten Dimitrie Arion zum Beispiel, einer Figur aus einer Jugendnovelle (*Moartea și fata* [Der Tod und das Mädchen], 1972) lösen die Gerüche des Friedhofs Traumzustände und „weiße Narkose" aus (CULIANU 2002: 219).

In einer phantastischen Novelle von 1986 *Pergamentul diafan* [Das diaphane Pergament] ist eine der Figuren der legendäre „Alte vom Berge", der Ende des 11. Jahrhunderts im Norden Persiens (in Alamut, an einem paradiesischen Ort) einen sogenannten „Orden der Assassinen" gegründet hat, eine häretische Sekte, von der Marco Polo berichtete, sie konsumiere Haschisch. Der Meister vergiftete seine Untertanen mit einer grünen Paste aus Haschisch, die sie in „verrückte Drogenabhängige" verwandelte. Jeder hatte auf der linken Hüfte eine „Tätowierung, die grün war, wie Smaragd, wie Gift oder Haschisch". In Culianus Novelle schickt der „Alte vom Berg" seine Schüler nicht, ihre religiösen Gegner zu töten (wie in der klassischen Legende), sondern, ihnen Träume und Visionen zu rauben. Eine subtilere Art und Weise, sie auszulöschen. Die gestohlenen Visionen verwendet der Alte, „um das weltliche Paradies zu nähren", das er in Alamut geschaffen hat, und um seine „Gläubigen zu beseelen".

Die Hauptfigur der Novelle ist Isa al-Kashkari, genannt „Fliegenschnäpper". Er gehört dem „Orden der Wahrheitssucher" an und erhält die Mission, die Visionen der dreihundert christlichen Mönche wiederzufinden, die die Assassinen des „Alten vom Berge" geraubt haben. Der Spitzname „Fliegenschnäpper" (im französischen Original *Gobemouche*) kann nicht zufällig sein. Nicht in einer Novelle von Culianu, die voll ist von Symbolen und mehr oder weniger verborgenen Bedeutungen. Es ist möglich, dass der Autor mit diesem Spitznamen auf den Fliegenpilz verweisen wollte, den ich im ersten Teil des Buches präsentiert habe. Die Handlung spielt in Persien, es gab das mythologische Getränk Haoma, das anscheinend ein Extrakt aus Fliegenpilz ist. Wenn meine Interpretation korrekt ist, dann versuchte I.P. Culianu einen Kampf zweier religiöser Sekten darzustellen, die sich um die Macht über Visionen, Träume und Halluzinationen stritten. Eine Konfrontation zwischen dem Orden der „Haschischfresser", der von Hasan ibn Sabbah, genannt „der Alte vom Berg", geleitet wird, und dem Orden der „Fliegenpilzfresser", der geleitet wird von Isa al-Kashkari, genannt „Fliegenschnäpper" (CULIANU 2002).

In einer borgesianischen Erzählung, die Culianu mit neunzehn (ca. 1969) schrieb, destillierte der Alchimist Geronimo Rossi in Ravenna im 16. Jahrhundert in einem Destillierapparat Rosenblüten und schaffte es „ein Parfum zu kreieren, dass stärker war als je ein Parfum zuvor, berauschend und aphrodisierend". „Als ich es testete, stellte ich fest, dass es betäubend war, eine Droge, ein Mittel gegen Kopfschmerzen, ein Konservierungsmittel, stärkend für das

Gehirn in kleinen Mengen und einschläfernd in großen Mengen. Nach ungefähr einem Jahr schrieb ich ein Buch und dachte aber an die rituelle und mystische Rolle, die [diese Droge] haben könnte."

1574 wurde Geronimo, der Besitzer des Geheimnisses der „Feuerrose", im Alter von dreiunddreißig Jahren von den Mitgliedern einer geheimnisvollen persischen Sekte, „den Unsterblichen", entführt. Sie wussten, wie man aus der *rosa amphybia* „die Essenz des Zustandes der Ataraxie" extrahiert. Auf dem Weg in den Iran reisten der entführte Alchimist und seine Entführer in einem „ekstatischen Schweigen" auf einem Schiff, über dem „eine Totenstimmung schwebte, die durchsetzt war von schwerem Rosenbalsam". „Am Abend fand eine Art ritueller Rausch mit Opium und starker Rosenessenz statt. Wir segelten nachts, fast dem Zufall und den Halluzinationen des Laudanum überlassen, umher" (CULIANU 2002: 115–118).

Aus der Sicht des vorliegenden Buches ist der Roman *Tozgrec* noch wichtiger. Er ist unvollendet und nicht veröffentlicht, geschrieben auf Französisch und Rumänisch zwischen 1981 und 1984, als Culianu Professor an der Universität Groningen in den Niederlanden war, bevor er nach Amerika ging. Der Roman besteht aus mehreren eigenständigen Episoden. Die Episode, die ich besprechen werde, *Das Lambrosa Experiment*, wurde 1984 auf Französisch verfasst. Es beginnt mit einem Vorwort mit Datum vom 7. November 2011 und verfasst von „Professor I.P.C. [Ioan Petru Culianu] Universität Lombrosa, Südkalifornien, USA".

Abb. 29: *Autoportret* [Autoporträt], Zeichnung von Ioan Petru Culianu, Bukarest, ca. 1968.

Der Romanheld, Professor Caspar Stolzius, Wissenschaftshistoriker und Traumspezialist (Oneirologe im Sinne Schopenhauers) ist ein Alter Ego des Autors. Unter den Büchern des Professors befinden sich Bücher, die eher akademisch oder kommerziell sind mit Titeln wie: *Kontrollierte Träume bei Stress, Bekenntnisse eines professionellen Traumdiebes, Traktat über experimentelle und angewandte Oneirologie, Drei herbeigeführte Träume, Traummanipulation und die Zukunft der menschlichen Saat, Wie Sie Ihre Träume vorbereiten: 300 praktische Rezepte* etc. Er befindet sich auf einer Vorlesungsreise in der kleinen Stadt Lombrosa in Kalifornien. Am 21. Juni 198… (das Jahr wird nicht genau angegeben; Anm. JR) wird der rätselhafte Tod des Professor Stolzius vermerkt. Die polizeilichen Ermittlungen ergeben, dass der Professor am Transport einer riesigen Menge reinen Kokains (fünfzehn Tonnen) von Hong Kong nach Lambrosa beteiligt war. Die Ermittlungen werden vom FBI übernommen, verlieren sich aber in Ungewissheiten und falschen Spuren. Es sei nicht Stolzius' Leiche, dieser wird für vermisst und nicht für tot erklärt, und das Kokain verliert sich, anscheinend aufgeteilt unter Mafiaclans. Mit anderen Worten, sowohl Professor Stolzius als auch das Kokain verschwinden spurlos.

In wenigen Jahren verändert sich Lombrosa radikal: Die Stadt hat die geringste Verbrechensrate und die geringste Umweltverschmutzung; es wird ausschließlich alternative Energie verwendet; die Arbeitslosenquote ist sehr niedrig; die Bewohner haben eine hohe Lebenserwartung und sind gut gelaunt; die Kulturproduktion ist auf dem Höhepunkt ebenso wie der Konsum; die Institutionen des Staates werden respektiert; es entsteht in der Stadt eine große Universität (mit einem exzellenten Verlag: *Lombrosa University Press*); es gibt eine allgemeine Sozialfürsorge etc. Aus dem kleinen Städtchen wird eine Stadt mit zwei Millionen Einwohnern. Lombrosa erhält den Titel „Glücklichste Stadt der USA". Die Erklärung ist ganz einfach, aber niemand in Lombrosa kennt sie: Jemand streut Kokain in das Trinkwassersystem der Stadt.

Culianu schafft eine ideale Gesellschaft, eine zeitgenössische Utopie. Er scheint dem Leser zuzuzwinkern, indem er ihn implizit auf verschiedene andere (Quasi-)Utopien der Moderne aus dem 19. Jahrhundert verweist. Beispielsweise auf den Roman *Erewhon* (1872) von Samuel Butler, in dem die Bewohner sich ihre stählerne Gesundheit erhalten, indem sie Laudanum als Heilmittel für all ihre psychosomatischen Krankheiten verwenden (BRĂTESCU 1999: 155–156).

Vielleicht verweist Culianu aber auch auf die Novelle *Une fantaisie du docteur Ox* (1872) von Jules Verne, in der eine ganze Gemeinde in Flandern in einem endlosen Zustand der kollektiven Euphorie lebt, auf Grund der Tatsache, dass Dr. Ox (Direktor der Fabrik, die Wasser in seine Bestandteile zerlegt) die Sauerstoffmenge der Atemluft der Bewohner erhöht. Man könnte meinen, Culianus Roman sei eine einfache „Spielerei", aber Culianu hat einen größeren Anspruch.

Eines Tages entdeckt die Zeitung *Lombrosa Shadow* eine eigenartige Begebenheit, die sich 1978 in einer kleinen holländischen Stadt mit dem Namen Potverdorrie ereignet hatte. Der Titel des Artikels weckt das Interesse der Leser: „Ein Dorf voller Kokainsüchtiger in Holland. Die Behörden störten ihr

Glück". Im Trinkwasser des holländischen Dorfes Potverdorrie hatte man Spuren von Kokain gefunden. Es beginnen journalistische Untersuchungen. Die Presse in Lombrosa bringt die Ereignisse mit denen in Verbindung, die sich in den achtziger Jahren in der kalifornischen Stadt ereigneten.Es wird auch eine Verbindung hergestellt zu den Theorien des Oneirologen Caspar Stolzius, die er vor seinem eigenartigen Verschwinden an der Universität Lombrosa entwickelt hatte. Der Professor hatte behauptet, dass der Mensch die Möglichkeit habe, die Träume eines Individuums oder einer Gemeinschaft zu manipulieren. „Stellen Sie sich eine Welt vor, in der die optimistischen Träume der Menschen voller Hoffnung auch Interesse und Mitgefühl mit ihren Nächsten enthielten. Wenn die ganze Welt glückliche Träume hätte, dann wäre es möglich, das schreckliche Ende abzuwenden, dass sie erwartet: die Selbstzerstörung …". Der Professor spricht sich kategorisch gegen Drogenmissbrauch aus, ist aber der Auffassung, dass „in kleinen Mengen jede natürliche Droge ein Schatz im Dienst der individuellen und gemeinschaftlichen Gesundheit ist." Wie wir sehen, war Culianu Mitte der achtziger Jahre extrem interessiert an der künstlichen Einflussnahme auf Träume und Visionen. Diese konnten ausgelöst und manipuliert (*Experimentul Lombrosa*, 1984) oder geraubt und wieder erlangt werden (*Pergamentul diafan*, 1986).

Das Experiment der kollektiven Vergiftung wird im Roman minutiös beschrieben. Es werden die (winzigen) Mengen Kokain genannt, die im Wasser der Stadt aufgelöst werden, die Steigerung der Menge, die verwendeten Prozente, die Zeitintervalle usw. Alles genau berechnet. Es werden auch schwer quantifizierbare Wirkungen des Rauschgiftes analysiert: die Beziehung zwischen dem prozentualen Anteil der Droge und der Qualität der Träume, wann kommen die Individuen in den Zustand der Zugänglichkeit, und wann sind sie am meisten beeinflussbar durch die eingeführten Träume.

Gleichzeitig entdeckt man, dass in Lombrosa Roggenbrot mit *Claviceps purpurea* (Mutterkornpilz) gegessen wird, ein Pilz, der das Roggenkorn parasitiert und ein sehr stark halluzinogenes Alkaloid enthält. *Lombrosa bread* war ein sehr gefragtes Planprodukt der kalifornischen Stadt geworden.

Solche kollektiven Vergiftungen gab es tatsächlich im vormodernen Europa. Weitere Details im Kapitel „Unfreiwillige Vergiftungen". Culianu beschäftigte sich mit dem Thema auch in *non fiction*-Texten zur Religionsgeschichte in der ersten Hälfte der achtziger Jahre, also genau zu dem Zeitpunkt, als er an *Tozgrec* arbeitete. 1981 schrieb Culianu: „Seit ein paar Jahren kommen die

Ernten, die mit *Claviceps purpurea* verseucht sind, nicht mehr auf den Markt, weil sie lediglich den Forschern vorbehalten sind: Junkys hatten begonnen, sie *en gros* zu kaufen" (CULIANU 1999: 55). Ein weiterer Beweis für das Funktionieren der Symbiose zwischen seinen Untersuchungen zur Religionsgeschichte und seinen phantastischen Geschichten. Ein Thema, zu dem ich mich an anderer Stelle geäußert habe (s. Vorwort zu CULIANU 2007: 14).

Zurück zu *Tozgrec* und dem Kapitel *Experimentul Lombrosa*. Die Journalistin Alessandra Cassini führt in der fiktiven kalifornischen Stadt eine Umfrage durch, die sie im *One Magazine* mit dem Titel „Lombrosa, eine neue Lebensart?" veröffentlicht. „Wir korrespondierten viel mit den Bewohnern dieser glücklichsten Stadt der USA. Unglaublich! Man weiß nicht, ob sie verrückt sind oder erleuchtet! Sie glauben fest an ihre irdische Mission und an eine Belohnung nach dem Tod. [...] Woher sie diese Überzeugung hätten, fragte die Journalistin. 'Wir haben wahre Träume' antworteten sie."

In den letzten Analysen des Jahres 200... findet sich nichts Außergewöhnliches mehr im Wasser der Stadt. Fremde sind allerdings in Lombrosa nicht gern gesehen. Gerüchten zufolge ist Professor Caspar Stolzius noch heute am Leben.

Zeitgenössische Schriftsteller. Von Cărtărescu zu Codrescu

Cărtărescu im Zeichen des Rauschgiftes

Die achtziger Jahre bedeuten die letzte Phase des kommunistischen Regimes in Rumänien. Damals versetzten manche rumänischen Schriftsteller ihre literarischen Themen in eine Zeit, die ähnliche Züge zu haben schien: Die letzten fünfzig Jahre der Phanariotenzeit. Despotisches Regime, Dekadenz, Immoralität und Korruption am Ende des 18. und zu Beginn des 19. Jahrhunderts schienen den gesellschaftlich-politischen Gegebenheiten des letzten Jahrzehnts der kommunistischen Diktatur zu ähneln. Dieser Kunstgriff war eine Art Ausbruch und Subversion, die man in unterschiedlichem Ausmaß bei den Schriftstellern findet. Da es sich um die Phanariotenzeit handelte, haben fast alle erwähnten Schriftsteller verschiedene Formen der Einnahme von Rauschgiften und Halluzinogenen in ihre Romane eingebaut. Ich habe absichtlich drei Beispiele ausgewählt, die sich untereinander stark unterscheiden. Eugen Barbu *Săptămâna nebunilor* ([Die Woche der Verrückten], 1981), Silviu Angelescu

Calpuzanii ([Die Fälscher], 1987) und Mircea Cărtărescu mit dem epischen Gedicht *Levantul* ([Das Morgenland], geschrieben 1987, veröffentlicht 1990). *Săptămâna nebunilor* bietet das übliche Bild der phanariotischen Bojaren in der Zeit der Philiki Etaireia: Man trank ununterbrochen „cahvea", man rauchte „Tabak aus Ioannina" oder „süßen Tabak aus Stambul" aus „Ciubucs aus Holz". Man nahm „Afion" und kaute „manche Blätter", um die Unruhe zu vertreiben. Aber man nahm auch „feine Gifte", die man für viel Geld beim Apotheker bekam und die man in „Pokalen" und „kleinen Flacons" aufbewahrte: „Pulver" und „Äther", die ein „Gefühl des Schwebens, des Friedens und des Träumens verursachen" (BARBU 1985).

Auch in Silviu Angelescus Roman *Calpuzanii* – einer fiktiven Chronik der Zeit unter Nicolae Mavrogheni (1786–1790) – raucht man Ciubuc und trinkt „Afion" in Kaffee (ANGELESCU 1987).

In Mircea Cărtărescus *Levantul* rauchen die Derwische „zu Beginn des neunzehnten Jahrhunderts" Haschisch. Die griechischen Türken und die Moldo-Walachen trinken Wein, der „ihnen sofort zu Kopf steigt" und rauchen Tabak vermischt mit Opium. Der Rauch aus den Wasserpfeifen verursacht „Träume des Großwerdens" in „phantasmagorischen Ländern", wo „die Lust das Gesetz bestimmt":

Sie schwieg und schaute den Rauch an, der wie Blumen stieg zur Decke,
Wie in Träumen übers Wachsen in den unnützen Gedanken,
Wie ein Flüstern über Liebe in den Ohren des Eunuchs:
Es ist der Tabak in der Wasserpfeife, gestopft bis zum Rand.
Er ist kleingeschnitten, getrocknet von den Jungfrauen der Neuen Welt,
Angereichert dann mit Opium und mit Nelke parfümiert,
Und sein goldener Rauch wird Duft,
bewahrt im Tiefen der Wasserpfeife aus Aprikosen.
Metzger oder Totengräber, wenn du rauchst, dann bist du König
In einem phantastischen Reich und deine Laune ist Gesetz,
Du gewinnst den Thron im Himmel,
Und mit der Königin von Saba verschlungen liegst du im Bett
Und du opferst ihr Elefanten, bist der Herr über das Meer
Und im Stolz kannst du dich messen mit Lixandru Machedon.[72]

(CĂRTĂRESCU 1998: 155; m.Ü.)

---

72 Alexander der Große.

Mircea Cărtărescu schrieb das vielleicht schönste Gedicht der rumänischen Literatur: *Opiumtraum* (in Anlehnung an Macedonski). „Es ist auch ein Loblied an das Rauchen, geschrieben von einem Nichtraucher", sagte mir Cărtărescu einmal.

Das Rauschgift (Opium) wird als geheimnisvolle Lösung präsentiert, das alle Träume in Realität verwandelt, auch die außergewöhnlichsten erotischen Phantasien: „Mit Königin Saba liegst du im Bett". In einem autobiographischen Text mit dem Titel *Bacoviană* [Die Bacovianische] beschreibt er eine persönliche Erfahrung, bei der er sich wahrscheinlich unfreiwillig mit psychedelischen Pilzen vergiftete. Es handelte sich um eine erotische Halluzination – nicht gleich mit der Königin von Saba, aber mit der Prinzessin Cantacuzino.

Der Schriftsteller befand sich im Herbst des Jahres 1984 in Tescani (neben Bacău), im ehemaligen Bojarenhaus Marucă Cantacuzinos (das der Familie Rosetti-Tescanu gehört). Hungrig hatte er am Abend eine große Portion Pilze gegessen. Es war ein Auflauf mit verschiedenen nicht identifizierbaren Pilzen, die in einer „braunen Soße schwammen".

In der darauffolgenden Nacht erlebte der Autor eine träumerisch-erotische, außerkörperliche und übersinnliche Erfahrung. Er sah sich selbst in den winzigsten und genausten Details Sex haben mit der Prinzessin Cantacuzino. Er erkannte sie am nächsten Tag auf einem Gemälde an der Wand des Bojarenhauses. In der Regel treten bei dem Versuch, jemandem diese Art von Situationen zu beschreiben, ernsthafte Sprachprobleme auf: „Ich erwachte am nächsten Morgen mit einer intensiven, klaren Erinnerung von etwas, das ich nicht geträumt hatte, sondern eher erlebt, aber auch nicht wirklich erlebt – etwas, für das ich keine Sprache hatte und nicht mal Gefühle, etwas, das ich vielleicht direkt mit dem Gehirn gesehen hatte". Ein Szenario, das wirkt, als sei es Eliades phantastischer Prosa entnommen aus *Domnișoara Christina* [Fräulein Christine], zum Beispiel.

Cărtărescus Idee, es könnte sich um eine Pilzvergiftung handeln, ist plausibel. Andrei Pleșu stellte einmal fest, als er über die Pilze sprach, die in den Wäldern um Tescani wachsen, dass die giftigsten sichtbarer, schöner und spektakulärer seien. „Im Wald, zwischen trockenen Blättern unter den Bäumen – eine Menge großer Pilze mit weitem Hut und voller konzentrisch angeordneter Punkte. […] Sie sind mit Sicherheit giftig. Im Unterschied zu den essbaren, sieht man sie von weitem, aufrecht, anziehend, fast imposant. Wie viele mögliche Stufen des Kommentars können aus dem Dampf ihres Giftes kommen?"

„Der Skandal des Giftes wird verhüllt durch die Schönheit der Präsentation", schlussfolgert Pleșu (PLEȘU 2003: 67–70). Als ich mit Andrei Pleșu über diese Seiten im *Jurnalul de la Tescani* [Tagebuch von Tescani] sprach, bestätigte er mir, dass es sich um Fliegenpilze handelte.

Die Pilze in Cărtărescus Auflauf, so sagte man ihm, „sammelten Kinder im Wald und verkauften sie am Straßenrand". Es reichte, dass die Kleinen sich nur bei einem Pilz getäuscht hatten, um eine aphrodisierende, betäubende Wirkung zu erreichen.

Auch Cărtărescu verband seine Erfahrung mit denen der nordasiatischen Schamanen: „Ich fragte mich, ob die phantastische [erotische] Halluzination nicht durch ein Alkaloid aus den Pilzen ausgelöst worden war, wenn es kein künstlicher Traum war, wie solche, die durch psychedelische Drogen ausgelöst werden. In der Tundra essen die Bauern Fliegenpilze, dann trinken sie gegenseitig ihren Urin, damit kein Tropfen der Droge verlorengeht" (CĂRTĂRESCU 2010: 287–293).

Weitere denkwürdige Seiten schrieb Cărtărescu in der romanesken Triologie *Orbitor* [Die Wissenden] In *Orbitor. Aripa stângă* (1996) zum Beispiel gerät die ganze Gemeinde eines kleinen Dorfes in den Rhodopen in das „Jahr des Mohnes". Eine Blume, die „Träume verursacht, die Säuglinge zum Schweigen und die ganze Nacht zum Schlafen bringt, die die Pupillen der Weiber erweitert und macht, dass sie sich paaren wollen".

Sie hatten ein Säckchen mit Mohnsamen von Zigeunern erhalten, die auf dem Balkan umherzogen. Das ist ein Bild, das auch Gabriel García Márquez in seinem Roman *Hundert Jahre Einsamkeit* verwendet. Diejenigen, die eigenartige Dinge nach Macondo brachten (Magneten, Lupe, Eis etc.), waren auch nomadische Zigeuner.

In Cărtărescus Roman wird das verzauberte Opiumpulver, das sie „Zigeunersamen" nennen, gegessen (als Brei), getrunken (in Wein oder Rachiu) und geraucht.

[Die Weiber] buken Kuchen und türkische Pasteten und streuten zwischen die Zutaten, Konfitüren, Honig und Pomeranzenschalen, etwas von dem Zauberpulver. Sie taten davon auch in den Wein und Birnenschnaps, in die Milch für die Polenta und in das Maisstroh, aus dem sie sich Zigaretten drehten. Das ganze Dorf versammelte sich zu einem unvergesslichen Frondienst, als wäre es tiefer Winter gewesen, sie feierten und er-

zählten sich lustige Geschichten, bis die Mohndämpfe ihnen zu Kopf stiegen und allesamt, von den Grünschnäbeln bis zu den Großvätern, einer seltsamen Sinnestäuschung zum Opfer fielen (CĂRTĂRESCU 2007: 57).

Abb. 30: Mircea Cărtărescu. Photo: Cosmin Bumbuț, 2003.

Es kommt zu einem halluzinatorischen und aphrodisierenden Fieber durch „die Milch der Heiligen", die aus den Mohnkapseln gewonnen. Die narkotisch-erotische Epidemie erfasste die ganze Gemeinde und hielt den ganzen Sommer an:

Und alle, Jünglinge wie Jungfrauen, Familienväter und ihre Frauen, warfen Pelzjacken und Hemden ab und vereinigten sich blindlings zuhauf, mitten unter Kindern und Hunden, die Mutter mit dem Sohn, der Vater mit der Tochter, der Bruder mit der Schwester, und so trieben sie es, die Pupillen geweitet zur Größe der Iris, klaren, eisigen Schweiß im Gesicht, bis sich der Herbst ankündigte, milde zunächst wie Traubensaft, später dann herb wie Rotwein. Feuer und Roströte überzog die Hügel, während das Dorf langsam verfiel und die Rinder vor Hunger brüllten" (Cărtărescu 2007: 57).

Die vom Opium ausgelöste erotische Krankheit führte dazu, dass die bogumilischen Dorfbewohner alle Totenrituale vergaßen. Es kommt zu einer Horrorszene, in der die Toten aus den Gräbern steigen (wie in Macedonskis *Răsmelița morților* [Der Aufstand der Toten], 1895) und die Gemeinschaft verringern. Die Überlebenden vom Volk der Badislaven flüchten in den Norden, überqueren die vereiste Donau in der Walachei und gründen das Dorf Tântava, irgendwo zwischen den Flüssen Argeș und Sabar. Das sollen die mütterlichen quasi-mythischen Urahnen des Schriftstellers sein.

Rauschgift taucht in Cărtărescus Texten relativ häufig auf. Zu Beginn des Jahres 1996, in der Zeit, als er für *Orbitor* recherchierte, schrieb er minutiös, wahrscheinlich aus Fachliteratur, die Wirkungen verschiedener Rauschgifte in sein Tagebuch: Ketamin, Atropin, Amphetamin, LSD. „Für O[rbitor]: Das Gefühl, sich vom Körper zu lösen, wird von manchen dissoziativen Analgetika wie Ketaminen ausgelöst. Die Illusion zu fliegen – Atropin und andere Alkaloide der Belladonna. Sehr lebhafte Erinnerungen an *die erste Kindheit*: MDA (2,4 Methylendioxy-N-Amphetamin). DMT (N, N–Dimethyltryptamin) verursacht Mikropsie und Makropsie. LSD (Lysergsäurediethylamid) führt zur Identifikation mit dem Universum" (CĂRTĂRESCU 2001: 426–427).

In *Orbitor. Aripa dreaptă* [Rechter Flügel] (2007) erlebt Mircișor, der kindliche Erzähler, etwas Traumhaftes: Eine Initiationsreise ins Jenseits. Cărtărescu übernimmt ein paar bekannte mythische Motive, die in traditionellen Märchen vorkommen: der Weg zu den „Glasbergen", wo die Zeit nicht vergeht und wo sich „das Reich der Schlangen" befindet, und der Held vom „König der Schlangen" verschlungen wird, der „zehn Mal stärker" daraus hervorgeht. In der Regel fällt der Held in einen lethargischen Schlaf, wenn er sich dem Jenseits nähert. Ich habe mich an anderer Stelle mit diesem mythischen Motiv befasst (OIȘTEANU 2004: 20–42). In manchen rumänischen Volksmärchen schlafen die Helden ein, wenn sie das „Schlaffeld" überqueren, und in einem Kultmärchen (Frank Baum, *Der Zauberer von Oz*, 1900) verfallen die Helden im „Feld des tödlichen Mohns" vor dem Schloss des Zauberers in Lethargie.

Aus Belesenheit oder Intuition (beide sind lobenswert) verwendet Cărtărescu dieses epische Motiv der traumbringenden Blumen, das er bereits im zweiten Band des Romanes ankündigt. Sehr wahrscheinlich war es die Belesenheit des Autors, die eine Rolle spielte, denn er las (wahrscheinlich aufs Neue) im Dezember 1991 das Buch des berühmten Anthropologen Wladimir Propp *Die historischen Wurzeln des Zaubermärchens* (PROPP 1987: 153).

Im Übrigen gibt es in der rumänischen Volkslyrik eine Pflanze, die „wächst und blüht" („und Seelen anzieht") am Eingang zum Jenseits, also nicht nur „an den Toren zum Paradies", sondern auch an denen zur Hölle. „Aber die Blume des Mohns/Steht vor dem Tor zur Hölle" (MARIAN 2000: 77). In der Regel ist neben der *Apa Sâmbetei* [Samstagwasser] der Weg zu den Toren der Hölle

„mit ‚der Blume der Hölle', dem Mohn gekennzeichnet" (VULCĂNESCU 1985: 456).

Was Frank Baum nur erahnen lässt, schöpft Cărtărescu bis zum Maximum aus. Der lethargische Schlaf wird zur psychedelischen und synästhetischen Narkose:

> *Die Allee war voll dunkelrotem Mohn, Haschischmohn, berauschend und so giftig riechend, dass die Vögel nicht darüber hinweg flogen. Ich ging ins Tal, drang bis zum Bauch darin ein, dann bis zur Brust, in die fleischigen Blumen, drückte mit den Fingern die Milch aus den Kapseln, die groß waren, wie Kinderköpfe. [...] Ich schlürfte das Endomorphin, das aus diesen Köpfen tropfte, ich lächelte wie ein Buddha mit den Lippen, die Augen zum Inneren des Vergnügens gedreht. Und plötzlich explodierten die Farben und die Gerüche wurden schmerzhaft wie Säbel* (CĂRTĂRESCU 2007b: 303).

Zum Thema des letzten Satzes über literarische und wissenschaftliche Aspekte der Synästhesie, die ausgelöst wird durch psychedelische Substanzen und Techniken (bei Baudelaire, Rimbaud, Poe Macedonski, Michaux, Ginsberg, Naum etc.), mehr in Kapitel 8 des vorliegenden Buches, im Unterkapitel „Audition colorée".

Am Ende des „Tals des Vergessens" wuchs „Mohn wie Bäume, und nach dem „Mohnwald" wuchsen große fleischfressende Pflanzen und riesige Fliegenpilze, die „giftige Dämpfe" ausstießen. Aus den „Gehirnen der Eingeschlafenen wurde das „Wasser des Lebens" gesogen, das in „goldenen Kelchen" aufbewahrt wurde: „Ambrosia und Nektar, Met und Mescalin, Opium und Enkephalin, die dir die Augen der Seele öffneten, als würdest du bei Gott zu Tisch sitzen. Es war so viel Glück in mir, dass meine Haut platzte und die Knochen brachen und mit einem gelbflammigen Schrei brach ich plötzlich frei wie ein Vogel auf in die Welt". Nach dieser Ekstase folgt für den Helden natürlich der „Fall aus dem Paradies" und die Rückkehr in „die diesseitige Welt". Ein Weg (*katabasis*), der zwangsläufig durch das „Tal des Erinnerns" führt" (CĂRTĂRESCU 2007b: 497–501).

Was den falschen Ausdruck betrifft („Mohn des Haschisch"): es ist nicht das erste Mal, dass Cărtărescu Opium und Haschisch verwechselt. In einem Erinnerungstext beschreibt er zum Beispiel das Dorf Chirnogi an der Donau, wie er es im Sommer des Jahres 1972 erlebt hatte: „Das Haus des Ingenieurs war traditionell gebaut, mit gedecktem Flurgang und Schindeldach, und es war umgeben von einem Hof, in dem, die größten Mohnpflanzen wuchsen, die ich jemals gesehen hatte, sie gingen bis zur Brust und hatten dunkelrote Blüten und Kapseln so groß wie Äpfel. Ich bin überzeugt, dass man daraus Unmengen von Haschisch gewinnen könnte" (CĂRTĂRESCU 2003: 9). Solche Verwechslungen tauchen auch andernorts auf. B.P. Hasdeu schrieb zum Beispiel in *Etymologicum Magnum Romaniae* (1886–1895), „orientalische Präparate [aus Afion], darunter auch das berühmte ‚Haschisch', sind die bekanntesten" (HASDEU 1972: 324–325). Al. Hodoș verrät Baudelaire in der Übersetzung des Gedichtes *Le Poison* (1857), indem er ungerechtfertigt Opium („L'opium agrandit ce qui n'a pas de bornes") durch Haschisch ersetzt: „Hașișul prelungește nemărginitul spațiu" [Haschisch vergrößert den unbegrenzten Raum] (FĂTU-TUTOVEANU 2010: 161).

LSD und „Luft mit Diamanten"

In seinen ersten Gedichten Anfang der achtziger Jahre war für Mircea Cărtărescu Liebe häufig verbunden mit dem Ort „Halucinaria" („Halluzination mit ihrem Ski-Anzug"), mit ständigem Alkohol- oder Alkaloidkonsum oder anderen Aufputsch- oder Beruhigungsmitteln: „Ja, ich liebe dich, ja, ich bin verrückt!/mich hat auch der Herr erwischt, wie ich Tabak rauche" (*Ecou de romanță* [Echo einer Romanze]); „Zerstöre mein Leben, verwüste meine Gedanken, verdirb mich, alkoholisiere meine Niere, bringe Schande und Wahnsinn über mich" (*Acum te cunosc* [Jetzt kenne ich dich]); „Die Apotheken sind voll von Leuten aller Art, die an der Kasse anstatt Salben und Diazepam zum Spass Glück verlangen" (*Visul meu familiar* [Mein vertrauter Wunsch]); „Steck Amphitamine in mein Fleisch, Beryllium, Türkis/[…] öffne mir das Herz und tanze!" (*Be-bop baby*); „Du warst eine Mischung, die schwebte auf freiem Gebiet,/aus Barbituraten, Prismen und Zellofanen (*Be-bop baby*). Nach ein paar Jahren wird sich der „ehemalige Dichter" an diese Periode erinnern, als er „Gedichte in seine Schreibmaschine schlug":

Ich quälte mich früher, meine Verse voller Bilder aufzuschreiben
Ihnen Kohärenz zu geben, sie zu ordnen, sie zu symmetrisieren
Früher explodierten meine Lippen, Wangen und Zähne
Von so vielen Drogen, so vielen Halluzinationen.
(Wenn es schneit, wenn es schneit und schneit) (CĂRTĂRESCU 2010).

Für Mircea Cărtărescu hat „Lust auch irrationale Aufgaben", eine „in ihrem Kern barocke" Herangehensweise, kommentiert Traian T. Coşovei, ein Kollege der literarischen Generation der achtziger Jahre. Er kennt Cărtărescus Zustände und Visionen und meint, er sei wie „unter der Wirkung von Atropin". Und damit kein Zweifel entsteht, fügt Traian T. Coşovei gelehrt hinzu: „Vergessen wir nicht, dass [Atropin] das gleiche ist wie Belladonna, die Zauber verleiht" (COŞOVEI 2008: 192). Zusammen mit Cărtărescus Figuren „fühle ich enorm und sehe monstruös". Sie haben „Haschischvisionen" oder „verschwommene Augen, mit erweiterter Pupille wie von der Belladonna" oder nehmen „illegal" Alraunensaft.

„Können wir ohne Drogen leben?", fragt sich Bogdan Ghiu, ebenfalls Dichter der Generation der achtziger Jahre. Die Frage ist in gewisser Weise rhetorisch, denn sie beantwortet sich von selbst: „Wir nehmen ohnehin Drogen, wissentlich, unwissentlich, ob wir es zugeben wollen oder nicht (jeder seine Droge) […]. *Was nimmst Du? Alle, jeder nimmt etwas*". Bogdan Ghiu nimmt Tabak und Alkohol in verschiedenen Phasen, zu verschiedenen Zwecken. „Wir nehmen Drogen vorher, um bis zu dieser minimalen Schwelle zu kommen (das sind anregende Drogen, wie es für mich Tabak war), und wir nehmen Drogen danach, um uns zu entspannen, zu entkommen (,rekreative' Drogen, wie es bei mir der Akohol war)."

Wie auch andere Schriftsteller (Cioran zum Beispiel, bis zu einem gewissen Punkt), kann Bogdan Ghiu nicht schreiben, ohne zu rauchen. Ein schlimmer Zustand der Abhängigkeit:

Ich wusste, dass ich nicht arbeiten werde, ohne zu rauchen. Mein ganzes Ewachsenenleben hatte ich mit Spass, rauchend, *gearbeitet. Das Vergnügen an den Dingen entstand oft als* Vergnügen zu rauchen. *Man kann es nicht verbieten und es ist anthropologisch und makroökonomisch unmöglich. Man kann nicht von dir verlangen,* etwas zu produzieren, *wenn du nicht, im Ausgleich,* etwas konsumierst, opferst, ,hingibst', sinnlos ,verbrennst'(dich selbst, zum Beispiel: Rauchen und Drogen sind gefährlich, natürlich töten sie, denn* wir rauchen uns, wir opfern uns selbst, wir nehmen uns selbst als Droge, aus uns selbst, *und verwandeln uns in diesem indirekten Selbstkonsum in ein ,Elixier', einen Selbstimpfstoff').*

1982 veröffentlichten vier Dichter der Generation der achtziger Jahre (Mircea Cărtărescu,Traian T. Coşovei, Florin Iaru und Ion Stratan) beim Verlag Litera einen gemeinsamen Gedichtband mit dem Titel *Aer cu diamante* [Luft mit Diamanten] nach einem gleichnamigen Gedicht von Florin Iaru (CĂRTĂRESCU, COȘOVEI, IARU & STRATAN 1982). Kenner (nicht aber die Zensoren des Rates der Kultur und Sozialistischen Bildung) erkannten den Verweis auf das psychedelische Lied der Beatles *Lucy in the Sky with Dimonds*, das John Lennon 1967 komponiert hatte. Die Anfangsbuchstaben bildeten den Namen der psychedelischen Droge LSD.

Florin Iaru bestätigte mir die Verbindung des Titels mit dem Lied der Beatles. Sie ist aber auch in Texten von Cărtărescu zu „psychedelischen Gedichten" der Dichter der achtziger Jahre zu erkennen: „Denn wir alle, Coșovei, Iaru, Stratan und ich, die *Aer cu diamante* herausgaben, hielten uns für wiedergeborene Beatles, deren Musik und Geschichte wir auswendig kannten. [...] wir waren vier wie die Vier in Liverpool, wir waren psychedelisch wie sie, wir hielten uns für berühmt, und in manchen Medien waren wir es sogar" (CĂRTĂRESCU 2010: 149–150). Nur, dass ihr geheimnisvolles Gefährt kein gelbes U-Boot war, sondern eine schwarze Lokomotive.

Abb. 31: Ion Stratan, Mircea Cărtărescu, Traian T. Coșovei und Florin Iaru, 1982. Photo: Tudor Jebeleanu. Coverbild des Buches *Aer cu diamante* [Luft mit Diamanten].

Ideen und manchmal auch Stilmittel der Beat- und Hippie-Bewegung findet man bei den Dichtern der achtziger Generation.

In einem Interview von 2010 sagt Cărtărescu:

So sehr es heute ein Klischee zu sein scheint, die Poesie der achtziger Jahre hätte es ohne den Einfluss der modernen amerikanischen Poesie nicht gegeben. Solange ich von 1976 bis 1980 an der Universität war, erschienen verschiedene Anthologien mit amerikanischer Poesie sowie einzelne Bände großer Dichter. [...] Ich las Cummings, Ferlinghetti, Allen Ginsberg, Kenneth Koch, William Carlos Williams ... [...] Ich entdeckte überrascht einen großen poetischen Kontinent, über den ich nicht viel gewusst hatte. Ohne [das Gedicht] Howl von Ginsberg ist das ‚Standardmodell‘ des Gedichts der achtziger Jahre undenkbar: lang, visionär, schnell, mit epischer Struktur. Nach 1990 beeinflusste mich vor allem (neben den Texten mancher Lieder von John Lennon oder Bob Dylan) Frank O'Hara mit seinen Gedichten in zwei Strängen, die miteinander verwoben, verwirbelt, chaotisch wie das Leben selbst" waren (CĂRTĂRESCU 2010b).

Der Dichter der Beat-Bewegung mit großem Einfluss war Allen Ginsberg – „Vater dreier Generationen amerikanischer Rebellen", wie Andrei Codrescu ihn bezeichnete (CODRESCU 2008: 63).

Ginsberg (1926–1997) spielte eine Brückenrolle zwischen der Beat- und der Hippie-Bewegung und verband William S. Burroughs, Jack Kerouac, Ken Kesey („ich war zu jung, um der Beat-Bewegung anzugehören und zu alt, um Hippie zu sein", sagte Kesey im Alter, 1999), Timothy Leary, Rod McKuen, Bob Dylan, The Beatles u.a. Ginsberg verband auch die historische Avantgarde mit der Literatur der Beat-Bewegung, auch in Hinblick auf poetische Inspiration durch Rauschgift. „Die Verbindung zwischen der Beat-Bewegung und dem europäischen Dadaismus, schreibt der New Yorker Dichter Valery Oisteanu, war mehr als tangential. Die Dadaisten verwendeten bereits seit Jahrzehnten den Gedankenfluss, die Technik, Wörter zu zerstören, kreative Psychosen und Inspiration durch Drogen" (OISTEANU 2009: 229).

Kaffee für den Geist, das Herz und die Literatur

Aus seinem Tagebuch geht hervor, dass Mircea Cărtărescu ein starker Kaffeetrinker war. Kaffee, vor allem Nescafé, wurde für ihn zu einem notwendigen, obligatorischen Aufputschmittel, ohne dass er nicht mehr leben, denken und vor allem schreiben konnte. Ein paar Auszüge aus seinem Tagebuch der ersten Hälfte der neunziger Jahre sind relevant:

Ich bin totmüde [...]. Ich sollte einen Kaffee trinken, dann ist es vielleicht erträglicher (18. Mai 1990); *Ich schreibe wieder an Lulu [= der Roman Travestien], dreiundreißig Seiten bis jetzt und ich werde ihn beenden (ich habe Nescafé)* (9. Juni 1990); *Ich habe zu viel Kaffee getrunken, das ist klar, aber jetzt höre ich auf mit Kaffee, ich werde nicht wach, ich lebe wie in einem Traum, in dem sich Frustrationen, leichte Traurigkeit, Dummheiten, eine Müdigkeit im ganzen Körper ausbreitet, aber vor allem im Herzen und den Schenkeln, ein kleiner See am miserabelsten Grad der Existenz* (11. April 1992); *Mein physischer Zustand war diesen Monat miserabel. Der fehlende Kaffee war ein Desaster* (11. Mai 1994); *Umso mehr ich den löslichen Kaffee trinke, umso mehr scheinen die Dinge zu schweigen. Und machen Dinge, für die man einen Begriff konstruieren müsste. Und entleeren sich von der Substanz, also gleichzeitig Wolle, Holz, Farbe etc. Aber auch vom Sinn, ihrer Ordnung in meiner inneren Hierarchie. Es bleiben spektrale Hüllen, einer anderen Existenz, die nicht vergangen ist, sondern parallel verläuft, unmöglich zu assimilieren. Erschreckend ist, dass sie dennoch den realen weiterhin ähneln [...]* (29. Jun 1994);

Ich schlafe vor mich hin, weder Kaffee noch etwas anderes kann mich wecken. Ich spüre, dass ich nicht arbeiten kann, denn ich kann gerade noch atmen (12. Juli 1994);

Ich ertrage es nicht, Kaffee zu trinken, so dass mangels Stimulant mein Gehirn sich langsam zersetzt. Ich kann es nicht ändern, ich hoffe nicht mehr darauf, jemals noch etwas tun zu können (18. September 1994);

Ein Filterkaffee, aber stark wie ein Espresso, hat bei mir heute zu einer Fiebrigkeit geführt, wie ich sie lange nicht mehr gespürt habe. Ich habe mich wieder an die armen Travestien gemacht und habe wieder die Hälfte davon gelesen, rohes Fleisch, wie ein Tier (20. September 1994); *Ich denke, ich kaufe mir Nescafé und setze mich ernsthaft an die Arbeit* (23. Oktober 1994); *Ich trinke keinen Kaffee mehr und das löst bei mir Verblüffung aus* (8. Februar 1995); *Ich schreibe an O[rbitor], sechs Seiten in zwei Tagen, aber ich habe die Kontrolle verloren, wenn ich sie jemals hatte. Ich habe einen Nescafé getrunken, der sehr gut scheint, aber wer weiß. Ich hoffe, er lässt meine Leber in Ruhe, aber nicht mein Gehirn* (20.

März 1995); *Gläserner, durch Kaffee ein wenig verwirrter Geist* (16. April 1995); *Heute Nacht [im Traum]: Cri hatte mir einen unerträglich starken Kaffee gemacht, er hatte 250 Gramm [löslichen] Kaffee genommen für eine einzige Tasse. Daraus schließe ich, dass er einen besondern, fiebrigen Geisteszustand gehabt haben muss, eine Gehirnerschütterung. Ich erinnere mich jedoch an kein Gefühl, sondern nur an meine Empörung bei dem Gedanken, dass ich einen im Grunde vergifteten Kaffee getrunken hatte* (13. Juni 1995);

Ich trinke seit ungefähr zehn Tagen keinen Kaffee. Ich habe in der Zeit auch geschrieben, aber kraftlos (20. August 1995); *Weder Kaffee, noch Lecithin (ich habe ein ganzes Fläschchen genommen) haben eine Wirkung auf mein Gehirn* (16. Oktober 1995) (CĂRTĂRESCU 2001).

Der übermäßige Genuss löslichen Kaffees löst bei Cărtărescu psychische Störungen aus, die so ähnlich sind wie von Rauschmitteln ausgelöste:

Zu viel Aufputschmittel hat mich heute nervös, unruhig gemacht, unfähig still zu sitzen. Unter diesen Bedingungen wird die Persönlichkeitsspaltung so klar, dass man sie selbst wie eine schizoide Entfremdung empfindet, gespaltene Persönlichkeitsspaltung und so weiter, bis zu einem Paroxismus der Hellsichtigkeit. Ich spreche, arbeite, lache, spiele ohne wirklich da zu sein. Das macht mir keine Angst, es ist angenehm und einfach, als würde man eine Marionette bewegen. Beängstigend ist, dass ich, wenn ich dort nicht bin, nicht weiß, wo ich bin. Es scheint, dass ich nirgends bin. Und jetzt, wenn ich hier schreibe (genauso weit weg), spüre ich mein Gehirn vollkommen gelöst vom Schädel, der es beherbergt, total entfremdet und in einem Zustand der (hohen oder tiefen) Ratlosigkeit. Ich bin, abgelöst vom Schädel meines Zimmers, voll von einem leichten, gläsernen, kaffeefarbenen Getränk ... (Hellsichtigkeit: Ratlosigkeit, wie bei Bob Dylan) (5. Februar 1994) (CĂRTĂRESCU 2001: 308).

Es handelt sich offensichtlich um eine Überempfindlichkeit auf Kaffee bei Cărtărescu. Die gibt es nicht häufig, es ist aber auch kein Einzelfall. Homöopathische Ärzte sprechen schon seit Ende des 18. Jahrhunderts über die besonderen Effekte des Kaffees auf diejenigen, die nicht gewöhnt sind, Kaffee zu trinken. Bereits 1850 sagte das Honigberger, der selbst Anhänger war von Samuel

Hahnemann, dem Begründer der Homöopathie: „Die Anhänger Hahnemanns meinen im vollen Ernste, daß der Kaffee und der Thee ganz eigenthümlich auf das Nervensystem einwirke, und erklären beide für gute und zuverlässige Heilmittel, die aber nur bei solchen, welche nicht daran gewöhnt sind, ihre Wirksamkeit äußern" (HONIGBERGER 1853: 6).

Die Überempfindlichkeit gegen Kaffee könnte durch eine „Rauschmittelkette" erklärt werden: Die schwächere exogene Droge (*Koffeein*) löst den Ausstoß einer stärkeren endogenen Droge aus (*Endorphin*). So fühlt sich Cărtărescu „wie unter dem Einfluss einer starken Droge". Es kommt vor, dass er, nachdem er „nur einen Kaffee" getrunken hat, sich „viel größer fühlt" (Makropsie wie in Eliades *Un om mare*), mit „komplett verwirrtem Kopf", und dass er in der Brust „ein starkes, unbestimmtes Glücksgefühl" hat. „Die Wahrheit ist, dass ich mich fühlte, als hätte ich Drogen genommen", schreibt Cărtărescu in sein Tagebuch. „Ich glaube, so fühlen sich die, die Pillen mit Amphetaminen nehmen" (7. Oktober 1995). Und ein paar Monate später: „Ich war den ganzen Tag lang benebelt und konfus und so deprimiert, als hätte ich wer weiß was für eine Droge gleichzeitig mit Kaffee getrunken. [...] Ja, ich fühlte mich wie unter einer starken Droge. Mehrmals habe ich mich gefragt, ‚was ist mit mir?'" (19. März 1996). Und noch ein paar Monate später: „Gestern Abend habe ich mich mit Kaffee und Schokolade berauscht bis zu diesem Gefühl der völligen Auflösung der Nerven, wie eine Spinnennetz um mich herum; nichts war unmöglich [...]. Ich war die Kraft selbst. Vielleicht könnte ich dann, in einem solchen Zustand *Orbitor* wieder anfangen, denn *Orbitor ist* eine Droge, er *ist* dieser Zustand" (29. Dezember 1996) (CĂRTĂRESCU 2001: 413, 433, 469).

Heute (im August 2009), scheint die Beziehung Cărtărescus zu Kaffee nur noch eine „symbolische" zu sein. Er antwortete bei einer literarischen Umfrage auf die Frage „Welche Stimulanzien verwenden sie beim Schreiben?": „Ich schreibe in der symbolischen Gegenwart des Kaffees" (CĂRTĂRESCU 2009).

Von April bis Juni 2008 veröffentlichte ich in der Zeitschrift *22* eine Reihe mit dem Titel „Rumänische Schriftsteller und Rauschgift" (OIȘTEANU 2008). Am 15. Mai 2008, nach dem Erscheinen des dritten Artikels, schrieb mir Cărtărescu per E-Mail folgende Nachricht:

Lieber Andrei,

was du [in der Zeitschrift 22] machst, scheint mir sehr wichtig zu sein und ich sehe nicht, warum jemand darüber die Nase rümpfen sollte. Ich werde deine Reihe mit Begierde verfolgen. Ich habe immer unter dem Einfluss von Stimulanzien geschrieben (wie sonst?), und eines Tages werde ich darüber sprechen.

Mircea

Natürlich weckte der letzte Satz mein Interesse und ich bat ihn, das näher zu erklären. Am Ende schrieb er im Februar 2009 einen Text mit dem Titel „Epoca nesului" [Die Zeit des Nes], in dem er über seine Kaffeesucht spricht. Obwohl es ein relativ kurzer Text ist, ist er nach allen Regeln der Weltliteratur geschrieben. Strukturell kann er vielleicht mit den Bekenntnissen eine Thomas De Quincey (die Cărtărescu nicht gefallen haben), verglichen werden, auch wenn es sich nicht um „edle" Drogen handelt sondern um ihre „arme Verwandschaft".

Die Mehrzahl der Etappen einer solchen Erfahrung wird in Cărtărescus Stil beschrieben: Das Treffen mit „Sündern", der erste Kontakt mit dem anregenden Trank, das Beschaffen des Stoffes, das Ritual der Zubereitung und der Einnahme, die erlebten Zustände und Experimente, die Gewöhnung an das Laster, die Abhängigkeit, die akute Vergiftung, psychoneurotische Störungen, Entgiftung, Entzug, Heraustreten aus der Grotte, Heilung.

Ein weiterer Kaffeesüchtiger der heutigen rumänischen Literatur ist Emil Brumaru. Ein „Kaffeebettler" (wie er seine Kolumne in der *România literară* [Literarisches Rumänien] nannte), der in seiner Jugend mit Melancholie über „die gut schmeckenden Mohnkapseln" (*Strămoşească* [Urahnin], 1970) schrieb. Wie andere kaffeesüchtige Schriftsteller kann Brumaru nicht schreiben, ohne das schwarze Getränk zu sich zu nehmen. Als der Arzt ihn dazu zwingt, die tägliche Menge Kaffee zu verringern, sagt Brumaru direkt: „Ohne Kaffee werde ich nicht richtig wach, kann nicht schreiben, nichts schaffen, es gelingt mir nichts, kann ich nichts tun." So scheiterten alle Versuche, auf Kaffee ganz zu verzichten oder entkoffeinierten Kaffee zu trinken („er schmeckte abscheulich") kläglich. Im Januar 2009 erklärt Brumaru: „Ja, ich bin kaffeesüchtig und meine Versuche, auf dieses Produkt zu verzichten, erwiesen sich als große Misserfolge. Selbst, wenn mir jemand sagen würde, ich solle keinen Kaffee mehr trinken, weil ich sonst sterbe, würde ich ein–zwei Tage keinen trinken, bis ich vergessen würde, dass ich sterben kann, und wieder damit anfangen würde" (CHIȚU 2009).

Der kaffeesüchtige Franzose Bernard le Bovier de Fontenelle erwiderte denen, die ihn darauf hinwiesen, dass Kaffee nicht anregend, sondern giftig sei mit den Worten: „Wenn es ein Gift ist, dann eines, das sehr langsam wirkt". Fontenelle lebte tatsächlich einhundert Jahre, von 1657 bis 1757.

Auch Honoré de Balzac trank sehr viel Kaffee am Arbeitsplatz (zehn-zwanzig Tassen am Tag!) und schrieb über Kaffee: «le café met en mouvement le sang, en fait jaillir les esprits moteurs; excitation qui précipite la digestion, chasse le sommeil, et permet d'entretenir pendant un peu plus longtemps l'exercice des facultés cérébrales» (*Traité des excitants modernes*, 1839). In seinem Traktat über Aufputschmittel widmet Balzac dem Kaffee ein ganzes Kapitel, berichtet aber auch über die Wirkung anderer Stoffe: Tee, Schnaps, Tabak und Zucker.

Balzac interessierte sich vor allem für die Veränderung der intellektuellen Fähigkeiten (der *facultés cérébrales*, wie er sie nannte). Das ist kein Wunder bei einem Schriftsteller, der so viel schrieb wie er. Sein Rezept war einfach: viel schwarzer, unverdünnter, ungesüßter Kaffee auf leeren Magen. Danach lenkte Balzac die Heere seiner Gedanken wie ein alter General:

Dès lors, tout s'agite : les idées s'ébranlent comme les bataillons de la
grande armée sur le terrain d'une bataille, et la bataille a lieu. Les souve-
nirs arrivent au pas de charge, enseignes déployées ; la cavalerie légère des
comparaisons se développe par un magnifique galop ; l'artillerie de la
logique accourt avec son train et ses gargousses ; les traits d'esprit arrivent
en tirailleurs ; les figures se dressent ; le papier se couvre d'encre, car la
veille commence et finit par des torrents d'eau noire, comme la bataille
par sa poudre noire (BALZAC 1938).

Gustave Flaubert war weniger metaphorisch als er über die Qulitäten des Kaffees sprach: „Donne de l'esprit. N'est bon qu'en venant du Havre. Dans un grand dîner, doit se prendre debout. L'avaler sans sucre, très chic, donne l'air d'avoir vécu en Orient" (FLAUBERT 2002: 13)

Weitere große Schriftsteller und Musiker, die viel Kaffee tranken, waren Voltaire, J.S Bach (*Die Kaffee-Kantate*, 1732), Beethoven, Georges de Buffon, Marcel Proust, F. Scott Fitzgerald, Jean-Paul Sartre etc. (BRAUDEAU 2007: 172–176). Ich werde an dieser Stelle keine Natur- und Kulturgeschichte des Koffeins schreiben, der „beliebtesten Droge der Welt", wie es in einer exzellenten Monographie zum Thema genannt wurde (WEINBERG & BEALER 2001). Ich werde nur sagen, dass in Rumänien die von Cărtărescu und Brumaru angeführte Liste der großen kaffeesüchtigen rumänischen Schriftsteller zu vervollständigen ist: Mihai Eminescu, Mateiu Caragiale, Ion Barbu, Emil Botta, Emil Cioran u.a.

Rauschgiftimmunität & Rauschgiftskeptizismus

Zu sagen, die rumänische Gesellschaft habe sich in den letzten zwei Jahrzehnten tiefgreifend verändert, ist ein Gemeinplatz. In den letzten Jahren haben einige rumänische Schriftsteller begonnen, freier über ihre psychedelischen Erfahrungen zu schreiben. Noch sind es wenige und sie sind vorsichtig, aber das Phänomen ist da. Der Mut, über ein Laster zu sprechen, wird geradezu zu einer Tugend. Alex. Cistelecan sagte: „[Ich bin] seit 1997 Raucher, seit 2004 *Junkie* und seit 2007 Marxist (starker Tobak)" (MATZAL 2010: 40).

Es gibt verschiedene Arten der Rauschgiftimmunität: „Ich habe Leute getroffen, die mir erzählt haben, sie hätten ein einziges Mals einen Joint geraucht, gemerkt, dass es nichts für sie ist, und das war es", schrieb Mitoș Micleușanu 2010 (MATZAL 2010: 113). In einem Artikel in *Dilema veche* [Altes Dilemma] schrieb Alex. Leo Șerban über seine Desillusionierung über die Wirkung von Marhiuana: „Es fühlte sich an wie eine heiße Kompresse, die einem direkt aufs Gehirn gelegt wird, die Gedanken (was noch davon übrig war) flogen mir ein paar Minuten durch den Kopf und kamen dann schwer zurück". Der Filmkritiker fand eine passende Erklärung, die dazu geeignet ist, ihn auf dem „Weg des Untergangs" zu stoppen: „Ich bin ein Kontrollfreak und Drogen laufen dieser herrlichen Manie absolut entgegen" (ȘERBAN 2004). Adrian Mihalache kommentierte das später mit den Worten: „Der Essayist sagt im Grunde, dass ein Wesen, das sich kontrolliert, das sich hingibt, überlegen ist" (MIHALACHE 2007).

Bogdan Ghius Erklärungen gehen in eine ähnliche Richtung: 2009 schrieb Ghiu:

Der Grund dafür, dass ich keine relavanten Erinnerungen an das Trinken habe, ist vor allem, dass ich mich immer vor dem Unterbewussten, dem Kontrollverlust Angst hatte. Anders gesagt, wenn ich trank, dann niemals, um zu arbeiten, zu schreiben zum Beispiel. Ich hatte nie Vertrauen, mein Stolz hat es nicht zugelassen, irgendeinem Dämonen das Zepter zu überlassen (FOARȚĂ, GHIU & VIGHI 2009: 63).

Alex. Leo Șerbans Diagnose als Kontrollfreak klingt bei Gabriel Liiceanu nur ein bisschen anders: „Stolz der Hellsichtigkeit". Es sind die Worte, die Cioran verwendete, als er über seine „großen Perioden der Schlaflosigkeit" sprach (LIICEANU 1995: 77–78). Liiceanu stießen kollektive Euphorien ab, das Herdengefühl: „Vielleicht habe ich es deshalb niemals geschafft, mich zu betrinken". „Jeden Versuch, der als Ergebnis die Vernichtung des Bewusstseins oder seine Manipulation hatte, empfand ich als Demütigung. Hypnose, Rausch, Drogen, sogar die Narkose bei einer Operation stoßen mich ab oder bringen mich in Habachtstellung, denn sie enteignen mich. Sogar das Einschlafen demütigt mich jedes Mal, als ungerechtfertigtes Entreißen meines eigenen Ichs aus meinen Armen" (LIICEANU 2008: 80–81). „Schlaf", „Rausch", „Amnesie", „Desorientierung", „Selbstvergessen" – es geht wieder um diese im Grunde äquivalenten Zustände an der Grenze zur eigenen Identität, deren symbolische Mythologie Mircea Eliade neu geschrieben hat (*Mythology of Memory and Forgetting*, 1963).

Ein Gefühl, das dem des jugendlichen Cioran, wenn er sich Rășinari häufig Bacchus überließ, diametral entgegen steht: „Mir gefiel das Unbewusste und der demente Stolz des Trinkers". Und das in einem Gespräch, das Cioran mit eben jenem Gabriel Liiceanu (für dessen Reportage) führte.

Im Zustand der Depression, „des Zusammenfalls des Illusionssystems" (2001), stimmt Liiceanu eine Lobeshymne an das Antidepressivum *Zoloft* an, das die Menge und die Qualität des *Serotonins* korrigiert. Große metphysische Probleme werden auf wundersame Weise chemisch gelöst: „Zoloft! Wie kann es sein, dass eine Vierteltablette, die man täglich nimmt, das Verhältnis zu sich selbst, zu anderen und zum Tod reguliert? Dass es dir das System der Illusionen, ohne das du nicht den kleinsten Schritt in der Existenz machen kannst, zurückgibt? Was für eine *res mirabilis*, dieses Zoloft, das aus der Einsamkeit und den Ängsten des modernen Menschen geboren ist! Seit uns die Götter verlassen haben, waren wir gezwungen, einen Agenten der Verdunklung zu finden, einen chemischen Teppich, den wir über die Schroffheit der Existenz werfen können, eine Decke, die wir über das Nichts ziehen" (LIICEANU 2001: 103).

Unter anderen Umständen entscheidet das psychiatrische Mittel zwischen Gleichgewicht und Ungleichgewicht. In einer „Art Tagebuch", das Andrei Pleșu kürzlich veröffentlichte, beschreibt er ein Gespräch mit Petru Creția und erwähnt „die schwindelerregende Überschwänglichkeit seiner Art zu sprechen, seine brennendheiße Kälte, eine Mischung aus lebendigem Chaos und

Exaktheit". Creția gab Pleșu gegenüber 1978 zu: „Die besten Seiten habe ich geschrieben, als ich gesund, ausgeglichen und wie jeder andere Mensch auf der Erde war. […] Wenn ich Drogen nehme, muss ich weinen. Ein christliches Weinen: stark und ohne Reue" (PLEȘU 2010: 83).

Wenn das System der Illusionen tatsächlich durch *Zoloft* oder *Prozac* wiederhergestellt werden kann, dann hatte Francis Fukuyama Recht sich zu fragen: „Wie würde Europa aussehen, wenn Napolean seine Depression mit *Prozac* hätte behandeln können?". Natürlich nicht nur mit Prozac, sondern auch mit Prosa (die auch antidepressiv ist), kann man dem Menschen Freude bringen, wie Adriana Babeț in ihrem letzten Buch schreibt, dem sie den Titel *Prozac 101 Glückspastillen* gab (BABEȚI 2009).

Im Falle von Alex. Leo Șerban könnte auch eine andere Erklärung zutreffen. Beispielsweise die, die Baudelaire eineinhalb Jahrhunderte vorher gab. Er bezog sich darauf, dass Neulinge bei den ersten Erfahrungen mit Haschisch oder Cannabis noch nicht an die Substanzen gewöhnt waren:

La plupart du temps les novices à leur première initiation, se plaignent de la lenteur des effets. Ils les attendent avec anxiété, et comme cela ne va pas assez vite à leurs gré, ils font des fanfaronnades d'incrédulité qui rejouissent beaucoup ceux qui connaissent les choses et la manière dont le haschisch se gouverne (BAUDELAIRE 1869: 371).

Guy de Maupassant lässt eine Figur, den „Arzt", seine Freunde darauf vorbereiten, dass sie eingeführt werden müssen, bevor sie Äther nehmen, eine psychotrope Substanz, die sie nicht kannten, um die Bandbreite der Wirkungen zu empfinden (*Rêves*, 1882).

Cocteau der ungekrönte König der Opiumsüchtigen, war sarkastisch gegenüber Amateur-Opiumrauchern:

L'effet d'une pipe est immédiat. Je parle pour les vrais fumeurs. Les amateurs ne sentent rien, attendent des rêves et risquent le mal de mer ; car l'efficacité de l'opium résulte d'un pacte. S'il nous enchante, nous ne pourraons plus le quitter. […] L'opium ne supporte pas les adeptes impatients, les gâcheurs. Il s'en écarte, leur laisse la morphine, l'heroïne, le suicide, la mort (COCTEAU 1999: 30).

Und schließlich der Bericht des jungen Alin Fumurescu, der enttäuscht war von der Erfahrung, die er mit einem südamerikanischen Schamanen und der Einnahme eines halluzinogenen Getränks der Liane *Ayahuasca* hatte: „Mir war vierundzwanzig Stunden lang schlecht. Ich glaube, ich habe mir alle Innereien herausgekotzt und geschissen. Aber abgesehen davon habe ich nichts Besonderes gefühlt oder erlebt" (FUMURESCU 2009). Immunität gegenüber verschiedenen psychotropen Substanzen besitzt auch eine eigenartige Figur in Cărtărescus *Orbitor*: „Ich habe versucht zu trinken und habe nur gekotzt, ich habe mir Shit in die Venen gespritzt und mich gefühlt, als hätte ich Hagebuttentee getrunken, ich habe Kokain geschnieft, bis die Nasenwand durchlöchert war – der einzige Effekt war, dass ich tagelang nießen musste" (CĂRTĂRESCU 2007b: 519).

Andere literarische Figuren fühlen sich als hätten sie „Hagebuttentee" oder „Mohntee" getrunken.

In einer Novelle mit dem Titel *Ceaiul de mac* [Mohntee] des Autors Daniel Vighi aus Timişoara aus dem Jahr 1985 kochen drei Jugendliche aus der Vorstadt, als sie sich berauschen wollen, mehrere Mohnkapseln aus dem Garten in einem Topf. Die Enttäuschung der Jugendlichen, nachdem sie den Trank eingenommen haben, wird von einem der drei zum Ausdruck gebracht: „Auch eine große Lüge, das mit dem Mohntee" (VIGHI 1985). Dass in den achtziger Jahren eine Erzählung mit diesem Thema (sei es auch mit dem oben beschriebenen Ende) erschien, ist wahrscheinlich dem Redakteur des Buches, dem Dichter Florin Mugur, zu verdanken.

Ein typischer Fall von Skepsis gegenüber Rauschgift scheint Mircea Mihăieş zu sein. Er bewies das in einem Artikel mit dem provokanten Titel: „Haben Sie schon einmal Drogen genommen?" (*România literară* [Literarisches Rumänien], 29. Mai 2009). Die Fälle, die er beschreibt (rumänische fehlen wie üblich vollkommen), sind die klassischen: De Quincey, Baudelaire, von der Beat-Generation (Allen Ginsberg & Co) zur Rock-Generation (Jimi Hendrix, Janis Joplin, Jim Morrison und Kurt Cobain), Aldous Huxley (Meskalin), Jack Kerouac (Benzedrin) Philip K. Dick („Speed" – LSD) bis zu Stephen King (Kokain) etc.

Mircea Mihăieş schreibt: „Ich glaube nicht, dass Inspiration und Visionen über die Welt durch Haschisch und Opium hervorgerufen werden können." Was nicht bedeutet, dass dies nicht in manchen Fällen geschieht, gibt Mihăieş zu. „Aber ich stelle ohnehin fest, dass [die Rauschgift] Experimente des 19. Jahrhunderts Kindergarten waren im Vergleich zur zerstörerischen Wirkung der Drogen im darauffolgenden Jahrhundert." Oder an anderer Stelle: „Ich glaube nicht, dass die Mühe der Schriftsteller des 19. Jahrhunderts, Drogen zu nehmen, sich gelohnt hat. Alles, was davon geblieben ist, ist eine starre Literatur, geschrieben, so scheint es, von guten Jungs, die von ihren erfahrenen Onkeln ins Bordell gebracht wurden". Ausnahmen sieht er dennoch: „Nicht so sicher bin ich bei zärtlich-abscheulich-unklassifizierbaren Autoren wie Truman Capote. Für sie war das Bordell des menschlichen Geistes eine vollkommen natürliche Angelegenheit, die durch die Drogen lediglich erträglich wurde" (MIHĂIEȘ 2009: 4).[73]

Bucurenci, Vakulovski & Co.: „narkotischer Existenzialismus"

Dragoș Bucurenci wurde 1981 geboren und veröffentlichte 2004 eine Art Drogentagebuch, *RealK* (Polirom, Iași). Das Buch beginnt mit einer Erzählkonvention, der des gefundenen Manuskripts. Da es ein Manuskript aus dem dritten Jahrtausend ist, wird es nicht unter einer Brücke und auch nicht auf einer Brücke (auf der Mirabeau-Brücke zum Beispiel wie Mihail Sebastians *Fragmente dintr-un caiet găsit*, 1932) gefunden. Bei Bucurenci wird das Buch auf einem *Blog* gefunden. Marius Chivu kommentiert: „Die Verwendung dieser Erzählkonvention ist mit dem sehr delikaten Thema zu erklären. Um einfach das Tagebuch eines Drogenabhängigen zu schreiben, muss man eine prekäre psychosoziale Lage zugeben und die Schmährufe des Publikums ertragen" (CHIVU 2004).

Abb. 32: Dragoș Bucurenci.
Photo: Roald Aron, 2007.

RealK ist in weiten Teilen autobiographisch und beschreibt psychedelische Erfahrungen eines zweiundzwanzigjährigen Mannes (das Alter des Autors). Nichts wird in diesem (Pseudo-)Tagebuch ausgelassen: Drogenabhängigkeit, Beschaffung, Geldprobleme, *bad & good trips*, *clubbing*, Euphorie, Depression, Entfremdung, Entzug usw. Der Held probiert verschiedene Arten von Drogen aus: Marihuana, Haschisch, Kokain, LSD und vor allem Ketamin

---

73 Mihăieș interessiert sich im Detail für Rauschgift in der Weltliteratur. Er verweist zum Beispiel darauf, dass Sherlock Holmes sich eine Kokainlösung (mit einer Konzentration von 7%) und Morphium spritzte, ihm Opium aber nicht gefiel. In *The Man with the Twisted Lip* scheint der Detektiv dann doch ganz gern Opium zu rauchen.

(kurz *K*). Es ist ein dissoziatives Anästhetikum mit berauschender Wirkung, das intramuskulär gespritzt oder geschnupft wird. Da die Substanz in der Veterinärmedizin verwendet wird, ist sie recht leicht zu beschaffen. Ketamin wurde seit den sechziger Jahren als Anästhetikum verwendet, aber erst in den neunziger Jahren wurde es zu einer beliebten Droge. „*The Goddess ketamine*" wurde von manchen Amerikanern für „*the democrat of drugs*" gehalten. In den USA kam Ketamin erst im August 1999 auf die Liste der Substanzen „under control" (BOON 2002: 118).

Bucurencis Buch endet damit, dass der Autor dem Gefängnis der Drogensucht entkommt, bevor er sich das „Gehirn verbrennt" (wie es William S. Burroughs in *Junky* bezeichnet). Im Vorwort des Dichters Florin Iaru (der Autor hat nicht zufällig einen Schriftsteller der Generation der achtziger Jahre ausgesucht): „Man sieht [den Helden] förmlich, wie er die Droge in die Venen, unter die Haut, in die Muskeln, unter die Zunge spritzt, wie er sie schnupft und möchte sagen, er soll endlich krepieren, vollgesogen und erstickt. Aber er steht immer wieder auf und kämpft mit uns, mit den Blinden, den Bürgerlichen, den Mittelmäßigen, die die Spezies fortbestehen lassen und den Wechsel von morgen vorbereiten. Dieses Buch muss mit viel Ruhe und moralischer Distanz gelesen werden".

Es gibt in *RealK*, eine Art Drogenwörterbuch, das *Manualul visătorului amator* [Handbuch des Amateurträumers]. Es werden klassische Begriffe aber auch solche aus dem Argot erklärt: *Skunk, Öl, Gras, Blunt, Shot, Bong, Cookies* etc. Das Wörterbuch kann nicht vollständig sein, aber der Autor bekommt mildernde Umstände, da er den interessierten Leser auf verschiedene Links im Internet verweist. Das Tagebuch enthält auch eine ironisch gemeinte Typologie der Drogenabhängigen im Bukarester Untergrund: „Die Aristokraten" – Konsumenten von Raritäten: LSD, Opium, Pilze, Delikatessen", „Intellektuelle mit Geld – Koka-Konsumenten", „Intellektuelle-Graskonsumenten", „Bürgerliche - pillensüchtig", „Proletarier – hero-süchtig", „Bauern – ketaminsüchtig; Bezeichnungen für Drogen im Argot rumänischer Gymnasialschüler sammelte auch der Iaşier Wissenschaftler Ioan Milcă: „zăpadă" [Schnee], „dava" [Klage], „sugativă" [Löschpapier], „timbru" [Briefmarke], „bicicletă" [Fahrrad], „foc" [Feuer], „minată" [Verminte], „naşpetă" [Hässliche]) etc. (MILCĂ 2009).

Bucurenci ist nicht bis zur letzten Konsequenz in den rumänischen Untergrund eingetaucht. Er wäre dort in den Kanälen, Bahnhöfen und Metrostationen auf die „Straßenkinder" gestoßen. Sie werden zusammenfassend als *Auro-*

laci bezeichnet, weil sie sich benebeln, indem sie aus einer Tüte die berauschenden Acetondämpfe von Farbe einatmen, deren Markenname *Aurolac* ist. Es ist ein Rauschgift für Arme, extrem billig und leicht zu beschaffen. In den neunziger Jahren wurde das Lied Aurolac (mit einem Text des Dichters Florin Dumitrescu) zu einem Hit der Ruckgruppe *Sarmalele reci* [Kalte Krautwickel]. Die Musik bezieht sich ironisch auf die des bekannten Liedes *Cocaine*, das Eric Clapton zwei Jahrzehnte zuvor sang (*Slowhand*, 1977)

Wenn die Welt schlecht ist
Und das Universum düster,
Dann kannst du es neu erfinden,
So wie es dir gefällt,
Atme A..., Atme A..., Atme Aurolac!

Gib mir auch eine Tüte,
Aber eine lange

Wenn es dir nichts macht. (AUROLAC, 1996; m.Ü.)

Nicht nur „Straßenkinder" betrinken sich, rauchen und atmen Aurolac, sondern auch die Jugendlichen hinter den Neubauten. Adrian Pleşca (Artanu), Sänger der Gruppe *Timpuri noi* [Neue Zeiten] hat ein Phantombild erstellt:

Mein Name ist Luca, ich inhaliere Aurolac,
Mein Name ist Luca, ich hab keine Angst bei den Mädchen.
Mein Name ist Luca, ich geh nicht zur Schule,
Mein Name ist Luca, ich schlafe, wo es passt.

(*Timpuri noi/Neue Zeiten*, 1992; m. Ü.).

Die Angewohnheit der Jugendlichen, sich mit berauschenden, acetonhaltigen Dämpfen (Farbe, Klebstoff usw.) zu vergiften, gab es auch im Westen. Das Thema findet sich auch in den Liedern des *Undergroundrock*. Beispielsweise bei *The Ramones*: „Now I wanna sniff some glue/Now I wanna have somethin' to do/All the kids wanna sniff some glue ... etc.".

Das Thema der Straßenkinder, die in den Metrostationen Bukarests leben und sich mit Aurolac berauschen, wurde von der amerikanischen Journalistin Edet Belzberg aufgegriffen. Sie drehte 2001 den Dokumentarfilm *Children*

Underground. Ein Film über Rumänien, der Einfluss auf die öffentliche Meinung im Westen ausübte, mehrere internationale Preise gewann und 2002 sogar für den Oscar nomminiert war. Ein tragische, wahre Geschichte über fünf „Aurolaci", drei Mädchen und zwei Jungen zwischen sieben und zwölf Jahren. Andreea Deciu schrieb einen sehr schönen Text über diesen Film (DECIU 2004).

Interessanterweise lud der eigentlich konservative und verstaubte Kultursender *TVR Cultural* Dragoş Bucurenci nach dem Erscheinen seines Buches ein, die Sendung „Dependenţe" [Abhängigkeiten] zu leiten. Es wurden alle möglichen atypischen „Abhängigkeiten" behandelt. Mich zum Beispiel lud er ein zu einer Sendung über „Abhängigkeit von ... Büchern". Generell wird Sucht mit einer psychischen Krankheit in Verbindung gebracht, der *Pathologies de l'excès*, wie zwei französische Psychiater ihr Buch nannten (VALLEUR & MATYASIAK 2006). Es traten Fachleute auf, Suchtmediziner, und es wurde über spezielle Heilmethoden gesprochen (Gruppentherapie usw.).

Der Mensch wird nicht nur abhängig von Drogen im engeren Sinn, illegalen Drogen und auch nicht nur von legalen Drogen, die zum Alltag gehören (Alkohol, Tabak, Kaffee – die bereits gar nicht mehr als Drogen angesehen werden). Die ersten Verwendungen des Begriffes „abhängig", „adict" (Lat. *addictio*) beziehen sich genau auf darauf:

Sir John Falstaff empfiehlt „to addict themselves to sack" (Shakespeare, *Henry IV*, 1597) und Samual Johnson spricht 1779 über „addiction to tobacco". Anfang des 19. Jahrhunderts sprach der romantische Dichter Samuel Taylor Coleridge über das Phänomen der Opiumsucht („Is not habit the desire of a desire?").

Aber der Mensch kann auch esssüchtig (*Bulimarexie* oder *Bulimia nervosa*, von gr.: *boulimia*: Ochsenhunger), arbeitssüchtig (*Workaholism*), sexsüchtig (*Nymphomanie & Priapismus*), medikamentensüchtig (vor allem von psychoaktiven Medikamenten), spielsüchtig, schokosüchtig, internetsüchtig und fernsehsüchtig werden usw. Jede zwanghaft, exzessiv und manisch durchgeführte Handlung wird psychopathologisch. Mit anderen Worten, das Objekt der Abhängigkeit macht nicht aus einem Laster eine Tugend. Im Grunde hat jede Form von Abhängigkeit etwas Lasterhaftes an sich. Călin-Andrei Mihăilescu, der wortspielsüchtig ist, stellte eine alphabetische Liste seiner Abhängigkeiten zusammen, die er *Adicţionar* (in Anlehnung an *dicţionar* [Wörterbuch]) nannte (MIHĂILESCU 2005: 43–44).

Der Debütroman Alexandru Vakulovskis *Pizdeţ* (Aula, Braşov, 2002) enthält autobiographische Elemente. Der Autor wurde 1978 in der Republik Moldova geboren und ist Absolvent der Fakultät für Literatur- und Sprachwissenschaft der Universität Babeş-Bolyai in Cluj. Als moldauischer Student in Rumänien erzählt der Held vom Leben im Studentenwohnheim: Trinkgelage, Prostitution, Drogen. Es wird ‚Gras' geraucht (*travcă*, im russisch-bessarabischen Argot) und es werden Pillen in verschiedenen Kombinationen genommen: *Tramadol, Ephedrin, Glutethimid, Demetrin usw*. Vakulovskis Buch ist wahrscheinlich das erste dieser Art in der rumänischen Literatur.

Rauschgifte sind „kostenlose Träume des Himmels" und „der Weg zu Gott". Einfache Klischees (wie das der „künstlichen Paradiese") und banale Bilder überleben zäh:

Gras [= Marhiuana] gibt dir das Gefühl von Befreiung, von Frieden. Wenn dich nicht mehr interessiert, was um dich herum geschieht. Nicht einmal, was mit dir passiert, interessiert dich, aber du spürst noch deine Existenz, spürst, dass sie schön ist, diese Farben, die Faszination, in den Himmel zu steigen. [...] In diesen Momenten glaubst du, dass Gott existiert, dass alles einen Sinn hat.

„Die Rauschgiftliteratur" von heute, die von ein paar jungen Schriftstellern repräsentiert wird (Alexandru Vakulovski, Dragoş Bucurenci, Silviu Gherman, Vera Ion, Dan Sociu u.a.), hat auch einen jungen Exegeten: Marius Chivu. Er geht das Thema des „narkotischen Existenzialismus" direkt an, ohne falsche moralische Scham und setzt es in einen internationalen Kontext.

Er schreibt:

[Vakulovskis] Buch wird bei den Kritikern keinen Erfolg haben, aber für die Jugendlichen, die dann, wenn der Drogenhandel in der Krise ist, zum Entzug ins Krankenhaus gehen, um mit dem Ersatzstoff Pizdeţ zu überleben, könnte es ein Kultbuch werden. Denn im Grunde ist der Roman Al. Vakulovskis die Beschreibung der existenziellen Krise eines jungen Drogenabhängigen, der Bericht über eine ungeahnte Realität, in der Alkohol, Drogen und Prostitution Bilder der täglichen Existenz sind (CHIVU 2002).

2004 legte Vakulovski einen weiteren ähnlichen Roman vor, *Letopizdeț*, „ein etwas insistenterer (Auto)Pastiche", schreibt Chivu und bemerkt am Ende, wie wenig der Roman eigentlich will:

Anstatt seine Haltung und das Modell seiner Existenz zu rechtfertigen, haut der Erzähler Yo einem auf die Fresse, raucht seinen Joint und/oder trinkt Wodka und gibt sich den Anschein eines gesellschaftlichen und politischen Dissidenten. Die Flucht in die (I)Realität des Rauschgiftes schließt die Problematisierung der Krise nicht aus.

Am Ende geht es tatsächlich um eine gesellschaftlich-politische Dissidenz, aber eine, so der Kritiker, die voller Gemeinplätze ist:

Frauen sind dumme Huren, Schule sucks, weil sie den gesellschaftlichen Konformismus einführt, die Gesellschaft manipuliert, die Gesetze sind ungerecht, der Staat ist schuld an allem, der Kapitalismus ist ein Verbrechen, die Amerikaner sind Imperialisten usw., so dass der Existentialismus der chemischen Abhängigkeit zu einer Art narkotischem Räuberleben mit linken Klischees und unterem Slang wird.

Diese Themen nähern sich denen, die Hip-Hop-Musiker verwenden. Es ist eine Subkultur, die in den letzten beiden Jahrzehnten in den Neubaugebieten der großen Städte enstand. Eine extrem interessante urbane Subkultur, die von Soziologen und Kulturanthropologen so gut wie nicht untersucht wurde. Eine lobenswerte Ausnahme bilden Ruxandra Cesereanu und ihre Studenten der Babeş-Bolyai Universität in Cluj Napoca, eine Gruppe, die soziokulturelle Daten der neuen Vorstädte an der Peripherie, die sich aber in Richtung des Zentrums ausdehnen, ans Licht brachte (CESEREANU 2005).

Die Hip-Hoper stellen die Selbstvergiftung mit Drogen und Alkohol („Ich nehm Gras, ich trink Bier", „Gib's dir mit Alkohol und Pillen") der Vergiftung durch Lügen des Establishments gegenüber und greifen das System an, das wiederum sie angreift (*Fuck you, Romania!*, Gruppe *Paraziții*, 2004). So verbot der *Nationalrat für Audiovisuelles* verschiedene Clips der Gruppe *Paraziții* (*Jos Cenzura*, 2004) und brachte Şişu aus der Gruppe *La Familia* wegen Drogenkonsum ins Gefängnis.

Drogen spielen eine zentrale Rolle im Leben und in den Texten der Hip-Hoper und teilweise auch der Rocker.

„Es gibt zu viele Rumänen, die denken/Es war besser vor der Revolution/Eine letzte Lösung haben die hasserfüllten Rumänen gefunden/Sie haben Zuflucht in Drogen und Alkohol gefunden" (*Paraziții*); oder „Nimm H[eroin], du willst nicht aufhören, nimm Marihuana/du versteckst sie, wo du willst, damit die Mama sie nicht findet/Mama, los, los, los, ich sag's direkt/anstatt mir die Adern aufzuschneiden, will ich sie lieber zerstechen" (*Paraziții*); oder „Kinder, die in der Schule Mais und Milch konsumieren,/haben in kurzer Zeit Spritzen und kaputte Venen" (*Paraziții*); oder „Verurteile mich nicht so stark, Mama/Ich bin nicht der Modellsohn, aber keine Frage/Drogen und Vagabundentum bis zum Himmel/Ich bin nicht zu Hause, wenn du aufstehst" (*La Familia*); oder „Mit Marihuana, weil ich es liebe wie die Mama" (*BUG Mafia*); oder „Los lass uns high sein" (*BUG Mafia*); oder „Wohnst im Zelt und rauchst Maria-Ioana" (Rockgruppe *Omul cu șobolani* [Mann mit Ratten].

Marihuana ist ausgeschlossen aus den Drogen, sogar bei den Antidrogenliedern der Hip-Hoper: „Die Wirklichkeit verändert sich, du spürst, wie dir der Kopf platzt/Sei vorsichtig, wie viel Gramm du nimmst, denn sonst gehst du drauf/beim Schniefen hast du das Gefühl von Erfüllung/Aber eigentlich geht um dich alles kaputt". „Gras" ist die leichte Droge, das erlaubte Laster. Ihr Konsum, so der Subtext, müsste entkriminalisiert werden: „Wenn wir von Drogen sprechen, dann schließen wir erstmal Gras aus" (*Paraziții, Drogurile schimbă tot* [Drogen verändern alles]. Codruța Simina schreibt: „Marihuana wird häufiger besungen und ist besser angesehen als Frauen und scheint eine Gruppendroge zu sein. Unter ihrem Einfluss wird man glücklich und versteht die Welt. Marihuana wird ‚verbrannt', der Konsum löst los". Wiederum wird das Laster, zu dem man sich bekennt zur Tugend: „Wir trinken, ficken, rauchen" (*Paraziții*) (CESEREANU 2005: 24, 165, 169–171).

Die Mit-Drehbuchautorin des Films *Weekend cu mama* [Wochenende mit Mama], Vera Ion, erschafft in ihrem gleichnamigen Buch (2009) das Tagebuch der achtzehnjährigen Cristina, die heroinsüchtig ist und zur Entgiftung in eine Psychiatrie eingewiesen wurde. Marius Chivu schreibt:

Im Gegensatz zu Vakulovski und Bucurenci fehlt Vera Ion die Authentizität, und die Hauptfigur Cristina ist nur zur Hälfte ausgebaut. Aus mangelnder Erfahrung oder Vorstellungskraft werden ihre Trips und Entzüge nur kurz erwähnt, was den Roman über Abhängigkeit und die Abwege des Rauschgifts fast falsch wirken lässt: Exklusiv realistisch, vorwiegend episch und banal reflexiv. [...] Für einen dramatischen Bericht über diese starke Form der Abhängigkeit, wie es die Abhängigkeit von Heroinspritzen ist, hat die Erzählung nichts Erschreckendes oder Verunsicherndes. Alles ist bekannt und einfach, und zwar deshalb, weil Cristinas psychologisches Profil weit entfernt ist von dem gehetzten, entfremdeten, delirierenden eines echten Heroinsüchtigen ... (CHIVU 2009).

Dan C. Mihăilescu dagegen verachtet die jungen postkommunistischen Schriftsteller, die „Hanffelder bewachen" und einen miserabilistischen Minimalismus ausüben und den „sozialistischen Realismus" ausgetauscht haben mit „apokalyptischem Realismus" (SOLOMON 2005: 261). Der Kritiker distanziert sich vollständig von der „jungen Literatur, die heute bei uns geschrieben wird". Und das nicht nur, weil er „zu alt" sei (*I'm too old for that*), sondern auch, weil er „zu rechts" sei. Beide Formulierungen stammen von ihm aus einem Interview im *Cotidianul* (8. Mai 2009). Die Journalistin fragt ihn, wie es zusammenpasst, dass er sich für die biographischen Stile, die Hintergründe der literarischen Welt und die „Essenz des Privatlebens des Schriftstellers in seinem letzten Buch über Eminescus Briefwechsel (MIHĂLESCU 2009) begeistert und gleichzeitig die Selbstliebe, den Miserabilismus und den Pansexualismus der neuen Literatur kritisiere". Es lohnt sich, Mihăilescus Antwort vollständig wiederzugeben:

Wenn du mir einmal gezeigt hast, dass du ein großer Handwerker bist in den traditionellen, alten, handwerklichen Dingen, erst dann kannst du zum Aufständischen und zum Bilderstürmer werden. Das heißt, du kannst verrückt sein, aber zeig mir vorher, dass du Hölderlin bist. Sei Alkoholiker so viel du willst, aber nur, wenn du Poe bist oder Baudelaire. Philosophier über Lesben und metaphysische, offene Homosexualität, aber nur wenn du Yourcenar bist oder Mishima, Sappho, Shakespeare, Verlaine oder Negoițescu. Wellen erschütternder Egophilie der neunziger und zweitausender Generation, Gruppenromane und Sexromane, voll Darmentleerung, Kotze, Drogen und jeder Art jämmerlicher Provokationen [...] ich wundere mich nicht mehr, ich werde nicht mehr wütend, ich vergifte mich nicht mehr (MIHĂILESCU 2009b).

Auch die Meinung der Literaturkritiker, die der Auffassung sind, dass durch diese Art zu denken, die Dinge vereinfacht und auf unerlaubte Weise verallgemeinert würden, ist interessant. Es käme so zu einer inadäquaten Gleichsetzung, dass „der Miserabilist durch die literarische Form, die er verwendet, miserable Literatur schreibt". Dies ist ein Zitat von Daniel Christea-Enache, der mit Dan C. Mihăilescu polemisiert. Mihăilescu „und andere Kritiker, denen der Charme der zweitausender Generation schwer zugänglich ist" auf Grund des Reduktionismus, den sie an den Tag lege: „Schleim und Blut, Sperma und Spucke, Drogen und Exkremente zu sammeln (die alle weder Garant noch Verhinderer guter Literatur sind), um es dann der ganzen Generation ins Gesicht zu schmeißen, scheint mir nicht so sehr fehlendes Kritikvermögen oder Unfähigkeit zu sein als viel mehr bewusst ausgeübter Reduktionismus" (CRISTEA-ENACHE 2010: 10).

Natürlich entwickelte sich diese Richtung in der rumänischen Literatur synchron zu ähnlichen literarischen Tendenzen in anderen ehemaligen kommunistischen Ländern. Es handelte sich nicht unbedingt um eine Nachahmung der Kultbücher aus dem Westen. Die gleichen politischen und wirtschaftlichen Voraussetzungen (im Osten wie im Westen) führten einfach zur selben Art sozio-mentaler Krankheiten und am Ende zur selben Art kultureller Erscheinungen. Einige junge Schriftsteller aus dem Osten Europas befassten sich in den letzten zehn bis fünfzehn Jahren mit diesen Themen: Jugendliche Rebellen, anarchische und ultra-linke Ansichten, Randgruppen, Perspektivlosigkeit, Miserabilismus, Drogenkonsum und Entzug, freier Sex, Rausch und Katerstimmung, das Leben in Banden und in der Entourage von Rockbands.

In Russland zum Beispiel schließt die neue „Rauschgiftliteratur" an die alte an, die von Michail Bulgakow repräsentiert wird (die Novelle *Morphium*, 1927) oder M. Agejew (*Roman mit Kokain*, 1934). Das Gesicht der neuen literarischen Strömung scheint die 1981 geborene Irina Deneschkina zu sein. Sie veröffentlichte 2002 mit nur zwanzig Jahren den Roman *Wodka Cola*. Am Rande sei erwähnt, dass es durchaus üblich ist, dass jugendliche Rockmusiker heutzutage Drogen nehmen, vor allem „Gras" – travka auf Russisch. Es gibt sogar eine rumänische Rockband mit dem Namen *Travka*, die 2002 in Focșani gegründet wurde und großen Erfolg hat.

In Polen ist die bekannteste Repräsentantin dieser Art von Literatur Dorota Masłowska, die 1983 geboren wurde. Ein „schreckliches Kind", deren Roman in Polen eingeschlagen hat wie eine Bombe (er wurde sofort in den USA und Großbritannien veröffentlicht). Nach einer ausführlichen Dokumentation unter drogenabhängigen Jugendlichen veröffentlichte Masłowska 2003 (also ebenfalls mit zwanzig Jahren) ihren großen Erfolgsroman *Wojna polsko-ruska pod flagą biało-czerwoną* (*Schneeweiß und Russenrot* 2004, Kiepenheuer & Witsch, übers. von Olaf Kühl). 2009 wurde das Buch verfilmt. Der polnische Kritiker Jerzy Pilch schreibt: „Die junge Generation ist natürlich eine vollkommen verlorene Generation, weil sie zersetzt ist von Fernsehen, Rauschgift, Internet und dem wilden polnischen Kapitalismus, diese vollkommen verlorene Generation hat großes Glück, denn sie hat eine Schriftstellerin, die sie rettet" (PILCH 2002).

Interessant ist, dass die Welle der „Rauschgiftliteratur" plötzlich in der Mitte der neunziger Jahre und vor allem zu Beginn der zweitausender Jahre in Rumänien auftauchte, als bestimmte Vorurteile schwächer wurden und die Gesellschaft in der Lage war, mit dieser Art von Provokation umzugehen. Einige Titel aus verschiedenen Bereichen scheinen aussagekräftig zu sein: Mircea Cărtărescu, trilogia *Orbitor* (Humanitas, 1996, 2002, 2007) [Die Wissenden], Claudia Golea, *Planeta Tokyo* (Nemira, 1998) [Planet Tokyo], *Tokyo by night* (Nemira, 2000), Radu Paraschivescu, *Balul fantomelor* (RAO, 2000) [Ball der Phantome], Alexandru Vakulovski, *Pizdeț* [Aula], 2002), *Letopizdeț* (Idea, 2004) und *Bong* (Polirom, 2007), Dragoș Bucurenci, *RealK* (Polirom, 2004), Lucian Pintilie, *Pompa cu morfină* (LiterNet.ro, 2004) [Morphiumpumpe], Andrei Codrescu, *Miracol și catastrofă* (Hartmann, 2005) [Wunder und Katastrophe], Silviu Gherman, *Cele mai frumoase creiere* (Cartea Românească, 2008) [Die schönsten Gehirne], Dan Sociu, *Nevoi speciale* (Polirom, 2008) [Besondere Bedürfnisse], George Vasilievici, *YoYo* (Tomis, 2008), Doina Ruști, *Fantoma din moară* (Polirom, 2008) [Das Phantom in der Mühle], Vera Ion, *Weekend cu mama* (RAO, 2009) [Wochenende mit Mama], Gabriel H. Decuble (Hrsg.), *Prima mea beție* (ART, 2009) [Mein erster Rausch], Andra Matzal (ed.), *Primul meu fum* (ART, 2010) [Das erste Mal geraucht], Cristina Nemerovschi, *Sânge satanic* (Herg Benet, 2010) [Satanisches Blut], Bogdan Teodorescu, *Băieți aproape buni* (Tritonic, 2010) [Fast gute Jungs], Stoian G. Bogdan, *Nu știu câte zile* (Trei, 2010) [Ich weiß nicht, wie viele Tage], Andrei Ruse, *Dilăr pentru o zi* (Polirom, 2011) [Dealer für einen Tag]; Filme über junge Drogenabhängige– *Weekend cu mama* (2009, Regie Stere Gulea, Drehbuch Stere Gulea und Vera Ion, nach dem gleichnamigen Buch) [Wochenende mit Mama], *Polițist, adjectiv* (2009, Regie und Drehbuch Corneliu Porumboiu) [Polizist, Adjektiv].

In dieser Zeit entstanden auch Bücher, die das Problem des Rauschgifts auch aus der Perspektive von Religionsgeschichte, Kulturanthropologie und Mentalitätsgeschichte betrachteten.

Mircea Eliade, *Şamanismul şi tehnicile arhaice ale extazului* (Humanitas, 1997) [Schamanismus und archaische Ekstasetechnik]; Ioan Petru Culianu, *Călătorii în lumea de dincolo* (Nemira, 1994) [Reisende ins Jenseits] und *Eros şi magie în Renaştere. 1484* (Nemira, 1999) [Eros und Magie in der Renaissance]; Andrei Oişteanu, *Mythos & Logos*, (Nemira, 1997); eine Ausgabe der Literaturzeitschrift *Secolul 21* (21. Jahrhundert), die nur dem Thema Droge gewidmet ist, *Drogul* (nr. 1–4, 2004; Das Heft wurde herausgegeben im Rahmen des Projekts „Drogul – Dimensiuni Culturale şi Sociale. O realitate românească în context european" [Drogen – Kulturelle und soziale Dimensionen. Rumänische Realität im europäischen Kontext], das Projekt wurde 2004 von der *Fundaţia Culturală Secolul 21* (Kulturstiftung 21. Jahrhundert) mit Unterstützung der Niederländischen Botschaft durchgeführt; Andradei Fătu-Tutoveanu *Literatură şi extaz artificial* ([Literatur und künstliche Ekstase] 2005, auch wenn es keinerlei Bezug zum rumänischen Raum gibt) und *Un secol intoxicat. Imaginarul opiaceelor în literatura britanică şi franceză a secolului al XIX-lea* (2010) [Ein vergiftetes Jahrhundert. Das Imaginäre der Opiate in der britischen udn französischen Literatur im 19. Jahrhundert]; Band 8 der *Caietele Echinox* (coordonat de Corin Braga, Dacia, Cluj-Napoca, 2005), zum *Şamanismului postmodern* [Postmodernen Schamanismus] und Carlos Castaneda oder das Werk zweier Suchtmediziner, Marc Valleur und Jean-Claude Matysiak, *Les pathologies de l'extase*.

Zu jener Zeit entstanden auch populärwissenschaftliche Bücher zum Thema: Antoine Porot und Maurice Porot, *Toxicomaniile*, Editura Ştiinţifică, 1999; Ross Campbell, *Copiii noştri şi drogurile*, Curtea Veche, 2001 [Your child and drugs]; Gabriel Ştefan Gorun, *Paradisuri artificiale. Toxicomaniile*, Viaţa Medicală Românească, 2003 [Künstliche Paradiese. Rauschgiftabhängigkeit]; Steven Wishnia, *Fratele meu canabisul. Ghidul esenţial pentru consumatori*, ART, 2008 (My brother cannabis. Essential guide for connoisseurs; Richard Rudgley, *Enciclopedia drogurilor*, Paralela 45, 2009 etc.) [Encyclopedia of Psychoactive Substances].

Und man begann die Klassiker der Universalliteratur zum Thema zu übersetzen: Alle Bücher von Carlos Castaneda, beginnend mit *Învăţăturile lui Don Juan* (Univers Enciclopedic, 1995) [The teachings of Don Juan] und *Cealaltă realitate* (RAO, 1995) [A Separate Reality]; Charles Baudelaire, *Paradisurile artificiale* (drei Auflagen, Institutul European, 1996; Univers, 2001; ART, 2010); Ernst Jünger, *Aproximări. Droguri și extaz* (Univers, 2000) [Annäherungen. Drogen und Rausch]; William S. Burroughs, *Junky* (Polirom, 2005); Irvine Welsh, *Trainspotting* (Polirom, 2006); M. Agheev, *Romanul cocainei* (Polirom, 2007) [Roman mit Kokain]; Jean Cocteau, *Opium. Jurnalul unei dezintoxicări* (ART, 2007) [Opium: Journal d'une désintoxication].

Vor kurzem (am 18. Januar 2010) erhielt ich, wie auch andere rumänische Schriftsteller, die Einladung, an einem Sammelband der Reihe *Prima dată* [Das erste Mal] mitzumachen, der von Laura Albulescu beim Verlag ART erscheint. Der Text sollte eine Art Bekenntnis beinhalten, der in der Anthologie *Primul meu fum* [Das erste Mal geraucht] (herausgegeben von Andra Matzal), erscheint. Die Herausgeber schrieben weiter: „Es würde uns große Freude bereiten, wenn Sie unsere Einladung annehmen würden und wir sie zu den Autoren der nächsten Anthologie zählen könnten. Die Geschichte sollte sich entweder um die ersten Zigaretten, die man heimlich aus den Schachteln anderer rauchte, oder um erste mehr oder weniger psychotrope Raucherfahrungen drehen" Ich antwortete im Spaß, dass auf diese Art Schriftsteller dazu angehalten werden, sich selbst anzuzeigen.

Inzwischen ist dieses Buch erschienen. Eine gute Gelegenheit für vollständige Bekenntnisse: Der Schriftsteller Mitoș Micleușanu schreibt: „Meine erste Erinnerung an einen Joint ist ein schweres Unbehagen, eine, klebrige, latente Panik, eine erstickende Neugier darüber, ‚was folgen würde'. [...] Gras verursacht Explosionen paroxistischer Kreativität, unerwartete Verbindungen zwischen Gebieten oder Themen, die nichts miteinander zu tun haben. [...] Den schlimmsten *bad trip*, den ich erlebte [...] war mit Ketamin. Ein exotisches Mädchen, aber launisch. [...] Ketamin ist ein starkes Betäubungsmittel, aber in hohen Dosen führt es zu visuellen und sensuellen Wahrnehmungsveränderungen und löst vor allem eine schwer vorstellbare Paranoia aus. [...] Das Amphetamin ist primitiv, der Orgasmus verlängert und der Entzug schrecklich. Degenerativ in jeder Hinsicht!

Extasy hat ein expansives Potenzial zu Kommunikation und Ausschweifung, aber es zerstört einen. Kokain ist eindimensionaler Kitsch, Gehirntranspiration. [...] Es folgte ein ‚Treffen' mit Hofmann [= LSD]. Dagegen ist Keta ein Waisenknabe, denn nach einem ‚Plausch' mit Hofmann fallen die Neuronen ganz auseinder. Es verschwinden körperliche Zweifel, materialistische, idealistische Klagen, alles lebt auf, man erwacht in einem energetisch-informationellen Mischmasch, um es banal auszudrücken, alles bekommt

Sinn, jenseits von Sinn, man stellt fest, dass das Chaos das Unverständnis des Chaos ist ... usw." (MATZAL 2010: 112–116).

Dennoch war das Thema Drogenkonsum kein breit diskutiertes Thema im öffentlichen rumänischen Raum. Die rumänische Presse interessierte sich weder für moralische, medizinische oder soziale Aspekte. Anders als in den westlichen Massenmedien, wo dieses Thema seit den sechziger Jahren intensiv diskutiert wurde. Als Elena Băsescu (Tochter des rumänischen Präsidenten, Anm. d. Ü.) 2009 für die Wahlen zum Europäischen Parlament kandidierte, löste sie einen Skandal und eine Pseudodebatte aus, als sie erklärte, dass sie im Europäischen Parlament für ein Gesetz zur Legalisierung leichter Drogen wie Marihuana stimmen würde.

Das Thema wurde stark politisiert (von den Wahlgegnern des Präsidenten Traian Băsescu, nachdem im September 2009, zwei Monate vor den Präsidentschaftswahlen, die *Comisia Prezidențială pentru Analiza Riscurilor Sociale și Demografice* das Problem der Entkriminalisierung von Drogen zur Diskussion stellte.

In beiden Fällen ging es um eine Debatte über die (Un)Zweckmäßigkeit „der Entkriminalisierung leichter Drogen" und nicht um eine „Legalisierung leichter Drogen", wie Politiker und Journalisten übermäßig kommentierten. Auch die Läden, in denen Produkte verkauft werden, die pleonastisch „ethnobotanische Pflanzen" genannt werden, löste 2009–2011 einen politischen, gerichtlichen und medialen Skandal aus.

Nach dem Beitritt Rumäniens zur Europäischen Union im Januar 2007 wurden auch in Rumänien Rauchverbote im öffentlichen Raum eingeführt. Diesmal fühlten sich die Rumänen (starke Raucher) sehr in ihren Rechten verletzt. Das Thema wurde fast als „Diktatur der Nichtraucher" wahrgenommen.

Das wäre nichts Neues. Tabak war in verschiedenen Epochen verboten. Und ich beziehe mich nicht auf die Verbote verschiedener Despoten im 17. Jahrhundert (über die ich in vorherigen Kapiteln berichtet habe), sondern auf Fälle in der Moderne. In der ersten Hälfte des 19. Jahrhunderts war das Rauchen in manchen Orten Zentraleuropas nicht erlaubt. Im Wiener Folx-Garten (wie Dinicu Golescu schrieb, also dem Volksgarten) zum Beispiel gab es, wie der Bojar Dinicu Golescu berichtet, die Regel: „ohne Ciubuc, die nicht erlaubt sind" (GOLESCU 1963: 87). In diesen Jahren war „auf den Straßen der Stadt [Brașov] das Rauchen verboten und jeder glaubte, das Recht zu haben, jemandem, der sich nicht daran hielt, die Pfeife aus dem Mund zu reißen", schrieb Nicolae Suțu (AGHEEV 2007: 80).

Aber kommen wir zurück zum Beginn des dritten Jahrtausends.

In einem polemischen Artikel („Dușmanii libertății" [Die Feinde der Freiheit], 2009) schrieb Hora-Roman Patapievici aus seiner neutralen Stellung als Nichtraucher eine scharfe Kritik über den „neuen Kreuzzug", der gegen die Raucher entbrannt war, und hielt es für skandalös, was seit einem Jahrzehnt in den Vereinigten Staaten und seit ein paar Jahren in Europa passiere: „das gesetzliche Rauchverbot in allen öffentlichen Gebäuden und die offizielle Verteufelung der Raucher, die alle Instrumente des Staates verwendet. Raucher seien „die am meisten verfolgte Minderheit der zivilisierten Welt und die einzigen, die zu ihrer Verteidigung kein Gesetz habe". „Es ist die perfekte Verfolgung", schlussfolgert Patapievici.

Sogar dort, wo es dem Staat um eine „gute Sache" geht, übertreibt er, in dem er per Gesetz verbietet. Der Weg zur Hölle scheint tatsächlich gepflastert mit guten Vorsätzen.

Die Prohibition in den USA, schreibt H.-R. Patapievici, „war ein Sieg gegen alle, der mit der schlimmsten Bilanz in Friedenszeiten endete: Sie hatte die Verfassung ad absurdum geführt (mit dem Änderungsantrag 18), normale Menschen kriminalisiert, den einfachen Genuss von Alkohol mit einer Straftat gleichgesetzt, nie dagewesene institutionelle Korruption verursacht, zu einer bis dahin ungekannten Gewalt in den Städten geführt, organisierte Gewalt geschaffen, die bis zur Prohibiton praktisch nicht existiert hatte. Die Bilanz der Prohibition war katastrophal und veränderte die amerikanische Gesellschaft grundlegend."

Schließlich kommt Patapievici von der Prohibition alkoholischer Getränke zum Verbot von Drogen:

Genauso katastrophal ist die Wirkung des Kampfes gegen Drogen durch ihr Verbot. Vor dem Verbot gab es auf dem Markt lediglich leichte Drogen; nach dem Verbot tauchten schwere Drogen auf und der Drogenkonsum verbreitete sich wie eine Epidemie.

Ich glaube, dass Horia Patapievici ein wenig übertreibt, aber wahrscheinlich tut er das aus sogenannten didaktischen Gründen, um die Übertreibungen der anderen besser zeigen zu können.

Rumänen in Amerika: Schamanen und „psychedelische Pädagogen"

Von der reinen Fiktion zur autobiographischen Literatur und von der Dokumentation zur journalistischen Reportage benutzte man in Rumänien alle Genre, um sich dem Thema Drogen zu nähern. Nach dem Modell Carlos Castanedas begab sich Alin Fumurescu (Forscher am Institut für Politikwissenschaft der Universität Bloomington und Publizist) auf eine Reise nach Nordperu, wo er Verbindung zu einem Schamanen aufnahm und verschiedene halluzinogene Substanzen ausprobierte. Eine davon stammt nicht von einer Pflanze, sondern von einem Tier. Es ist das Gift, das eine Kröte aus dem Amazonas (*Phyllomedusa bicolor*) über ihre Haut absondert. Die Stammesmitglieder der Matse und der Mayoruna verursachen im Rahmen eines Rituals Verbrennungen und Schnitte auf der Haut, die sie mit dem Sekret der Kröte einschmieren. Die Substanz ist ein Opioid (es wirkt wie Opium) und enthält starke Alkaloide wie *Dermorphin* und *Deltorphin*. Die Sache ist allerdings nicht ganz ungefährlich, wenn man die Kröte mit einer anderen, sehr giftigen verwechselt. Das Sekret einer ähnlichen Kröte (*Phyllobates bicolor*) wird auf die Spitzen der Pfeile als Gift aufgetragen (MARTINETZ & LOHS 1987: 115–116). Wir wissen von Ovid, dass die Geten in Tomis genauso vorgingen: „Mit Gift der Vipern sind ihre Pfeile eingerieben (*Tristia* V, 7, 16).

Die entscheidende Erfahrung, von der Alin Fumurescu auf seinem Blog bei *Cotidianul.ro* berichtet, war die Einnahme eines Tranks aus *Ayahuasca* (*Banisteriopsis caapi*) – eine halluzinogene Liane, die auch *Yagé* genannt wird. *Ayahuasca* („Die Liane der Geister" in Ketschua) wird von den Indianern als magische und wahrsagende Pflanze verwendet, die bei den Schamanen vorhersehende Visionen auslöst und sie in Verbindung bringt mit den Geistern des Stammes. Das Alkaloid, das die Europäer aus der Pflanze synthetisierten, nannten sie *Telepathin* (von Telepathie).

Eines der wichtigen Werke über die Erfahrungen der Schamanen mit dem berauschenden Trank der *ayahuasca* ist *Wizard of the Upper Amazon. The Story of Manuel Córdova-Ríos* (Boston, 1974). Ein neueres Werk über halluzinogene Pflanzen wie *Banisteriopsis caapi* oder *Yagé* und über die Reisen der südamerikanischen Schamanen zur Wiedererlangung verlorener Seelen schrieb der amerikanische Religionshistoriker Lawrence E. Sullivan – *Icanchu's Drum. An Orientation to Meaning in South American Religions* (SULLIVAN 199: 85–86), das Ioan Petru Culianu in *Călătorii în lumea de dincolo* [Reisende ins Jenseits] zusammenfasste (CULIANU 2007: 85–86).

Das bekannte Buch *Junky* Von William S. Burroughs von 1952 endet damit, dass der morphiumsüchtige Erzähler auf der Suche nach neuen, stärkeren psychedelischen Erfahrungen mit der Liane *Yagé* nach Südamerika reist: „I read about a book called yagé, used by Indians in the headwaters of the Amazon. [...] Maybe I will find in yagé what I was looking for in junk and weed and coke. Yagé may be the final fix (BURROUGHS 2003: 127). Auch Allen Ginsberg reiste 1960 nach Peru, um Experimente mit dem Trank der Liane zu unternehmen. Am Anfang des Bandes *Kadish and Other Poems* (1961) erklärt eine Anmerkung des Dichters, dass manche der Gedichte unter Drogen entstanden: „Magic Psalm, The Reply, & The End record visions experienced after drinking Ayahuasca, an Amazon spiritual potion" (BOON 2002: 262).

Ich komme zurück auf die Reportage Fumurescus vom Frühjahr 2009. Der Schamane (*Ayahuascero*, wie er dort genannt wird) sammelte die Liane im Dschungel, fertigte verschiedene Tränke an („eine braune, übelriechende Flüssigkeit") und gab Fumurescu (und den anderen Novizen) „Hinweise zur Verwendung", deren Nichteinhalten zu schweren Vergiftungen führen könne. Aber auch unter normalen Bedingungen, ist der psychedelische Trip in der Regel begleitet von Durchfall und Übergeben. Zusammen mit der Hauptzutat, der Liane, werden „weitere zehn Kräuter je nach Expertise des jeweiligen Schamanen" in einem Kessel zum Kochen gebracht.

Fumurescu beschreibt, dass es verschiedene Reaktionen auf Ayahuasca gibt, je nach „Grad der spirituellen Entwicklung", „Gesundheitszustand" und „Motiven für die Einnahme der Liane" etc.

Er probiert, und es gelingt ihm auch teilweise, in die Wörter die Zustände und unaussprechlichen Erfahrungen zu legen, als erkläre er einem von Geburt an Blinden die Farbe rot, oder als erkläre er einem Menschen, der in einer dreidimensionalen Welt lebt, die vierte Dimension. Fumurescu widmet sich auf ehrenwerte Weise der Aufgabe, Neulingen zu berichten, „wie sie das Paradies und die Hölle finden können durch den Trank aus einer Liane". Unter den psychedelischen Erfahrungen, die er während des Trips erlebt, erschien mir das Pendeln zwischen dem *Mikro-* und dem *Makrokosmos* eines *Psychonauten* am interessantesten. Ich gebe die Erzählung Alin Fumurescus verkürzt wieder:

Ich beginne geometrische Lichtgestalten zu sehen, als würde ich durch so ein Fernrohr mit bunten Glassplittern drin schauen, die es in meiner Kindheit gab [...]. Soweit war ich vorbereitet, das hatte ich gelesen, und ich war also nicht sonderlich überrascht. Ich freute mich sogar – das hieß, ich war nicht umsonst gekommen und würde etwas zu erzählen haben, zu Hause. Aber das war noch gar nichts. Ich zog stärker an der gelben Laterne und fand mich in meinen Visionen wieder". Fachleute behaupten, dass diese graphischen, halluzinatorischen Repräsentationen in der Architektur und der dekorativen Kunst der Indianer wiederzufinden sind, in den Dekorationen, die sie auf Keramik, Masten, Instrumente, Ketten, Waffen, Möbel zeichnen (FUMURESCU 2001: 41).

Fumurescus Erzählung geht folgendermaßen weiter:

Dann „tauchte" gemäß der Vorwarnung auch der Dschungel „auf". Ok. Auch das geht noch. Bis zu einem gewissen Punkt. Die geometrischen Bilder verwandeln sich in den Augen zum Jaguar, vom Jaguar zur Anakonda, von der Anakonda zu Piranhas – damit kann ich leben. Aber der Wechsel wird immer schneller, die Visionen immer stärker (und noch bin ich mir dessen bewusst, dass der Schamane den Rhythmus vorgibt und seine Zauberformeln immer schneller werden, schon sind es keine Tiere mehr, die ich mal näher, mal mehr aus der Ferne sehe, es sind Pflanzen und Käfer, Würmer, Lianen, mal sehr nah, mal sehr weit entfernt. Ich sehe den Comejenes, Fluss der Termiten, auf dem ich war, wohin kein weißer Mensch bisher einen Fuss gesetzt hatte. Aber ich sehe auch andere, mir unbekannte Gebiete. Ich sehe sie klar, im Detail, ich könnte sie zeichnen. Wie sehe ich sie? Ich sehe sie ganz einfach, wenn ich mich über den Dschungel ‚erhebe' und dann wieder in ihn eintauche bis zu den Termiten und tiefer noch, in seine Eingeweiden. Soweit ich das mitbekomme, ist es eine Art Karussel oder ein Pendel, das zwischen der kleinen und der großen Unendlichkeit hin und her schwankt. In dieser Phase kann ich nicht mehr und übergebe mich. […] In der Zwischenzeit, das ist überraschend, machen die Visionen, was sie wollen. Das Karussel macht allein weiter. Und es scheint sich sogar noch schneller zu drehen. […] Wenn ich mich jetzt ‚erhebe', dann nicht über den Dschungel in die Höhe, in der in meiner Vorstellung ein Helikopter fliegt, sondern noch höher. Die Magenkrämpfe werden unerträglich. Schon sehe ich Südamerika irgendwo, von oben. […] Beim nächsten Aufsteigen sehe ich schon die Erdkugel, wie sie, glaube ich, die Kosmonauten sahen. Bei der nächsten Talfahrt erreiche ich, glaube ich, die Molekularebene. Das ist der Moment, an dem ich beginne, Angst zu bekommen. Als ich beim nächsten Aufstieg die Erde als

Planeten aus den Augen Erde verliere, schreit etwas in mir, dass, wenn ich jetzt nicht zurückkomme, ich nie mehr zurückkomme. Irgendwie schaffe ich es zurückzukommen. Ich weiß nicht wie, aber es gelingt mir. Ich glaube, es helfen die ‚Erfahrungen' aus Träumen, in denen ich fliegen konnte. [...] Ich bin zurück. Irgendwo über dem Dschungel, aber wieder da. Die Messer, die mir in die Eingeweide stechen, werden immer spitzer. [...] Ich erinnere sie, ich sitze im Schneidersitz, die Hände gepresst an eine gelbe Laterne; das Detail gelb ist sehr wichtig – mit solchen Details habe ich Abende überlebt. Ich hatte gelesen, dass Jung, wenn er ins Unterbewusstsein abtauchte, wo er Schlangen, Zwerge und Drachen sah – er brauchte kein Ayahuasca – sagte, dass er, wenn er nicht gewusst hätte, dass er in der Hilderstraße 123 wohnte, sich nicht mehr zurückgefunden hätte. Erst jetzt verstand ich, was er damit gemeint hatte – so ein weltliches Detail verankert dich in der hiesigen Welt. [...] Es ging mir nicht gut, oder doch, es ging mir extrem gut, hängt davon ab, aus welcher Richtung man es sah [...]. A man gotta know his limitations. Es ging bereits ums Überleben. Irgendjemand – der Schamane – versuchte mich irgendwohin zu bringen, von wo ich nicht zurückkehren konnte. [...] Es folgte eine unendliche Zeit (welche Zeit? Welcher Raum?), in der die Kombination aus Oltenier und Motze zum Ausdruck kam. Ich musste mich an etwas, irgendetwas, festhalten, um nicht den Verstand zu verlieren. Falsch ausgedrückt. Hier war schon nicht mehr von „Verstand" die Rede, hier ging es um mich. Ich war überzeugt, dass ich, würde ich mich ‚leiten' lassen, egal ob physisch oder psychisch, dann würde ich nicht zurückkommen können. Im Ernst. Wenn ich physisch die gelbe Laterne hielt, hatte ich eine Familie. [Wenn Florin es mir nicht später bestätigt hätte, hätte ich nicht schwören können, dass ich diese Worte laut gesagt habe.] ‚F ... du mich nicht! Ich bin Oltenier! Ich bin Motze! Mich f ... keine Pflanze und auch kein Schamane! Ich habe eine Familie, ich habe Kinder! Ich kann nicht einfach so verschwinden, wann du willst!' Ich ging hoch und runter in die große und die kleine Unendlichkeit, ich fühlte mich wie ein Hüpfer im Universum (FUMURESCU 2009).

Ende der der sechziger Jahre, als Carlos Castaneda noch nicht berühmt war (er veröffentlichte sein erstes Buch 1968), machte der amerikanische Entdecker und Photograph Loren McIntyre anthropologische Untersuchungen im oberen Amazonas. McIntyre war ein freiberuflicher Entdecker, der vor allem für *Nati-*

onal Geographic arbeitete. 1969 entschied er sich, im Dschungel einen halbnomadischen Stamm namens Mayoruna zu suchen, von dem man glaubte, er sei völlig verschwunden. Zu Beginn des 20. Jahrhunderts war der Stamm der Mayoruna fast ausgerottet oder zu Skalven gemacht worden. Es gelang ihnen aber, sich zu retten, indem sie sich im Dschungel versteckten und ständig migrierten.

Basierend auf den Schriften, Erzählungen und Photographien Loren McIntyres, schuf Petru Popescu mit Zustimmung des amerikanischen Forschers eine Art dokumentarische Prosa, die er in den USA 1991 unter dem Titel *Amazon Beaming* veröffentlichte. Auf Rumänisch erschien das Buch 1993 mit dem Titel *Revelație pe Amazon* [Offenbarung am Amazonas].

McIntyre fand die Mayoruna im Dschungel in provisorischen Hütten an den Quellen des Flusses Javari (ein Zufluss des Amazonas), irgendwo in Peru, an der Grenze zu Brasilien. Sie wurden auch „Katzenmenschen" genannt, wegen der Tätowierungen, die sie sich im Gesicht machten. Sie hatten als Totem den Jaguar. Die Schamanen und ein paar Stammesälteste kannten noch die „alte Sprache" des Stammes, ein archaisches nonverbales, telepathisches Kommunikationssystem. So kommunizierte der Forscher mit der Führung des Stammes, weil er die Sprache der Indianer nicht kannte und keinen Dolmetscher hatte.

Mit Hilfe starker natürlicher Halluzinogene durchlaufen die Mayoruna regelmäßig ein Ritual des „Rückkehr zum Anfang". Die Zeremonie soll für spirituelle Erneuerung sorgen. Alle materiellen Güter des Stammes (Hütten, Geräte, Waffen etc.) werden im Feuer verbrannt, und alle Mitglieder des Stammes reisen, von den Schamanen geleitet, zu „den Anfängen der Zeit", dorthin, wo sich die Götter und Archetypen aller Dinge und aller Wesen befinden. Es ist eine rituelle Form der Erneuerung der Zeit, die als zyklisch und nicht linear empfunden wird. Mircea Eliade würde von einem Ritual der „ewigen Wiederkehr" archaischer und traditioneller Gemeinschaften sprechen (*Le mythe de l'éternel retour. Archétypes et répétition*, 1949). Die Mayoruna sind Halbnomaden – nicht nur im Raum, sondern auch in der Zeit. Nach Beendigung des Rituals beginnt alles bei Null, an einem neuen Ort und zu einer neuen Zeit. Eliade würde von einer radikalen Form der „Boykottierung von Geschichte" sprechen.

Im Oktober 1969 nahm Loren McIntyre an diesem komplexen religiösen Zeremoniell teil und auch an der kollektiven Einnahme halluzinogener Substanzen. Petru Popescu beschrieb dies detailliert in seinem Buch. In erster

Linie handelt es sich um ein fermentiertes Getränk, masato, auf der Basis von Maniok, dem aber halluzinogene Pflanzen beigemischt werden, die man im Dschungel sammelt.

Ich schmecke Kräuter, wie sie die Indios öfters in den Masato hineinmischen [...] Und richtig – eine halbe Stunde später erlebe ich milde Halluzinationen. [...] Ich habe mich immer dagegen gesträubt, Rauschmittel einzunehmen, obwohl die Indios sie bei den meisten feierlichen Anlässen verwenden und auch ihren Gästen anbieten (nur am Orinoko sah ich, dass sie täglich eingenommen wurden). Heute nehme ich noch einen Schluck aus der Schale. [...] Ich kann nicht sagen, dass ich mich in einem Rauschzustand befinde, aber ein seltsames Gefühl ist es doch. Mir ist, als ob ich Entfernungen nach Belieben dehnen und zusammenziehen könnte (POPESCU 1992: 171–172).

Wir erkennen den Effekt der Makropsie und Mikropsie wieder. Ich habe in einem anderen Kapitel darüber geschrieben.

Petru Popescu gibt nicht an, um welche psychotropen Pflanzen es sich genau handelt, aber es könnte die Liane (*Banisteriopsis caapi*) sein. Manche Effekte ähneln denen, die weiter oben beschrieben sind. Apropos „alte Sprache", die die Schamanen des Stammes verwenden: das Alkaloid, das die Liane enthält, erhöht übersinnliche Fähigkeiten (*Extra Sensory Perception – ESP*) und auch die Fähigkeit des Menschen, durch Telepathie zu kommunizieren.

Außerdem verwendeten die Indianer ein halluzinogenes Pulver, dass sich *Okana* nennt: „Es ist die Rinde eines Baumes, verbrannt und dann zerrieben, bis es ein Pulver wird". Die Droge wird in Säckchen aufbewahrt und mit Hilfe von Schilfrohr eingeatmet. Um das Einatmen effektiver zu gestalten, helfen sie sich gegenseitig: „Hinter ihnen sehe ich einen Mann, der ein rund dreißig Zentimeter langes Schilfrohr in die Nase eines anderen steckt und kräftig durch das eine Ende bläst. Der andere schnupft laut, zieht sich das Rohr aus dem Nasenloch und bläst ein kleines, weißes Wölkchen aus. Er holt etwas aus einem Beutel, stopft es ins Rohr und bläst nun dem anderen den Inhalt in die Nase" (POPESCU 1992: 276). Die Mayoruna verwenden auch Tabak. Sie rauchen aus rituellen Gründen eine Art Zigarre, die über dreißig Zentimeter lang ist und die aus grünen Tabakblättern gerollt wird. Die Zigarre wird in der Gruppe geraucht und im Kreis weitergereicht. Die Wirkung auf Loren McIntyre ist stark: „Durch den Rauch der grünen Zigarette musste ich husten" (POPE-

SCU 1992: 260). Eine weitere psychedelische Droge der Indianer des Mayoruna Stammes stammt aus einer Substanz, die ein bestimmter Frosch absondert. Es handelt sich sehr wahrscheinlich um *Phyllomedusa bicolor*.

Huaca eins nimmt ein Messer aus Chontaholz und ich blicke weg, weil ich nicht sehen will, wie er das Tier aufschlitzt. Aber als ich mich wieder umdrehe, sehe ich, wie er die scharfe Klinge von seinem Arm wegnimmt und das Blut aus dem Schitt heraustreten lässt. Sofort packen zwei andere Huacas seinen Arm, ziehen mit ihren Fingern die Wunde auseinander und lassen ein bisschen Froschsekret hineinträufeln. So geht es direkt in die Blutbahn über, und der Effekt setzt schneller ein und hält länger an (POPESCU 1992: 275).

Am Ende der Geschichte fügt der Autor ein überraschendes Moment des Zweifels ein. Nach den fabelhaften Erfahrungen des Loren McIntyre, als er in die erste Stadt kommt (Iquitos), sagt ihm ein Kollege, dass die Indianer im Dschungel des Amazonas für gewöhnlich in das tägliche Essen ein paar Tropfen des Sekrets aus Krötenhaut geben (POPESCU 1992: 303). Die Information weckt die Neugier McIntyre. Ob er wohl wirklich telepathisch mit den Stammeshäuptern kommuniziert hat oder es sich um eine einfache Halluzination durch die tägliche Vergiftung handelte? Ein Zweifel, der einen die ganze Geschichte noch einmal überdenken (oder noch einmal lesen) lässt.

Wie wir weiter oben gesehen haben, hielt Culianu Castaneda eher für einen *fiction writer* als für einen Anthropologen. Auch *Amazon Beaming* ist eine interessante Kombination aus anthropologischem Dokument und Literatur. Nur dass in diesem Fall der Anthropologe und der Autor nicht die gleiche Person sind, wie bei Castaneda. Der Anthropologe Loren McIntyre und der Schriftsteller Petru Popescu haben zusammengearbeitet, um ein erfolgreiches Buch zu verfassen. Es ist verwunderlich, dass McIntyre nicht als Coautor auf dem Umschlag des Buches genannt wird, wie es korrekt gewesen wäre.

Andrei Codrescu berichtet in seinem Buch *Miracol și catastrofă* [Wunder und Katastrophe], in dem Gespräche mit Robert Lazu abgedruckt sind, über seine Drogenerfahrungen als Student in Amerika zwischen 1965 und 1975. Eine Zeit und ein Raum, in dem Rauschmittel ihre Hochzeit hatten. Ich habe im vorhergehenden Kapitel versucht, die Epoche zu beschreiben und den Einfluss des Religionshistorikers Mircea Eliade auf die jungen Hippies. Einer der Hippie-

Studenten, der von Eliade beeinflusst wurde und ihn 1967 an der Universität Chicago besuchte, war Andrei Codrescu. Der rumänische Dichter kam per Anhalter von Detroit nach Chicago und wandte sich an Eliade wie an einen Guru. Aber Eliade stellt die Fragen.

Codrescu war 1965 im Alter von neunzehn Jahren in die USA ausgewandert. Er spricht im Namen vieler jugendlicher Rebellen im Amerika der sechziger Jahre: „Ich schulde Eliade eine tiefe Öffnung meiner jugendlichen Seele zu Träumen, Poesie, der exotischen Welt (wie Yoga und Schamanismus), die perfekt zusammen passten mit der Zeit, in der der Kosmos dank des Zeitgeistes einer Generation und LSD in mein Wesen kam. Eliades Bücher über das Heilige und das Profane, über diesen ‚retour éternel' (Nietzsche hatte ich noch nicht gelesen) waren fundamentele Werke für mich und nicht nur für mich" (CODRESCU 2005: 69–70).

Marhiuana und LSD gehörten, so Codrescu, in dieser Zeit zu den „Ritualen der Generation": „Meine Freunde rauchten zu dieser Zeit keine Zigaretten (Tabak war ‚Establishment') und tranken keinen Alkohol (Laster der Eltern)". Codrescu berührt hier einen zentralen Punkt: die Ideologisierung des Rauschgiftkonsums. Für meinen Freund im Alter Codrescus, den Dichter Allen Ginsberg, ein unermüdlicher Fürsprecher für die Legalisierung von leichten Drogen, war Tabak „*the official Dope*", auf die man verzichten musste für wahre Rauschmittel, „Drogen-Drogen":

Abb. 33: Andrei Oișteanu und Andrei Codrescu.
Photo: Denisa Comănescu, 2005.

Dont Smoke Dont Smoke Nicotine Nicotine No
No dont smoke the official Dope Smoke Dope Dope

(*Put Down Your Cigarette Rag*, 1971)

Distanzierung vom *Establishment*, Distanzierung von den Eltern. Auch Mircea Eliade beschäftigte sich damit, die Hippie-Bewegung zu verstehen und notierte 1968 in sein Tagebuch, dass „der große Erfolg halluzinogener Drogen unter den Jugendlichen" darin besteht, dass sie eine Art und Weise darstellen, „lautstark die Abwendung von den moralischen, politischen und ethischen Idealen der Eltern zu erklären" (ELIADE 1993a: 597–598).

Für den jungen Andrei Codrescu bestand der Sinn der Drogen nicht so sehr im „Durcheinanderbringen aller Sinne" wie bei Arthur Rimbaud (*Lettre du voyant*, 1871), sondern vielmehr in der Schärfe der Gedanken und der Leidenschaft der Gefühle und des Geistes wie bei Baudelaire.

Marhiuana macht dich, soweit wir wussten, friedlich und aufmerksamer. Tatsächlich schaute ich, schüchtern wie ich war, unter dem Einfluss auf die Menschen, die mir nah waren und ich fand den Mut, sie physisch und intellektuell zu bewundern, ihnen zuzuhören und sie zu verstehen. Ich hörte Musik, schmeckte und betrachtete alles, was ich hörte, aß und berührte, aufmerksamer. Die Aufmerksamkeit war wie Liebe. Es überkam mich eine Welle der Liebe für alles, was lebte.

Man kann die Entwicklung der Aufnahme von Rauschgift bei Codrescu nachzeichnen. Drogen waren für ihn „psychedelische Pädagogen" oder „Lehr-Pflanzen". Sie waren außerdem Substanzen, die Hyper- und Synästhesie auslösten.

Bis zur Mitte der siebziger Jahre war Marihuana für mich ein pädagogisches Mittel", gibt Codrescu zu. „Ich meditierte (in Ruhe oder schreibend) über die kleinsten Geräusche, Geschmäcker, Gefühle. Marihuana war ein geduldiger Lehrer. Nicht ganz so beim König LSD, eine Lehrmeister-Droge, die neuste in der Familie der psychedelischen Pädagogen der Schamanen der ganzen Welt.

Für Codrescu waren halluzinogene Pflanzen zu entheogenen Pflanzen geworden.

Die sogenannten ‚Halluzinogene' sind in der Natur sehr verbreitet, von ‚magischen Pilzen' zu Meskalin in Pflanzen. Diese Lehrer wurden auf unserem Planeten der intelligenten Wesen gelassen, die wir uns auf den Weg des Fortschritts gemacht haben und wurden von den Zauberern und Schamanen verwendet, um das Heilige, das alles durchdringt, was existiert, zu verstehen und zu erkennen.

Heute blickt Codrescu nostalgisch zurück. Er respektiert noch immer die „gute Wirkung" der „Lehr-Pflanzen" und der „psychedelischen Pädagogen", erkennt aber in ihnen keine Lehrer mehr. „Wenn ich sie besuchte, dann aus Nostalgie, sie lehren mich nicht mehr viel. Diese Kategorie von Drogen gehört zur Jugend, zum Wissensdurst ..." Dennoch, auch heute noch ist der Dichter und Bürger Codrescu aufmerksam, wen er in den USA wählt, damit nicht „mit wer weiß wie vielen Milliarden das Budget zum Kampf gegen Drogen angehoben wird" (CODRESCU 2000).

Codrescu unterteilt Drogen in „nützliche" (Marihuana, LSD) und „unheilvolle" (Amphetamin, Heroin). Natürlich geht es nicht um eine wissenschaftliche Sicht, sondern eine poetische (die nicht schlechter ist als die erste, aber anders). Die „unheilvollen" Amphetamine „machen süchtig und haben den gegenteiligen Effekt der sanften; sie steigern Unverschämtheit, Grausamkeit, Gleichgültigkeit und Gleichmut gegenüber Leid. Das sind Drogen, mit denen tief verletzte Ichs überleben können, und sie sind sehr gefährlich für die Gemeinschaft. Amphetamin [mit Bezug auf *Pervitin*] wurde in den Laboratorien der Nazis geschaffen, die es den Soldaten gaben, um sie wach und bestialisch zu halten".

Das „nützliche" LSD wurde 1943 in der Schweiz synthetisch hergestellt, „entkam aber fast sofort aus dem Labor und kehrte in die Öffentlichkeit zurück, wo sein Platz ist. Es wurde viel über diese Droge gesagt, aber sicher ist, dass es uns ein Fenster nach außen geöffnet hat, zu allem, was in uns göttlich ist. [...] ist ein humanes Produkt, das aus Pflanzen kommt und uns ins Innere der Welt setzt, in der wir leben; es gibt uns das ‚Innere' zurück und verbindet uns mit allem, was existiert, ein Eingang in den Kosmos, nicht der Ausgang aus ihm" (CODRESCU 2005: 52–54). Das sind unzensierte Bekenntnisse, die man als *für Jugendliche verboten* erklären könnte!

Eine Freundin Codrescus, Ruxandra Cesereanu, erhielt 1999–2000 ein Fullbright Stipendium an der Columbia University in New York, zum Thema *Political Torture in the 20th Century* (CESEARANU 2006). Der *Trip* in New York war, in ihren Worten, „wie ein Feuerball im Kleinhirn". Sie erlebt Zwischenfälle wie *Alisa în Țara NewYorkeză* [Alice in New-York-Land] und gibt dem Kapitel über Manhattan explizit den Titel: *In dem Alice psychedelisch deliriert* (*Tricephalos*, 2002).

Ich ende im Inneren des Uterus der Wolkenkratzer, verwirrt von seinen beleuchteten Fetzen, in denen ich berauscht, glücklich und wütend zugleich, bis aufs Blut verfolgt von Träumereien mit löchrigen Taschen, berauscht von so viel Blindheit eines Augenblicks, aber Rausch und ohne falsche Schwüre, aber mit der Demenz einer flackernden Neonleuchte im Gehirn, aufgewühlt vom Haschisch meiner eigenen Unruhe mit Kupfergeld im Hals ... (CESEREANU 2002: 115–121).

„Dem psychedelischen Delirium" in New York (1999–2000) folgte das Manifest des „Delirionismus" und „des delirienden Gedichts" – eine „intensive Veränderung der Realität", die Ruxandra Cesereanu definiert mit „Vereinigung Drogensüchtiger", „schamanischer Trance", „Trauma der Bilder", „Übersynästhesie", „verrauschte Mondsüchtigkeit" definiert (CESEREANU 2010). In dieser Zeit veröffentlichte Ruxandra Cesereanu das Buch *Deliruri şi delire. O antologie a poeziei onirice româneşti* (*Paralela* 45, 2000) [Delirien und Delire. Eine Anthologie onirischer rumänischer Gedichte].

In *Oceanul Schizoidian* [Der schizoide Ozean], das sie 1997 in den USA und 1998 in Rumänien veröffentliche, ehrt sie den schamanischen Dichter Jim Morrison (*The Doors*) in dem „psychedelichen Gedicht" *Jim călăreşte şarpele* [Jim reitet auf der Schlange]: „Die Schlange raucht Marihuana,/lasst mich nicht hier, ihr, Huren, die ihr die schwarzen Strumpfhosen runterlasst,/ich bin Jim./Der Schatten des Lichtes ist zerbrochen von den Vögeln der Nacht,/Drogensüchtige lecken die violette Sonne, unter der wir sterben werden" (CESEREANU 1998).

In *Submarinul iertat* ([Das entschuldigte U-Boot], 2007), einem Gedicht, das Cesereanu und Codrescu zusammen schrieben, sind die Helden eine verrückte Pianistin aus Cluj „mit Sex wie ein Engel" und ein kurzsichtiger und trunksüchtiger Amerikaner der Beatgeneration mit einer Tüte Meskalin am Gürtel: „Vielleicht müsste ich sagen/dass die Pianistin und der Amerikaner Gehirne aus Asche hatten/, denn sie übten Übermaß im Delirium wie Mescalin-Vergewaltiger/das sie in Dekalitern Benzin, das im Leeren explodierte, nahmen. Diese beiden delirierenden *Psychonauten* driften ab, wie zwei Taucher im *Ozean des Unbewussten* an Bord eines *entschuldigten U-Boots*. „Eines gelben U-Bootes natürlich, denn es ist das U-Boot der Beatles. Denn es ist psychedelisch. Denn es stößt einen starken Dampf aus Wodka und Marihuana aus", kommentiert Cărtărescu im Vorwort des Bandes.

„Die Tore der Wahrnehmung"

Zurück zu Codrescus Buch *Miracol și catastrofă* [Wunder und Katastrophe]. Lässt man den leichten jugendlichen Überschwang beiseite, haben seine Theorien etwas Erfrischendes. Ohne den Anspruch auf Neuheit sind sie dennoch neu im rumänischen Raum. Für den rumänisch-amerikanischen Dichter ist Droge kein Ziel sondern ein Mittel. Drogen öffnen (oder sprengen) die „Tore der Wahrnehmung". „Durch dieses Tor [das durch LSD geöffnet wurde]", schreibt Codrescu, „habe ich das Verlassen des Kosmos geschafft. Von dort große und kleine offene und halboffene Tore, Türen und Höhleneingänge" (CODRESCU 2005: 50). Sobald *the doors of perception* geöffnet waren, schien die Welt dem Menschen „so wie sie im Grunde ist: unendlich", sagte der Dichter William Blake (*The Marriage of Heaven and Hell*, 1790).

Blakes Formulierung beeinflusste einen der großen Theoretiker der Rauschgiftsucht, Aldous Huxley. Seine Bücher *The Doors of Perception* (1954) und *Heaven and Hell* (1956) verweisen explizit auf das berühmte Gedicht Blakes. Sie wurden nach Erfahrungen mit Meskalin und LSD verfasst. Im November 1963 starb Huxley im Alter von neunundsechzig Jahren. Er war krebskrank und bat seine Frau, ihm eine Überdosis LSD zu spritzen. Die Bücher Aldous Huxleys beeinflussten wiederum die Dichter der Hippie-Bewegung. Den ekstatischen amerikanischen Dichter Jim Morrison, zum Beispiel, der 1965 die Rockband gründete, die sich nicht zufällig *The Doors* nannte. Er starb 1971 in Paris mit siebenundzwanzig Jahren nach einer Überdosis Heroin.

Die Liste der Rocker, die an Überdosen starben, ist im Übrigen ziemlich lang. Ich gebe weitere zwei Namen dieser Generation gleichen Kalibers. Die Rocker, die die „Tore der Wahrnehmung" einer ganzen Generation *Flower Power* öffneten: Janis Joplin (starb 1970, Überdosis Heroin) und Jimi Hendrix (starb 1970, Kombination von Rauschgift, Alkohol und Schlafmitteln). Über Jimi Hendrix und die Drogen, die er nahm, veröffentlichte Daniel Vighi 2005 einen atypischen Roman, der sich schwer in der rumänischen Literatur einordnen lässt: *Aventuri cu Jimi Hendrix* [Abenteuer mit Jimi Hendrix]. Die Art und Weise, wie die Folk- und Rockmusiker Rumäniens in den siebziger Jahren mit Drogen umgingen, ist bisher nur sehr wenig untersucht worden.

Mircea Cărtărescu schrieb ein paar gute Zeilen über den „riesigen Druck" von innen und von außen, dem der Künstler an sich und im Allgemeinen, der Rockmusiker im Besondern ausgesetzt ist, und vor allem über die „Lösung der Rocker", auf Aufputschmittel und Rauschgift zurückzugreifen, über die riesige „Verführung, Aufputschmittel zu nehmen, um Stand zu halten und Rauschmittel, um zu vergessen, totales Verderben, um dein Gehirn zu täuschen. [...] Es bleibt nur das verzweifelte Bedürfnis nach der Droge: Erfolg, Sex, Alkohol, Heroin ..." (CĂRTĂRESCU 2010: 207211).

Ernst Jüngers Metapher ähnelt der Aldous Huxleys: Die Einnahme einer starken Droge verrusacht bei dem, der sie nimmt, ein psychisches Erdbeben, das die Wand einreißen kann, die ihm bis dahin die Sicht versperrte. Jünger schreibt: „Ein Schock, ein unerwarteter Anfall wie der Rausch kann neue Perspektiven aufreißen, und zwar mit einem Schlage nicht also durch Entwicklung und Unterricht. Wir dürfen auch an ein Beben denken, das eine Mauer niederwirft" (JÜNGER 2008: 59). Auf der anderen Seite „lehren die psychedelischen Pädagogen dich, die Welt zu verstehen. Mit ein paar Änderungen erkenne ich meine eigenen Meditationen zu diesem Thema wieder. Im Grunde glaube ich, dass diese „Lehrer" die Konventionen und mentalen Klischees entfernen, die durch andere „Lehrer" aufgezwungen wurden. Sie sind eher „Ver-Lehrer", die die Fenster der „Tore der Wahrnehmung" putzen". „Ich möchte das Verlernen lernen", sagte Constantin Noia in den siebziger Jahren zu seinen Schülern, schlug ihnen aber „das Rezept des kulturellen Dopings" vor, das zu „gutem Vergessen" führt (LIICEANU 2001: 295).

1884 erfand der britische Schriftsteller Charles Howard Hinton (der heute kaum noch bekannt ist) eine Figur, die er *Unlearner* nannte. Er befreit das Gehirn von der Herrschaft der Konventionen und erlaubt, die Welt in allen Dimensionen zu erkennen. Ioan Petru Culianu beschäftigte sich mit der Wiedererlangung der vierten Dimension des Universums und der Geschichte „der Reisenden ins Jenseits" (CULIANU 2007) und war der Auffassung, dass Hinton die neusten Theorien zu *Altered States of Consciousness* und *Out-of-Body Experiences* vorwegnahm.

Literaturverzeichnis

„Max Blecher către Geo Bogza", Korrespondenz publiziert von Ion POP. In: *România literară*, nr. 6, 13 februarie 2009, 16–17.

„Nu cred deloc că-i scăpa frumusețea lumii", unveröffentlichtes Interview über Emil Cioran mit Simon Boué, die Fragen stellte Gabriel LIICEANU [am 18. November 1994], In: *România literară*, Nr. 31, 7 August 2009, S. 16–17.

„O scrisoare a d-lui E. Lovinescu". In: *Însemnări ieșene*, Iași, Bd. XII, Nr. 12, 1. Dezember 1939.

„Tucci, Queneau și Pelikan către Mircea Eliade" (unveröffentlichte Briefe), herausgegeben von Mircea HANDOCA. In: *România literară*, Nr. 31, 2006.

ACTERIAN, Arșavir (2008): *Jurnal 1929–1945/1958–1990*. – Bukarest: Humanitas.

ACTERIAN, Jeni (2007): *Jurnalul unei fete greu de mulțumit (1932–1947)*. Textauswahl von Arșavir ACTERIAN; herausgegeben von Doina URICARIU. – Bukarest: Humanitas.

ADERCA, Felix (1929): *Mărturia unei generații*. – Bukarest: Editura S. Ciornei.

AELIANUS, Claudius (1990): *Bunte Geschichten*. Aus dem Griech. von Hadwig HELMS. – Leipzig: Reclam.

AGHEEV, M. (= Mark Lazarewitsch Levi) (1986): *Roman mit Kokain*. Aus dem Franz. übersetzt von Daniel DUBBE. – Reinbek bei Hamburg: Rowohlt; (2012): Aus dem Russ. übersetzt von Valerie ENGLER und Norma CASSAU. – Zürich: Manesse-Verlag.

AGOPIAN, Ștefan (2008): „Scriitori pentru eteritate", In: *Academia Cațavencu*, Nr. 21, 28. Mai 2008, 38.

ALECSANDRI, Vasile (1908): *Opere*, Bd. V, *Teatru*. – Bukarest: Minerva.

ALECSANDRI, Vasile (1972): *Cele mai frumoase scrisori*. Übersetzt, ausgewählt, kommentiert und herausgegeben von Marta ANINEANU. – Bukarest: Minerva.

ALECSANDRI, Vasile (1974): *Opere*, Bd. IV, *Proză*. Herausgegeben von Georgeta RĂDULESCU-DULGHERU. – Bukarest: Minerva.

ALECSANDRI, Vasile (1977): *Opere*, Bd. V, *Teatru*. Herausgegeben von Georgeta RĂDULESCU-DULGHERU. – Bukarest: Minerva.

ALEXANDRESCU, Sorin (2006): *Mircea Eliade dinspre Portugalia*. – Bukarest: Humanitas.

ALEXANDRIAN, Sarane (1954): *Victor Brauner l'illuminateur*. – Paris: Cahiers d'Art.

ALEXANDRIAN, Sarane (1983): *Histoire de la philosophie occulte*. – Paris: Ed. Seghers.

ALEXANDRIAN, Sarane (1999): "I Believe in a Surrealism of the Future", im Gespräch mit Petre Răileanu. Siehe: Petre RĂILEANU: *The Romanian Avant-Garde, Plural*, The Romanian Cultural Foundation, Bukarest, Nr. 3, 1999, 148.

ALEXIANU, Alexandru (1987): *Mode și veșminte din trecut. Cinci secole de istorie costumară românească*, Bd. II. – Bukarest: Meridiane.

AMIGUES, Suzanne (2003–2004): «Du jujubier des lotophages à l'arbre sacré du temple d'or». In: *Du corps humain, au carrefour de plusieurs savoirs en Inde*. Zum 80. Geburtstag von Arion Roşu. Zusammengestellt und bearbeitet von Eugen CIURTIN. *Studia Asiatica*, Bd. IV (2003) – V (2004). – Paris: De Boccard.

ANANIA, Valeriu (2009): *Memorii*. – Iaşi: Polirom.

ANGELESCU, Silviu (1987): *Calpuzanii*. – Bukarest: Cartea Românească.

ANGHELESCU, Mircea (1975): *Literatura română şi Orientul*. – Bukarest: Minerva.

ANGHELESCU, Mircea (1988): *Textul şi realitatea*. – Bukarest: Eminescu.

ANTON, Ted (1996): *Eros, magic, & the murder of Professor Culianu*. – Evanston: Northwestern University Press. Dt. (1999): *Der Mord an Professor Culianu: Rekonstruktion eines Verbrechens*. Übersetzt von Ferdinand LEOPOLD, mit einem Nachwort von Umberto ECO. – Frankfurt am Main/Leipzig: Insel Verlag.

ANTONESCU, Teohari (2005): *Jurnal (1893–1908)*. Herausgegeben und mit einer Einführung von Lucian NĂSTASĂ. – Cluj-Napoca: Limes.

Apocalipsa după Cioran. Auszug aus dem Transkript zum Film; produziert von Gabriel LIICEANU und Sorin ILIEŞIU, Bukarest, 1995.

ARGHEZI, Tudor (1960): *Versuri*. – Bukarest: Editura pentru Literatura „Biblioteca pentru toti".

ARGHEZI, Tudor (2004): *Versuri*. Herausgegeben von Mitzura ARGHEZI und Traian RADU; mit einem Nachwort von Ion SIMUŢ. – Bukarest: Editura Institutului Cultural Român.

ARON, Raymond (2007): *Opiul intelectualilor*. – Bukarest: Curtea Veche.

ARTAUD, Antonin (1940): *Lettres à Genica Athanasiou*. – Paris: Gallimard.

ASCHERSON, Neal (2007): *Black Sea. The Birthplace of Civilisation and Barbarism*. – London: Vintage Books. Dt. (1996): *Das Schwarze Meer*. Übersetzt von Jochen BUSSMANN. – Berlin: Berlin-Verl.

Avangarda românească în arhivele Siguranţei. Herausgegeben von Stelian TĂNASE. – Iaşi: Polirom, 2008.

BABEŢI, Adriana (2004): *Dandysmul. O istorie*. – Iaşi: Polirom.

BABEŢI, Adriana (2009): *Prozac. 101 pastile pentru bucurie*. – Iaşi: Polirom.

BACHMANN, Ingeborg & CELAN, Paul (2009): *Herzzeit*. – Frankfurt am Main: Suhrkamp.

BACOVIA, George (1965): *Plumb*. Mit einem Vorwort von Nicolae MANOLESCU. – Bukarest: Editura pentru Literatură.

BĂDĂLAN TURCITU, Alina (2009): „Baia de oxigen, care te vindecă de cinci ori mai repede", *Gândul*, 5. August 2009.

BACHTIN, Michail (1987): *Rabelais und seine Welt: Volkskultur als Gegenkultur*. Aus dem Russ. von Gabriele LEUPOLD, herausgegeben und mit einem Vorwort von Renate LACHMANN. – Frankfurt/M.: Suhrkamp.

BĂLĂ, Paul & CHEŢAN, Octavian (1972): *Mitul creştin. Filiaţii şi paralele*. – Bukarest: Editura Enciclopedică Română.

BARBILIAN, Gerda (1979): *Ion Barbu. Amintiri*. – Bukarest: Cartea Românească.

BARBU, Eugen (1985): *Săptămâna nebunilor*. – Bukarest: Albatros. Dt. (1985): *Die Woche der Narren*. – Aus dem Rum. von Veronika RIEDEL. – Berlin: Volk und Welt.

BARBU, Ion (1935): „Prometeu desrobit", *Facla*, nr. 1351, 3. August 1935.

BARBU, Ion (1970): *Poezii*. Herausgegeben von Romulus VULPESCU. – Bukarest: Albatros.
BARBU, Ion (1970): *Versuri și proză*. – Bukarest: Minerva.
BARBU, Ion (1986): *Joc second*. Herausgegeben von Romulus VULPESCU. – Bukarest: Cartea Românească.
BARBUL, Gheorghe (1950): *Memorial Antonescu. Le troisième homme de l'Axe*. – Paris: Couronne.
BAUDELAIRE, Charles (1875): *Les fleurs du mal Paris*. – Paris: Poulet-Malassis et De Broise; Dt. (1901): *Die Blumen des Bösen*. – Berlin: Georg Bondi.
BAUDELAIRE, Charles (2000): *Les Paradis artificiels*. — Paris: Livre de poche. Dt. (1901): *Die künstlichen Paradiese*. – Minden: Bruns.
BAUDELAIRE, Charles (1869): *Petits Poëmes en Prose. Les Paradis artificiels*. – Paris: Michel Lévy Frères.
BAYER, Simon (1973): „Drumuri ce nu trebuiesc căutate. Scrisori din Germania", *Manuscriptum*, Bukarest, nr. 3 (12), 1973, 96.
BENJAMIN, Walter (1961): *Illuminationen*. – Frankfurt am Main: Suhrkamp.
BENJAMIN, Walter (1966): *Briefe*. Band 1. – Frankfurt am Main: Suhrkamp.
BENNET, Chris; OSBURN, Lynn & OSBURN, Judy (1995): *Green Gold the Tree of Life: Marijuana in Magic & Religion*. – Frazier Park (Ca): Acces Unlimited.
BERINGER, Kurt (1927): *Der Mescalinrausch*. – Berlin: Springer Verlag.
BINDER, Rodica (2008): „Scriitorii români și substanțele psihotrope", *Radio Deutsche Welle*, Interview mit Andrei Oișteanu, 24 august 2008.
BLAGA, Dorli (2004): *Tatăl meu, Lucian Blaga*. – Cluj-Napoca: Biblioteca Apostrof.
BLAGA, Lucian (1943): *Trilogia Cunoașterii* (Eonul dogmatic, Cunoașterea luciferică, Censura transcendentă). – Bukarest: Fundația Regală pentru Literatură și Artă.
BLAGA, Lucian (1969): „Elogiul satului românesc". In: PĂUN, Octav: *Elogiul folclorului românesc*. Anthologie mit einem Vorwort von Octav PĂUN, herausgegeben von Maria MĂRDĂRESCU und Octav PĂUN. – Bukarest: Editura pentru Literatură, 405–408.
BLECHER, Max (2006): *Vernarbte Herzen*. Aus dem Rum. von Ernest Wichner. – Frankfurt am Main: Suhrkamp.
BOGZA, Geo (1937): „Însemnări pentru un fals tratat de pornografie", In: *Azi*, Bukarest, Nr. 29, Juni–August 1937, 2635.
BOGZA, Geo (1987): *Jurnal de copilărie și adolescență*. – Bukarest: Cartea Românească.
BOHN, Willard (2004): *The Other Futurism: Futurist Activity in Venice, Padua, and Verona*. – Toronto: University of Toronto Press.
BOISACQ, Émile (1916): *Dictionnaire étymologique de la langue grecque: étudiée dans ses rapports avec les autres langues indo-européennes*. –Heidelberg: C. Winter.
BOLINTINEANU, Dimitrie (1865): *Poesii, atât cunoscute cât și inedite*, Bd. I (*Florile Bosforului, Legende istorice, Basme*). – Bukarest: Tipografia lucrătorilor asociați.
BOLLIAC, Cesar (1873): „Archeologia. Usul fumatului din timpii prehistorici", In: *Trompeta Carpaților*, Nr. 1045, 4./16. Februar 1873.
BOON, Marcus (2005): *The Road of Excess: A History of Writers in Drugs*. – Cambridge: Harvard University Press.

BORDAŞ, Liviu (2002): „Secretul doctorului Eliade", *Origini. Caiete Silvane*, Zalău, Nr. 1 (7), 2002, 80.
BORDAŞ, Liviu (2006): *Iter in Indiam. Imagini şi miraje indiene în drumul culturii române spre Orient*. Mit einem Vorwort von Radu BERCEA. – Iaşi: Polirom.
BORGES, Jorge Luis (1992): *Fiktionen. Erzählungen 1939–1944*. Übersetzt von Karl August HORST, Wolfgang LUCHTING & Gisbert HAEFS. – Frankfurt am Main: Fischer.
BOT, Nicolae (1968–1970): „Cânepa în credinţele şi practicile magice româneşti". In: *Anuarul Muzeului etnografic al Transilvaniei*, Cluj, 1968–1970, 279–322.
BOTTA, Emil (1967): *Trântorul*. Mit einem Vorwort von Ovid S. CROHMĂLNICEANU. – Bukarest: Editura pentru Literatură.
BOTTA, Emil (1980): *Scrieri*, Bd. I und II. Herausgegeben von Ioana DIACONESCU. – Bukarest: Minerva.
BOWLES, Paul (1962): *A Hundred Camels in the Courtyard*. – San Francisco: City Lights Press.
BOWLES, Paul (1996): *Cerul ocrotitor*. Übersetzt und mit einem Nachwort von Alex. Leo ŞERBAN. – Bukarest: Univers.
BRAGA, Corin (2005): „Carlos Castaneda şi stările alterate de conştiinţă". In: *Caietele Echinox*, Bd. VIII, *Şamanismul postmodern*. – Cluj-Napoca: Centrul de Cercetare a Imaginarului, Universitatea „Babeş-Bolyai", 9–91.
BRĂTESCU, Gheorghe & CERNOVODEANU, Paul (2002): *Biciul holerei pe pământ românesc. O calamitate a vremurilor moderne*. – Bukarest: Editura Academiei Române.
BRĂTESCU, Gheorghe (1985): „Etnomedicina bârlădeană în 1885". In: *Retrospective medicale*. – Bukarest: Editura Medicală, 71.
BRĂTESCU, Gheorghe (1989): *Grija pentru sănătate. Primele tipărituri de interes medical în limba română (1581–1820)*. – Bukarest: Editura Medicală.
BRĂTESCU, Gheorghe (1999): *Către sănătatea perfectă. O istorie a utopismului medical*. – Bukarest: Humanitas.
BRAUDEAU, Michel (2007): *Café, Cafés*. – Paris: Éditions du Seuil.
BRAUNER, Victor (2001): *Desene din anii 1925–1962*. Aus der Sammlung des Museums der modernen Kunst Saint-Étienne. Katalog zur Ausstellung im Nationalen Kunstmuseum von Rumänien. Einführung des Kurators Martine DANCER. – Bukarest, 2001, 21.
BRUMARU, Emil (2005): *Opera poetică*, Bd. II. – Bukarest/Chişinău: Cartier.
BUCURENCI, Dragoş (2004): *RealK*. Mit einem Vorwort von Florin IARU. – Iaşi: Polirom.
BUDGE, Wallis A. (1928): *The divine origin of the craft of the herbalist*. – London: The Society of herbalists.
BUFFIERE, Félix (1956): *Les mythes d'Homère et la pensée grecque*. – Paris: Belles Lettres.
BUOT, François (2002): *Tristan Tzara : l'homme qui inventa la révolution Dada*. – Paris: Grasset.
BURROUGHS, William S. (2003): *Junkie*. – New York: Penguin Books.

BUTURĂ, Valer (1979): *Enciclopedie etnobotanică românească*, Bd. I. – Bukarest: Editura Științifică și Enciclopedică.

BUTURĂ, Valer (1988): *Enciclopedie etnobotanică românească*, Bd. II: *Credințe și obiceiuri despre plante*. Herausgegeben von Paul H. STAHL. – Paris: Sociétés Européennes, Bd. 4.

BUXBAUM, Yitzak (2006): *The Light and Fire of the Baal Shem Tov*. – New York: Continuum International Publishing Group.

BUZEA, Constanța (2009): *Creștetul ghețarului. Jurnal (1969–1971)*. – Bukarest: Humanitas.

C.A.R. [= C.A. Rosetti], poezia „Influența țigaretii asupra mea" (1847). Erschienen in: *Calendar popular pentru anul 1848*, [Tipografia] „Rosetti & Winterhalder", XI, Bukarest, 1848, 101–102.

CERNAVODEANU, Paul (2004): *Călători străini despre Țările Române în secolul al XIX-lea*, Serie nouă, Bd. I (1801–1821). Herausgegeben von Georgeta FILITTI, Beatrice MARINESCU, Șerban RĂDULESCU-ZONER & Marian STROE. – Bukarest: Editura Academiei Române.

CERNAVODEANU, Paul (2005): *Călători străini despre Țările Române în secolul al XIX-lea*, Serie nouă, Bd. II (1822–1830). Zusammengestellt von Paul CERNAVODEANU und Daniela BUȘĂ. – Bukarest: Editura Academiei Române.

CĂLINESCU, George (1961): *Rätsel um Ottilie*. Aus dem Rum. von Ingeborg Seidel. – Berlin: Der Morgen.

CĂLINESCU, George (1971): "Clasicism, romantism, baroc". In: CĂLINESCU, George; CĂLINESCU, Matei & MARINO, Adrian (1971); *Clasicism, baroc, romantism*. – Cluj-Napoca: Dacia.

CĂLINESCU, George (1986): *Istoria literaturii române de la origini până în prezent*. – Bukarest: Minerva.

CĂLINESCU, George (1986): *Viața lui Mihai Eminescu*. – Bukarest: Minerva.

CĂLINESCU, Matei & VIANU, Ion (2005): *Amintiri în dialog. Memorii*. – Iași: Polirom.

CĂLINESCU, Matei (2002): *Despre Ioan P. Culianu și Mircea Eliade. Amintiri, lecturi, reflecții*. – Iași: Polirom.

CĂLINESCU, Matei (2007): *Mateiu I. Caragiale: recitiri*. – Iași: Polirom.

CANDEA, Virgil (1985): „La Vie du prince Dimitrie Cantemir écrite par son fils Antioh. Texte intégral d'après le manuscrit original de la Houghton Library", In: *Revue des études sud-est européennes*, Bukarest, 23, nr. 3, 1985, 203–221.

CANDEA, Virgil (Hg.) (1996): *Un veac de aur în Moldova (1643 1743). Contribuții la studiul culturii și literaturii române vechi*. – Chișinău/Bukarest: Întreprinderea Editorial-Poligrafică Știința & Editura Fundației Culturale Române.

CANDREA, Ion-Aurel (1944): *Folklor medical român comparat*. – Bukarest: Casa Școalelor.

CANDREA, Ion-Aurel (2001): *Iarba fiarelor. Studii de folclor. Din datinile și credințele poporului român*. Herausgegeben und mit einer Einführung von Alexandru DOBRE. – Bukarest: Fundația Națională pentru Știință și Artă, Academia Română.

CANTEMIR, Dimitrie (1876): *Istoria Imperiului Ottomanu. Crescerea și scăderea lui.* Übersetzt von Iosif HODOȘIU. – Bukarest: Edițiunea Societăței Academice Romane. Engl. (1734): *The history of the growth and decay of the Othman empire.* Übersetzt von N. TINDAL. – London: John James & Paul Knapton. Dt. (1745): *Geschichte des Osmanischen Reichs nach seinem Anwachsen und Abnehmen.* Aus dem Engl. übersetzt von Johann Lorenz SCHMIDT. – Hamburg: Herold.

CANTEMIR, Dimitrie (1981): *Descrierea Moldovei.* Mit einem Vorwort von Leonida MANIU. – Bukarest: Minerva. Dt. (1973): *Beschreibung der Moldau.* Faksimilidruck des Originals von 1771. – Bukarest: Kritereon-Verlag.

CANTEMIR, Dimitrie (1987): *Sistemul sau întocmirea religiei muhammedane.* Herausgegeben von Virgil CÂNDEA. – Bukarest: Editura Academiei.

CANTEMIR, Dimitrie (1996): *Viața lui Constantin Cantemir zis cel Bătrân, domnul Moldovei.* Herausgegeben von Dan SLUȘANSCHI und Ilieș CÂMPEANU. – Bukarest: Editura Academiei.

CANTEMIR, Dimitrie (1999): *Hronicul vechimei a romano-moldo-vlahilor*, Bd. I. Herausgegeben von Stela TOMA. – Bukarest: Minerva.

CARAGIALE, Ion Luca (1960): *Opere*, Bd. II, *Momente, schițe, notițe critice.* Herausgegeben von Alexandru ROSETTI, CIOCULESCU, Șerban und CĂLIN, Liviu; mit einer Einführung von Silvian IOSIFESCU. – Bukarest: Editura de Stat pentru Literatură și Artă.

CARAGIALE, Ion Luca (1960): *Opere*, vol. I, *Teatru.* Herausgegeben von Alexandru ROSETTI, Șerban CIOCULESCU und Liviu CĂLIN; mit einer Einführung von Silvian IOSIFESCU. – Bukarest: Editura de Stat pentru Literatură și Artă.

CARAGIALE, Ion Luca (1999): *Publicistică și corespondență.* Herausgegeben von Marcel DUȚĂ; mit einer Einleitung von Dan C. MIHĂILESCU. – Bukarest: Grai și Suflet.

CARAGIALE, Mateiu I. (1975): *Craii de Curtea-Veche.* Mit einem Vorwort und einer Bibliografie von Mircea VAIDA. – Bukarest: Minerva.

CARAGIALE, Mateiu I. (2001): *Opere.* Herausgegeben, mit einer Einleitung und einem Kommentar von Eugen SIMION. – Bukarest: Univers Enciclopedic.

CARDINAL, Roger & SHORT, Robert Stuart (1970: *Surrealism. Permanent Revelation.* – London/New York: Studio Vista/Dutton.

CARMICHAEL, Michael (1996): „Wonderland Revisited", *The London Miscellany*, nr. 20, London & Calcutta, 1996, 19–28.

CARROLL, Lewis (1910): *Alice's Adventures in Wonderland.* – London: Raphael Tuck & Sons.

CĂRTĂRESCU, Mircea (1998): *Levantul.* – Bukarest: Humanitas.

CĂRTĂRESCU, Mircea (2001): *Jurnal.* – Bukarest: Humanitas.

CĂRTĂRESCU, Mircea (2003): *Pururi tânăr, înfășurat în pixeli (din periodice).* – Bukarest: Humanitas.

CĂRTĂRESCU, Mircea (2007a): *Die Wissenden.* Aus dem Rum. v. Gerhardt CSEJKA. – Wien: Paul Zsolnay.

CĂRTĂRESCU, Mircea (2007b): *Orbitor. Aripa dreaptă*, – Bukarest: Humanitas.

CĂRTĂRESCU, Mircea (2011): *Der Körper*. Aus dem Rum v. Gerhardt CSEJKA. – Wien: Paul Zsolnay.

CĂRTĂRESCU, Mircea (2009): „De ce îşi pune omul întrebări?", Umfrage der Literaturzeitschrift *Contrafort*, Chişinău, nr. 7–8, Juli–August 2009, 12.

CĂRTĂRESCU, Mircea (2010a): „'Tradus în n-şpe limbi' nu înseamnă încă nimic", Interview von Nicolae PRELIPCEANU, *Viaţa Românească*, Nr. 7–8, 2010, 1–6.

CĂRTĂRESCU, Mircea (2010b): „Aripa secretă", *Evenimentul Zilei*, 31 decembrie 2010.

CĂRTĂRESCU, Mircea (2010c): *Frumoasele străine*. – Bukarest: Humanitas.

CĂRTĂRESCU, Mircea (2010d): *Nimic. Poeme (1988–1992)*. Bukarest: Humanitas.

CĂRTĂRESCU, Mircea; COŞOVEI, Traian T.; IARU, Florin & STRATAN, Ion (1982): *Aer cu diamante*. Mit einem Vorwort von Nicolae MANOLESCU. – Bukarest: Litera.

CARTOJAN, Nicolae (1974): *Cărţile populare în literatura românească*, Bd. I. – Bukarest: Editura Enciclopedică Română.

CELAN, Paul (1975): *Mohn und Gedächtnis*. – Frankfurt/M.: Suhrkamp.

CERNAT, Paul (2007): *Contimporanul. Istoria unei reviste de avangardă*. – Bukarest: Institutul Cultural Român.

CERNAT, Paul (2009): „Summa ethilica", *22*, Nr. 43 (1024), 20–26 Oktober 2009. Nachtrag: „Bucureştiul cultural", nr. 26 (89), 20 octombrie 2009, 3 und „Alcooluri îndoite cu apă", *revista 22*, nr. 49 (1082), 30 noiembrie – 6 decembrie 2010, 14.

CERNAT, Paul (2010): „Dimensiunea narcotică a culturii române", *Bucureştiul cultural*, nr. 97, 14. September 2010, 3; Kulturbeilage *22*, nr. 38, 14–20 septembrie 2010.

CERNOVODEANU, Paul (1973): „Démètre Cantemir vu par ses contemporains", *Revue des Études Sud-Est Européennes*, XI, 1973, 637–656.

CESEREANU, Ruxandra & CODRESCU, Andrei (2007): *Submarinul iertat*. Mit einem Vorwort von Mircea Cărtărescu. – Timişoara: Brumar.

CESEREANU, Ruxandra et al. (2005): *Made in Romania. Subculturi urbane la sfârşit de secol XX şi început de secol XXI*. – Cluj-Napoca: Limes.

CESEREANU, Ruxandra (1998): *Oceanul Schizoidian*. – Timişoara: Marineasa.

CESEREANU, Ruxandra (2002): *Tricephalos. Cartea licornei. Peripeţiile Alisei în Ţara NewYorkeză. Cuferele trupului meu*. – Cluj-Napoca: Dacia.

CESEREANU, Ruxandra et al. (2005): *Made in Romania. Subculturi urbane la sfârşit de secol XX şi început de secol XXI*. – Cluj-Napoca: Limes.

CESEREANU, Ruxandra (2006): *Panopticon. Political Torture in the 20th Century. A Study of Mentalities*. Übersetzt von Carmen BORBÉLY. – Bukarest: Institutul Cultural Român.

CESEREANU, Ruxandra (2010): „Delirionismul", *Vatra*, Târgu-Mureş, Nr. 2, 2010, 60–61.

CHELCU, Marius (2009): „Catagrafia locuitorilor evrei din oraşul Iaşi, în anul 1851 (II)", *Revista de istorie socială*, Bd. X–XII (2005–2007), Institutul Român de Studii Strategice, Iaşi, 2009, 527–528.

CHIŢU, Mădălina (2009): „Excesul de cafele provoacă halucinaţii. Emil Brumaru: 'Fără ele nu pot scrie'", *Gândul*, 15. Januar 2009.

CHIVU, Marius (2002): „Existenţialism narcotic", *România literară*, Nr. 24, 2002.

CHIVU, Marius (2004): „Câte un joint, joint, joint …", *România literară*, Nr. 39, 2004.

Chivu, Marius (2004): „Pizdeț contrafăcut", *România literară*, Nr. 26, 2004.
CHIVU, Marius (2008): „Dilema veche vă recomandă", *Dilema veche*, Nr. 224, 29. Mai 2008, 15.
CHIVU, Marius (2008): „Joint-uri, doze & lecturi", *Maxim*, Februar 2008.
CHIVU, Marius (2009): „Heroin story", *Dilema veche*, Nr. 270, 16 April 2009.
CIOCULESCU, Șerba (1969): *Viața lui I.L. Caragiale*. – Bukarest: Editura pentru Literatură.
CIOCULESCU, Șerban (2005): *Viața lui I.L. Caragiale*. Herausgegeben von Barbu CIOCULESCU. – Bukarest: Editura Institutului Cultural Român.
CIOCULESCU, Șerban (2007): *Amintiri*. Herausgegeben von Simona CIOCULESCU. – Bukarest: Muzeul Literaturii Române.
CIOCULESCU, Simona (Hg.) (1995): *Domnița nebănuitelor trepte. Epistolar Lucian Blaga – Domnița Gherghinescu-Vania*. Mit einem Vorwort von Simona CIOCULESCU. – Bukarest: Editura Muzeului Literaturii Române.
CIOFLÂNCĂ, Ioana Veronica (2004): *Modă și sociabilitate în veacul al XIX-lea*. Katalog zur Ausstellung im Kulturpalast Iași, September–Oktober 2004, Iași, 2004.
CIOFLÂNCĂ, Ioana Veronica (2008): *Pasiuni, tabieturi și vicii în Iașul de altădată*. Katalog zur gleichnamigen Ausstellung im Muzeul Unirii din Iași [Museum der Einheit in Iași] vom 23. Mai bis 3. August 2008. – Iași: Pim..
CIORAN, Emil (1990): *Schimbarea la față a României*. – Bukarest: Humanitas.
CIORAN, Emil (1987): *Cahiers*. – Paris: Gallimard. Dt. (2011): *Notizen 1957–1972*. Herausgegeben von Simone BOUÉ. Aus dem Französischen übersetzt von Peter WEISS, Verena von der HEYDEN-RYNSCH, Konrad WEISS. – Wien: Karolinger, Wien.
CIORAN, Emil (1986): *Exercices d'admiration: essais et portraits*. – Paris: Gallimard.
CIORANESCU, Alejandro (1961): *Diccionario etimólogico Rumano*. – San Cristóbal de La Laguna: Universidad de La Laguna. Rumän. (2001): *Dicționarul etimologic al limbii române*. Übersetzt und herausgegeben von Tudora Șandru MEHEDINȚI und Magdalena Popescu MARIN. – Bukarest: Saeculum I.O.
CIOTLOȘ, Cosmin (2010): „Iluziile literaturii române", *România literară*, Nr. 30, 13. August 2010, S. 7.
CIURTIN, Eugen (1998): „Imaginea și memoria Asiei în cultura română (1675–1928)". In: CIURTIN, Eugen (1998): *Archaeus. Studii de istorie a religiilor*, Bd. II, fasc. 2. – Bukarest: Asociația Română de Istorie a Religiilor.
CIURTIN, Eugen (1998–1999): „Imaginea și memoria Asiei în cultura română (1675–1928)". In: *Archaeus. Studii de istorie a religiilor*, fasc. 2 (1998) – fasc. 1 (1999). – Bukarest: Asociația Română de Istorie a Religiilor.
COCO, Carla (2002): *Harem. L'Orient amoureux*. Aus dem Ital. v. Reto MORGENTHALER. – Paris: Place des Victoires. Original (1997): *Harem: il sogno esolico degli occidentali*. Venezia: Arsenale. Dt. (1997): *Harem. Sinnbild orientalischer Erotik*. – Stuttgart: Belser.
COCTEAU, Jean (1999): *Opium. Journal d'une désintoxication*. – Paris: Stock. Dt. (1966): *Opium: Ein Tagebuch*. Übersetzt von Friedrich HAGEN. – München: Desch.
CODRESCU, Andrei (2000): „Omul procentaj", *Dilema*, Nr. 373, 7.–13. April 2000.

CODRESCU, Andrei (2005): *Era azi: poeme*. Übersetzt von Carmen FIRAN und Ioana IERONIM, herausgegeben von Ioana IERONIM. – Bukarest: Editura Institutului Cultural Român. Original (2003): *C'était aujourd'hui: Nouveaux Poèmes*. – Minneapolis: Pression De Café.

CODRESCU, Andrei (2005): *Miracol şi catastrofă*. Gespräch mit Robert LAZU. – Arad: Hartmann.

CODRESCU, Andrei (2008): *Prof pe drum*. Übersetzt von Ioana AVĂDANI. – Bukarest: Curtea Veche. Original (1993): *Road Scholar: Coast to Coast Late in the Century*. – New York: Hyperion.

CODRESCU, Andrei (2009): *The Posthuman DADA Guide. Tzara & Lenin Play Chess*. – Princeton & Oxford: Princeton University Press.

COMAN, Jean (1939): „Zalmoxis". In: *Zalmoxis. Revistă de studii religioase*, Bd. II, Paris, 1939, 106.

COMARNESCU, Petru (2003): *Pagini de jurnal*, vol. I. – Bukarest: Noul Orfeu.

CONACHI, Costache (1963): *Scrieri alese*. Herausgegeben von Ecaterina und Alexandru TEODORESCU. – Bukarest: Editura pentru Literatură.

Conversations with Paul Bowles. Edited by Gena Dagel CAPONI. – Jackson: University Press of Mississippi.

CORBEA, Andrei (1998): *Paul Celan şi „meridianul" său. Repere vechi şi noi pe un atlas central-european*. – Iaşi: Polirom.

CORFUS, Ilie (1975): *Însemnări de demult*. – Iaşi: Junimea.

CORNEA, Paul (2008): *Originile romantismului românesc. Spiritul public, mişcarea ideilor şi literatura între 1780–1840*. – Bukarest: Cartea Românească.

CORTÁZAR, Julio (1977): *Ende des Spiels. Erzählungen*. Übersetzt von Wolfgang PROMIES. – Frankfurt/M.: Suhrkamp.

COŞBUC, George (1986): *Elementele literaturii poporale*. Mit einem Vorwort und Kommentar von Ion FILIPCIUC. – Cluj-Napoca: Dacia.

COŞOVEI, Traian T. (2008): *Poeţii marilor oraşe. Citiri şi recitiri*. – Bukarest: Editura Muzeului Literaturii Române.

COSTACHE, Iulian (2008): *Eminescu. Negocierea unei imagini. Construcţia unui canon, emergenţa unui mit*. – Bukarest: Cartea Românească.

COULIANO, Ion Petre (1935): *Le miracle de l'Octozone*. – Paris: Publications Contemporaines France-Les Balkans.

CREŢU, Tudor (2010): „Drog, istorie, imaginar", *Orizont*, Nr. 8, August 2010, 13, 31.

CRIŞAN, Ion Horaţiu (1986): *Spiritualitatea geto-dacilor*. – Bukarest: Albatros.

CRIŞAN, Ion Horaţiu (2007): *Medicina în Dacia (de la începuturi până la cucerirea romană)*. Herausgegeben von Dorin ALICU und Eva CRIŞAN. – Bukarest: Editura Dacica.

CRISTEA, Mihaela (1996): *Despre realitatea iluziei. De vorbă cu Henriette Yvonne Stahl*. – Bukarest: Minerva.

CRISTEA-ENACHE, Daniel (2010): „Mizerabiliştii", *Observator cultural*, Nr. 265 (523), 6.–12. Mai 2010, S. 10.

CROHMĂLNICEANU, Ovid S. (1974): *Literatura română între cele două războaie mondiale*, Bd. II. – Bukarest: Minerva.
CROHMĂLNICEANU, Ovid S. (1994): *Amintiri deghizate*. – Bukarest: Nemira.
CROHMĂLNICEANU, Ovid S. (2001): *Evreii în mișcarea de avangardă românească*. – Bukarest: Hasefer.
CROUTIER, Alev Lytle (1989): *Harem. The World Behind the Veil*. – New York/London/Paris: Abbville Press.
CUGLER, Grigore (1975): *Vi-l prezint pe Țeavă*. – Madrid: Editura Limite.
CULIANU, Ioan Petru & POGHIRC, Cicerone (1987): „Thracian Religions". In: ELIADE, Mircea (General Editor) (1987): *The Encyclopedia of Religions*, Bd. 14. – New York: Macmillan, 494a–497b.
CULIANU, Ioan Petru (1981–1983): „The Sun and the Moon", *International Journal of Rumanian Studies*, ed. Sorin Alexandrescu, Bd. 3, Nr. 1–2, Amsterdam, 1981–1983, S. 83–97.
CULIANU, Ioan Petru (1995): (1988): *Recherches sur les dualisms d'occident: analyse de leurs principaux mythes*. Diss. 1987. – Lille 3: ANRT.
CULIANU, Ioan Petru (1996): *Călătorii în lumea de dincolo*. Übersetzt von Gabriela und Andrei OISTEANU; mit einem Vorwort und Kommentar von Andrei OISTEANU. – Bukarest: Nemira. Original (1991): *Out of this world: other worldly journeys from Gilgamesh to Albert Einstein*. – Boston, Mass.: Shambhala. Dt. (1995): *Jenseits dieser Welt: außerweltliche Reisen von Gilgamesch bis Albert Einstein*. Übersetzt von Clemens WILHELM. – München: Diederichs.
CULIANU, Ioan Petru (1997): *Psihanodia*. – Bukarest: Nemira.
CULIANU, Ioan Petru (1998): *Experiențe ale extazului. Extaz, ascensiune și povestire vizionară din elenism până în Evul Mediu*. Mit einem Vorwort von Mircea ELIADE, mit einem Nachwort von Eduard IRICINSCHI, übersetzt von Dan PETRESCU. – Bukarest: Nemira.
CULIANU, Ioan Petru (1999): *Eros și magie în Renaștere. 1484*. Übersetzt von Dan PETRESCU; mit einem Vorwort von Mircea ELIADE und einem Nachwort von Sorin ANTOHI. – Bukarest: Nemira. Original 1984): *Éros et magie à la Renaissance 1484*. – Paris: Flammeron. Engl. (1987): *Eros and magic in the Renaissance*. Übersetzt von Margaret COOK. – Chicago: Uni. Of Chicago Press. Dt. (2001): *Eros und Magie in der Renaissance*. Aus dem Franz. von Ferdinand LEOPOLD. – Frankfurt/M.: Insel-Verlag.
CULIANU, Ioan Petru (2002): *Arta fugii* (povestiri). Mit einem Vorwort von Dan C. MIHĂILESCU. – Iași: Polirom.
CULIANU, Ioan Petru (2002): *Pergamentul diafan și Ultimele povestiri* (geschrieben in Zusammenarbeit mit H.S. WIESNER). Übersetzt von Mihaela GLIGA, Mihai MOROIU und Dan PETRESCU, mit einem Nachwort von Paul CERNAT. – Iași: Polirom.
CULIANU, Ioan Petru (2003): *Cult, magie, erezii. Articole din enciclopedii ale religiilor*. Übersetzt von Maria-Magdalena ANGHELESCU und Dan PETRESCU; mit einem Nachwort von Eduard IRICINSCHI. – Iași: Polirom.

CULIANU, Ioan Petru (2004): *Mircea Eliade*. Übersetzt von Florin CHIRIȚESCU und Dan PETRESCU, mit einem Brief von Mircea ELIADE und einem Nachwort von Sorin ANTOHI. – Iași: Polirom. Original (1978): *Mircea Eliade*. – Assisi: Cittadella Editrice.

CULIANU, Ioan Petru (2005): „Religia și creșterea puterii".In: ROMANATO, Gianpaolo; LOMBARDO, Mario G. & CULIANU, Ioan Petru: *Religie și putere*. Übersetzt von Maria-Magdalena ANGHELESCU und Șerban ANGHELESCU. – Iași: Polirom.

CULIANU, Ioan Petru (2005): *Jocul de smarald*. Übersetzt von Agop BEZERIAN. – Iași: Polirom. (Das Original ist unveröffentlicht.)

CULIANU, Ioan Petru (2006): „Secretul doctorului Eliade". In: *Studii românești I*. Übersetzt von Corina POPESCU und Dan PETRESCU. – Iași: Polirom, 385–386.

CULIANU, Ioan Petru (2006): *Studii românești*, Bd. I. Übersetzt von Corina POPESCU und Dan PETRESCU. – Iași: Polirom.

CULIANU, Ioan Petru (2009): *Studii românești*, Bd. II. Übersetzt von Maria-Magdalena ANGHELESCU, Corina POPESCU und Dan PETRESCU; mit einem Kommentar von Tereza CULIANU-PETRESCU. – Iași: Polirom.

CUȚITARU, Codrin Liviu (2009): „O inițiere psihedelică", *România literară*, nr. 15, 17 aprilie 2009, 28.

DADA. Katalog zur gleichnamigen Ausstellung herausgegeben von Laurent Le BON. – Paris: Centre Pompidou, 2005.

DANA, Dan (2008): *Zalmoxis de la Herodot la Mircea Eliade. Istorii despre un zeu al pretextului*. Mit einem Vorwort von Zoe PETRE. – Iași: Polirom.

DANIEL, Constantin (1980): *Scripta aramaica*. – Bukarest: Editura Științifică și Enciclopedică.

DANIEL, Constantin (1984): „Zalmoxis, ucenicii săi și claustrarea", *Luceafărul*, nr. 6–7, 1984.

DAWSON, Warren R. (1927): *The substance called didi by the ancient egyptians*. From the Journal of the Royal Asiatic Society, Juli, 1927.

DAWSON, Warren R. (1929): *Magician and leech*. – London: Methuen.

DE MICHELI, Mario (1968): *Avangarda artistică a secolului XX*. Übersetzt von Ilie CONSTANTIN. – Bukarest: Meridiane. Original (1959): *Avanguardie artistiche del novecento*. – Milano: Schwarz.

DE QUINCEY, Thomas (1898): *The Confessions of an English opium-eater*. – Boston: D.C. Heath. Dt. (2009): *Bekenntnisse eines englischen Opiumessers*. Aus dem Engl. von Walter SCHMIELE. – Frankfurt am Main: Insel.

DE ROUGEMONT, Denis (1958): *L' amour et l'occident*. – Paris: Plon.

DECEI, Aurel (1972): „Logofătul Tăutu nu a băut cafea". In: *Magazin istoric*, VI, nr. 6 (63), 1972, 57–61.

DECIU, Andreea (2004): „Aurolacii", *Secolul 21*, nr. 1–4, 2004, 109–118.

DELATTE, Armand (1938): *Herbarius. Recherches sur le cérémonial usité chez les anciens pour la cueillette des simples et des plantes magiques*. – Liège: Université de Liège.

DELEVOY, Robert (1960): *Bosch*. – Genf: Éditions Albert Skira.

DEMETRIADE, Mircea (1893): *Renegatul*. Singstück in 3 Akten. – Bukarest: Editura Librăriei Leon Alcalay.

DENEJKINA, Irina (2008): *Vodka-cola*. Aus dem Russ. übersetzt von Bernhard KREISE. – Paris: Éditions de l'Olivier.
DENSUSIANU, Ovid (1968): *Limba descântecelor* (1930–1934). In: *Opere*, Bd. I. – Bukarest: Editura pentru Literatură.
DEONNA, Waldemar (1965): *Le symbolisme de l'œil*. – Paris: De Boccard.
Despre Interior–Exterior. Gellu Naum în dialog cu Sanda Roşescu. – Piteşti: Paralela 45, 2003.
DETIENNE, Marcel (2008): *Dionysos à ciel ouvert*. – Paris: Hachette Littératures.
DIACONESCU, Ioana (2009): „Ion Barbu în arhiva operativă a Securităţii", *România literară*, Nr. 35, 4. September 2009, 16–17.
DIACONU, Mădălina (2007): *Despre miresme şi duhori. O interpretare fenomenologică a olfacţiei.* – Bukarest: Humanitas.
Dicţionarul literaturii române de la origini până la 1900. – Bukarest: Editura Academiei, 1979.
Dilema veche, Nr. 14, 16.–22. April 2004.
DIMOV, Leonid (1980): *Texte*. Mit einem Vorwort von Mircea IORGULESCU. – Bukarest: Albatros.
DIODOR (1831) *Historische Bibliothek*. Aus dem Lat. von Julius Friedrich WURM. – Stuttgart: Verlag der Metzlerschen Buchhandlung.
DOCEA, Vasile (2007): *Carol I al României. Jurnal*, vol. I (1881–1887). Aus dem Dt. übersetzt und mit einer Einleitung von Vasile DOCEA. – Iaşi: Polirom.
DONKIN, Robin A. (1999): *Dragon's Brain Perfume. A Historical Geography of Camphor.* – Leiden: Brill.
DRĂGAN, Jenică (1996): *Drogurile în viaţa românilor.* – Bukarest: Magicart design.
DRAGANOVA, Boyana (2008): „'The Palace' of Balchik – one of Bulgaria's seven wonders", 19. Juni 2008; s.:
http://www.bulgaria-hotels.com/en/the_palace_of_balchik.html.
DRIEU LA ROCHELLE, Pierre (1922): *Mesure de la France*, – Paris: Grasset.
DUBNOV, Simon (1998): *Istoria Hasidismului*, vol. II. Übersetzt von Dumitru MARIAN. – Bukarest: Hasefer. Original (1930–1931): *Toldot ha-hasidut*. – Tel Aviv: Dvir.
DUBY, Georges & ARIES, Philippe (1991): *Amour et sexualité en Occident*. Paris: Seuil.
Dulcea mea Doamnă/Eminul meu iubit. Corespondenţă inedită Mihai Eminescu – Veronica Micle. Übersetzt, herausgegeben und mit einem Vorwort von Christina ZARIFOPOL-ILLIAS. – Iaşi: Polirom, 2000.
DUMAS, Alexandre (1846): *Le comte de Monte-Cristo*, T. I. – Paris: au bureau de l'Écho des feuilletons.
DUMAS, Alexandre (1877): *Le comte de Monte-Cristo*, T. II. – Paris: C. Lévy.
DUMITRIU, Petru (1993): *Cronică de familie*, Bd. II. Mit einem Nachwort von Nicolae MANOLESCU und Geo ŞERBAN. – Bukarest: Editura Fundaţiei Culturale Române.
DUNN, Ethel (1973): „Russian Use of *Amanita muscaria*: A Footnote to Wasson's *Soma*", *Current Anthropology*, The University of Chicago Press, Bd. 14, nr. 4, octombrie 1973, 488–492.
DUPOUY, Roger (1912): *Les Opiomanes*. – Paris: Alcan.

Eco, Umberto (2013): *Der Friedhof in Prag*. Aus dem Ital. von Burkhart Kroeber. – München: dtv.

Eftimiu, Victor (1965): *Portrete și amintiri*. – Bukarest: Editura pentru Literatură.

Eftimiu, Victor (1971): *Neguțătorul de idei*. – Bukarest: Cartea Românească.

Eliade, Mircea (1931): „Cunoștințele botanice în vechea Indie. Cu o notă introductivă asupra migrației plantelor indiene în Iran și China", *Buletinul Societății de Științe din Cluj*, VI, Cluj, 8. Oktober 1931.

Eliade, Mircea (1935a): *Alchimia asiatică*, vol. I, *Alchimia chineză și indiană*. – Bukarest: Cultura poporului.

Eliade, Mircea (1935b): *Șantier. Roman indirect*. – Bukarest: Cugetarea.

Eliade, Mircea (1936): *Yoga. Essai sur les origines de la mystique indienne*. – Paris: Librairie Orientaliste Paul Geuthner.

Eliade, Mircea (1939): „Ierburile de sub cruce", In: *Revista Fundațiilor Regale*, Bukarest, nr. 11, noiembrie 1939.

Eliade, Mircea (1940–1942): „La mandragore et les mythes de la 'naissance miraculeuse'". In: *Zalmoxis*, III, Paris/Bukarest. 3.

Eliade, Mircea (1943): *Insula lui Euthanasius*. – Bukarest: Editura Fundației Regale pentru Literatură și Artă.

Eliade, Mircea (1956): *Schamanismus und archaische Ekstasetechnik*. Aus dem Franz. von Inge Köck. – Zürich: Rascher.

Eliade, Mircea (1960): *Yoga: Unsterblichkeit und Freiheit*. Übersetzt von Inge Köck. – Zürich: Rascher.

Eliade, Mircea (1963): *Aspects du mythe*. – Paris: Gallimard. Engl. (1963): *Myth and reality*. Übersetzt von Willard R. Trask. – New York: Haper and Row. Dt. (1988): *Mythos und Wirklichkeit*. Aus dem Franz. von Eva Moldenhauer. – Frankfurt/M.: Insel-Verlag.

Eliade, Mircea (1967): *Myths, Dreams and Mysteries: The Encounter between Contemporary Faiths and Archaic Realities*. Aus dem Franz. von Philip Mairet. – New York: Harper & Row.

Eliade, Mircea (1972): *Auf der Mântuleasa-Straße*. Aus dem Rum. von Edith Horowitz-Silbermann. – Frankfurt am Main: Suhrkamp.

Eliade, Mircea (1978): *Das Okkulte und die moderne Welt: Zeitströmungen in der Sicht der Religionsgeschichte*. Übersetz. aus dem Engl. – Salzburg: Müller-Verlag.

Eliade, Mircea (1980): „Le culte de la mandragore en Roumanie". In: *Zalmoxis*, vol. I, 1938, 224.

Eliade, Mircea (1981a) *Bei den Zigeunerinnen*. Übersetzt von Edith Silbermann. – Frankfurt am Main: Suhrkamp.

Eliade, Mircea (1981b): *În curte la Dionis*. Mit einem Vorwort von Mircea Eliade, herausgegeben und mit einem Nachwort von Eugen Simion. – Bukarest: Cartea Românească.

Eliade, Mircea (1981c): *Istoria credințelor și ideilor religioase*, Bd. I. – Bukarest: Editura Științifică și Enciclopedică.

ELIADE, Mircea (1982): *Von Zalmoxis zu Dschingis-Khan. Religion und Volkskultur in Südosteuropa.* Aus dem Franz. von Altrud und Rolf HOMANN, Alfred PREDHUMEAU u.a. – Köln-Lövenich: Ed. Maschke im Hohenheim-Verlag.

ELIADE, Mircea (1984): *Dayan. Im Schatten einer Lilie.* Übers. v. Edith SILBERMANN. – Frankfurt am Main: Suhrkamp.

ELIADE, Mircea (1986): *Briser le toit de la maison. La créativité et ses symboles.* – Paris: Gallimard.

ELIADE, Mircea (1987): *Die Prüfung des Labyrinths.* Aus dem Franz. von Eva Moldenhauer. – Frankfurt am Main: Insel.

ELIADE, Mircea (1988): „La Mandragore et l'Arbre Cosmique", *Revista de istorie și teorie literară*, nr. 3–4, 1988, 126–134.

ELIADE, Mircea (1991a): *Drumul spre centru.* Anthologie herausgegeben von Gabriel LIICEANU und Andrei PLEȘU. – Bukarest: Univers.

ELIADE, Mircea (1991b): *Eseuri: Mitul eternei reîntoarceri. Mituri, vise și mistere.* Übersetzt von Maria und Cezar IVĂNESCU. – Bukarest: Editura Științifică.

ELIADE, Mircea (1991c): *India.* Herausgegeben von Mircea HANDOCA. – Bukarest: Editura pentru Turism. Dt. (1998): *Indisches Tagebuch: Reise durch einen mystischen Kontinent.* Aus dem Rum., herausgegeben und mit einem Vorwort von Edward KANTERIAN. – Freiburg: Herder.

ELIADE, Mircea (1991d): *Memorii*, Bd. I (1907–1960). Herausgegeben von Mircea HANDOCA. – Bukarest: Humanitas. [Ausgabe I (1980): *Mémoire I (1907–1937). Les promesses de l'équinoxe.* – Paris: Gallimard. Dt. (1987): *Erinnerungen 1907–1937.* Übersetzt von Ilina GREGORI. – Frankfurt/M.: Insel-Verlag.

ELIADE, Mircea (1991e): *Memorii*, Bd. I und II. Herausgegeben von Mircea HANDOCA. – Bukarest: Humanitas.

ELIADE, Mircea (1992): *Proză fantastică*, Bd. V, *La umbra unui crin.* Herausgegeben und mit einem Nachwort von Eugen SIMION. – Bukarest: Editura Fundației Culturale Române.

ELIADE, Mircea (1992): *Psihologia meditației indiene. Studii despre Yoga.* Herausgegeben von Constantin POPESCU-CADEM, mit einem Vorwort von Charles LONG und einem Epilog von Ioan P. CULIANU, *Jurnalul literar*, Bukarest, 1992, 179.

ELIADE, Mircea (1993a): *Jurnal*, vol. I (1941–1969). Herausgegeben von Mircea Handoca. – Bukarest: Humanitas.

ELIADE, Mircea (1993b): *Jurnal (1970–1985)*, Bd. II. Herausgegeben von Mircea HANDOCA. – Bukarest: Humanitas.

ELIADE, Mircea (1994): *Fragmentarium.* – Bukarest: Humanitas.

ELIADE, Mircea (1996a): „Oameni și pietre". In: HANDOCA, Mircea (Hg.): *Coloana nesfârșită. Teatru.* Mit einem Vorwort von Mircea HANDOCA. – Bukarest: Minerva, 79–109.

ELIADE, Mircea (1996b): *Cum am găsit piatra filosofală. Scrieri de tinerețe (1921–1925).* Herausgegeben und mit einem Kommentar von Mircea HANDOCA. – Bukarest: Humanitas.

ELIADE, Mircea & CULIANU, Ioan Petru (1996c): *Handbuch der Religionen*. Aus dem Franz. von Lieselotte RONTE. – Frankfurt am Main: Suhrkamp.

ELIADE, Mircea (1999): *Europa, Asia, America ... Corespondență*, Bd. I (A–H). Herausgegeben von Mircea HANDOCA. – Bukarest: Humanitas.

ELIADE, Mircea (2001): *Isabelle und das Wasser des Teufels*. Übersetzt von Richard RESCHIKA. – Frankfurt/M.: Insel-Verlag.

ELIADE, Mircea (2004): *Yoga*. Aus dem Franz. von Inge KÖCK. – Frankfurt am Main: Insel.

ELIADE, Mircea & WIKANDER, Stig (2005): *Întotdeauna Orientul. Corespondență Mircea Eliade – Stig Wikander (1948–1977)*. Herausgegeben, übersetzt und mit einer Einleitung von Mihaela TIMUȘ, mit einem Vorwort von Giovanni CASADIO, mit einem Nachwort von Frantz GRENET. – Iași: Polirom

ELIADE, Mircea (2006a): *Jurnalul portughez și alte scrieri*, Bd. I. Herausgegeben von Sorin ALEXANDRESCU; mit einer einleitenden Studie, kommentiert und übersetzt von Sorin ALEXANDRESCU, Florin ȚURCANU und Mihai ZAMFIR. – Bukarest: Humanitas.

ELIADE, Mircea (2008): *Virilitate și asceză. Scrieri de tinerețe (1928)*. Herausgegeben und kommentiert von Mircea HANDOCA. – Bukarest: Humanitas.

Mircea Eliade și corespondenții săi, Bd. III (K–P). Herausgegeben von Mircea HANDOCA. – Bukarest: Academia Română, Fundația Națională pentru Știință și Artă, Institutul de Istorie și Teorie Literară „G. Călinescu", 2003.

EMINESCU, Mihai (1989): *Gedichte*. – Bukarest: Kriterion.

EMINESCU, Mihai (1999): *Gedichte*. Vorwort von Zoe DUMITRESCU-BUȘULENGA. Herausgegeben von Virginia CARIANOPOL und Hans LIEBHARDT. – Bukarest: Universal Dalsi-Verlag.

EMINESCU, Mihai (2000): *Gedichte*. Aus dem Rum. von Konrad RICHTER. Herausgegeben, überarbeitet und und teilw. neu nachgedichtet von Simone REICHERTS-SCHENK und Christian W. SCHENK. – Kastellaun: Dionysos.

EMINESCU, Mihai (1993): *Opere*, vol. XV, *Fragmentarium*. Herausgegeben von PERPESSICIUS. – Bukarest: Editura Academiei Române.

EMINESCU, Mihai (1998): „'Cumpănă' și compensarea muncii", *Timpul*, în 1881; *cf.* Mihai EMINESCU, *Chestiunea evreiască*, antologie de D. VATAMANIUC. – Bukarest: Editura Vestala.

EPIPHANIUS, Constantiensis (1858): *Opera*. Bd. III, col. 521. – Paris: Migne.

EPISCUPESCUL, Ștefan Vasilie (1846): *Practica doctorului de casă, cunoștința apărării ș-a tămăduirii boalelor bărbătești, femeiești și copilărești. C-o prescurtare de hirurgie, de materia medică și veterinerie, pentru doctor și norod*. – Bukarest: Tipografia Colegiului Sfântul Sava.

ERNU, Vasile (2006): *Născut în URSS*. – Iași: Polirom.

ERNU, Vasile (2009): *Ultimii eretici ai Imperiului*. – Iași: Polirom.

EROFEEV, Venedikt (2004): *Moscova-Petușki*. Übersetzt von Emil IORDACHE. – Chișinău: Cartier. Original (1969): Original (1968): *Moskva-Petushki*. [in Russland bis 1987 nicht publiziert]. Dt. (1978): *Die Reise nach Petuschki.* Übersetzt von Natascha SPITZ. – München/Zürich: Piper.

Eromania, Anthology by Adrian Solomon, „Plural. Culture & Civilization", The Romanian Cultural Institute, Bucharest, 26:2, 2005, 261.

ESCOHOTADO, Antonio (1999): *A Brief History of Drugs. From the Stone Age to the Stoned Age.* Aus dem Spanischen übersetzt von Keneth A. SYNINGTON. – Rochester, Vermont: Park Street Press. Original (1996): *Historia elemental de las drogas.* – Barcelona: Anagrama.

EVSEEV, Ivan (1997): *Dicționar de magie, demonologie și mitologie românească.* – Timișoara: Amarcord.

FĂTU-TUTOVEANU, Andrada (2005): *Literatură și extaz artificial.* – Cluj-Napoca: Casa Cărții de Știință.

FĂTU-TUTOVEANU, Andrada (2010): *Un secol intoxicat. Imaginarul opiaceelor în literatura britanică și franceză a secolului al XIX-lea.* Mit einem Vorwort von Caius DOBRESCU; mit einem Nachwort von Vasile VOIA. – Iași: Institutul European.

FERRAN, Pierre (1969): *Le livre des herbes étrangleuses, vénéneuses, hallucinogènes, carnivores et maléfiques.* – Marabout: Bibliothèque Marabout.

FILIMON, Nicolai (1987): *Ciocoii vechi și noi.* Herausgegeben von Domnica FILIMON; mit einer Einführung von Șerban CIOCULESCU. – Bukarest: Albatros.

FILIPCIUC, Ion (2009): *Simptomuri politice în boala lui Eminescu.* – Bukarest: Criterion Publishing.

FILITTI, Georgeta Penelea (Hg.) (1997): *Memoriile Principelui Nicolae Suțu, mare logofăt al Moldovei (1798–1871).* – Bukarest: Editura Fundației Culturale Române.

FLATTERY, David Strophlet & SCHWARTZ, Martin (1989): *Haoma and Harmaline. The Botanical Identity of the Indo-Iranian Sacred Hallucinogen „Soma" and its Legacy in Religion, Language, and Middle Eastern Folklore.* University of California Publications, Near Eastern Studies, Bd. XXI. – Berkeley/Los Angeles/London: University of California Press.

FLAUBERT, Gustave (um 1920): *La Tentation de Saint Antoine.* – Vienne: Manz. Dt. (1907): *Die Versuchung des Heiligen Antonius.* Übersetzt von Frederick Philip GROVE. – Minden: Bruns-Verlag.

FLAUBERT, Gustave (2002): *Dictionnaire des idees recues.* – Paris: Éditions du Boucher.

FLORESCU, Gheorghe (2008): *Confesiunile unui cafegiu.* – Bukarest: Humanitas.

FOARȚĂ, Șerban (1980): *Eseu asupra poeziei lui Ion Barbu.* – Timișoara: Facla.

FOARȚĂ, Șerban; GHIU, Bogdan; VIGHI, Daniel et al. (2009): *Prima mea beție.* Zusammengestellt von Gabriel H. DECUBLE. – Bukarest: ART.

FOCHI, Adrian (1976): *Datini și eresuri populare de la sfârșitul secolului al XIX-lea. Răspunsurile la chestionarele lui Nicolae Densușianu.* – Bukarest: Minerva.

FONDANE, Benjamin (1979): *Rimbaud le Voyou.* – Paris: Plasma.

Fontes Historiae Dacoromanae, Bd. II (perioada 300–1000). Herausgegeben von Haralambie MIHĂESCU, Gheorghe ȘTEFAN, Radu HÎNCU, Vladimir ILIESCU und Virgil C. POPESCU. – Bukarest: Editura Academiei RSR, 1970.

FOTEA, Mircea (1987): *Simeon Florea Marian, folclorist și etnograf.* – Bukarest: Minerva.

FRANZ, Adolf (1909): *Die kirchlichen Benediktionen im Mittelalter*, Bd. 1. – Freiburg: Herder.
FREUD, Sigmund (1969): *Schriften zur Kunst und Literatur*. – Frankfurt/M.: Fischer.
FROSIN, Constantin (1996): *Dicționar de argou francez-român*. – Bukarest: Nemira.
FUMURESCU, Alin (2009): „*Ayahuasca – finis coronat opus* sau cum poți gusta raiul și iadul într-o fiertură de liane (I, II, III)". In: www.cotidianul.ro, 4, 13 și 19 iunie 2009, http ://fumurescu.blog.cotidianul.ro/2009/06/04/ayahuasca--finis-coronat-opus-sau-cum-poti-gusta-raiul-si-iadul-intr-o-fiertura-de-liane-i/.
FUNDOIANU, Benjamin (2006): *Imagini și cărți din Franța*. – Bukarest: Editura Institutului Cultural Român.
FURET, François (1998): *Der Mensch der Romantik*. Aus dem Franz. übersetzt von Klaus JÖKEN u. Bodo SCHULZE; aus dem Engl. u. Ital. von Andreas SIMON. – Frankfurt/M.;New York: Campus-Verl.
GANĂ, George (2002): *Melancolia lui Eminescu*. – Bukarest: Editura Fundației Culturale Române.
GASTER, Moses (1891): *Chrestomație română*, Bd. II. – Leipzig: F. A. Brockhaus/Bukarest: Socecu & Co.
GASTER, Moses (1983): *Literatura populară română*. Herausgegeben, mit einem Vorwort und Kommentar von Mircea ANGHELESCU. – Bukarest: Minerva.
GASTER, Moses (1998): *Memorii. Corespondență*. Herausgegeben von Victor ESKENASY. – Bukarest: Hasefer.
GASTER, Moses (2003): *Studii de folclor comparat*. Herausgegeben, mit einem Vorwort und Kommentar von Petre FLOREA. – Bukarest: Saeculum I.O.
GAUTIER, Théophile (1846): „Le Club des hachichins", *Revue des Deux Mondes*, 1846.
GELPKE, Rudolf (1966): *Vom Rausch im Orient und Okzident*. – Stuttgart: Ernst Klett Verlag.
GEORGIEVA, Ivanichka (1985): *Bulgarian Mythology*. – Sofia: Svyat Publishers.
GHINOIU, Ion (1988): *Vârstele timpului*. – Bukarest: Meridiane.
GIMPEL, Jean (1983): *Revoluția industrială în Evul Mediu*. – Bukarest: Meridiane.
GINSBERG, Allen (1972): *The Fall of America: Poems of These States 1965–1971*. – San Francisco: City Light Books.
GINZBURG, Carlo (1989): *Storia notturna: una decifrazione del sabba*. – Torino: Einaudi. Dt. (1990): *Hexensabbat: Entzifferung einer nächtlichen Geschichte*. Übersetzt von Martina KEMPTER. – Berlin: Wagenbach.
GIRARD, René (1972): *La violence et le sacré*. – Paris: B. Grasset. Dt. (1992): *Das Heilige und die Gewalt*. Übersetzt von Elisabeth MAINBERGER-RUH. – Frankfurt/M.: Fischer.
GJORGJEVICI, Tihomir (1938): „Lokman, le médecin dans la tradition nationale", *Medicinski pregled*, Beograd, nr. 7, 1938, 3–10.
GLIGOR, Mihaela & RICKETTS, Mac Linscott (Hg.) (2007): *Întâlniri cu Mircea Eliade*. Mit einem Vorwort von Mac Linscott RICKETTS und von Mihaela GLIGOR, mit einem Nachwort von Sorin ALEXANDRESCU. – Bukarest: Humanitas.

GOLESCU, Dinicu (1963): *Însemnare a călătoriii mele (1824–1826)*. Herausgegeben von George Pienescu. – Bukarest: Editura Tineretului.
GOROVEI, Artur & LUPESCU, Mihai (1915): „Botanică populară". In: *Șezătoarea*, Bd. XV, 1915.
GOROVEI, Artur (1898): *Cimiliturile românilor*. – Bukarest: Institutul de Arte Grafice „Carol Gröbl".
GOROVEI, Artur (1915): *Credinți și superstiții ale poporului român*. – Bukarest: Socec.
GOROVEI, Artur (1985): *Literatură populară*, Bd. II. Herausgegeben und mit einer Einführung von Iordan DATCU. – Bukarest: Minerva.
GREGORI, Ilina (2008): *Știm noi cine a fost Eminescu?* – Bukarest: ART.
GRIGORIU-RIGO, Gr. (1907): *Medicina poporului*, I, *Boalele oamenilor*. – Bukarest: Academia Romấna.
GRÜBER, Eduard (1888): *Stil și gândire. Încercare de psihologie literară*. – Iași: Editura Șaraga.
GURIAN, Sorana (1938): "Narcoza". In: *Revista Fundațiilor Regale*, Nr. 11, 1. November 1938, 282–305.
GURIAN, Sorana (1946): *Întâmplări dintre amurg și noapte*. – Bukarest: Forum.
HANDOCA, Mircea (1993): *Mircea Eliade și corespondenții săi*, Bd. I (A–E). Herausgegeben und mit einem Vorwort von Mircea HANDOCA. – Bukarest: Minerva.
HANDOCA, Mircea (Hg.) (1993): *Mircea Eliade și corespondenții săi*, Bd. I (A–E). – Bukarest: Minerva.
HANDOCA, Mircea (Hg.) (1999): *„Dosarul" Mircea Eliade. Cu cărțile pe masă*, Bd. II (1928–1944). – Bukarest: Curtea Veche.
HASDEU, Bogdan Petriceicu (1876): „Botanica poporană română", *Columna lui Traian*, Bd. 1, an VII, august 1876, 353–361.
HASDEU, Bogdan Petriceicu (1937): *Scrieri literare, morale și politice*. Mit einer Einführung von Mircea Eliade. – Bukarest: Fundația pentru Literatură și Artă.
HASDEU, Bogdan Petriceicu (1972): *Etymologicum Magnum Romaniae*, Bd. I. – Bukarest: Minerva.
HASDEU, Bogdan Petriceicu (1984): *Cuvente den bătrâni*, Bd. II. – Bukarest: Editura Didactică și Pedagogică.
HASDEU, Bogdan Petriceicu (1998): *Opere*, Bd. III. Herausgegeben von Stancu Ilin und Ionel Oprișan. – Bukarest: Minerva.
HEDEȘAN, Otilia (1998): *Șapte eseuri despre strigoi*. – Timișoara: Marineasa.
HEIMANN, Hans (1952): *Die Skopolaminwirkung. Vergleichend Psychopathologisch Elektroencephalographische Untersuchung*. – Basel: S. Karger.
HELIADE-RĂDULESCU, Ion (2002): *Opere*, Bd. I. Herausgegeben, mit einem Vorwort, Kommentar und einer Bibliografie von Mircea ANGHELESCU. – Bukarest: Univers Enciclopedic.
HEROLD, Jacques (1957): *Maltraité de Peinture*. Paris: Falaize.
HERSENI, Traian (1977): *Forme străvechi de cultură poporană românească. Studiu de paleoetnografie a cetelor de feciori din Țara Oltului*. – Cluj-Napoca: Dacia.

HINES-DAVENPORT, Robert (2004): „Scriitorii și drogurile". In: *Secolul 21*, nr. 1–4, 2004, 192–193.
HONIGBERGER, Johann Martin (1851): *Früchte aus dem Morgenlande.* – Wien: Gerold.
HOMER (1990): *Odysee.* – Aus dem Griech. von Johann Heinrich Voß. – Frankfurt am Main: Insel.
HUYSMANS, Joris-Karl (2008): Gegen den Strich. Aus dem Franz. von Brigitta Restorff. – Düsseldorf: Artemis.
IANA, Aurel (1889): „Înmormântarea la români. Credințe și datini din părțile Oraviței", *Familia*, XXV, Oradea, 1889, 434–436.
IDEL, Moshe (1995): *Hasidism: between ecstasy and magic.* – Albany: State univ. of New York Press.
IDEL, Moshe (2008): *Ascensiuni la cer în mistica evreiască. Stâlpi, linii, scări.* Übersetzt von Maria-Magdalena ANGHELESCU. – Iași: Polirom. Original (2004): *Ascensions on high in Jewish mysticism*. – Budapest/New York: Central European University Press.
IDEL, Moshe (2005): *Enchanted chains: techniques and rituals in Jewish mysticism.* – Los Angeles: Cherub Press.
IDEL, Moshe (2010): „Hasidismul și isihasmul", *Orizont*, nr. 8, august 2010, 16–17.
Ion Barbu în corespondență. Herausgegeben von Gerda BARBILIAN und Nicolae SCURTU; mit einem Kommentar und Index von Nicolae SCURTU. – Bukarest: Minerva, 1982.
IONESCO, Eugène (1991): *Théâtre complet.* – Paris: Gallimard.
IONESCO, Eugène: (1991): *Tagebuch. Journal en miettes.* – Aus dem Franz. von Lore KORNELL. – Frankfurt am Main: Luchterhand.
IONESCO, Eugène (1968): *Présent passé, passé present.* – Paris: Mercure de france.
IONESCU, Adrian-Silvan (2001): *Moda românească (1790–1850). Între Stambul și Paris.* – Bukarest: Editura Maiko.
IONESCU-GION, Gheorghe (1998): *Istoria Bucureștior.* – Bukarest: Fundația culturală „Gh.M. Speteanu".
IONIȚĂ, Vasile (1985): *Metafore ale graiurilor din Banat.* – Timișoara: Facla.
IORDACHE, Gheorghe (1985): *Ocupații tradiționale pe teritoriul României,* Bd. I. – Craiova: Scrisul Românesc.
IORGA, Nicolae (1907): „Un cercetător al vieții poporului românesc", *Floarea darurilor*, nr. 4, 1907, 49–51.
IORGA, Nicolae (1988): *Istoria literaturii românești. Introducere sintetică (după note stenografice ale unui curs).* Mit einem Nachwort, Kommentar und einer Bibliografie von Mihai UNGHEANU. – Bukarest: Minerva.
ISPIRESCU, Petre (1984): *Legende sau basmele românilor.* – Timișoara: Facla.
IVANOVICI, Victor (2000): *Repere în zigzag.* Mit einem Vorwort von Matei CĂLINESCU. – Bukarest: Editura Fundației Culturale Române.
IZSÁK, Samuel (1979): *Farmacia de-a lungul secolelor.* – Bukarest: Editura Științifică și Enciclopedică.
JEANMAIRE, Henri (1951): *Dionysos.* – Paris: Payot.

JOESPHUS, Flavius (2010):*De bello judaico* VII. Dt. (1962–1969): *De bello judaico*. – München (Dt. u. Griech.) Darmstadt: Wissenschaftliche Buchgesellschaft.
JONES, Nick (2003): *Spliffs: A Celebration of Cannabis Culture*. – New York: Black Dog & Leventhal Publishers.
JÜNGER, Ernst (2008): *Annäherungen. Drogen und Rausch*. – Stuttgart: Klett-Verlag.
KALACEV, B.F. (1989): „Narkotiki v armii", *Sociologičeskie issledovania*, nr. 4, 1989, 56–61.
KAPLAN, Reid W. (1975): „The Sacred Mushroom in Scandinavia". In: *Man*, Bd. 10. Nr. 1. – London: Royal Anthropological Institute of Great Britain and Ireland, 1975, 72–79.
KEIMER, Ludwig (1924): *Die Gartenpflanzen im alten Ägypten*. – Hamburg: Hoffmann & Campe.
KESSLER, Erwin et al. (Hg.) (2007): *Culorile avangardei. Arta în România (1910–1950)*. – Bukarest: Editura Institutului Cultural Român.
KIRIȚESCU, Alexandru (1983): *Gaițele*. Komödie in drei Akten. – Bukarest: Eminescu.
KOGĂLNICEANU, Mihail (1964): *Tainele inimei – scrieri alese*. – Bukarest: Editura pentru Literatură.
KUHN, Adalbert (1859): *Die Herabkunft des Feuers und des Göttertranks*. – Berlin: F. Dümmler.
LANGLOIS, Charles Victor (1911): *La connaissance de la nature et du monde au moyen âge*. – Paris: Hachette.
LAUGIER, Charles (1925): *Contribuțiuni la etnografia medicală a Olteniei*. – Craiova: Scrisul Românesc.
Legenda Duminicii, studiu monografic. Herausgegeben und mit einem Glossar von Emanuela TIMOTIN. – Bukarest: Fundația Națională pentru Știință și Artă, Bukarest, 2005.
Legendele populare românești. Herausgegeben von Tony BRILL. – Bukarest: Minerva, 1981.
LEMNY, Ștefan (2009): *Les Cantemir, l'aventure européenne d'une famille princière au XVIIIe siècle*. – Paris: Complexe.
LEON, Nicolae (1903): *Istoria naturală medicală a poporului român*. – Bukarest: Academia Română.
LEON, Nicolae (1933): *Note și Amintiri*. – Bukarest: Cartea Românească.
LEU, Valeriu (1993): *Banatul între arhaic și modern. Mentalități în Veacul Luminilor*. – Reșița: Caietele Banatica.
LEVI-STRAUSS, Claude (1966):*Mythologiques*, Bd. II, *Du miel au cendres*. – Paris: Plon. Dt. (1972): *Mythologica II. Vom Honig zur Asche*. Übersetzt von Eva MOLDENHAUER. – Frankfurt/M.: Suhrkamp.
LEWIN, Louis (1920): *Die Gifte in der Weltgeschichte*. – Berlin: Springer.
LEWIN, Louis (1998): *Phantastica: A Classic Survey on the Use and Abuse of Mind-Altering Plants*. – Rochester/Vermont: Park Street Press.
LIEDEKERKE, Arnauld de (2001): *La Belle Époque de l'opium*. – Paris: Éd. de la Différence.

LIICEANU, Gabriel (1995): *Itinerariile unei vieți: Emil Cioran, Apocalipsa după Cioran.* – Bukarest: Humanitas.
LIICEANU, Gabriel (2001): *Ușa interzisă.* – Bukarest: Humanitas.
LIICEANU, Gabriel (2008): „Crinii din clasa întâi de liceu". In: LIICEANU, Gabriel; BITTEL, Adriana; BLANDIANA, Ana; MANOLESCU, Nicolae & PARVULESCU, Ioana: *Povești de dragoste la prima vedere.* – Bukarest: Humanitas, 11–28.
LIICEANU, Gabriel (2008): *Scrisori către fiul meu.* – Bukarest: Humanitas.
LOVINESCU, Eugen (1993): „Sburătorul". *Agende literare*, Bd. I. Herausgegeben von Monica LOVINESCU und Gabriela OMAT. – Bukarest: Minerva.
LOVINESCU, Eugen (2001): „Sburătorul". *Agende literare*, vol. V (1936–1939). Herausgegeben von Monica LOVINESCU und Gabriela OMAT. – Bukarest: C.N.I. Coresi.
LOVINESCU, Eugen (2003): *Revizuiri.* Herausgegeben von Ion SIMUȚ; mit einem Vorwort von Mircea MARTIN. – Pitești: Paralela 45.
LOVINESCU, Monica (2003): *Jurnal (1990–1993).* – Bukarest: Humanitas.
LUCA, Dinu (2004): „Scurtă poveste despre mâncătorii de fum și mâncătorii de opiu", *Secolul 21*, Bukarest, nr. 1–4, 2004, 129–188.
LUCA, Gherasim (2003): *Inventatorul iubirii și alte scrieri.* Herausgegeben und mit einem Vorwort von Ion POP. – Cluj-Napoca: Dacia.
LUPAȘCU, Dimitrie P. (1890): *Medicina babelor.* – Bukarest: Analele Academiei Române.
LUPESCU, Mihai (2000): *Din bucătăria țăranului român.* – Bukarest: Paideia.
LUSCHAN, Felix v. (um 1891): *Sechs Mandragora-Wurzeln.* – Berlin: A. Asher. [Aus: Verhandlungen der Berliner anthropologischen Gesellschaft. Sitzg. vom 17. Okt. 1891. – 15 in: [Nachlass Prof. Dr. Felix von Luschan]].
M. Blecher, mai puțin cunoscut. Corespondență și receptare critică, herausgegeben von Mădălina LASCU, mit einem Vorwort von Ion POP. – Bukarest: Hasefer, 2000.
MACEDONSKI, Alexandru (1973): *Opere*, vol. VI. Herausgegeben von Adrian MARINO. – Bukarest: Editura pentru Literatură.
MAIORESCU, Titu (1939): *Însemnări zilnice*, vol. II (1881-1886). Herausgegeben von Ion RĂDULESCU-POGONEANU. – Bukarest: Socec & Co.
MAIORESCU, Titu (1996): „Eminescu și poeziile sale" (1889). In: MAIORESCU, Titu: *Critice.* Herausgegeben von Al. HANȚĂ. – Bukarest: Editura Fundației Culturale Române.
MAJURU, Adrian (2005): *Familia Minovici. Univers spiritual.* – Bukarest: Institutul Cultural Român.
MANEA, Norman (2010): „A dori și a fi dorit", *Bucureștiul cultural*, nr. 98, 21 septembrie 2010, 10–11, *22*, nr. 39, 21. – 27. September 2010.
MANGIUCA, Simeon (1874): „De însemnătatea botanicei românești", *Familia*, Nr. 43–49, X, 1874, 511ff.
MANOLESCU, Nicolae (2008): *Istoria critică a literaturii române. Cinci secole de literatură.* – Pitești: Paralela 45.

MĂNUCU-ADAMEȘTEANU, Gheorghe et al. (2003): „O farmacie bucureșteană la sfârșitul secolului XIX". In: *Bukarest. Materiale de istorie și muzeologie*, Muzeul Municipiului Bukarest, Bd. XVII, 2003, 26–63.

MARIAN, Simeon Florea (1880): „Mătrăguna și dragostea la români", *Albina Carpaților*, Sibiu, Nr. 8, IV, 1880, 119–121.

MARIAN, Simeon Florea (1885): „Din botanica poporală română. Măsălariul", *Familia*, nr. 18, Oradea, 1885, 211.

MARIAN, Simeon Florea (1988): „Botanica poporană română. Mătrăguna (*Atropa belladonna* L.)", *Revista de istorie și teorie literară*, Nr. 3–4, 1988, S. 114–123.

MARIAN, Simeon Florea (1994): *Sărbătorile la români. Studiu etnografic*, Bd. II. Herausgegeben und mit einer Einführung von Iordan DATCU. – Bukarest: Editura Fundației Culturale Române.

MARIAN, Simeon Florea (2000): *Botanica românească*. Herausgegeben von Antoaneta Olteanu. –Bukarest: Paideia.

MARIAN, Simeon Florea (2008): *Botanica poporană română*, Bd. I (A–F). – Suceava: Editura Mușatinii.

MARINESCU, Gheorghe (1909): „Audiția colorată". In: *Analele Academiei Române*.

MARINESCU, Gheorghe (1911): „De l'audition colorée", *Journal de psychologie normale et pathologique*, 1911.

MARINESCU, Gheorghe (1931): „À propos de l'audition colorée", *La Presse médicale*, Nr. 409, 1931.

MARINESCU, Gheorghe (1934): „Cercetări asupra acțiunei mescalinei". In: *Memoriile secțiunii științifice*, Bd. IX. – Bukarest: Academia Română.

MARINETTI, Filippo Tommaso (1909): "Le manifeste du futurisme". In: Le Figaro, 20. Februar 1909, Paris.

MARINO, Adrian (1966): *Viața lui Alexandru Macedonski*. – Bukarest: Editura pentru Literatură.

MARINO, Adrian (1967): *Opera lui Alexandru Macedonski*. – Bukarest: Editura pentru Literatură.

MARINO, Adrian (2010): *Cultură și creație*. Herausgegeben und mit einem Vorwort von Aurel SASU. – Cluj-Napoca: Eikon.

MARQUES-RIVIERE, Jean (1938): *Amulettes, talismans et pantacles dans les traditions orientales et occidentales*. – Paris: Payot.

MARSILLAC, Ulysse de (1999): *Bucureștiul în veacul al XIX-lea*. Übersetzt von Elena RADULESCU; mit einem Vorwort und Kommentar von Adrian-Silvan IONESCU. – Bukarest: Meridiane. Original (1869): *De Pesth à Bucarest*. – Bucarest.

MARTINETZ, Dieter & LOHS, Karlheinz (1987): *POISON. Sorcery and Science, Friend and Foe*. – Leipzig: Ed. Leipzig.

MARZELL, Heinrich (1922): *Unsere Heilpflanzen: ihre Geschichte und ihre Stellung in der Volkskunde*. – München: Lehmann.

MASŁOWSKA, Dorota (2005): *Schneeweiß und Russenrot*. Aus dem Poln. v. Olaf KÜHL. – Köln: Kiepenheuer und Witsch. Original (2003): *Wojna polsko-ruska pod flagą biało-czerwoną*. – Warszawa: Lampa i Iskra Boża.

MAZILU, Dan Horia (2008): *Văduvele sau despre istorie la feminin.* – Iași: Polirom.
MCKENNA, Terence (1992): *Food of the Gods. The Search for the Original Tree of Knowledge. A Radical History of Plants, Drugs, and Human Evolution.* – New York: Bantam Books.
MCKINON, Andrew M. (2006): „Opium as Dialectics of Religion: Metaphor, Expression and Protest". In: GOLDSTEIN, Warren S. (Hg.): *Marx, Critical Theory, and Religion. A Critique of Rational Choice.* – Leiden/Boston: Brill, 11–29.
MELA, Pomponius (1994): *Kreuzfahrt durch die alte Welt.* – Aus dem Lat. von Kai BRODERSEN. – Darmstadt: Wissenschaftliche Buchgesellschaft.
Memoriile Principelui Nicole Suțu, mare logofăt al Moldovei (1798–1871). Herausgegeben von Georgeta Penelea FILITTI. – Bukarest: Editura Fundației Culturale Române.
MEYER, Ernst H.F. (1885): *Geschichte der Botanik,* Bd. II. – Königsberg: Gebr. Bornträger.
MICHAILESCU, Corneliu (2000): *Portretul.* – Bukarest: Atlas.
MICHAUX, Henri (1967): *Connaissance par les gouffres.* – Paris: Gallimard.
MICHAUX, Henri (1972): *Misérable miracle.* – Paris: Gallimard.
MICHAUX, Henri (1948): *Un barbare en Asie.* – Paris: Gallimard. Dt. (1992): *Ein Barbar in Asien.* Übersetzt von Dieter HORNIG. – Graz/Wien: Lit.-verlag Droschl.
MICHELET, Jules (1973): *Geschichte der Französischen Revolution,* Bd. II. Aus dem Franz. von Richard KÜHN. – Leipzig: Zweitausendeins.
MIHĂIEȘ, Mircea (2009): „V-ați drogat vreodată?", *România literară,* Nr. 21, 29. Mai 2009, 4.
MIHĂILESCU, Călin-Andrei (2005): *Antropomorfina.* Übersetzt von Mihnea GAFIȚA, Corina TIRON, Adina Camelia ARVATU und Rodica IEȚA. – Bukarest: Curtea Veche.
MIHĂILESCU, Dan C. (2003): *Bukarest. Carte de bucăți.* – Bukarest: Editura Fundației PRO.
MIHĂILESCU, Dan C. (2009): „Să fii alcoolic cât vrei, dar numai dacă ești Poe sau Baudelaire", Interview von Alina PURCARU, *Cotidianul,* 8. Mai 2009.
MIHALACHE, Adrian (2004): „Euforia bine temperată", *Secolul 21,* Nr. 1–4, 2004, 199–208.
MIHĂLESCU, Dan C. (2009): *Despre omul din scrisori. Mihai Eminescu.* – Bukarest: Humanitas.
MIHALACHE, Adrian (2008): „Drogul. Experiență sau experiment?", 22, Nr. 958, 15.–21.Juli 2008, 12.
MIHALACHE, Adrian (2009): „Centenar Eugen Ionescu. Blog-notes din lumea cealaltă", *Lettre Internationale,* rumän. Ausgabe, Nr. 69, Frühjahr 2009, 5.
MILCĂ, Ioan (2009): *Expresivitatea argoului.* – Iași: Editura Universității „Al.I. Cuza".
MILETCIU, George (1895): *Studii de psihiatrie.* – Craiova: Tipografia Samitca.
MIŁOSZ, Czesław (1955): *Verführtes Denken.* Übersetzt von Alfred LOEPFE. – Köln: Kiepenheuer & Witsch.
MINCU, Marin (1983): *Avangarda literară românească.* – Bukarest: Minerva.
MINOVICI, Nicolae S. (1904): *Studiu asupra spânzurării.* – Bukarest: Socec.

MONTOYA, Victor (2001): „Coca y cocaína". In: *Sincronía*, Universidad de Guadalajara, México, toamna 2001.
MOVILĂ, Sanda (1990): *Viața în oglinzi. Desfigurații. Nălucile.* Herausgegeben und mit einem Vorwort von Eugenia TUDOR-ANTON. – Bukarest: Minerva.
MUNTEANU, Luminița (2005): *Dervişi sub zodia semilunei. Istoria unei confrerii mistice și a patimilor sale.* – Cluj-Napoca: Kriterion.
MUȘLEA, Ion & BÂRLEA, Ovidu (1970): *Tipologia folclorului.* – Bukarest: Minerva.
NAGÂȚ, Mirela (2009): „Religie, narcotice și literatură", Interview mit A. OIȘTEANU, *Telejurnal TVR*, rubrica „TeleCultura", 3. Juni 2009.
NĂSTASĂ, Lucian (2007): *„Suveranii" universităților românești. Mecanisme de selecție și promovare a elitei intelectuale*, Bd. I. Facultățile de Filosofie și Litere (1864–1948). – Cluj-Napoca: Limes.
NĂSTASĂ, Lucian (2010): *Intimitatea amfiteatrelor. Ipostaze din viața privată a universitarilor „literari" (1864–1948)*, Bd. II. – Cluj-Napoca: Limes.
NAUM, Gellu (1970): *Poetizați, poetizați ...* – Bukarest: Eminescu.
NAUM, Gellu (1974): *Poeme alese.* – Bukarest: Cartea Românească.
NAUM, Gellu (1985): *Zenobia.* – Bukarest: Cartea Românească.
NAUM, Gellu (1994): *Fața și suprafața: urmat de Malul albastru: poeme (1989–1993).* – Bukarest: Litera.
NEAGU, Mihai (1985): „Noi contribuții de etnofitoterapie homeopatică". In: *Retrospective medicale.* – Bukarest: Editura Medicală.
NECULCE, Ion (1980): *Letopisețul Țării Moldovei.* Herausgegeben von Iorgu Iordan. – Bukarest: Minerva.
NEGRUZZI, Constantin (1974): *Opere*, Bd. I, *Păcatele tinereților.* Herausgegeben von Liviu LEONTE. – Bukarest: Minerva.
NEGRUZZI, Iacob (1980): *Jurnal.* Herausgegeben von Horst Fassel und Dan Mănucă. – Cluj-Napoca: Dacia.
New Larousse Encyclopedia of Mythology. – New York/London: Prometheus Press, 1974.
NICA, Ion (1972): *Mihai Eminescu. Structura somato-psihică.* – Bukarest: Eminescu.
NICOLAE, Emil (2004): *Victor Brauner. La izvoarele operei.* – Bukarest: Hasefer.
NICOLAE, Emil (2006): *Patimile după Victor Brauner.* – Bukarest: Hasefer.
NICULIȚĂ-VORONCA, Elena (1903): *Datinele și credințele poporului român.* – Cernăuți: Editura Tipografia Isidor Wiegler.
NICULIȚĂ-VORONCA, Elena (1998): *Datinele și credințele poporului roman, adunate și așezate în ordine mitologică*, Bd. I. Herausgegben von Victor DURNEA, mit einer Einführung von Lucia BERDAN. – Iași: Polirom.
ODOBESCU, Alexandr (1967): *Opere. Scrieri din anii 1861–1870*, Bd. II. Herausgegeben von Marta ANINEANU und Virgil CÂNDEA. – Bukarest: Editura Academiei RSR.
ODOBESCU, Alexandru I. (1908): *Opere complete*, Bd. III. – Bukarest: Minerva.
ODOBESCU, Alexandru I. (1955): *Opere*, Bd. II. Herausgegeben von Tudor VIANU. – Bukarest: ESPLA.

ODOBESCU, Alexandru I. (1961): *Istoria archeologiei. Studiu introductiv la această știință. Prelegeri ținute la Facultatea de Litere din Bukarest*, Bd. I (Antichitatea. Renașterea). – Bukarest: Editura Științifică, Bukarest.

OIȘTEANU, Andrei (1987): „Poezie vizuală românească. Repere cronologice" (Teil I und II), *Revista de istorie și teorie literară*, Nr. 3–4, 1987, 148–156; Nr. 1–2, 1988, S. 196–203.

OIȘTEANU, Andrei (1988): „Mătrăguna și alte plante psihotrope", *Revista de istorie și teorie literară*, Nr. 3–4, 1988, 134–146.

OIȘTEANU, Andrei (1989): *Grădina de dincolo. Zoosophia*. – Cluj-Napoca: Dacia.

OIȘTEANU, Andrei (1991): „In memoriam Victor Brauner. Oracole oculare", *22*, Nr. 19, 17. Mai 1991, 12.

OIȘTEANU, Andrei (1997): *Mythos & Logos. Studii și eseuri de antropologie culturală*. – Bukarest: Nemira.

OIȘTEANU, Andrei (1999): „Utopografia insulei în imaginarul colectiv românesc". In: BOIA, Lucian; OROVEANU, Anca & CORLAN-IOAN, Simona (Hg.): *Insula. Despre izolare și limite în spațiul imaginar*. – Bukarest: Colegiul Noua Europă, 57–92.

OIȘTEANU, Andrei (2004): „Schimbarea la haine a României", *22*, Nr. 749, 13. Juli 2004, 11.

OIȘTEANU, Andrei (2010): *Konstruktionen des Judenbildes: Rumänische und ostmitteleuropäische Stereotypen des Antisemitismus*. Aus dem Rum. von Larisa SCHIPPEL – Berlin: Frank und Timme.

OIȘTEANU, Andrei (2004): *Ordine și Haos. Mit și magie în cultura tradițională românească*. – Iași: Polirom.

OIȘTEANU, Andrei (2005): „Literatura erotică într-o epocă de tranziție (1774–1866)", *Viața Românească*, anul 100, Nr. 3–4, März–April 2005, 8–16.

OISTEANU, Andrei (2006): „Masacrul de la Iași în *Jurnalul* lui Mihail Sebastian", *22*, Nr. 852, 4.–10. Juli 2006, 5–6.

OISTEANU, Andrei (2006): „Mircea Eliade și mișcarea hippie", *Dilema veche*, Nr. 120, 12.–18 Mai 2006.

OISTEANU, Andrei (2006): „Romania's Vestimental Transfiguration", *EURESIS. Cahiers roumains d'études littéraires et culturelles*, Nr. 3–4, Herbst–Winter 2006, 317–326.

OISTEANU, Andrei (2007): „Mircea Eliade, de la opium la amfetamine", *22*, Nr. 19, 8. Mai 2007.

OISTEANU, Andrei (2007): *Religie, politică și mit. Texte despre Mircea Eliade și Ioan Petru Culianu*. – Iași: Polirom.

OISTEANU, Andrei (2008): „Jewish and Romanian Avantgardists and the Visual Poetry: from Tradition to Innovation". In: *Studia Hebraica*, Bd. III. – Bukarest: Centrul de Studii Ebraice, Editura Universității din Bukarest, 124–135.

OISTEANU, Andrei (2008): „Scriitorii români și narcoticele", acht Artikel in *22*, Nr. 18–25, 29. April – 23. Juni 2008.

OISTEANU, Andrei (2009): „Lingua Adamica, reconstituiri, dispute, utopii". In: *O filosofie a intervalului. In Honorem Andrei Pleșu*. Hg. von Mihail NEAMȚU und Bogdan TĂTARU-CAZABAN. – Bukarest: Humanitas.

OIȘTEANU, Andrei (2009): „Marcel Iancu inedit", 22, Nr. 1022, 6.–12. Oktober 2009, 12.
OIȘTEANU, Andrei (2009): „Narcotics and Halucinogens: Scholars from the Romanian Territories Travelling to the East (Spathary Nicolae Milescu, Demeter Cantemir, J.M. Honigberger, Mircea Eliade)". In: *Studia Asiatica. International Journal for Asian Studies*, Bd. X. – Bukarest: Institute for the History of Religions, 263–285.
OIȘTEANU, Andrei (2010): „Mircea Eliade and Ioan Petru Culianu on Narcotics and Religion", *Archaeus. Studies in the History of Religions*, Institute for the History of Religions, Bucharest, Bd. XIV, 2010, 121–140.
OIȘTEANU, Valery (2009): „Beatnici americano-evrei din Loisaida", *Viața Românească*, Bukarest, nr. 3–4, 2009, 229.
OLIVOTTO, Alexandra (2010): „Ce droguri iau oamenii de cultură", *Adevărul*, 6. Mai 2010, 34.
OLTEANU, Antoaneta (1998): *Ipostaze ale maleficului în medicina magică*. – Bukarest: Paideia.
OPREA, Marius (2002): *Banalitatea răului. O istorie a Securității în documente (1949–1989)*. Mit einer Einleitung von Dennis DELETANT. – Iași: Polirom.
OPREA, Petre (1998): *Așa i-am cunoscut*. – Bukarest: Maiko.
OPREA, Timotei (2005): *Rai și iad în cultura românească. File de apocalips (secolele XVIII–XIX)*. – Buzău: Alpha MDN.
OPRIȘAN, Horia Barbu (1989): *Călușarii*. – Bukarest: Editura pentru Literatură.
OTTO, Walter F. (1969): *Dionysos*. – Paris: Mercure de France.
OVID (1861): *Ovids Werke, Fünfter Theil. Liebeskunst*. Übers. v. Heinrich LINDEMANN. – Leipzig: Verlag von Wilhelm Engelmann.
PALEOLOG, Vasile Georgescu (1944): *Visiunea și audiția colorată sinestesică la Al. Macedonski*. – Bukarest: Vatra.
PALS, Sesto (2003): *Omul ciudat*. Herausgegeben und mit einem Vorwort von Nicolae ȚONE. – Bukarest: Paideia.
PAMFIL, Eduard & OGODESCU, Doru (1976): *Psihozele*. – Timișoara: Facla.
PAMFILE, Tudor (1913): *Povestea lumii de demult*. – Bukarest: Socec si C. Sfetea.
PAMFILE, Tudor (1916): *Mitologie românească. Dușmani și prieteni ai omului*. – Bukarest: Librăriile Socec & Co.
PANĂ, Sașa (1973): *Născut în '02. Memorii, file de jurnal, evocări*. – Bukarest: Minerva.
ISTRATI, Panaït (1985): *Kyra Kyralina*. Aus dem Rum. v. Heinrich STIEHLER – Frankfurt am Main: Büchergilde Gutenberg.
PANDREA, Petre (2004): *Turnul de ivoriu. Memorii*. Mit einem Vorwort von Ștefan DIMITRIU, herausgegeben und mit einem Nachwort von Nadia MARCU-PANDREA. – Bukarest: Editura Vremea XXI.
PANN, Anton (1963): *Scrieri literare*. Text, Kommentar, Glossar und Bibliographie von Radu ALBALA und I. FISCHER, mit einem Vorwort von Paul CORNEA. – Bukarest: Editura pentru Literatură.
PANN, Anton (1982): *Culegere de proverburi sau Povestea vorbii*. Überarbeitete Ausgabe von I. FISCHER. – Bukarest: Minerva.

PAPADAT-BENGESCU, Hortensia (1995): *Drumul ascuns*. Mit einem Vorwort von Valeriu RĂPEANU. – Bukarest: Gramar.
PAROJCIC, Dušanka; STUPAR, Dragan & MIRIC, Milica (2003): „La Thériaque: Médicament et Antidote", *Vesalius. Acta Internationalia Historiae Medicinae*, Nr. 9 (1), 2003, 28–32.
PARVAN, Vasile (1982): *Getica*. – Bukarest: Meridiane.
PARVU, Dan (2008): „Scriitorii români și narcoticele", *Radio France Internationale*, Interview mit A. OISTEANU, Juli 2008.
PARVULESCU, Ioana (2005): *În intimitatea secolului 19*. – Bukarest: Humanitas.
PATAI, Raphael (1977): *The Jewish Mind*. – New York: Charles Scribner's Sons.
PATAPIEVICI, Horia-Roman (2009): „Dușmanii libertății", *Evenimentul Zilei*, 5. Februar 2009.
PAUSANIUS (1766): *Beschreibung von Griechenland*, Aus dem Griech. von Johann Eustachius GOLDHAGEN. – Berlin und Leipzig: bey Friedrich Wilhelm Birnstiel.
PĂTRĂȘCONIU, Cristian (2008): „Drogurile scriitorilor români", interviu mit A. Oișteanu, *Cotidianul*, nr. 146, 25–27 iulie 2008, 13.
PĂULEANU, Doina (2007): *Balcicul în pictura românească*. – Bukarest: ARC.
PAULIAN, D. (1940): *Miscellanea. Studii de psihiatrie*. – Bukarest: Cultura.
PAVELESCU, Gheorghe (1943): „Aspecte din spiritualitatea românilor transnistreni", *Sociologie Românească*, V, 1–6, Bukarest, 116.
PAVELESCU, Gheorghe (1945): *Cercetări asupra magiei la românii din Munții Apuseni*. – Bukarest: Institutul Social Român.
PAVELESCU, Gheorghe (1998): *Magia la români. Studii și cercetări despre magie, descântece și mană*. – Bukarest: Minerva.
PAVELESCU, Ioana (2006): „Alfabetul doctorului Voiculescu", *România literară*, nr. 31, 2006.
PELTZ, Isac (1974): *Amintiri din viața literară*. – Bukarest: Cartea Românească.
PERGER, Anton (1862): *Über den Alraun*. – Wien: Wiener Altert.-Verein.
PETRE, Zoe (2004): *Practica nemuririi. O lectură critică a izvoarelor grecești referitoare la geți*. – Iași: Polirom.
PETRESCU, Camil (1962): *Letzte Liebesnacht, erste Kriegsnacht*. Aus dem Rum. von Hermine PILDER-KLEIN. – Berlin: Verlag der Nation.
PETRESCU, Camil (1963): *Das Prokrustesbett*. Aus dem Rum. von Gisela RICHTER – Leipzig: Literatur-Verlag.
PETRESCU, Cezar (1992): *Umdüsterung*, Aus dem Rum. von Ernst OSOROVITZ. – Bukarest: Verlag für fremdsprachige Literatur.
PETRESCU, Dan (2003): „Enigma lui Cucoaneș", *Timpul*, Iași, nr. 6, 2003, 4.
PETREU, Marta (2001): *Ionescu în țara tatălui*. – Cluj-Napoca: Biblioteca Apostrof.
PETREU, Marta (2008): *Despre bolile filosofilor. Cioran*. – Cluj-Napoca: Biblioteca Apostrof, Iași: Polirom.
PETREU, Marta (2009): *Diavolul și ucenicul său. Nae Ionescu – Mihail Sebastian*. – Iași: Polirom.

Pictori evrei din România (1848–1948). Ausgewählt und mit einer Einleitung von Amelia PAVEL. – Bukarest: Hasefer.

PILCH, Jerzy (2002): „Monologul Voinicului", In *Polityka*, Nr. 37, 14. September 2002. Übers. von Luiza SĂVESCU, In: *Observator cultural*, Nr. 194, 4–10 Dezember 2008, 15.

PILLAT, Ion & PERPESSICIUS (1925; 1928): *Antologia poeților de azi, cu 35 chipuri de Marcel Iancu*, Bd. I und II. – Bukarest: Cartea Românească.

PILLAT, Ion (1944): *Poezii (1906–1941)*, vol. I (1906–1918). – Bukarest: Fundația Regală pentru Literatură și Artă.

PILLAT, Ion (1998): *Scrisori (1898–1944)*. Herausgegeben von Cornelia PILLAT. – Bukarest: Du Style.

PINTILIE, Andrei (1979): „Elemente pentru o redescoperire a lui Corneliu Michăilescu". In: *Studii și Cercetări de Istoria Artei*, I, Bd. 26, 1979, 89–117.

PINTILIE, Andrei (2002): *Ochiul în ureche. Studii de artă românească*. Herausgegeben von Ileana PINTILIE. – Bukarest: Meridiane.

PLEȘU, Andrei (2003): *Jurnalul de la Tescani*. – Bukarest: Humanitas.

PLEȘU, Andrei (2010): „Rezistența prin cultură", *Dilema veche*, Nr. 348, 14.–20. Oktober 2010.

PLEȘU, Andrei (2010): *Note, stări, zile (1968–2009)*. – Bukarest: Humanitas.

PLINIU, Caius Secundus (2007a): *Die Naturgeschichte des Caius Plinius Secundus*. Band 1, Herausgegeben von Lenelotte MÖLLER und Manuel VOGEL, Aus dem Lat. und mit Anmerkungen versehen von Prof. Dr. G.C. WITTSTEIN. – Wiesbaden: marixverlag.

PLINIU, Caius Secundus (2007b): *Die Naturgeschichte des Caius Plinius Secundus*. Band 2, Herausgegeben von Lenelotte MÖLLER und Manuel VOGEL, Aus dem Lat. und mit Anmerkungen versehen von Prof. Dr. G.C. WITTSTEIN. – Wiesbaden: marixverlag.

PLUTARCH (1786): *Moralische Abhandlungen*. Band 3. – Aus dem Griech. von Johann Friedrich KALTWASSER. – Frankfurt am Main: bey Johann Christian Hermann.

PLUTARCH (1789): *Moralische Abhandlungen*. Band 4. – Aus dem Griech. von Johann Friedrich KALTWASSER. – Frankfurt am Main: bey Johann Christian Hermann.

PLUTARCH (1793) *Abhandlungen*. Band 5. – Aus dem Griech. von Johann Friedrich KALTWASSER. – Frankfurt am Main: bey Johann Christian Hermann.

Poezia unei religii politice. Patru decenii de agitație și propagandă. Anthologie hg. und mit einem Vorwort von Eugen NEGRICI. – Bukarest: Editura Fundației PRO, 1995.

POP, Ion (1990): *Avangarda în literatura română*. – Bukarest: Minerva.

POP, Ion (2010): *Din avangardă spre ariergardă*. – Bukarest: Vinea.

POPESCU, Florentin (2000): *Detenția și sfârșitul lui V. Voiculescu*. – Bukarest: Editura Vestala.

POPESCU, Petru (1992): *Amazonas: mit den Katzenmenschen zu den Quellen der Zeit*. Aus dem Amerik. von Günther COLOGNA. – Bergisch Gladbach: Lübbe. Amerik. Original (1991): *Amazon Beaming*. – New York: Viking Press.

POPESCU, Simona (2000): *Salvarea speciei (Despre suprarealism și Gellu Naum)*. – Bukarest: Editura Fundației Culturale Române.
POROT, Antoine & POROT, Maurice (1953): *Les Toxicomanies*. – Paris: Presses universitaires de France.
POSTELNICU, Ioana (1979): *Bogdana*. – Bukarest: Minerva.
POTRA, George (1990): *Din București de ieri*, vol. I. – Bukarest: Editura Științifică și Enciclopedică.
POTRA, George (1990): *Din București de ieri*, vol. II. – Bukarest: Editura Științifică și Enciclopedică.
PRICOPIE, Ionica (1932): „Folclor", *Viața Basarabiei*, Chișinău, Nr. 5, Mai 1932, 70.
Primii noștri dramaturgi. Herausgegeben und mit einem Glossar von Alexandru NICULESCU. – Bukarest: Editura de Stat pentru Literatură și Artă, 1960.
QUINN, Arthur Hobson (1969): *Edgar Allan Poe: A Critical Biography*. – New York: Coopers Square Publishers.
RABELAIS, François (1914): *Gargantua et Pantagruel*. – Paris: Larousse. Dt. (1922): *Gargantua und Pantagruel*. Übersetzt von Engelbert HEGAUR. – München: Langen.
RĂDULESCU-CODIN, Constantin & MIHALACHE, Dumitru (1909): *Sărbătorile poporului*. – Bukarest: Tipografia „Cooperativa".
RANDOLPH, Charles B. (1905): *The Mandragora of the ancients in folklore and medicine*. – o. O, o.V.
RENDELL, Harris J. (1917): *The Ascent of Olympus*. – Manchester: Univ. Press.
RETAILLAUD-BAJAC, Emmanuelle (2001): „Du haschichin au drogué: constances et mutations de la sociologie des usagers de stupéfiants (1916–1939)", *Le Mouvement Social*, Nr. 197/4, La Découverte, Paris, 2001.
RICHTER, Hans (1978): *Dada. Documents of the International Dada Movement*. – München: Goethe-Institut.
RICKETTS, Mac Linscott (1988): *Mircea Eliade: the Romanian Roots (1907–1945)*, Bd. I (1907–1933). – New York: Columbia University Press.
RODICA, Zafiu, „Dulcețuri", *România literară*, Nr. 30, 13. August 2010, 15.
ROHDE, Erwin (1894): *Psyche: Seelencult und Unsterblichkeitsglaube der Griechen*. – Freiburg/Leipzig: Mohr.
ROLL, Stephan (1925): „Evoluări", *Integral*, nr. 3, 1925, 6.
ROLL, Stephan (1929): *Poeme în aer liber*. – Bukarest: colecția Integral.
ROSETTI, Alexandru (1968): *Istoria limbii române*. – Bukarest: Editura pentru Literatură.
ROSETTI, Alexandru (1975): *Limba descântecelor românești*. – Bukarest: Minerva.
ROSETTI, Alexandru (1975): *Limba descântecelor românești*. – Bukarest: Minerva.
ROSETTI, Radu (1996): *Amintiri. Ce-am auzit de la alții*, Bd. I. Herausgegeben und mit einem Vorwort von Mircea Anghelescu. – Bukarest: Editura Fundației Culturale Române.
ROUGEMONT, Denis de (1939): *L'amour et l'Occident*. – Paris: Librairie Plon. Dt. (2007): *Die Liebe und das Abendland*. Übersetzt von Friedrich SCHOLZ u. Irène KUHN. – Gaggenau: Ed. Epoché.

Russo, Alexandru (1908): *Scrieri*. Veröffentlicht von Petre V. Haneș. – Bukarest: Edițiunea Academiei Române.
Russo, D. (1910): *Studii și Critice (Études et critiques)*. – Bukarest: Inst. de Arte Grafice Carol Göbl.
Sacerdoteanu, Aurelian (1970): „Însemnări pentru doftorii, copiate în 1788 de Florea Copilu". In: *Despre medicina populară românească*. – Bukarest: Editura Medicală, 1970.
Șaineanu, Lazăr (1900): *Influența orientală asupra limbei și culturei române*, Bd. I. – Bukarest: Editura librărieï Socecŭ & comp.
Șaineanu, Lazăr (1900): *Influența orientală asupra limbei și culturei române*, Bd. II. – Bukarest: Editura Librăriei Socec & Co., Societate Anonimă.
Sainean, Lazare (1922): *La langue de Rabelais*, Bd. I. – Paris: De Boccard.
Sainean, Lazare (1923): *La langue de Rabelais*, vol. II. – Paris: De Boccard.
Saintyves, Pierre (1937): *L'Astrologie populaire*. – Paris: Thiébaud.
Salverte, Eusèbe (1843): *Des sciences Occultes ou Essais sur la Magie, les Prodiges et les Miracles*. – Paris: J.-B. Baillière.
Sandqvist, Tom (2010): *DADA Est. Românii de la cabaret Voltaire*. Aus dem Engl. übersetzt von Cristina Deutsch. – Bukarest: Institutul Cultural Român. Original (2006): *Dada East: The Romanians of Cabaret Voltaire*. – Cambridge/London: The MIT Press.
Sandu-Timoc, Cristea (1967): *Cântece bătrânești și doine*. Mit einem Vorwort von Tudor Arghezi. Bukarest: Editura pentru Literatură.
Sărbători și obiceiuri. Răspunsuri la chestionarele Atlasului Etnografic Român, Bd. IV, *Moldova*. Zusammengestellt von Ion Ghinoiu, Institutul de Etnografie și Folclor „C. Brăiloiu", Academia Română. – Bukarest: Editura Enciclopedică, 2004.
Sava, Vasile A. (1929): *Cercetări asupra audițiunei colorate și intoxicațiunei experimentale cu mescalină*. – Bukarest: Facultatea de Medicină.
Săveanu-Sanciuc, Teofil (1943): „Inscripția unui capac de vas farmaceutic găsit la Mangalia", *Revista istorică română*, Bukarest.
Sawelson-Gorse, Naomi (1998): *Women in Dada: Essays on Sex, Gender, and Identity*. – Cambridge: MIT Press.
Sbordone, Francesco (1936): *Ricerche sulle fonti e sulla composizione del Physiologus greco*. – Napoli: G. Torella.
Schlosser, Alfred (1912): *Die Sage vom Galgenmännlein im Volksglauben und in der Literatur*. – Münster: Theissing.
Schrader, Otto (1901): *Reallexicon der indogermanischen Altertumskunde*. – Strassburg: Trübner.
Schuller, Frieder (2011): „Paul Celan (1910–1970), «Adevăr vorbește, cine umbre vorbește»", *Viața Românească*, nr. 1–2, 2011, 77.
Scriban, August (1939): *Dicționaru limbii românești*. – Iași: Institutul de Arte Grafice „Presa Bună".
Sebastian, Mihail (1996): *Jurnal (1935–1944)*. Herausgegeben von Gabriela Omăt, mit einem Vorwort von Leon Volovici. – Bukarest: Humanitas.

SEBASTIAN, Mihail (2002): „Despre o anumită mentalitate huliganică", *Rampa*, 27 martie 1935.

SEBASTIAN, Mihail (2004): *"Voller Entsetzen, aber nicht verzweifelt": Tagebücher 1935–1944*. Herausgegeben v. Edward KANTERIAN, Aus dem Rum. v. Roland ERB und Larisa SCHIPPEL. – Berlin: Claassen.

SEBASTIAN, Mihail (2005): *Fragmente dintr-un carnet găsit*. – Bukarest: Humanitas.

ȘERBAN, Geo (2008): „Indimenticabila vară '47". In: *Observator cultural*, Nr. 187 (445), 16–22 Oktober 2008, 11.

ȘERBAN, Geo (2010): „Dialog epistolar inedit între Paul Celan și Maria Banuș", *Observator cultural*, Nr. 525, 20. Mai–26. Mai 2010, 14–15.

SEVASTOS, Elena (1990): *Literatură populară*, Bd. I. – Bukarest: Minerva.

ȘIMONCA, Ovidiu (2008): „Talentata puștoaică poloneză a ajuns în România", *Observator cultural*, Nr. 194, 4.–10. Dezember 2008, 14.

SIMUȚ, Andrei (2007): *Literatura traumei. Război, totalitarism și dilemele intelectualilor în anii '40*. – Cluj-Napoca: Casa Cărții de Știință.

ȘINCAI, Gheorghe (1964): *Învățătură firească spre surparea superstiției norodului*. – Bukarest: Editura Științifică.

SION, Constandin (1973): *Arhondologia Moldovei. Amintiri și note contimporane. Boierii moldoveni*. – Bukarest: Minerva.

ȘIRATO, Francisc (1927): „Grupul celor patru. Expoziția de pictură și sculptură din sala Ileana – Cartea Românească", *Universul literar*, an XLIII, Nr. 10, 6. März 1927, 152.

SMITH, Grafton Elliot (1919): *The Evolution of the Dragon*. – Manchester: The Univ. Press.

SOLOMON, Petre (2008): *Paul Celan. Dimensiunea românească*. – Bukarest: ART.

SOLOMON, Petre (2008): *Paul Celan. Dimensiunea românească*. – Bukarest: ART.: *Apostrof*, Cluj-Napoca, Nr. 12 (199), 2006, 19.

SOLOMON, Petre (o.J.): „Își purta cu fruntea sus povara suferinței". In: CELAN, Paul: *Ochiul meu rămâne să vegheze. Versuri, glose evocări*, volum coordonat de Geo ȘERBAN. Caiet cultural editat de „Realitatea evreiască", Bukarest, 19.

SOMBART, Nicolaus (1991): *Jugend in Berlin*. – Frankfurt am Main: Fischer.

SORA, Simona (2006): „Calea abruptă". In: *Dilema veche*, Nr. 116, 14. April 2006.

SPĂTARUL, Nicolae Milescu (1962): *Jurnalul de călătorie în China*. Herausgegeben von Corneliu BĂRBULESCU. – Bukarest: Editura pentru Literatură.

SPĂTARUL, Nicolae Milescu (1975): *Descrierea Chinei*. Herausgegeben von Corneliu Bărbulescu. – Bukarest: Minerva.

STAHL, Henri (1966): *Un român în Lună. Roman astronomic*. – Bukarest: Editura Tineretului.

STAHL, Henriette Yvonne (1942): *Între zi și noapte*. – Bukarest: Minerva. Frz. (1969): *Entre le jour et la nuit*. Aus dem Rumän. übersetzt von Henriette Yvonne STAHL. – Paris: Éditions du Seuil. Original.

STAHL, Henriette Yvonne (1975): *Le témoin de l'Éternité*. Mit einem Vorwort von Jean HERBERT. – Paris: Éditions Caractères. Rumän. (1995): Martorul eternității. Übersetzt von Viorica D. CIORBAGIU. – Bukarest: Editura Universal Dalsi.

STAHL, Henriette Yvonne (2002): *Martorul eternității*. Übersetzt und mit einem Nachwort von Viorica D. CIORBAGIU; mit einem Vorwort von Jean HERBERT. – Bukarest: Herald.
STARK, Adolf Taylor (1917): *Der Alraun: ein Beitrag zur Pflanzensagenkunde*. – Baltimore: Furst.
STRABON (1831): *Erdbeschreibung*. Aus dem Griech. von Christoph Gottlieb GROß-KURD. – Berlin: Georg Olms.
ȘTEFĂNESCU, Paul (2005): *Scriitori în fața justiției*. – Bukarest: Saeculum vizual.
ȘTEFĂNUCĂ, Petre V. (1937): „Cercetări folclorice pe valea Nistrului de jos". In: *Anuarul Arhivei de Folklor*, Bd. IV, Bukarest, 1937, 210–211.
STURDZA, Mihai Dim. (2004): „Junimea, societate secretă", *Convorbiri literare*, iunie–iulie 2004.
SULLIVAN, Lawrence E. (1988): *Icanchu's Drum. An Orientation to Meaning in South American Religions*. – New York: Macmillan.
SZÉKELY, Maria Magdalena (2006): „Bucate și leacuri de altădată", *Revista de istorie socială*, Bd. VIII–IX (2003–2004), Institutul Român de Studii Strategice, Iași, 2006, 205–236.
TALOȘ, Ion (2004): *Cununia fraților și nunta Soarelui. Incestul zădărnicit în folclorul românesc și universal*. – Bukarest: Editura Enciclopedică.
TĂNASE, Stelian (Hg.) (2010): *Cioran și Securitatea*. – Iași: Polirom.
TATON, René et al. (1970): *Istoria generală a științei*, Bd. I. – Bukarest: Editura Științifică.
TELEOR, Dumitru (1910): „Cafeneaua Fialkowski". In: *Epoca*, 29. Mai 1910.
TEODOREANU, Alexandru O. (1936): *Vin și apă*. – Bukarest: Cultura Națională.
TEODOREANU, Ionel (1988): *În casa bunicilor*. – Bukarest: Ion Creangă.
TEODORESCU, Cristian (2009): *Medgidia, orașul de apoi*. – Bukarest: Cartea Românească.
TEODORESCU, Cristian (2010): „Cum și-o trăgeau în venă, pe nas sau pe sub nas românii de top ai culturii", *Academia Cațavencu*, Nr. 24, 16.–22. Juni 2010, 22.
TEODORESCU, Gheorghe Dem (1982): *Poezii populare române*. – Bukarest: Minerva.
THOMAS Théry (1997) *Smoking. Anthologie illustrée des plaisirs de fumer*. – Paris: Les Éditions Textuel.
THOMPSON, Campbell R. (1924): *The Assyrian Herbal*. – London: Luzak & Co.
TIMUȘ, M. & CIURTIN, Eugen. (2001): "The Unpublished Correspondence between Mircea Eliade and Stig Wikander", *ARCHÆVS. Studies in the History of Religions*, 2001, Issue V (1–4), 75–119.
TOCILESCU, Grigore George (1880): *Dacia înainte de romani*. – Bukarest: Academia Română.
TOMA, Valentin-Veron & MAJURU, Adrian (2006): *Nebunia. O antropologie istorică românească*. – Pitești: Paralela 45.
TOROUȚIU, Ilie E. (1932): *Studii și documente literare*, vol. III. – Bukarest: Institutul de Arte Grafice Bucovina.

TORREY, Glenn E. (1995): *The revolutionary Russian Army and Romania 1917*. – Pittsburgh: The Center for Russian & East European Studies, University of Pittsburgh.
TZARA, Tristan (1947): „Suprarealismul şi epoca de după război". Übersetzt von Saşa Pană. In: *Orizont*, februarie 1947, 4–6.
TZARA, Tristan (1971): *Primele poeme*, Cartea Românească, Bukarest, 1971.
TZARA, Tristan (1921): *Sept manifestes dada*. – Paris. Dt. (1976): 7 Dada-Manifeste. – Hamburg: MaD-Verlag.
Ultimele însemnări ale lui Mateiu Caragiale însoţite de un inedit epistolar precum şi de indexul fiinţelor, lucrurilor şi întâmplărilor, în prezentarea lui Ion Iovan. – Bukarest: Curtea Veche, 2008.
UNSCHULD, Paul U. (2000): *Medicine in China. Historical Artefacts and Images*. – München/London/New York: Prestel Verlag.
URECHIA, Vasile Alexandrescu (1895): *Codex Bandinus*. – Bukarest: Analele Academiei Române.
VANŢ-ŞTEF, Felicia (1961): *Note la Herodot, Istorii IV*. – Bukarest: Editura Ştiinţifică.
VASILESCU, Mircea (2009): „Îmi aleg subiecte puţin sau inadecvat tratate", Interview mit A. OIŞTEANU, *Dilemateca*, nr. 41, octombrie 2009, 58–66.
VASILIU, Luiza (2010): „Alice", *Suplimentul de cultură*, nr. 264, Iaşi, 13–19 martie 2010, 16.
VĂTĂMANU, Nicolae (1970): *Medicină veche românească*. – Bukarest: Editura Ştiinţifică.
VĂTĂMANU, Nicolae (1979): *Originile medicinei româneşti*. – Bukarest: Editura Medicală.
VELESCU, Cristina-Robert (2007): *Victor Brauner d'après Duchamp sau drumul pictorului către un suprarealism „bine temperat"*. – Bukarest: Institutul Cultural Român.
VERDON, Jean (2011): *Irdische Lust – liebe Sex und Sinnlichkeit im Mittelalter*. Übersetzt von Gaby SONNABEND. – Darmstadt: Primus.
VERNE, Jules (2011): *Eine Idee des Doctor Ox*. – Hamburg: tradition.
VERNE, Jules (1865): *De la terre à la lune*. – Paris: J. Hetzel. Dt. (1873): *Von der Erde zum Mond*. – Pest: Légrády.
VIANU, Ion (2008): *Investigaţii mateine*. Cluj-Napoca. – Iaşi: Polirom.
VIANU, Ion (2009): „Cu sufletul la gură", *Lettre Internationale*, rumän. Ausgabe, Bukarest, Sommer 2009, 7.
VIANU, Ion (2009): „Ionesco, aşa cum l-am cunoscut (evocare)", *22*, Nr. 48, 24.–30. November 2009, 14–15.
VIANU, Ion (2009): „Pomul de Crăciun". In: *Lettre Internationale*, ediţia română, Bukarest, primăvara 2009, 25.
VIANU, Ion (2009): „Revoltaţii erau declaraţi demenţi",Interview von Simona CHIŢAN, *Evenimentul Zilei*, Nr. 5624, 18. August 2009.
VIANU, Ion (2009): *Exerciţiu de sinceritate*. – Iaşi: Polirom.
VIANU, Ion (2010): *Amor intellectualis. Romanul unei educaţii*. – Iaşi: Polirom.
VIANU, Tudor (1935): *Ion Barbu*. – Bukarest: Cultura Naţională.
VIANU, Tudor (1973): *Opere*, vol. III. antologie şi note de Matei CĂLINESCU und Gelu IONESCU. – Bukarest: Minerva.

VIANU, Tudor (1998): *Filosofia culturii și teoria valorilor*. Herausgegeben von Vlad ALEXANDRESCU, mit einer Einführung von PÂRVU. – Bukarest: Nemira.

Victor Brauner dans les collections du Musée National d'Art Moderne. Édition du Centre Georges Pompidou, Paris, 1996.

VIGHI, Daniel (1985): *Povestiri cu str. Depozitului*. – Bukarest: Cartea Românească.

VIGHI, Daniel (2003): *Lumea la 1848*. – Cluj-Napoca: Dacia.

VIGHI, Daniel (2005): *Aventuri cu Jimi Hendrix*. – Brașov: Aula.

VINEA, Ion (1990): *Venin de mai*. – Craiova: Scrisul Românesc.

VINTILĂ-GHIȚULESCU, Constanța (2009): „'Câți nebuni, la Sărindar' – despre smintiți și zănatici la 1800". In: *Dilema veche*, Nr. 272, 30. April 2009.

VLASIU, Ion (1970): *În spațiu și timp. Pagini de jurnal, 1940–1941*. – Cluj-Napoca: Dacia.

VOICULESCU, Vasile (1935): *Toate leacurile la îndemână*, colecția „Cartea satului". – Bukarest: Fundația Culturală Regală „Principele Carol".

VOINEA, Raluca (2010): „Aruncă țigara: ești arestat!", *Apostrof*, Nr. 9, September 2010.

VOLCEANOV, George & DOCA, Ana-Dolores (1995): *Dicționar de argou al limbii engleze*. – Bukarest: Nemira.

VON SACHER-MASOCH, Leopold (1999): *Caiete*. – Iași: Polirom.

VORONCA, Ilarie (1972): *Poeme alese*. Anthologie, Bd. I. Übersetzt und mit einem Vorwort von Sașa PANĂ. – Bukarest: Minerva.

VUIA, Ovidiu (1996): *Misterul morții lui Eminescu*. – Bukarest: Paco.

VULCĂNESCU, Romulus (1970): „Mâna în medicina populară". In: *Despre medicina populară românească*. – Bukarest: Editura Medicală, 235.

VULCĂNESCU, Romulus (1970): *Etnologie juridică*. – Bukarest: Editura Academiei RSR.

VULCĂNESCU, Romulus (1985): *Mitologia română*. – Bukarest: Editura Academiei RSR.

WALDECK, Rosie G. (1942): *Athene Palace*. – New York: MacBride.

WASSON, Gordon R.; HOFMANN, Albert & RUCK, Carl (1978): *The Road to Eleusis: Unveiling the Secret of the Mysteries*. – New York: Harcourt Brace Jovanovich.

WASSON, Robert Gordon; KRAMRISCH, Stella; RUCK, Carl & OTT, Jonathan (1986): *Persephone's Quest: Entheogens and the Origins of Religion*. – New Haven: Yale University Press.

WATTS, Allan (1968): „Psychedelics and Religious Experience", *The California Law Review*, Bd. 56, Nr. 1, Januar 1968, 74–85.

WEINBERG, Bennett A. & BEALER, Bonnie K. (2001): *The World of Caffeine. The Science and Culture of the World's Most Popular Drug*. – London: Routledge.

WELLS, Herbert George (1923): *Men Like Gods*. – New York: Macmillan.

WIDENGREN, Geo (1965): *Die Religionen Irans*. – Stuttgart: Kohlhammer.

Zalmoxis. Revistă de studii religioase, Bd. I–III (1938–1942). Publiziert unter der Leitung von Mircea ELIADE; mit einer einleitenden Studie, Hinweisen und Ergänzungen herausgegeben von Eugen CIURTIN; übersetzt von Eugen CIURTIN, Mihaela TIMUȘ und Andrei TIMOTIN. – Iași: Polirom, 2000. Original (1938): *Zalmoxis Revue des études religieuses*. – Paris: Payot.

ZAMFIR, Mihai (2009): „Rivalul lui Eminescu". In: *România literară*, Nr. 27, 10. Juli 2009, 16–18.

ZNAMENSKY, Andrei (2007): *The Beauty of the Primitive: Shamanism and Western Imagination.* – Oxford/New York: Oxford University Press.

ZOLLA, Elémire (1989): *I letterati e lo sciamano. L'Indiano nella letteratura americana dalle origini al 1988.* – Veneţia: Marsilio Editori

Pressestimmen

Andrei Oișteanus Buch habe ich in einer Nacht durchgelesen. Wie das bei wirklich guten Büchern ist: man kann sie nicht aus den Händen legen. Wir erfahren in seinem Buch, dass enorm viele rumänische Autoren Rauschmittel aller Art verwendeten: sie experimentierten damit oder nahmen sie zum Vergnügen. Darin liegt eine ungeheure Gefahr. Haschisch ist ein Spiel mit dem Feuer, bei dem man sich schnell verbrennt. All diese Rauschmittel sind zerstörerisch. Es ist wie mit Phönix, man kann nicht auferstehen, ohne gebrannt zu haben. Und bei wahren Künstlern, den meisten jedenfalls, brannte die Kerze an beiden Enden. Berühmte Leute, die sich ins Verderben stürzten.

Mircea CĂRTĂRESCU
(Bei einer Lesung auf der Buchmesse in Bukarest anlässlich des Erscheinens des Buches.)

Das Buch „Rauschgift in der rumänischen Kultur" bringt etwas zu Ende, das Andrei Oișteanu Ende der achtziger Jahre begann. Das Buch ist eine wahre Enzyklopädie berauschender und psychotroper Substanzen, die aus therapeutischen, religiösen oder künstlerischen Zwecken seit der Antike auf dem Gebiet Rumäniens verwendet wurden. Das Buch steckt voller Informationen und wird Spuren hinterlassen in der Religions- und Literaturgeschichte.

Leonardo AMBASCIANO
(In *Studi e materiali di storia delle religioni* [Studien und Material in der Religionsgeschichte])

Es ist ein erstaunliches Buch. Nichts, was im letzten Jahrhundert in Rumänien veröffentlicht oder übersetzt wurde, kann es mit der Belesenheit aufnehmen, die „Rauschgift in der rumänischen Kultur" ausmacht. Das Buch deckt alles ab, was auf verschiedensten Gebieten erwähnenswert ist, von den Narkotika und Halluzinogenen, die die Geto-Daker verwende-

ten, mitsamt einer Neuinterpretation der Quellen zum Donau-Karpaten-Raum von Herodot und Strabon, über den Kult des Zalmoxis und des Dionysos in Dakien. Es bietet neue Perspektiven zur Religiosität in der mittelalterlichen Gesellschaft und zu Beginn der Neuzeit und endet mit der religiösen und magisch-rituellen Verwendung von Rauschgiften.

Eugen CIURTIN
(Archaeus. Studies in the History of Religions)

Rumänische Schriftsteller in den Fängen gefährlicher Musen. Enttabuisierung ist immer mit schnellem Erfolg, aber auch mit Risiko verbunden. Andrei Oişteanus Buch über Rauschgifte und Halluzinogene in der rumänischen Kultur ist bestens recherchiert und hat sich sofort im Wissensfeld behauptet. Es erhielt den Spezialpreis des Rumänischen Schriftstellerverbandes und erschien bereits in der zweiten, überarbeiteten und ergänzten Auflage.

Rodica BINDER
(Radio Deutsche Welle)

Rückblickend wird deutlich, dass mich Tabus anziehen. Nachdem ich ein Thema ans Licht brachte, das in Rumänien nicht behandelt worden war – das Judenbild und interethnische Stereotypen – wendete ich mich dem ebenso schwierigen Thema der Rauschgifte in der rumänischen Kultur und in Europa zu. Es ist ein Buch, dass viele Debatten anstieß, wie auch das Buch über das Judenbild. Ich war mir der Risiken, so ein Buch zu veröffentlichen, bewusst. Einerseits machte ich mir Sorgen, das Buch könnte ein oberflächlicher Erfolg werden. Es hätte umschlagen können vom Tabu zum Modethema. Auf der anderen Seite riskierte ich den Vorwurf der Literaturkritiker, ich habe große Persönlichkeiten der Kultur verunglimpft. Da weder das eine noch das andere passierte, zog ich die Schlussfolgerung, dass die rumänische Gesellschaft erwachsen geworden ist. Sie hat die Kinderkrankheiten der Demokratie überstanden.

Andrei Oişteanu Interview mit Rodica Binder
(Deutsche Welle)

Zuletzt erschienen von Andrei Oişteanu die Bände *Religie, politică şi mit. Studii despre M. Eliade şi I.P. Culianu* [Religion, Politik und Mythos. Studien über M. Eliade und I.P. Culianu], Iaşi: Polirom 2007; *Il diluvio, il drago e il labirinto. Studi di magia e mitologia europea comparata* [Die Sintflut, der Drache und das Labyrinth. Eine vergleichende Studie zu Magie und Mythologie in Europa], Verona: Fiorini 2008; *Konstruktionen des Judenbildes: Rumänische und Ostmitteleuropäische Stereotypen des Antisemitismus* – Aus dem Rumänischen übersetzt von Larisa Schippel, Berlin: Frank & Timme 2010 (ausgezeichnet unter anderem mit dem Preis der Rumänischen Akademie und dem Großen Preis des Rumänischen Schriftstellerverbandes) und *Ordine şi Haos. Mit şi magie în cultura tradiţională românească* [Ordnung und Chaos. Mythos und Magie in der traditionellen rumänischen Kultur], Iaşi: Polirom 2013. Derzeit arbeitet er an einem Buch zu *Sexualitate şi societate. Istorie, religie şi literatură.* (Sexualität und Gesellschaft. Geschichte, Religion und Literatur).

FORUM: RUMÄNIEN

Band 1 Larisa Schippel: Kultureller Wandel als Ansinnen. Die diskursive Verhandlung von Geschichte im Fernsehen. 472 Seiten. ISBN 978-3-86596-249-2. EUR 49,80

Band 2 Thede Kahl (Hg.): Das Rumänische und seine Nachbarn. 324 Seiten. ISBN 978-3-86596-195-2. EUR 24,80

Band 3 Daniel Barbu: Die abwesende Republik. Aus dem Rumänischen übersetzt von Larisa Schippel. 364 Seiten. ISBN 978-3-86596-208-9. EUR 39,80

Band 4 Maren Huberty/Michèle Mattusch (Hg.): Rumänien und Europa. Transversale. 446 Seiten. ISBN 978-3-86596-270-6. EUR 49,80

Band 5 Renate Windisch-Middendorf: Der Mann ohne Vaterland. Hans Bergel – Leben und Werk. 168 Seiten. ISBN 978-3-86596-275-1. EUR 24,80

Band 6 Andrei Oişteanu: Konstruktionen des Judenbildes. Rumänische und ostmitteleuropäische Stereotypen des Antisemitismus. 682 Seiten. ISBN 978-3-86596-273-7. EUR 49,80

Band 7 Michael Metzeltin/Thomas Wallmann: Wege zur Europäischen Identität. Individuelle, nationalstaatliche und supranationale Identitätskonstrukte. 288 Seiten. ISBN 978-3-86596-297-3. EUR 29,80

Band 8 Alina Mazilu/Medana Weident/Irina Wolf (Hg.): Das rumänische Theater nach 1989. Seine Beziehungen zum deutschsprachigen Raum. 444 Seiten. ISBN 978-3-86596-290-4. EUR 39,80

Frank & Timme

Verlag für wissenschaftliche Literatur

FORUM: RUMÄNIEN

Band 9   Angelika Herta/Martin Jung (Hg.): Vom Rand ins Zentrum. Die deutsche Minderheit in Bukarest. 266 Seiten. ISBN 978-3-86596-334-5. EUR 29,80

Band 10   Thede Kahl/Larisa Schippel (Hg.): Kilometer Null. Politische Transformation und gesellschaftliche Entwicklungen in Rumänien seit 1989. 488 Seiten. ISBN 978-3-86596-344-4. EUR 49,80

Band 11   Constanța Vintilă-Ghițulescu: Liebesglut. Liebe und Sexualität in der rumänischen Gesellschaft 1750–1830. Aus dem Rumänischen übersetzt von Larisa Schippel. 204 Seiten. ISBN 978-3-86596-298-0. EUR 29,80

Band 12   Thede Kahl/Larisa Schippel (Hg.): Leben in der Wirtschaftskrise – Ein Dauerzustand? 236 Seiten. ISBN 978-3-86596-395-6. EUR 29,80

Band 13   Mirela-Luminița Murgescu: Vom „guten Christen" zum „tapferen Rumänen". Die Rolle der Primarschule bei der Herausbildung des rumänischen Nationalbewusstseins 1831–1878. Aus dem Rumänischen übersetzt von Julia Richter und Larisa Schippel. 322 Seiten. ISBN 978-3-86596-405-2. EUR 29,80

Band 14   Elisabeth Berger: Rezeption österreichischer Literatur in Rumänien 1945–1989. 232 Seiten. ISBN 978-3-86596-506-6. EUR 29,80

Band 15   Maren Huberty/Michèle Mattusch/Valeriu Stancu (Hg.): Rumänien – Medialität und Inszenierung. 284 Seiten. ISBN 978-3-86596-473-1. EUR 39,80

Band 16   Katharina Kilzer/Helmut Müller-Enbergs (Hg.): Geist hinter Gittern. Die rumänische Gedenkstätte *Memorial Sighet*. 216 Seiten. ISBN 978-3-86596-546-2. EUR 29,80

Verlag für wissenschaftliche Literatur

FORUM: RUMÄNIEN

Band 17   Constanța Vintilă-Ghițulescu: Im Schalwar und mit Baschlik.
Kirche, Sexualität, Ehe und Scheidung in der Walachei im
18. Jahrhundert. 362 Seiten. 978-3-86596-437-3. EUR 49,80

Band 18   Andrei Oișteanu: Rauschgift in der rumänischen Kultur:
Geschichte, Religion und Literatur. Aus dem Rumänischen über-
setzt von Julia Richter. 500 Seiten. ISBN 978-3-7329-0029-9.
EUR 59,80

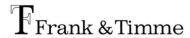

Verlag für wissenschaftliche Literatur